国家示范性高等职业院校建设规划教材
建筑工程技术专业理实一体化特色教材

力学与结构

（修订本）

主　编　李有香
副主编　曲恒绪　李永祥
　　　　严敏努
主　审　满广生

黄河水利出版社
·郑州·

内容提要

本书是国家示范性高等职业院校建设规划教材、建筑工程技术专业理实一体化特色教材，是安徽省地方高水平大学理实一体化项目建设系列教材之一，根据高职高专教育力学与结构课程标准及理实一体化教学要求编写完成。本书主要内容包括绪论、力学基本知识、平面力系的合成与平衡、材料力学基础、轴向拉伸和压缩、平面图形的几何性质、梁的弯曲、组合变形简介、压杆稳定、建筑结构的设计原理简介、钢筋混凝土结构与钢结构材料、钢筋混凝土受弯构件、钢筋混凝土受压构件、钢筋混凝土梁板结构、钢结构的连接、钢轴心受力构件的设计、受弯构件的设计、拉弯和压弯构件的设计等。

本书可供高职高专建筑工程技术专业教学使用，也可供土建类相关专业及从事建筑工程专业技术人员学习参考。

图书在版编目(CIP)数据

力学与结构/李有香主编.—郑州：黄河水利出版社，2016.2 （2024.1 修订本重印）

国家示范性高等职业院校建设规划教材

ISBN 978-7-5509-1373-8

Ⅰ.①力… Ⅱ.①李… Ⅲ.①建筑科学-力学-高等职业教育-教材②建筑结构-高等职业教育-教材 Ⅳ.①TU3

中国版本图书馆 CIP 数据核字(2016)第 031137 号

组稿编辑：王路平　电话：0371-66022212　E-mail：hhslwlp@163.com

出 版 社：黄河水利出版社

地址：河南省郑州市顺河路黄委会综合楼 14 层　　邮政编码：450003

发行单位：黄河水利出版社

发行部电话：0371-66026940、66020550、66028024、66022620(传真)

E-mail：hhslcbs@126.com

承印单位：河南承创印务有限公司

开本：787 mm×1 092 mm　1/16

印张：23.25

字数：540 千字　　印数：3 001—4 000

版次：2016 年 2 月第 1 版　　印次：2024 年 1 月第 2 次印刷

2024 年 1 月修订本

定价：52.00 元

前 言

本书是根据高职高专教育建筑工程技术专业人才培养方案和课程建设目标并结合安徽省地方高水平大学立项建设项目的建设要求进行编写的。

本套教材在编写过程中，充分汲取了高等职业教育探索培养技术应用性专门人才方面取得的成功经验和研究成果，使教材编写更符合高职学生培养的特点；教材内容体系上坚持"以够用为度，以实用为主，注重实践，强化训练，利于发展"的理念，淡化理论，突出技能培养这一主线；教材内容组织上兼顾"理实一体化"教学的要求，将理论教学和实践教学进行有机结合，便于教学组织实施；注重课程内容与现行规范和职业标准的对接，及时引入行业新技术、新材料、新设备、新工艺，注重教材内容设置的新颖性、实用性、可操作性。

力学与结构是一门理论与实践紧密结合的专业课，主要介绍工程力学的基本知识、钢筋混凝土结构和钢结构中基本构件的构造与承载力计算。本书在编写过程中，努力体现职业教育教学特点，力求理论联系实际，综合运用混凝土结构和钢结构的最新理论知识，以学生实践能力培养为主体，精选内容，突出实用性、实践性、创新性的教材特色，具有以下特点：

(1)紧密结合《建筑结构荷载规范》(GB 50009—2012)、《混凝土结构设计规范》(GB 50010—2010)、《钢结构设计规范》(GB 50017—2014)等规范和标准，坚持课程内容与工程实际相结合，突出了先进性。

(2)立足于力学计算基本理论、结构设计基本方法和结构构造要求，按照构件不同的受力变形方式选取工程构件为载体，以应用力学知识对工程结构和构件进行力学分析为导向，以实例讲解为手段注重培养学生分析问题、解决问题的能力，突出了实用性。

(3)坚持理论内容必须够用的原则，按照由简单到复杂的顺序过程组织内容，列举了典型的工程实例，通过工程实例学习分析方法和熟知构造要求，配有适量的思考题和实例计算题，突出了创新性。

为了不断提高教材质量，编者根据近年来在教学实践中发现的问题和错误，对全书进行了系统修订完善。

本书由安徽水利水电职业技术学院承担编写工作，编写人员及编写分工如下：李有香编写第1~3、5、7~9、12~14章；李永祥编写第4、6、11章；严敏努编写第10章；曲恒绪编写第15~18章。本书由李有香担任主编并负责全书统稿，由曲恒绪、李永祥、严敏努担任副主编，由满广生教授担任主审。

本书的编写出版，得到了安徽水利水电职业技术学院各级领导、建筑工程系领导和专业老师、上海洪铺钢结构工程有限公司，以及黄河水利出版社的大力支持，在此一并表示衷心的感谢！

由于编者水平有限，书中难免存在错漏和不足之处，恳请广大师生及专家、读者批评指正。

编　者

2024 年 1 月

目 录

前 言
1 绪 论 …… (1)
1.1 建筑结构的概念及分类 …… (1)
1.2 力学的研究对象与任务 …… (4)
1.3 力学与结构的关系 …… (5)
1.4 荷载的分类 …… (6)
习 题 …… (7)
2 力学基本知识 …… (8)
2.1 力学基本概念 …… (8)
2.2 静力学公理 …… (9)
2.3 约束与约束反力 …… (12)
2.4 物体的受力图 …… (16)
习 题 …… (20)
3 平面力系的合成与平衡 …… (22)
3.1 力在直角坐标轴上的投影 …… (23)
3.2 力矩和力偶 …… (24)
3.3 力的平移定理 …… (28)
3.4 平面力系的合成 …… (29)
3.5 平面力系的平衡 …… (35)
习 题 …… (43)
4 材料力学基础 …… (45)
4.1 杆件的外力与变形特点 …… (45)
4.2 杆件的内力与应力 …… (46)
习 题 …… (48)
5 轴向拉伸和压缩 …… (49)
5.1 轴向拉压杆的内力 …… (49)
5.2 轴向拉(压)杆件横截面上的应力 …… (53)
5.3 轴向拉(压)杆件的强度计算 …… (56)
5.4 轴向拉(压)杆件的变形 …… (59)
5.5 剪切和挤压的实用计算 …… (62)
5.6 材料拉伸和压缩时的力学性质 …… (65)
习 题 …… (68)

6 平面图形的几何性质 …… (70)
6.1 截面的形心 …… (70)
6.2 面积矩 …… (73)
6.3 惯性矩 …… (74)
习 题 …… (77)
7 梁的弯曲 …… (78)
7.1 平面弯曲梁的内力 …… (78)
7.2 平面弯曲梁的内力图 …… (83)
7.3 平面弯曲梁的应力 …… (93)
7.4 平面弯曲梁的变形 …… (105)
习 题 …… (110)
8 组合变形简介 …… (113)
8.1 组合变形的概念 …… (113)
8.2 斜弯曲 …… (113)
8.3 偏心压缩(拉伸) …… (114)
习 题 …… (116)
9 压杆稳定 …… (117)
9.1 压杆稳定的概念 …… (117)
9.2 压杆的临界力和临界应力 …… (118)
9.3 压杆稳定的实用计算 …… (121)
习 题 …… (125)
10 建筑结构设计原理简介 …… (127)
10.1 结构设计的基本概念 …… (127)
10.2 概率极限状态设计法 …… (130)
10.3 结构耐久性规定 …… (133)
习 题 …… (135)
11 钢筋混凝土结构与钢结构材料 …… (136)
11.1 钢 筋 …… (136)
11.2 混凝土 …… (139)
11.3 钢筋与混凝土的黏结 …… (142)
11.4 建筑钢材 …… (145)
习 题 …… (152)
12 钢筋混凝土受弯构件 …… (154)
12.1 受弯构件的一般构造 …… (155)
12.2 正截面配筋 …… (159)
12.3 斜截面配筋 …… (183)
12.4 变形及裂缝宽度验算 …… (196)
习 题 …… (201)

13 钢筋混凝土受压构件 …… (203)
13.1 一般构造 …… (204)
13.2 轴心受压构件的正截面承载力计算 …… (206)
13.3 偏心受压构件的正截面承载力计算 …… (209)
习 题 …… (223)
14 钢筋混凝土梁板结构 …… (225)
14.1 梁板结构的类型 …… (225)
14.2 单向板肋梁楼盖 …… (226)
14.3 双向板肋梁楼盖 …… (238)
习 题 …… (241)
15 钢结构的连接 …… (242)
15.1 焊缝连接 …… (242)
15.2 螺栓连接 …… (261)
习 题 …… (276)
16 钢轴心受力构件的设计 …… (279)
16.1 钢轴心受力构件的类型和应用 …… (279)
16.2 钢轴心受力构件的设计要点 …… (279)
习 题 …… (288)
17 钢受弯构件的设计 …… (291)
17.1 受弯构件的类型及应用 …… (291)
17.2 梁的设计要点 …… (291)
17.3 梁的拼接和连接 …… (306)
习 题 …… (309)
18 拉弯和压弯构件的设计 …… (313)
18.1 拉弯和压弯构件的类型和应用 …… (313)
18.2 设计要点 …… (314)
18.3 梁与柱的连接 …… (319)
18.4 柱 脚 …… (322)
习 题 …… (324)
附 录 …… (327)
附录1 等截面等跨连续梁在常用荷载作用下按弹性分析的内力系数表 …… (327)
附录2 双向板按弹性分析的计算系数表 …… (335)
附录3 钢材和连接的强度设计值 …… (340)
附录4 轴心受压构件的稳定系数 …… (343)
附录5 螺栓的有效直径和有效面积 …… (347)
附录6 型钢规格和截面特性 …… (348)
参考文献 …… (363)

1 绪 论

【学习目标】 了解结构的分类，了解力学的研究对象和任务，了解荷载的分类。

1.1 建筑结构的概念及分类

1.1.1 建筑结构的概念

建筑物一般是指为了供人们生活居住、工作学习、娱乐和从事生产而建成的空间结构。土木工程中的各类建筑物，如房屋、桥梁等，在建造及使用过程中都要承受各种力的作用。例如，房屋建筑中的楼板要承受自重、人员、家具和设备的重量等，梁要承受自重及楼板传来的荷载等，墙或柱则承受自重及梁传来的荷载等，基础则要承受自重及墙或柱传来的荷载等。工程中把主动作用在建筑物上的外力称为荷载，如自重、风压力和水压力等。在建筑物中承受和传递荷载而起骨架作用的部分或体系称为结构，组成结构的各个部分称为构件。房屋结构一般是由梁、板、柱、墙、基础等基本构件组成的。因此，建筑结构是指由梁、板、柱、墙、基础等基本构件，通过正确的连接方式所组成的能够承受并传递荷载的骨架。

1.1.2 建筑结构的分类

建筑结构有多种分类方法，常用的有根据结构使用材料、承重类型、施工方法、结构几何特征等分类方法。

1.1.2.1 按结构使用材料分类

1. 混凝土结构

以混凝土为主制成的结构称为混凝土结构，混凝土结构广泛应用于土木工程建设中。混凝土结构包括素混凝土结构、钢筋混凝土结构、型钢混凝土结构、钢管混凝土结构和预应力混凝土结构等。

素混凝土结构是指由无筋或不配置受力钢筋的混凝土制成的结构。它由于承载力低、抗裂能力差、脆性破坏等特点，现很少用于受力结构中。

钢筋混凝土结构是指由配置受力的普通钢筋、钢筋网或钢筋骨架的混凝土制成的结构，混凝土主要承受压力，钢筋主要承受拉力，这两种材料各自发挥自己的优势，共同工作，是具有很好工作性能的结构。

型钢混凝土结构是指用型钢板焊成的钢骨架作为配筋的混凝土结构，其承载力高、抗震性好。

钢管混凝土结构是指在钢管内浇捣混凝土制成的结构。

预应力混凝土结构是指由配置受力的预应力钢筋通过张拉或其他方法建立预应力混凝土的结构。

在以上的混凝土结构中，钢筋混凝土结构应用最为广泛，见图1-1。其主要优点是强度高、整体性好，具有较好的耐久性和耐火性，易于就地取材，可模性好等。主要缺点是自重大，抗裂性差、费工、模板用料多、施工周期长。

图1-1　钢筋混凝土结构

2. 砌体结构

砌体结构是由块材和砂浆砌筑而成的墙、柱作为建筑物主要受力构件的结构。它具体有砖砌体结构、石砌体结构和砌块砌体结构，主要用于低层和多层民用建筑，见图1-2。主要优点是易于就地取材、耐久性和耐火性好、施工简单、造价低。主要缺点是强度低、整体性差、结构自重大。

图1-2　砌体结构房屋

3. 钢结构

钢结构是由钢板、型钢等钢材通过焊接连接、螺栓连接等连接方式所形成的结构，见图1-3。它广泛应用于工业建筑及高层建筑结构中。与其他结构相比，钢结构具有强度高、自重小、材质均匀、塑性和韧性好、工业化生产程度高、拆迁方便等优点；主要缺点是耐腐蚀性差、耐火性能差。

图 1-3 钢结构桥梁

4. 木结构

木结构是指全部或大部分用木材制成的结构。由于砍伐木材对环境的不利影响，以及易燃、易腐蚀、结构变形大等缺点，木结构现在已很少采用。

1.1.2.2 **按承重结构类型分类**

1. 砖混结构

砖混结构是指由砌体和钢筋混凝土材料制成的构件所组成的结构。一般情况下，房屋的楼(屋)盖由钢筋混凝土的梁、板组成，竖向承重构件采用砌体材料。这种结构主要用于低层和多层的民用建筑。

2. 框架结构

框架结构是指由梁和柱构成承重体系的结构。目前我国框架结构多采用钢筋混凝土建造。框架结构建筑平面可以灵活布置，与砖混结构相比，它具有较高的强度，较好的延性、整体性和抗震性等优点。

3. 框架－剪力墙结构

框架－剪力墙结构是指在框架结构内纵横方向适当位置的柱与柱之间，布置钢筋混凝土的剪力墙，由框架和剪力墙共同承受竖向和水平作用的结构。

4. 剪力墙结构

剪力墙结构是指房屋的内、外部都做成实体的钢筋混凝土墙体，由剪力墙承受竖向和水平作用的结构。

5. 筒体结构

筒体结构是将剪力墙或密柱框架集中到房屋的内部和外围而形成的空间封闭式的筒体。整个建筑像一个固定于基础的封闭空心悬臂梁，具有良好的刚度和抗震能力。

6. 排架结构

排架结构是指由房屋(或屋面梁)、柱和基础组成，且柱与屋架铰接、与基础刚接的结构。它多采用装配式体系，可以用钢筋混凝土或钢结构建造，广泛用于单层工业厂房建筑。

1.1.2.3 **按施工方法分类**

建筑结构按施工方法可分为现浇结构、装配式结构、装配整体式结构、预应力混凝土结构。

1.1.2.4 按结构几何特征分类

1. 杆系结构

为了研究方便,将长度方向的尺寸比截面尺寸大得多的构件统称为杆件,如梁、柱等。由若干杆件组成的结构称为杆系结构,它是应用最广泛的结构,如图1-4(a)所示的屋架。

2. 板壳结构

由薄板或薄壳组成的结构称为板壳结构。其几何特征是它们的长度和宽度远大于其厚度。当构件为平面状时称为薄板;当构件具有曲面状时称为薄壳,如图1-4(b)所示的屋盖。

3. 实体结构

如果结构的长、宽、高三个尺度为同一量级,则称为实体结构,如图1-4(c)所示的挡土墙。

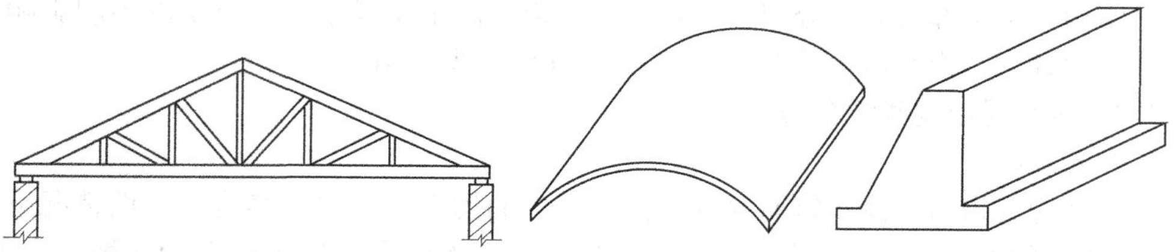

(a)屋架　(b)屋盖　(c)挡土墙

图1-4　几何特征不同的建筑结构

1.2　力学的研究对象与任务

1.2.1　力学的研究对象

如前所述,建筑结构按结构几何特征不同可分为杆系结构、板壳结构和实体结构,工程力学的研究对象主要是平面杆系结构。平面杆系结构按照其受力特征又可分为梁、刚架、桁架、组合结构和拱等类型。

1.2.2　力学的任务

建筑物在正常工作时都是处于平衡状态,处于平衡状态的物体所受的力有若干个,我们把这若干个力称为力系。能使物体保持平衡状态的力系称为平衡力系。

力学的基本任务就是研究在平衡力系作用下结构或构件的强度、刚度和稳定性的问题。

强度是指结构或构件抵抗破坏的能力。一个结构或构件能承受荷载而不破坏,即认为满足强度要求。如果一个结构或构件的强度不足,就有可能产生破坏。

刚度是指结构或构件抵抗变形的能力。任何结构或构件在荷载作用下都会发生变形,为保证结构或构件能正常工作,工程上根据不同的用途,对各种结构或构件的变形给予一定的限制，只要结构或构件的变形不超过这一限值，即认为满足刚度要求。

稳定性是指结构或构件保持原有平衡状态的能力。例如受压的细长直杆，在压力不大时，可保持原有直线平衡状态，当压力增加到某一数值时，压杆会突然弯曲进而丧失承载能力，这种现象称为失稳。如果结构的各个构件在荷载作用下能够保持其原有的平衡状态，则认为它满足稳定性要求。

1.2.3 刚体、变形固体及其基本假设

为使所研究的问题得以简化，常将研究对象抽象化为只具有某些主要性质的理想模型。在力学中，将物体抽象成为两种力学模型：一种是刚体；一种是理想变形固体。

1.2.3.1 刚体

刚体是指在任何外力作用下其形状和尺寸都绝对不变的物体。实际上，刚体是一种抽象化、理想化的力学模型，任何物体在外力作用下，其形状和尺寸总会有改变，也就是说总会发生变形。但在研究物体的平衡问题和运动规律时，这种变形对问题的影响甚微，可将物体视为刚体。

1.2.3.2 变形固体及其基本假设

在外力作用下其形状和尺寸会发生改变的物体称为变形固体。在分析强度、刚度和稳定性这些问题时，都与物体的变形密切相关，变形成为不能忽视的因素，这时我们将物体视为变形固体，并对变形固体作出以下基本假设：

(1)连续性假设。假设物体是由连续的介质组成，物体内部没有任何空隙。

(2)均匀性假设。假设物体的体积之内，各点的力学性质都相同，不随位置的改变而发生变化。

(3)各向同性假设。假设构成物体每一点的材料沿不同方向都具有相同的力学性质，不随方向改变而发生变化。各方向力学性质相同的材料称为各向同性材料(如钢材)，而各方向力学性质不相同的材料称为各向异性材料(如木材)。

(4)小变形假设。假设物体在外力作用下产生的变形量与物体本身的几何尺寸相比是很微小的。

(5)完全弹性假设。物体在外力作用下产生的变形有两种：一种是当外力消除后变形随之消失，这种变形称为弹性变形；另一种是当外力消除后变形不能消失，这种变形称为塑性变形(或残余变形)。当外力不超过一定范围时，塑性变形很小，可忽略不计，认为只有弹性变形，这种只有弹性变形性质的变形固体称为完全弹性体。

符合上述假设的变形固体称为理想变形固体。采用这种力学模型，方便了理论研究和计算方法的推导，其精确度足可满足一般的工程要求。

1.3 力学与结构的关系

正常使用的结构在荷载作用下都是处于平衡状态的，结构的主要作用是承受和传递荷载。力学首先要研究平衡状态下各种平衡力系的简化及平衡条件，根据这些平衡条件，由作用于物体上的已知力求出未知力，这个过程称为静力分析。静力分析是对结构和构

件进行其他力学分析的依据。

在荷载作用下,结构的各个构件内部会产生内力和变形,工程上要求结构或构件必须有足够的承载能力,即需要保证结构能安全、正常地工作,这就需要结构中每一个构件都要有足够的强度、刚度和稳定性。而力学的主要任务就是根据作用在结构或构件上力的平衡关系进行静力分析,从而进一步研究结构的强度、刚度和稳定性的问题,即为保证结构或构件安全可靠及经济合理提供理论基础和计算方法。因此,结构设计是建立在力学分析的基础上的。

1.4 荷载的分类

作用在结构或构件上的外力是多种多样的,习惯上我们把这些外力称为荷载,如楼面梁和楼面板要承受本身自重荷载的作用,还要承受楼面上家具、设备及人群荷载的作用,若遇地震还要承受地震力的作用等。荷载按不同方式分为如下几种类型。

1.4.1 按荷载的作用性质分类

(1)静荷载。大小、方向和作用位置都不随时间改变的荷载称为静荷载,如自重。

(2)动荷载。大小、方向和作用位置随时间而改变的荷载称为动荷载,如地震力、冲击力、惯性力等。

1.4.2 按荷载作用时间的长短分类

(1)恒荷载。长期作用在结构上,其大小、方向和作用位置不变的荷载称为恒荷载,又称为永久荷载,如结构的自重、固定设备重等。

(2)活荷载。短时作用在结构上,其大小、方向和作用位置中任一个值随时间而变化的荷载称为活荷载,如人群荷载、车辆荷载、风荷载、雪荷载等。

1.4.3 按荷载作用范围的大小分类

1.4.3.1 集中荷载

当荷载的作用范围与结构的尺寸相比很小时,可认为荷载集中作用于一点,这种集中作用于一点的荷载称为集中荷载,如车轮对地面的压力、柱子对面积较大的基础的压力等,集中荷载包括集中力(单位为 N 或 kN)和集中力偶(单位为 N/m 或 kN/m)。

1.4.3.2 分布荷载

分布作用在体积、面积和线段上的荷载称为分布荷载,如结构的自重、风荷载、雪荷载等。分布荷载包括均布荷载(如板的自重)和非均布荷载(如水对坝的侧压力)。

当以刚体为研究对象时,作用在结构上的分布荷载可用其合力(集中荷载)代替,这样可简化计算;当以变形体为研究对象时,作用在结构上的分布荷载则不能用其合力代替。

习 题

1. 什么是建筑结构?
2. 力学的任务是什么?
3. 荷载有哪几种?
4. 力学与结构的关系是什么?
5. 学习本课程时应注意哪些问题?

2 力学基本知识

【学习目标】 理解力的概念，理解常见的几种约束类型的特点及其约束反力，理解平衡的概念，掌握静力学的公理及其推论，掌握物体及物体系统的受力图的绘制。

2.1 力学基本概念

2.1.1 力的概念

2.1.1.1 力的定义

用手拉弹簧，手和弹簧之间有相互作用；用绳子拉物体移动，绳子与物体之间也有力的作用。引起弹簧变形和物体移动的这种作用就是力。

力是物体间相互的机械作用。力对物体的作用结果称为力的效应。力使物体运动状态发生改变的效应称为运动效应或外效应；力使物体的形状发生改变的效应称为变形效应或内效应。一个物体受力后，一定会产生力的效应，力与力的效应是一一对应的。

由力的定义可知，力是物体与物体之间的相互作用，因此力不可能脱离物体而单独存在。也就是说，存在受力物体就必然存在施力物体。

2.1.1.2 力的三要素

实践证明，力对物体的作用效应取决于力的大小、方向和作用点。

1. 力的大小

力的大小表明物体间相互作用的强弱程度。为了度量力的大小，应规定力的单位，在国际制单位中，力的单位是牛[顿](N)或千牛[顿](kN)。

2. 力的方向

力的方向包含有方位和指向两个含义。力的指向表示这个力是拉力(箭头离开物体)还是压力(箭头指向物体)；力的方位是指力的作用线与基准线(通常是水平轴线)的夹角，一般用 α 表示。

3. 力的作用点

力的作用点是指力在物体上作用的位置，常指物体间接触点或物体的重心。

力对物体的作用效果，取决于力的大小、方向和作用点。在这三个因素中，只要改变其中的一个因素，都会对物体产生不同的效果。所以，把力的大小、方向和作用点称为力的三要素。

2.1.1.3 力的表示方法

为了便于对物体作受力分析，常需要将力用图形表示出来。由力的三要素可知，力是有大小又有方向的量，所以力是矢量，可用一带箭头的线段来表示，这种表示方法，称为力的图示法。

如图 2-1 所示,线段的长度(按选定的比例)表示力的大小;线段与某定直线的夹角表示力的方位,箭头表示力的指向;带箭头线段的起点 A(或终点 B)表示力的作用点;通过力的作用点沿力方向的直线 L,称为力的作用线。

在书写时,力一般用大写黑体字母,如 $\boldsymbol{F}$、$\boldsymbol{P}$、$\boldsymbol{T}$ 表示力矢量;手写用大写字母头上加一箭头,如 $\vec{F}$、$\vec{P}$、$\vec{T}$ 等表示力矢量。

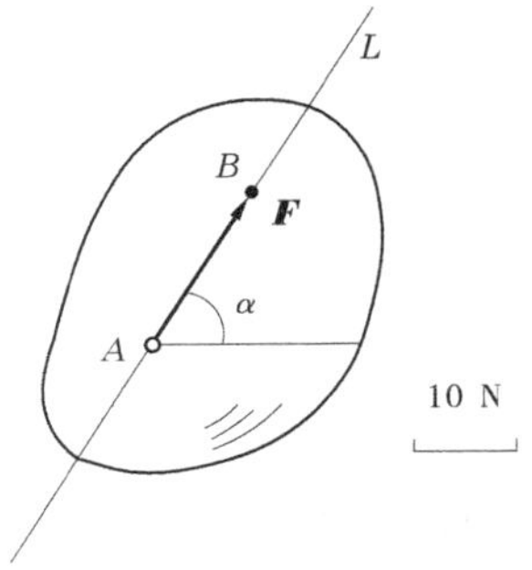

图 2-1

2.1.2 力系的分类

作用在一个物体上的多个力的总和称为力系。

2.1.2.1 根据力系作用下物体所处的状态分类

(1)平衡力系:使物体保持平衡状态的力系。

(2)不平衡力系:使物体处于非匀速直线运动状态的力系。

在工程力学中,除特殊情况加以说明外,一般我们研究的力系都是平衡力系。

2.1.2.2 根据力系中各个力的作用线在空间分布情况分类

(1)平面力系:各力的作用线均位于同一平面内的力系。

(2)空间力系:各力的作用线不在同一平面的力系。

2.1.2.3 根据力系中各力作用线间相互关系分类

(1)共线力系:各力的作用线均处于一条直线上的力系。

(2)汇交力系:各力的作用线或其延长线汇交于一点的力系。

(3)平行力系:各力的作用线互相平行的力系。

(4)一般力系:各力的作用线既不共线,也不完全汇交或平行的力系,力系中的各个力的作用线无特殊规律。

在不改变作用效应的前提下,用一个简单力系代替一个复杂力系的过程,叫做力系的简化或力系的合成。对物体作用效应相同的力系称为等效力系。如果一个力与一个力系等效,则这个力称为该力系的合力,而力系中的各个力都为这个合力的分力。

2.2 静力学公理

静力学公理是人们在长期的生产和生活实践中,经过反复观察和实验总结出来的普遍规律,是得到大家公认的关于力的基本性质的概括和总结,是静力学理论的基础。

2.2.1 二力平衡公理

公理:一刚体在两个力作用下,处于平衡状态,其必要和充分条件是:这两个力大小相等、方向相反,作用在同一条直线上,如图 2-2 所示。

2.2.2 加减平衡力系公理

公理:在作用于刚体上的任意力系中,加上或减去一个平衡力系,不改变原力系对刚

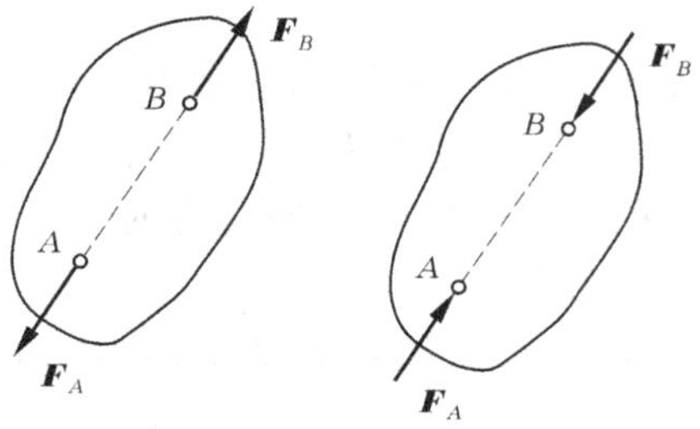

图 2-2

体的作用效应。

推论Ⅰ(力的可传性原理):作用在刚体上某点的力,可沿其作用线任意滑移至刚体上的任意一点,而不改变此力对刚体的作用效应。

证明:设力 $\boldsymbol{F}$ 作用在物体的 A 点,如图 2-3(a)所示。根据加减平衡力系公理,可在力的作用线上任取一点 B,加上等值、反向、共线的 $\boldsymbol{F}_1$ 和 $\boldsymbol{F}_2$ 两个力,并且使 $F_2 = -F_1 = F$,如图 2-3(b)所示。$\boldsymbol{F}$ 和 $\boldsymbol{F}_1$ 是一个平衡力系,故可去掉,于是只剩下作用在 B 点的力 $\boldsymbol{F}_2$,如图 2-3(c)所示。图 2-3(a)、(b)、(c)都是等效的,故图 2-3(c)中的力 $\boldsymbol{F}_2$ 与图 2-3(a)中的原力 F 等效,这就相当于在同一刚体内把作用于 A 点的力 $\boldsymbol{F}$ 沿其作用线滑移到了 B 点,而力的效应并没有发生改变。

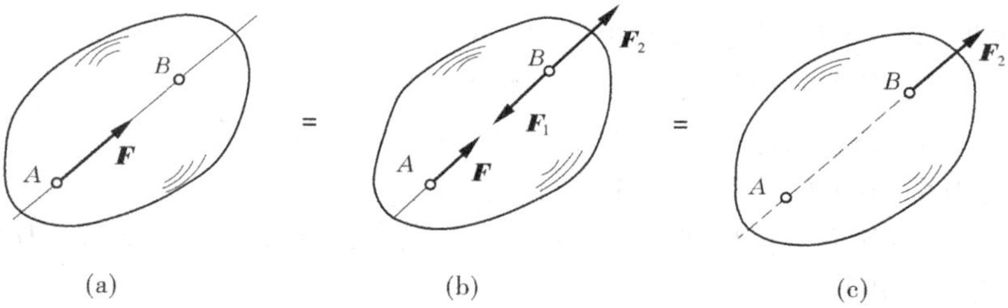

图 2-3

力的可传性原理告诉我们,力对刚体的效应与力的作用点在作用线上的位置无关。因此,对刚体而言,力的三要素可改为:力的大小、方向和作用线。

力的加减平衡力系公理和力的可传性原理都只适用于刚体。

2.2.3　力的平行四边形法则(公理)

公理:作用于物体上同一点的两个力,可以合成为一个合力,其合力也作用于该点,合力的大小和方向,由这两个力为邻边所组成的平行四边形的对角线表示。

如图 2-4(a)所示,$\boldsymbol{F}_1$、$\boldsymbol{F}_2$ 为作用于物体上 A 点的两个力,以 $\boldsymbol{F}_1$ 和 $\boldsymbol{F}_2$ 为邻边作平行四边形 $ABCD$,其对角线 AC 表示两共点力 $\boldsymbol{F}_1$ 和 $\boldsymbol{F}_2$ 的合力 $\boldsymbol{R}$。

这个公理说明力的合成遵循矢量加法,只有当两力共线时,才能用代数加法。由于平行四边形对应边相等,则力的平行四边形法则还可简化为力的三角形法则,如图 2-4(b)所示。力三角形的两边由两分力首尾相接组成,第三边即为合力,它由第一个分力的起点指向第二个分力的终点,即合力的作用点仍在两分力的交点处。

力的平行四边形法则既是两个共点力的合成法则,又是力的分解法则。但将一个力

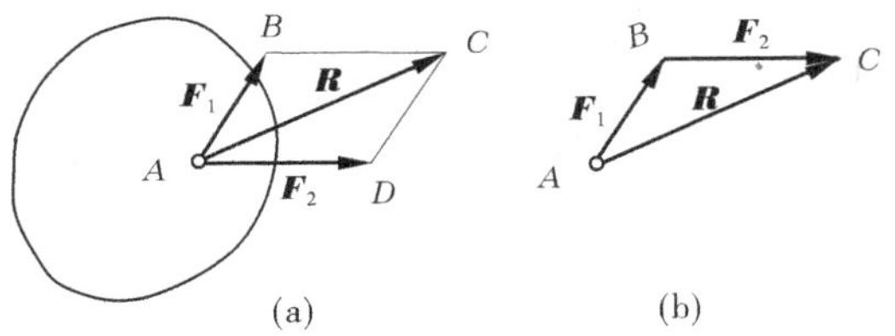

图 2-4

按此法则进行分解时，若无条件限制，则有无穷多个解。因为由一条对角线可作出无穷多个平行四边形，如图 2-5(a)所示。也就是说，合力的分力有无穷多个，分力的合力只有一个。

将一个力分解为两个力，要得出唯一解答，必须给予附加条件。通常是将一个力分解为方向已知的两个分力。设有一作用于 A 点的力 $\boldsymbol{R}$，如图 2-5(b)所示，现将此力沿直线 AK 和 AL 方向分解，应用力的平行四边形法则，过 $\boldsymbol{R}$ 的终点 B 作两直线分别平行于 AK 和 AL，得交点 D 和 C，则 $\boldsymbol{F}_1$ 和 $\boldsymbol{F}_2$ 即为所求分力。

在工程实际中，常将一个力 $\boldsymbol{R}$ 沿直角坐标轴方向进行分解，得出互相垂直的两个分力 F_x 和 F_y，如图 2-5(c)所示。这样可用简单的三角函数关系求得每个分力大小

$$\begin{aligned} F_x &= R\cos\alpha \\ F_y &= R\sin\alpha \end{aligned} \tag{2-1}$$

式中　α——$\boldsymbol{R}$ 与 x 轴之间的夹角。

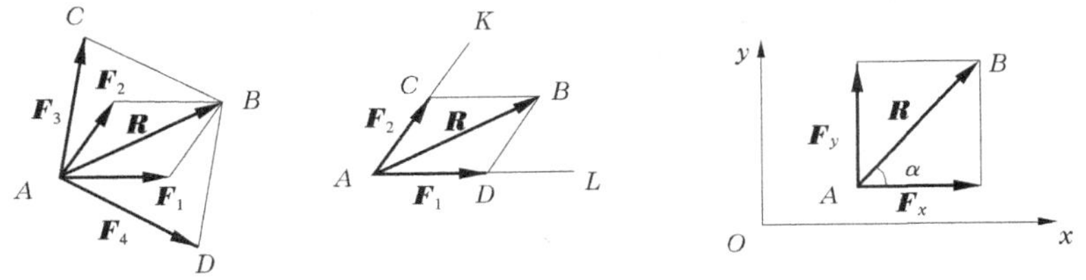

(a)无条件分解　　(b)有条件分解　　(c)正交分解

图 2-5

力的平行四边形法则是力系简化的基础，也是力分解时必须遵循的法则。由该法则还可得出一个重要推论——三力平衡汇交定理。

推论Ⅱ(三力平衡汇交定理)：一刚体受三个共面不平行的力作用而处于平衡时，则这三个力的作用线必汇交于一点。

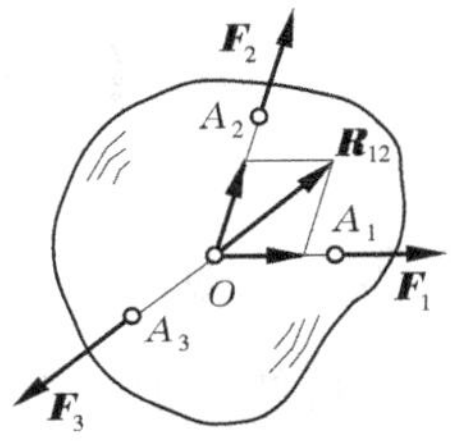

图 2-6

证明：设有共面不平行的三个力 $\boldsymbol{F}_1$、$\boldsymbol{F}_2$、$\boldsymbol{F}_3$ 分别作用在同一刚体上的 A_1、A_2、A_3 三点而使刚体平衡，如图 2-6 所示。

(1)若 $\boldsymbol{F}_1$ 和 $\boldsymbol{F}_2$ 的力作用线汇交于 O 点，则可根据力的可传性原理，将力 $\boldsymbol{F}_1$、$\boldsymbol{F}_2$ 分别沿力的作用线移到 O 点。

(2)根据力的平行四边形法则，将力 $\boldsymbol{F}_1$、$\boldsymbol{F}_2$ 合成为合力 $\boldsymbol{R}_{12}$，该力也作用于 O 点。

(3)因为 $\boldsymbol{F}_1$、$\boldsymbol{F}_2$、$\boldsymbol{F}_3$ 三力平衡，所以 $\boldsymbol{R}_{12}$ 应与力 $\boldsymbol{F}_3$ 平衡。又由二力平衡公理可知，力

F_3 和 R_{12}是一对平衡力，力 F_3 和 R_{12}一定共线，即 F_3 的作用线必通过 O 点，这说明 F_1、F_2、F_3 三力的作用线必汇交于一点。

三力平衡汇交定理常用来确定物体在共面不平行的三个力作用下平衡时其中一个未知力的作用线。

2.2.4 作用和反作用公理

公理：两物体间相互作用的作用力和反作用力，总是大小相等、方向相反，沿同一直线并分别作用在相互作用的两个物体上。

这个公理说明了两物体间相互作用力总是成对出现的，有作用力就必有反作用力，并且总是同时产生又同时消失的。

如图 2-7(a)中物体 A 放置在物体 B 上，N_1 是物体 A 对物体 B 的作用力，作用在物体 B 上，N 是物体 B 对物体 A 的反作用力，作用在物体 A 上。N_1 和 N 是作用力与反作用力的关系，即大小相等 $N_1=N$，方向相反，沿同一直线 KL，如图 2-7(b)所示。

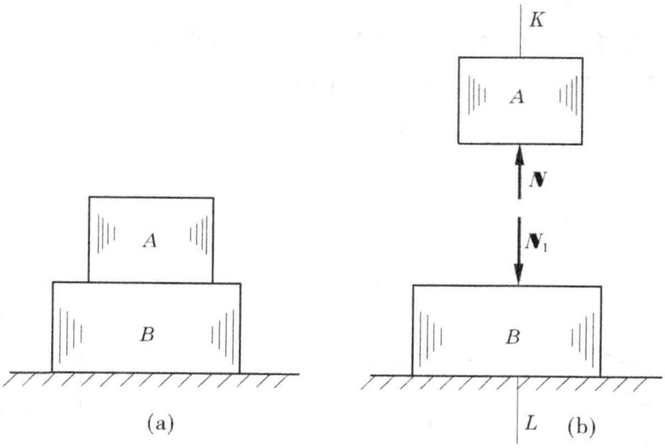

图 2-7

该公里阐明了两个相互作用的物体之间力的传递原理。当一个物体对另一个物体施加力的作用时，则施力物体同时也受到受力物体的反作用力。

作用和反作用公理与二力平衡公理是有区别的。二力平衡公理中的两个力是作用在同一物体上的，而作用和反作用公理中的二力是分别作用在两个相互作用的不同物体上。

2.3 约束与约束反力

2.3.1 约束与约束反力的概念

自然界中的物体一般分为两类：一类是可在空间自由运动而不受任何限制的物体，称为自由体，如飞行的飞机是自由体，它可以任意的移动和旋转；另一类是在空间某些方向的运动受到与之相接触的其他物体限制的物体，称为非自由体，非自由体不能自由地运动，其某些方向的移动和转动因受其他物体的限制而不能发生。

在实际工程中，一般物体都受到周围其他物体的限制而不能自由运动，则这些周围物体称为该物体的约束。约束的功能就是限制非自由体的某些运动。例如,桌子放在地面上,地面具有限制桌子向下移动的功能,地面是桌子的约束。桥梁受到桥墩的约束而静止不动,桥墩是桥梁的约束。

由于约束限制了非自由体的运动,即限制了被约束物体的运动状态。因此,约束的作用是一种力的作用。当物体沿着约束所能限制的方向有运动或有运动趋势时,约束对该物体必然有力的作用,这种力称为约束反力。约束反力的方向总是与被约束物体运动方向或运动趋势相反,约束反力的作用点在约束与被约束物体的接触处。为方便起见,约束反力简称反力,被约束物体简称物体。

在受力的物体上,那些使物体有运动或运动趋势的力称为主动力。主动力一般是已知的,可根据已有的资料确定得到;反力是由主动力引起的,随主动力的改变而改变,故又称为被动力。反力是未知的,它除了与主动力有关外,还与约束的性质有关,而约束的性质是由约束的构造情况确定的,不同的构造情况将产生不同的反力。

2.3.2 工程中常见的约束与约束反力

工程中物体之间的约束形式是复杂多样的,为了便于理论分析和计算,通常对实际约束进行抽象和归纳,可以把实际约束简化为以下几种典型的约束形式。

2.3.2.1 柔体约束

由不计自重的绳索、钢丝、皮带、链条等柔软物体构成的约束称为柔体约束。如图 2-8所示,用钢绳起吊重物,则钢绳对重物的约束即为柔体约束。

柔体约束只能限制物体沿着柔体中心线离开柔体的运动,因此柔性约束对物体的约束反力的作用点是物体与柔体约束的连接点,方向为沿柔性约束的中心线,其指向背离物体,所以说柔体约束只能受拉,不能受压,如图 2-8 中的 $\boldsymbol{T}_A$、$\boldsymbol{T}_B$。柔体约束的约束反力常用字母 $\boldsymbol{T}$ 表示。

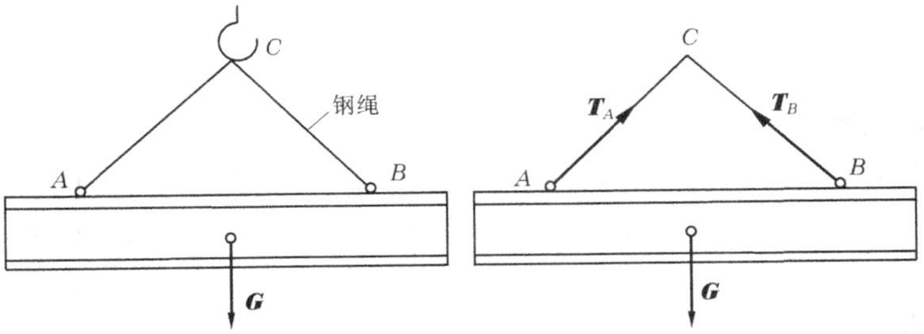

图 2-8

2.3.2.2 光滑接触面约束

物体与另一物体相互接触,当接触处的摩擦力很小略去不计时,两物体彼此的约束就是光滑接触面约束,如图 2-9(a)所示。

这种约束,不论接触面的形状如何,都不能限制物体沿光滑接触面的公切线或离开接触面的运动,只能限制物体沿接触面的公法线指向接触面的运动。因此,光滑接触面约束的约束反力是通过接触点,沿着接触面的公法线指向物体。光滑面约束反力是压力,常用字母 $\boldsymbol{N}$ 表示,如图 2-9 所示。

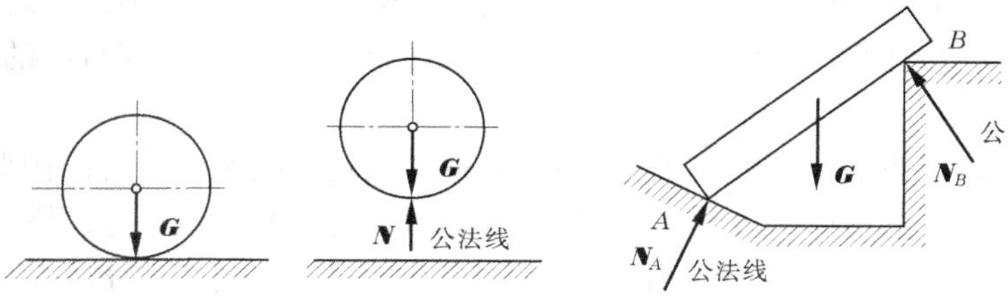

(a)曲面与平面接触　　(b)平面与点接触

图 2-9

2.3.2.3 圆柱铰链约束

圆柱铰链也称中间铰链，简称铰链，如门窗的合页便是铰链的实例。

理想的圆柱铰链由一个圆柱形销钉插入两个物体的圆孔中构成，如图 2-10(a)所示，其简图如图 2-10(b)所示，且认为销钉与圆孔的表面很光滑。

圆柱铰链约束特点：销钉不能限制物体绕销钉转动，只能限制物体在垂直于销钉轴线的平面内沿任意方向的平动。当物体相对于另一物体有运动趋势时，销钉与圆孔壁便在某处接触，由于接触处是光滑的，销钉的反力又沿接触点与销钉中心的连线作用，如图 2-10(c)所示。但由于接触点的位置一般不确定，因此约束反力的方向是未知的。所以，圆柱铰链的反力在垂直于销钉轴线的平面内，通过销钉中心，但方向不定。为了解决方向未定的问题，通常将 $\boldsymbol{R}_C$ 沿水平和铅垂两方向分解，指向待定。圆柱铰链约束反力常用字母可以用合力 $\boldsymbol{R}_C$ 表示，一般用其相互垂直的分力 $\boldsymbol{X}_C$ 和 $\boldsymbol{Y}_C$ 表示，如图 2-10(d)所示。

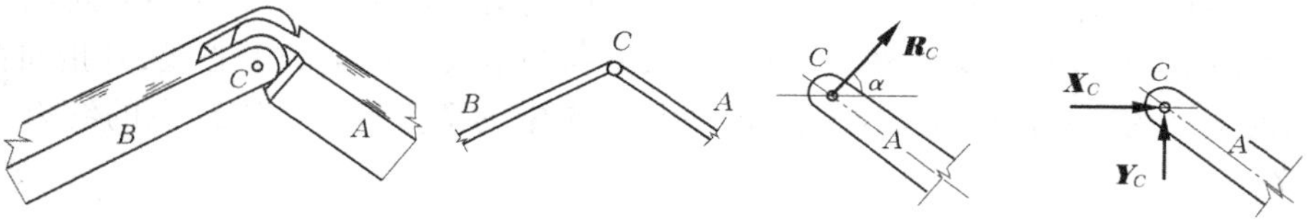

(a)　(b)　(c)　(d)

图 2-10

2.3.2.4 链杆约束

链杆约束是指两端与其他物体用光滑铰链连接，杆中间不受力，且不计杆自重的刚杆。它可以是直杆，也可以是曲杆或折杆。如图 2-11 所示的支架，横杆 AB 在 A 端用铰链与墙连接，在图 2-11(a)中 B 处由 BC 直杆支承，而在图 2-11(b)中 B 处由 BC 曲杆支承，BC 杆不论是直杆还是曲杆，均可以看成是 AB 杆的链杆约束。由于链杆只在两铰链处受力，因此链杆又称为二力杆。

链杆约束只能限制物体沿链杆两端铰中心的连线方向运动。由二力平衡公理可知，当链杆处于平衡状态时，其上所受的两个力必定大小相等、方向相反地作用在链杆两个铰链中心的连线上。因此，按作用与反作用定律，链杆约束对物体的约束反力沿链杆两铰链中心的连线，其指向待定，常用字母 $\boldsymbol{R}$ 表示，例如用 $\boldsymbol{R}_{BC}$ 和 $\boldsymbol{R}_{CB}$ 分别表示二力杆 BC 杆 B 端、C 端的约束反力，如图 2-11 所示。

2.3.2.5 支座

任何建筑结构(或构件)，都必须安置在一定的支承物上，才能承受荷载达到正常使

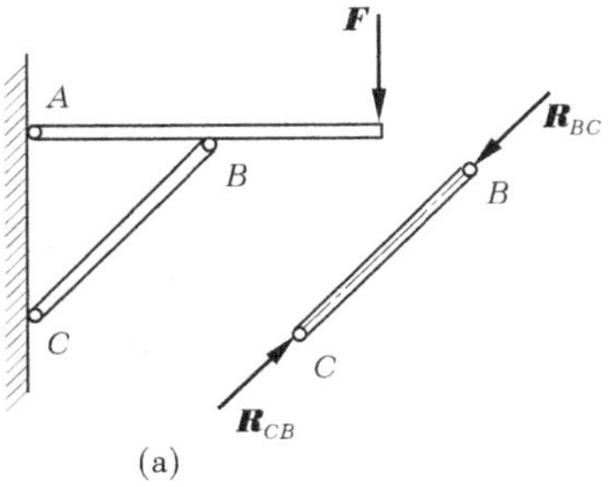

图 2-11

用的目的。在工程上常将支座固定在基础或另一静止的构件上，再将构件支承在支座上。支座对构件也是一种约束，支座对它所支承的构件的反力称为支座反力。

支座的构造是多种多样的，建筑结构的支座常有以下几种形式。

1. 固定铰支座

用光滑圆柱铰链把结构物或构件与支座连接，称为固定铰支座，如图 2-12(a)所示，简图如图 2-12(b)所示。

这种支座只能限制构件沿垂直于销轴轴线平面内任意方向的移动，但不能限制物体绕销轴发生转动。因此，固定铰支座的支座反力作用于接触点，垂直于销轴，并通过销轴轴线，其方向待定。因固定铰支座约束性能与圆柱铰链相同，其支座反力及常用字母也与圆柱铰链的相同，所以常用字母为合力 $\boldsymbol{R}$，一般用其相互垂直的分力 $\boldsymbol{X}$ 和 $\boldsymbol{Y}$ 表示，如图 2-12(c)。

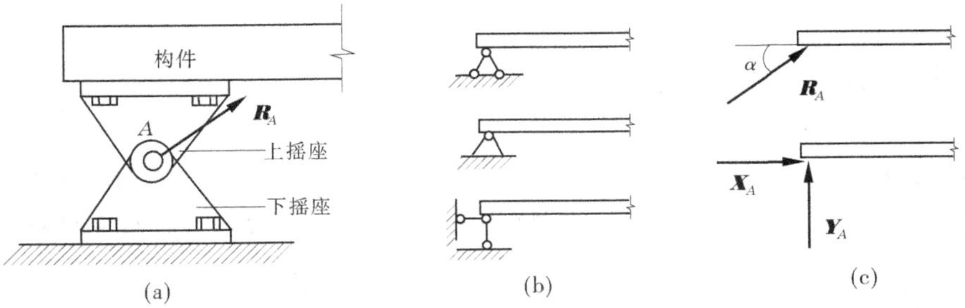

图 2-12

2. 可动铰支座

在固定铰支座底板与支承面之间安装若干个辊轴就是可动铰支座，如图 2-13(a)所示，简图如图 2-13 (b)所示。

这种支座只能限制构件沿支承面法线方向的移动（且使构件不能离开或靠近支承面），但不能限制物体沿支承面切线方向的移动和绕铰轴中心转动。可动铰支座的支座反力通过铰链中心，垂直于支承面，指向待定。常用字母 $\boldsymbol{R}$ 表示，如图 2-13(c)所示。

3. 固定端支座

固定端支座是工程结构中常见的一种支座，将构件的一端插入一固定物而构成。如图 2-14 (a)所示的钢筋混凝土柱插入基础的连接端，又如图 2-14(b)所示的嵌入墙体一定深度的悬臂梁的嵌入端都属于固定端支座，其简图如图 2-14(c)所示。

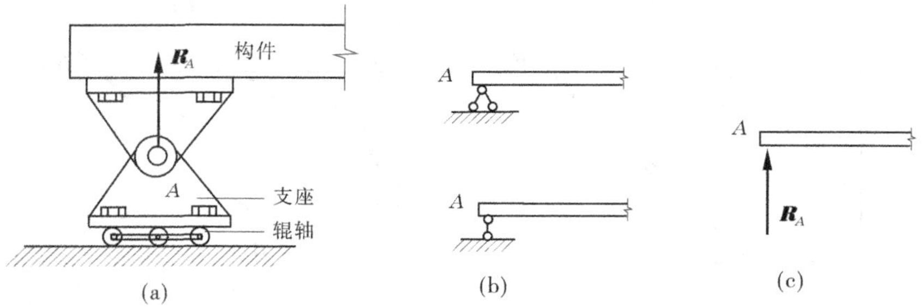

图 2-13

因为固定端支座连接处具有较大的刚性，被约束的构件在该处被完全固定，固定端支座在连接处不发生任何相对移动和转动。因此，固定端支座的支座反力可简化为阻止构件不能移动的两个分力和阻止构件不能转动的约束反力偶矩，方向待定。常用相互垂直的分力 $\boldsymbol{X}_A$、$\boldsymbol{Y}_A$ 和一个约束反力偶矩 m_A 表示，如图 2-14(d)所示。

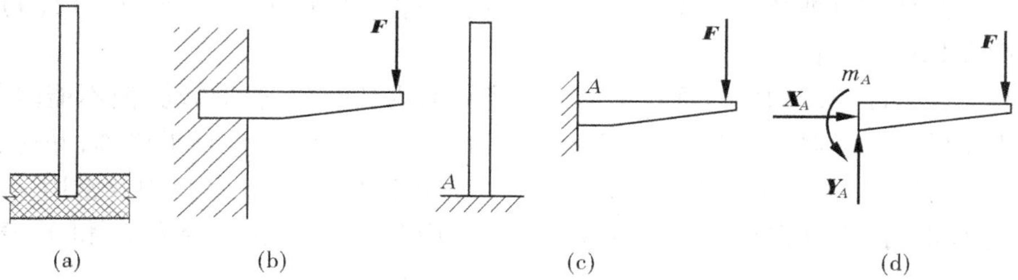

图 2-14

2.4　物体的受力图

在研究力系的简化和物体平衡过程中，需要首先选定研究对象，再分析研究对象受到哪些力的作用，并且分析哪些是已知力，哪些是未知力，这种分析过程称为物体的受力分析。

在对物体进行受力分析时，被研究的物体称为研究对象。为了清晰地表示物体的受力情况，必须解除研究对象的全部约束，并将其从周围的物体中分离出来，单独画出它的简图，这种解除了约束被分离出来的研究对象称为分离体(脱离体)。在分离体上画出周围物体对它全部作用力(包括主动力和约束反力)，得到表示物体受力情况的图形称为分离体的受力图。

2.4.1　单个物体的受力图

画单个物体受力图的步骤如下：

(1)明确研究对象，画出研究对象分离体图。

(2)画分离体所受的主动力(三要素不变)。

(3)去约束画分离体所受的约束反力。根据约束的类型和性质画出约束反力的作用位置和作用方向。

实际上物体受力图的画法就是“取分离体”“加已知力”和“加相应的约束反力”三个步骤。

下面举例说明对物体进行受力分析和画受力图的方法。

【例 2-1】 两端支座分别为固定铰支座和可动铰支座的梁称为简支梁。如图 2-15(a)所示的简支梁 AB 上的 C 点作用一集中力 $\boldsymbol{F}$,梁自重不计,试画出梁 AB 的受力图。

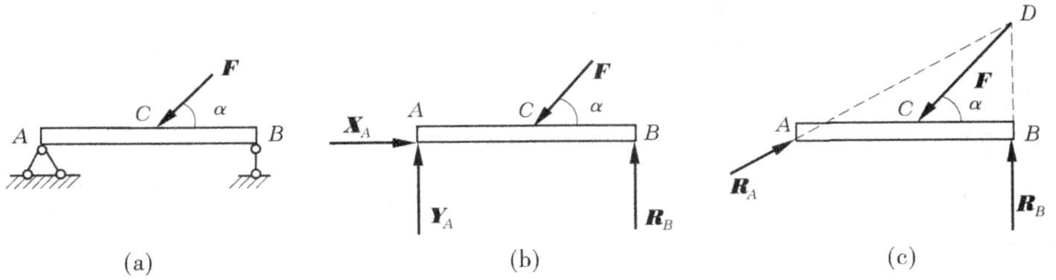

图 2-15

解: 取梁 AB 为研究对象,作用在梁上的主动力为集中力 $\boldsymbol{F}$,可动铰支座 B 的反力 $\boldsymbol{R}_B$ 垂直向上,固定铰支座 A 的反力用过 A 点的两个正交分力 $\boldsymbol{X}_A$、$\boldsymbol{Y}_A$ 表示,画出梁 AB 的受力图如图 2-15(b)所示。

由于该梁受三个力作用处于平衡,应用三力平衡汇交定理可确定 A 端支座反力 $\boldsymbol{R}_A$ 的方向,即主动力 $\boldsymbol{F}$ 与 B 端支座反力 $\boldsymbol{R}_B$ 两力作用线交于 D 点,而 $\boldsymbol{R}_A$ 的作用线必交于 D 点,所以梁 AB 的受力图还可画成如图 2-15(c)所示。

【例 2-2】 如图 2-16(a)所示的悬臂梁 AB 受已知力 $\boldsymbol{F}_1$ 和 $\boldsymbol{F}_2$ 作用,不计梁自重,试画出梁 AB 的受力图。

解: 取梁 AB 为研究对象,它受主动力 $\boldsymbol{F}_1$ 和 $\boldsymbol{F}_2$ 作用,A 端为固定铰支座,它的反力可简化为两个正交分力 $\boldsymbol{X}_A$、$\boldsymbol{Y}_A$ 和一个反力偶矩 m_A 表示。画出梁 AB 的受力图,如图 2-16(b)所示。

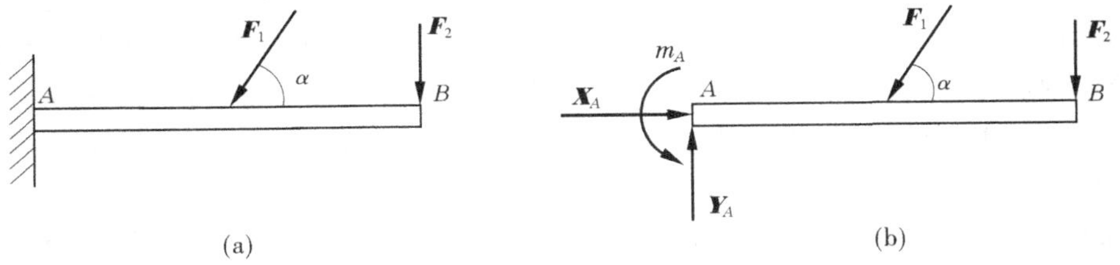

图 2-16

2.4.2 物体系统的受力图

实际工程结构大多是由多个物体组成的,这种由若干个物体通过一定的约束方式组成的结构,称为物体系统。

2.4.2.1 画物体系统受力图的一般步骤

(1)明确研究对象,画出分离体图。根据题意选择合适的物体作为研究对象,研究对象可以是一个物体,也可以是几个物体组成的物体系统。

(2)画分离体所受的主动力(三要素不变)。

(3)画分离体所受的反力。

2.4.2.2 画受力图时应注意的问题

(1)若连接杆件的约束没有解除,则该约束应保持不变,在受力图中不能有该约束的约束反力。因为该约束的约束反力在物体系统内为作用力和反作用力,对外无力的作用。

(2)在画物体系统某一部分的约束反力时,应注意被解除约束处有相应的约束反力,且约束反力是相互间的作用,要遵循作用力和反作用力的关系。

(3)在画系统某一部分受力图和画整体系统受力图时,同一约束处的约束反力画法必须一致,即名称、方位和指向应保持一致。

【例2-3】 重量为 $\boldsymbol{W}$ 的圆管放置到图2-17(a)中所示的简易构架中,AB 杆的自重为 $\boldsymbol{G}$,A 端用固定铰支座与墙面连接,B 端用绳水平系于墙面的 C 点上,若所有接触面都是光滑的,试分别画出圆管和 AB 杆的受力图。

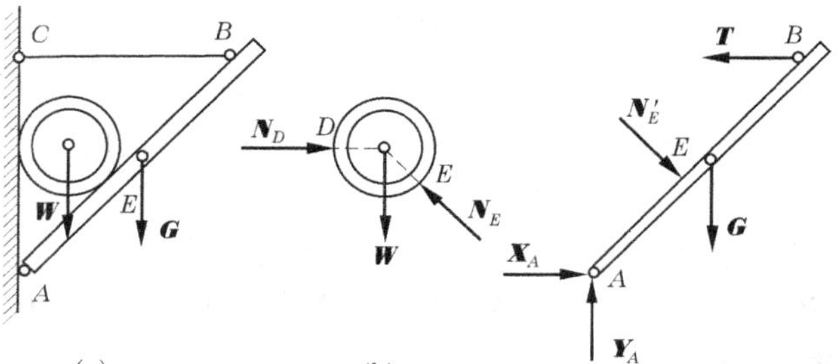

(a) (b) (c)

图2-17

解:(1)圆管的受力图。取圆管为研究对象,它所受的主动力为圆管自重 $\boldsymbol{W}$,墙面与杆分别在 D、E 两点作用于圆管的约束反力为 $\boldsymbol{N}_D$ 和 $\boldsymbol{N}_E$。由于接触面光滑,所以 $\boldsymbol{N}_D$、$\boldsymbol{N}_E$ 力的作用线均沿其接触面的公法线,通过圆管横截面的中心,并指向圆管。画出圆管的受力图,如图2-17(b)所示。

(2)AB 杆的受力图。取 AB 杆为研究对象,AB 杆所受的主动力为杆自重 $\boldsymbol{G}$ 和圆管在 E 点给它的压力 $\boldsymbol{N}'_E$,$\boldsymbol{N}'_E$ 与上述的 $\boldsymbol{N}_E$ 是作用力与反作用力的关系,所以两者等值、反向、作用线相同。AB 杆所受的约束反力为 B 端绳对它的拉力 $\boldsymbol{T}$ 和 A 端固定铰支座给它的反力 $\boldsymbol{X}_A$、$\boldsymbol{Y}_A$。画出 AB 杆的受力图,如图2-17(c)所示。

【例2-4】 在图2-18(a)所示的结构中,AD 杆 D 端受一力 $\boldsymbol{F}$ 作用,若不计杆件自重,试分别画出 AD 杆和 BC 杆的受力图。

解:(1)取折杆 BC 为研究对象,因不计杆自重,故杆上无主动力作用,又因杆的两端为铰链连接,其受到的约束反力应通过铰中心,即此折杆为二力杆。根据二力平衡条件可知:B、C 两铰链处的约束反力 $\boldsymbol{R}_B$ 和 $\boldsymbol{R}_C$ 必定大小相等、方向相反、作用线沿两铰链中心的连线,指向可先假定,画出受力图,如图2-18(b)所示。

(2)取 AD 杆为研究对象,其上有主动力 $\boldsymbol{F}$、反力 $\boldsymbol{R}'_C$、$\boldsymbol{X}_A$ 和 $\boldsymbol{Y}_A$,其中 $\boldsymbol{R}'_C$ 与 $\boldsymbol{R}_C$ 是作用力与反作用力的关系。至于固定铰 A 处的两个相互垂直的反力 $\boldsymbol{X}_A$ 和 $\boldsymbol{Y}_A$ 的指向可先假定,画出受力图,如图2-18(c)所示。

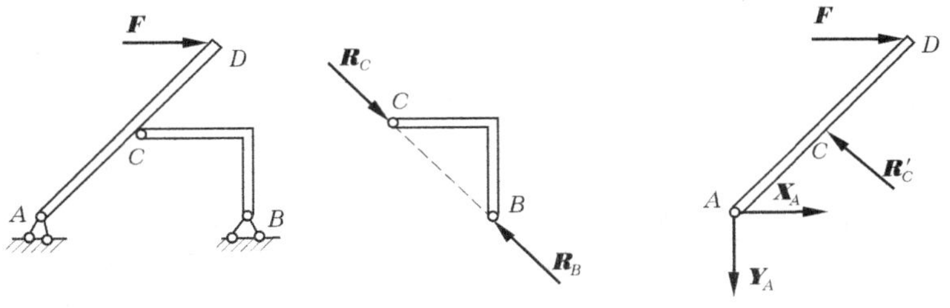

(a) (b) (c)

图 2-18

【例 2-5】 三铰刚架受力如图 2-19(a)所示，不计各杆自重，试分别画出刚架 AC、BC 部分和整体的受力图。

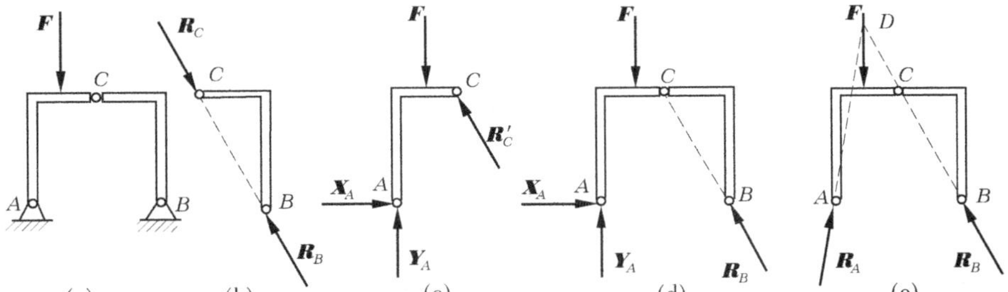

(a) (b) (c) (d) (e)

图 2-19

解：(1) 先取右半刚架 BC 为研究对象，由于不计自重，它无主动力作用，且只在 B、C 两处受铰链的约束反力作用而平衡，故右半刚架 BC 为二力构件，其反力 $\boldsymbol{R}_B$、$\boldsymbol{R}_C$ 必沿 B、C 两铰链中心连线方向，且 $R_B=R_C$，画出右半刚架 BC 的受力图，如图 2-19(b)所示。

(2) 又取左半刚架 AC 为研究对象，它受主动力 $\boldsymbol{F}$ 作用，在铰链 C 处受右半刚架的反力 $\boldsymbol{R}'_C$，且 $R'_C=R_C$，在 A 端为固定铰支座的约束，它的反力可用正交分力 $\boldsymbol{X}_A$ 和 $\boldsymbol{Y}_A$ 表示，画出左半刚架 AC 的受力图，如图 2-19(c)所示。

(3) 再取整体为研究对象，它所受的力有主动力 $\boldsymbol{F}$，固定铰支座 A、B 的反力为 $\boldsymbol{X}_A$、$\boldsymbol{Y}_A$ 和 $\boldsymbol{R}_B$。画出整体刚架的受力图，如图 2-19(d)所示。也可根据三力平衡汇交定理，画出整体刚架的另一受力图，如图 2-19(e)所示。

【例 2-6】 图 2-20(a)所示的多跨梁受集中力 $\boldsymbol{F}$ 和均布线荷载 q 作用，梁的自重不计，试分别画出 AC 梁、CD 梁和整体梁的受力图。

解：(1) 取梁 CD 为研究对象，它受主动力 $\boldsymbol{F}$ 作用。D 处为可动铰支座，它的反力是作用线垂直于支承面的 $\boldsymbol{R}_D$，指向假设向上；C 处为铰链约束，它的反力可用两个正交分力 $\boldsymbol{X}_C$、$\boldsymbol{Y}_C$ 表示，指向假设。画出梁 CD 的受力图，如图 2-20(b)所示。

(2) 取梁 AC 为研究对象，A 端为固定铰支座，它的支座反力可用两正交分力 $\boldsymbol{X}_A$、$\boldsymbol{Y}_A$ 表示，指向假设；B 处为可动铰支座，它的支座反力用 $\boldsymbol{R}_B$ 表示，指向假设；C 处为铰链，它的反力可用两正交分力 $\boldsymbol{X}'_C$、$\boldsymbol{Y}'_C$ 表示，它和作用在梁 CD 上的 $\boldsymbol{X}_C$、$\boldsymbol{Y}_C$ 是作用力与反作用力的关系，其指向不能再作假设，应与 $\boldsymbol{X}_C$、$\boldsymbol{Y}_C$ 指向相反。画出梁 AC 的受力图，如图 2-20(c)所示。

(3)取整体梁为研究对象,画出它的受力图,如图2-20(d)所示。但应注意,因没有解除铰链 C 的约束,故 AC 和 CD 两段梁相互作用的力是系统内力而不要画出。A、B 和 D 处的支座反力的指向应与图2-20(b)、(c)所示的相符。

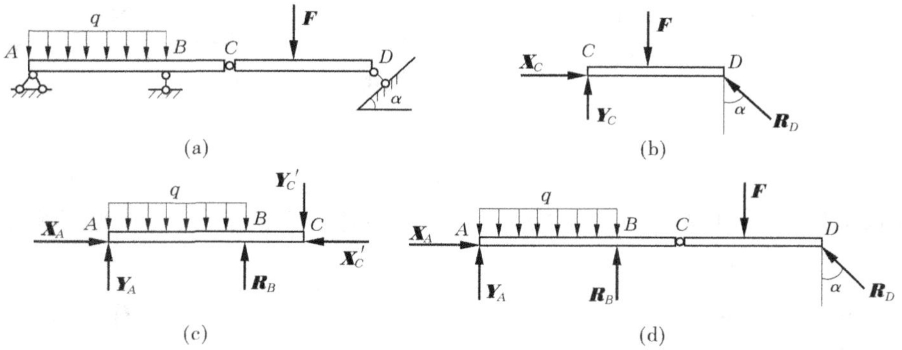

图 2-20

习 题

一、思考题

1. 作用在刚体上大小相等、方向相同的两个力对刚体的作用是否等效?不等效

2. 在"作用和反作用公理"与"二力平衡公理"中,两者都是两力等值、反向、共线,但有什么不同?

3. 力的可传性原理的适用条件是什么?

4. 两个共面共点力的合力一定比其分力大吗?不一定

5. 作用在刚体上的三个力位于同一平面内,其作用线汇交于一点,此刚体一定处于平衡状态吗?不一定

二、绘图题

1. 试分别画出图2-21中各物体的受力图(凡未标出自重的物体均不计重力,接触处不计摩擦)。

2. 试画出图2-22所示的物体系统中指定物体的受力图(凡未标出自重的物体均不计重力,接触处不计摩擦)。

(1)画出图2-22(a)中 BC 梁、AB 梁和整体的受力图。

(2)画出图2-22(b)中 CD 梁、AC 梁和整体的受力图。

(3)画出图2-22(c)中动滑轮 A 和定滑轮 B 的受力图。

(4)画出图2-22(d)中刚架 AB、刚架 CD 和整体的受力图。

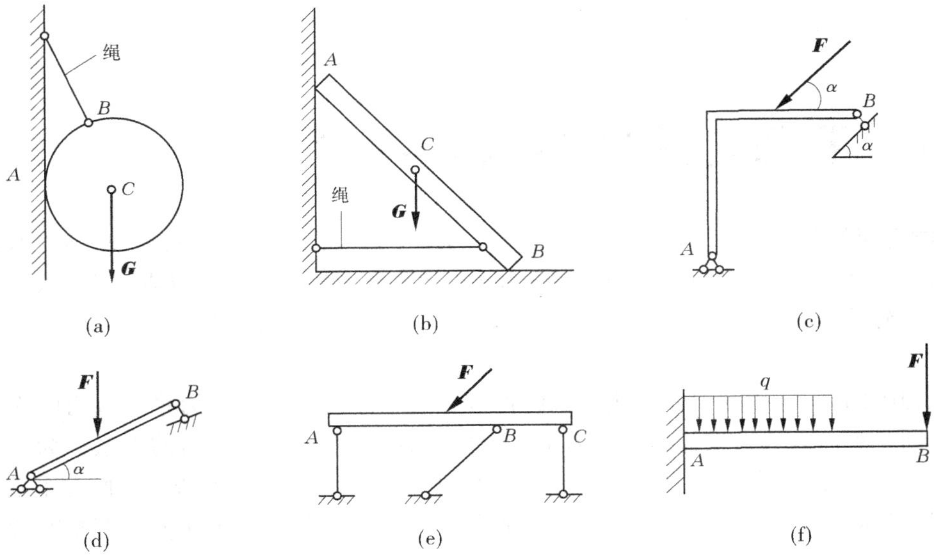

图 2-21　绘图题 1

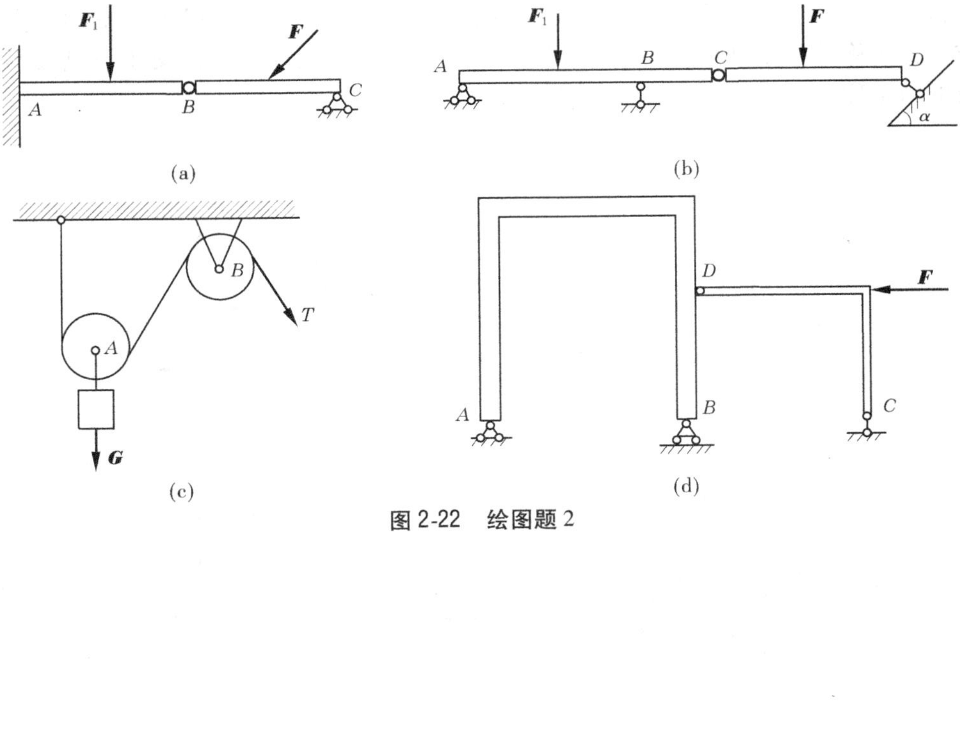

图 2-22　绘图题 2

3 平面力系的合成与平衡

【学习目标】 了解平面力系的分类，理解力偶的性质、力的平移定理、平面力系的合成方法及其结果，掌握力的投影和力矩的计算、平面力系的平衡方程及其应用，熟练使用平面力系的平衡方程解单个物体的平衡问题和物体系统的平衡问题。

工程中的力系，按其力作用线所处位置可分为平面力系和空间力系。各力的作用线均位于同一平面内的力系称为平面力系，各力作用线不在同一平面内的力系称为空间力系。在工程实际中，大多数力系都是空间力系，但其求解的思路和方法与平面力系基本相同，因此实际工程中是将空间力系分解为平面力系研究。本章只研究平面力系的合成与平衡问题。

在平面力系中，各力的作用线均汇交于一点的力系称为平面汇交力系，如图 3-1(a)所示；各力的作用线都相互平行的力系称为平面平行力系，如图 3-1(b)所示；由多个力偶构成的力系称为平面力偶系，如图 3-1(c)所示；各力的作用线既不汇交于一点又不相互平行的力系称为平面一般力系，如图 3-1(d)所示。

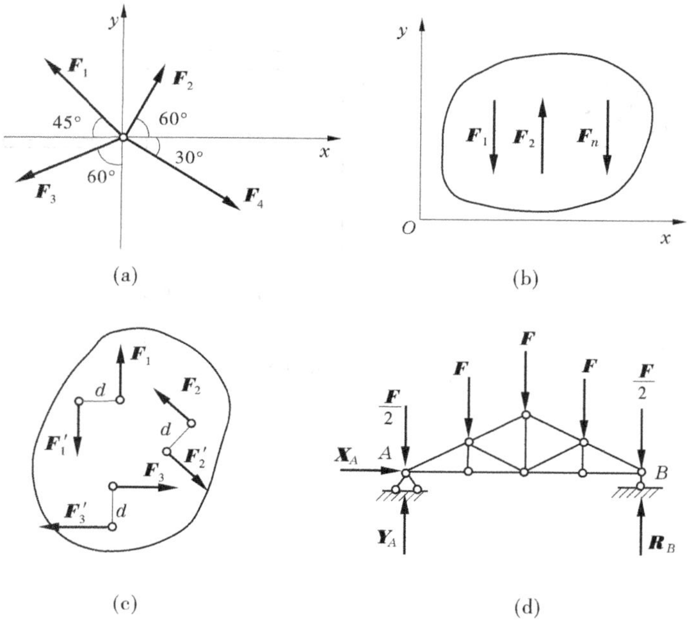

图 3-1 平面力系

3.1 力在直角坐标轴上的投影

如图 3-2 所示，通过力 $\boldsymbol{F}$ 所在的平面内任意点 O 作平面直角坐标系 xOy。从力 $\boldsymbol{F}$ 的始点 A 和末端 B 分别向 x 轴、y 轴作垂线，在 x 轴上得线段 ab，用 X 表示；在 y 轴上得线段 $a'b'$，用 Y 表示。X 和 Y 分别称为力 $\boldsymbol{F}$ 在 x 轴上和 y 轴上投影的大小。投影为代数量，其正负号规定为从始点的投影指向末点的投影，若与坐标正方向相同，则投影取正号；反之取负号。投影的单位仍是力的单位。

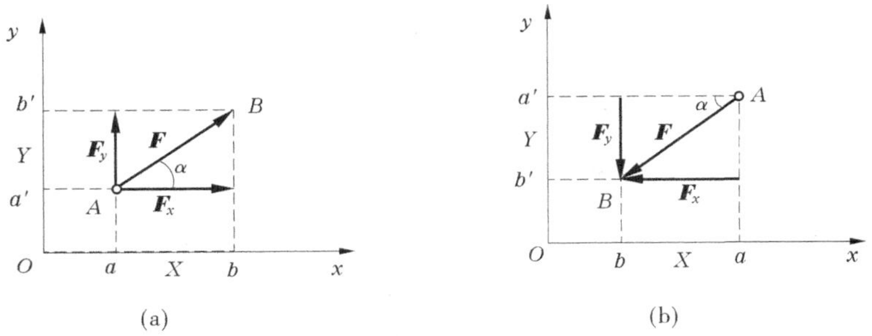

图 3-2

从图 3-2 中的几何关系得出投影的计算公式为

$$\left.\begin{aligned} X &= \pm F\cos\alpha \\ Y &= \pm F\sin\alpha \end{aligned}\right\} \tag{3-1}$$

式中 α——力 $\boldsymbol{F}$ 与 x 轴所夹的锐角，X 和 Y 的正负号可按上述规定由直观判断来确定。

由式(3-1)可知：当力与坐标轴垂直时，力在该轴上的投影为零；当力与坐标轴平行时，力在该轴上投影的绝对值与该力的大小相等。如果已知力 $\boldsymbol{F}$ 的大小及方向，就可以用式(3-1)方便地计算出投影 X 和 Y。

如果已知力 $\boldsymbol{F}$ 在 x 轴和 y 轴上的投影 X 和 Y，由图 3-2 中的几何关系，则可用式(3-2)确定力 $\boldsymbol{F}$ 的大小和方向

$$\left.\begin{aligned} F &= \sqrt{X^2 + Y^2} \\ \tan\alpha &= \left|\frac{Y}{X}\right| \end{aligned}\right\} \tag{3-2}$$

式中 α——力 $\boldsymbol{F}$ 与 x 轴所夹的锐角，力 $\boldsymbol{F}$ 的具体方向可由 X、Y 的正负号确定。

【例 3-1】 试分别求出图 3-3 中各力在 x 轴和 y 轴上的投影。已知 $F_1 = 100$ N，$F_2 = 150$ N，$F_3 = F_4 = 200$ N，各力的方向如图 3-3 所示。

解： 由式(3-1)可得各力在 x 轴、y 轴上的投影为

$$X_1 = F_1\cos45° = 100 \times 0.707 = 70.7(\text{N})$$

$$Y_1 = F_1\sin45° = 100 \times 0.707 = 70.7(\text{N})$$

$$X_2 = -F_2\cos30° = -150 \times 0.866 = -129.9(\text{N})$$

$$Y_2 = -F_2\sin30° = -150 \times 0.5 = -75(\text{N})$$

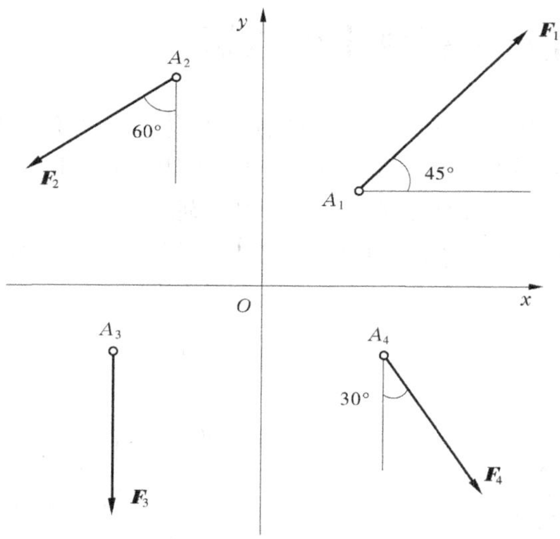

图 3-3

$$X_3 = F_3\cos90° = 0$$
$$Y_3 = -F_3\sin90° = -200 \times 1 = -200(\text{N})$$
$$X_4 = F_4\cos60° = 200 \times 0.5 = 100(\text{N})$$
$$Y_4 = -F_4\sin60° = -200 \times 0.866 = -173.2(\text{N})$$

3.2 力矩和力偶

3.2.1 力矩

3.2.1.1 力矩的定义

从实践中知道,力对刚体的作用效应除了能使刚体移动外,还能使刚体转动。力对刚体的移动效应是用力矢来度量的,而力对刚体的转动效应则是用力矩来度量的。

人们在长期的生产实践中为了使物体转动或是为了省力,广泛使用了如杠杆、滑轮等简单机械,力矩的概念就是在使用这些简单机械的过程中逐渐建立起来的。

力使物体产生转动效应与哪些因素有关呢?现以扳手拧螺帽为例来说明。如图 3-4 所示,用扳手拧紧螺帽时,手施力可使扳手绕螺帽中心转动;施力越大,螺帽越易转动;力的作用线离转动中心越远,螺帽也越易转动;当力的作用线与力的作用点到转动中心 O 点的连线不垂直时,则螺帽转动的效果就差;当力的作用线通过转动中心 O 点时,无论力 $\boldsymbol{F}$ 多大也不能扳动螺帽;只有当力的作用线垂直于转动中心与力的作用点的连线时,螺帽转动的效果为最好;另外,当力的大小和作用线不变而指向相反时,螺帽将向相反的方向转动。

由此可得规律为:力使物体绕某点转动的效果,不仅与力的大小成正比,而且还与转动中心到该力作用线的垂直距离 d 成正比,这个垂直距离 d 称为力臂,转动效果称为力对

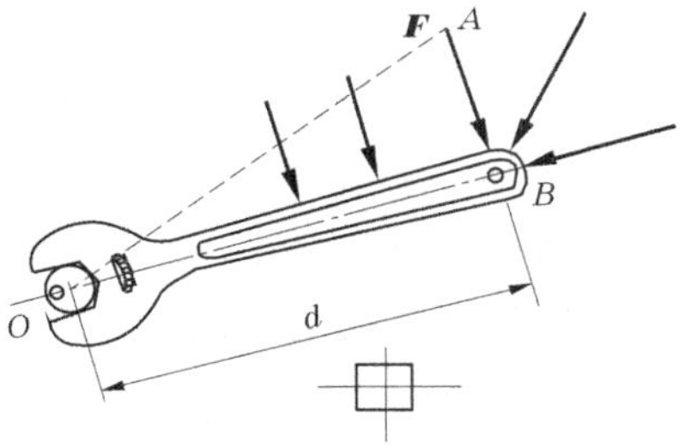

图 3-4

点之矩(简称力矩),转动中心称为力矩中心(简称矩心)。可用力的大小与力臂的乘积来量度力使物体绕某点转动的效果,称为力矩,用符号 $m_O(\boldsymbol{F})$ 表示,即

$$m_O(\boldsymbol{F}) = \pm Fd \tag{3-3}$$

力矩的大小为 Fd,也等于力的大小与转动中心构成的三角形 OAB 的面积的两倍;力矩的正负号规定为:使物体产生逆时针方向转动的力矩为正,反之取负。力矩是代数量。力矩的单位是 N · m 或 kN · m。

由力矩的定义可得如下结论:

(1)力矩不但与力的大小和方向有关,还与矩心位置有关。

(2)当力的大小为零或力的作用线通过矩心(即力臂 $d=0$)时,则力矩恒等于零。

(3)当力沿其作用线滑移时并不改变力矩。

【例 3-2】 试计算图 3-5 中 $\boldsymbol{F}_1$、$\boldsymbol{F}_2$ 对 O 点的力矩。

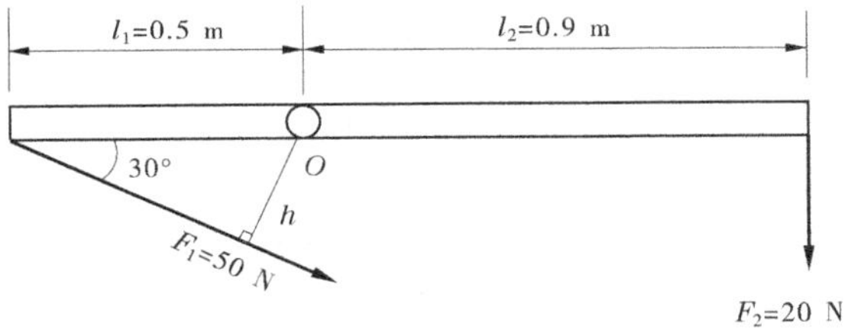

图 3-5

解:从图 3-5 中可知力 $\boldsymbol{F}_1$ 和 $\boldsymbol{F}_2$ 对 O 点的力臂为 h 和 l_2,则有

$$m_O(\boldsymbol{F}_1) = F_1 h = F_1 l_1 \sin 30^\circ$$
$$= 50 \times 0.5 \times 0.5 = 12.5(\mathrm{N \cdot m})$$
$$m_O(\boldsymbol{F}_2) = -F_2 l_2$$
$$= -20 \times 0.9 = -18(\mathrm{N \cdot m})$$

3.2.1.2 合力矩定理

由前所述的力的平行四边形法则可知,两个共点力 $\boldsymbol{F}_1$ 和 $\boldsymbol{F}_2$ 对刚体的作用效应可用它的合力 $\boldsymbol{R}$ 来代替。这里所指的作用效应当然也包括刚体绕某点转动的效应,而力使物体绕某点的转动效应由力对该点的矩来度量。因此可得,两个共点力的合力对作用平面内任一点之矩等于两个分力对同一点之矩的代数和。

由此得出合力矩定理:平面汇交力系的合力对平面内任一点的矩,等于力系中各分力

对同一点力矩的代数和。公式表示为

$$m_O(\boldsymbol{R}) = m_O(\boldsymbol{F}_1) + m_O(\boldsymbol{F}_2) + \cdots + m_O(\boldsymbol{F}_n) = \sum m_O(\boldsymbol{F}) \tag{3-4}$$

合力矩定理给出了力系的合力与分力对同一点力矩的关系,可用来简化力矩的计算。例如,在计算力对某点的力矩时,有时力臂不易求出,可将此力分解为相互垂直的两个分力,若两个分力对该点的力臂已知,即可方便地求出两分力对该点的力矩代数和,从而求得此力对该点之矩。

【例 3-3】 试计算图 3-6 的力 $\boldsymbol{F}$ 对 A 点的力矩。

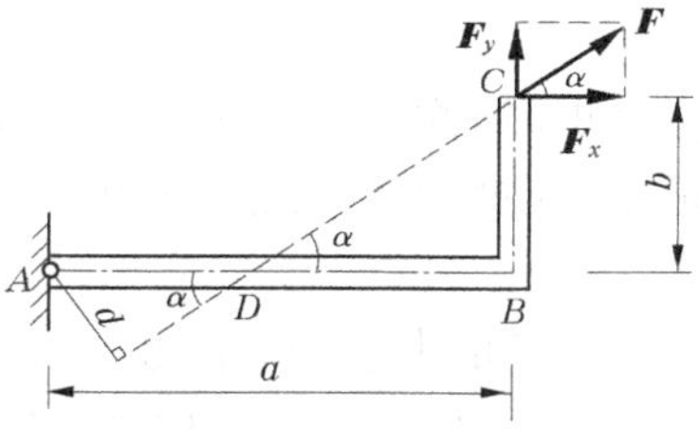

图 3-6

解:采用以下两种方法计算力 $\boldsymbol{F}$ 对 A 点的力矩:

解法 1:由力矩的定义计算力 $\boldsymbol{F}$ 对 A 点的力矩

$$\begin{aligned} m_A(\boldsymbol{F}) &= Fd = FAD\sin\alpha \\ &= F(AB - BD)\sin\alpha \\ &= F(a - b\cot\alpha)\sin\alpha \\ &= F(a\sin\alpha - b\cos\alpha) \end{aligned}$$

解法 2:用合力矩定理计算力 $\boldsymbol{F}$ 对 A 点的力矩。

将力 $\boldsymbol{F}$ 在 C 点分解为正交的两个分力 $\boldsymbol{F}_x$、$\boldsymbol{F}_y$,由合力矩定理得

$$\begin{aligned} m_A(\boldsymbol{F}) &= m_A(\boldsymbol{F}_x) + m_A(\boldsymbol{F}_y) \\ &= F_x b + F_y a \\ &= F\cos\alpha b + F\sin\alpha a \\ &= F(a\sin\alpha - b\cos\alpha) \end{aligned}$$

由此可见,两种解法的结果是相同的,但在解法 1 中,由几何关系推求力臂较麻烦,而在解法 2 中,由合力矩定理计算则较为简便。

【例 3-4】 已知 1 m 长挡土墙的自重 $F_G = 80$ kN,承受垂直土压力 $F_V = 100$ kN 和水平土压力 $F_H = 120$ kN 作用,如图 3-7 所示。试分析挡土墙是否绕 A 点倾倒。

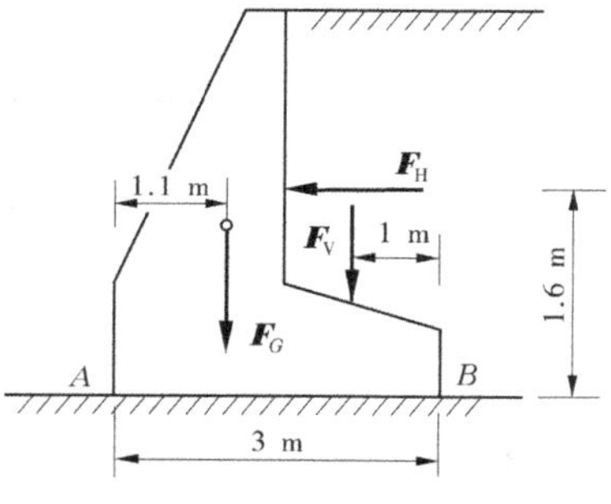

图 3-7

解:挡土墙受自重和土压力作用,其中水平土压力 $\boldsymbol{F}_H$ 对 A 点的力矩 $m_{倾}$ 有使挡土墙绕 A 点倾倒的趋势,而自重 $\boldsymbol{F}_G$ 和垂直土压力 $\boldsymbol{F}_V$ 对 A 点的力矩 $m_{抗}$ 起着抵抗倾倒的作用。若 $m_{抗} > m_{倾}$,则挡土墙不会绕 A 点倾倒;若 $m_{抗} < m_{倾}$,则挡土墙将会绕 A 点倾倒。

$$m_{倾} = m_A(\boldsymbol{F}_H) = 120 \times 1.6 = 192(\text{kN} \cdot \text{m})$$

$$m_{抗} = m_A(\boldsymbol{F}_G) + m_A(\boldsymbol{F}_V) = -80 \times 1.1 - 100 \times (3 - 1) = -288(\text{kN} \cdot \text{m})$$

$m_{抗} > m_{倾}$,因此挡土墙不会绕 A 点倾倒。

3.2.2 力偶

3.2.2.1 力偶的定义

在生产和生活实践中,为了使物体发生转动,常在物体上施加两个大小相等、方向相

反、作用力互相平行的两个力。例如,汽车司机用双手转动方向盘驾驶汽车,钻孔时作用在钻柄上的一对力,如图 3-8 所示。

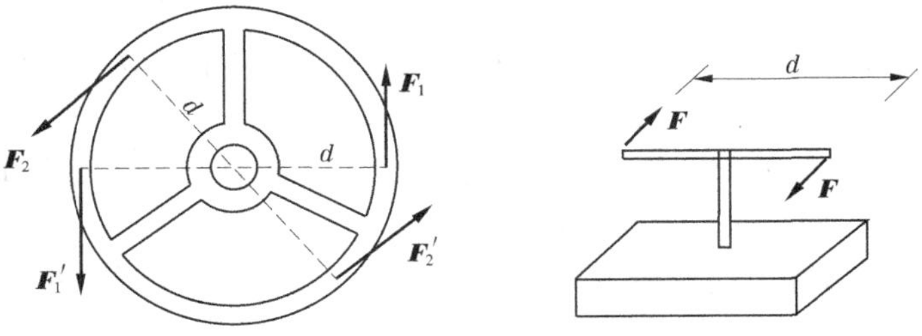

(a) (b)

图 3-8

力学上把这种由大小相等、方向相反、不共线的两个平行力组成的力系,称为力偶。用符号($\boldsymbol{F}$,$\boldsymbol{F'}$)表示。力偶两力之间的距离 d 称为力偶臂。

力偶不能再简化为更简单的形式,所以力偶同力一样被看成组成力系的基本元素。

3.2.2.2 **力偶矩**

由实践可知,组成力偶的力越大,或力偶臂越长,则力偶使物体的转动的效应就越强;反之,就越弱。因此,用力的大小与力偶臂的乘积来量度力偶对物体的转动效应,称为力偶矩,以符号 $m(\boldsymbol{F},\boldsymbol{F'})$ 表示,即

$$m(\boldsymbol{F},\boldsymbol{F'}) = m = \pm Fd \tag{3-5}$$

力偶矩的大小是 Fd。力偶矩的正负号规定为:力偶使物体逆时针转时取正;反之取负。力偶矩的单位为 N · m 或 kN · m。

力偶在其作用面内除了用两个平行反向等值的力表示外,通常也可以用一个带箭头的弧线来表示,箭头表示力偶的转向,m 表示力偶矩的大小,如图 3-9 所示。

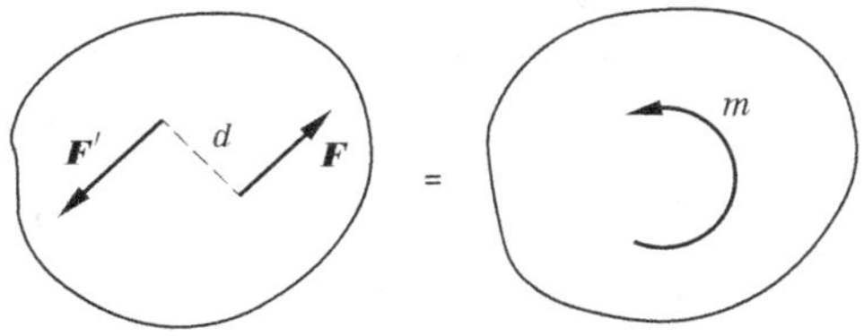

图 3-9

3.2.2.3 **力偶的基本性质**

1. 力偶的性质及推论

1)力偶的性质

(1)力偶在任意轴上的投影等于零。

(2)力偶没有合力,故不能用一个力来代替,也不能用力来平衡,力偶只能与力偶平衡。

(3)力偶对其作用面内任一点的矩恒等于力偶矩,而与矩心位置无关。

(4)在同一平面内的两个力偶,如果它们的力偶矩大小相等,转向相同,则这两个力偶等效。这个性质称为力偶的等效性。

2)力偶的推论

从以上力偶的性质可以得到以下推论：

推论Ⅰ：只要保持力偶矩的大小和转向不变，力偶可在其作用面内任意转动和移动，而不改变它对物体的转动效应。也就是说，力偶对物体的作用效应与它在作用平面内的位置无关。

推论Ⅱ：只要保持力偶矩的大小和转向不变，可以同时改变组成力偶的力的大小和力偶臂的长短，而不改变力偶对物体的转动效应。

用这两个推论可将力偶矩 $m=100\ \text{N}\cdot\text{m}$ 图示为如图3-10所示的多种情形。

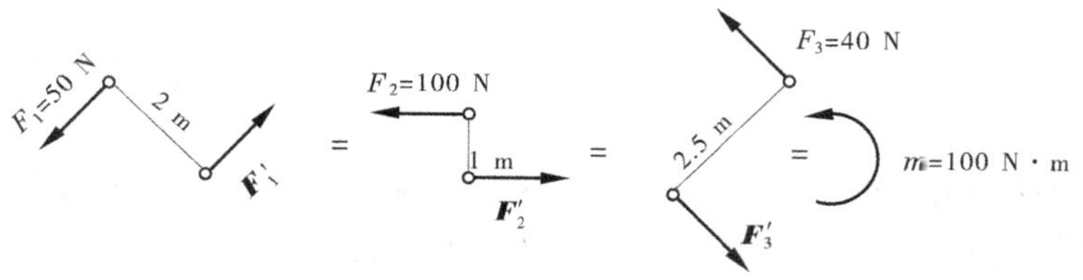

图3-10

2. 力偶的三要素

从以上分析可知，力偶对物体的转动效应完全取决于力偶矩的大小、力偶的转向和力偶的作用面，这就是力偶的三要素。力偶的三个要素相同，则其对物体的转动效应是相同的。

3.3 力的平移定理

力 $\boldsymbol{F}$ 作用于刚体上的 A 点，B 为刚体上除 A 点外的任意一点，如图3-11(a)所示。根据加减平衡力系公理，在 B 点加上两个等大、反向、共线的平衡力 $\boldsymbol{F}'$ 和 $\boldsymbol{F}''$，并使它们的作用线与力 $\boldsymbol{F}$ 平行，且令 $F'=F''=F$，如图3-11(b)所示。所以，由力 $\boldsymbol{F}$、$\boldsymbol{F}'$、$\boldsymbol{F}''$所组成的力系与原来的力 $\boldsymbol{F}$ 等效。力 $\boldsymbol{F}''$与 $\boldsymbol{F}$ 组成一个力偶($\boldsymbol{F},\boldsymbol{F}''$)，其力偶矩为 $m(\boldsymbol{F},\boldsymbol{F}'')=F\cdot d$(逆时针)。可以把这个力改画在 B 点，这样就相当于把作用于 A 点的力 $\boldsymbol{F}$ 平移到了 B 点，但同时附加了一个力偶，如图3-11(c)所示。

上述过程即为力的平移定理：作用于刚体上某点的力可以平移到此刚体上的任一点，但须附加一个力偶，附加力偶的力偶矩等于原力对平移点的力矩，即

$$m=\pm Fd=m_B(\boldsymbol{F}) \tag{3-6}$$

式中　d——力 $\boldsymbol{F}$ 的作用线至 B 点的垂直距离。

力的平移定理表明：作用于刚体上的一个力可分解为作用在同一平面内的一个力和一个力偶，如将图3-11(a)分解为图3-11(c)。也可以将同一平面内一个力和一个力偶合成为作用在另一点上的力，如将图3-11(c)转化为图3-11(a)。

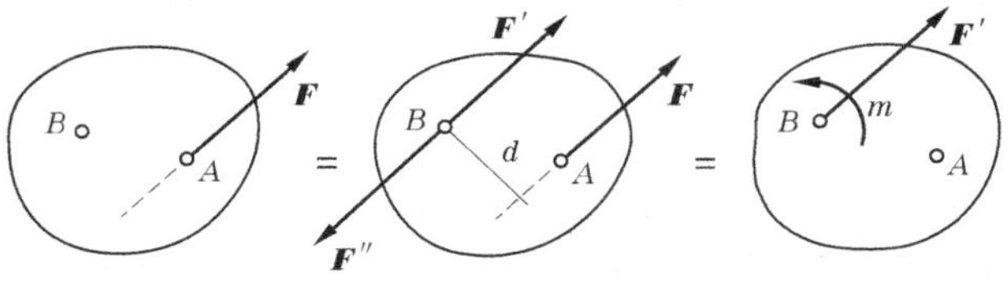

(a) (b) (c)

图 3-11

3.4 平面力系的合成

3.4.1 平面汇交力系的合成

各力的作用线均汇交于一点的平面力系称为平面汇交力系。

3.4.1.1 合力投影定理

设力 $\boldsymbol{F}_1$、$\boldsymbol{F}_2$ 作用于物体上的 A 点,按力的平行四边形法则合成合力 $\boldsymbol{R}$。任选力系所在面内 y 轴为投影轴,如图 3-12 所示。

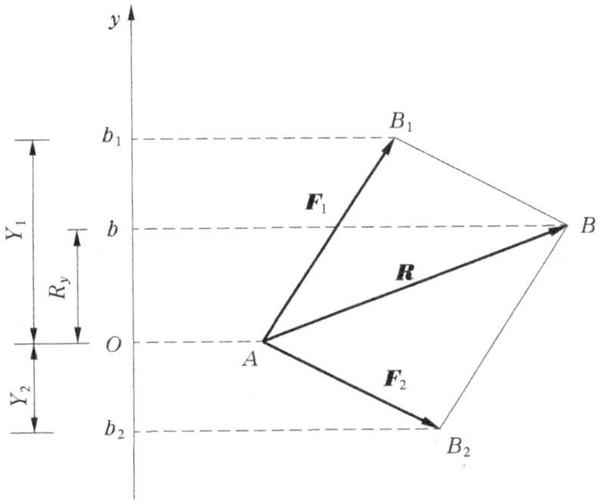

图 3-12

$\boldsymbol{F}_1$、$\boldsymbol{F}_2$、$\boldsymbol{R}$ 在 y 轴上的投影分别为

$$Y_1 = Ob_1, Y_2 = -Ob_2, R_y = Ob$$

因 $Ob_2 = bb_1$,则由几何关系可知

$$R_y = Y_1 + Y_2$$

现推广到 n 个力汇交的力系。设一平面汇交力系 $\boldsymbol{F}_1, \boldsymbol{F}_2, \boldsymbol{F}_3, \cdots, \boldsymbol{F}_n$ 作用于刚体上,按力的平行四边形法则依次合成,得该力系的合力 $\boldsymbol{R}$。在此力系所在平面内取一坐标系 xOy,将所有的力矢向 x 轴和 y 轴投影。同理得

$$\left.\begin{aligned} R_x &= X_1 + X_2 + \cdots + X_n = \sum X \\ R_y &= Y_1 + Y_2 + \cdots + Y_n = \sum Y \end{aligned}\right\} \tag{3-7}$$

这就是合力投影定理:平面汇交力系的合力在任一轴上的投影,等于力系中各分力在同轴上投影的代数和。

3.4.1.2 **平面汇交力系的合成**

可应用合力投影定理将平面汇交力系进行简化合成。

设一平面汇交力系 $\boldsymbol{F}_1,\boldsymbol{F}_2,\boldsymbol{F}_3,\cdots,\boldsymbol{F}_n$ 作用于刚体上,如图 3-13 所示。在此力系所在平面内取一直角坐标系 xOy,为了简便,现取力系的汇交点为坐标原点,将所有的力向 x 轴和 y 轴投影。根据合力投影定理,可求出合力在正交坐标轴上的投影 $R_x = \sum X$ 和 $R_y = \sum Y$。由式(3-7)求得合力的大小和方位为

$$\begin{cases} R = \sqrt{R_x^2 + R_y^2} = \sqrt{(\sum X)^2 + (\sum Y)^2} \\ \tan\alpha = \left|\dfrac{R_y}{R_x}\right| = \left|\dfrac{\sum Y}{\sum X}\right| \end{cases} \tag{3-8}$$

式中 α——合力 $\boldsymbol{R}$ 与 x 轴所夹的锐角。

平面汇交力系可以合成为一个合力,合力的作用线通过力系的汇交点,具体指向或所在象限由 $\sum X$ 及 $\sum Y$ 的正负号确定,如图 3-14 所示。

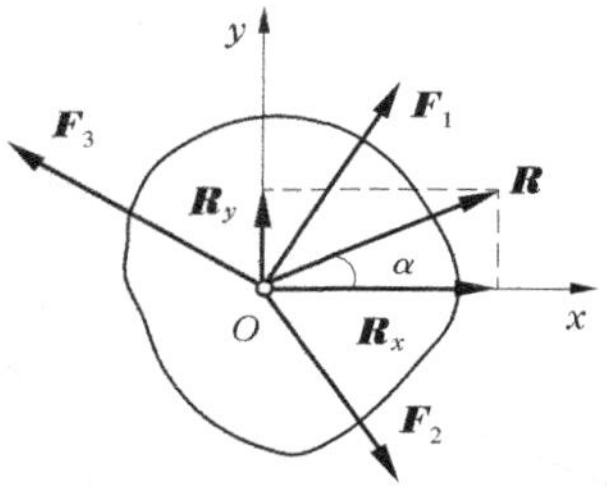

图 3-13

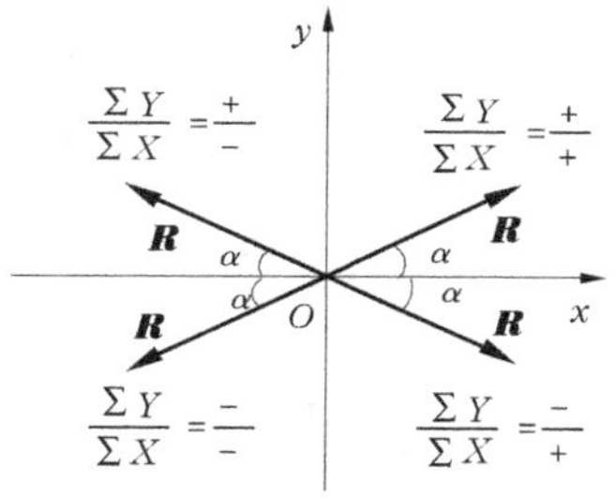

图 3-14

【例 3-5】 已知某平面汇交力系,如图 3-15 所示。其中,$F_1 = 20$ kN,$F_2 = 10$ kN,$F_3 = 18$ kN,$F_4 = 15$ kN,试求该力系的合力。

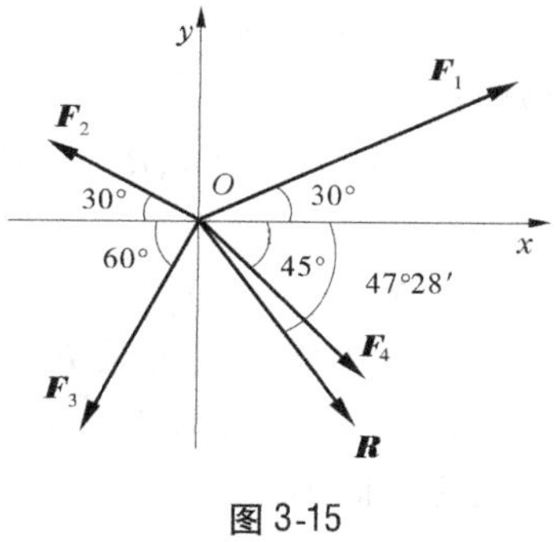

图 3-15

解:(1)建立坐标系 xOy,如图 3-15 所示,计算合力在坐标轴上的投影

$$R_x = \sum X = F_1\cos30° - F_2\cos30° - F_3\cos60° + F_4\cos45°$$
$$= 20 \times 0.866 - 10 \times 0.866 - 18 \times 0.5 + 15 \times 0.707$$
$$= 10.27(\text{kN})$$
$$R_y = \sum Y = F_1\sin30° + F_2\sin30° - F_3\sin60° - F_4\sin45°$$
$$= 20 \times 0.5 + 10 \times 0.5 - 18 \times 0.866 - 15 \times 0.707$$
$$= -11.19(\text{kN})$$

(2)求合力的大小：

$$R = \sqrt{R_x^2 + R_y^2} = \sqrt{(10.27)^2 + (-11.19)^2} = 15.19(\text{kN})$$

(3)求合力的方向

$$\tan\alpha = \left|\frac{R_y}{R_x}\right| = \frac{11.19}{10.27} = 1.09，所以\ \alpha = 47°28'$$

合力 $\boldsymbol{R}$ 作用在力系的汇交点，且由 R_x 和 R_y 的正负号判断，力 R 在第四象限，指向右下方，如图 3-15 所示。

3.4.2 平面力偶系的合成

由在同一个平面内的多个力偶构成的力系称为平面力偶系。力偶对刚体的作用效应是使刚体发生转动，平面力偶系对刚体的作用效应也是使刚体发生转动。如何度量平面力偶系对刚体作用的总转动效应呢？

如图 3-16(a)所示，设作用于刚体同一平面内的两个力偶($\boldsymbol{F}_1,\boldsymbol{F}_1'$)、($\boldsymbol{F}_2,\boldsymbol{F}_2'$)，它们的力偶臂分别为 d_1、d_2。用 m_1、m_2 分别代表这两个力偶的力偶矩，即

$$m_1 = F_1 d_1, m_2 = F_2 d_2$$

根据推论Ⅱ，将这两个力偶中的力和力偶臂同时加以改变，并使它们的力偶臂都等于 d 作为公共力偶臂，于是得到两个新力偶($\boldsymbol{P}_1,\boldsymbol{P}_1'$)、($\boldsymbol{P}_2,\boldsymbol{P}_2'$)，如图 3-16(b)所示。等效变换后的力偶中各力的大小分别为

$$P_1 = \frac{|m_1|}{d}, P_2 = \frac{|m_2|}{d}$$

再分别将作用于 A、B 两点的共线力系合成，得

$$R' = P_1' + P_2', R = P_1 + P_2$$

力 $\boldsymbol{R}$ 与 $\boldsymbol{R}'$ 的大小相等，方向相反，作用线平行但不共线，故组成一新力偶($\boldsymbol{R},\boldsymbol{R}'$)，如图 3-16(c)所示。此力偶($\boldsymbol{R},\boldsymbol{R}'$)称为原两个力偶的合力偶，其力偶矩为

$$M = Rd = (P_1 + P_2)d = P_1 d + P_2 d = m_1 + m_2 = \sum_{i=1}^{2} m_i$$

将上述关系推广到 n 个力偶(其力偶矩为 $m_1, m_2, m_3, \cdots, m_n$)组成的平面力偶系，则有

$$M = m_1 + m_2 + m_3 + \cdots + m_n = \sum_{i=1}^{n} m_i \qquad (3\text{-}9)$$

平面力偶系合成的结果是一个合力偶，其合力偶矩等于原力偶系中各分力偶矩的代数和。

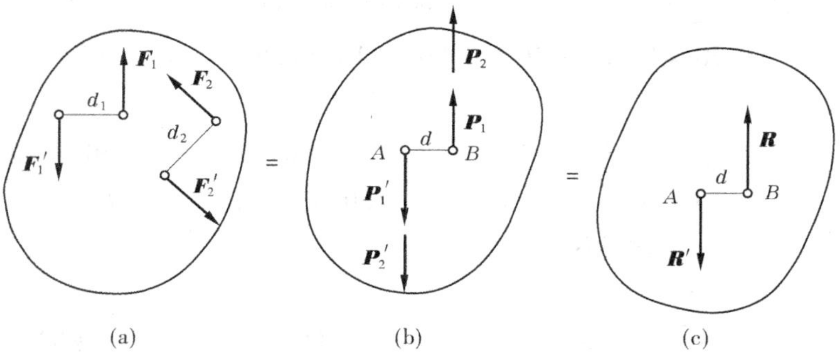

图 3-16

3.4.3 平面一般力系的合成

各力的作用线位于同一平面内，但各力的作用线既不全汇交于一点也不全相互平行，则该力系称为平面一般力系。如图 3-17 所示的简支刚架受到荷载及支座反力的作用，这个力系就是一个平面一般力系。图 3-18 所示的三角形屋架，它承受屋面传来的竖向荷载 $\boldsymbol{F}$、风荷载 $\boldsymbol{P}$ 以及两端支座反力 $\boldsymbol{X}_A$、$\boldsymbol{Y}_A$、$\boldsymbol{R}_B$，这些力组成平面一般力系。

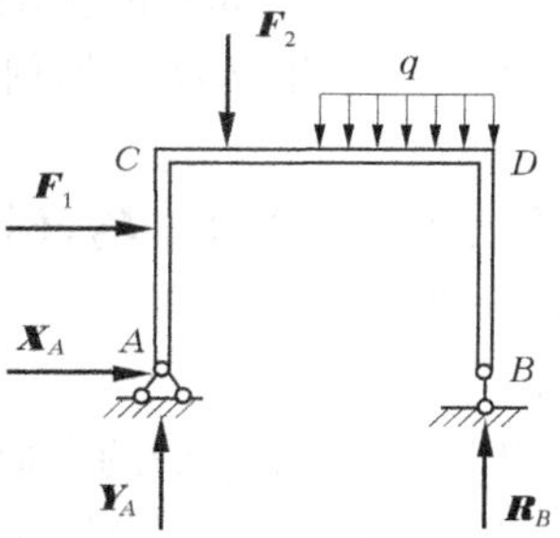

图 3-17

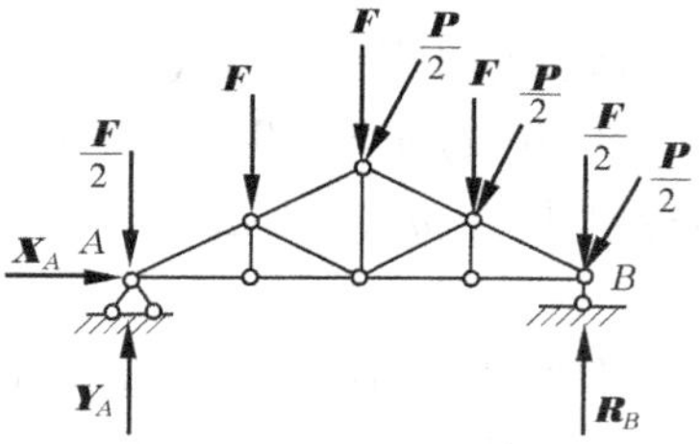

图 3-18

如图 3-19(a)所示的重力坝，通常沿纵向截取单位长度的坝段来进行受力分析，即将作用于该坝段上的重力、水压力和地基反力简化为作用于坝体对称平面内的平面一般力系，如图 3-19(b)所示。本节将讨论平面一般力系的合成问题。

3.4.3.1 平面一般力系的简化

可应用力的平移定理，对平面一般力系进行简化和合成。

设在某刚体上作用一平面一般力系$(\boldsymbol{F}_1,\boldsymbol{F}_2,\cdots,\boldsymbol{F}_n)$，如图 3-20(a)所示。在力系所在平面内任选一点 O 作为简化中心，根据力的平移定理，将力系中各力平行移动到 O 点，原力系便简化为作用于 O 点的平面汇交力系$(\boldsymbol{F}'_1,\boldsymbol{F}'_2,\cdots,\boldsymbol{F}'_n)$和相应的附加力偶系$(m_1,m_2,\cdots,m_n)$，如图 3-20(b)所示。其中，$F_1=F'_1,F_2=F'_2,\cdots,F_n=F'_n$；$m_1=m_O(\boldsymbol{F}_1),m_2=m_O(\boldsymbol{F}_2),\cdots,m_n=m_O(\boldsymbol{F}_n)$。分别将这两个力系进一步合成，如图 3-20(c)所示。

1. 主矢

作用在简化中心的新的平面汇交力系$(\boldsymbol{F}'_1,\boldsymbol{F}'_2,\cdots,\boldsymbol{F}'_n)$可合成为一个合力 $\boldsymbol{R}'$，它等于 $\boldsymbol{F}'_1,\boldsymbol{F}'_2,\cdots,\boldsymbol{F}'_n$ 的矢量和，即

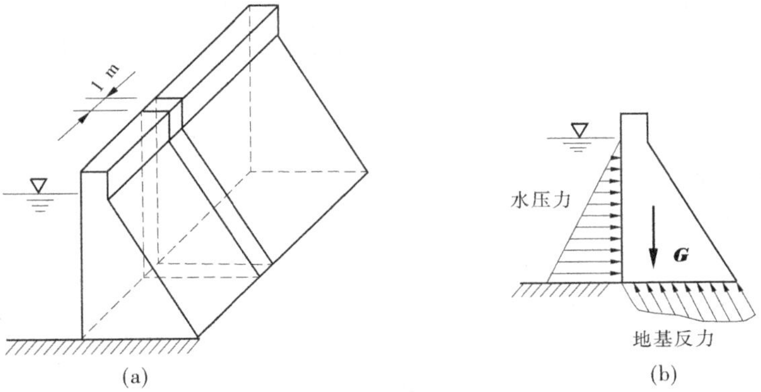

图 3-19

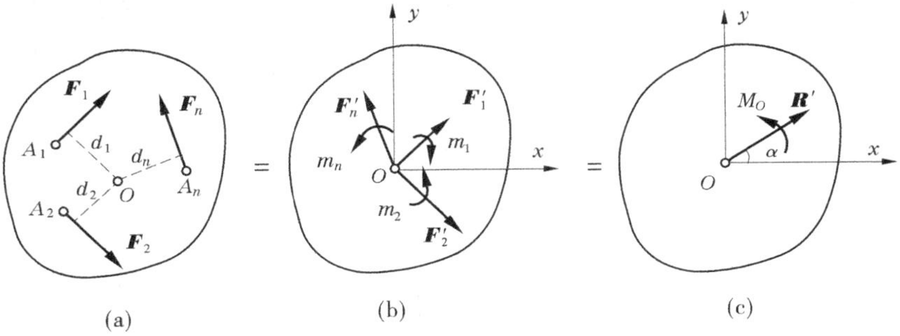

图 3-20

$$R' = F_1' + F_2' + \cdots + F_n' = F_1 + F_2 + \cdots + F_n = \sum F_i \tag{3-10}$$

矢量 $\boldsymbol{R}'$ 等于原力系中各力的矢量和，称为原力系的主矢，其大小和方向可用解析法计算，通过 O 点作直角坐标系 xOy，由合力投影定理得

$$\begin{cases} R_x' = X_1 + X_2 + \cdots + X_n = \sum X \\ R_y' = Y_1 + Y_2 + \cdots + Y_n = \sum Y \end{cases}$$

于是，主矢 $\boldsymbol{R}'$ 的大小和方向可由式(3-11)确定

$$\begin{cases} R' = \sqrt{R_x'^2 + R_y'^2} = \sqrt{(\sum X)^2 + (\sum Y)^2} \\ \tan\alpha = \left|\dfrac{R_y'}{R_x'}\right| = \left|\dfrac{\sum Y}{\sum X}\right| \end{cases} \tag{3-11}$$

2. 主矩

附加的平面力偶系可以合成为一个合力偶，合力偶矩为

$$M_O = m_1 + m_2 + \cdots + m_n = m_O(\boldsymbol{F}_1) + m_O(\boldsymbol{F}_2) + \cdots + m_O(\boldsymbol{F}_n) = \sum m_O(\boldsymbol{F}_i)$$

M_O 称为原力系的主矩，它等于原力系中各力对简化中心 O 点之矩的代数和，如图 3-20(c)所示。

平面一般力系向作用面内任一点简化，可得一个力和一个力偶。这个力的作用线通过简化中心，称为原力系的主矢，它等于原力系中各力的矢量和；这个力偶作用于原力系的作用面内，其力偶矩称为原力系对简化中心的主矩，它等于原力系中各力对简化中心的力矩的代数和。

主矢 $\boldsymbol{R}'$与简化中心的位置无关，而主矩 M_O 一般与简化中心的位置有关。

3.4.3.2 简化结果的讨论

(1) $R'=0, M_O \neq 0$。原力系与一个力偶等效，合力偶矩等于原力系对简化中心的主矩。这种情况下，主矩与简化中心的位置无关。

(2) $R' \neq 0, M_O = 0$。原力系只与一个力等效，主矢 $\boldsymbol{R}'$就是原力系的合力，作用线通过简化中心。

(3) $R'=0, M_O=0$。原力系是平衡力系。

(4) $R' \neq 0, M_O \neq 0$。如图 3-21(a)所示，此简化不是最后结果，根据力的平移定理的逆过程可知，可以再进一步简化为一个合力 $\boldsymbol{R}$，$\boldsymbol{R}$ 的作用线与 O 点距离为 d，如图 3-21(b)所示。力 $\boldsymbol{R}$ 的大小和方向与原力系的主矢 $\boldsymbol{R}'$相同，合力 $\boldsymbol{R}$ 的作用线到简化中心的垂直距离为

$$d = \frac{|M_O|}{R'} = \frac{|M_O|}{R} \tag{3-12}$$

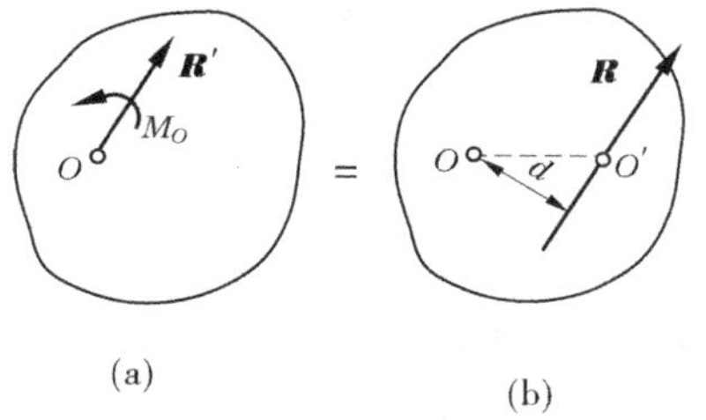

图 3-21

合力 $\boldsymbol{R}$ 在 O 点的哪一侧，由 $\boldsymbol{R}$ 对 O 点的矩的转向与主矩 M_O 的转向相一致来确定。

由图 3-21(b)可知，合力 $\boldsymbol{R}$ 对 O 点的力矩为

$$M_O = Rd = |M_O| = M_O(\boldsymbol{R})$$

而

$$M_O = \sum m_O(\boldsymbol{F}_i)$$

则

$$M_O(\boldsymbol{R}) = \sum m_O(\boldsymbol{F}_i) \tag{3-13}$$

因为 O 点是任选的，所以式(3-13)具有普遍意义，此即为合力矩定理：平面一般力系的合力对其作用面内任一点之矩等于力系中各力对同一点之矩的代数和。

【例 3-6】 已知挡土墙受自重 $G=400$ kN，水压力 $Q=150$ kN，土压力 $P=300$ kN 作用，各力的方向及作用点位置如图 3-22(a)所示。试将这三个力向底面中心 O 点简化，并求简化的最后结果。

解：(1)以底面中心 O 点为简化中心，将各力向 O 点平移，并取坐标系如图 3-22(b)所示。

(2)计算主矢 $\boldsymbol{R}'$和主矩 M_O。

$$R'_x = \sum X = Q - P\cos 45° = 150 - 300 \times 0.707 = -62.1(\text{kN})$$

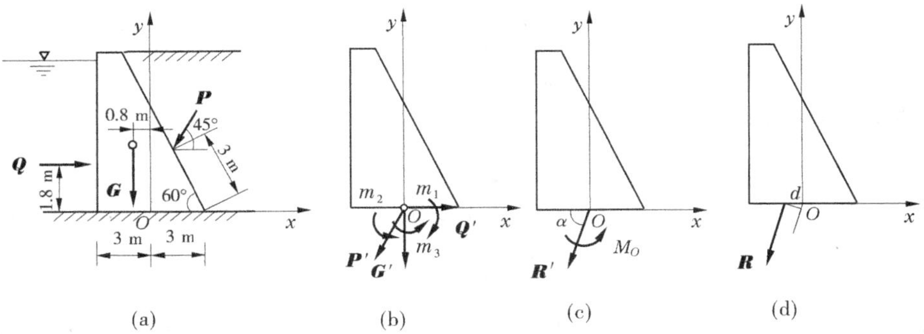

图 3-22

$$R'_y = \sum Y = -P\sin45° - G = -300 \times 0.707 - 400 = -612.1(\text{kN})$$

$$R' = \sqrt{R'^2_x + R'^2_y} = \sqrt{(\sum X)^2 + (\sum Y)^2} = \sqrt{(-62.1)^2 + (-612.1)^2}$$
$$= 615.2(\text{kN})$$

$$\alpha = \arctan\left|\frac{\sum Y}{\sum X}\right| = \arctan\left|\frac{-612.1}{-62.1}\right| = 84°12'$$

因为 $\sum X$ 和 $\sum Y$ 均为负值，所以 $\boldsymbol{R}'$ 指向第三象限且与 x 轴夹角为 α。

$$M_O = \sum m_O(\boldsymbol{F})$$
$$= -Q \times 1.8 + P\cos45° \times 3\sin60° - P\sin45° \times (3 - 3\cos60°) + G \times 0.8$$
$$= -150 \times 1.8 + 300 \times 0.707 \times 3 \times 0.866 - 300 \times 0.707 \times (3 - 3 \times 0.5) +$$
$$400 \times 0.8$$
$$= 282.9(\text{kN})$$

计算结果为正值，表明主矩 M_O 是逆时针转向，首次简化结果如图 3-26(c)所示。

(3)求合力的作用点位置。

因为主矢 $R' \neq 0$，主矩 $M_O \neq 0$，所以还可进一步合成为一个合力 $\boldsymbol{R}$，$\boldsymbol{R}$ 的大小和方向与 $\boldsymbol{R}'$ 相同，它的作用线与 O 点的距离为

$$d = \frac{|M_O|}{R'} = \frac{282.9}{615.2} = 0.46(\text{m})$$

又因 $M_O > 0$，即合力 $\boldsymbol{R}$ 应在 O 点左侧，如图 3-22(d)所示。

3.5　平面力系的平衡

3.5.1　平面一般力系的平衡

平面一般力系向作用面内任一点简化后得到主矢 $\boldsymbol{R}'$ 和主矩 M_O。若主矢 $\boldsymbol{R}'$ 和主矩 M_O 都为零，则力系平衡；反之，若力系平衡，则主矢 $\boldsymbol{R}'$ 和主矩 M_O 也必定为零。平面一般力系平衡的必要和充分条件是：力系的主矢 $\boldsymbol{R}'$ 和力系对任一点的主矩 M_O 都为零，即

$$\begin{cases} R' = \sqrt{(\sum X)^2 + (\sum Y)^2} = 0 \\ M_O = \sum m_O = 0 \end{cases}$$

于是得平面一般力系的平衡方程为

$$\begin{cases} \sum X = 0 \\ \sum Y = 0 \\ \sum M_O = 0 \end{cases} \tag{3-14}$$

此为平面一般力系平衡方程的基本形式,即平面一般力系平衡的必要和充分条件为:力系中所有各力在其作用面内正交坐标轴上投影的代数和分别为零,力系中所有各力对该平面内任一点之矩的代数和也为零。

平面一般力系的平衡方程还有二力矩式和三力矩式。

(1)二力矩式。平面一般力系二力矩式平衡方程为

$$\begin{cases} \sum X = 0 \\ \sum M_A = 0 \\ \sum M_B = 0 \end{cases} \tag{3-15}$$

式(3-15)中两矩心 A、B 的连线不能与投影轴垂直。

(2)三力矩式。平面一般力系三力矩式平衡方程为

$$\begin{cases} \sum M_A = 0 \\ \sum M_B = 0 \\ \sum M_C = 0 \end{cases} \tag{3-16}$$

式(3-16)中 A、B、C 三点不能共线。

利用平衡方程求解平面汇交力系的平衡问题时,若计算结果为正值,表示未知力假设的指向就是实际的指向;若计算结果为负值,表示未知力假设的指向与实际指向相反。

【例 3-7】 如图 3-23(a)所示为一悬臂式起重机,图中 A、B、C 处都是铰链连接。梁 AB 的自重 $G=1$ kN,作用在梁的中点,电动葫芦连同起吊重物共重 $W=8$ kN,杆 BC 自重不计,求支座 A 的支座反力和杆 BC 所受的力。

解:(1)取梁 AB 为研究对象。

(2)画受力图。梁 A 端为固定铰支座,其支座反力用两正交反力 $\boldsymbol{X}_A$、$\boldsymbol{Y}_A$ 表示;杆 BC 为二力杆,它的约束反力假设为拉力。画出受力图,选取坐标轴,如图 3-23(b)所示。

(3)列平衡方程,求未知力。

$$\sum X = 0 \qquad X_A - T\cos 30° = 0$$

$$\sum Y = 0 \qquad Y_A + T\sin 30° - G - W = 0$$

$$\sum M_A = 0 \qquad T\sin 30° \times 4 - G \times 2 - W \times 3 = 0$$

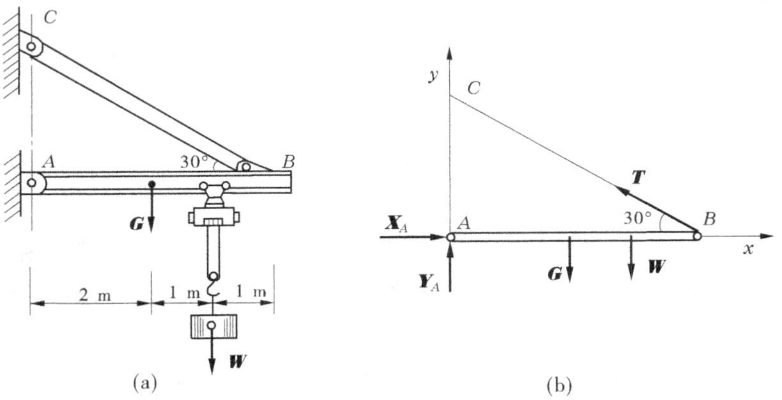

图 3-23

解得

$$T=\frac{2G+3W}{4\sin 30^\circ}=\frac{2\times 1+3\times 8}{4\times 0.5}=13(\text{kN})$$

$$X_A=T\cos 30^\circ=13\times 0.866=11.26(\text{kN})$$

$$Y_A=G+W-T\sin 30^\circ=1+8-13\times 0.5=2.5(\text{kN})$$

【例 3-8】 试用式(3-15)求解例 3-7。

解:(1)、(2)同例 3-7。

(3)列平衡方程,求未知力。

$$\sum M_A=0 \qquad T\sin 30^\circ\times 4-G\times 2-W\times 3=0$$

$$\sum M_B=0 \qquad -Y_A\times 4+G\times 2+W\times 1=0$$

$$\sum X=0 \qquad X_A-T\cos 30^\circ=0$$

解得结果同例 3-7。

【例 3-9】 试用式(3-16)求解例 3-7。

解:(1)、(2)同例 3-7。

$$\sum M_A=0 \qquad T\sin 30^\circ\times 4-G\times 2-W\times 3=0$$

$$\sum M_B=0 \qquad -Y_A\times 4+G\times 2+W\times 1=0$$

$$\sum M_C=0 \qquad X_A\times 4\tan 30^\circ-G\times 2-W\times 3=0$$

解得结果同例 3-7。

平面一般力系的平衡方程虽然有三种不同的形式,但不论采用哪种形式,都只能列出三个独立的平衡方程。因此,应用平面一般力系的平衡方程只能求解三个未知量。

平面汇交力系、平面平行力系和平面力偶系可以看作平面一般力系的特殊情况,它们的平衡方程均可由式(3-14)推导出。

3.5.2 平面汇交力系的平衡

平面汇交力系的合成结果是一个合力,因此平面汇交力系平衡的必要和充分条件是该力系的合力为零。

$$R = \sqrt{R_x^2 + R_y^2} = \sqrt{\left(\sum X\right)^2 + \left(\sum Y\right)^2} = 0$$

即

$$\begin{cases} \sum X = 0 \\ \sum Y = 0 \end{cases} \tag{3-17}$$

式(3-17)称为平面汇交力系的平衡方程。平面汇交力系平衡的充分和必要条件为：力系中各力在两个坐标轴上投影的代数和均等于零。应用此平衡方程可求解两个未知量。

【例 3-10】 重 $G=20$ kN 的物体被绞车匀速起吊，绞车的钢丝绳绕过光滑的定滑轮 A，滑轮由不计重量的 AB 杆和 AC 杆支撑，如图 3-24(a)所示。试求 AB 杆和 AC 杆所受的力。

解：(1)取滑轮连同销钉 A 为研究对象，画受力图。由于不计支撑杆自重，AB 杆和 AC 杆均为二力杆，现假设两杆都受拉，重物 $\boldsymbol{G}$ 通过钢丝绳直接加在滑轮的一边。当重物匀速上升时，拉力 $T_1=G$，而钢丝绳绕滑轮的另一边具有同样大小的拉力，即 $T_1=T_2$，画出受力图和选取坐标系，如图 3-24(c)所示。

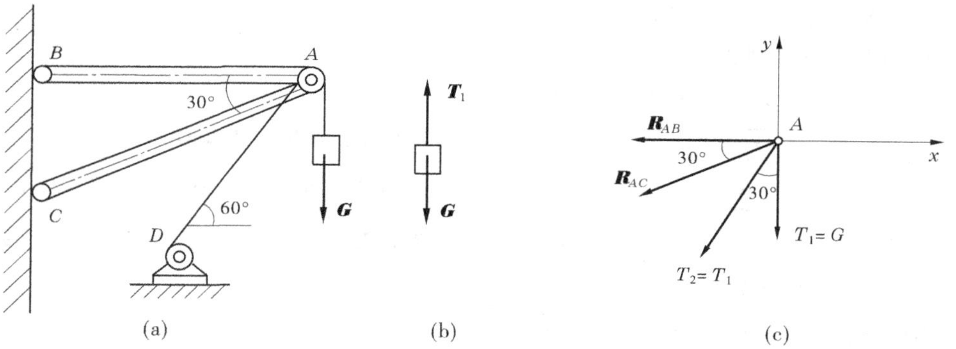

图 3-24

(2)列平衡方程，求 AB 杆和 AC 杆所受的力。

$$\sum X = 0 \qquad -R_{AB} - R_{AC}\cos30° - T_2\sin30° = 0 \tag{a}$$

$$\sum Y = 0 \qquad -R_{AC}\sin30° - T_2\cos30° - T_1 = 0 \tag{b}$$

将 $T_2 = T_1 = G$ 代入式(b)和式(a)，联立解得

$$R_{AC} = -74.64\ \text{kN}$$

$$R_{AB} = 54.64\ \text{kN}$$

力 R_{AC} 解得的结果为负值，表示该力的假设方向与实际方向相反，因此杆 AC 是受压杆。

3.5.3 平面平行力系的平衡

在图 3-25 所示的平面平行力系中，取 y 轴与力系中各力的作用线平行，x 轴与力系中

各力的作用线垂直，不论力系是否平衡，各力在 x 轴上的投影恒等于零，即 $\sum X = 0$ 自然满足。因此，由式(3-14)就可导出平面平行力系的平衡方程基本形式为

$$\begin{cases}\sum Y = 0 \\ \sum M_O = 0\end{cases} \tag{3-18}$$

平面平行力系平衡的必要和充分条件是：力系中所有各力的代数和等于零，力系中各力对作用面内任一点的力矩的代数和等于零。

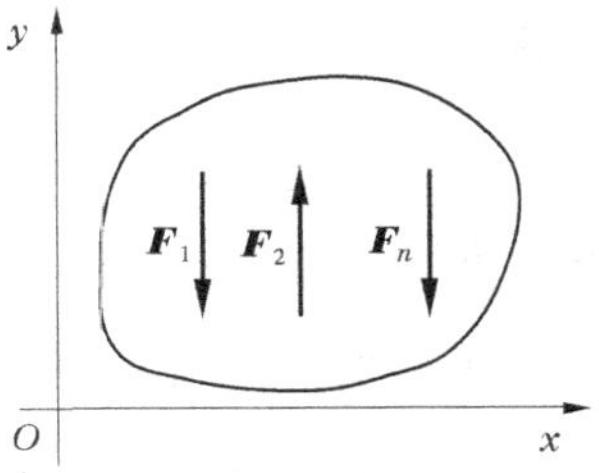

图 3-25

二力矩式：由平面一般力系的平衡方程的二力矩式(3-15)也可导出平面平行力系的平衡方程的两力矩形式为

$$\begin{cases}\sum M_A = 0 \\ \sum M_B = 0\end{cases} \tag{3-19}$$

式(3-19)中矩心 A、B 两点的连线不能与各力作用线平行。

平面平行力系只有两个独立的平衡方程，因此只能求解两个未知量。

【例 3-11】 塔式起重机如图 3-26(a)所示，已知机身重 $G = 250$ kN，设其作用线通过塔架中心，最大起吊重量 $W = 100$ kN，起重悬臂长 12 m，两轨间距 4 m，平衡锤重 Q 至机身中心线的距离为 6 m。为使起重机在空载和满载时都不致倾倒，试确定平衡锤的重量。

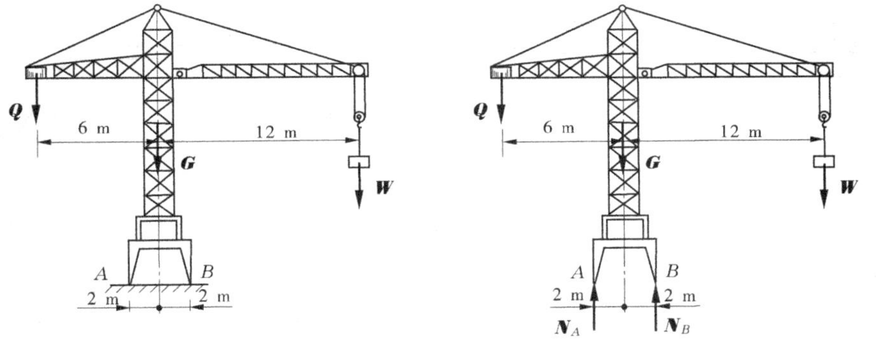

图 3-26

解：取起重机为研究对象，画出受力图，如图 3-26(b)所示。

为确保起重机不倾倒，必须使作用在起重机上的主动力 G、W、Q 和约束反力 N_A、N_B 所组成的平面平行力系在空载和满载时都满足平衡条件，因此平衡锤的重量应有一定的范围。

(1) 满载($W = 100$ kN)时，若平衡锤重量太小，起重机可能绕 B 点向右倾倒。开始倾倒的瞬间，左轮与轨道脱离接触，这种情形称为临界状态。这时，$N_A = 0$，满载的临界状态下，平衡锤重为所必需的最小平衡锤重为 Q_{min}，于是

$$\sum M_B = 0 \qquad Q_{min} \times (6+2) + G \times 2 - W \times (12-2) = 0$$

解得 $Q_{min} = \frac{1}{8} \times (W \times 10 - G \times 2) = \frac{1}{8} \times (100 \times 10 - 250 \times 2) = 62.5(kN)$

（2）空载（$W = 0$）时，若平衡锤重量太重，起重机可能绕 A 点向左倾倒。在空载临界状态下，$N_B = 0$。平衡锤重为所允许的最大平衡锤重 Q_{max}，于是

$$\sum M_A = 0 \qquad Q_{max} \times (6 - 2) - G \times 2 = 0$$

解得

$$Q_{max} = \frac{1}{4} \times (G \times 2) = \frac{1}{4} \times (250 \times 2) = 125(kN)$$

综上所述，为保证起重机在空载和满载时都不致倾倒，则平衡锤的重量 Q 应满足 62.5 kN $\leqslant Q \leqslant$ 125 kN。

3.5.4 平面力偶系的平衡

平面力偶系可以合成为一个合力偶，若合力偶矩等于零，则原力偶系必定平衡；反之，若原力偶系平衡，则合力偶矩必定为零。因此，平面力偶系平衡的必要和充分条件是：平面力偶系中所有各力偶矩的代数和等于零，即

$$\sum m = 0 \tag{3-20}$$

式（3-20）称为平面力偶系的平衡方程，应用该方程只能求解一个未知量。

【例 3-12】 如图 3-27（a）所示的梁 AB 受一力偶作用，支承面与水平面之间的夹角 $\alpha = 30°$，若不计梁自重，试求 A、B 支座反力。

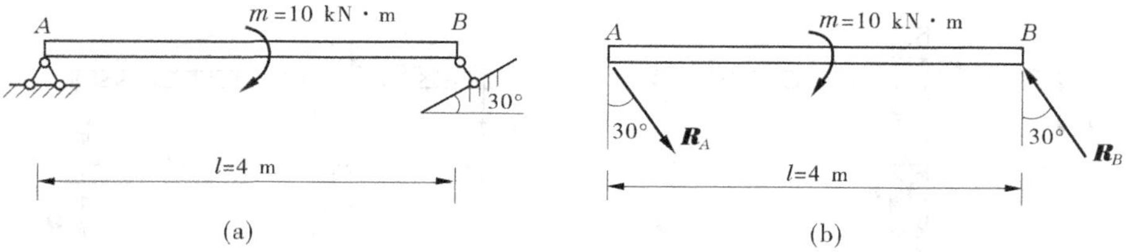

图 3-27

解：（1）取梁 AB 为研究对象，画出受力图。

梁在力偶矩 m 和 A、B 两处的支座反力作用下处于平衡。因为力偶只能与力偶平衡，所以 A、B 支座处的两个支座反力必定组成一个力偶。由于 B 支座是可动铰支座，其支座反力 R_B 必垂直于支承面，所以 A 支座的反力 R_A 一定与 R_B 等值、反向、平行，即 R_A 与 R_B 构成一个力偶。画出受力图，如图 3-27（b）所示。

（2）列力偶系的平衡方程，求支座反力。

$$\sum m = 0 \qquad -m + R_B \times 4\cos 30° = 0$$

求得

$$R_B = \frac{m}{4\cos 30°} = \frac{10}{4 \times 0.866} = 2.9(kN)$$

所以

$$R_A = R_B = 2.9 \text{ kN}$$

所求的支座反力均为正值，表明反力的实际指向与假设指向相同，如图 3-27（b）所示。

通过以上各例题的解析，可归纳总结出应用平面力系平衡方程解题的步骤如下：

(1)确定研究对象。根据题意分析已知量和未知量,选取适当的研究对象。

(2)画受力图。在研究对象上画出它受到的所有主动力和约束反力。当约束反力的指向不能确定时,可先假设其指向,如果计算结果为正,则表明假设的指向正确;如果计算结果为负,则表明实际的指向与假设的指向相反。

(3)列平衡方程,求解未知力。尽可能选取坐标轴与未知力平行或垂直;选取两个未知力的交点为矩心。力求在一个平衡方程中只包含一个未知量,以免求解联立方程。

3.5.5 物体系统的平衡

工程实际中,大多数都是受力平衡的物体系统。应用平面力系的平衡方程求解物体系统的平衡问题时,与解单个物体平衡问题的解题步骤和解题方法相同。只是需要注意的是:选整个系统为研究对象时,系统内各物体间的相互作用力均为内力;但当取系统内某部分物体为研究对象时,则其余部分对该部分的作用力就为外力。这在绘制物体系统受力图时已详细阐述过。

计算物体间的相互作用力时,必须将物体系统拆开,取其中的一部分为研究对象,这样物体间相互作用力才暴露出来成为外力,便可通过列平衡方程求解。

下面举例说明求解物体系统平衡问题的方法。

【例 3-13】 组合梁由梁 AB 和梁 BC 用铰 B 连接而成,支座与荷载情况如图 3-28(a)所示。已知 $F=20\ \text{kN}, q=5\ \text{kN/m}, \alpha=45°$。求支座 A、C 约束反力及铰 B 处的约束反力。

解:(1)先取梁 BC 为研究对象,画出受力图及取坐标系如图 3-28(b)所示,列平衡方程,求未知力。

$$\sum X = 0 \qquad X_B - F\cos45° = 0$$

$$\sum Y = 0 \qquad Y_B + R_C - F\sin45° = 0$$

$$\sum M_B = 0 \quad R_C \times 2 - F\cos45° \times 1 = 0$$

解得

$$X_B = F\cos45° = 20 \times 0.707 = 14.14(\text{kN})$$

$$R_C = 0.5 \times F\cos45° \times 1 = 0.5 \times 20 \times 0.707 \times 1 = 7.07(\text{kN})$$

$$Y_B = F\sin45° - R_C = 20 \times 0.707 - 7.07 = 7.07(\text{kN})$$

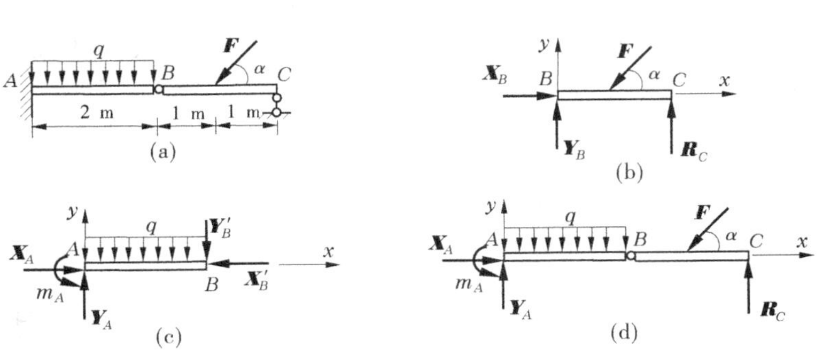

图 3-28

(2)再取梁 AB 为研究对象。画出受力图及取坐标系如图 3-28(c)所示,列平衡方程,求未知力。

$$\sum X = 0 \qquad X_A - X'_B = 0$$

$$\sum Y = 0 \qquad Y_A - Y'_B - 2q = 0$$

$$\sum M_B = 0 \qquad m_A - Y_A \times 2 + 2q \times 1 = 0$$

解得

$$X_A = X'_B = X_B = 14.14(\text{kN})$$

$$Y_A = Y'_B + 2q = Y_B + 2q = 7.07 + 2 \times 5 = 17.07(\text{kN})$$

$$m_A = Y_A \times 2 - 2q \times 1 = 17.07 \times 2 - 2 \times 5 \times 1 = 24.14(\text{kN} \cdot \text{m})$$

(3)校核。取整个组合梁为研究对象，画出受力图及取坐标系如图3-28(d)所示。分析以上计算结果是否满足物体系统平衡。

$$\sum M_A = m_A + R_C \times 4 - F\sin45° \times 3 - 2q \times 1$$
$$= 24.14 + 7.07 \times 4 - 20 \times 0.707 \times 3 - 2 \times 5 \times 1 = 0$$

计算无误。

【例3-14】 钢筋混凝土三铰刚架受荷载如图3-29(a)所示，已知 $q = 12$ kN/m，$F = 24$ kN，求支座 A、B 和铰 C 的约束反力。

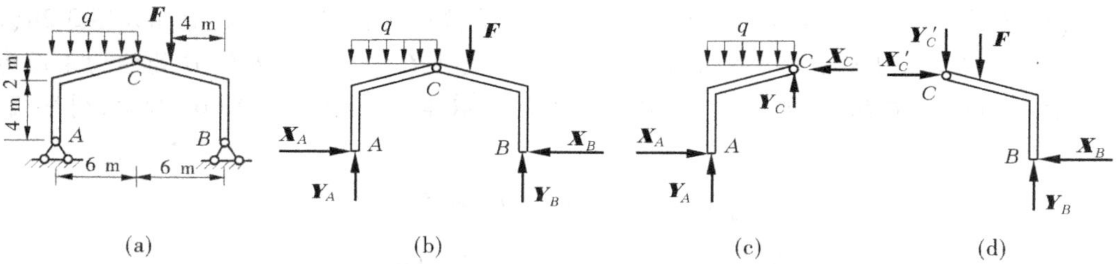

图 3-29

解：三铰拱由左、右两个半拱组成，其整体及每个半拱的受力图如图3-29(b)、(c)、(d)所示。可见都是一般力系，且都含有四个未知量，都是不可解的。但是整体的受力图中 A、B 两点分别是其中三个未知力的交点，可以取它们为矩心求出不过它们的另一个未知力，再进一步求解。这种解法称为利用局部可解条件解法。

(1)取整个三铰刚架为研究对象。画出受力图及取坐标系如图3-29(b)所示，列平衡方程，求未知力。

$$\sum M_A = 0 \qquad -q \times 6 \times 3 - F \times 8 + Y_B \times 12 = 0$$

$$\sum M_B = 0 \qquad q \times 6 \times 9 + F \times 4 - Y_A \times 12 = 0$$

解得

$$Y_B = \frac{1}{12} \times (q \times 6 \times 3 + F \times 8) = \frac{1}{12} \times (12 \times 6 \times 3 + 24 \times 8) = 34(\text{kN})$$

$$Y_A = \frac{1}{12} \times (q \times 6 \times 9 + F \times 4) = \frac{1}{12} \times (12 \times 6 \times 9 + 24 \times 4) = 62(\text{kN})$$

(2)取左半刚架为研究对象。画出受力图及取坐标系如图3-29(c)所示，列平衡方程，求未知力。

$$\sum X = 0 \qquad X_A - X_C = 0$$

$$\sum Y = 0 \qquad Y_A + Y_C - q \times 6 = 0$$

$$\sum M_C = 0 \qquad X_A \times 6 + q \times 6 \times 3 - Y_A \times 6 = 0$$

解得

$$X_A = \frac{1}{6} \times (Y_A \times 6 - q \times 6 \times 3) = \frac{1}{6} \times (62 \times 6 - 12 \times 6 \times 3) = 26(\text{kN})$$

$$Y_C = q \times 6 - Y_A = 12 \times 6 - 62 = 10(\text{kN})$$

$$X_C = 26\ \text{kN}$$

(3)再取整个三铰刚架为研究对象，如图3-29(b)所示，列平衡方程，求未知力。

$$\sum X = 0 \qquad X_A - X_B = 0$$

解得

$$X_B = 26\ \text{kN}$$

(4)校核。取右半刚架为研究对象，画出受力图及取坐标系如图3-29(d)所示。

$$\sum X = X'_C - X_B = 26 - 26 = 0$$

$$\sum M_C = -F \times 2 + Y_B \times 6 - X_B \times 6 = -24 \times 2 + 34 \times 6 - 26 \times 6 = 0$$

计算无误。

求解物体系统的平衡问题可归纳为以下两种方法，可根据题目的实际情况选用。

(1)先取物体系统中某个部分为研究对象，再取其他部分物体或整体为研究对象，逐步求得所有的未知量。

(2)先取整体为研究对象，求得某些未知量，再取物体系统中某个部分为研究对象，求出其他未知量。

习　题

一、思考题

1. 某平面汇交力系满足条件 $\sum X = 0$，试问此力系合成后可能是什么结果？

2. 平面一般力系向其作用面内一点简化所得的主矢和主矩各有何物理意义？

3. 平面一般力系向作用面内任意点简化后，一般可得一个主矢和一个主矩，为什么主矢与简化中心无关，而主矩与简化中心有关？

4. 平面一般力系的平衡方程有几种形式？应用时有什么限制条件？

二、计算题

1. 求图3-30所示平面汇交力系的合力。已知：$F_1 = 100$ N、$F_2 = 80$ N、$F_3 = 120$ N、$F_4 = 160$ N。

2. 图3-31所示支架由杆AB和杆BC构成，A、B和C均为铰链，在销钉处悬挂重量为

W 的重物，试分别求图 3-31(a)、(b) 两种情形下，杆 *AB* 和杆 *BC* 所受的力。

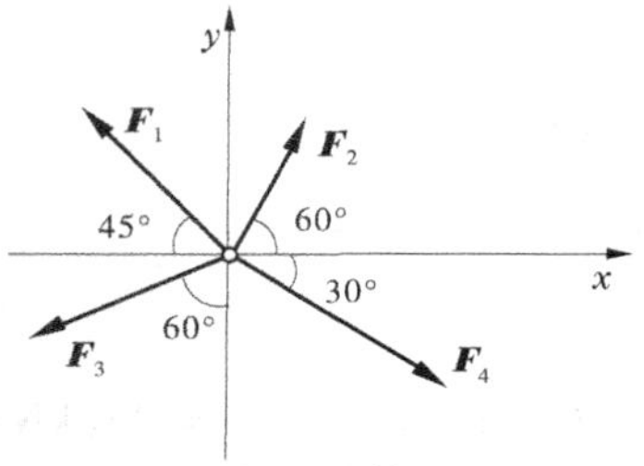

图 3-30　计算题 1

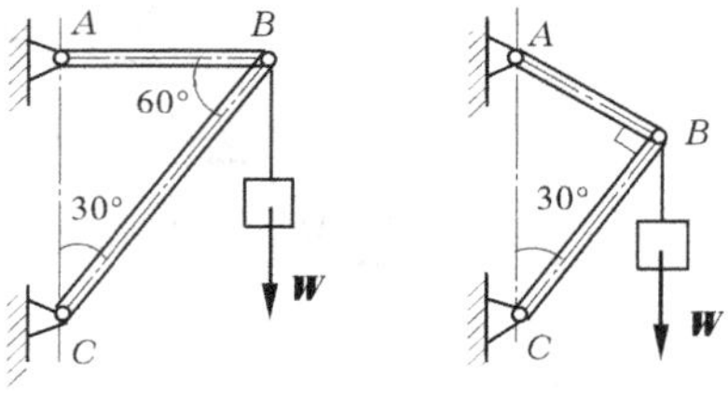

(a)　(b)

图 3-31　计算题 2

3. 图 3-32 所示梁 *AB* 的 *A* 端为固定铰支座，*B* 端为可动铰支座，梁上受力 $F=20$ kN 作用，试求梁支座 *A*、*B* 的约束反力。

4. 不计重量的梁 *AB*，长 $l=5$ m，在 *A*、*B* 两端各作用一力偶，力偶矩分别为 $m_1=20$ kN · m，$m_2=30$ kN · m，转向如图 3-33 所示，试求支座 *A*、*B* 的反力。

5. 求图 3-34 所示三铰刚架支座 *A*、*B* 的支座反力和铰链 *C* 处所受的力。

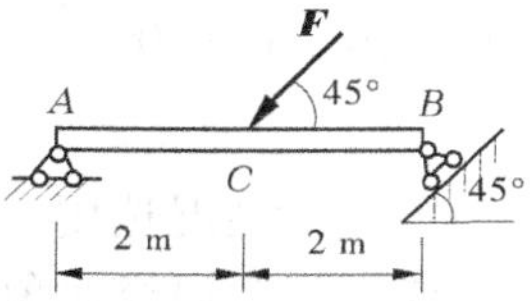

图 3-32　计算题 3

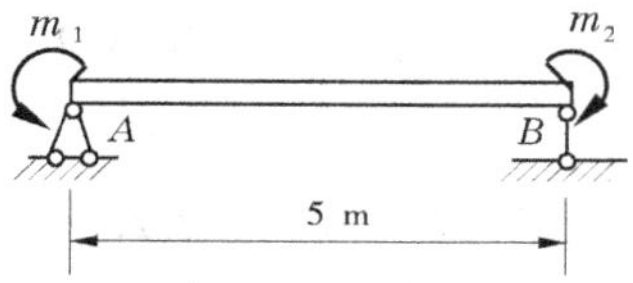

图 3-33　计算题 4

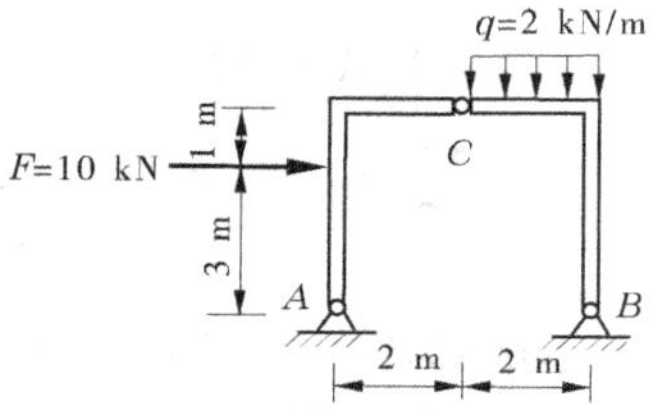

图 3-34　计算题 5

6. 求图 3-35 所示悬臂梁 *A* 端支座反力。

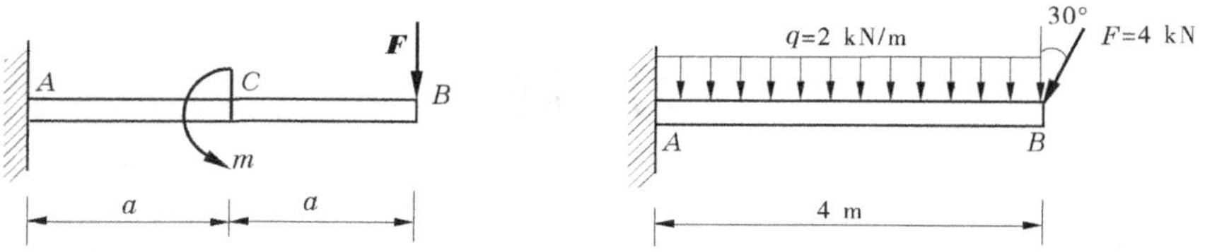

(a)　(b)

图 3-35　计算题 5

7. 求图 3-36 所示各梁的支座反力。

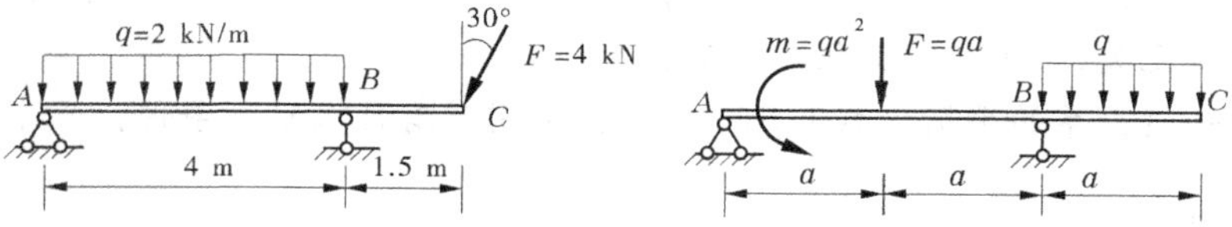

(a)　(b)

图 3-36　计算题 6

4 材料力学基础

【学习目标】 了解杆件变形的基本形式，掌握内力、截面法、应力等基本概念，掌握截面法求内力。

4.1 杆件的外力与变形特点

对结构进行受力分析时，只考虑力的运动效应，可以将组成结构的物体看成刚体；但在进行结构内力分析时，要考虑力的变形效应，必须把物体作为变形固体分析。当外力以不同的方式作用于杆件时，杆件将产生不同形式的变形，基本变形形式有以下四种。

4.1.1 轴向拉伸与压缩

受力特点：受到一组等值、反向、作用线与杆件轴线相重合的外力作用。

变形特点：杆件保持直线状态，沿轴线方向伸长或缩短，而横截面尺寸缩小或增大，如图 4-1(a)、(b)所示。

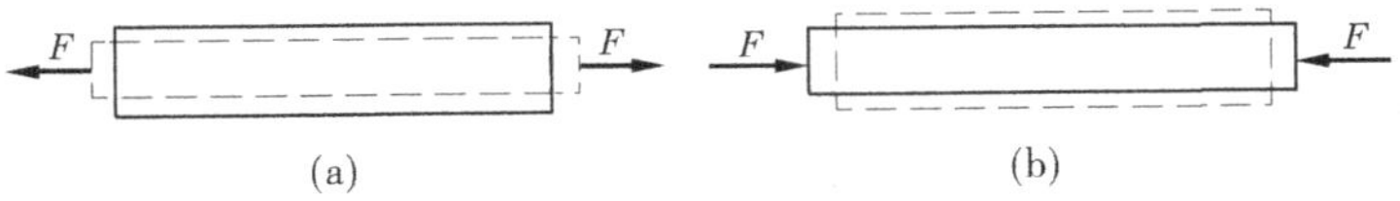

图 4-1

4.1.2 剪切

受力特点：受到垂直杆轴方向的一组等值、反向、作用线平行且相距很近的外力作用，如图 4-2(a)所示。

变形特点：二力之间的横截面产生相对错动变形，如图 4-2(b)所示。

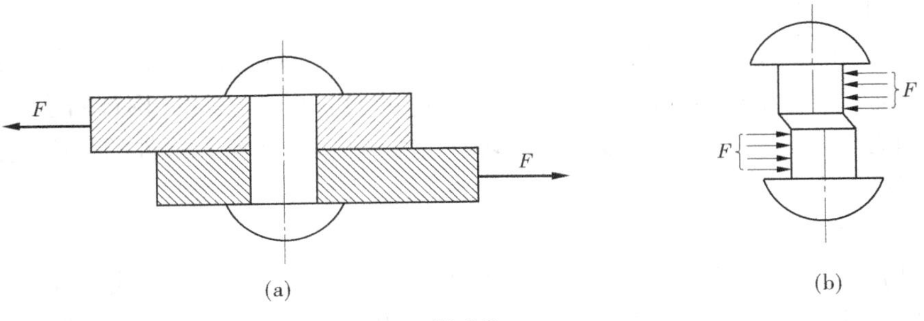

图 4-2

4.1.3 扭转

受力特点：受有一组等值、转向相反、作用面垂直于杆件轴线的力偶作用。

变形特点：相邻横截面绕轴线发生相对转动，而杆件轴线仍保持直线，如图 4-3 所示。

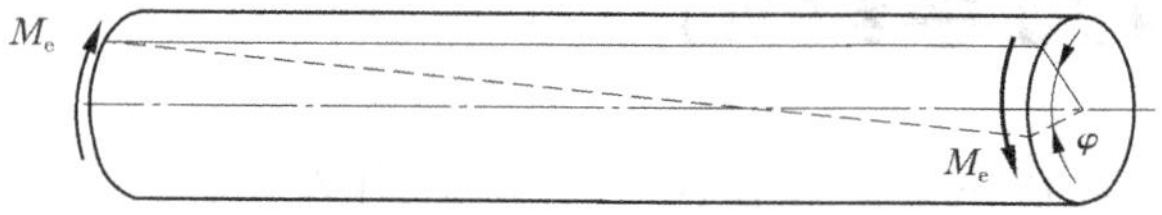

图 4-3

4.1.4 平面弯曲

受力特点：受垂直杆件轴线方向的外力或受杆轴所在平面内的力偶作用。

变形特点：杆件的轴线由直线变形成为曲线，如图 4-4 所示。

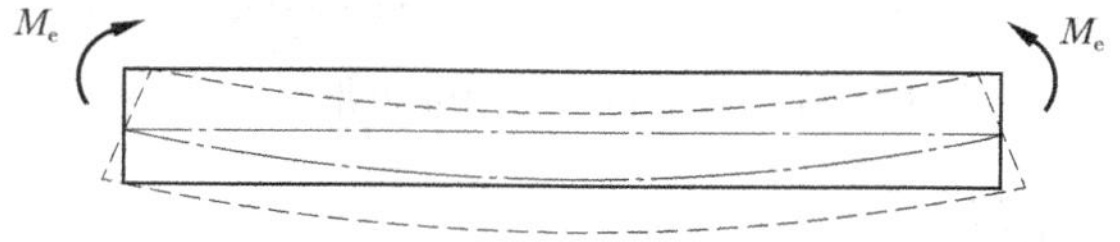

图 4-4

4.2 杆件的内力与应力

4.2.1 内力

4.2.1.1 内力的概念

构件不受外力作用时，材料内部质点之间保持一定的相互作用力，使构件具有固定形状。当构件受到外力作用产生变形时，其内部质点之间相互位置改变，原有内力也会发生变化。这种由于外力作用而引起的受力构件内部质点之间相互作用力的改变量称为附加内力，简称内力；它是物体抵抗变形保持原形状产生的抵抗力，所以内力也称为抗力。力学所研究的内力是由外力引起的，内力随着外力的变化而变化，外力增大，内力也增大；外力撤去后，内力也随之消失。

内力与变形是同时发生的，内力的作用是力图使受力构件恢复原状。内力随着外力和变形的增大而增大，但是内力的增加是有限度的，超过这一限度，构件将会发生破坏。所以说，内力与构件的强度和刚度都有密切的关系。因此，在研究构件的强度、刚度时，需要知道构件截面上的内力值。

4.2.1.2 截面法

确定构件任一截面上内力值的基本方法是截面法，即是以假想的截面垂直于杆件轴线，将构件截开为两部分，求这两部分的相互作用力。下面以图 4-5 所示轴向受拉杆件为例，说明用截面法求内力的步骤：

(1)截开。在欲求内力的截面 $m—m$ 处，用一假想截面将杆件一分为二截开，如

图 4-5(a)所示。

(2)代替。取出其中的任一部分(一般取受力较简单的部分)为研究对象,弃去另一部分,将弃去部分对保留部分的作用以相应内力代替,如图 4-5(b)或(c)所示。

(3)平衡。因杆件整体平衡,保留的部分也平衡,对其可列出平衡方程,求解未知内力。如图 4-5(b)所示,因该部分平衡,于是得

$$\sum X = 0 \quad N - F = 0$$

即

$$N = F$$

计算结果为正,说明所假设内力方向与实际方向一致;计算结果为负,则说明所假设内力方向与实际方向相反。

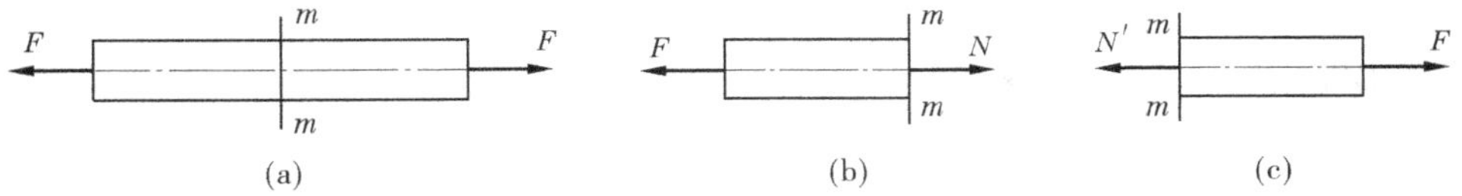

图 4-5 截面法求解示意图

必须注意:用截面法求内力之前,外力不能用力的可传性原理、力偶的移动和转动性质处理,也不能用等效力系代替,否则将改变力对变形固体的变形效应。

4.2.2 应力

内力只与外力有关,它只表示截面上总的受力情况,还不能以此内力的大小为依据来说明构件是否安全。例如,两根材料相同的拉杆,一根较粗、一根较细,两者承受相同的拉力,当拉力同步增加时,细杆将先被拉断。这表明,杆件的强度不仅与内力有关,还与截面尺寸有关。为了研究构件的强度,必须研究内力在截面上的分布规律。前面所提两杆截面上的内力虽然相等,但内力的分布集度并不相同,细杆截面上内力分布的集度比粗杆截面上的集度大。所以,为了解决构件的强度问题,还必须研究截面上内力的分布集度。内力在截面上某点处的分布集度,称为该点的应力。

设在受力构件的 $m—m$ 截面上,围绕 M 点取微面积 ΔA,如图 4-6(a)所示,ΔA 上分布内力的合力为 ΔF,则在 ΔA 范围内的单位面积上内力的平均集度为

$$P_{\mathrm{m}} = \frac{\Delta F}{\Delta A}$$

P_{m} 称为 ΔA 上的平均应力。一般情况下,$m—m$ 截面上的内力并不是均匀分布的,因此平均应力 P_{m} 随着所取的 ΔA 的大小而不同。当 ΔA 趋于零时,P_{m} 的极限值为 p,即

$$p = \lim_{\Delta A \to 0} P_{\mathrm{m}} = \lim_{\Delta A \to 0} \frac{\Delta F}{\Delta A} = \frac{\mathrm{d}F}{\mathrm{d}A}$$

p 为 M 点处的总应力,是一个矢量。通常把总应力 p 分解成垂直于截面的法向分量 σ 和与平行于截面的切向分量 τ,如图 4-6(b)所示,σ 称为 M 点处的正应力,τ 称为 M 点处的剪应力。

应力的单位为 Pa(帕斯卡),1 Pa = 1 N/m^2,工程实际中常采用帕的倍数:kPa(千帕)、MPa(兆帕)和 GPa(吉帕),其关系为:1 kPa = 1 × 10^3 Pa,1 MPa = 1 × 10^6 Pa = 1 × 10^6

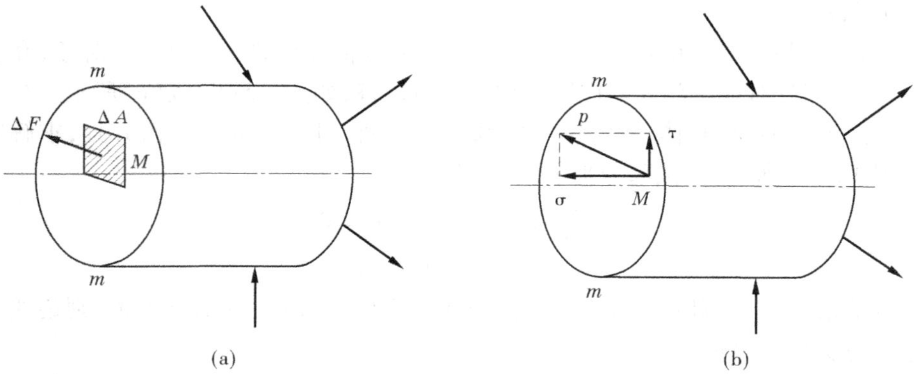

图 4-6

N/m^2,1 GPa = 1×10^9 Pa = 1×10^3 MPa。

习 题

1. 杆件变形的基本形式有哪几种?
2. 什么是内力? 什么是应力?
3. 试述截面法求内力的步骤。

5 轴向拉伸和压缩

【学习目标】 掌握轴力图的绘制及轴向拉伸(压缩)杆件的强度计算,了解连接件的强度计算。

当杆件受轴向拉力或压力作用时,杆件将产生沿轴线方向的伸长或缩短变形,这种变形称为轴向拉伸或压缩,这种杆件称为轴向受拉杆或受压杆。

在工程实际中桁架中的各杆件,常常有受轴向拉伸和压缩的杆件,如图 5-1 所示。

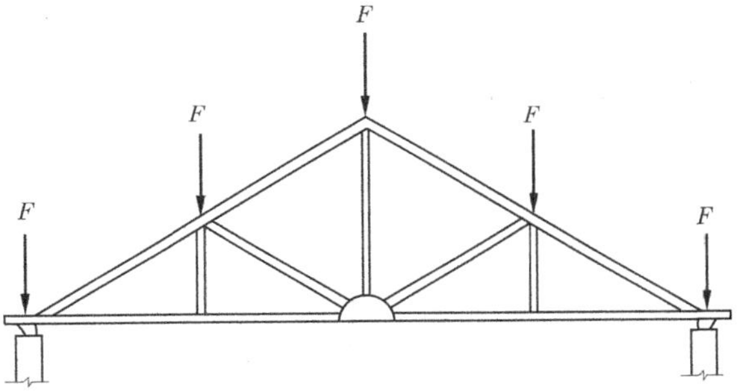

图 5-1

5.1 轴向拉压杆的内力

5.1.1 轴向拉压杆的内力计算

如前所述,截面法求内力的步骤可归纳为:

(1)截开:在欲求内力的截面处,用一假想截面将构件一分为二。

(2)代替:弃去一部分,将弃去部分对保留部分的作用以相应的内力代替。

(3)平衡:对保留的部分列平衡方程,求截面内力值。

如图 5-2(a)所示的杆件,受一对轴向力 P 的作用,为了求出 $m—m$ 横截面上的内力,可将杆件用一个假想的截面沿 $m—m$ 截开,取左端为研究对象,弃去的右端对左端的作用以内力代替,见图 5-2(b)。由于外力与轴线重合,所以内力也必在轴线上,这种与杆件轴线重合的内力称为轴力,用 N 表示。对左边部分列平衡方程

$$\sum X = 0$$

即得

$$N - P = 0$$

$$N = P$$

若取杆件的右端为研究对象,如图 5-2(c)所示,可以同样求出横截面 $m—m$ 上的轴

力 $N = P$。根据作用力与反作用力的关系，分别以杆件的左端和右端为研究对象求出的轴力 N 大小相等、方向相反。

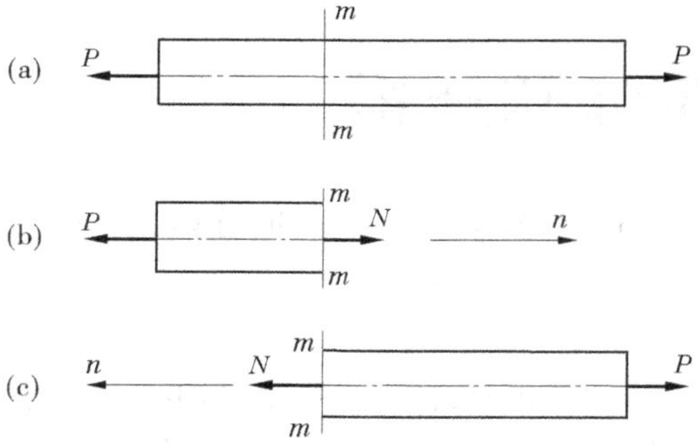

图 5-2

为了使同一截面按左端和右端求出的轴力不仅大小相等，而且还具有相同的正负号，对轴力正负号的规定如下：轴力离开截面为正，称为拉力；轴力指向截面为负，称为压力。计算中通常假设为拉力，如果计算结果为正，则说明轴力为拉力；若计算结果为负，则说明为压力。

【例 5-1】 如图 5-3(a)所示为一等直杆，其受力情况如图 5-3(a)所示。试求该杆指定截面 1—1、2—2 和 3—3 的轴力。

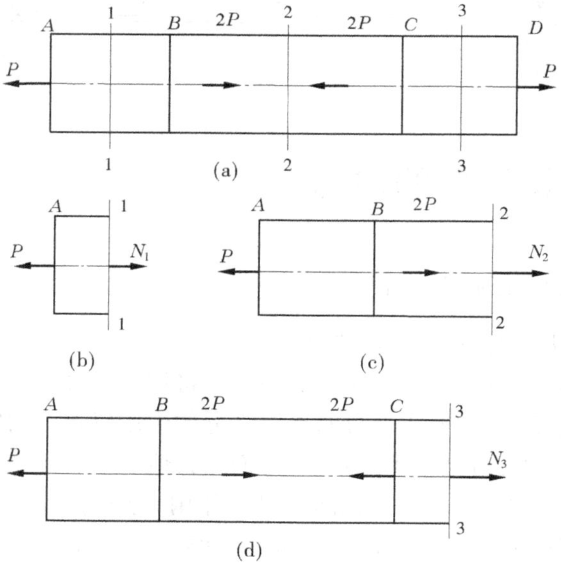

图 5-3

解：(1) 求截面 1—1 的内力。用假想的截面从 1—1 处将杆件截开为两部分，取 1—1 左侧部分为研究对象(分离体)，受力分析图如图 5-3(b) 所示。截面 1—1 上的轴力 N_1 假设为正，列平衡方程

$$\sum X = 0 \qquad N_1 - P = 0$$

解得

$$N_1 = P$$

轴力 N_1 为正值，表明 N_1 是拉力。

(2)求截面 2—2 的内力。用假想的截面从 2—2 处将杆件截开为两部分，取 2—2 截面左侧为研究对象(分离体)，受力分析图如图 5-3(c)所示。截面 2—2 上的轴力 N_2 假设为正，列平衡方程

$$\sum X = 0 \qquad N_2 + 2P - P = 0$$

解得

$$N_2 = P - 2P = -P$$

轴力 N_2 为负值，表明 N_2 是压力。

(3)求截面 3—3 的内力。用假想的截面从 3—3 处将杆件截开为两部分，取截面 3—3 左侧为研究对象(分离体)，受力分析图如图 5-3(d)所示，截面 3—3 上的轴力 N_3 假设为正。列平衡方程

$$\sum X = 0 \qquad N_3 - 2P + 2P - P = 0$$

解得

$$N_3 = 2P - 2P + P = P$$

轴力 N_3 为正值，表明 N_3 是拉力。

根据以上求解过程，可总结出轴力的计算规律：

(1)某一截面的轴力等于该截面左侧(或右侧)所有外力的代数和。

(2)离开截面的外力产生正值轴力，指向截面的外力产生负值轴力。

用此规律求轴力称为直接法。

5.1.2 轴向拉压杆的内力图——轴力图

5.1.2.1 轴力图的概念

杆件在不同部位受到两个以上轴向外力作用的时候，在杆件不同区段中的轴力是不同的。为了形象地表示轴力沿杆件轴线变化的规律，把轴力沿杆件长度变化的规律用图形表示出来，这个图形称为轴力图。

5.1.2.2 轴力图的绘制

(1)确定各杆段的轴力值。一般以轴向荷载作用面划定计算轴力的杆段计算轴力。

(2)建立坐标轴。以与杆件轴线平行的 x 轴表示横截面位置，以 N 轴垂直于 x 轴。

(3)绘制轴力图。在 N 轴上按选定的比例尺表示对应横截面轴力的大小。杆件水平放置时，将正的轴力画在上侧，负的轴力画在下侧，并表明正负号。对于竖杆则按顺时针转为水平。

【例 5-2】 如图 5-4(a)所示直杆在 A、B、C、D 四截面分别受到轴向外力，试计算各段的轴力并作轴力图。

解：(1)求 AB 段的轴力。用一假想的截面 1—1 在 AB 段任一截面将杆截开并取出左段，如图 5-4(b)所示，设截面 1—1 的轴力 N_1 为正，由此段的平衡得

$$\sum X = 0 \qquad -10 + N_1 = 0$$

解得

$$N_1 = 10\ \text{kN}$$

N_1 为正，说明 N_1 的方向与假设方向相同，为拉力。由于截面 1—1 是在 AB 段内任取的，所以 AB 段内任一截面的轴力都为 10 kN。

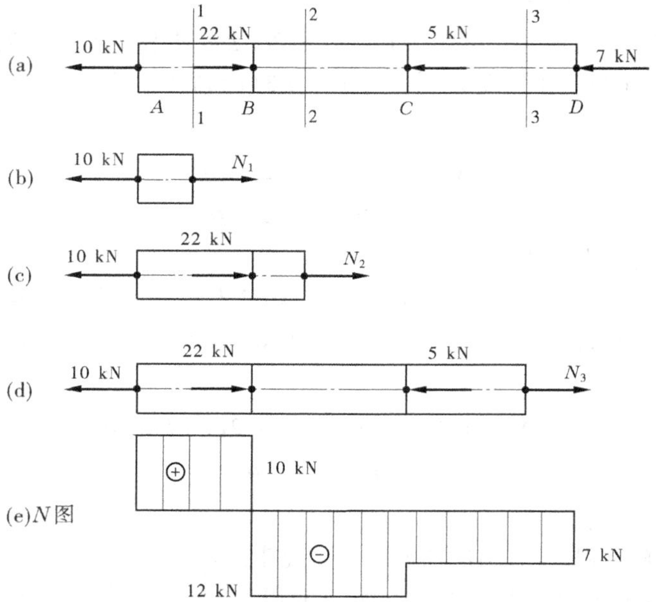

图 5-4

(2)求 BC 段的轴力。用一假想的截面 2—2 在 BC 段任一截面将杆截开，研究其左段，如图 5-4(c)所示，同样假设轴力 N_2，由左段的平衡得

$$\sum X = 0 \qquad -10 + 22 + N_2 = 0$$

解得

$$N_2 = -12\ \text{kN}$$

N_2 为负值，说明 N_2 的真实方向应与图设方向相反，为压力。

(3)同理可求 CD 段内任一横截面上的内力 N_3，如图 5-4(d)所示。

$$\sum X = 0 \qquad -10 + 22 - 5 + N_3 = 0$$

解得

$$N_3 = -7\ \text{kN}$$

N_3 为负值，说明 N_3 的真实方向应与图设方向相反，为压力。

各段内的轴力求出后，在 x—N 坐标系中，标出各段轴力的大小和正负号，即得轴力图如图 5-4(e)所示。

通过截面法求出轴力进一步画轴力图，过程冗长。为方便起见，可采用直接法绘制轴力图。

【例 5-3】 作出图 5-5(a)所示结构直杆的轴力图。

解：(1)计算各段的轴力。由直接法可分别求出杆件的 AB、BC、CD 三段的轴力值 N_1、N_2 和 N_3

$$N_1 = R = 10\ \text{kN}$$

$$N_2 = R - P_1 = -20\ \text{kN}$$

$$N_3 = P_3 = 50\ \text{kN}$$

(2)作轴力图。按轴力图的作图规定，作出杆的轴力图，如图 5-5(b)所示。最大轴力

N_{max}在 CD 段内，其值为 50 kN。

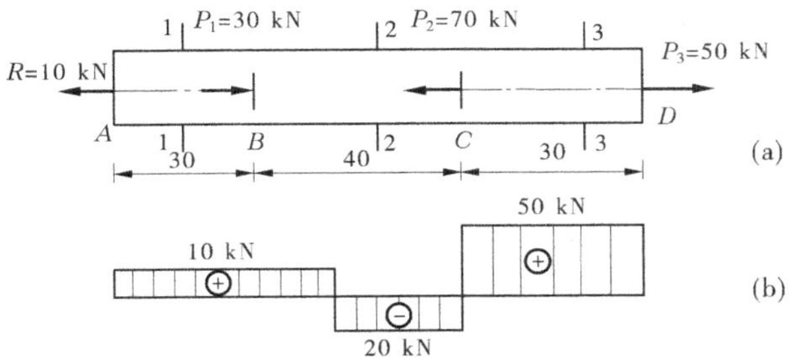

图 5-5

5.2 轴向拉(压)杆件横截面上的应力

5.2.1 轴向拉(压)杆横截面上的应力

为了确定轴向拉(压)杆横截面上的应力分布情况，必须了解内力在其横截面上的分布规律。内力与变形是相关联的，所以可以通过实验来观察和研究轴向拉(压)杆的变形，从而得出内力在横截面上的分布规律。

取一个易于变形的等截面直杆，在其表面画上垂直于杆轴线的横线和平行于杆轴线的纵线，如图 5-6(a)所示。然后在杆的两端施加一对轴向拉力 P。实验表明，杆件受力变形后，这些纵线、横线都仍为直线，并且横线仍垂直于杆轴线，纵线仍平行于杆轴线，只是这些纵、横线间的距离发生了改变，如图 5-6(b)所示。根据这一变形现象，可作出如下的平面假设：轴向拉(压)杆的横截面在变形后仍为平面，且仍垂直于杆轴线。

由平面假设可知：轴向拉压杆横截面间的纵向和横向变形是均匀的。根据变形体的基本假设，可得出如下结论：轴向拉(压)杆横截面上的应力是均匀分布的，即横截面上各点的应力相同，如图 5-6(c)所示。横截面上各点的应力都沿轴线方向，即为正应力，用 σ 表示。

因为应力是均匀分布的，故横截面上的平均应力即为横截面上各点处的应力。若杆件横截面上的内力为 N，杆件横截面面积为 A，则横截面上各点的正应力为

$$\sigma = \frac{N}{A} \tag{5-1}$$

上述公式对压杆也同样适用。由轴力正负号的规定可知，σ 的正负号为：内力为拉力时，应力为拉应力，是正值；内力为压力时，应力为压应力，是负值。

【例 5-4】 若例 5-2 中的杆为等直木杆，其横截面积为 10 mm × 10 mm 的正方形，试求杆中横截面上的应力。

解：(1)求杆的横截面面积为

$$A = 10 \times 10 = 100(\text{mm}^2) = 100 \times 10^{-6}\ \text{m}^2$$

(2)求应力：

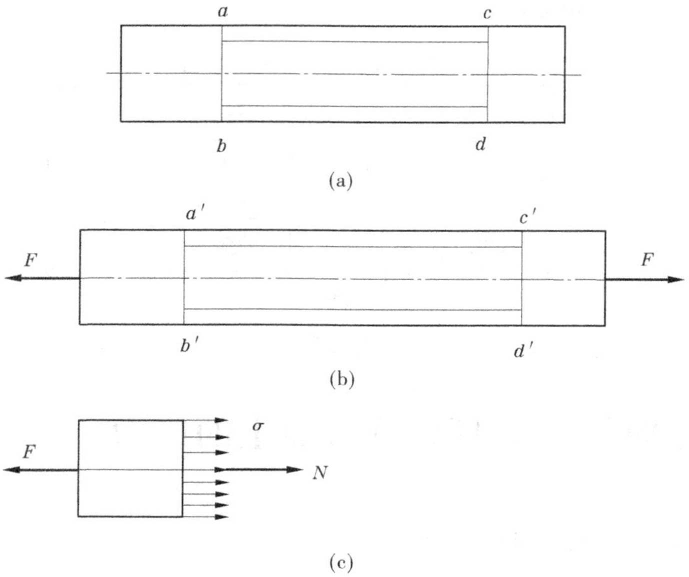

图 5-6

在例 5-2 中，已求得杆各段轴力分别为 $N_1=10$ kN，$N_2=-12$ kN，$N_3=-7$ kN，代入正应力计算式 $\sigma=N/A$，可得

AB 段任一横截面上的应力

$$\sigma_1=\frac{N_1}{A}=\frac{10\times10^3}{100\times10^{-6}}(\text{Pa})=100\times10^6\ \text{Pa}=100\ \text{MPa}$$

BC 段任一横截面上的应力

$$\sigma_2=\frac{N_2}{A}=\frac{-12\times10^3}{100\times10^{-6}}(\text{Pa})=-120\times10^6\ \text{Pa}=-120\ \text{MPa}$$

CD 段任一横截面上的应力

$$\sigma_3=\frac{N_3}{A}=\frac{-7\times10^3}{100\times10^{-6}}(\text{Pa})=-70\times10^6\ \text{Pa}=-70\ \text{MPa}$$

5.2.2 轴向拉(压)杆斜截面上的应力

下面以拉杆为例研究斜截面上的应力。如图 5-7(a)所示，设与横截面成任意 α 角的斜截面 k—k 的面积为 A_α，它与横截面面积 A 的关系为

$$A_\alpha=\frac{A}{\cos\alpha}$$

用截面法求斜截面 k—k 上的内力。沿斜截面 k—k 将杆件截分为二，研究其左段，如图 5-7(b)所示，假设 α 斜截面上的内力为 F_α，方向为离开斜截面的方向，与轴线重合。由平衡条件可知

$$F_\alpha=F$$

F_α 是斜截面上的合内力。若以 p_α 表示斜截面 k—k 上的应力，则有

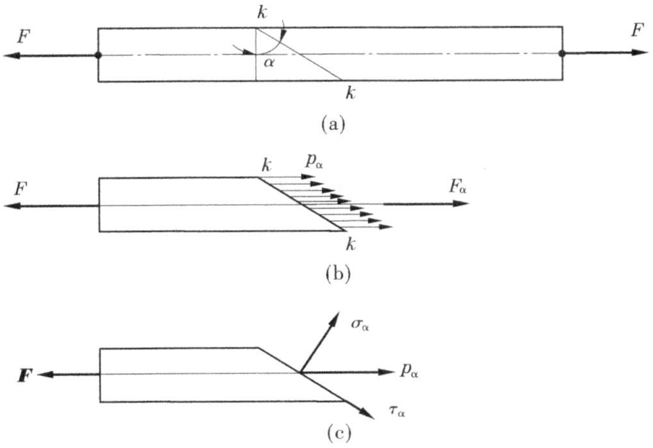

图 5-7

$$p_\alpha = \frac{F_\alpha}{A_\alpha} = \frac{F}{A_\alpha} = \frac{F}{A}\cos\alpha = \sigma\cos\alpha$$

为计算方便，常把它分解成垂直于斜截面的分量 σ_α（正应力）和与斜截面相切的分量 τ_α（称为剪应力）。由图 5-7(c)可得

$$\sigma_\alpha = p_\alpha\cos\alpha = \sigma\cos^2\alpha \tag{5-2a}$$

$$\sigma_\alpha = p_\alpha\sin\alpha = \sigma\cos\alpha\sin\alpha = \frac{\sigma}{2}\sin2\alpha \tag{5-2b}$$

式(5-2a)和式(5-2b)是在直杆受轴向拉伸情况下得到的，对于受轴向压缩的直杆也适用。

关于 α 的正负号的规定：从相应横截面外法线转锐角到斜截面的外法线，逆时针转向为正，顺时针转向为负。

关于 σ_α 和 τ_α 的正负号规定：σ_α 拉为正，压为负；τ_α 为力沿作用绕脱离体内侧一点作顺时针转向者为正，反之为负。

5.2.3 应力集中现象

等直杆在轴向拉伸或压缩时，横截面上的正应力是均匀分布的，如图 5-8(b)所示。但由于实际需要，有些零件经常有切口、切槽、带有过渡圆角的轴肩等，导致在这些部位截面尺寸突然变化。实验证明，在这些尺寸突然改变的横截面上，应力并不均匀分布。如开有圆孔的拉杆，如图 5-8(a)所示，当其在静荷载作用下受轴向拉伸时，在圆孔附近的局部区域内，应力的数值急剧增加，而在较远处又逐渐趋于均匀，如图 5-8(c)所示。这种因杆件截面形状突然变化而产生的应力局部增大现象，称为应力集中。截面尺寸变化越急剧、孔越小、角越尖，应力集中就越严重。因此，杆件上应尽可能避免带尖角的孔或槽，在阶梯轴和凸肩处要用圆弧过渡，并且要尽量使圆弧半径大一些。

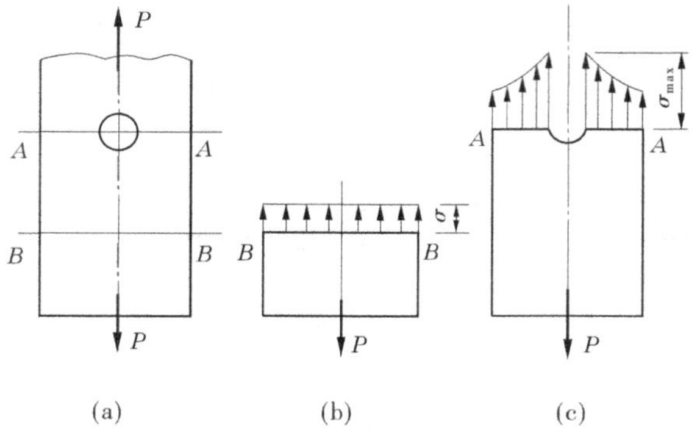

图 5-8　应力集中示意图

5.3　轴向拉(压)杆件的强度计算

5.3.1　许用应力

由轴向拉压直杆横截面上的应力计算可知,当外力增大时正应力也随之增大。材料力学研究的是理想弹性体,当应力超过某一限度,即认为材料破坏,其值可通过材料的力学性能试验来测定。实际应用需考虑安全等因素,将其除以一个大于 1 的系数(称材料分项系数或安全系数),所得的值作为杆件能安全工作的应力最大值,这就是许用应力[σ]。表 5-1 给出了几种常用材料在常温、静载条件下的许用应力值。

表 5-1　几种常用材料的许用应力

材料	牌号	许用应力(MPa)	
		轴向拉伸	轴向压缩
低碳钢	A_3	170	170
低合金钢	16Mn	230	230
灰口铸铁		35 ~ 55	160 ~ 200
混凝土	C20(200 号)	0.45	7
混凝土	C30(300 号)	0.6	10.5
红松木材(顺纹)		6.5	10

5.3.2　轴向拉(压)杆的强度条件

为了保证构件能正常工作,必须使构件的最大工作应力不超过材料的许用应力。对于抗拉、抗压性能相同的材料,只需校核绝对最大工作应力;对于抗拉、抗压性能不相同的材料,则需分别校核最大拉、压工作应力。所以,轴向拉压杆的强度条件为

$$\sigma_{max} \leqslant [\sigma] \tag{5-3}$$

对于等截面直杆为:

$$\sigma_{max} = \frac{|N_{max}|}{A} \leqslant [\sigma] \tag{5-3a}$$

对于变截面直杆为:

$$\sigma_{max} = \left|\frac{N}{A}\right|_{max} \leqslant [\sigma] \tag{5-3b}$$

式中 N——截面上的轴力;

N_{max}——危险截面上的轴力;

A——截面的面积。

通常把 σ_{max} 所在的截面称为危险截面,把 σ_{max} 所在的点称为危险点。

5.3.3 轴向拉(压)杆的强度计算

应用轴向拉(压)杆的强度条件可以解决有关强度计算的三类问题。

(1)强度校核。当已知杆的材料许用应力[σ]、截面尺寸 A 和承受的荷载 N_{max},可由式(5-3)校核杆的强度是否满足要求。

(2)设计截面尺寸。已知荷载与材料的许用应力时,可以将式(5-3)改写成

$$A \geqslant \frac{N_{max}}{[\sigma]}$$

以确定截面尺寸。

(3)确定许用荷载[F]。已知构件截面尺寸和材料的许用应力时,可以将式(5-3)改写成

$$N_{max} \leqslant A[\sigma]$$

再由内力与外力关系确定许用荷载[F]。

【例 5-5】 一等直杆受轴向荷载如图 5-9 所示,杆件为方形截面,$b \times h = 400$ mm × 400 mm。材料的抗拉、抗压性能相同,许用应力[σ] = 4.5 MPa,对该杆件作强度校核。

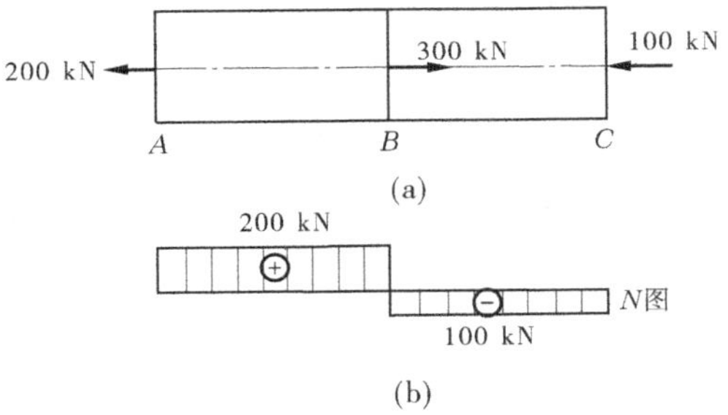

图 5-9

解:(1)作轴力图如图 5-9(b)所示。

(2)最大轴力为 200 kN,所以最大工作应力为

$$\sigma_{max} = \frac{N_{max}}{A} = \frac{200 \times 10^3}{400 \times 400} = 1.25(\text{MPa})$$

(3)校核强度是否满足

$$\sigma_{max} = 1.25 \text{ MPa} < [\sigma] = 4.5 \text{ MPa}$$

所以，强度条件满足。

【例 5-6】 如图 5-10 所示桁架的 AB 杆拟用直径 $d=25$ mm 的圆钢，AC 杆用木材。已知钢材的 $[\sigma_1]=170$ MPa，木材的 $[\sigma_y]=10$ MPa。试校核 AB 杆的强度，并确定 AC 杆的横截面面积。

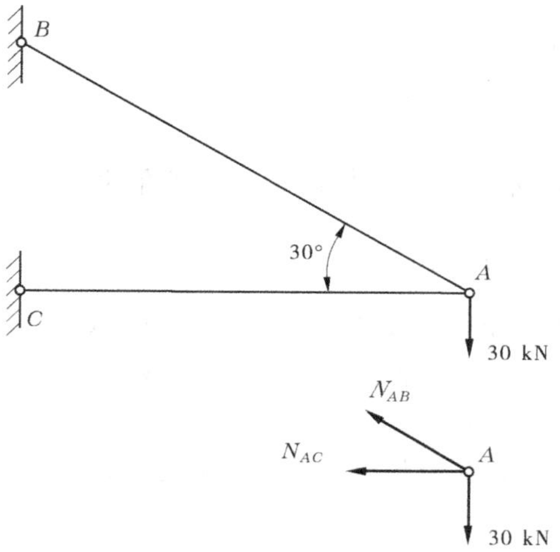

图 5-10

解：(1) 取节点 A 为研究对象列平衡方程求内力，得

$$N_{AB} = 60 \text{ kN}, N_{AC} = -52 \text{ kN}$$

(2) 校核 AB 杆

$$\sigma_{max} = \frac{N_{AB}}{A_1} = \frac{4 \times 60 \times 10^3}{3.14 \times 25^2 \times 10^{-6}} = 122.3(\text{MPa}) < [\sigma_1]$$

所以，AB 杆的强度满足要求。

(3) 确定 AC 杆的横截面面积

$$A_2 = \frac{[N_{AC}]}{[\sigma_y]} = \frac{52 \times 10^3}{10 \times 10^6} = 52 \times 10^{-4}(\text{m}^2) = 52 \text{ cm}^2$$

【例 5-7】 如图 5-11(a) 所示砖柱，柱顶受轴心荷载 F 作用。已知砖柱横截面面积 $A=0.3\ \text{m}^2$，自重 $G=40$ kN，材料的许用应力 $[\sigma_y]=1.05$ MPa。试按强度条件确定柱顶的许用荷载 $[F]$。

解：(1) 求得 N 图如图 5-10(b) 所示。

(2) 判断柱底截面是危险截面，其上任一点都是危险点。

(3) 由强度条件得

$$N_{max} \leqslant A[\sigma] = 1.05 \times 10^6 \times 0.3 = 315\,000(\text{N}) = 315 \text{ kN}$$

即
$$[F] + 40 = 315(\text{kN})$$

得
$$[F] = 315 - 40 = 275(\text{kN})$$

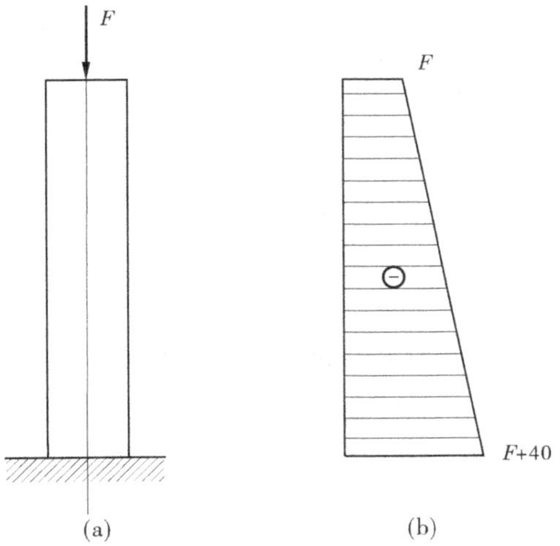

图 5-11

5.4 轴向拉(压)杆件的变形

拉(压)杆件在受到轴向力时,会产生轴向变形。轴向受拉(或受压)杆件会产生纵向伸长(或缩短),同时横向尺寸也略有缩小(或增大)。受拉(或受压)杆的主要变形为纵向变形。因此,通常用受拉(或受压)杆件的纵向变形来描述和度量其变形。下面结合受拉杆件来研究变形的基本概念,得出的结论同样也适用于受压杆件。

5.4.1 拉杆的变形

5.4.1.1 纵向变形

设轴向受拉杆件的纵向尺寸为 L,受拉变形后的纵向尺寸为 L_1,如图 5-12 所示,则杆件纵向尺寸的变化量为

$$\Delta L = L_1 - L$$

由上式可知:杆件受拉时,ΔL 为正;反之为负。

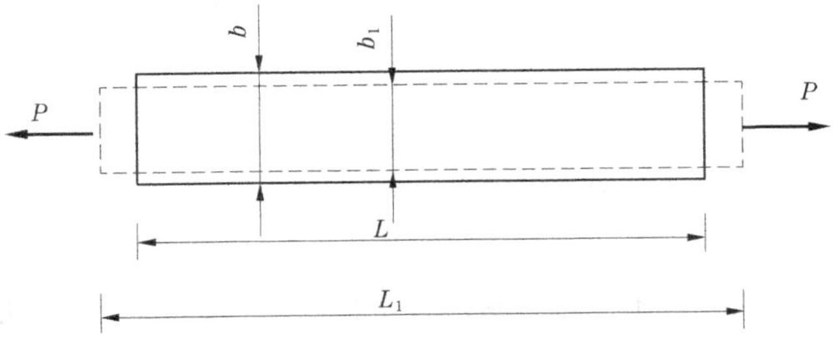

图 5-12

这种总的变形量称为绝对变形。绝对变形只能反映杆件的总的变形量,而不能说明杆件的变形程度。杆件的变形程度不但与总的变形量有关,还与杆件的原长有关。例如:

相同材料的 1 m 长的杆件和 5 m 长的杆件受不同大小的轴向拉力后的纵向变形都为 1 mm,很明显 1 m 长的杆件的变形明显些,变形程度大。由于轴向拉杆的变形是均匀变形的,各段是均匀伸长的,所以杆的变形程度可用单位长度杆的总的变形量来描述,称为相对变形或线应变,用 ε 表示,即

$$\varepsilon = \frac{\Delta L}{L} \tag{5-4}$$

ε 是无量纲的量。杆件受拉时,ε 为正;反之为负。

5.4.1.2 横向变形

设杆件原来的横向尺寸为 b,变形后的横向尺寸为 b_1,则横向绝对变形为

$$\Delta b = b_1 - b$$

由上式可知,当杆件受拉时,Δb 为负;受压时,Δb 为正。横向线应变为

$$\varepsilon' = \frac{\Delta b}{b} \tag{5-5}$$

ε'的正负号同 Δb。

5.4.1.3 泊松比

实验表明,当拉杆内的应力不超过材料的比例极限时,横向线应变与纵向线应变之比的绝对值为一常数,此比值称为横向变形系数或泊松比,用 μ 表示,即

$$\mu = \left|\frac{\varepsilon'}{\varepsilon}\right| \tag{5-6}$$

μ 也是一无量纲的量,与材料有关。因为 ε'与 ε 的符号总是相反,故上式可写成:

$$\varepsilon' = -\mu\varepsilon$$

工程上常用材料的泊松比列于表 5-2 中。

表 5-2 常用材料的 E、μ 值

材料名称	E(GPa)	μ
低碳钢	196 ~ 216	0.25 ~ 0.33
合金钢	186 ~ 216	0.24 ~ 0.33
灰铸铁	115 ~ 160	0.23 ~ 0.27
铜及其合金	74 ~ 130	0.31 ~ 0.42
橡胶	0.008	0.47

5.4.2 胡克定律

实验表明:当拉杆的应力不超过材料的比例极限时,则杆件的伸长量与轴向外力成正比,与杆件的原长成正比,与杆件的横截面面积成反比,而且与材料的性能有关。表达式即为

$$\Delta L = \frac{FL}{EA} \tag{5-7}$$

由于轴向外力 $F=N$,故上式也可写成为

$$\Delta L = \frac{NL}{EA} \tag{5-8}$$

上式表示的比例关系即为胡克定律。式中 E 称为弹性模量,单位与应力单位相同,E 的大小与材料有关,见表 5-2。

把应力和应变的公式:$\sigma=\dfrac{N}{A}$和 $\varepsilon=\dfrac{\Delta L}{L}$代入式(5-8),可得

$$\sigma = E\varepsilon \tag{5-9}$$

此式为胡克定律的另一表达形式,表明了在弹性范围内,应力与应变成正比的关系。

【例 5-8】 截面为方形的等截面直杆,材料的弹性模量 $E=30$ MPa,受力如图 5-13 所示。杆件的边长为 400 mm,求该杆件的正应力,并求杆件的绝对变形量和相对变形。

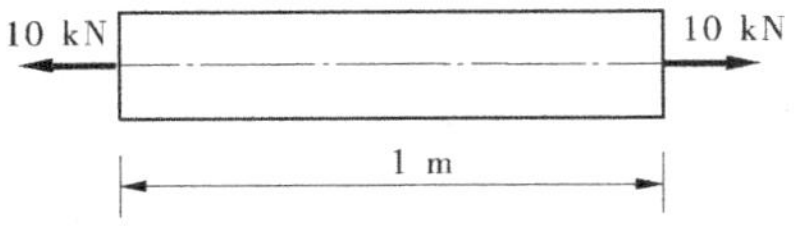

图 5-13

解:(1)求杆件的轴力

$$N=F=10\ \text{kN}$$

(2)求杆件的正应力

$$\sigma=\frac{N}{A}=\frac{10\times10^3}{400\times400}=0.062\ 5(\text{MPa})$$

(3)求杆件的绝对变形量和相对变形

$$\Delta L=\frac{NL}{EA}=\frac{10\times10^3\times1\times10^3}{30\times400\times400}=2.083(\text{mm})$$

$$\varepsilon=\frac{\Delta L}{L}=\frac{2.083}{1\ 000}=2.083\times10^{-3}$$

【例 5-9】 一截面为正方形的阶梯形砖柱,由上、下两段组成。其各段长度、截面尺寸和受力情况如图 5-14 所示。已知材料的弹性模量 $E=0.05\times10^5$ MPa,外力 $F=50$ kN,试求砖柱顶的位移。

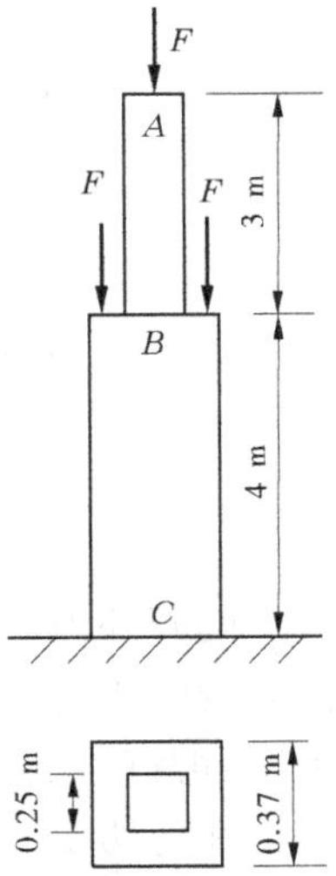

图 5-14

解:顶点 A 向下位移等于全柱的总缩短

$$\Delta l=\Delta l_1+\Delta l_2=\frac{N_1l_1}{EA_1}+\frac{N_2l_2}{EA_2}$$

其中 $N_1=-F=-50\ \text{kN}$ $l_1=3\ \text{m}$ $A_1=0.25\ \text{m}^2$

$N_2=-3F=-150\ \text{kN}$ $l_2=4\ \text{m}$ $A_2=0.37\ \text{m}^2$

$$\Delta l=\frac{-50\times10^3\times3\times10^3}{0.05\times10^5\times10^6\times0.25}+\frac{-150\times10^3\times4\times10^3}{0.05\times10^5\times10^6\times0.37}$$

$$=-0.44(\text{mm})$$

所以,砖柱顶缩短了 0.44 mm。

5.5 剪切和挤压的实用计算

5.5.1 剪切和挤压的概念

在工程实际中,有许多起连接作用的部件,如图 5-15 所示各种常见连接中的螺栓、铆钉、销轴、键,这些起连接作用的部件,称为连接件。

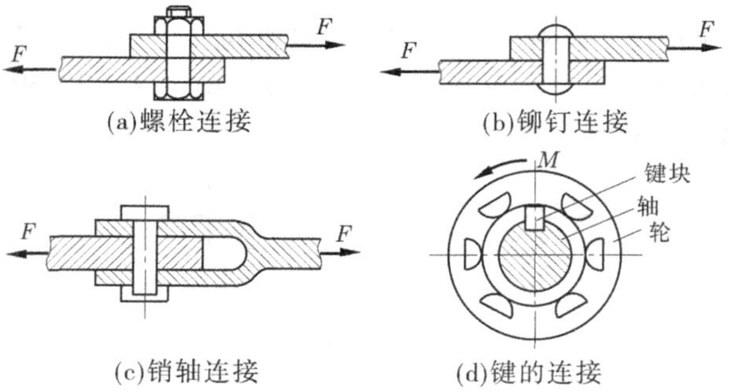

图 5-15

图 5-16(a)所示的铆钉连接中,钢板受力后,通过钢板与铆钉的接触面,将力传递到铆钉上,使铆钉受力如图 5-16(b)所示。此时铆钉受力情况是:受到一对垂直于杆轴线、大小相等、方向相反、作用线相距很近而不重合的平行外力的作用。

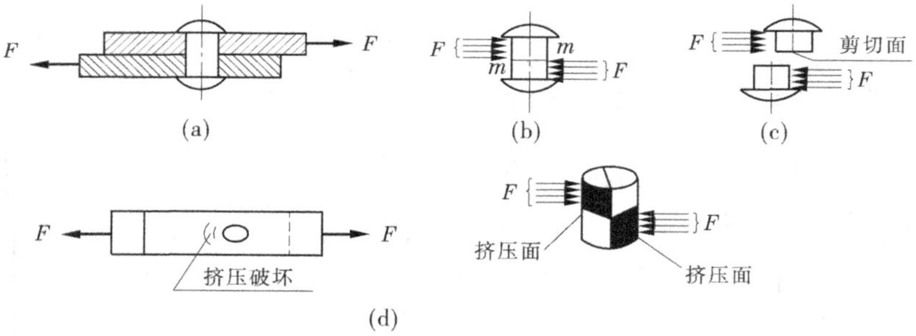

图 5-16

随着外力的逐渐增大,铆钉的上、下两部分将会分别沿着外力的方向移动,从而产生沿着两作用力之间的 $m—m$ 截面相对错动的变形,这种变形即为剪切变形。当外力足够大时,铆钉可能会沿着 $m—m$ 截面被剪断,如图 5-16(c)所示。

在剪切变形中,发生相对错动的面,称为剪切面。剪切面平行于作用力的方向,介于使连接件产生剪切变形的二力之间。

连接件在发生剪切变形的同时,也常常伴随着挤压变形。挤压是指两物体相互接触传递压力时,在接触表面出现局部受压变形的现象。若传递的压力较大,而接触面不大时,甚至会被压碎。如图 5-16(d)的铆钉和钢板的挤压情况。连接件发生挤压时,局部受压的接触面称为挤压面,作用于挤压面的压力为挤压力。

工程实际中,连接件的受力与变形比较复杂,连接件的强度计算通常采用实用计算方法来进行。

5.5.2 强度计算

5.5.2.1 剪切的实用计算

要对连接件进行剪切强度计算,则须先求出剪切面上的内力。以图 5-17(a)所示的铆钉为研究对象,铆钉在两钢板之间的截面处受剪切变形如图 5-17(b)所示,其受力情况如图 5-17(c)所示。

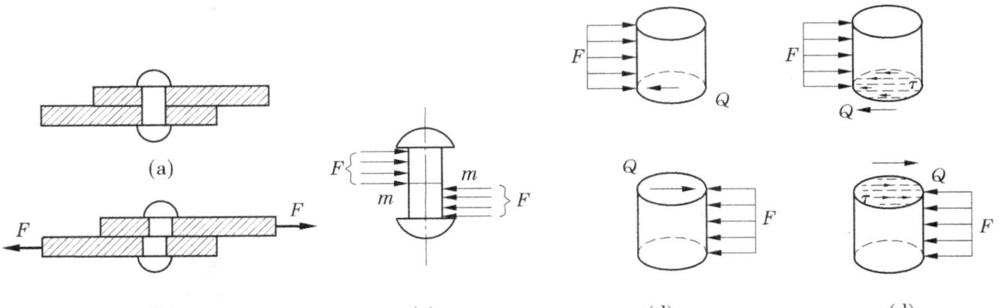

图 5-17

采用截面法求 m—m 截面的内力。假想将铆钉沿剪切面 m—m 截开,铆钉被分为上、下两部分,如图 5-17(d)所示。任取上部分或下部分为研究对象,由平衡条件可知,剪切面上必存在沿着剪切面且平行于外力的内力 Q,由 $\sum X = 0$ 得

$$F - Q = 0$$

$$Q = F$$

这种平行于剪切面的内力 Q,称为剪力。剪力在剪切面上的分布集度称为剪应力,用 τ 表示,单位与正应力相同。剪应力在剪切面上分布较复杂,在实用计算中,假设剪应力沿剪切面均匀分布,则得

$$\tau = \frac{Q}{A} \tag{5-10}$$

式中 Q——剪切面上的剪力;

A——剪切面的面积。

于是,可得剪切强度条件为

$$\tau = \frac{Q}{A} \leqslant [\tau] \tag{5-11}$$

其中,$[\tau]$为材料的许用剪应力,可从有关规范中查得。

式(5-11)与轴向拉(压)强度条件式(5-3)一样,可以解决三类强度计算问题,即校核强度、设计截面尺寸和确定许用荷载。

5.5.2.2 挤压的实用计算

连接件在受剪切的同时,往往伴随着挤压,如图 5-18 所示。作用于挤压面上的力,称为挤压力,用 F_j 表示。挤压面积用 A_j 表示。挤压力在挤压面上的分布集度称为挤压应

力,用 σ_j 表示。挤压应力的实际分布很复杂。在实用计算中,假定挤压应力在挤压面上是均匀分布的,于是

$$\sigma_j = \frac{F_j}{A_j} \tag{5-12}$$

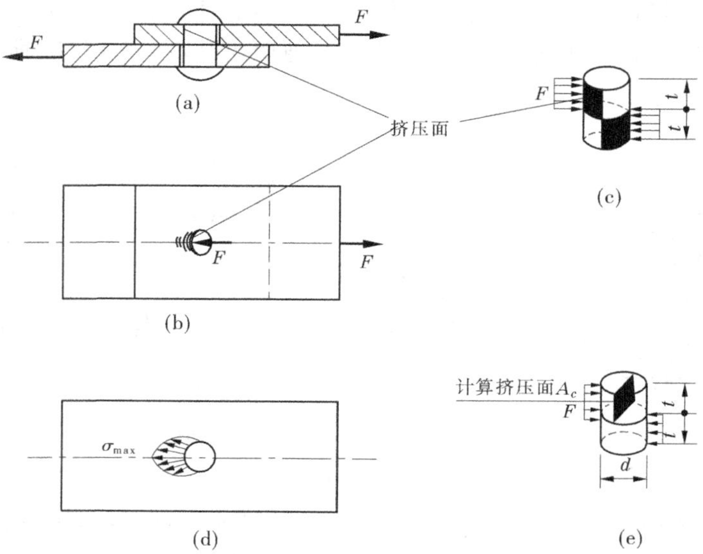

图 5-18

在实用计算中,当挤压面为平面时,A_C 即为实际挤压面的面积。若挤压面为半圆柱面时,如螺栓、销钉等连接件,则用挤压面的正投影作为挤压面的计算面积 A_C,如图 5-18 所示。挤压强度条件为

$$\sigma_j = \frac{F_j}{A_j} \leqslant [\sigma_j] \tag{5-13}$$

式中 σ_j——挤压应力;

F_j——挤压力;

A_j——挤压面计算面积;

$[\sigma_j]$——材料的许用挤压应力,其值由实验测定,各种材料的许用挤压应力值可以在相关手册中查得。

式(5-13)也可以解决三类强度计算问题,即校核强度、设计截面尺寸和确定许用荷载。

被连接件由于被铆钉孔削弱了横截面面积,从而使其强度降低,在外力作用下有可能产生拉伸破坏。所以,还应对被连接件的横截面面积削弱处进行抗拉强度校核。

【例 5-10】 如图 5-19(a)所示铆接接头,承受轴向拉力 $\boldsymbol{F}$ 作用。试求该拉力的许用值。已知板厚 $\delta = 2$ mm,板宽 $b = 15$ mm,铆钉直径 $d = 4$ mm,许用剪应力 $[\tau] = 100$ MPa,许用挤压应力 $[\sigma_j] = 300$ MPa,许用拉应力 $[\sigma] = 600$ MPa。

解:(1)接头破坏形式分析。铆接接头的破坏形式可能有以下 4 种:铆钉沿横截面 1—1 被剪断,如图 5-19(a)所示;铆钉与孔壁互相挤压,产生显著塑性变形,如图 5-19(b)所示;板沿截面 2—2 被拉断,如图 5-19(b)所示;板沿截面 3—3 被剪断,如图 5-19(c)所示。

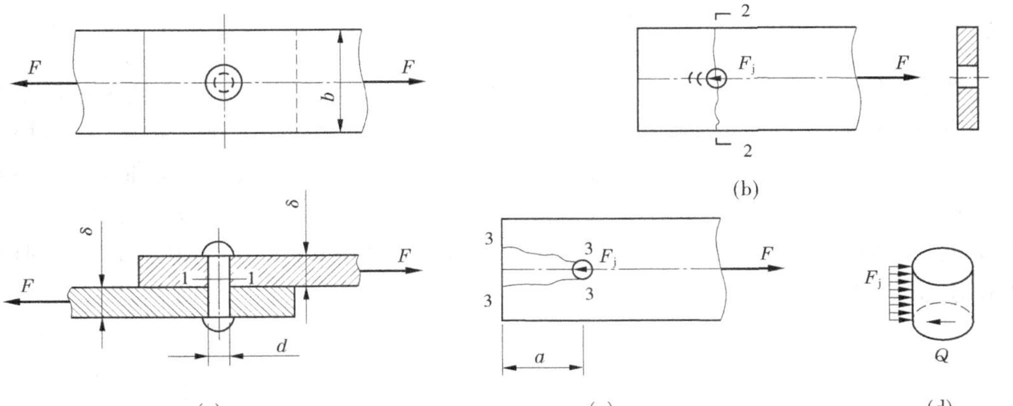

图 5-19

实验表明，当边距 a 足够大，这可通过构造满足要求，则最后一种形式的破坏通常即可避免，如图 5-19(c)所示。因此，铆钉接头的强度分析，主要是针对前三种破坏而言。

(2)剪切强度分析。如图 5-19(a)所示，铆钉剪切面 1—1 上的剪应力为

$$\tau = \frac{Q}{A} = \frac{4F}{\pi d^2}$$

根据剪切强度条件式(5-11)得

$$F = \frac{\pi d^2[\tau]}{4} = \frac{\pi(4\times10^{-3})^2\times100\times10^6}{4} = 1\ 257(\mathrm{N}) = 1.257\ \mathrm{kN}$$

(3)挤压强度分析。铆钉与孔壁的最大挤压应力为

$$\sigma_j = \frac{F_j}{\delta d}$$

根据挤压强度条件式(5-13)得

$$F_j = \delta d[\sigma_j] = 2\times10^{-3}\times4\times10^{-3}\times300\times10^6 = 2\ 400(\mathrm{N}) = 2.4\ \mathrm{kN}$$

(4)拉伸强度分析。横截面 2—2 上的正应力最大，其值为

$$\sigma_{max} = \frac{F}{(b-d)\delta}$$

由此得

$$F = (b-d)\delta[\sigma] = (15\times10^{-3}-4\times10^{-3})\times2\times10^{-3}\times600\times10^6 = 13\ 200(\mathrm{N}) = 13.2\ \mathrm{kN}$$

综合考虑以上三方面，可见接头的许用拉力为

$$F = 1.257\ \mathrm{kN}$$

5.6 材料拉伸和压缩时的力学性质

前面提及的弹性模量 E 和比例极限 σ_p 都为材料的力学性能，是解决强度、刚度和稳定性不可缺少的依据。本节介绍材料在拉伸和压缩时的力学性能。材料的力学性能是通过力学实验来测定的，实验是在常温、静荷载条件下进行的。

5.6.1 低碳钢的单向拉、压实验

单向拉伸实验是在万能实验机上进行的，试件的尺寸采用国家统一规定的标准件。以 A_3 钢为例，来讨论低碳钢的力学性质。试件安装在实验机上，缓慢加载，直至试件被拉断。实验机的自动绘图仪将绘出工作段的伸长量与荷载间的 $F \sim \Delta L$ 关系曲线，称为拉伸图。为了消除试件几何尺寸的影响，将拉伸图的纵坐标除以试件的横截面面积 A，横坐标除以标距 l，则得到 $\sigma \sim \varepsilon$ 曲线，称为应力—应变曲线，见图 5-20。由材料的 $\sigma \sim \varepsilon$ 图可将实验分为以下四个阶段：

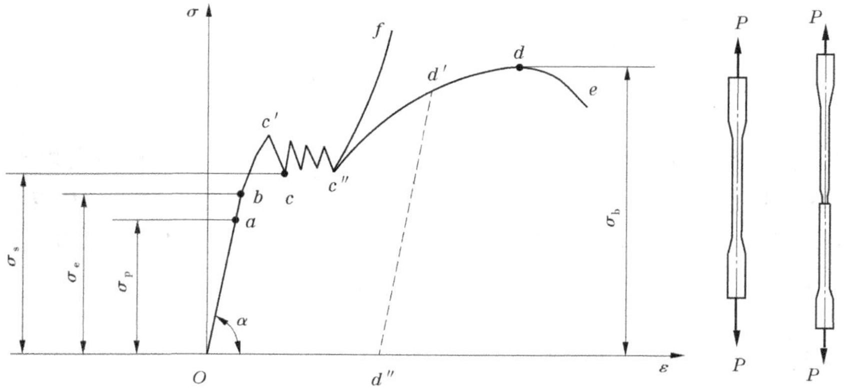

图 5-20

5.6.1.1 弹性阶段

图线的 Oab 段。图中线段 Oa 是一条直线，应力与应变成正比关系，即满足胡克定律。b 点离 a 点很近，ab 段的变形也是可以恢复的。也就是说，在此阶段内，试件的变形是弹性的，所以该阶段称为弹性阶段。

5.6.1.2 屈服阶段

图线的 $bc'cc''$段。在此阶段内，图线为一接近水平的锯齿状的曲线。实验进入这一阶段后若卸载，绘图笔尖不能沿原线返回到 O 点，显示出残余的塑性应变。这种塑性应变实际上是由于材料晶格的连续滑移造成的，称为屈服或流动，因此这个阶段称为屈服阶段。此阶段材料暂时失去了抵抗变形的能力，这时试件的变形基本上都是塑性变形。这一阶段可观察到在试件表面出现与轴线大致成 45°的条纹，称为滑移线。

5.6.1.3 强化阶段

图线的 $c''d$ 段。过屈服阶段后，应变 ε 继续增加，应力 σ 也在继续增加，直到 d 点，即材料又恢复了抵抗变形的能力，所以这一阶段称为强化阶段。

5.6.1.4 颈缩阶段

图线的 de 段。图线到达 d 点后，试件的变形集中于某一较弱的局部区域，使这一区域的横截面面积显著缩小，称为颈缩现象。由于颈缩现象的出现，使得试件继续变形所需的拉力迅速减小，应力下降，直到最后在颈缩处被拉断，因此这一阶段称为颈缩阶段。

低碳钢的单向压缩实验，也是在万能实验机上进行的，其试件为短粗试件。所得到的 $\sigma \sim \varepsilon$ 曲线如图 5-20 中 $Oabc'cc''f$ 曲线所示。由 $\sigma \sim \varepsilon$ 曲线图可见，在屈服阶段以前，两条曲线基本上是重合的。但过了屈服阶段以后，试件越压越短，受压面积越来越大，最后成为饼状，不可能产生断裂。

5.6.2 铸铁的单向拉、压实验

铸铁拉伸时的 $\sigma \sim \varepsilon$ 曲线见图 5-21 中的 Oe 段所示。由图 5-21 可见，在较小的拉应力下，试件就会沿横截面突然断裂。压缩时的 $\sigma \sim \varepsilon$ 曲线如图 5-21中的 Og 段所示，当压应力达到 σ_{bc} 时，试件即会沿着与轴线大致成45°的斜面突然断裂。$\sigma \sim \varepsilon$ 曲线没有明显的直线部分，但可近似地认为服从胡克定律。

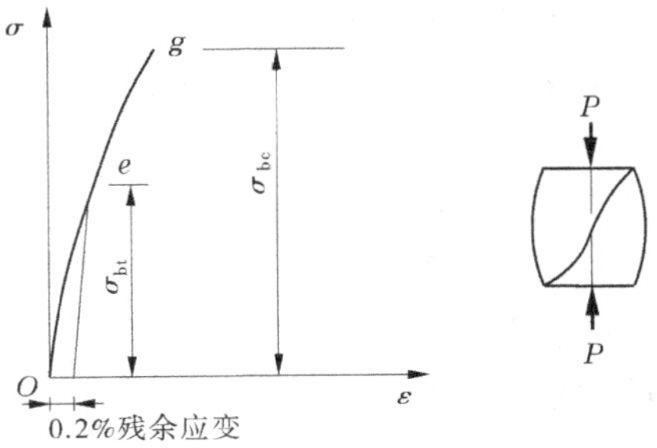

图 5-21

5.6.3 材料在单向拉、压时的力学性能

5.6.3.1 材料的延性

材料有能产生塑性变形的性质，称为塑性。材料承受塑性变形的能力，称为延性。通过单向拉、压实验可获得衡量材料延性的两个塑性指标。

1. 延伸率 δ

$$\delta = \frac{l_1 - l}{l} \times 100\%$$

式中 l——试件变形前的标距长度。

l_1——试件拉断后的标距长度。

根据延伸率可将材料分成两类：$\delta \geqslant 5\%$ 的为塑性材料，如低碳钢等、铝合金等；$\delta < 5\%$ 的为脆性材料，如玻璃、灰口铸铁等。

2. 截面收缩率 ψ

$$\psi = \frac{A - A_1}{A} \times 100\%$$

式中 A——试件原来的横截面面积。

A_1——断口处的最小横截面面积。

5.6.3.2 材料的弹性模量

在弹性阶段内，Oa 段为直线，直线的斜率即为弹性模量 E，即 $E = \tan\alpha = \dfrac{\sigma}{\varepsilon}$。

5.6.3.3 材料的强度

如图 5-20 所示，Oa 段的应力 σ 与应变 ε 成正比，a 点对应的应力为 σ_p，称为比例极限。当应力达到弹性阶段的 b 点时，将荷载完全卸去，变形会全部消失，即 ab 段的变形还为弹性变形，故 b 点所对应的应力 σ_e 为弹性极限。屈服阶段的应力有最大值，也有最小值，其屈服阶段的最大值称为上屈服点；屈服阶段的最小值称为下屈服点，以下屈服点作为屈服极限。图 5-20 中的最低点 c 所对应的应力值 σ_s 即为屈服极限，或称为屈服强度，是塑性材料的重要强度指标，也是塑性材料破坏的标志和建立强度条件的依据。强化阶段的最高点 d 所对应的应力 σ_b，称为强度极限，或称为抗拉强度，是材料所能承受的最大应力。塑性材料的抗拉强度 σ_b 也反映了塑性材料的强度储备。

脆性材料的强度极限是材料破坏的标志，也是建立强度条件的依据。如图 5-21 中的 σ_{bt} 和 σ_{bc} 分别为铸铁的抗拉强度极限和抗压强度极限。对于这类钢材，取卸荷后残余应变为 $\varepsilon=0.2\%$ 时所对应的应力作为屈服点，这种屈服点又称为条件屈服点，并作为屈服强度，如图 5-21 所示。

如图 5-20 所示，若材料在加载至强化阶段的某一点 d' 处逐渐卸载，则应力—应变曲线将沿着 $d'd''$ 回到 d'' 点，近似平行于 Oa。卸载后，在短期内再加载，则应力—应变曲线沿 $d''d'$ 变化到 d' 点后仍沿 $d'de$ 变化。因此，在第二次加载过程中，$d''d'$ 段为直线，此阶段材料的变形为弹性变形，即弹性极限从 σ_e 提高到对应于 d' 点所对应的应力。这种冷拉到强化阶段再卸载而使得材料弹性极限提高的现象，称为"冷作硬化"。工程上常利用这一现象把钢材拉伸到强化阶段后，适当选取点卸载，再经过时效处理，从而利用材料的强度储备。

习　题

一、思考题

1. 轴向拉(压)杆横截面上有什么内力？如何绘制轴力图？

2. 两根不同材料的等截面直杆，承受着相同的拉力，截面面积与长度都相等，问：

(1) 两杆的内力是否相等？

(2) 两杆的应力是否相等？

(3) 两杆的变形是否相等？

3. 在轴向拉(压)杆中，发生最大正应力的横截面上，其剪应力等于零。在发生最大剪应力的截面上，其正应力是否也等于零？

4. 何谓强度条件？可以解决哪些强度计算问题？

5. 什么是剪切和挤压变形？

二、绘图、计算题

1. 求如图 5-22 所示等直杆横截面 1—1、2—2 和 3—3 上的轴力，并作轴力图。横截面面积 $A=400\ \text{mm}^2$，求各横截面上的应力。

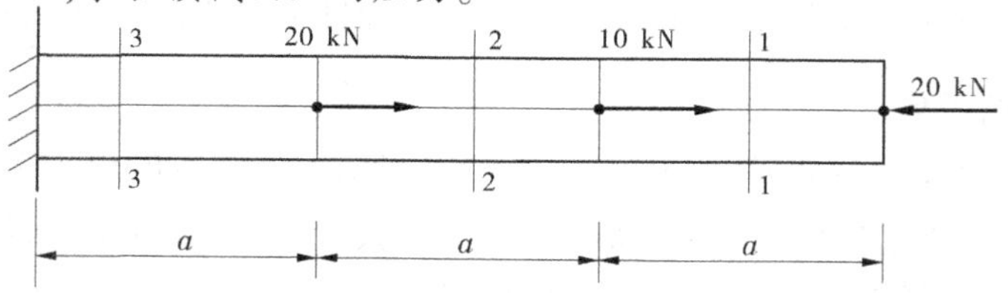

图 5-22　计算题 1

2. 一根等直杆受力如图 5-23 所示。一直杆的横截面面积为 A 和材料的弹性模量为 E。试作轴力图,并求杆端截面 D 的位移。

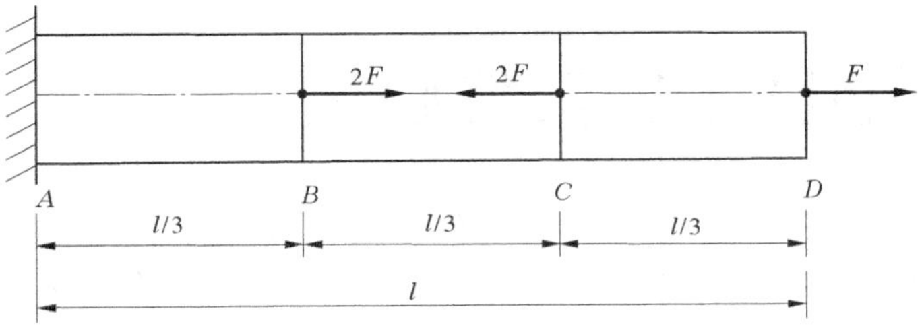

图 5-23 计算题 2

3. 一木桩受力如图 5-24 所示。柱的横截面为边长 200 mm 的正方形,材料可认为服从胡克定律,其弹性模量 $E = 10$ GPa。如不计柱的自重,试求下列各项:

(1) 作轴力图;

(2) 各段柱横截面上的应力;

(3) 各段柱的纵向线应变;

(4) 柱的总变形。

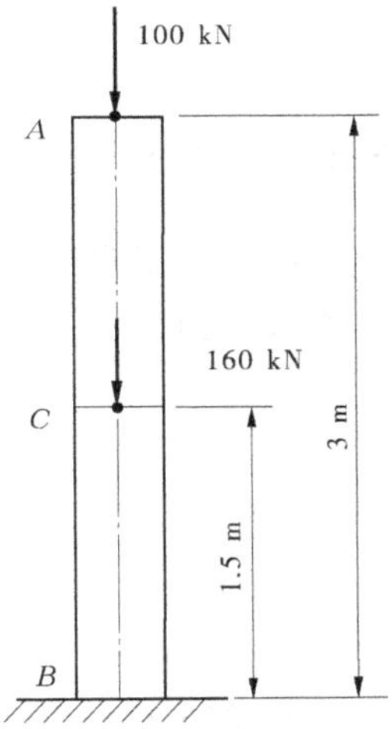

图 5-24 计算题 3

4. 两块钢板厚 $t = 6$ mm,用 3 个铆钉连接如图 5-25 所示。已知 $F = 50$ kN,材料的许用剪应力 $[\tau] = 100$ MPa,许用挤压应力 $[\sigma_j] = 240$ MPa,试求铆钉直径 d。若利用现有直径 $d = 12$ mm 的铆钉,则铆钉数 n 应该是多少?

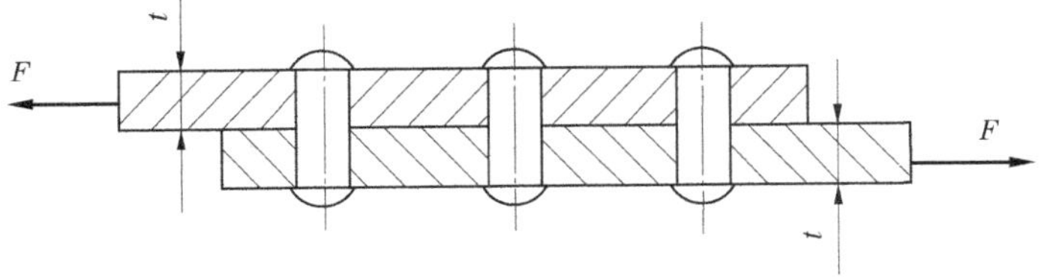

图 5-25 计算题 4

6 平面图形的几何性质

【学习目标】 了解惯性半径、极惯性矩的概念,理解重心、形心、面积矩、惯性矩的概念,掌握简单截面图形形心、面积矩、惯性矩的计算,掌握组合截面形心、面积矩、惯性矩的计算方法。

6.1 截面的形心

6.1.1 形心的坐标公式

均质物体的重心也就是它的几何中心,又称为形心。如图 6-1 所示的任意形状的平面图形,选取坐标 zOy ,在坐标(z,y)处取微面积 dA,则该图形的形心坐标为

$$\left.\begin{aligned} \bar{z} &= \frac{\int_A z\mathrm{d}A}{A} \\ \bar{y} &= \frac{\int_A y\mathrm{d}A}{A} \end{aligned}\right\} \tag{6-1}$$

由式(6-1)计算的常见图形的形心见表 6-1。

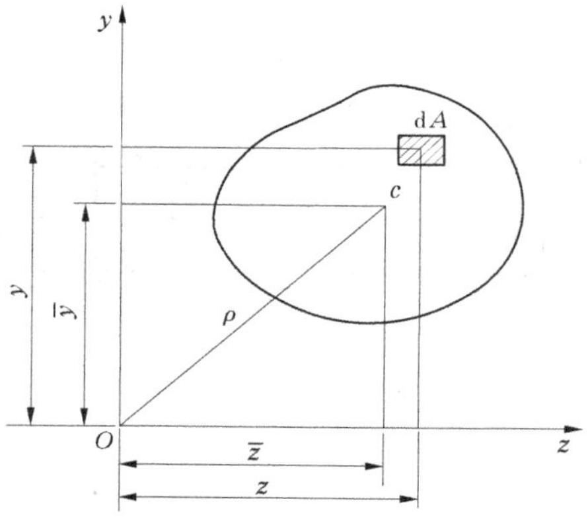

图 6-1

表 6-1 常见图形的面积、形心和惯性矩

序号	图形	面积	形心位置	惯性矩(形心轴)
1	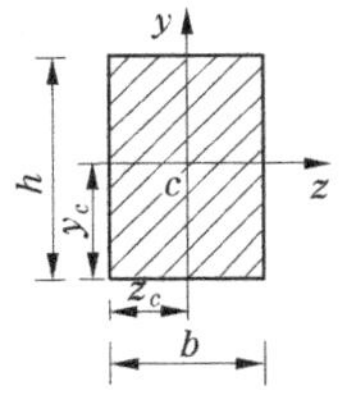	$A=bh$	$z_c=\frac{b}{2}$ $y_c=\frac{h}{2}$	$I_z=\frac{bh^3}{12}$ $I_y=\frac{hb^3}{12}$
2	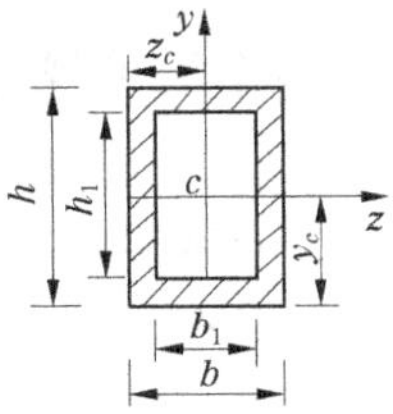	$A=bh-b_1h_1$	$z_c=\frac{b}{2}$ $y_c=\frac{h}{2}$	$I_z=\frac{1}{12}(bh^3-b_1h_1^3)$ $I_y=\frac{1}{12}(hb^3-h_1b_1^3)$
3	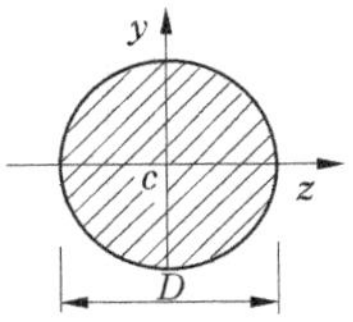	$A=\frac{\pi D^2}{4}$	圆心	$I_z=I_y=\frac{\pi D^4}{64}$
4	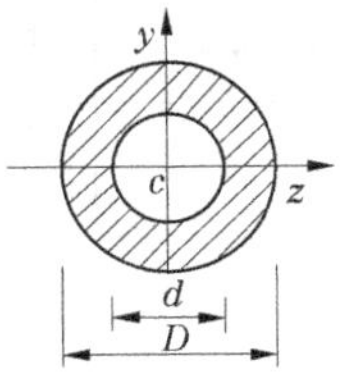	$A=\frac{\pi}{4}(D^2-d^2)$	圆心	$I_z=I_y=\frac{\pi D^4}{64}(1-\alpha^4)$ $\alpha=\frac{d}{D}$
5	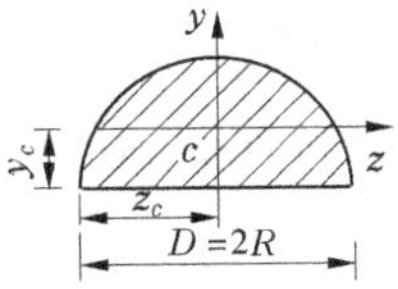	$A=\frac{\pi R^2}{2}$	$z_c=\frac{D}{2}$ $y_c=\frac{4R}{3\pi}$	$I_z=(\frac{1}{8}-\frac{8}{9\pi^2})\pi R^4$ $\approx 0.11R^4$ $I_y=\frac{\pi D^4}{128}=\frac{\pi R^4}{8}$
6	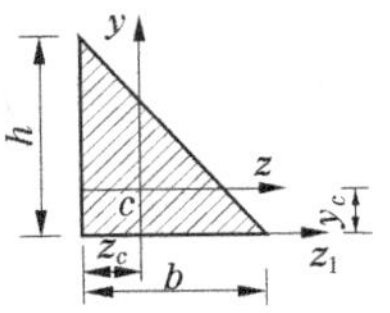	$A=\frac{1}{2}bh$	$z_c=\frac{b}{3}$ $y_c=\frac{h}{3}$	$I_z=\frac{bh^3}{36}$ $I_y=\frac{hb^3}{36}$

6.1.2 组合截面的形心

由简单图形组成的组合截面的形心坐标公式如下

$$\bar{z}=\frac{\sum_{i=1}^{n}A_i\overline{z_i}}{\sum_{i=1}^{n}A_i}\qquad \bar{y}=\frac{\sum_{i=1}^{n}A_i\overline{y_i}}{\sum_{i=1}^{n}A_i} \tag{6-2}$$

式中 A_i——分部图形的面积；

$\overline{y_i}$和$\overline{z_i}$——各分部图形的形心坐标。

求由简单图形组合成的组合体截面形心，可以先将截面划分成多个简单规则的图形（矩形或三角形等），然后用式(6-2)即可求出组合截面的形心。

【例6-1】 一个L形截面，尺寸如图6-2(a)所示，单位为mm。求其截面的形心坐标。

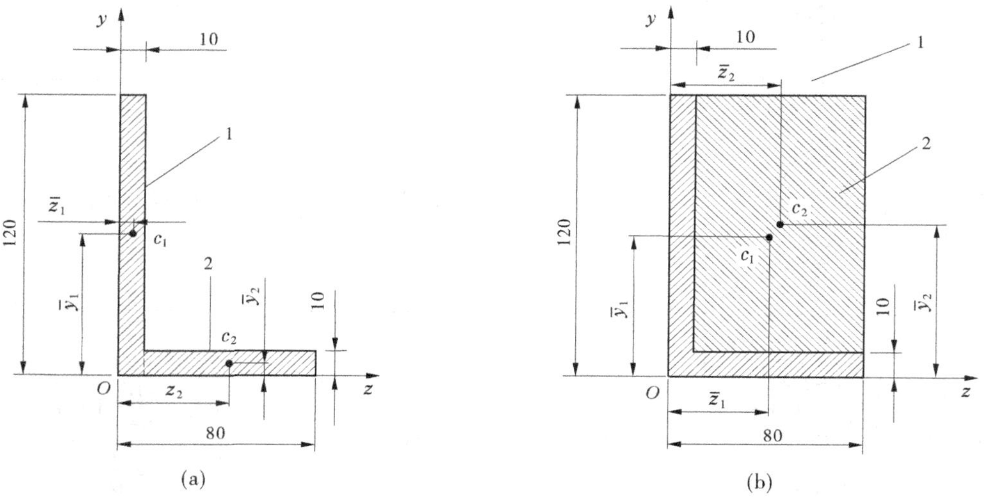

图6-2

解：解法一：分割法。

将L形截面划分为1、2两个矩形截面，如图6-2(a)所示。由式(6-2)得

$$\bar{z}=\frac{A_1\overline{z_1}+A_2\overline{z_2}}{A_1+A_2}=\frac{10\times120\times5+10\times70\times45}{10\times120+10\times70}=19.74(\text{mm})$$

$$\bar{y}=\frac{A_1\overline{y_1}+A_2\overline{y_2}}{A_1+A_2}=\frac{10\times120\times60+10\times70\times5}{10\times120+10\times70}=39.74(\text{mm})$$

解法二：负面积法。

如图6-2(b)所示，将截面补充成为一个完整的矩形截面1，补充或挖去部分为截面2，代入式(6-2)时要对补充或挖去的部分的面积取负值，即得

$$\bar{z}=\frac{A_1\overline{z_1}+A_2\overline{z_2}}{A_1+A_2}=\frac{80\times120\times40-70\times110\times45}{80\times120-70\times110}=19.74(\text{mm})$$

$$\bar{y}=\frac{A_1\overline{y_1}+A_2\overline{y_2}}{A_1+A_2}=\frac{80\times120\times60-70\times110\times65}{80\times120-70\times110}=39.74(\text{mm})$$

由此可见，以上两种方法所得结果相同，其做法本质一样，即通过“划分”或“补充”将“非规则”的截面离散成多个“规则”的截面，然后把各个“规则”部分的面积和它的形心与坐标轴距离的乘积进行相加求和。

6.2 面积矩

6.2.1 面积矩的定义

图 6-1 中的微面积 dA 与其坐标 y 和 z 的乘积 ydA、zdA 分别称为该微元面积对 y 轴和 z 轴的面积矩，又称静矩，则整个图形面积 A 对 y 轴和 z 轴的面积矩应等于所有这些微面积的面积矩之和，即

$$\left.\begin{aligned} S_z &= \int_A y\mathrm{d}A \\ S_y &= \int_A z\mathrm{d}A \end{aligned}\right\} \tag{6-3}$$

式中 S_z，S_y——截面图形对 z 轴及 y 轴的面积矩，也称静矩。

由此可见，面积矩不仅与图形的面积大小有关，而且与坐标轴的位置有关。同一截面图形对不同的坐标轴的面积矩不同。面积矩的数值可能为正或为负，也可能为零，量纲是 $[L]^3$。

6.2.2 简单截面的面积矩

由式(6-1)和式(6-3)可以看出在同一坐标系下一个简单图形的形心和它对于坐标轴的面积矩有如下关系式

$$\left.\begin{aligned} S_z &= A\bar{y} \\ S_y &= A\bar{z} \end{aligned}\right\} \tag{6-4}$$

由式(6-4)可知，简单截面对某轴的面积矩等于面积与形心到该轴距离的乘积。

6.2.3 组合截面的面积矩

如果平面图形由若干个简单图形组合而成，根据面积矩的定义，组合图形对 z 轴或 y 轴的面积矩等于各简单图形对同一轴面积矩的代数和，即

$$\left.\begin{aligned} S_z &= \sum_{i=1}^{n} A_i \bar{y_i} \\ S_y &= \sum_{i=1}^{n} A_i \bar{z_i} \end{aligned}\right\} \tag{6-5}$$

由式(6-5)可知，组合截面对某轴的面积矩等于各简单截面对该轴的面积矩的代数和。

由式(6-4)、式(6-5)可以得到结论：截面对形心轴的面积矩等于零；反之，截面对某轴的面积矩等于零，则轴通过截面形心。

【例 6-2】 如图 6-2(a)所示，求 L 形截面对 y、z 轴的面积矩。

解：由式(6-5)得：

$$S_z = A_1\overline{y_1} + A_2\overline{y_2} = 10\times120\times60 + 10\times70\times5 = 75\ 500(\mathrm{mm}^3)$$

$$S_y = A_1\overline{z_1} + A_2\overline{z_2} = 10\times120\times5 + 10\times70\times45 = 37\ 500(\mathrm{mm}^3)$$

6.3 惯性矩

6.3.1 惯性矩

在图 6-1 中，在图形内任一点(z,y)处取一微元面积 $\mathrm{d}A$，把 $y^2\mathrm{d}A$ 和 $z^2\mathrm{d}A$ 分别称为该微面积对 z 轴和 y 轴的惯性矩，则整个图形面积 A 对 z 轴和 y 轴的惯性矩应等于在 A 面积范围内的所有这些微元面积的惯性矩总和，即

$$\left.\begin{aligned} I_z &= \int_A y^2\mathrm{d}A \\ I_y &= \int_A z^2\mathrm{d}A \end{aligned}\right\} \tag{6-6}$$

式中 I_z, I_y——截面图形对 z 轴及 y 轴的惯性矩，量纲是$[L]^4$，恒为正值。

常见截面的惯性矩见表 6-1。

6.3.2 极惯性矩

在图 6-1 中，若 $\mathrm{d}A$ 至坐标原点 O 之距为 ρ，$\rho^2\mathrm{d}A$ 称为该微面积对原点 O 的极惯性矩，则整个图形面积 A 对原点 O 的极惯性矩为

$$I_\rho = \int_A \rho^2\mathrm{d}A \tag{6-7}$$

极惯性矩量纲为$[L]^4$，恒为正值。

由于 $\rho^2 = y^2 + z^2$，因此由式(6-7)可得

$$I_\rho = \int_A (y^2 + z^2)\mathrm{d}A = I_z + I_y \tag{6-8}$$

上式说明截面对某点的极惯性矩等于截面对以该点为原点的两相互垂直坐标轴的惯性矩之和。

【例 6-3】 如图 6-3 所示坐标系下，求矩形截面相对于形心坐标轴的惯性矩。

解：先计算截面对于 z 轴的惯性矩 I_z 时，取与 z 轴平行的狭长条，则 $\mathrm{d}A = b\mathrm{d}y$，得

$$I_z = \int_A y^2\mathrm{d}A = \int_{-\frac{h}{2}}^{\frac{h}{2}} by^2\mathrm{d}y = \frac{bh^3}{12}$$

同理，计算截面对于 y 轴的惯性矩 I_y 时，取与 y 轴平行的狭长条，则 $\mathrm{d}A = h\mathrm{d}z$，得

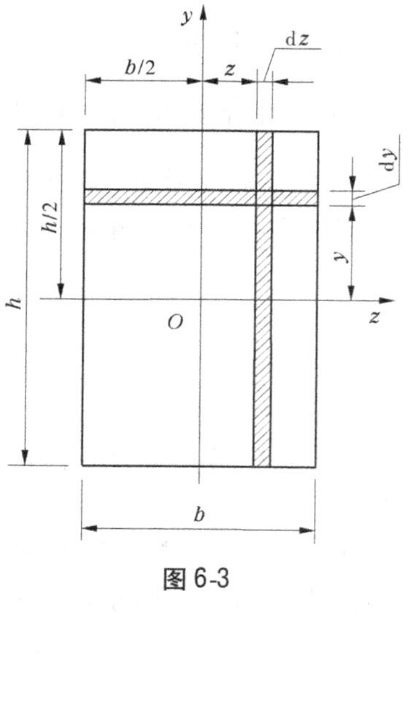

图 6-3

$$I_y = \int_A z^2 \mathrm{d}A = \int_{-\frac{b}{2}}^{\frac{b}{2}} hz^2 \mathrm{d}y = \frac{hb^3}{12}$$

6.3.3 组合图形的惯性矩

6.3.3.1 平行移轴公式

设一面积为 A 的任意形状的截面如图 6-4 所示。截面对任意的坐标轴 z 及 y 的惯性矩为 I_z、I_y。另外,有通过截面自身的形心 c 并分别与 z、y 轴平行的形心轴 z_c、y_c,截面对于形心轴 z_c、y_c 的惯性矩为 I_{zc}、I_{yc}。截面上任意一微面积 dA 在两个坐标系内的坐标分别为 (z,y)、(z_c,y_c),两者之间的关系为

$$\left.\begin{aligned} z &= z_c + b \\ y &= y_c + a \end{aligned}\right\} \tag{6-9}$$

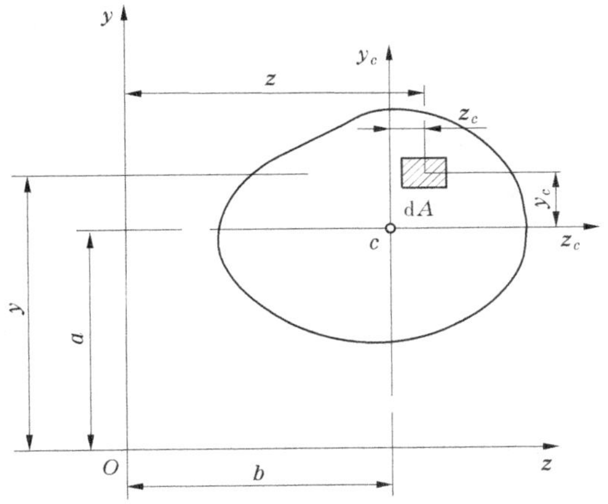

图 6-4

式中 a,b——截面形心 c 在 zOy 坐标系内的坐标值。

将式(6-9)中的 y 代入式(6-6)中的 I_z,经过展开并逐项积分推导(具体过程略),可得

$$\left.\begin{aligned} I_z &= I_{zc} + a^2 A \\ I_y &= I_{yc} + b^2 A \end{aligned}\right\} \tag{6-10}$$

式(6-10)称为惯性矩的平行移轴公式,用来计算简单截面对非形心轴的惯性矩。

截面对于某轴的惯性矩,等于截面相对于通过自身形心且平行于该轴的形心轴的惯性矩,加上截面面积与形心轴到该轴距离平方的乘积。

由式(6-10)得:在一组平行的坐标轴中,截面对形心轴的惯性矩最小。

6.3.3.2 组合截面的惯性矩

在工程中常遇到的组合截面,有的是由几个简单的图形如矩形、圆形或三角形等组成,有的是由几个型钢截面组合而成。根据惯性矩的定义可知,组合截面对于某坐标轴的惯性矩就等于其各组成部分对于同一坐标轴的惯性矩之和,用表达式表示为

$$\left.\begin{aligned} I_z &= \sum_{i=1}^{n} I_{zi} \\ I_y &= \sum_{i=1}^{n} I_{yi} \end{aligned}\right\} \tag{6-11}$$

求组合截面对某坐标轴的惯性矩，可将截面分割成若干个简单图形，运用惯性矩的平行移轴公式，分别求出各自对某坐标轴的惯性矩，再求和得到整个截面对某坐标轴的惯性矩。

【例 6-4】 某 H 形组合钢梁截面尺寸如图 6-5 所示，单位为 mm。计算其截面关于形心轴 z 轴和 y 轴的惯性矩。

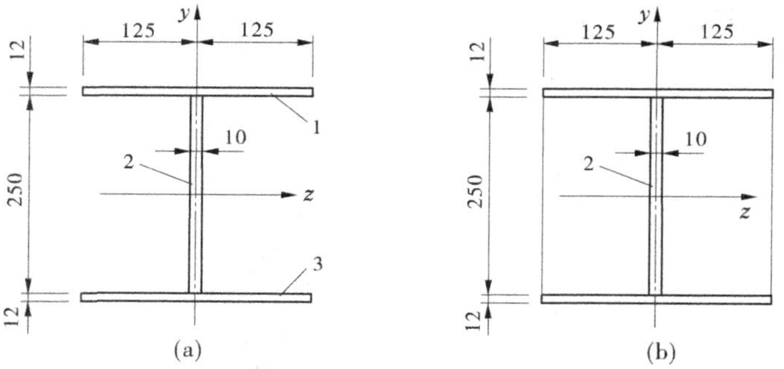

图 6-5

解：解法一：分割法。

将 H 形截面划分为 1、2、3 三个矩形截面，如图 6-5(a)所示。先分别求出各个矩形截面关于 z 轴和 y 轴的惯性矩。由式(6-10)得

$$I_{z1} = I_{z3} = \frac{1}{12} \times 250 \times 12^3 + (125 + 6)^2 \times 250 \times 12 = 5.15 \times 10^7 (\text{mm}^4)$$

$$I_{z2} = \frac{1}{12} \times 10 \times 250^3 = 1.3 \times 10^7 (\text{mm}^4)$$

$$I_{y1} = I_{y3} = \frac{1}{12} \times 12 \times 250^3 = 1.56 \times 10^7 (\text{mm}^4)$$

$$I_{y2} = \frac{1}{12} \times 250 \times 10^3 = 2.1 \times 10^4 (\text{mm}^4)$$

由式(6-11)得

$$I_z = I_{z1} + I_{z2} + I_{z3} = 5.15 \times 10^7 + 1.3 \times 10^7 + 5.15 \times 10^7 = 11.6 \times 10^7 (\text{mm}^4)$$

$$I_y = I_{y1} + I_{y2} + I_{y3} = 1.56 \times 10^7 + 2.1 \times 10^4 + 1.56 \times 10^7 = 3.13 \times 10^7 (\text{mm}^4)$$

解法二：负面积法。

将 H 形截面补充成一个完整的矩形截面，如图 6-5(b)所示，计算时对补充或挖去部分的惯性矩取负值，即

$$I_z = \frac{1}{12} \times 250 \times (250 + 24)^3 - 2 \times \frac{1}{12} \times (125 - 5) \times 250^3 = 11.6 \times 10^7 (\text{mm}^4)$$

$$I_y = \frac{1}{12} \times 274 \times 250^3 - 2 \times \left[\frac{1}{12} \times 250 \times (125 - 5)^3 + 250 \times 120 \times \left(\frac{120}{2} + 5\right)^2\right]$$
$$= 3.13 \times 10^7 (\text{mm}^4)$$

习 题

如图 6-6(a)所示，$H=300$ mm，$h=260$ mm，$B=200$ mm，$b=160$ mm；如图 6-6(b)所示 $H=280$ mm，$h=260$ mm，$B=180$ mm，$b=160$ mm。试求图 6-6(a)和图 6-6(b)所示阴影部分截面对其对称轴 z 的惯性矩。

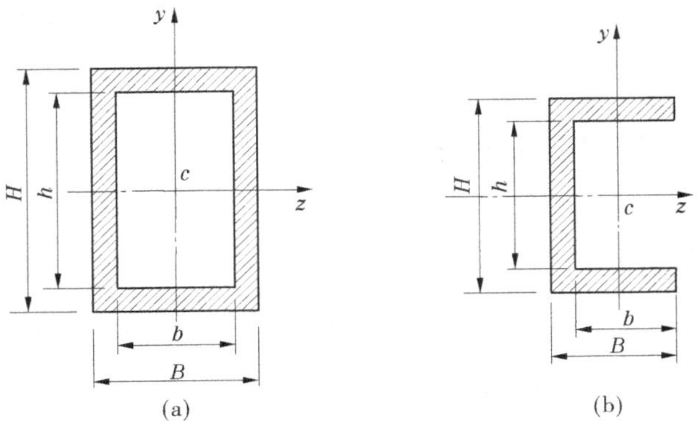

图 6-6

7 梁的弯曲

【学习目标】 了解梁平面弯曲的概念、梁的内力特点，掌握剪力图和弯矩图的绘制方法，掌握梁的的强度计算，了解梁的变形计算方法。

7.1 平面弯曲梁的内力

7.1.1 受力变形特点

直杆受到垂直于杆件轴线的外力或受到位于杆轴线平面内的外力偶作用，杆轴线由直线变为曲线。这种变形称为弯曲。弯曲变形是杆件的基本变形之一，也是工程中最常见的一种变形形式。

梁是主要承受弯曲变形的杆件。梁在工程中应用非常广泛，如图 7-1(a)、(b)、(c)所示的楼板梁、公路桥梁和单位长度的挡土墙等。

在建筑结构中，绝大部分杆件的横截面都是采用对称形状，如矩形、工字形和圆形等，这些横截面都有一根竖向对称轴，直杆的轴线与横截面的竖向对称轴组成一纵向对称平面。若梁上的荷载与支座反力都作用在纵向对称面内时，则梁弯曲后的轴线将仍在纵向对称面内，并弯成一条曲线，这类弯曲称为平面弯曲，如图 7-2 所示。平面弯曲是弯曲问题中最基本的变形之一，也是最简单的情形。本章主要讨论平面弯曲梁的内力、应力和变形。

7.1.2 梁的计算简图

7.1.2.1 梁的简化

在实际工程中，梁的截面形状和尺寸多种多样，荷载和支承情况也是千变万化。为了便于分析和计算，需要把实际的梁进行合理的简化，形成梁的计算简图，以计算简图进行力学的分析和计算。梁的合理简化主要有以下三个方面的内容：

(1)横截面形状简化。以梁的轴线代替梁，并依据梁的支承情况确定梁的计算跨度。

(2)荷载简化。将实际荷载简化为分布荷载和集中荷载。

(3)支座简化。将实际支座简化为典型的理想支座约束——可动铰支座、固定铰支座和固定端支座。

梁的支座简化，是根据实际支座对梁的约束作用，将梁的实际支座简化为与实际约束作用相近的典型支座。例如，悬臂阳台梁，因其端部压入墙内长度足够，且由于其上部墙体等的重力作用，挑梁的端部既不能移动也不能转动，故可简化为固定端支座；砖混结构中两端都支承在墙上的梁，其受力后，在竖直方向不能移动，在水平方向因水平荷载较小

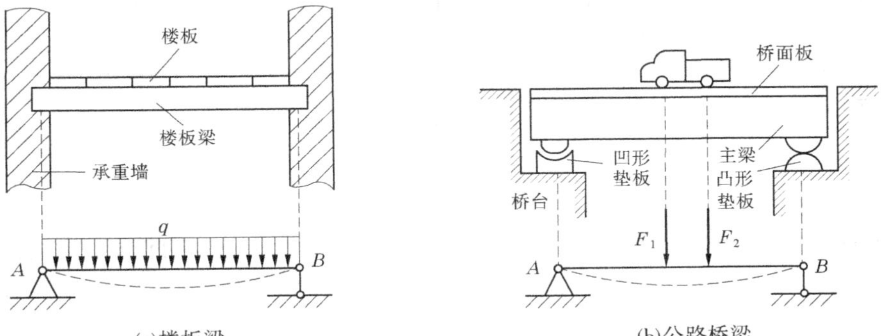

(a)楼板梁

(b)公路桥梁

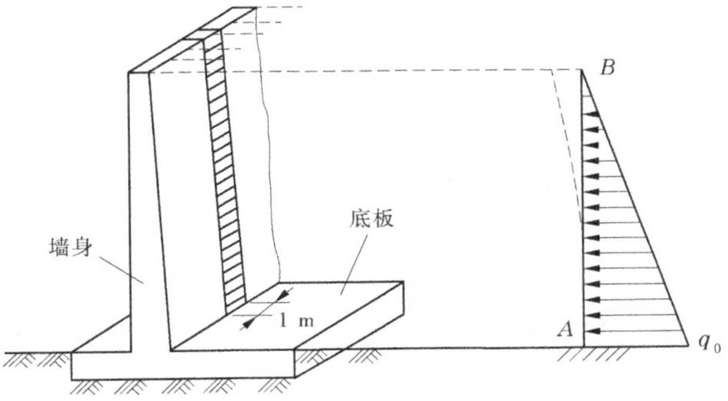

(c)单位长度的挡土墙

图 7-1 梁的工程实例

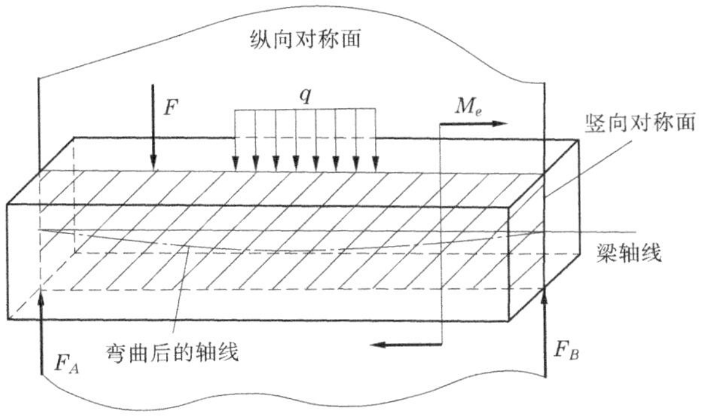

图 7-2 平面弯曲梁

及摩擦力对梁的限制作用,梁端只能产生微小的水平移动,并且因墙的厚度小,梁端在墙内能转动,因此常将这类梁的支座简化为一端为固定铰支座、一端为可动铰支座。

7.1.2.2 静定梁的三种基本形式

工程中常见的简单梁,根据其支座形式和支座的位置,可以将其分为以下三种类型:

(1)简支梁。一端为固定铰支座,一端为可动铰支座,见图 7-3(a)。图 7-1(a)、(b)可简化为简支梁。

(2)外伸梁。简支梁的一端或两端伸出支座之外,见图 7-3(b)。

(3)悬臂梁。一端为固定端支座,一端自由,见图 7-3(c)。图 7-1(c)可简化为悬臂梁。

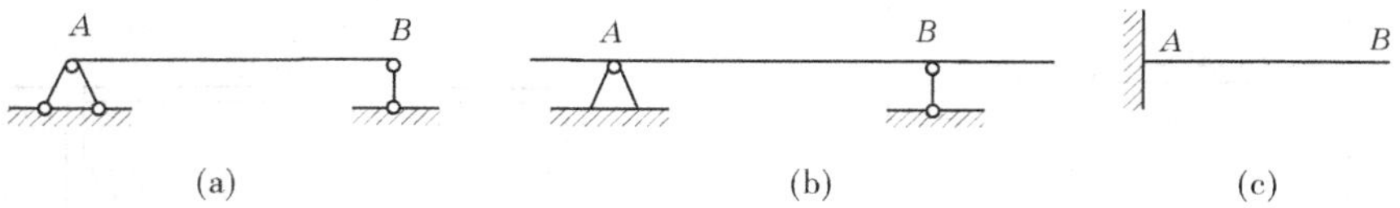

图 7-3 静定梁简图

以上这三类梁的约束反力都可以通过列静力平衡方程求解,因此这三类梁都称为静定梁。

7.1.3 截面法求平面弯曲梁的内力——剪力和弯矩

平面弯曲梁在荷载作用下产生的内力,可以用截面法求解。如图 7-4(a)所示的简支梁,用截面法求其任意横截面 $m—m$ 上的内力的步骤为:

(1)用假想的截面将梁沿 $m—m$ 截面截开,将梁分为两段。

(2)任取一段如左段梁为研究对象进行分析,则舍弃的右段梁对左段梁的作用需用 $m—m$ 截面上的内力来代替,左段梁在外力和 $m—m$ 截面内力的作用下是平衡的。左段外力有使左段上下移动和绕截面形心转动的作用,为了平衡这个作用,则截面 $m—m$ 上应有与之相平衡的两种内力:沿截面 $m—m$ 方向的内力 Q,称为剪力,单位为 N 或 kN;因剪力 Q 与支座反力 F_A 组成一力偶,故在横截面 $m—m$ 上必然还存在一个内力偶与之平衡,此内力偶称为弯矩 M,单位为 N · m 或 kN · m,见图 7-4(b)。

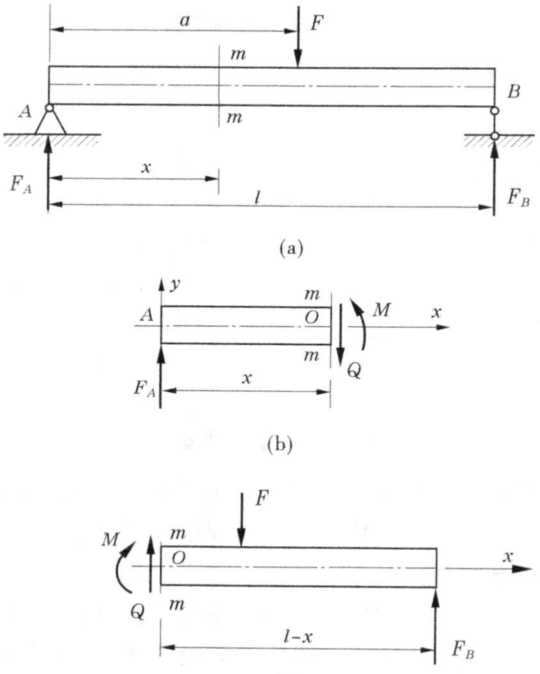

图 7-4 截面法求解内力图

(3)对梁段列平衡方程,求解剪力 Q 和弯矩 M。

由　$\sum Y = 0 \quad F_A - Q = 0$

得　$Q = F_A$

由　$\sum M_O = 0 \quad M - F_A \times x = 0$

得　$M = F_A x$

如果取右段梁为研究对象,则同样可求得横截面 $m—m$ 上的剪力 Q 和弯矩 M,如图 7-4(c)所示,且数值与上述结果相等,只是方向相反。这是因为它们是一对作用力与反作用力。

为了使无论取左段梁还是取右段梁为研究对象得到的同一横截面上的 Q 和 M 不仅大小相等,而且正负号一致,对梁的内力方向作如下规定:

(1)剪力 Q 的方向。当梁截面上的剪力绕截面形心为顺时针方向转动时为正,反之为负,如图 7-5(a)所示。

(2)弯矩 M 的方向。习惯上把梁截面上的弯矩使梁段产生上部受压、下部受拉时为正,反之为负,如图 7-5(b)所示。

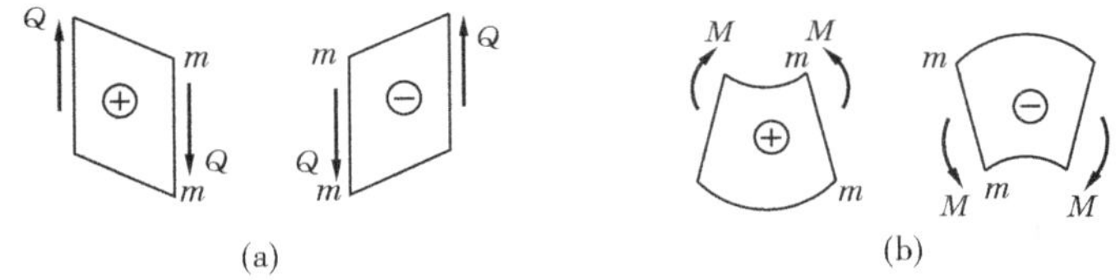

图 7-5　内力正负号规定图

画受力分析图时,内力一般先按正方向假定画出。

【例 7-1】　一简支梁,受有集中荷载作用,如图 7-6(a)所示。用截面法求横截面 1—1、2—2、3—3 上的剪力和弯矩。

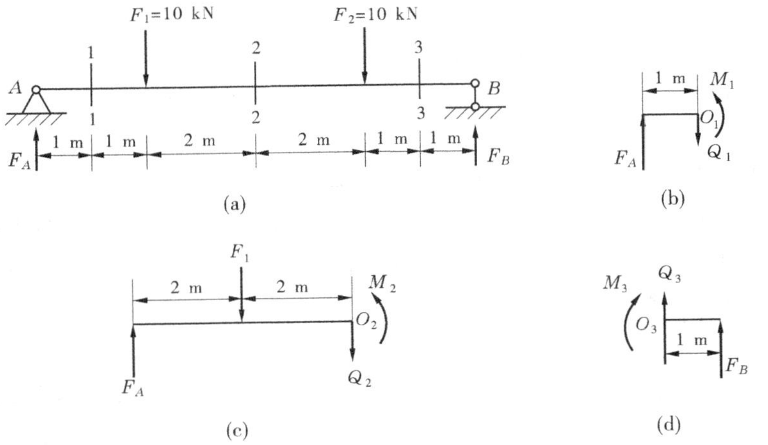

图 7-6

解:(1)求支座反力。由梁的平衡方程求得支座 A、B 处的反力为

$$F_A = F_B = 10\ \text{kN}$$

(2)求横截面1—1上的剪力和弯矩。假想沿截面1—1把梁截开成两段，因左段梁受力较简单，故取它为研究对象，并设截面上的剪力为Q_1，弯矩为M_1，并都假设为正方向，如图7-6(b)所示。对该段列出平衡方程：

由 $$\sum Y = 0 \qquad F_A - Q_1 = 0$$

得 $$Q_1 = F_A = 10\ \text{kN}$$

由 $$\sum M_{O1} = 0 \qquad M_1 - F_A \times 1 = 0$$

得 $$M_1 = F_A \times 1 = 10 \times 1 = 10(\text{kN} \cdot \text{m})$$

计算结果Q_1与M_1为正，表明两者的实际方向与假设相同，即Q_1对脱离体为顺时针方向，M_1使下侧受拉。

(3)求横截面2—2上的剪力和弯矩。假想沿截面2—2把梁截开，仍取左段梁为研究对象，设截面上的内力为剪力Q_2和弯矩M_2，均设为正方向，如图7-6(c)所示。由平衡方程

由 $$\sum Y = 0 \qquad F_A - F_1 - Q_2 = 0$$

得 $$Q_2 = F_A - F_1 = 10 - 10 = 0$$

由 $$\sum M_{O2} = 0 \qquad M_2 - F_A \times 4 + F_1 \times 2 = 0$$

得 $$M_2 = F_A \times 4 - F_1 \times 2 = 10 \times 4 - 10 \times 2 = 20(\text{kN} \cdot \text{m})$$

由计算结果知，M_2为正弯矩，下侧受拉。

(4)求横截面3—3上的剪力和弯矩。假想沿截面3—3把梁截开，取右段梁为研究对象，设截面上的剪力Q_3和弯矩M_3均为正，如图7-6(d)所示。由平衡方程

$$\sum Y = 0 \qquad F_B + Q_3 = 0$$

得 $$Q_3 = -F_B = -10\ \text{kN}$$

由 $$\sum M_{O3} = 0 \qquad F_B \times 1 - M_3 = 0$$

得 $$M_3 = F_B \times 1 = 10 \times 1 = 10(\text{kN} \cdot \text{m})$$

计算结果Q_3为负，表明Q_3的实际方向与假设相反，即Q_3为负剪力。M_3为正弯矩，下侧受拉。

通过以上例题的计算，可以得出内力计算具有如下规律：

(1)构件上任一横截面上的剪力，在数值上等于该截面任一侧(左侧或右侧)所有外力在垂直于轴线方向投影的代数和；并且对截面产生顺时针转动趋势的外力在截面上产生的剪力为正值，反之为负值。即

$$Q = \sum F_i$$

(2)构件上任一横截面上的弯矩，在数值上等于该截面任一侧(左侧或右侧)所有外力对该截面形心力矩的代数和；并且使梁段产生上部纤维受压、下部纤维受拉(即构件上凹下凸)变形的外力在截面上产生的弯矩为正值，反之为负值。即

$$M = \sum M_O(F_i)$$

利用上述规律，可以直接根据横截面左边或右边梁上的外力来求该截面上的剪力和

弯矩，而不必列出平衡方程，按照这种规律直接计算内力的方法叫直接计算法。

【例 7-2】　简支梁如图 7-7 所示。$P_1 = 10$ kN，$P_2 = 25$ kN。求截面 1—1 的剪力和弯矩。

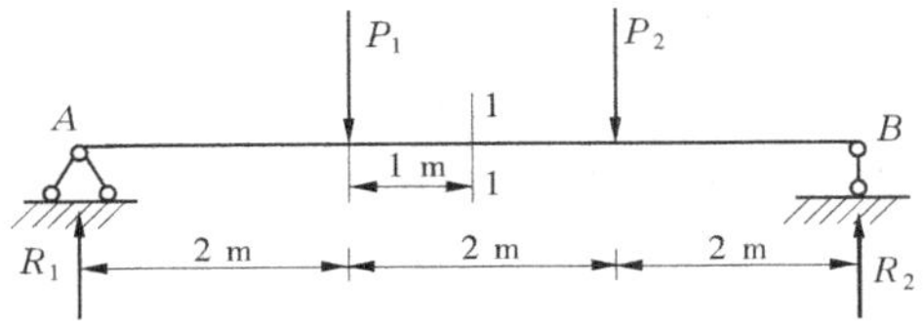

图 7-7

解：(1) 首先求支座反力。以梁为研究对象，由平衡方程

$$\sum m_B = 0 \qquad -R_1 \times 6 + P_1 \times 4 + P_2 \times 2 = 0$$

得

$$R_1 = 15 \text{ kN}(\uparrow)$$

由

$$\sum m_A = 0 \qquad R_2 \times 6 - P_1 \times 2 - P_2 \times 4 = 0$$

得

$$R_2 = 20 \text{ kN}(\uparrow)$$

(2) 求 1—1 截面剪力值。

1—1 截面上的剪力等于该截面左侧（右侧）所有竖向外力的代数和。

R_1是向上的，它使 1 - 1 截面产生向下的剪力，使左段梁顺时针转动，所以 R_1 产生的剪力为正值。P_1是向下的，它使 1 - 1 截面产生的剪力是负值。所以 1—1 截面的剪力值为：

$$Q_1 = R_1 - P_1 = 15 - 10 = 5(\text{kN})$$

(3) 求 1—1 截面弯矩值。

1 - 1 截面上的弯矩等于该截面左侧所有外力对该截面形心的矩的代数和。R_1使梁向下弯曲（上边受压、下边受拉），所以 R_1 对截面形心的矩是正值，P_1使梁向下弯曲（上边受拉、下边受压），所以 P_1 对截面形心的矩是负的。1 - 1 截面上的弯矩为：

$$M_1 = R_1 \times 3 - P_1 \times 1 = 15 \times 3 - 10 \times 1 = 35(\text{kN} \cdot \text{m})$$

上例中，在计算任一横截面内力时，由于省略了选取研究对象（分离体）及写平衡方程的过程，因而使得计算变得非常简便。但应指出，截面法是求内力的最基本的方法，上述简单方法是以熟练掌握平面任意力系的平衡方程及截面法为基础的。

7.2　平面弯曲梁的内力图

7.2.1　用方程法作梁的内力图

在一般情况下，不同横截面上的剪力和弯矩是随横截面位置而变化的。在进行梁的强度计算时，不仅需要计算指定截面的内力，还需要知道各横截面上剪力和弯矩的最大值以及它们所在截面的位置。

7.2.1.1 剪力方程和弯矩方程

若横截面沿梁轴线的位置用坐标 x 表示，则梁的各个横截面上的剪力和弯矩可以表示为坐标 x 的函数，即

$$Q = Q(x)$$
$$M = M(x)$$

以上两函数表达了剪力和弯矩沿梁轴线的变化规律，分别称为梁的剪力方程和弯矩方程。在建立这些方程时，通常取梁的最左端为坐标原点，有时为了便于计算，也可以取梁的最右端或梁内某点为坐标原点。

7.2.1.2 剪力图和弯矩图

为了形象地表示沿梁轴线各截面上剪力和弯矩的变化情况，把剪力方程和弯矩方程用图像表示，称为剪力图和弯矩图。

绘制剪力图和弯矩图时，以沿梁轴的横坐标 x 表示梁横截面的位置，以纵坐标表示相应截面的剪力和弯矩。一般将正的剪力画在 x 轴的上方，负的剪力画在 x 轴的下方，并以正、负号区别；弯矩画在梁的受拉一侧，不标明正、负号。

若梁上作用有多个荷载，则需要以集中力和集中力偶作用处、分布荷载的起止处、梁的支承处以及梁的端部为界点，将梁分段，分段列出各段的剪力方程和弯矩方程，再绘出内力图。所以，这种作剪力图和弯矩图的方法称为方程法。

7.2.1.3 内力图绘制步骤

通过列剪力方程和弯矩方程绘制剪力图和弯矩图的步骤如下。

1. 求支座反力

以梁整体为研究对象，根据梁上的荷载和支座情况，由静力平衡方程求出支座反力。

2. 将梁分段

以集中力和集中力偶作用处、分布荷载的起止处、梁的支承处以及梁的端部为界点，将梁分段。

3. 列出各段的剪力方程和弯矩方程

列方程时，通常取梁的最左端为坐标原点，也可以取梁的最右端或梁内某点为坐标原点。

4. 画剪力图和弯矩图

(1)先根据剪力方程(或弯矩方程)判断剪力图(或弯矩图)的形状。

(2)确定内力控制截面。

(3)根据剪力方程(或弯矩方程)计算控制截面的剪力值(或弯矩值)。

(4)描点并画出整个全梁的剪力图(或弯矩图)。

【例7-3】 一简支梁 AB 受一集度为 q 的均布荷载作用，如图7-8(a)所示，用方程法作出此梁的剪力图和弯矩图。

解：(1)求支座反力。

$$R_A = R_B = \frac{1}{2}ql$$

(2)建立内力方程。

取距左端为 x 的任一横截面，以左段梁为研究对象（分离体）如图所示，列出剪力方程和弯矩方程分别为

$$Q(x)=R_A-qx=\frac{1}{2}ql-qx\quad(0\leqslant x\leqslant l)\tag{1}$$

$$M(x)=R_Ax-qx\times\frac{x}{2}=\frac{1}{2}qlx-\frac{1}{2}qx^2\quad(0\leqslant x\leqslant l)\tag{2}$$

(3)绘制内力图。以上二式对任何截面都适应，其定义域为($0\leqslant x\leqslant l$)。剪力方程表达式是 x 的一次函数，因此剪力图为一斜直线。

当 $x=0$ 时，$Q(0)=\frac{1}{2}ql$。

当 $x=l$ 时，$Q(l)=-\frac{1}{2}ql$。

据此可画出剪力图，如图 7-8(b)所示。

弯矩方程表达式是 x 的二次函数，弯矩图为一抛物线。因此至少确定三个控制截面的弯矩值，才可描绘其图形的大致形状。

当 $x=0$ 时，$M_A=0$。

当 $x=\frac{l}{2}$ 时，$M_C=\frac{ql^2}{8}$。

当 $x=l$ 时，$M_B=0$。

据此可画出弯矩图，如图 7-8(c)所示。

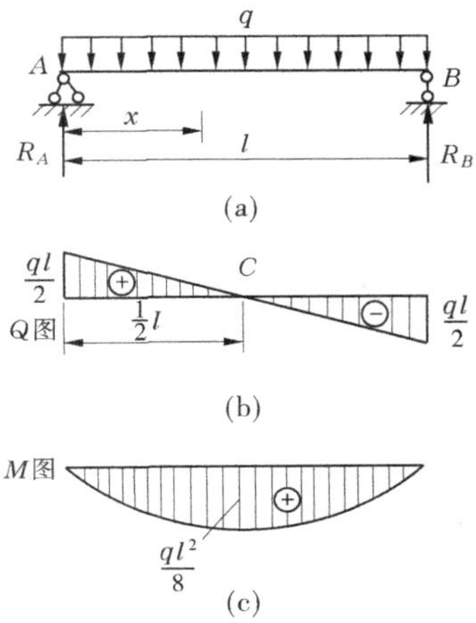

图 7-8

从所作的内力图可知，最大剪力发生在梁端，其值为 $|Q_{\max}|=\frac{ql}{2}$，最大弯矩发生在剪力为零的截面上，其值为 $|M_{\max}|=\frac{ql}{8}$。

通过本例题可以得出这样的结论：当梁上某段作用有均布荷载 $q(x)=$ 常量时，此梁段剪力图为一斜直线，弯矩图为二次抛物线。

【例 7-4】　简支梁受集中力 P 作用，如图 7-9(a)所示。试画出梁的剪力图和弯矩图。

解：(1)求支座反力。

$$R_A=\frac{Pb}{l}\qquad R_B=\frac{Pa}{l}$$

(2)列剪力方程和弯矩方程。

梁在 C 截面处有集中力 P 作用，AC 段和 CB 段所受的外力不同，其剪力方程和弯矩方程也不相同，需分段列出。取梁左端 A 为坐标原点

AC 段

由
$$\sum Y=0$$

得
$$Q(x)=R_A=\frac{Pb}{l}\quad(0\leqslant x\leqslant a)\tag{a}$$

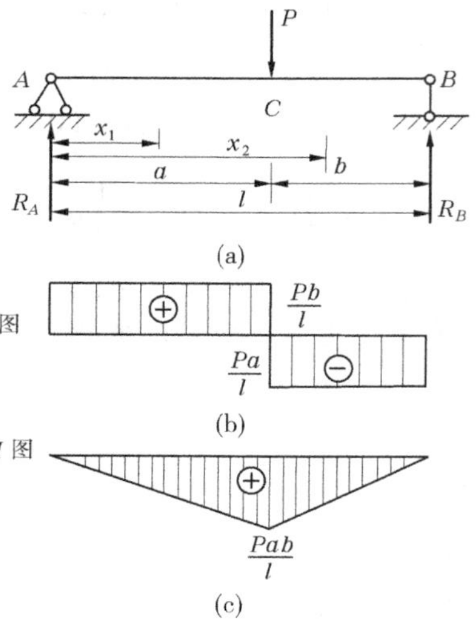

图 7-9

由 $$\sum M_O(F)=0$$

得 $$M(x)=R_A x=\frac{Pb}{l}x \qquad (0\leqslant x\leqslant a) \tag{b}$$

CB 段

由 $$\sum Y=0$$

得 $$Q(x)=R_A-P=-\frac{Pa}{l} \qquad (a\leqslant x\leqslant l) \tag{c}$$

由 $$\sum M_O(F)=0$$

得 $$M(x)=R_A x-P(x-a)=Pa-\frac{Pa}{l}x \qquad (a\leqslant x\leqslant l) \tag{d}$$

(3)画剪力图。

由式(a)可知，*AC* 段的剪力为常数$\frac{Pb}{l}$，剪力图是一条在 x 轴线上侧与 x 平行的直线。由式(c)可知，*CB* 段的剪力为常数 $-\frac{Pa}{l}$，剪力图是一条在 x 轴线下侧与 x 轴平行的直线。画出剪力图如图 7-9(b)所示。

(4)画弯矩图。

①由式(b)可知，*AC* 段的弯矩是 x 的一次函数，弯矩图是一条斜直线，只需确定该段始末两个控制截面的弯矩值，就能画出该段的弯矩图。由式(b)可求得

$$x=0,M_A=0$$

$$x=a,M_C=\frac{Pab}{l}$$

②由式(d)可知，*CB* 段的弯矩是 x 的一次函数，弯矩图也是一条斜直线，由式(d)可求得

当 $x=a$ 时 $$M_C=\frac{Pab}{l}$$

当 $x=l$ 时 $$M_B=0$$

由所作的内力图知，若 $a>b$，则在 CB 段任一截面上的剪力值都相等且比 AC 段的要大，其值 $|Q_{\max}|=\frac{Pa}{l}$，最大弯矩发生在集中力 P 作用的截面上，其值 $|M_{\max}|=\frac{Pab}{l}$。如果集中力 P 作用在梁的跨中，即 $a=b=\frac{l}{2}$，则

$$|Q_{\max}|=\frac{P}{2}\quad |Q_{\max}|=\frac{Pl}{4}$$

通过本例题可以得出这样的结论：在集中荷载作用处左右，剪力图发生突变，突变值等于该集中荷载值，且从左往右看，剪力突变的方向与集中力的指向一致；弯矩不变，但弯矩图出现尖角，尖角的方向与集中力的方向一致。

【例 7-5】 简支梁受集中力偶 m 作用如图 7-10(a)所示。试画出梁的剪力图和弯矩图。

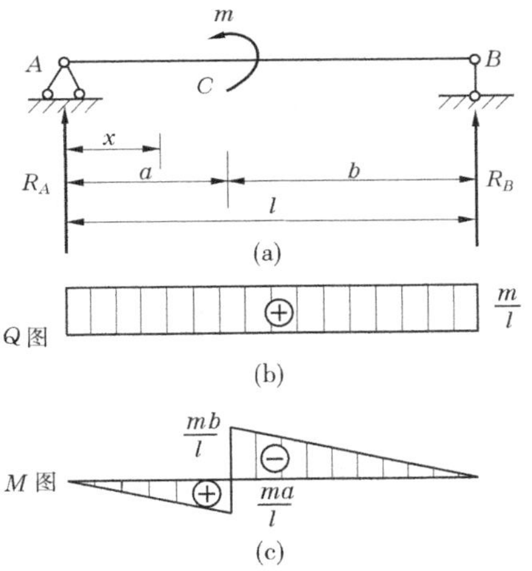

图 7-10

解：(1)求支座反力。

$$R_A=\frac{m}{l}\qquad R_B=-\frac{m}{l}$$

(2)列剪力方程和弯矩方程。

梁在 C 截面处有集中力偶作用，需分为 AC 段和 CB 段。取梁左端 A 为坐标原点。

AC 段

由 $$\sum Y=0$$

得 $$Q(x)=R_A=\frac{m}{l}\quad (0\leqslant x\leqslant a)\qquad\text{(a)}$$

由 $$\sum M_O(F)=0$$

得 $$M(x)=R_Ax=\frac{m}{l}x \quad (0\leqslant x\leqslant a) \tag{b}$$

CB 段

由 $$\sum Y=0$$

得 $$Q(x)=R_A=\frac{m}{l} \quad (a\leqslant x\leqslant l) \tag{c}$$

由 $$\sum M_O(F)=0$$

得 $$M(x)=R_Ax-m=\frac{m}{l}x-m \quad (a\leqslant x\leqslant l) \tag{d}$$

(3)画剪力图。

由式(a)和式(c)可知,AC 段和 CB 段的剪力为常数$\frac{m}{l}$,剪力图是一条在 x 轴线上侧与 x 轴平行的直线。剪力图如图 7-10(b)所示。

(4)画弯矩图。

①由式(b)可知,AC 段的弯矩是 x 的一次函数,弯矩图是一条斜直线,由式(b)可求得:

当 $x=0$ 时 $M_A=0$

当 $x=a$ 时 $M_{C左}=ma/l$

②由式(d)可知,CB 段的弯矩也是 x 的一次函数,弯矩图也是一条斜直线,由式(d)可求得:

当 $x=a$ 时 $M_{C右}=-mb/l$

当 $x=l$ 时 $M_B=0$

弯矩图如图 7-10(c)所示。

由内力图可见,全梁所有截面的剪力都相等,处处为最大剪力,其值$|Q_{\max}|=\frac{m}{l}$。

通过本例题可以得出这样的结论:在集中力偶作用处,弯矩图发生突变,突变值等于该集中力偶的力偶矩,且从左到右顺突变方向为逆上(即集中力偶逆时针转时弯矩图向上突变),顺下(即集中力偶顺时针转时弯矩图向下突变);剪力图不变化。

7.2.2 用控制截面法作梁的内力图

通过推导并综合前述例题的结论,可得出内力图与荷载之间的关系规律如下:

(1)$q(x)=0$ 时。没有均布荷载作用的梁段,剪力图为水平直线;弯矩图为一斜直线。

(2)$q(x)=$常量时。均布荷载作用的梁段,剪力图为一斜直线;弯矩图为二次抛物线。当均布荷载向下时,弯矩图曲线向下凹;当均布荷载向上时,弯矩图曲线向上凹。

(3)集中力作用时。在集中力作用处左右,剪力图发生突变,突变值等于该集中荷载值,且从左到右看,剪力突变的方向与集中力的指向一致;弯矩不变,但弯矩图出现尖角,尖角的方向与集中力的方向一致。

(4)当集中力偶作用时。在集中力偶作用处,弯矩图发生突变,突变值等于该集中力偶的力偶矩，且从左到右顺突变方向为“逆上”（即集中力偶逆时针转时弯矩图向上突变）和“顺下”（即集中力偶顺时针转时弯矩图向下突变）；剪力图不变化。

根据弯矩、剪力与荷载之间的关系规律，绘制出静定梁在简单荷载作用下的剪力图和弯矩图列于表 7-1。

表 7-1　静定梁在简单荷载作用下的 Q 图、M 图

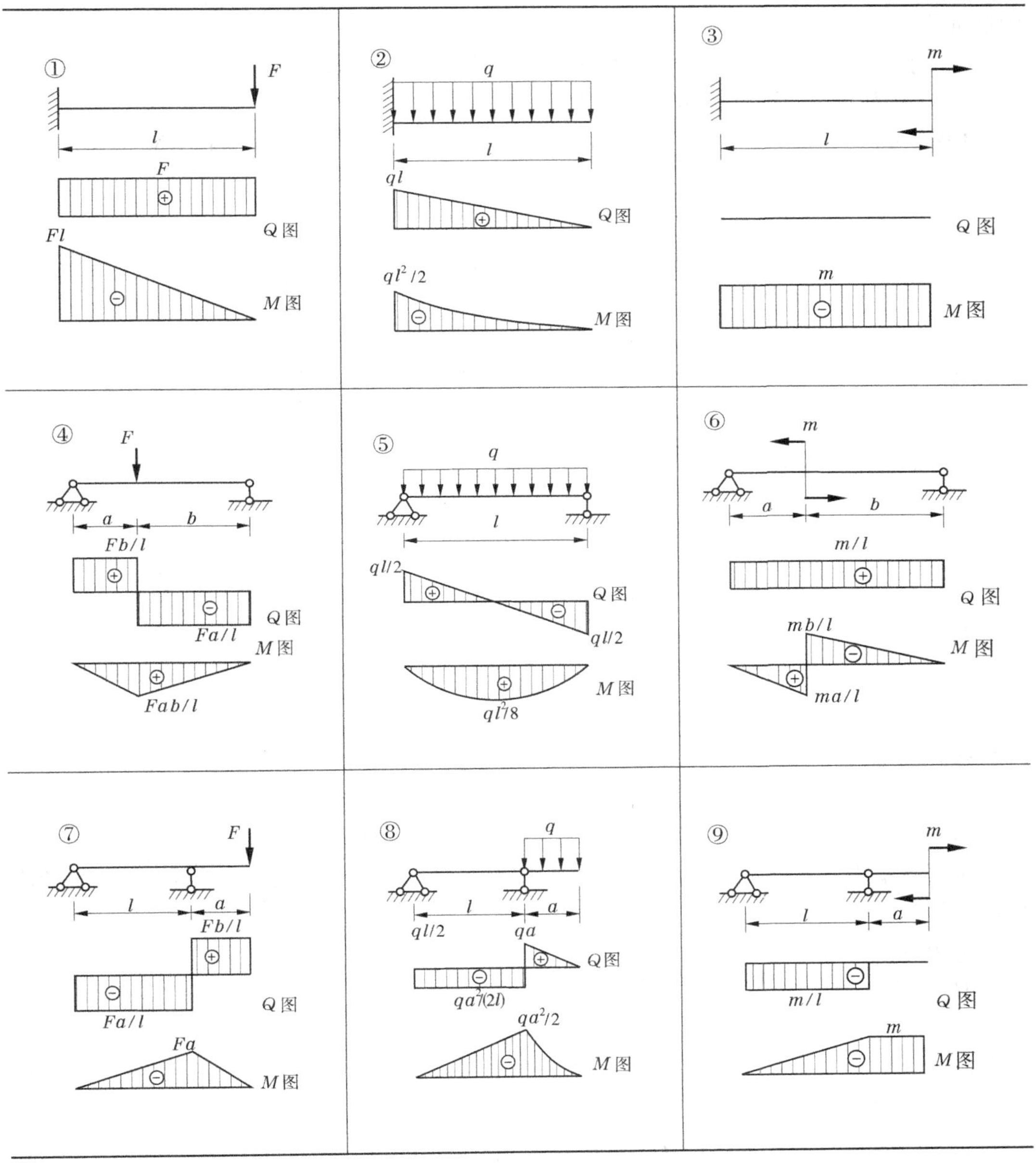

掌握了内力图和荷载之间的关系规律后，可根据梁上作用的荷载先求出梁各个控制截面的内力值，再根据内力图和荷载之间的关系规律画出各梁段的内力图，进而组成梁的

内力图。这种作内力图的方法称为控制截面法，也叫简捷法。

用控制截面法绘制梁内力图的步骤为：

(1)求支座反力。

(2)将梁分段，确定梁的控制截面。梁的端截面、集中力、集中力偶的作用截面、分布荷载的起止截面都是梁分段时的界限截面；一般选梁的界限截面、剪力等于零的截面、跨中截面为控制截面。

(3)求各控制截面的内力值。由直接法求出各个控制截面的内力值。

(4)根据各梁段内力图的特征逐段画出内力图。

【例 7-6】 一简支外伸梁如图 7-11(a)所示，已知 $q=5\ \text{kN/m}$，$P=15\ \text{kN}$，试画出该梁的内力图。

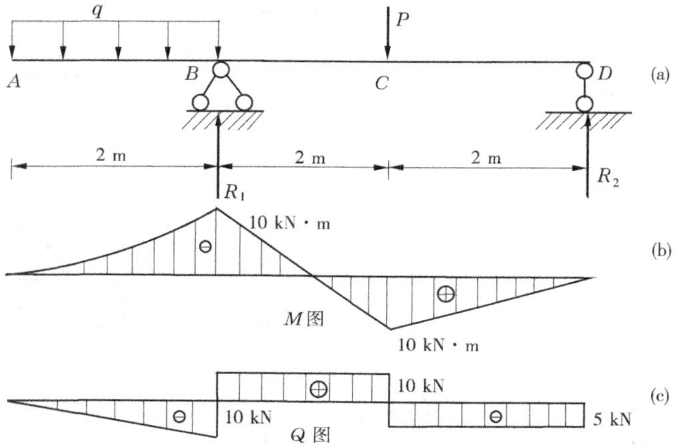

图 7-11

解：(1)先求出梁的支座反力

$$R_1 = 20\ \text{kN}, R_2 = 5\ \text{kN}$$

(2)求控制截面内力并绘制内力图

根据控制截面的确定原则，则 A、B、C、D 为控制截面，A、B、C、D 将此梁分为 AB、BC、CD 三段，逐段求出控制截面的内力并画出内力图。

剪力图

AB 段作用有均布荷载，剪力图为斜直线，且

$$Q_A^{右} = 0, Q_B^{左} = -q \times 2 = -10\ \text{kN}$$

画出此直线。

BC 段无外荷载作用，剪力图为水平线，且

$$Q_B^{右} = Q_B^{左} + R_1 = -10 + 20 = 10(\text{kN})$$

画出此水平线。

CD 段无外荷载作用，剪力图为水平线，且

$$Q_D^{左} = -R_2 = -5\ \text{kN}$$

画出此水平线。

剪力图如图 7-10(c)所示。

弯矩图

AB 段作用有均布荷载,弯矩图为二次抛物线,q 方向向下,所以此段曲线下凹,且

$$M_A^{右} = 0, M_B^{左} = -q \times 2 \times \frac{2}{2} = -10 \text{ kN} \cdot \text{m}$$

画出此段曲线大致形状。

BC 段无外荷载作用,弯矩图为斜直线,且

$$M_B^{右} = -10 \text{ kN} \cdot \text{m}, M_C^{左} = R_2 \times 2 = 10 \text{ kN} \cdot \text{m}$$

画出此直线。

CD 段无外荷载作用,弯矩图为斜直线,且

$$M_C^{右} = 10 \text{ kN} \cdot \text{m}, M_D^{左} = 0$$

画出此直线。

弯矩图如图 7-10(b)所示。

7.2.3 用叠加法作梁的内力图

7.2.3.1 叠加原理

在弹性范围、小变形条件下,梁在多种荷载作用下的内力和变形等于每种荷载单独作用下产生的内力和变形的代数和,这种关系称为叠加原理。例如图 7-12 所示的悬臂梁上作用有均布荷载 q 和集中力 F,现在来分析此种情况下的剪力方程和弯矩方程。

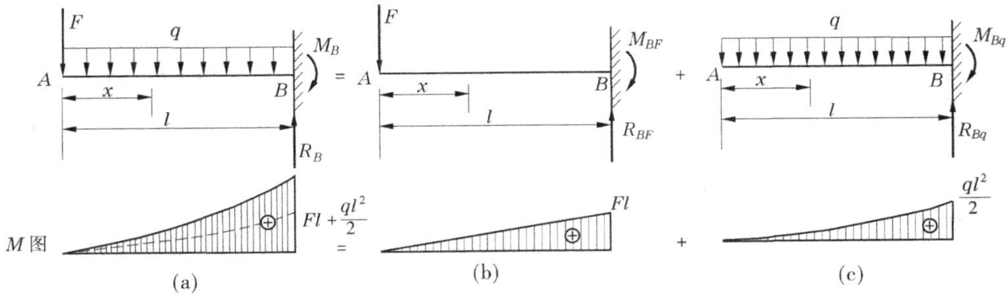

图 7-12

(1)在 F、q 共同作用时

$$Q(x) = -F - qx$$

$$M(x) = -Fx - \frac{1}{2}qx^2$$

(2)在 F 单独作用时

$$Q_F(x) = -F$$

$$M_F(x) = -Fx$$

(3)在 q 单独作用时

$$Q_q(x) = -qx$$

$$M_q(x) = -\frac{1}{2}qx^2$$

由(1)、(2)、(3)三种情况的分析可知：

$$Q(x) = Q_F(x) + Q_q(x)$$

$$M(x) = M_F(x) + M_q(x)$$

即在 F、q 共同作用时所产生的内力 Q(或 M)等于 F 与 q 单独作用时所产生的内力 Q_F、Q_q(或 M_F、M_q)的代数和。

将集中力 F 和均布荷载 q 单独作用下的剪力图和弯矩图分别画出，如图 7-12(b)、(c)所示，然后再叠加，就得两种荷载共同作用下的剪力图和弯矩图，如图 7-12(a)所示。

7.2.3.2 用叠加法作内力图

根据叠加原理来绘制内力图的方法称为叠加法。用叠加法画内力图的步骤如下：

(1)把作用在梁上的复杂的荷载分成几组简单的荷载。

(2)分别作出各简单荷载单独作用下的内力图(可参考表 7-1)。

(3)将它们相应的纵坐标叠加(代数相加)，就得到梁在复杂荷载作用下的内力图。

需要特别强调的是：任一截面的内力等于各分组荷载单独作用下内力的代数和，反映在内力图上，是各简单荷载作用下的内力图在对应点处的纵坐标代数相加，而不是内力图的简单拼合。用叠加法画弯矩图时，一般先画直线形的弯矩图，再叠画上曲线形的弯矩图。

【例 7-7】 简支梁受荷载 F 和 q 作用如图 7-13(a)所示。试用叠加法画梁的弯矩图。

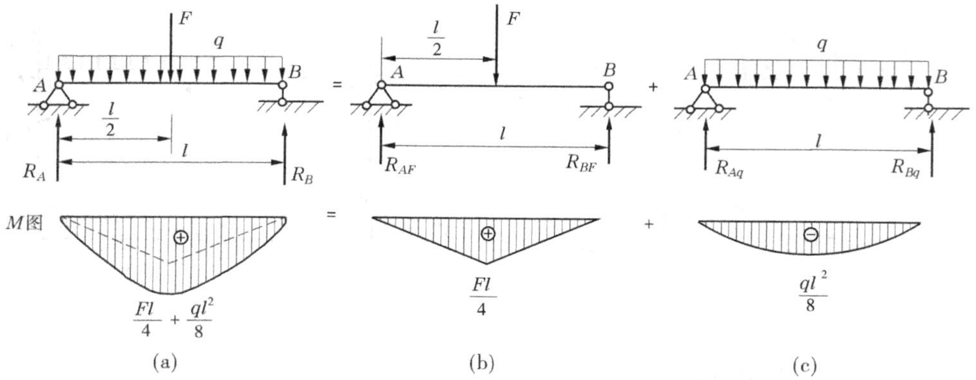

图 7-13

解：(1)将作用在梁上的荷载分为 F 与 q 两组，如图 7-13(b)、(c)所示。

(2)分别画出 F、q 单独作用下的弯矩图，如图 7-13(b)、(c)所示。

(3)将这两个弯矩图起点、中点和终止点相应的纵坐标叠加起来，连成向下凸的曲线如图 7-13(a)所示，就是简支梁在集中荷载 F 和均布荷载 q 共同作用下的弯矩图。

7.3 平面弯曲梁的应力

图 7-14(a)所示的简支梁,荷载与支座反力都作用在梁的纵向对称平面内,其剪力图和弯矩图如图 7-14(b)、(c)所示。由图可知,在梁的 AC、DB 两段内,各横截面上既有剪力又有弯矩,这种弯曲称为剪切弯曲(或横力弯曲)。在梁的 CD 段内,各横截面上只有弯矩而无剪力,这种弯曲称为纯弯曲。下面先分析纯弯曲时横截面上的正应力。

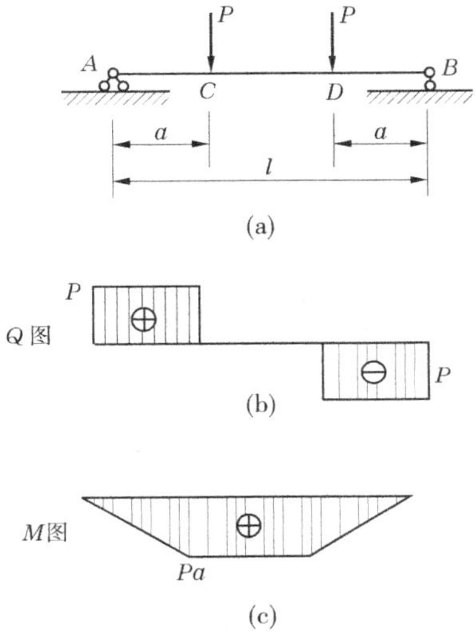

图 7-14　纯弯曲梁横截面的内力图

7.3.1 纯弯曲梁横截面上的正应力

7.3.1.1 试验现象与假设

取一矩形截面等直梁,先在其表面画两条与轴线垂直的横线 Ⅰ—Ⅰ 和 Ⅱ—Ⅱ,以及两条与轴线平行的纵线 ab 和 cd 如图 7-15(a)所示。然后在梁的两端各施加一个力偶矩为 m 的外力偶,使梁发生纯弯曲变形如图 7-15(b)所示。可以观察到如下两个现象:

梁变形后,横线 Ⅰ—Ⅰ 和 Ⅱ—Ⅱ 仍为直线,并与变形后梁的轴线垂直,但倾斜了一个角度;纵向线变成了曲线,靠近顶面的线 ab 缩短了,靠近底面的线 cd 伸长了。

根据上述的变形现象可以推断出梁内部的变形,作出如下两点假设。

1. 平面假设

假设梁的横截面变形后仍保持为平面,只是绕横截面内某轴转了一个角度,偏转后仍垂直于变形后的梁的轴线。

2. 单向受力假设

将梁看成是由无数纵向纤维组成,假设所有纵向纤维只受到轴向拉伸或压缩,互相之间无挤压。

3. 中性层与中性轴

由平面假设可知,由于横截面与轴线始终保持垂直,说明横截面间无相对错位,因此横截面上无剪力；又由于横截面相对转了一个角度，使纵向纤维产生了伸长或缩短变形，因而在横截面上有相应的拉伸或压缩正应力。

由于横截面相对转了一个角度，说明各层纵向纤维的变形是线性变形的，且一侧缩短，一侧伸长，从缩短层到伸长层之间必有一层长短不变的过渡层称中性层，如图 7-15(b) 中纵向纤维 ab 及图 7-16 所示。中性层与横截面的交线即水平形心轴，称为中性轴，如图 7-15(c) 中的 n—n 及图 7-16 所示，中性轴将横截面分为受压和受拉两个区域如图 7-15(c) 所示。

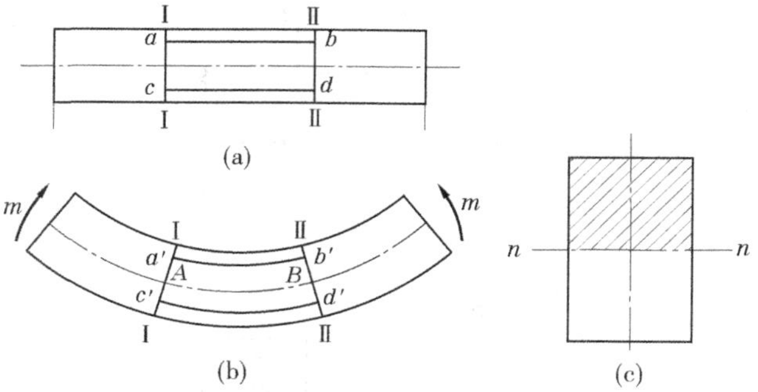

图 7-15　纯弯曲梁的变形图

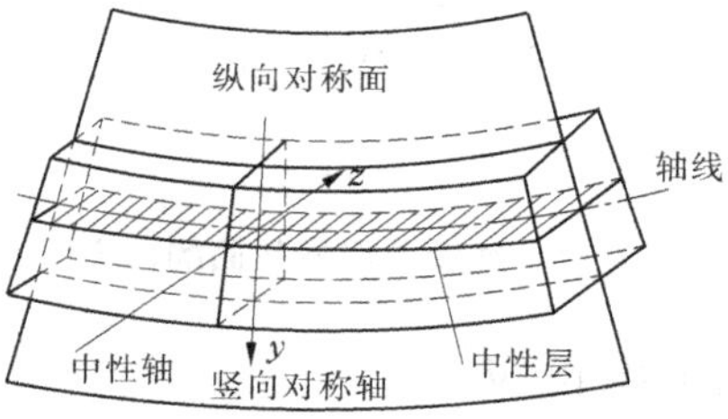

图 7-16

7.3.1.2　平面弯曲的正应力

根据上述的假设和推断，可以通过变形的几何关系、物理关系和静力平衡关系，推导梁在纯弯曲时的正应力计算公式。

1. 变形计算公式

$$\frac{1}{\rho} = \frac{M}{EI_z} \tag{7-1}$$

式(7-1)是计算梁变形的基本公式。式中$\frac{1}{\rho}$是中性层的曲率，由于梁轴线位于中性层，所以$\frac{1}{\rho}$也是变形后的轴线在该截面处的曲率，它反映了梁的变形程度。EI_z 愈大，则 $1/\rho$ 愈小，EI_z 称为梁的抗弯刚度。

2. 正应力计算公式

将式(7-1)代入胡克定律，可推导出正应力计算公式。

1) 正应力的大小

$$\sigma = \frac{M}{I_z}y \tag{7-2}$$

式中 σ——横截面上某点处的正应力；

M——横截面上的弯矩；

y——横截面上该点到中性轴的距离；

I_z——横截面对中性轴 z 的惯性矩。

在使用式(7-2)计算正应力 σ 大小时，M、y 以绝对值代入。

2) 正应力的正负号

根据弯曲变形判断。中性轴通过截面形心，将截面分为受压和受拉两个区域，弯矩所在侧为受拉区，对应侧为受压区。受拉区域点的正应力为正，受压区域点的正应力为负。

3) 正应力的分布规律

在同一横截面上，弯矩 M 和惯性矩 I_z 为定值，因此，由式(7-2)可以看出，梁横截面上某点处的正应力 σ 与该点到中性轴的距离 y 成正比，因而正应力的大小沿截面高度呈线性变化，如图 7-17 所示。当 $y=0$ 时，$\sigma=0$，中性轴上各点处的正应力为零；中性轴两侧，一侧受拉，另一侧受压。离中性轴最远的上、下边缘 $y=y_{max}$ 处正应力最大，一边为最大拉应力 σ_{tmax}，另一边则为最大压应力 σ_{cmax}。

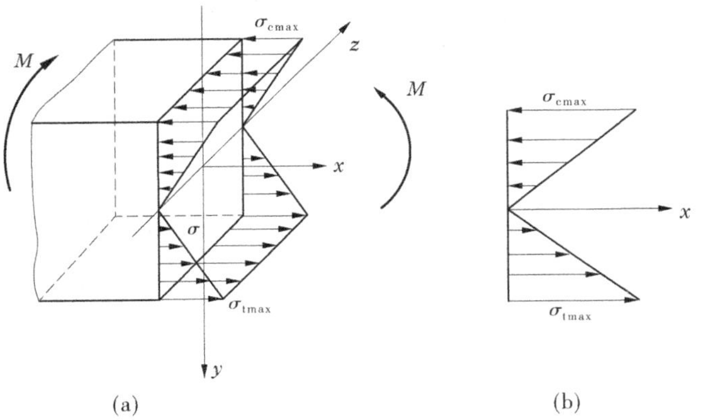

图 7-17 纯弯曲时横截面上的正应力分布图

【例 7-8】 简支梁受均布荷载 q 作用，如图 7-18 所示。已知梁的跨度 $l=3$ m，截面为矩形，$b=120$ mm，$h=180$ mm，$q=3.5$ kN/m。求 C 截面上 a、b、c 三点处正应力以及梁的最大正应力 σ_{max} 及其位置。

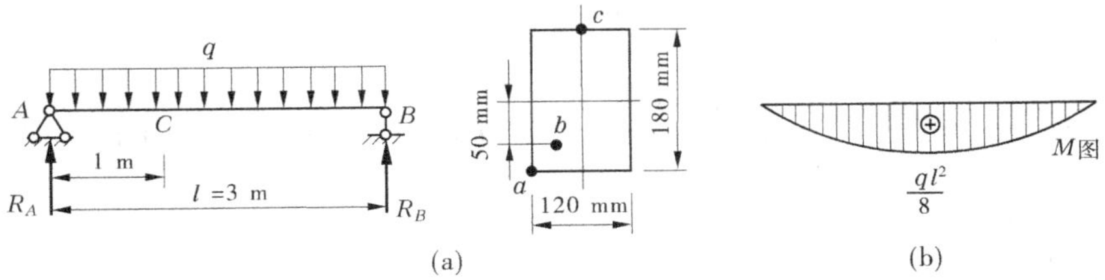

图 7-18

解:(1)计算 C 截面的弯矩。因对称,支座反力及弯矩分别为

$$R_A = \frac{ql}{2} = \frac{3.5 \times 3}{2} = 5.25(\text{kN})$$

$$M_C = R_A \times 1 - \frac{q \times 1^2}{2} = 5.25 \times 1 - \frac{3.5 \times 1^2}{2} = 3.5(\text{kN} \cdot \text{m})$$

(2)计算截面对中性轴 z 的惯性矩。

$$I_z = \frac{bh^3}{12} = \frac{1}{12} \times 120 \times 180^3 = 58.3 \times 10^6(\text{mm}^4)$$

(3)计算各点的正应力。

$$\sigma_a = \frac{M_C y_a}{I_z} = \frac{3.5 \times 10^6 \times 90}{58.3 \times 10^6} = 5.4(\text{MPa})(\text{拉})$$

$$\sigma_b = \frac{M_C y_b}{I_z} = \frac{3.5 \times 10^6 \times 50}{58.3 \times 10^6} = 3(\text{MPa})(\text{拉})$$

$$\sigma_c = \frac{M_C y_c}{I_z} = \frac{3.5 \times 10^6 \times 90}{58.3 \times 10^6} = 5.4(\text{MPa})(\text{压})$$

(4)求梁最大正应力及其位置。由弯矩图可知,最大弯矩在跨中截面。

值为 $$M_{\max} = \frac{ql^2}{8} = \frac{1}{8} \times 3.5 \times 3^2 = 3.94(\text{kN} \cdot \text{m})$$

对等截面梁来说,梁的最大正应力应发生在 $M_{\max}$ 截面的上下边缘处。由梁的变形情况可以判定,最大拉应力发生在跨中截面的下边缘处;最大压应力发生在跨中截面上边缘处。最大正应力的值为

$$\sigma_{\max} = \frac{M_{\max} y_{\max}}{I_z} = \frac{3.94 \times 10^6 \times 90}{58.3 \times 10^6} = 6.1(\text{MPa})$$

【例 7-9】 一悬臂梁的截面为矩形,自由端受集中力 F 作用如图 7-19(a)所示。已知 $F = 4$ kN,$b = 40$ mm,$h = 60$ mm,$l = 2.5$ m。求固定端截面上 a、b 两点的正应力及固定端截面上的最大正应力。

解:(1)计算固定端截面上的弯矩 M,假设正弯

$$M = -Fl = -4 \times 2.5 = -10(\text{kN} \cdot \text{m})$$

使上侧受拉下侧受压。

(2)计算固定端截面上 a、b 两点的正应力

$$I_z = \frac{bh^3}{12} = \frac{40 \times 60^3}{12} = 72 \times 10^4(\text{mm}^4)$$

a 点在受拉侧

$$\sigma_a = \frac{M}{I_z} y_a = \frac{10 \times 10^3 \times 10 \times 10^{-3}}{72 \times 10^4 \times 10^{-12}} = 1.39 \times 10^8(\text{Pa}) = 139\ \text{MPa}(\text{拉应力})$$

b 点在受压侧

$$\sigma_b = -\frac{M}{I_z} y_b = -\frac{10 \times 10^3 \times 20 \times 10^{-3}}{72 \times 10^4 \times 10^{-12}} = -2.78 \times 10^8(\text{Pa}) = -278\ \text{MPa}(\text{压应力})$$

(3)计算固定端截面上的最大正应力。固定端截面的最大正应力发生在当 y 为最大

值 y_{max} 时该截面的上、下边缘处。由梁的固端弯矩可知，上边缘产生最大拉应力，下边缘产生最大压应力，其应力分布如图 7-19(b)所示。最大正应力值均为

$$\sigma_{max} = \frac{M}{I_z} y_{max} = \frac{10 \times 10^3 \times 30 \times 10^{-3}}{72 \times 10^4 \times 10^{-12}} = 4.17 \times 10^8 (\text{Pa}) = 417(\text{MPa})$$

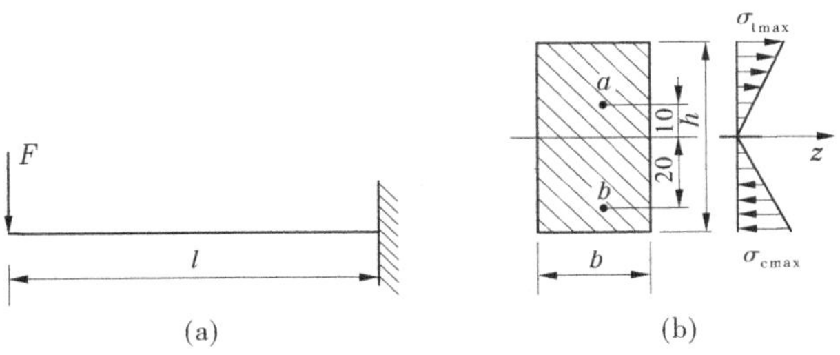

图 7-19

7.3.2 横力弯曲梁横截面上的剪应力

实际工程中的梁大多处于横力弯曲状态，梁的横截面上既有正应力又有剪应力，由于剪应力的作用，梁弯曲后的横截面不再保持为平面，而是发生翘曲，纯弯曲时的平面假设和单向应力假设都不能成立了。但由试验结果和弹性力学的理论分析表明：对于发生横力弯曲的梁，若其跨度 l 与截面高度之比 $\frac{l}{h}$ 大于 5，用式(7-2)计算正应力时误差甚微，由于工程中常用梁的 $\frac{l}{h}$ 值常远大于 5，所以常将式(7-2)用于横力弯曲时正应力的计算。对于少数 $\frac{l}{h}<5$ 的梁，则须用弹性力学有关理论和方法进行计算。

7.3.3 横力弯曲梁横截面上的剪应力

梁在横力弯曲时，横截面上既有正应力 σ，又有剪应力 τ。在实际工程中，横截面上的正应力 σ 常常是控制梁强度的主要因素，但在有些情况下，剪应力 τ 却起着控制作用。下面对几种常用截面梁的剪应力作简要介绍。

7.3.3.1 矩形截面梁横截面上的剪应力

1. 剪应力的计算公式

图 7-20(a)所示矩形截面的高度为 h，宽度为 b，截面上的剪力 Q 沿截面的对称轴 y。对横截面上剪应力 τ 的分布作如下两个假设：

(1)横截面上各点处的剪应力方向都平行于横截面的侧边，且与剪力 Q 方向平行。

(2)横截面上距中性轴等距离的各点处剪应力大小相等。

根据以上假设，可以推导出横截面上剪应力的计算公式为：

$$\tau = \frac{QS_z^*}{bI_z} \tag{7-3}$$

式中 Q——横截面上的剪力；

S_z^*——横截面上所求剪应力点所在横线以上或以下部分面积 A^* 对中性轴 z 的面

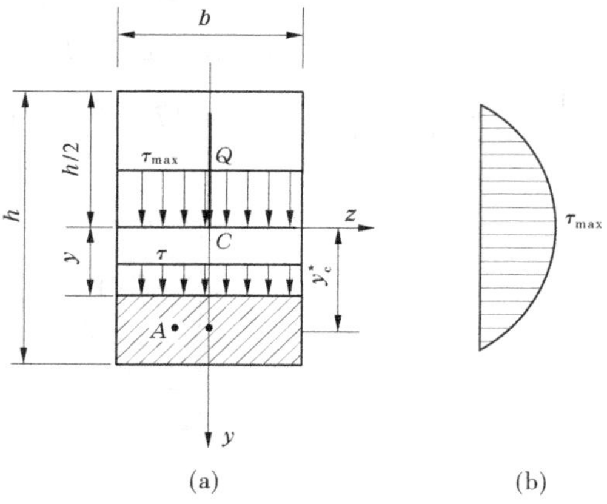

图 7-20　矩形截面梁横截面上剪应力分布图

积矩；

I_z——横截面对中性轴的惯性矩；

b——横截面的宽度。

在使用式(7-3)计算剪应力时，Q、S_z^* 均用绝对值代入，求得的数值为 τ 的大小，而 τ 的指向则与剪力 Q 的指向相同。

2. 剪应力 τ 沿截面高度的变化规律

将静矩 S_z^* 代入式(7-3)，可得剪应力沿截面高度变化规律：剪应力沿截面高度按二次抛物线规律变化，如图 7-20(b)所示。当 $y = \pm h/2$ 时，$\tau = 0$，即截面上下边缘处的剪应力为零；当 $y = 0$ 时，$\tau = \tau_{max}$ 即中性轴上剪应力最大，其值为：

$$\tau_{max} = \frac{6Q}{bh^3}\frac{h^2}{4} = 1.5\frac{Q}{A} \tag{7-4}$$

式中，$A = bh$，为矩形截面的面积。矩形截面梁横截面上的最大剪应力值等于截面上平均剪应力值的 1.5 倍。

7.3.3.2　工字形截面梁横截面上的剪应力

工字形截面由腹板和上下翼缘板组成，如图 7-21(a)所示，横截面上剪力 Q 的绝大部分为腹板所承担。在上下翼缘板上，也有平行于 Q 的剪应力分量，但分布情况比较复杂，且数值较小，通常并不进行计算。

腹板上的剪应力可用式(7-3)计算，即

$$\tau = \frac{QS_z^*}{I_z d} \tag{7-5}$$

式中　d——腹板的宽度；

Q——截面上的剪力；

I_z——工字形截面对中性轴的惯性矩；

S_z^*——横截面上所求剪应力点所在横线以上或以下部分面积 A^* 对中性轴 z 的面积矩。

剪应力沿腹板高度的分布规律如图 7-21(b)所示，仍是按抛物线规律分布，最大剪应力仍发生在截面的中性轴上，且腹板上的最大剪应力与最小剪应力相差不大。特别是当腹板的厚度比较小时，二者相差就更小。因此，当腹板的厚度很小时，常将横截面上的剪力 Q 除以腹板面积，近似地作为工字形截面梁的最大剪应力，即

$$\tau \approx \frac{Q}{hd} \tag{7-6}$$

工程中还会遇到 T 形截面，如图 7-22 所示。其最大剪应力仍发生在截面的中性轴上。

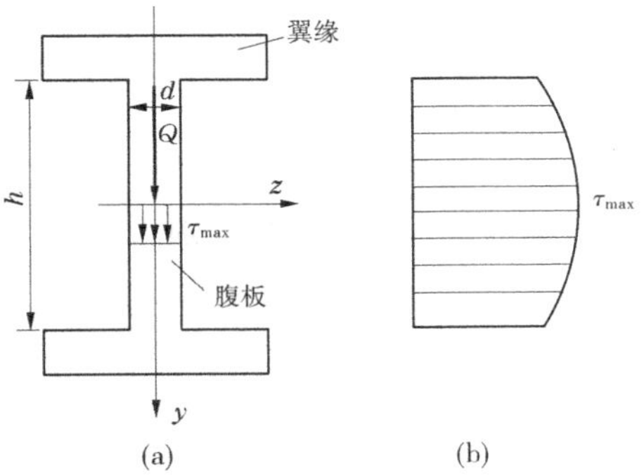

图 7-21 工字形截面梁横截面上剪应力分布图

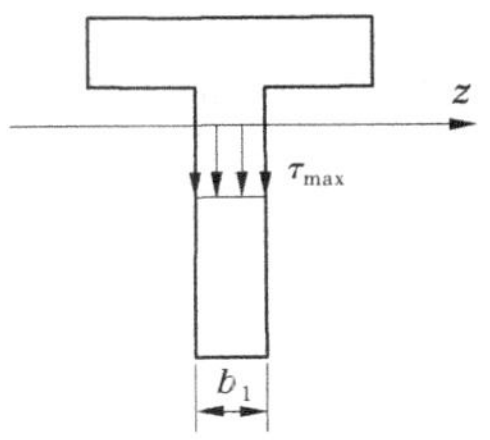

图 7-22 T 形截面梁横截面上最大剪应力分布位置图

7.3.3.3 **圆形和圆环形截面梁横截面上的剪应力**

对于圆形截面和圆环形截面，弯曲时最大剪应力仍发生在中性轴上，如图 7-23 所示。且沿中性轴均匀分布，其值为

圆形截面
$$\tau_{max} = \frac{4}{3} \cdot \frac{Q}{A} \tag{7-7}$$

圆环形截面
$$\tau_{max} = 2 \cdot \frac{Q}{A} \tag{7-8}$$

式中 Q——截面上的剪力；

A——圆形或圆环形截面的面积。

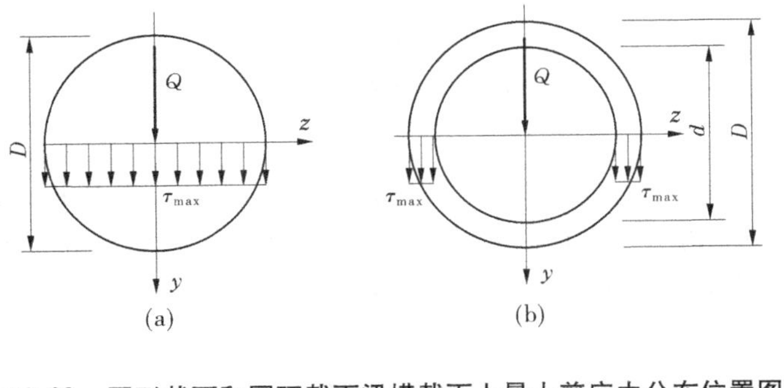

图 7-23 圆形截面和圆环截面梁横截面上最大剪应力分布位置图

7.3.4 平面弯曲梁的强度计算

7.3.4.1 最大应力

1. 最大正应力

对于等直梁,弯矩绝对值最大的截面就是危险截面,危险截面上最大正应力所在的点为危险点,它在距中性轴最远的上、下边缘处。

对于中性轴是截面对称轴的梁,最大正应力 $\sigma_{\max}$ 值为

$$\sigma_{\max} = \frac{M_{\max} \cdot y_{\max}}{I_z}$$

令
$$W_z = \frac{I_z}{y_{\max}} \quad 则 \quad \sigma_{\max} = \frac{M_{\max}}{W_z} \tag{7-9}$$

式中,W_z 称为抗弯截面系数。常见的矩形和圆形截面的抗弯截面系数分别为

矩形截面
$$W_z = \frac{I_z}{y_{\max}} = \frac{\frac{bh^3}{12}}{\frac{h}{2}} = \frac{1}{6}bh^2$$

圆形截面
$$W_z = \frac{I_z}{y_{\max}} = \frac{\frac{\pi d^4}{64}}{\frac{d}{2}} = \frac{1}{32}\pi d^3$$

对于工字钢、槽钢等型钢截面,W_z 值可在附录的型钢表中查得。

对于中性轴不是截面对称轴的梁,则其截面上的最大拉应力和最大压应力并不相等。例如图 7-24 所示的 T 形截面梁,在正弯矩作用下,截面的下边缘各点处产生最大拉应力,上边缘各点处产生最大压应力,其值分别为

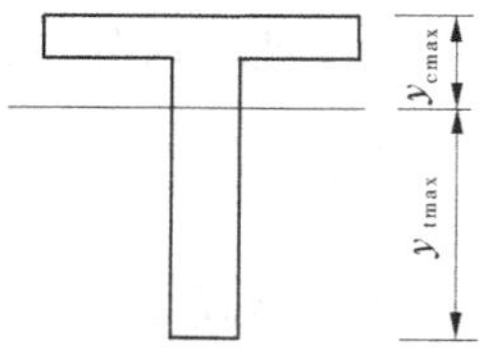

图 7-24

$$\left.\begin{aligned}\sigma_{tmax} &= \frac{My_{tmax}}{I_z}\\ \sigma_{cmax} &= \frac{My_{cmax}}{I_z}\end{aligned}\right\} \tag{7-10}$$

式中 y_{tmax}——最大拉应力所在点距中性轴的距离;

y_{cmax}——最大压应力所在点距中性轴的距离。

2. 最大剪应力

从剪应力角度来说,对于等截面直梁,剪力绝对值最大的截面也是危险截面,最大剪应力就发生在 Q 绝对值最大所在截面的中性轴上,所以危险截面的中性轴上的所有点为危险点。对于不同形状的截面,$\tau_{\max}$ 的计算公式可归纳为

$$\tau_{\max} = \frac{Q_{\max} S_{zmax}^*}{I_z b} \tag{7-11}$$

式中 S_{zmax}^*——中性轴一侧截面对中性轴的静矩;

b——横截面在中性轴处的宽度。

7.3.4.2　强度条件

1. 正应力强度条件

为了保证梁能安全工作，必须使梁的最大工作正应力 σ_{max} 不超过其材料的许用应力 $[\sigma]$，这就是梁的正应力强度条件。即正应力强度条件为

$$\sigma_{max}=\frac{M_{max}}{W_z}\leqslant[\sigma] \tag{7-12}$$

如果材料的抗拉、抗压的许用应力相同，截面一般是关于中性轴对称的，其强度条件直接应用式(7-12)。

如果梁的材料是脆性材料，其抗压和抗拉的许用应力不同。为了充分利用材料，通常将梁的横截面做成对中性轴不对称的形状。则其强度条件为

$$\left.\begin{aligned}\sigma_{tmax}&=\frac{M_1 y_{tmax}}{I_z}\leqslant[\sigma_t]\\ \sigma_{cmax}&=\frac{M_2 y_{cmax}}{I_z}\leqslant[\sigma_c]\end{aligned}\right\} \tag{7-13}$$

式中，σ_{tmax}、σ_{cmax} 分别为最大拉应力和最大压应力；M_1、M_2 为产生最大拉应力和最大压应力截面上的弯矩；$[\sigma_t]$、$[\sigma_c]$ 分别为材料的许用拉应力和许用压应力；y_{tmax}、y_{cmax} 分别为产生最大拉应力和最大压应力截面上的点到中性轴的距离。

运用正应力强度条件，可解决梁的三类强度计算问题：

(1)强度校核。在已知梁的材料和横截面的形状、尺寸(已知 $[\sigma]$、W_z)以及所受荷载(已知 M_{max})的情况下，检查梁是否满足正应力强度条件，校核梁是否安全可靠。

(2)设计截面。当已知荷载和所用材料时(已知 M_{max}、$[\sigma]$)，可以根据强度条件计算所需的抗弯截面模量 $W_z\geqslant\frac{M_{max}}{[\sigma]}$，然后根据梁的截面形状进一步确定截面的具体尺寸。

(3)确定许可荷载。如果已知梁的材料和截面尺寸(已知 $[\sigma]$、W_z)，则先由强度条件计算梁所能承受的最大弯矩，即 $M_{max}\leqslant[\sigma]\cdot W_z$，然后由 M_{max} 与荷载的关系计算许用荷载。

2. 剪应力强度条件

为了保证梁能安全正常工作，梁在荷载作用下产生的最大剪应力，也不能超过材料的许用剪应力 $[\tau]$。即剪应力强度条件为

$$\tau_{max}=\frac{Q_{max}S_{zmax}^{*}}{I_z\cdot b}\leqslant[\tau] \tag{7-14}$$

对梁进行强度计算时，必须同时满足正应力和剪应力强度条件。一般情况下，先按正应力强度条件选择截面，或确定许用荷载，然后再按剪应力强度条件进行校核。但在某些情况下剪应力强度也可能成为控制因素，此时梁的承载能力将由剪应力强度条件来确定。

【例 7-10】　如图 7-25 所示，一悬臂梁长 $l=1.5$ m，自由端受集中力 $F=32$ kN 作用，梁由 22a 工字钢制成，自重按 $q=0.33$ kN/m 计算，材料的许用应力 $[\sigma]=140$ MPa。试校核梁的正应力强度条件。

解：(1)求最大弯矩。最大弯矩在固定端截面 A 处，为

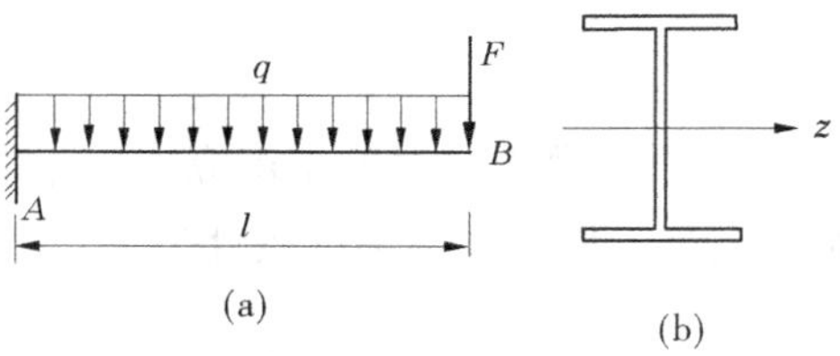

图 7-25

$$|M_{max}| = Fl + \frac{ql^2}{2} = 32 \times 1.5 + \frac{0.33 \times 1.5^2}{2} = 48.4(\text{kN} \cdot \text{m})$$

(2)确定 W_z。查附录型钢表,22a 工字钢的抗弯截面系数 $W_z = 309\ \text{cm}^3$。

(3)校核正应力强度条件。

$$\sigma_{max} = \frac{M_{max}}{W_z} = \frac{48.4 \times 10^3}{309 \times 10^{-6}} = 1.566 \times 10^8(\text{Pa}) = 156.6 + \text{MPa} < [\sigma] = 160\ \text{MPa}$$

所以,满足正应力强度条件。

本题若不计梁自重时,$|M_{max}| = Fl = 32 \times 1.5 = 48(\text{kN} \cdot \text{m})$,则

$$\sigma_{max} = \frac{M_{max}}{W_z} = \frac{48 \times 10^3}{309 \times 10^{-6}} = 1.549 \times 10^8(\text{Pa}) = 154.9\ \text{MPa}$$

可见,对于钢材制成的梁,自重对强度的影响很小,工程上一般不予考虑。

【例 7-11】 一圆形截面木梁,梁上荷载如图 7-26 所示,已知 $l = 3$ m,$F = 3$ kN,$q = 3$ kN/m,弯曲时木材的许用应力$[\sigma] = 10$ MPa。试选择圆木的直径。

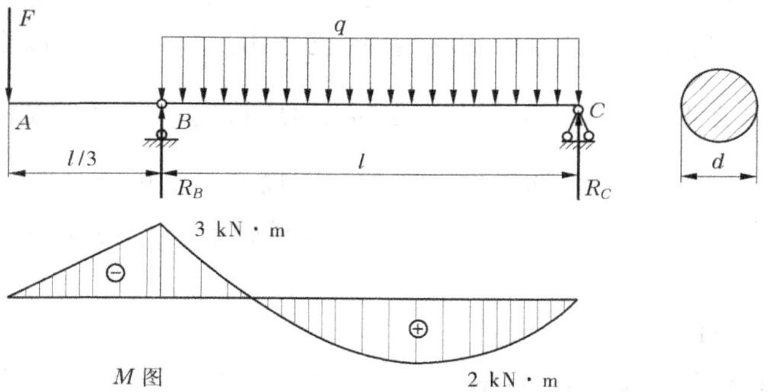

图 7-26

解:(1)确定最大弯矩。由静力平衡条件可计算出支座反力。

$$R_B = 8.5\ \text{kN}, R_C = 3.5\ \text{kN}$$

作弯矩图,从弯矩图上可知危险截面在 B 截面,$M_{B\max} = 3\ \text{kN} \cdot \text{m}$。

(2)设计截面直径。根据强度条件,此梁所需的抗弯截面系数为

$$W_z \geqslant \frac{M_{max}}{[\sigma]} = \frac{3 \times 10^3}{10 \times 10^6} = 3 \times 10^{-4}(\text{m}^3) = 3 \times 10^5\ \text{mm}^3$$

由于圆截面的抗弯截面系数为 $W_z = \pi d^3/32$,代入上式,即

$$\frac{\pi d^3}{32} \geqslant 3 \times 10^5$$

$$d \geqslant \sqrt[3]{\frac{3 \times 10^5 \times 32}{\pi}} = 145(\text{mm})$$

取圆木的直径为 $d = 14.5$ cm。

【例 7-12】 矩形截面的木搁栅两端搁在墙上,承受由地板传来的荷载如图 7-27(a)所示。木搁栅的间距 $a = 1.2$ m,跨度 $l = 5$ m,木材的许用应力 $[\sigma] = 12$ MPa。当此木搁栅采用 $b = 140$ mm,$h = 210$ mm 的矩形截面时,试计算地板的许可面荷载。

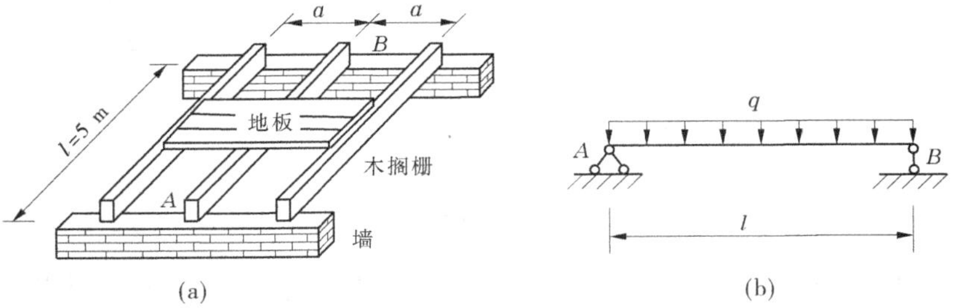

图 7-27

解: 当木搁栅的截面尺寸为 $b = 140$ mm,$h = 210$ mm 时,抗弯截面系数为

$$W_z = \frac{bh^2}{6} = \frac{140 \times 210^2}{6} = 1.029 \times 10^6(\text{mm}^3)$$

木搁栅能承受的最大弯矩为

$$M_{\max} \leqslant W_z[\sigma] = 1.029 \times 10^6 \times 10^{-9} \times 12 \times 10^6$$
$$= 1.23 \times 10^4(\text{N} \cdot \text{m}) = 12.3 \text{ kN} \cdot \text{m}$$

而

$$M_{\max} = \frac{ql^2}{8} = \frac{pal^2}{8}$$

即

$$\frac{pal^2}{8} \leqslant 12.3 \text{ kN} \cdot \text{m}$$

$$p \leqslant \frac{12.3 \times 8}{1.2 \times 5^2} = 3.28(\text{kN/m}^2)$$

所以,地板的许可面荷载 $[p] = 3.28(\text{kN/m}^2)$。

7.3.5 提高梁弯曲强度的主要措施

梁的强度主要取决于梁弯曲正应力强度条件,即

$$\sigma_{\max} = \frac{M_{\max}}{W_z} \leqslant [\sigma]$$

由此条件可以看出,欲提高梁的弯曲强度,一方面应降低最大弯矩 $M_{\max}$;另一方面则应提高弯曲截面系数 W_z。从以上两方面出发,工程上主要采取以下三个措施。

7.3.5.1 合理布置梁的支座和荷载

当荷载一定时,梁的最大弯矩 $M_{\max}$ 与梁的跨度有关。因此,首先应合理布置梁的支座。例如,受均布荷载作用的简支梁,如图 7-28(a)所示,其最大弯矩为 $0.125ql^2$;若将梁两端支座向跨中方向移动 $0.2l$,如图 7-28(b)所示,则最大弯矩变为 $0.025ql^2$,仅为前者

的 1/5。

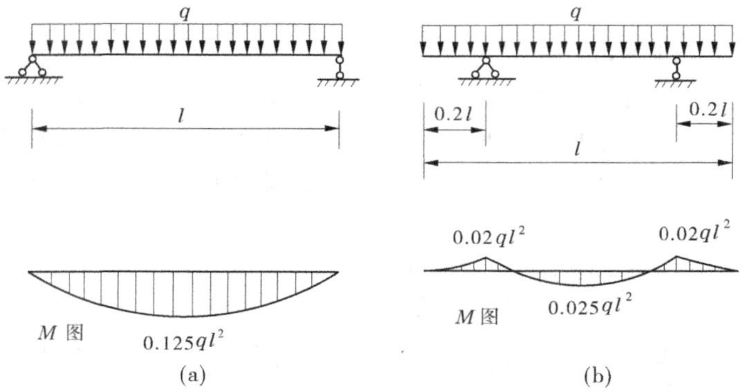

图 7-28

其次，若结构允许，应尽可能合理布置梁上的荷载。例如，在跨中作用集中荷载 F 的简支梁如图 7-29(a)所示，其最大弯矩为 $Fl/4$，若在梁的中间安置一根长为 $l/2$ 的辅助梁如图 7-29(b)所示，则最大弯矩变为 $Fl/8$，即为前者的一半。

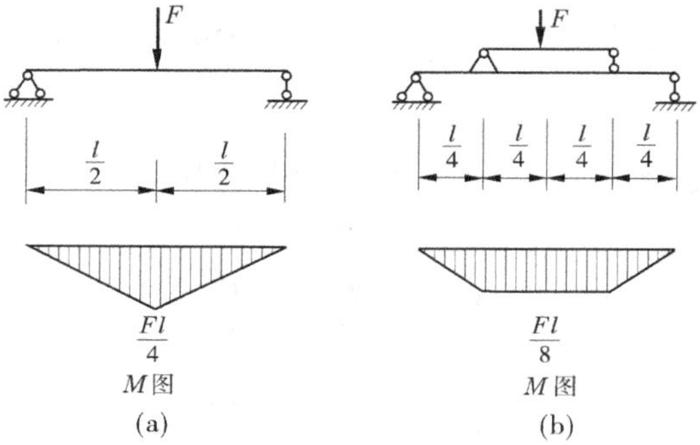

图 7-29

7.3.5.2 采用合理的截面

梁的最大弯矩确定后，梁的弯曲强度取决于梁的弯曲截面系数。梁的弯曲截面系数 W_z 越大，正应力越小。因此，在设计中，应当力求在不增加材料(等长等横截面面积)的前提下，使 W_z 值尽可能增大，即应使截面的 W_z/A 比值尽可能大，这种截面称为合理截面。例如宽为 b、高为 $h(h>b)$ 的矩形截面梁，如将截面竖置如图 7-30(a)所示，则 $W_{z1}=bh^2/6$，而将截面横置如图 7-30(b)所示，则 $W_{z2}=hb^2/6$，所以 $W_{z1}>W_{z2}$。显然，竖置比横置合理。由于梁横截面上的正应力沿截面高度线性分布，中性轴附近应力很小，该处材料远未发挥作用，若将这些材料移置到离中性轴较远处，可使它们得到充分利用，形成合理截面。因此，工程中常采用工字形、箱形截面。

在讨论合理截面时，还应考虑材料的力学性能。当拉压材料同时达到许用应力时材料利用最充分。对于抗拉强度与抗压强度相等的塑性材料，宜采用以中性轴为对称轴的截面，如圆形、矩形、工字形等。对于抗压强度不等于抗拉强度的材料，应采用不对称于中

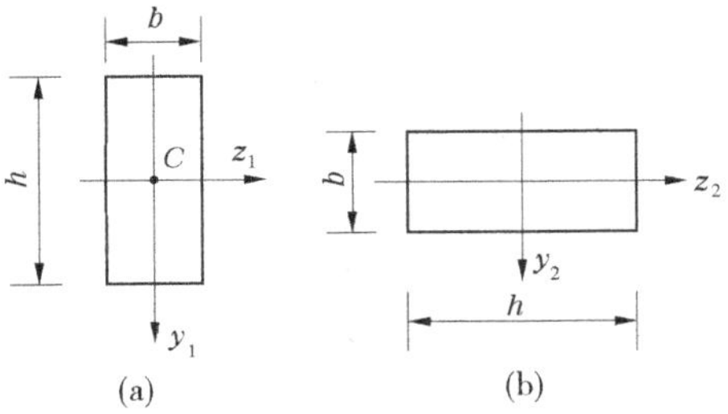

图 7-30

性轴的横截面，如 T 形，使拉、压材料同时达到许用应力，如图 7-31 所示。

7.3.5.3 采用等强度梁

对于等截面梁，当梁危险截面上危险点处的应力值达到材料的许用应力时，其他截面上的应力值均小于许用应力，材料没有得到充分利用。为提高材料的利用率、提高梁的强度，可以设计成各截面应力值均同时达到或接近许用应力值，这种梁称为等强度梁。

显然，等强度梁是最合理的结构形式。但是，由于等强度梁外形复杂，加工制造困难，所以工程中一般只采用近似等强度梁的变截面梁，例如图 7-32 所示各梁。

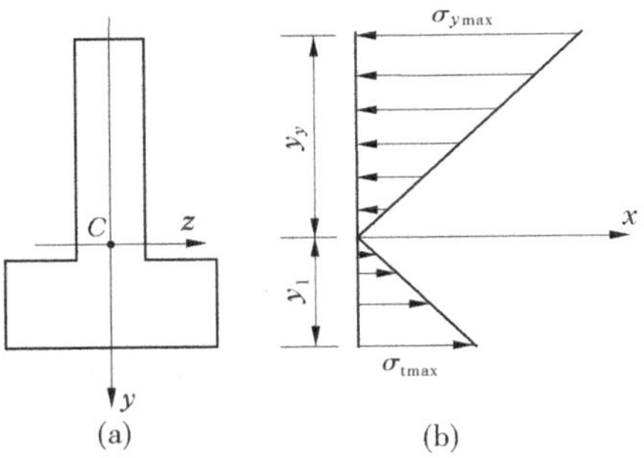

图 7-31

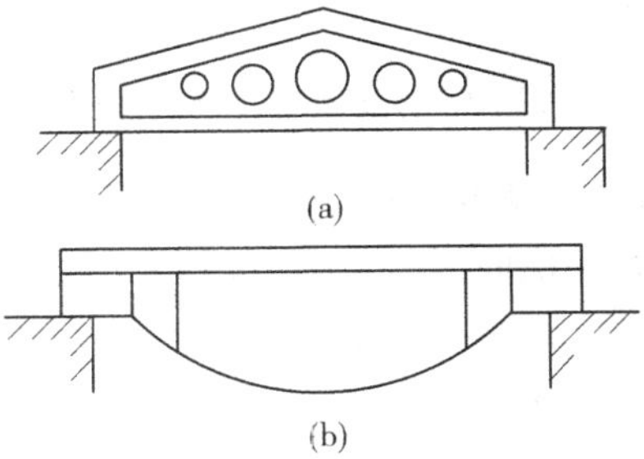

图 7-32

7.4 平面弯曲梁的变形

7.4.1 挠度和转角

梁在外力作用下将产生弯曲变形，如果弯曲变形过大，就会影响结构的正常工作。工程中对梁的设计，除了必须满足强度条件外，还必须限制梁的变形，使其不超过许用变形值。

7.4.1.1 挠度

如图 7-33(a)所示的悬臂梁，在横向荷载 P 的作用下，AB 梁的轴线由图中的直线变成虚线，如图 7-33(b)所示的平面曲线。横截面 C 沿与梁轴线垂直的方向移动到 C'，线位移 CC' 称为截面 C 的挠度（又称竖向线位移），以 y_C 表示，规定挠度向下为正，向上为负。

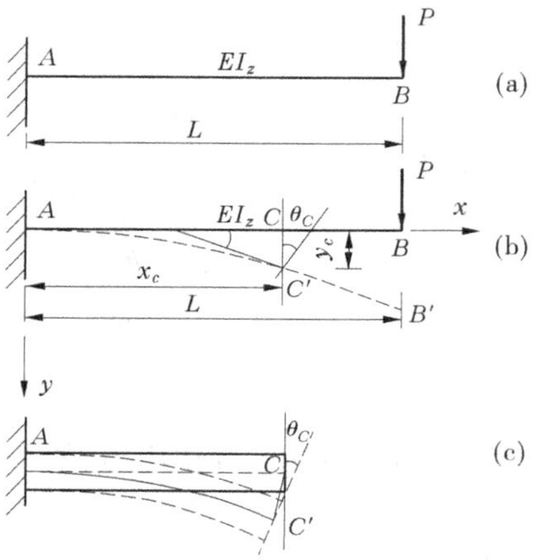

图 7-33 平面弯曲梁的变形图

7.4.1.2 转角

截面 C 在变形后绕中性轴转过一角度，截面 C 相对于原来位置所转动的角度 θ_C 为角位移，称为该截面的转角，单位 rad（弧度），如图 7-33（c）所示。规定角位移以顺时针转动为正，反之为负。

7.4.2 简单荷载下梁的转角和挠度

7.4.2.1 挠度计算

梁的挠曲线（图中虚线所示的梁的变形曲线）方程为

$$y = f(x)$$

式中，x 为截面坐标；y 为截面挠度。若能求出梁的挠曲线方程，即知各点处的挠度。

7.4.2.2 转角计算

在小变形情况下 $$\theta = \tan\theta = \frac{dy}{dx} = f'(x)$$

对挠曲线方程求一阶导数，即可得梁的转角 θ。

梁在弯曲时的挠曲线近似微分方程为

$$EI_z y'' = -M(x) \tag{7-15}$$

对此二阶微分方程进行一次积分和二次积分，得到梁的转角方程和挠曲线方程，进而求出挠度和转角，这种方法称为积分法，是计算弯曲变形的基本方法。

常见的等直梁在简单荷载作用下变形的计算结果列入表 7-2，以备查用。

7.4.3 叠加法求梁的挠度和转角

有了简单荷载作用下梁的变形，可用叠加法求梁在多荷载作用下的转角和挠度。即将梁上所作用的复杂荷载分解为几种简单荷载，先分别计算梁在每一荷载单独作用下产生的转角和挠度，然后再将它们代数相加，即得梁在所有荷载共同作用下的转角和挠度。

表 7-2 简单荷载作用下梁的变形

序号	梁的简图	端截面转角	挠曲线方程	绝对值最大的挠度
1	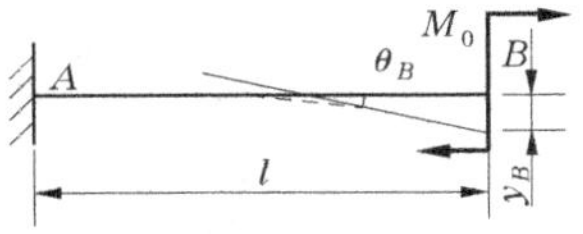	$\theta_B=\dfrac{M_0 l}{EI}$	$y=\dfrac{M_0x^2}{2EI}$	$y_B=\dfrac{M_0l^2}{2EI}$
2	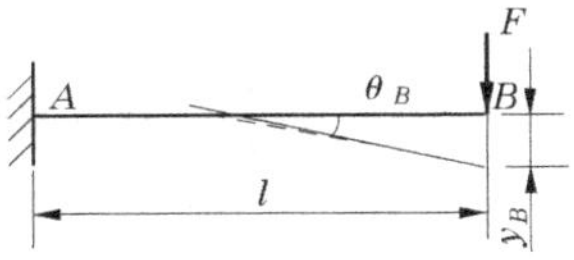	$\theta_B=\dfrac{Fl^2}{2EI}$	$y=\dfrac{Fx^2}{6EI}(3l-x)$	$y_B=\dfrac{Fl^3}{3EI}$
3	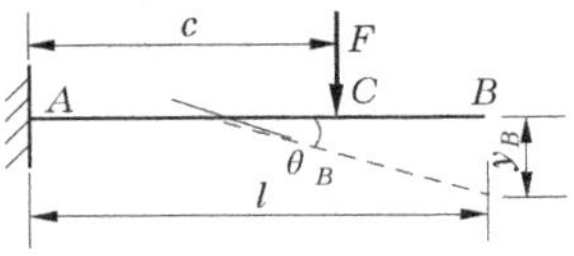	$\theta_B=\dfrac{Fc^2}{2EI}$	$0\leqslant x\leqslant c$ $y=\dfrac{Fx^2}{6EI}(3c-x)$ $c\leqslant x\leqslant l$ $y=\dfrac{Fc^2}{6EI}(3x-c)$	$y_B=\dfrac{Fc^2}{6EI}(3l-c)$
4	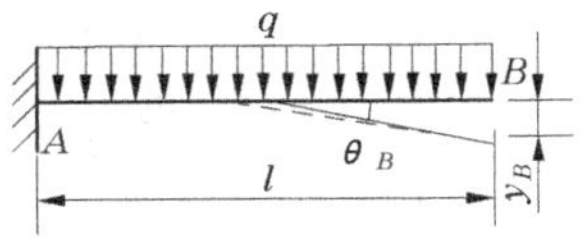	$\theta_B=\dfrac{ql^3}{6EI}$	$y=\dfrac{qx^2}{24EI}(x^2+6l^2-4lx)$	$y_B=\dfrac{ql^4}{8EI}$
5	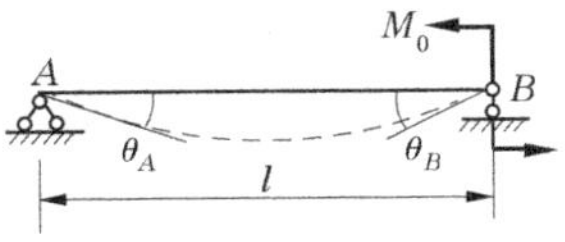	$\theta_A=\dfrac{M_0 l}{6EI}$ $\theta_B=-\dfrac{M_0 l}{3EI}$	$y=\dfrac{M_0x}{6lEI}(l^2-x^2)$	$x=\dfrac{l}{\sqrt{3}}$处 $y=\dfrac{M_0l^2}{9\sqrt{3}EI}$ $x=\dfrac{l}{2}$处 $y_{\frac{l}{2}}=\dfrac{M_0l^2}{16EI}$
6	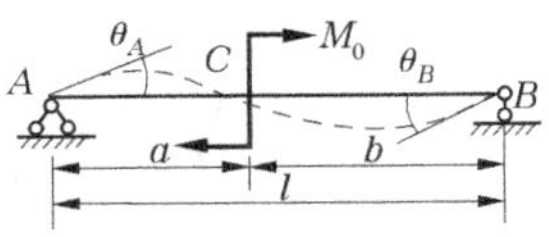	$\theta_A=\dfrac{M_0}{-6lEI}(l^2-3b^2)$ $\theta_B=\dfrac{M_0}{-6lEI}(l^2-3a^2)$ $\theta_C=\dfrac{M_0}{6lEI}(3a^2+3b^2-l^2)$	$0\leqslant x<a$ $y=\dfrac{M_0x}{-6lEI}(l^2-3b^2-x^2)$ $a<x\leqslant l$ $y=\dfrac{M_0(l-x)}{6lEI}\cdot$ $[l^2-3a^2-(l-x)^2]$	$x=\sqrt{\dfrac{l^2-3b^2}{3}}$处 $y=-\dfrac{M_0(l^2-3b^2)^{\frac{3}{2}}}{9\sqrt{3}lEI}$ $x=l-\sqrt{\dfrac{l^2-3a^2}{3}}$处 $y=\dfrac{M_0(l^2-3a^2)^{\frac{3}{2}}}{9\sqrt{3}lEI}$
7	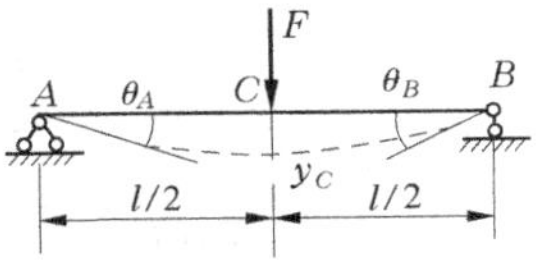	$\theta_A=-\theta_B=\dfrac{Fl^2}{16EI}$	$0\leqslant x\leqslant\dfrac{l}{2}$ $y=\dfrac{Fx}{48EI}(3l^2-4x^2)$	$y_C=\dfrac{Fl^3}{48EI}$

续表 7-2

序号	梁的简图	端截面转角	挠曲线方程	绝对值最大的挠度
8	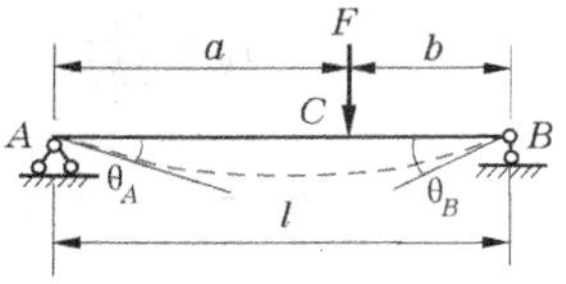	$\theta_A = \frac{Fab(l+b)}{6lEI}$ $\theta_B = -\frac{Fab(l+a)}{6lEI}$	$0 \leqslant x \leqslant a$ $y = \frac{Fbx}{6lEI}(l^2 - x^2 - b^2)$ $a \leqslant x \leqslant l$ $y = \frac{Fb}{6lEI}[(l^2 - b^2)x - x^3 + \frac{l}{b}(x-a)^3]$	若 $a > b$ 在 $x = \sqrt{\frac{l^2 - b^2}{3}}$ 处 $y = \frac{\sqrt{3}Fb}{27lEI}(l^2 - b^2)^{\frac{3}{2}}$ 在 $x = \frac{l}{2}$ 处 $y_{\frac{l}{2}} = \frac{Fb}{48EI}(3l^2 - 4b^2)$
9	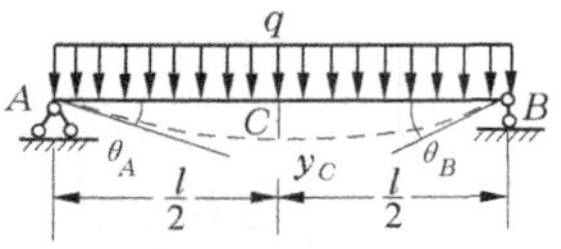	$\theta_A = -\theta_B = \frac{ql^3}{24EI}$	$y = \frac{qx}{24EI}(l^3 - 2lx^2 + x^3)$	$y_C = \frac{5ql^4}{384EI}$
10	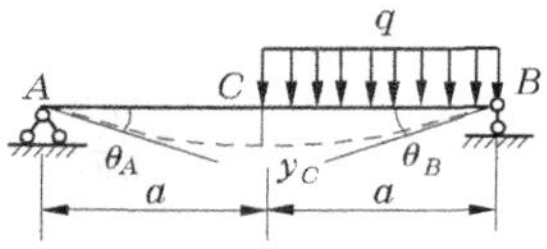	$\theta_A = \frac{7qa^3}{48EI}$ $\theta_B = -\frac{3qa^3}{16EI}$	$0 \leqslant x \leqslant a$ $y = \frac{qa}{24EI}(\frac{7}{2}a^2x - x^3)$ $a \leqslant x \leqslant 2a$ $y = \frac{q}{24EI}[\frac{7}{2}a^3x + (x-a)^4 - ax^3]$	在 $x = a$ 处 $y_C = \frac{5qa^4}{48EI}$
11	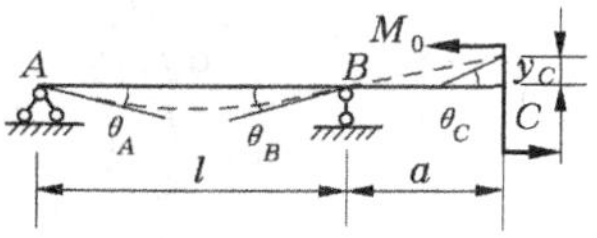	$\theta_A = \frac{M_0 l}{6EI}$ $\theta_B = -\frac{M_0 l}{3EI}$ $\theta_C = -\frac{M_0}{3EI}(l + 3a)$	$0 \leqslant x \leqslant l$ $y = \frac{M_0 x}{6lEI}(l^2 - x^2)$ $l \leqslant x \leqslant l + a$ $y = -\frac{M_0}{6EI}(3x^2 - 4lx + l^2)$	在 $x = \frac{l}{\sqrt{3}}$ 处 $y = \frac{M_0 l^2}{9\sqrt{3}EI}$ 在 $x = l + a$ 处 $y_C = -\frac{M_0 a}{6EI}(2l + 3a)$
12	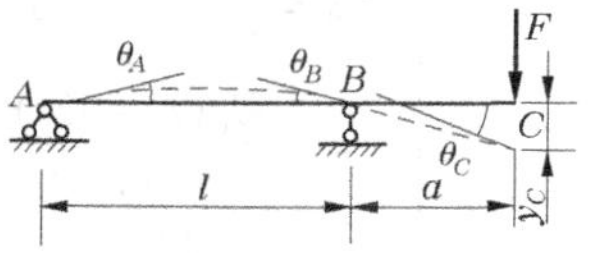	$\theta_A = -\frac{Fal}{6EI}$ $\theta_B = \frac{Fal}{3EI}$ $\theta_C = \frac{Fa}{6EI}(2l + 3a)$	$0 \leqslant x \leqslant l$ $y = -\frac{Fax}{6lEI}(l^2 - x^2)$ $l \leqslant x \leqslant l + a$ $y = \frac{F(x-l)}{6EI}[a(3x - l) - (x-l)^2]$	在 $x = \frac{l}{\sqrt{3}}$ 处 $y = -\frac{Fal^2}{9\sqrt{3}EI}$ 在 $x = l + a$ 处 $y_C = \frac{Fa^2}{3EI}(l + a)$
13	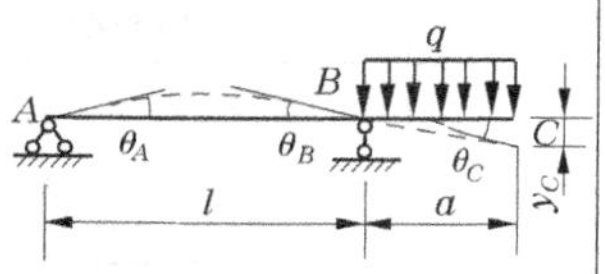	$\theta_A = -\frac{qa^2 l}{12EI}$ $\theta_B = \frac{qa^2 l}{6EI}$ $\theta_C = \frac{qa^2}{6EI}(l + a)$	$0 \leqslant x \leqslant l$ $y = -\frac{qa^2}{12EI}(lx - \frac{x^2}{l})$ $l \leqslant x \leqslant l + a$ $y = \frac{qa^2}{12EI}[\frac{x^2}{l} - \frac{(2l+a)(x-l)^2}{al} + \frac{(x-l)^4}{2a^2} - lx]$	在 $x = \frac{l}{\sqrt{3}}$ 处 $y = -\frac{qa^2 l^2}{18\sqrt{3}EI}$ 在 $x = l + a$ 处 $y_C = \frac{qa^3}{24EI}(3a + 4l)$

【例 7-13】　如图 7-34 所示悬臂梁，承受均布荷载 q 和集中荷载 P，梁的抗弯刚度为 EI_z。用叠加法求梁 B 截面的挠度和转角。

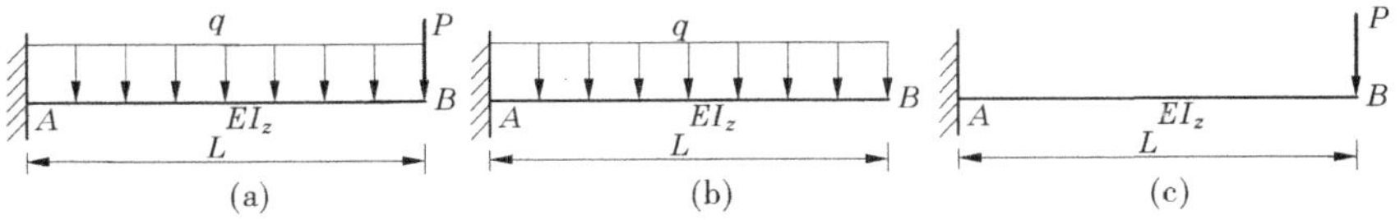

图 7-34

解：(1) 先将图 7-34(a) 所受的荷载分解为均布荷载 q 和集中荷载 P 单独作用，如图 7-34(b)、(c) 所示，利用表 7-2 分别查得悬臂梁单独承受均布荷载 q 和集中荷载 P 时的 B 截面挠度和转角：

悬臂梁单独承受均布荷载 q

$$\theta_{B1} = \frac{ql^3}{6EI_z}$$

悬臂梁单独承受集中荷载 P

$$y_{B1} = \frac{ql^4}{8EI_z}$$

$$\theta_{B2} = \frac{Pl^2}{2EI_z}$$

$$y_{B2} = \frac{Pl^3}{3EI_z}$$

(2) 将均布荷载 q 和集中荷载 P 单独作用下的 B 截面挠度和转角叠加，得 y_B、θ_B

$$y_B = y_{B1} + y_{B2} = \frac{ql^4}{8EI_z} + \frac{Pl^3}{3EI_z}$$

$$\theta_B = \theta_{B1} + \theta_{B2} = \frac{ql^3}{6EI_z} + \frac{Pl^2}{2EI_z}$$

【例 7-14】　如图 7-35(a) 所示悬臂梁，承受均布荷载 q 和集中荷载 P，梁的抗弯刚度为 EI_z。用叠加法求悬臂梁 C 截面的挠度。

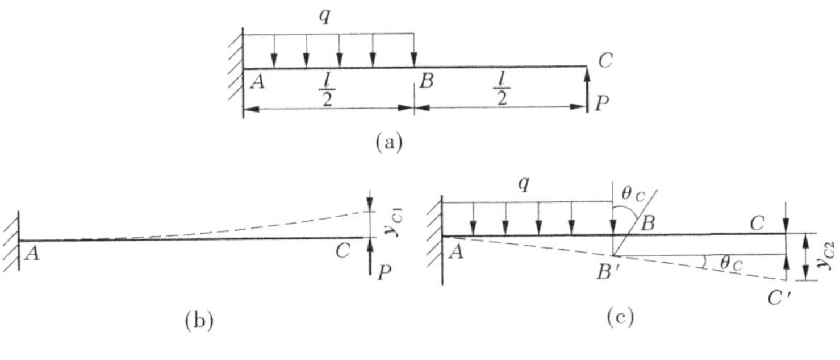

图 7-35

解：(1) 将图 7-35(a) 按承受集中荷载 P 和均布荷载 q 单独作用在悬臂梁，如图 7-35(b)、(c) 所示，利用表 7-2 分别查得悬臂梁单独承受集中荷载 P 和均布荷载 q 时的 C 截面挠度。

悬臂梁单独承受集中荷载 P $y_{C1} = -\dfrac{Pl^3}{3EI_z}$

悬臂梁单独承受均布荷载 q

$$y_B = \frac{q\left(\frac{l}{2}\right)^4}{8EI_z} = \frac{ql^4}{128EI_z}$$

$$\theta_B = \frac{q\left(\frac{l}{2}\right)^3}{6EI_z} = \frac{ql^3}{48EI_z}$$

$$y_{C2} = y_B + \theta_B \times \frac{l}{2} = \frac{ql^4}{128EI_z} + \frac{ql^3}{48EI_z} \times \frac{l}{2} = \frac{7ql^4}{384EI_z}$$

(2)叠加：

$$y_C = y_{C1} + y_{C2} = \frac{7ql^4}{384EI_z} - \frac{Pl^3}{3EI_z}$$

习 题

一、思考题

1. 什么是梁的平面弯曲？
2. 绘制梁的内力图的方法有哪些？
3. 梁的内力图有什么规律？
4. 什么是梁的中性层？什么是梁的中性轴？
5. 梁的正应力在横截面上是如何分布的？
6. 矩形截面梁的剪应力在横截面上的分布规律是怎样的？
7. 工字形截面梁的剪应力在横截面上的分布规律是怎样的？
8. 提高梁弯曲强度的主要措施有哪些？
9. 什么是梁内力的叠加原理？

二、计算、绘图题

1. 用截面法求图 7-36 所示的各梁指定截面上的剪力和弯矩。

2. 绘制图 7-37 所示各梁的剪力图和弯矩图。

3. 图 7-38 所示悬臂梁受集中力 $F = 10$ kN 和均布荷载 $q = 28$ kN/m 作用。计算 a、b、c、d 四点处的正应力。

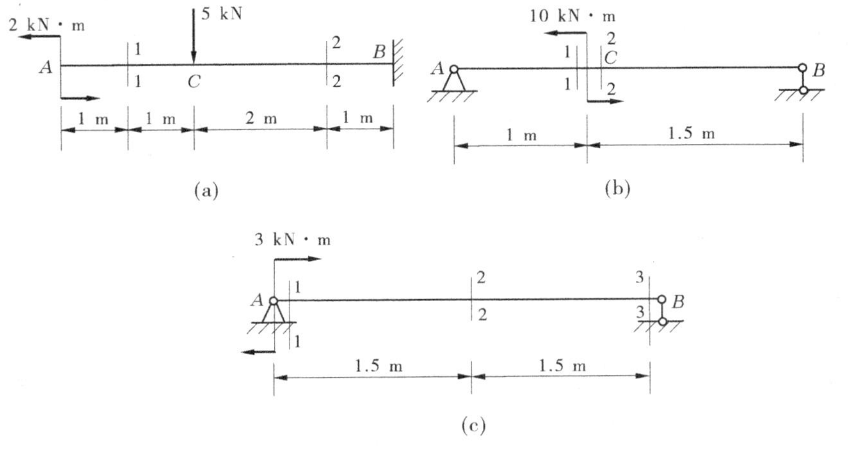

图 7-36　计算题 1

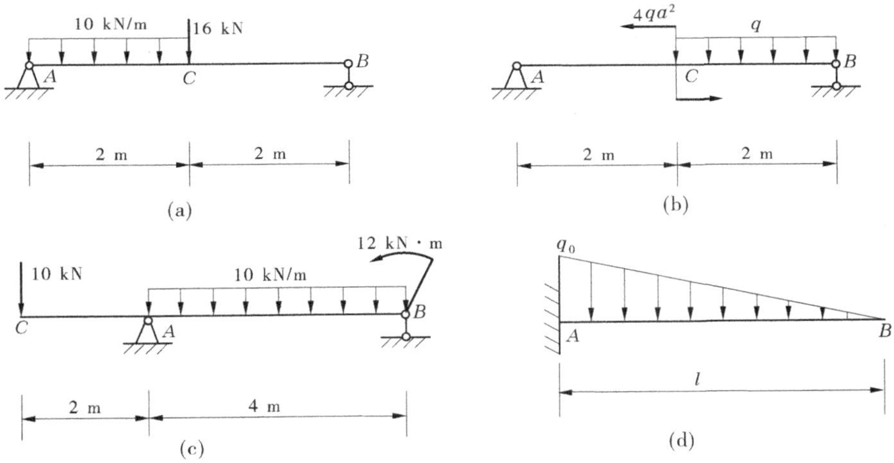

图 7-37　计算题 2

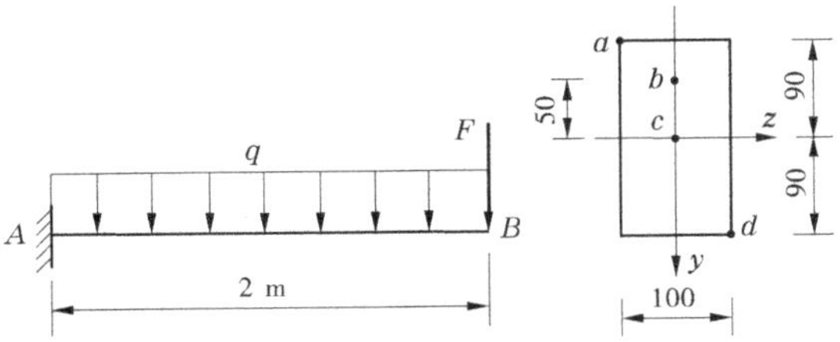

图 7-38　计算题 3

4. 如图 7-39 所示一根 40a 工字钢制成的悬臂梁，在自由端作用一集中荷载 F。已知钢的许用应力 $[\sigma]=150$ MPa，若考虑梁的自重，问 F 的许可值是多少？

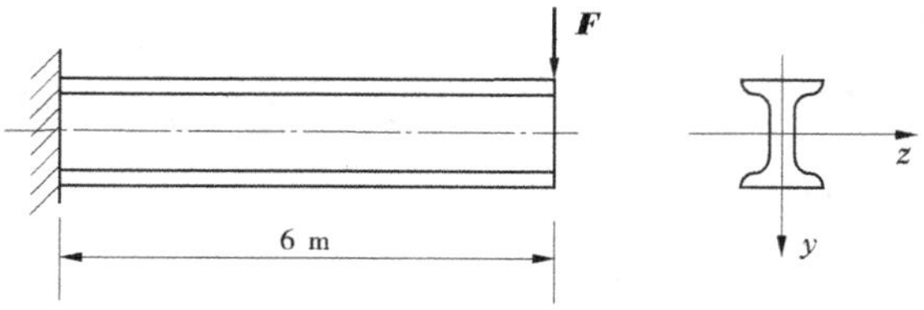

图 7-39　计算题 4

5. 如题 7-40 图所示外伸梁受集中力作用，已知材料的许用应力 $[\sigma]=140$ MPa，$[\tau]=85$ MPa，试选择工字钢的型号。

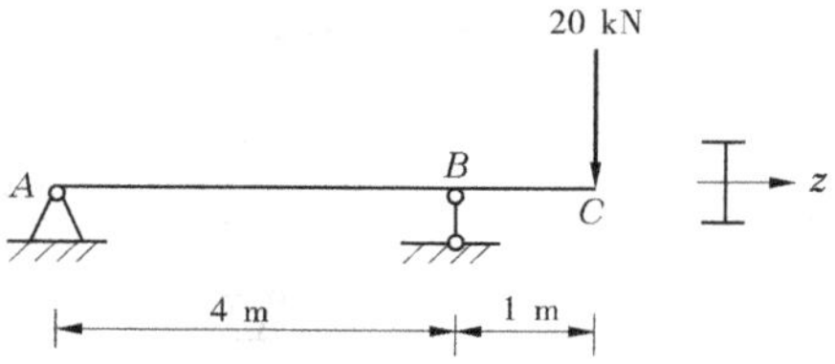

图 7-40　计算题 5

8 组合变形简介

【学习目标】 了解组合变形的概念；理解斜弯曲和偏心压缩的受力及变形特点。

8.1 组合变形的概念

前面各章已经讨论了杆件在轴向拉伸(压缩)、扭转和弯曲等基本变形时的强度和刚度计算。但是，在实际工程中，有些杆件的受力情况比较复杂，其变形不只是单一的基本变形，而是两种或两种以上基本变形的组合。由两种或两种以上的基本变形组合而成的变形，称为组合变形。

8.2 斜弯曲

当外力作用在梁的纵向对称面内且垂直于梁轴时，梁变形后的挠曲线也位于此外力所在的纵向对称平面内，这种变形称为梁的平面弯曲，第7章已详述。如果外力垂直于梁轴且它的作用平面虽然通过梁轴线，但是它并不与梁的纵向对称面重合，这时，变形后的梁挠曲线将不在外力作用面内弯曲，这种弯曲称为斜弯曲。如图8-1(a)所示的屋架檩条，其变形就是斜弯曲，受力情况如图8-1(b)所示。

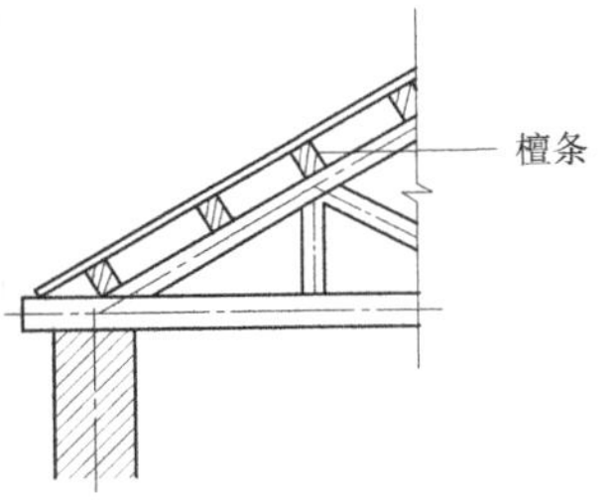

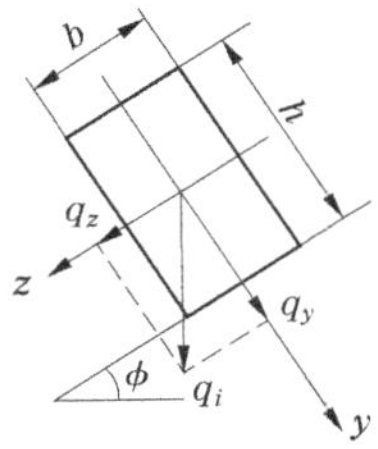

图8-1 屋架

设集中力 F 作用在悬臂梁的自由端，其作用线通过截面形心并与竖向对称轴成 φ 角，如图8-2(a)所示。

设坐标轴如图示，将力 F 沿截面的两个对称轴 y 和 z 分解为两个分力，得

$$\begin{cases} F_y = F\cos\varphi \\ F_z = F\sin\varphi \end{cases}$$

分力 F_y 将使梁在 xOy 平面内产生平面弯曲；分力 F_z 使梁在 xOz 平面内产生平面弯

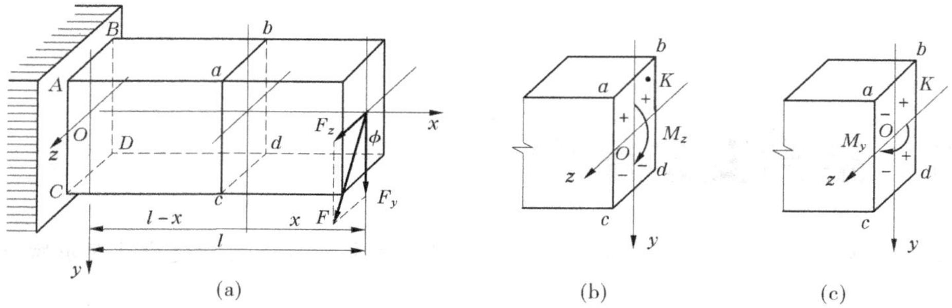

图 8-2

曲。斜弯曲就是这两个相互垂直的平面弯曲的组合。

8.3 偏心压缩(拉伸)

作用在杆件上的外力,当其作用线与杆的轴线平行但不重合时,杆件就受到偏心压缩(拉伸)。如图 8-3 所示的柱,受到上部结构传来的荷载 F,作用线与柱轴线间的距离为 e,柱子产生偏心压缩的变形。荷载 F 称为偏心力,e 称为偏心距。图 8-4 所示的厂房柱就是工程实际中的偏心压缩变形。

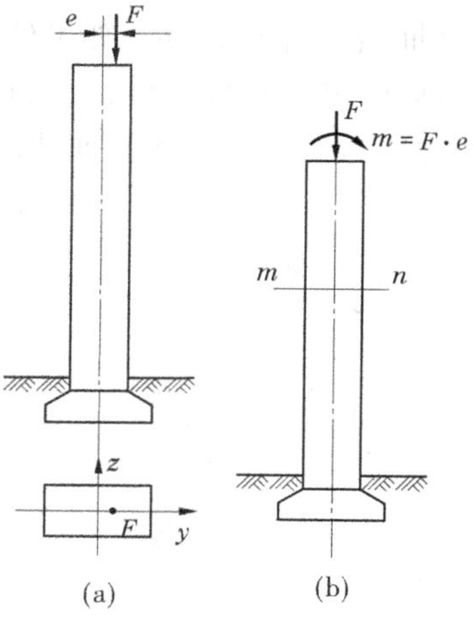

图 8-3

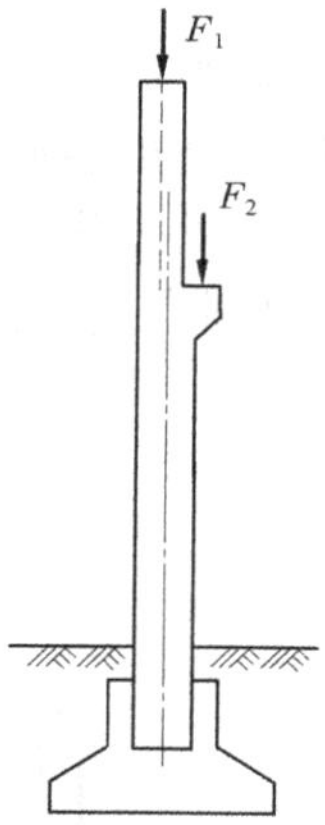

图 8-4

8.3.1 单向偏心压缩(拉伸)

图 8-3(a)所示的柱子,偏心力 F 作用在截面的某一对称轴上的一点而使杆件产生的偏心压缩,称为单向偏心压缩。

可以运用力线平移定理将偏心力 F 向截面形心平移,得到一个通过形心的轴向压力 F 和一个力偶矩 $m = Fe$ 的力偶(见图 8-3(b))。可见,偏心压缩实际上是轴向压缩和纯弯曲的组合变形。

8.3.2 双向偏心压缩(拉伸)

当偏心压力 F 的作用线与柱轴线平行,但不通过截面任一形心主轴时,称为双向偏心压缩,如图 8-5 所示。

设压力 F 至 z 轴的偏心距为 e_y,至 y 轴的偏心距为 e_z,如图 8-5(a)所示。先将压力 F 平移到 z 轴上,产生附加力偶矩 $m_z = Fe_y$,再将力 F 从 z 轴上平移到截面的形心,又附加力偶矩 $m_y = Fe_z$。偏心力经过两次平移后,得到轴向压力 F 和两个力偶 m_z、m_y,如图 8-5(b)所示。由此可知,双向偏心压缩就是轴向压缩和两个方向纯弯曲的组合。

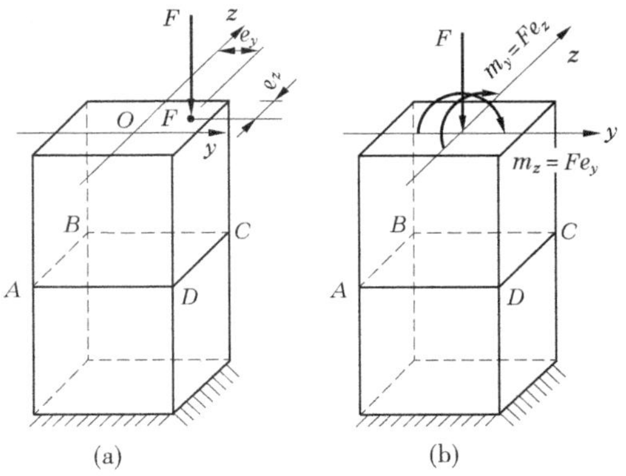

图 8-5

8.3.3 截面核心

通过对偏心压缩变形的分析可知,当荷载作用在截面形心周围的一个区域内时,杆件整个横截面上只产生压应力而不出现拉应力,这个荷载作用的区域就称为截面核心。土建工程中大量使用的砖、石、混凝土等脆性材料,其抗拉能力比抗压能力小得多,这类材料制成的杆件在偏心压力作用下,截面中最好不出现拉应力,以免拉裂。因此,截面核心的范围在工程中有重要的应用。

常见的矩形、圆形、工字形截面核心如图 8-6 所示。

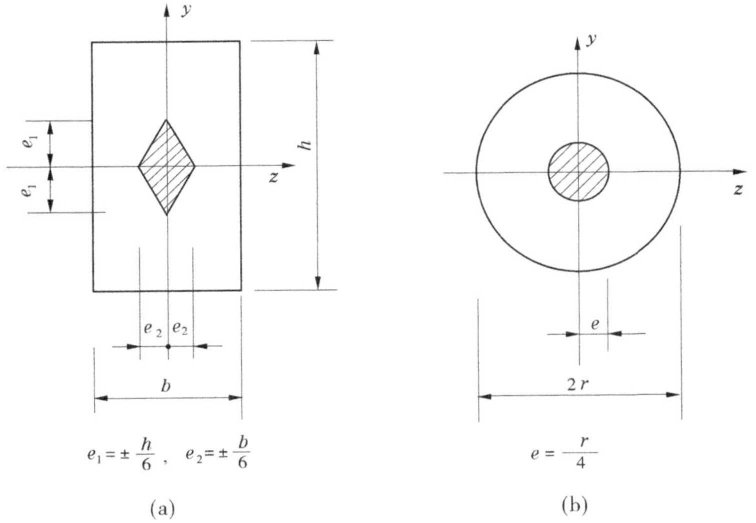

图 8-6

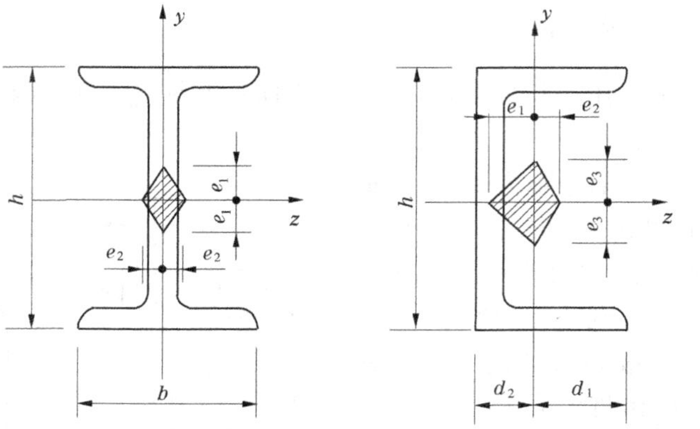

$e_1=\pm\dfrac{2i_x^2}{h}$，$e_2=\pm\dfrac{2i_y^2}{b}$

(c)

$e_1=\dfrac{i_y^2}{d_1}$，$e_2=\dfrac{i_y^2}{d_2}$，$e_3=\pm\dfrac{2i_z^2}{h}$

(d)

续图 8-6

习　题

1. 什么是组合变形？
2. 斜弯曲的受力和变形特征分别是什么？
3. 偏心压缩的受力及变形特征分别是什么？
4. 矩形截面和圆形截面的截面核心范围分别是什么？

9 压杆稳定

【学习目标】 理解稳定的概念；了解提高压杆稳定性的措施；了解欧拉公式的适用范围；掌握压杆的临界力、临界应力和稳定的计算。

9.1 压杆稳定的概念

承受轴向压力的直杆称为压杆。对于短粗压杆，当压杆横截面上的正应力不超过材料的许用应力，就能保证杆件正常工作，这类问题属于强度问题；但对于细长压杆，当其在轴向压力作用下，杆内的应力在远没有达到材料的许用应力时，其直线的平衡形式将突然转变为弯曲形式，致使构件或结构丧失正常承载能力而发生破坏，如图 9-1 所示。可见，对于细长压杆，必须研究其维持直线平衡状态的承载能力。

压杆受轴向压力时为什么会发生弯曲变形呢？实际压杆在制造时都不可避免地存在着发生弯曲的因素。制造时的初始曲率、其上的压力与杆的轴线不是绝对重合，材料本身的不均匀性等。这些因素都使压杆在轴向压力作用下除了发生轴向压缩变形外，还发生附加的弯曲变形。这种弯曲变形随着压力的增大而迅速增长，从而导致压杆丧失承载能力。

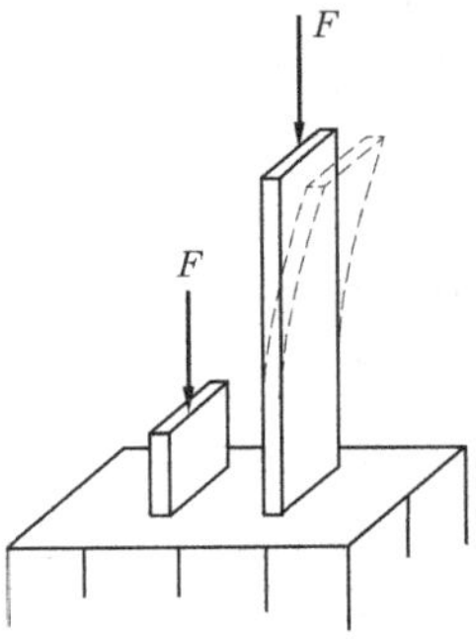

图 9-1

一轴心受压直杆，在不同的压力 F 作用下，压杆处于直线平衡状态，如图 9-2(a)所示；再施加一横向干扰力 Q，使其产生弹性弯曲变形，如图 9-2(b)所示；若再撤去干扰力 Q，此时压杆在不同的压力 F 作用下所表现的不同特性如下：

(1)压力 F 值小于临界值 F_{cr}。压杆将在直线平衡位置附近左右摆动，最终恢复到原有的直线平衡状态，表明压杆原有的直线平衡是稳定的。如图 9-2(c)所示。

(2)压力 F 值等于临界值 F_{cr}。压杆不能恢复到原有的直线形式，而是在处于微弯状态下保持新的平衡，既不恢复原状，也不增加其弯曲的程度，表明压杆可以在偏离直线平衡位置的附近保持微弯的平衡状态，这种状态的平衡为随遇平衡，它是介于稳定平衡和不稳定平衡之间的一种临界状态，也叫临界平衡，属于不稳定平衡。与临界平衡状态对应的压力称为临界力或临界荷载。如图 9-2(d)所示。

(3)压力 F 值大于临界力 F_{cr}。压杆不仅不能恢复到原有的直线平衡状态，而且还可能在微弯的基础上继续弯曲，直至变形过大而折断。压杆丧失了保持直线形状的稳定性，这种现象称为“失稳”。如图 9-2(e)所示。

压杆的稳定，实质上就是指压杆能保持其原有直线平衡状态的能力。由以上的讨论可知，要使压杆保持稳定平衡，作用于压杆上的压力 F 必须小于临界力 F_{cr}，即 $F < F_{cr}$。压

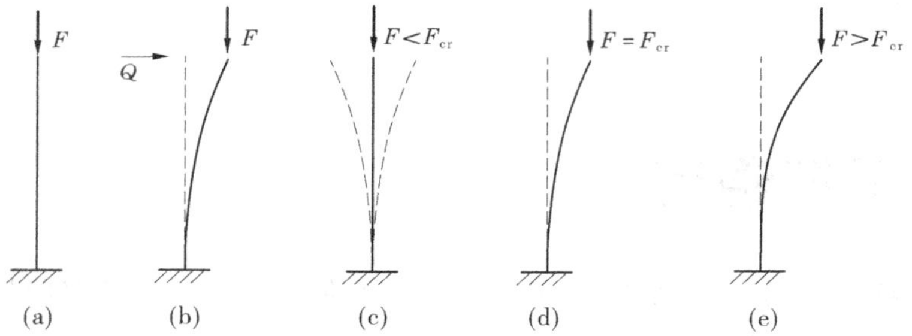

图 9-2

杆的临界力越大,该压杆越不容易失稳,表明该压杆的稳定性好。压杆的稳定计算,关键在于确定杆件的临界力 F_{cr}。

9.2 压杆的临界力和临界应力

9.2.1 压杆的临界力

意大利科学家欧拉最先证明,当压杆内的应力不超过材料的比例极限时,细长压杆的临界力计算公式可由挠曲线近似微分方程推得如下

$$F_{cr} = \frac{\pi^2 EI}{(\mu l)^2} \tag{9-1}$$

式中 F_{cr}——压杆的临界力;

E——压杆材料的弹性模量;

I——弯曲方向横截面对中性轴的惯性矩;

l——压杆的长度;

π——圆周率;

μ——长度系数,μ 反映了压杆两端支承对临界力的影响,μl 称为相当长度,各种支承情况下压杆的 μ 见表 9-1。

上式称为欧拉公式。

在两端支承各方向相同时,杆的弯曲必然发生在抗弯能力最小的平面内,所以,上式中惯性矩应为压杆横截面的最小惯性矩,如图 9-3(a)所示,受压柱会左右失稳,所以 I 用 I_y;对于杆端各方向支承情况不同时,如图 9-3(b)所示,左右稳定和前后稳定所对应的两端约束 μ、I 是不同的,应分别计算,然后取最小的 P_{cr} 作为压杆的临界荷载。

9.2.2 压杆的临界应力

将临界荷载除以压杆的横截面面积,即可求得压杆的临界应力,即

$$\sigma_{cr} = \frac{P_{cr}}{A} = \frac{\pi^2 EI}{(\mu l)^2 A}$$

表 9-1 各种支承情况下等截面细长杆的临界力公式

杆端支承情况	两端铰支	一端固定 一端自由	两端固定	一端固定 一端铰支
计算简图	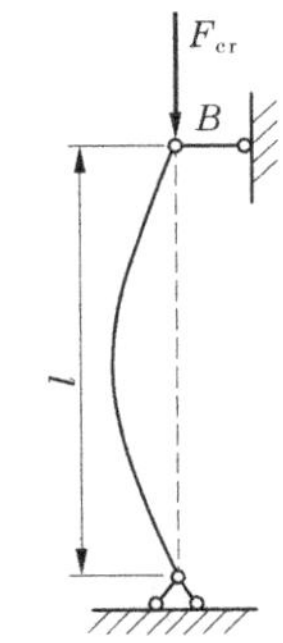	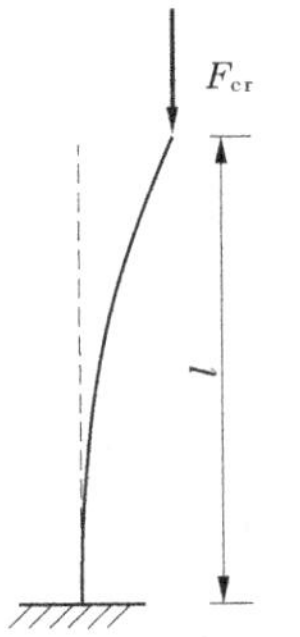	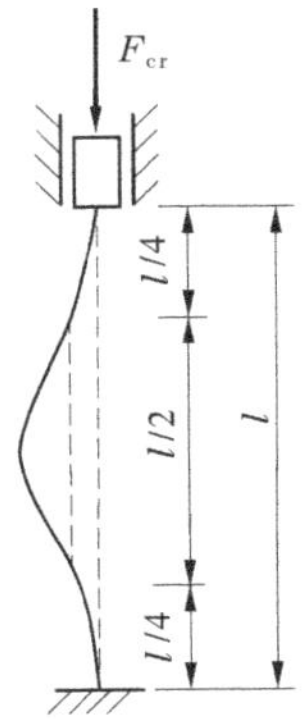	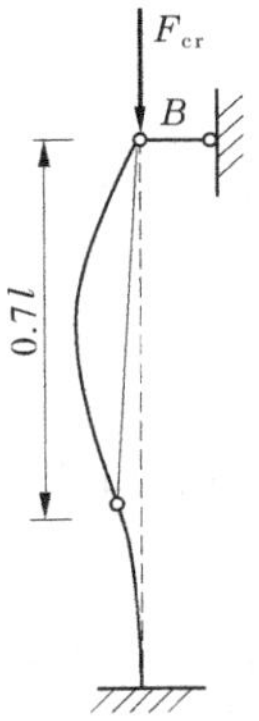
临界力	$F_{cr}=\dfrac{\pi^2 EI}{l^2}$	$F_{cr}=\dfrac{\pi^2 EI}{(2l)^2}$	$F_{cr}=\dfrac{\pi^2 EI}{(0.5l)^2}$	$F_{cr}=\dfrac{\pi^2 EI}{(0.7l)^2}$
计算长度	l	$2l$	$0.5l$	$0.7l$
长度系数 μ	1.0	2.0	0.5	0.7

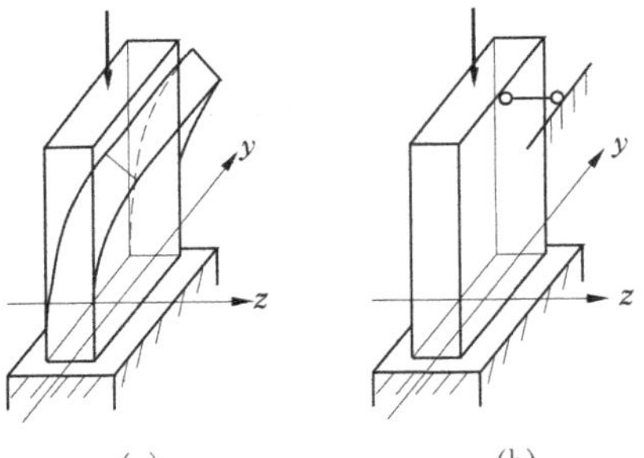

(a) (b)

图 9-3

将压杆截面对于中性轴的惯性半径 $i=\sqrt{\dfrac{I}{A}}$ 代入上式，得

$$\sigma_{cr}=\frac{\pi^2 E}{\left(\dfrac{\mu l}{i}\right)^2}=\frac{\pi^2 E}{\lambda^2} \tag{9-2}$$

其中

$$\lambda=\frac{\mu l}{i} \tag{9-3}$$

式(9-2)称为临界应力欧拉公式，上式中 λ 称为柔度或长细比，它是一个无量纲值。柔度综合考虑了压杆的长度、截面的形状与尺寸以及杆件的支承情况对临界应力的影响。式(9-3)表明，λ 值越大，压杆就越容易失稳。

9.2.3 欧拉公式的适用范围

欧拉公式的适用范围应该是临界应力不超过材料的比例极限 σ_p，即

$$\sigma_{cr} = \frac{\pi^2 E}{\lambda^2} \leqslant \sigma_p$$

应力等于比例极限 σ_p 时的柔度为 λ_p，即 $\sigma_p = \dfrac{\pi^2 E}{\lambda_p^2}$，可得

$$\frac{\pi^2 E}{\lambda^2} \leqslant \frac{\pi^2 E}{\lambda_p^2}$$

由此可得出以柔度表示的欧拉公式的适用范围为：

$$\lambda \geqslant \lambda_p \tag{9-4}$$

$\lambda \geqslant \lambda_p$ 的压杆称为大柔度杆或细长杆，其临界力或临界应力可用欧拉公式来计算。

当临界应力超过比例极限时，压杆的临界应力可采用经验公式计算，此内容参见相关参考书，这里不再详述。

【例 9-1】 某细长压杆长 $l = 1$ m，材料弹性模量 $E = 200$ GPa，横截面为矩形，$b \times h = 20$ mm $\times 30$ mm，当两端支承分别为(1)两端铰支，(2)一端固定，一端自由时，计算压杆最小刚度平面内的临界力。

解：压杆最小惯性矩 $I_{min} = \frac{1}{12}hb^3 = \frac{1}{12} \times 30 \times 20^3 = 2 \times 10^4 (\text{mm}^4)$

(1) 两端铰支时，$\mu = 1$

$$P_{cr} = \frac{\pi^2 EI}{(\mu l)^2} = \frac{3.14^2 \times 200 \times 10^9 \times 2 \times 10^{-8}}{(1 \times 1)^2} = 39\ 438(\text{N})$$

(2) 一端固定，一端自由时，$\mu = 2$

$$P_{cr} = \frac{\pi^2 EI}{(\mu l)^2} = \frac{3.14^2 \times 200 \times 10^9 \times 2 \times 10^{-8}}{(2 \times 1)^2} = 9\ 860(\text{N})$$

【例 9-2】 矩形截面木柱长 $l = 8$ m，截面积 $A = 12$ cm $\times 20$ cm，在最大刚度平面内弯曲时两端为铰支，如图 9-4(a)所示；在最小刚度平面内弯曲时，两端为固定支座，如图 9-4(b)所示。木材的弹性模量 $E = 1 \times 10^4$ MPa，柔度 $\lambda_p = 110$。试求木柱的临界荷载和临界应力。

解：由于两个刚度平面内的支座情况不同，需要分别计算两种情况下的临界荷载和临界应力。

(1) 计算最大刚度平面内的临界荷载和临界应力。

$$I_y = \frac{bh^3}{12} = \frac{120 \times 200^3}{12} = 8 \times 10^{-5}(\text{m}^4)$$

相应的惯性半径为

$$i_y = \sqrt{\frac{I_y}{A}} = \sqrt{\frac{8 \times 10^{-5}}{0.12 \times 0.2}} = 5.77 \times 10^{-2}(\text{m})$$

在此平面内柱的两端为铰支，$\mu = 1.0$，柔度为

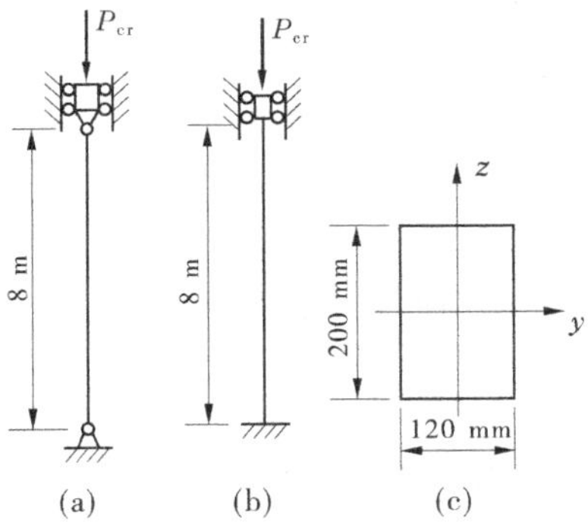

图 9-4

$$\lambda_y = \frac{\mu l}{i_y} = \frac{1.0 \times 8}{5.77 \times 10^{-2}} = 139 > 110$$

由此可见立柱为细长压柱,采用欧拉公式计算临界荷载和临界应力为

$$\sigma_{cr} = \frac{\pi^2 E}{\lambda_y^2} = \frac{3.14^2 \times 1 \times 10^4}{139^2} = 5.1(\text{MPa})$$

临界力为 $P_{cr} = \sigma_{cr} \times A = 5.1 \times 10^6 \times 0.12 \times 0.2 = 122(\text{kN})$

(2)计算最小刚度平面内的临界荷载和临界应力。

$$I_z = \frac{hb^3}{12} = \frac{200 \times 120^3}{12} = 28.8 \times 10^{-6}(\text{m}^4)$$

相应惯性半径为 $i_z = \sqrt{\frac{I_z}{A}} = \sqrt{\frac{28.8 \times 10^{-6}}{0.12 \times 0.20}} = 3.46 \times 10^{-2}(\text{m})$

最小刚度平面内柱的两端为固定支座,$\mu = 0.5$,柔度为

$$\lambda_z = \frac{\mu l}{i_z} = \frac{0.5 \times 8}{3.46 \times 10^{-2}} = 116 > 110$$

采用欧拉公式计算临界荷载和临界应力为

$$\sigma_{cr} = \frac{\pi^2 E}{\lambda_z^2} = \frac{3.14^2 \times 1 \times 10^4}{116^2} = 7.33(\text{MPa})$$

$$P_{cr} = \sigma_{cr} \times A = 7.33 \times 10^6 \times 0.12 \times 0.20 = 176(\text{kN})$$

(3)讨论。由上例可以看出,第一种情况的临界力较小,此杆失稳时将在最大刚度平面内弯曲,这是由于两种情况杆端支承方式、I 不同所致;若杆件在两刚度平面内的支承情况相同,则杆失稳时将在最小刚度平面内弯曲;计算中若出现 $\lambda < \lambda_p$ 的情况时,说明杆为中柔度杆,此时不能应用欧拉公式计算临界应力,而应采用经验公式计算临界应力。

9.3 压杆稳定的实用计算

9.3.1 压杆的稳定计算

9.3.1.1 压杆的稳定条件

为了保证压杆具有足够的稳定性,应使作用在杆上的压力 F 不超过压杆的临界力

F_{cr}，而且还必须考虑有一定的安全储备，所以压杆的稳定条件为

$$F \leqslant \frac{F_{cr}}{K_{cr}} \tag{9-5}$$

式中 F——压杆工作荷载；

K_{cr}——稳定安全系数。

将式(9-5)两边除以压杆横截面面积 A，整理得出以应力形式表达的压杆稳定条件为

$$\sigma = \frac{F}{A} \leqslant \varphi[\sigma] \tag{9-6}$$

式中，φ 为折减系数，其值小于1，随柔度 λ 而变化，见表9-2。

用上式进行稳定计算的方法称为压杆稳定的实用计算方法，又称为折减系数法。

表9-2 折减系数表

柔度 λ	折减系数 φ		柔度 λ	折减系数 φ	
	Q235 钢	木材		Q235 钢	木材
0	1.000	1.000	110	0.536	0.248
10	0.995	0.971	120	0.466	0.209
20	0.981	0.932	130	0.401	0.178
30	0.958	0.883	140	0.349	0.153
40	0.927	0.822	150	0.304	0.133
50	0.888	0.751	160	0.272	0.117
60	0.842	0.448	170	0.243	0.104
70	0.789	0.575	180	0.218	0.093
80	0.731	0.470	190	0.197	0.083
90	0.669	0.370	200	0.180	0.075
100	0.604	0.300			

9.3.1.2 压杆的稳定计算

与强度计算类似，应用稳定条件可解决下列常见的三类基本稳定计算问题：

(1)稳定校核。若已知压杆的长度、支承情况、材料、截面以及荷载，则可以校核压杆的稳定性，可按式(9-6)校核。

(2)确定许可荷载。即当压杆的几何尺寸、所用材料及压杆两端的支承情况已知时，按稳定条件计算 F 值

$$F \leqslant A\varphi[\sigma]$$

此时，需首先算出柔度 λ，再依 λ 值查出 φ。

(3)选择截面。即当压杆的长度、所用材料、两端支承情况及轴向压力 F 已知时，依选择的截面形状，按稳定条件确定压杆的截面尺寸。确定截面的尺寸需采用“试算法”。因为在稳定条件下，要计算截面面积 A，需要知道 φ，但在杆的截面尺寸未确定之前，无法确定杆的柔度 λ，因而就无法确定 φ 值，所以只能采用试算的办法，此法参阅相关资料，此处不再详述。

【例 9-3】 木柱高 6 m，截面为圆形，直径 $d=20$ cm，两端铰接。承受轴向压力，$F=50$ kN，木材的许用应力$[\sigma]=10$ MPa，试校核其稳定性。

解：截面的惯性半径

$$i=\sqrt{\frac{I}{A}}=\frac{d}{4}=\frac{20}{4}=5(\text{cm})$$

两端铰接时的长度系数 $\mu=1$，所以

$$\lambda=\frac{\mu l}{i}=\frac{1\times 6\times 10^2}{5}=120$$

由表 9-2 查得

$$\varphi=0.209$$

$$\sigma=\frac{F}{A}=\frac{50\times 10^3}{\frac{\pi(20\times 10^{-2})^2}{4}}=1.59\times 10^6(\text{N/m}^2)=1.59\ \text{MPa}$$

$$\varphi[\sigma]=0.209\times 10=2.09(\text{MPa})$$

因为 $\sigma<\varphi[\sigma]$，所以木柱安全。

【例 9-4】 如图 9-5(a)所示的结构是由两根直径相同的圆杆组成，杆的材料为 Q235 钢，已知 $h=0.4$ m，直径 $d=20$ mm，荷载 $F=15$ kN，钢材的容许应力$[\sigma]=140$ MPa，试校核二杆的稳定性。

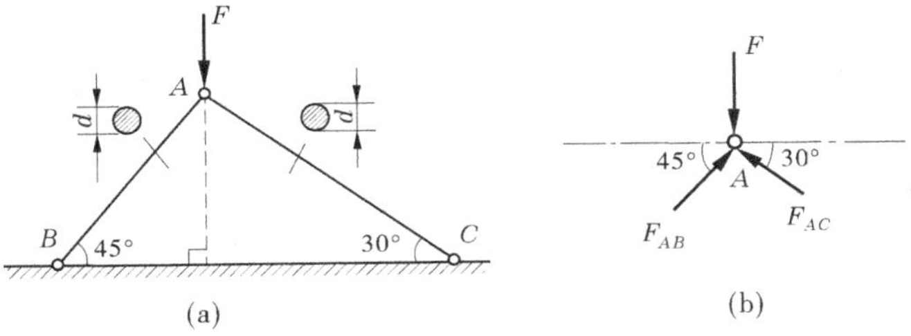

图 9-5

解：校核二杆的稳定性，需首先算出每个杆所承受的压力，由受力分析图 9-5(b)可列出节点 A 的平衡条件

$$\sum X=0:\quad F_{AB}\cos 45°-F_{AC}\cos 30°=0$$

$$\sum Y=0:\quad F_{AB}\sin 45°+F_{AC}\sin 30°-F=0$$

解得二杆承受的压力分别为

$$F_{AB}=0.896F$$
$$F_{AC}=0.732F$$

二杆的长度分别为

$$l_{AB}=0.566\ \text{m},\ l_{AC}=0.8\ \text{m}$$

二杆的柔度分别为

AB 杆
$$\lambda_1=\frac{\mu l_{AB}}{i}=\frac{\mu l_{AB}}{\frac{d}{4}}=\frac{1\times 0.566}{\frac{0.02}{4}}=113$$

AC 杆
$$\lambda_2=\frac{\mu l_{AC}}{i}=\frac{\mu l_{AC}}{\frac{d}{4}}=\frac{1\times 0.8}{\frac{0.02}{4}}=160$$

根据 $\lambda_1=113$、$\lambda_2=140$，可用插入法，由表 9-2 查得折减系数 $\varphi_1=0.515$、$\varphi_2=0.272$。

按稳定条件 $F/A\varphi\leqslant[\sigma]$，分别校核二杆

AB 杆
$$\frac{F_{AB}}{A\varphi_1}=\frac{0.896F}{A\varphi_1}=\frac{0.896\times 15\times 10^3}{\frac{1}{4}\pi\times 0.02^2\times 0.515}=83\times 10^6(\text{Pa})=83\ \text{MPa}<[\sigma]$$

AC 杆
$$\frac{F_{AC}}{A\varphi_2}=\frac{0.732F}{A\varphi_2}=\frac{0.732\times 15\times 10^3}{\frac{1}{4}\pi\times 0.02^2\times 0.272}=128\times 10^6(\text{Pa})=128\ \text{MPa}<[\sigma]$$

因此，二杆均满足稳定条件。

9.3.2 提高压杆稳定性的措施

要提高压杆的稳定性，使压杆能够承受更大的荷载而不失稳，关键在于提高压杆的临界力或临界应力。可采取以下措施来提高压杆的稳定性。

9.3.2.1 合理地选用材料

对于大柔度杆，临界应力 $\sigma_{cr}=\frac{\pi^2 E}{\lambda^2}$，与材料的弹性模量 E 成正比。E 值较大的材料能够增大其临界力，也就能提高其稳定性。由于各种钢材的 E 值大致相同，所以对细长钢压杆不宜选用高强度钢材，选用普通钢材制作，既经济又合理。对于中、小柔度压杆，临界应力与材料强度有关，采用高强度的材料能提高其承载力，即能提高其稳定性。

9.3.2.2 减小压杆的柔度

由压杆的临界应力总图得知，压杆的柔度 λ 越小，其临界应力越大，压杆的稳定性越好。减小柔度，可采取如下措施。

1. 加强杆端约束

杆端约束越强，μ 值就越小，λ 也就越小。例如，将两端铰接的压杆改为两端固定，临界应力将变为原来的 4 倍。

2. 减小杆的长度

在其他条件相同的情况下，杆长越短，λ 越小，临界应力也越高，在条件允许时，应尽量减小压杆的长度，提高压杆的稳定性。在工程中，通常采用增设中间支撑的方法，减小计算长度，柔度也相应减小，临界应力增大。支撑公路桥梁的多层刚架，其每层间的横梁就相当于在每个立柱中间增加了支座，从而提高了立柱的稳定性。但增设支承也提高了工程造价，设计时应综合考虑。

3. 选择合理截面

压杆的截面形状对临界力或临界应力影响很大，因为压杆的临界应力 $\sigma_{cr}=\frac{\pi^2 E}{\lambda^2}$，$\lambda=\frac{\mu l}{i}$、$i=\sqrt{\frac{I}{A}}$，杆件的柔度将因为 I 的不同而有很大差别。若选择合理的截面形状，可以在

不增加截面面积的情况下，尽量增大截面的惯性矩 I，从而增大惯性半径，减小杆的柔度，提高压杆的稳定性。例如，在截面积相同时，把实心截面做成空心截面，会提高稳定性。如图 9-6(a) 和图 9-6(b) 所示，其截面面积相同，但图 9-6(a) 比图 9-6(b) 稳定性好；同理，图 9-7(a) 比图 9-7(b) 好。

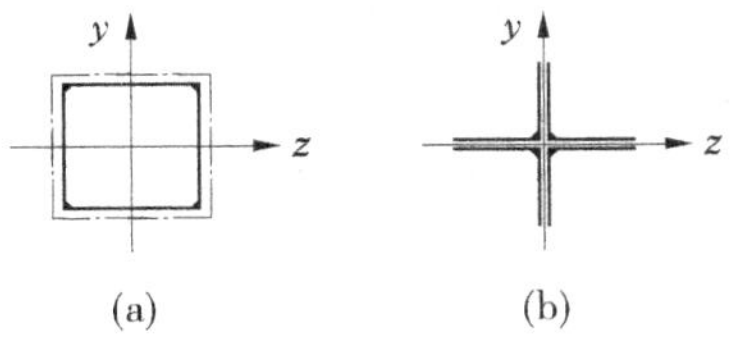

图 9-6

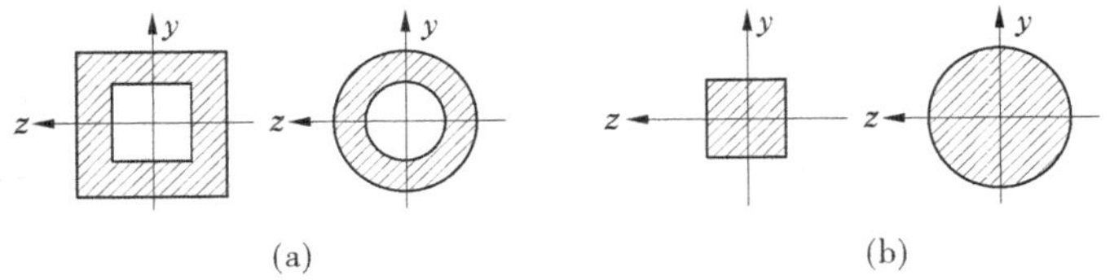

图 9-7

在两个纵向平面内杆端支承情况都相同时，压杆总是在最小刚度平面内失稳，为了充分发挥压杆稳定性的潜力，使它在两个平面内的稳定性相同，应采用对称的截面形状如圆形、正方形截面，因为截面对各形心主轴的惯性矩相等，即 $I_y = I_z$。如果压杆在两个弯曲平面内的约束条件不同，即可采用 $I_y \neq I_z$ 的截面与相应的约束条件配合，使压杆在两个方向抵抗失稳的能力大致相同。如图 9-8(a) 优于图 9-8(b)。

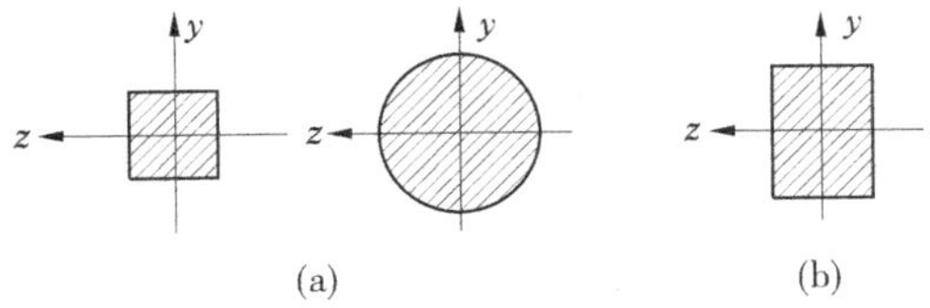

图 9-8

习 题

一、思考题

1. 欧拉公式的适用条件是什么？
2. 压杆两端的支承情况对临界力有何影响？
3. 何谓临界力？何谓临界应力？
4. 何谓压杆的柔度？其物理意义如何？
5. 试说明按稳定条件对压杆进行稳定计算的步骤。
6. 在对压杆进行稳定计算时，怎样判别压杆在哪个平面内失稳？

7. 提高压杆的稳定性有哪些措施?

二、计算题

1. 如图 9-9 所示,压杆为下端固定,上端自由。材料为 Q235 钢,弹性模量 $E=200$ GPa,已知:$l=2.5$ m,$b=100$ mm,$h=200$ mm。试求该压杆的临界力。

2. 材料为 Q235 钢的活塞杆,两端均为球铰的圆截面杆,直径为 d,受力如图 9-10 所示。已知:$F=150$ kN,$l=1.6$ m,$d=60$ mm,许用应力$[\sigma]=160$ MPa。试校核该杆的稳定性。

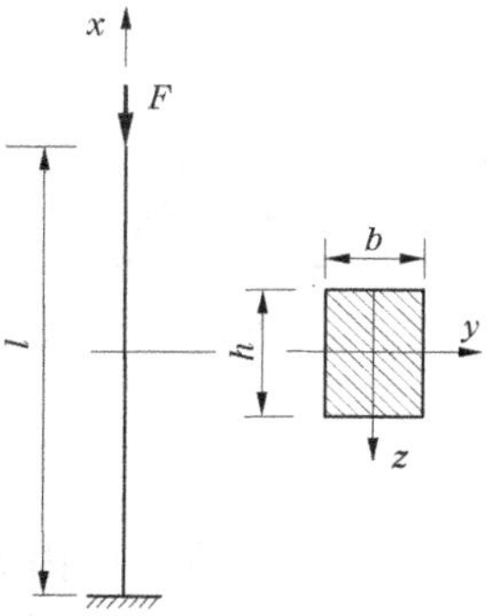

图 9-9 计算题 1

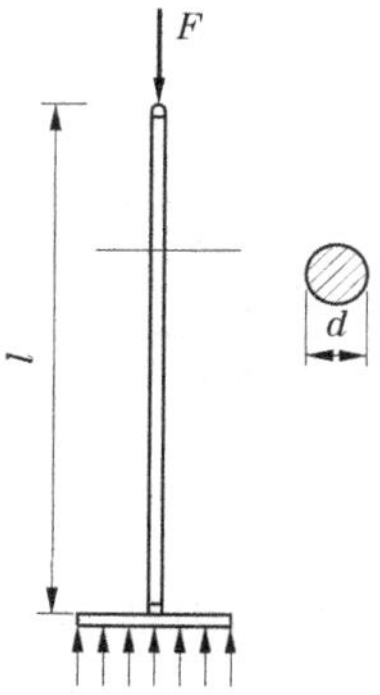

图 9-10 计算题 2

3. 试求图 9-11 所示中心受压柱的许可荷载$[F]$,已知柱的上端为铰支,下端固定,外径 $D=20$ cm,内径 $d=10$ cm,柱长 $l=9$ m,材料为 Q235 钢,许用应力$[\sigma]=160$ MPa。

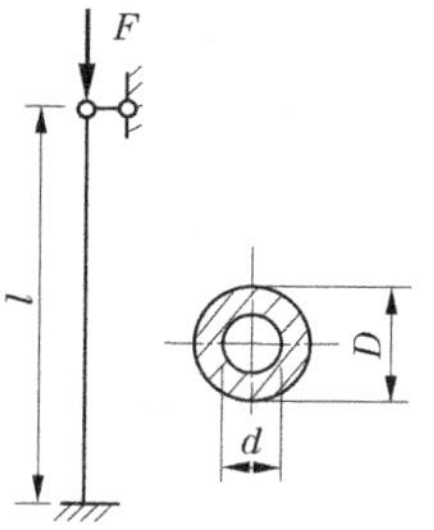

图 9-11 计算题 3

10 建筑结构设计原理简介

【学习目标】 通过本章的学习，了解概率极限状态设计方法的基本思路；熟悉结构设计的基本要求；掌握两种极限状态的设计表达式，并能进行相应的作用效应的计算。

10.1 结构设计的基本概念

10.1.1 结构的功能要求

任何建筑结构都是为了满足某些预定功能而设计的，结构设计的目的是使得所设计的结构能满足各种预定的功能要求，包括三个方面。

10.1.1.1 安全性

建筑结构在正常施工和正常使用时应能承受可能出现的各种荷载、外加变形、约束变形的作用，以及在偶然事件（如地震等）发生时以及发生后能保持结构必需的整体稳定性，不发生倒塌。

10.1.1.2 适用性

建筑结构在正常使用时，应能满足预定的使用要求，如不发生影响正常使用的变形和裂缝宽度。

10.1.1.3 耐久性

建筑结构在正常维护下，材料性能虽随时间变化，但仍能满足预定的功能要求。如不发生由于保护层碳化或裂缝宽度开展过大导致钢筋的锈蚀，混凝土不发生严重风化、老化、腐蚀而影响结构的使用寿命。

结构在规定的时间内，在规定的条件下（正常设计、正常施工、正常使用和正常维护），完成预定功能的能力称为结构的可靠性。

按国家标准《建筑结构可靠度设计统一标准》（GB 50068—2001）中的规定，分析结构可靠性采取统一的时间参数即设计基准期 T 为 50 年。设计基准期与结构的寿命并不等同。因为当使用年限达到或超过设计基准期后并不意味着结构就要报废，不能再使用了，而只是指它的可靠性在逐渐降低。

10.1.2 作用、作用效应与结构的抗力

10.1.2.1 作用

作用即广义荷载，它包括恒载、活载、风载、雪载、积灰荷载等，还包括地震、地基沉降、混凝土收缩、温度变化等。

《建筑结构荷载规范》(GB 50009—2012)中将荷载分为 3 类。

1. 永久荷载(恒载)

永久荷载是指在设计基准期内其值不随时间变化,或其变化与其平均值相比可以忽略不计的荷载,如材料自重、土压力等。

2. 可变荷载(活载)

可变荷载是指在设计基准期内其值随时间变化的荷载,如楼面(屋面)活荷载、风载、雪载、积灰荷载、吊车荷载等。

3. 偶然荷载

偶然荷载是指在设计基准期内不一定出现,但一旦出现其值很大且持续时间较短的荷载,如地震、爆炸、撞击等。

永久作用及可变作用的确定可参照《建筑结构荷载规范》(GB 50009—2012)来进行。

偶然作用的确定可参考相关标准、规范,如地震作用的确定可参照《建筑抗震设计规范》(GB 50011—2010)。

为了便于学习,摘录《建筑结构荷载规范》(GB 50009—2012)中给出的民用建筑楼面均布可变荷载和屋面活荷载,见表 10-1、表 10-2。

表 10-1　民用建筑楼面均布活载标准值及其组合值、频遇值、准永久值系数

项次	类别	标准值(kN/m^2)	组合值系数(ψ_c)	频遇值系数(ψ_f)	准永久值系数(ψ_q)
1	(1)住宅、宿舍、旅馆、办公楼、医院病房、托儿所、幼儿园	2.0	0.7	0.5	0.4
	(2)教室、试验室、阅览室、会议室、医院门诊室			0.6	0.5
2	食堂、餐厅、一般资料档案室	2.5	0.7	0.6	0.5
3	(1)礼堂、剧场、影院、有固定座位的看台	3.0	0.7	0.5	0.3
	(2)公共洗衣房	3.0	0.7	0.6	0.5
4	(1)商店、展览厅、车站、港口、机场大厅及其旅客等候室	3.5	0.7	0.6	0.5
	(2)无固定座位的看台	3.5	0.7	0.5	0.3
5	(1)健身房、演出舞台	4.0	0.7	0.6	0.5
	(2)舞厅	4.0	0.7	0.6	0.3
6	(1)书库、档案库、贮藏室	5.0	0.9	0.9	0.8
	(2)密集柜书库	12.0			

续表 10-1

项次	类别	标准值（kN/m^2）	组合值系数（ψ_c）	频遇值系数（ψ_f）	准永久值系数（ψ_q）
7	通风机房、电梯机房	7.0	0.9	0.9	0.8
8	汽车通道及停车库： （1）单向板楼盖（板跨不小于 2 m） 客车 消防车 （2）双向板楼盖和无梁楼盖（柱网尺寸不小于 6 m×6 m） 客车 消防车	 4.0 35.0 2.5 20.0	 0.7 0.7 0.7 0.7	 0.7 0.7 0.7 0.7	 0.6 0.6 0.6 0.6
9	厨房（1）一般的 （2）餐厅的	2.0 4.0	0.7 0.7	0.6 0.7	0.5 0.7
10	浴室、厕所、盥洗室： （1）第 1 项中的民用建筑 （2）其他民用建筑	 2.0 2.5	 0.7 0.7	 0.5 0.6	 0.4 0.5
11	走廊、门厅、楼梯： （1）宿舍、旅馆、医院病房、托儿所、幼儿园、住宅 （2）办公楼、教室、餐厅，医院门诊部 （3）消防疏散楼梯，其他民用建筑	 2.0 2.5 3.5	 0.7 0.7 0.7	 0.5 0.6 0.5	 0.4 0.5 0.3
12	阳台： （1）一般情况 （2）当人群有可能密集时	 2.5 3.5	0.7	0.6	0.5

注：1. 本表所给各项活荷载适用于一般使用条件，当使用荷载较大或情况特殊时，应按实际情况采用。

2. 第 6 项书库活荷载当书架高度大于 2 m 时，书库活荷载尚应按每米书架高度不小于 2.5 kN/m^2 确定。

3. 第 8 项中的客车活荷载只适用于停放载人少于 9 人的客车；消防车活荷载是适用于满载总重为 300 kN 的大型车辆；当不符合本表的要求时，应将车轮的局部荷载按结构效应的等效原则，换算为等效均布荷载。

4. 第 11 项楼梯活荷载，对预制楼梯踏步平板，尚应按 1.5 kN 集中荷载验算。

5. 本表各项荷载不包括隔墙自重和二次装修荷载。对固定隔墙的自重应按恒荷载考虑，当隔墙位置可灵活自由布置时，非固定隔墙的自重应取每延米长墙重（kN/m）的 1/3 作为楼面活荷载的附加值（kN/m^2）计入，附加值不小于 1.0 kN/m^2。

表 10-2 屋面均布荷载

项次	类别	标准值(kN/m^2)	组合值系数(ψ_c)	频遇值系数(ψ_f)	准永久值系数(ψ_q)
1	不上人的屋面	0.5	0.7	0.5	0
2	上人的屋面	2.0	0.7	0.5	0.4
3	屋顶花园	3.0	0.7	0.6	0.5

注:1. 不上人的屋面,当施工或维修荷载较大时,应按实际情况采用;对不同结构应按有关设计规范的规定,将标准值作 0.2 kN/m^2 的增减。
2. 上人的屋面,当兼作其他用途时,应按相应楼面活荷载采用。
3. 对于因屋面排水不畅、堵塞等引起的积水荷载,应采取构造措施加以防止;必要时,应按积水的可能深度确定屋面活荷载。
4. 屋顶花园活荷载不包括花圃土石等材料自重。

显然,荷载是一种随机变量,现行《建筑结构荷载规范》(GB 50009—2012)鉴于荷载的复杂性,采用了适当的概率统计模型,并考虑以往的设计经验,综合确定了荷载取值标准。

10.1.2.2 作用效应 S

作用效应即作用引起结构所产生的内力和变形,如弯矩、剪力、扭矩、轴力、挠度、转角、裂缝、振动等,作用效应用 S 表示。

因为引起作用效应的荷载是随机量,故作用效应也是随机量。

10.1.2.3 结构抗力 R

结构抗力是指结构或构件承受作用效应的能力,如承载能力、抗裂能力、刚度等,结构抗力用 R 表示。

影响抗力 R 的主要因素有材料性能的不定性,构件几何参数的不定性,计算模式的不定性等,故抗力也是随机变量。

10.2 概率极限状态设计法

规范要求,建筑结构的设计采用概率极限状态设计法。

10.2.1 结构功能的极限状态

整个结构或结构的一部分超过某一特定状态就不能满足设计规定的某一功能要求,此特定状态为该功能的极限状态。

结构的极限状态分为两类,一类为承载能力极限状态,一类为正常使用极限状态。

10.2.1.1 承载能力极限状态

承载能力极限状态对应于结构或构件达到了最大承载力或者达到不适于继续承载的变形。结构或构件出现了下列状况之一时,即认为超过了承载能力极限状态。

(1)结构构件或连接因超过材料强度而发生破坏,或因过度的塑性变形而不适于继续承载。

(2)结构转变为机动体系。

(3)结构或结构的一部分作为刚体失去平衡。

(4)结构或构件丧失稳定(如压屈等)。

(5)地基丧失承载力而破坏(如失稳等)。

由于一旦超过承载能力极限状态,可能会造成结构的整体倒塌或严重损坏,造成人身伤亡或重大经济损失,故应把出现或超过这种极限状态的可能性控制到最小。

10.2.1.2 正常使用极限状态

正常使用极限状态对应于结构或构件达到了正常使用或耐久性能的某项规定限值。当结构或构件出现了下列状态之一时,即认为超过了正常使用极限状态:

(1)影响正常使用或外观过大变形。

(2)影响适用性或耐久性的局部损坏(包括裂缝)。

(3)影响正常使用的振动。

超过正常使用极限状态时,虽然会损坏结构或构件的使用功能或耐久性,但通常不会造成人员伤亡和重大经济损失,因此与承载能力极限状态相比,设计时可以把出现或超过正常使用极限状态的可能性控制得宽松一些。

10.2.2 极限状态设计实用表达式

以概率理论为基础的极限状态设计方法,简称为概率极限状态设计法,它以结构的失效概率或可靠指标来度量结构的可靠度。

10.2.2.1 结构的功能函数

为研究方便,设 $Z=R-S$,显而易知:

当 $Z=R-S>0$ 时,表示结构处于安全可靠状态;

当 $Z=R-S=0$ 时,表示结构处于极限状态;

当 $Z=R-S<0$ 时,表示结构处于失效不可靠状态。

其中 Z 称为结构的功能函数。

由于 R、S 均为随机变量,故函数 Z 也为随机量。

10.2.2.2 结构的可靠度与可靠度指标

要定量描述随机量最合适的数学工具即概率。《建筑结构可靠度设计统一标准》(GB 50068—2008)规定,结构在规定的时间内,在规定的条件下,完成预定功能($Z\geqslant 0$)的概率,称为结构的可靠概率(p_s);相对地,结构不能完成预定功能($Z<0$)的概率称为失效概率(p_f)。可靠指标 β 是度量结构可靠性的一种量化指标,它与失效概率 p_f 数值上一一对应。p_f 越小,β 越高,结构的可靠性越高;反之,p_f 越大,β 越小,结构的可靠性越低。结构设计的目的是用最经济的方法设计出可靠性足够高的结构。可靠性过高,则偏于不经济;可靠性过低,则偏于不安全。因此,可靠指标的选择实际上就是要在结构的安全和经济之间寻求一个合理的平衡点。《建筑结构可靠度设计统一标准》(GB 50068—2008)中给出了一个目标可靠指标[β]作为设计依据的可靠指标,即要求

$$\beta \geqslant [\beta] \tag{10-1}$$

目标可靠指标[β],与结构的安全级别有关,结构安全级别要求愈高,目标可靠指标

就应愈大。目标可靠指标还与构件的破坏性质有关，脆性破坏后果要严重许多，则脆性破坏的目标可靠指标应高于延性破坏。具体取值可参见相关规范。

10.2.2.3　极限状态设计实用表达式

为了既能保证结构的可靠性，又便于工程设计人员计算和掌握，《建筑结构设计统一指标》给出了以概率极限状态设计方法为基础的实用设计表达式。

1. 承载能力极限状态设计表达式

《混凝土结构设计规范》(GB 50010—2010)规定：结构构件应采用下列承载能力极限状态设计表达式：

$$\gamma_0 S \leqslant R \tag{10-2}$$

式中　γ_0——结构重要性系数，在持久设计状况和短暂设计状况下，对安全等级为一级的结构构件不应小于1.1，对安全等级为二级的结构构件不应小于1.0，对安全等级为三级的结构构件不应小于0.9，对地震设计状况下不应小于1.0；

S——承载能力极限状态下作用组合的效应设计值，对持久设计状况和短暂设计状况按作用的基本组合计算。

1)结构抗力 R 的计算

结构抗力主要与使用的材料、构件的几何尺寸等因素有关，其一般表达式为 $R=R(f_c, f_s, a_k, \cdots)$，结构抗力 R 的具体计算方法将在课程的后续章节做详细介绍。

2)作用效应 S 的计算

《混凝土结构设计规范》(GB 50010—2010)规定，对于承载能力极限状态，S 应从下列组合中取其最不利值。

①由可变荷载效应控制的组合。

$$S = \gamma_G S_{Gk} + \gamma_{Q1} S_{Q1k} + \sum_{i=1}^{n} \gamma_{Qi} \psi_{ci} S_{Qik} \tag{10-3}$$

②由永久荷载效应控制的组合。

$$S = \gamma_G S_{Gk} + \sum_{i=1}^{n} \gamma_{Qi} \psi_{ci} S_{Qik} \tag{10-4}$$

对于一般排架、框架结构，可用下列简化的极限状态设计表达式。

$$S = \gamma_G S_{Gk} + \psi \sum_{i=1}^{n} \gamma_{Qi} S_{Qik} \tag{10-5}$$

式中　γ_G——永久荷载分项系数，当永久荷载效应对结构构件的承载能力不利时，对式(10-3)和式(10-5)取1.2，对式(10-4)取1.35，当永久荷载效应对结构构件的承载力有利时，取值不应大于1.0；

γ_{Q1}, γ_{Qi}——第一个和第 i 个可变荷载分项系数，当可变荷载效应对结构构件的承载能力不利时一般取为1.4，对于标准值大于4 kN/m^2 的工业房屋楼面活荷载取1.3；

S_{Gk}——按永久荷载标准值计算的作用效应；

S_{Q1k}——在基本组合中起控制作用的可变荷载标准值计算的作用效应；

S_{Qik}——第 i 个可变荷载标准值计算的作用效应；

ψ_{ci}——第 i 个可变荷载的组合值系数，按《建筑结构荷载规范》(GB 50009—2012)的规定采用，一般为 0.7，见表 10-1 和表 10-2；

ψ——简化设计表达式中的可变荷载组合系数，一般情况取 0.90，当只有一个可变荷载时，取 1.0。

2. 正常使用极限状态设计表达式

正常使用极限状态主要是验算结构的裂缝开展宽度和构件的变形，以满足适用性和耐久性的要求。正常使用极限状态使用荷载的标准值和材料强度的标准值进行验算。其一般表达式为

$$S \leqslant C \tag{10-6}$$

式中 S——正常使用极限状态的荷载组合效应值；

C——结构构件达到正常使用要求所规定的变形、应力、裂缝宽度等的限值。

按《混凝土结构设计规范》(GB 50010—2010)规定，对于正常使用极限状态，普通钢筋混凝土构件应按荷载的准永久组合并考虑长期作用的影响进行验算，故式(10-6)中 S 的表达式为

$$S = S_{Gk} + \sum \psi_{qi} S_{Qik} \tag{10-7}$$

式中 ψ_{qi}——第 i 个可变荷载的准永久值系数，详见《建筑结构荷载规范》(GB 50009—2012)。

预应力构件需按照标准组合进行验算，故式(10-6)中 S 的表达式为：

$$S = S_{Gk} + S_{Q1k} + \sum_{i=2}^{n} \psi_{ci} S_{Qik} \tag{10-8}$$

10.3 结构耐久性规定

10.3.1 耐久性概念

材料的耐久性是指它暴露在使用环境下，抵抗各种物理和化学作用的能力。试验研究表明，混凝土的强度随时间而增长，初期增长较快，以后逐渐减弱。但是，由于混凝土表面暴露在大气中，特别是在恶劣的环境中时，长期受到有害物质的侵蚀，以及外界温、湿度等不良气候环境往复循环的影响，使混凝土随使用时间的增长而使质量劣化，钢筋发生锈蚀，致使结构物承载能力降低。因此，建筑物在承载能力设计的同时，应根据其所处环境、重要性程度和设计使用年限的不同，进行必要的耐久性设计，这是保证结构安全、延长使用年限的重要条件。

10.3.2 耐久性设计的内容

《混凝土结构设计规范》(GB 50010—2010)中规定，混凝土结构的耐久性设计应包括下列内容。

10.3.2.1 确定结构所处的环境类别

环境类别应按表 10-3 的要求划分。

表 10-3　混凝土结构的环境类别

环境类别	条件
一	室内干燥环境； 无侵蚀性静水浸没环境
二 a	室内潮湿环境；非严寒和非寒冷地区的露天环境；非严寒和非寒冷地区与无侵蚀性的水或土壤直接接触的环境；严寒和寒冷地区的冰冻线以下与无侵蚀性的水或土壤直接接触的环境
二 b	干湿交替环境；水位频繁变动环境；严寒和寒冷地区的露天环境；严寒和寒冷地区的冰冻线以上与无侵蚀性的水或土壤直接接触的环境
三 a	严寒和寒冷地区冬季水位变动的环境；受除冰盐影响环境；海风环境
三 b	盐渍土环境；受除冰盐作用的环境；海岸环境
四	海水环境
五	受人为或自然的侵蚀性物质影响的环境

10.3.2.2　**提出对混凝土材料耐久性的基本要求**

设计使用年限为 50 年的混凝土结构，其混凝土材料宜符合表 10-4 的规定。

表 10-4　结构混凝土耐久性的基本要求

环境类别		最大水灰比	最小水泥用量（kg/m^3）	最低混凝土强度等级	最大氯离子含量（%）	最大碱含量（kg/m^3）
一		0.65	225	C20	1.0	不限制
二	a	0.65	250	C25	0.3	3.0
二	b	0.55	275	C30	0.2	3.0
三		0.50	300	C30	0.1	3.0

注：1. 氯离子含量系指其占水泥用量的百分率。
2. 预应力构件混凝土中的最大氯离子含量为 0.06%，最小水泥用量为 300 kg/m^3；最低混凝土强度等级应按表中规定提高两个等级。
3. 素混凝土构件的最小水泥用量不应少于表中数值减 25 kg/m^3。
4. 当混凝土中加入活性掺合料或能提高耐久性的外加剂时，可适当降低最小水泥用量。
5. 当有可靠工程经验时，处于一类和二类环境中的最低混凝土强度等级可降低一个等级。
6. 当使用非碱活性骨料时，对混凝土中的碱含量可不作限制。

10.3.2.3　**确定构件中钢筋的混凝土保护层厚度**

钢筋混凝土保护层最小厚度与构件所处的环境类别、构件类型及混凝土等级等因素有关，详见表 3-4。

10.3.2.4　**不同环境条件下的耐久性技术措施**

详见《混凝土结构设计规范》（GB 50010—2010）条文 3.5.4。

10.3.2.5　**提出结构试用阶段的检测与维护要求**

详见《混凝土结构设计规范》（GB 50010—2010）条文 3.5.8。

习 题

1. 混凝土的强度等级是如何划分的?
2. 混凝土等级为 C25,其中的“25”代表什么意思?
3. 什么是材料的耐久性?
4. 规范中推荐在普通混凝土结构中使用的热轧钢筋有哪些?
5. 结构设计时分为哪两种极限状态?
6. 材料强度设计值与标准值之间有何关系?
7. 荷载的设计值与标准值之间有何关系?
8. 影响抗力 R 的主要因素有哪些?
9. 结构有哪些功能要求?
10. 何谓结构的可靠性与可靠度?

11 钢筋混凝土结构与钢结构材料

【学习目标】 通过本章学习，熟悉材料的性能、强度和分类；熟悉钢筋的锚固长度和搭接长度的构造要求；熟悉材料的选用原则。

11.1 钢 筋

11.1.1 钢筋的品种和等级

混凝土结构中使用的钢筋按化学成分可分有碳素钢和普通低合金钢两类。根据含碳量的不同，碳素钢又可分为：低碳钢（含碳量小于 0.22%）、中碳钢（含碳量为 0.22% ~ 0.40%）和高碳钢（含碳量为 0.40% ~1.40%）。随着含碳量的增加，钢材的强度和硬度提高，而塑性、韧性和可焊性降低。硅、锰元素可以提高钢材的强度和保持一定的塑性，硫、磷是钢中的有害元素，其含量的增加会降低钢材的变形性能和可焊性。碳素钢中加入少量的合金元素，如锰、硅、钛、钒等，可有效地提高钢材的强度，改善其塑性和可焊性。

混凝土结构中使用的钢筋按生产加工工艺的不同，分为热轧钢筋、热处理钢筋、钢丝。热轧钢筋由冶金厂直接热轧制成，如 HB300、HRB335、HRB400、HRB500 等。热处理钢筋是由特定强度的热轧钢筋，通过加热后的正火、淬火和回火等调质工艺处理制成的，使钢筋强度得到较大幅度的提高，但塑性有所降低，可焊性、机械连接性能均稍差。热处理钢筋及钢丝强度都比较高，一般用于预应力混凝土结构中。

钢筋按其外形的不同，分为光圆钢筋和带肋钢筋。为了增加钢筋与混凝土之间的黏结力，对于强度较高的钢筋，表面均做成带肋的变形钢筋。带肋钢筋的外形有月牙纹、人字纹、螺纹。钢筋的表面形式见图 11-1。

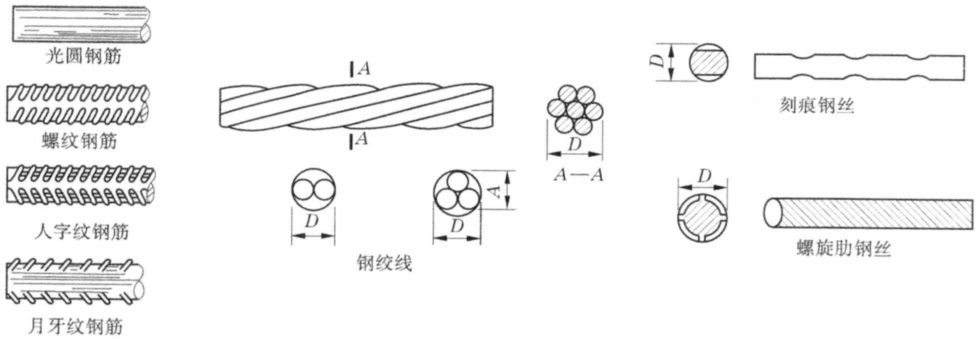

图 11-1 钢筋的表面形式

钢筋按力学性能的不同，分为有明显屈服点的钢筋（软钢）和无明显屈服点的钢筋（硬钢）。前者包括热轧钢筋和冷轧钢筋，后者包括钢丝、钢绞线和热处理钢筋。

按照我国《混凝土结构设计规范》（GB 50010—2010）的规定，在钢筋混凝土结构中所用的国产普通钢筋有以下四种级别：

（1）HPB300：符号Φ，即热轧光面钢筋（Hot-rolled Plain Steel Bar）300 级。

（2）HRB335：符号Φ，即热轧带肋钢筋（Hot-rolled Ribbed Steel Bar）335 级；HRBF335：符号$Φ^F$，即细晶粒热轧带肋钢筋（Fine Hot-rolled Ribbed Steel Bar）。

（3）HRB400：符号Φ，即热轧带肋钢筋（Hot-rolled Ribbed Steel Bar）400 级；HRBF400：符号$Φ^F$，即细晶粒热轧带肋钢筋（Fine Hot-rolled Ribbed Steel Bar）400 级；RRB400：符号$Φ^R$，即余热处理带肋钢筋（Remained heat treatment Ribbed Steel Bar）400 级。

（4）HRB500：符号Φ，即热轧带肋钢筋（Hot-rolled Ribbed Steel Bar）500 级；RRB500：符号$Φ^F$，即余热处理钢筋（Remained heat treatment Ribbed Steel Bars）500 级。

11.1.2 钢筋的强度和变形

11.1.2.1 钢筋的应力—应变曲线

1. 有明显屈服点的钢筋

有明显屈服点的钢筋的典型应力—应变曲线，如图 11-2（a）所示，其从受力到破坏整个过程可分为弹性阶段、屈服阶段、强化阶段和颈缩阶段四个阶段，从图中可以看出，钢筋在单向受力过程有明显的屈服平台，因此钢筋的强度高，塑性也好。

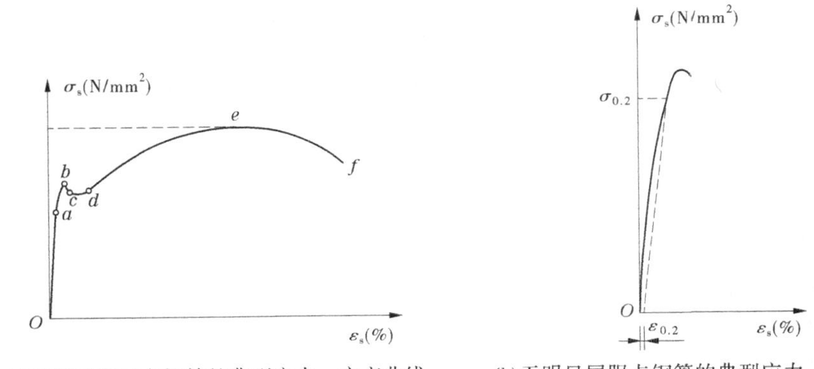

(a)有明显屈服点钢筋的典型应力—应变曲线　(b)无明显屈服点钢筋的典型应力—应变曲线

图 11-2

2. 无明显屈服点的钢筋

无明显屈服点的钢筋的典型应力—应变曲线如图 11-2（b）所示。由图可见，它没有明显的屈服平台，其强度很高，但延伸率大为降低，塑性性能减弱。

11.1.2.2 钢筋的强度

有明显屈服点的钢筋，当结构构件中某一截面钢筋应力达到屈服强度后，将在荷载基本不增加的情况下产生持续的塑性变形，使得钢筋混凝土构件产生过大的变形与过宽的裂缝，以致不能正常使用。因此，钢筋的屈服强度是设计时钢筋强度的取值依据。前述规范中推荐使用的4个级别的热轧钢筋都属于有明显屈服点的钢筋，强度相对不高，但变形性能好。

钢筋除了应具有高的强度，还应具有一定的屈强比（屈服强度与抗拉强度极限之比）。屈强比是反映结构可靠性的一个指标，屈强比越小，结构就越安全。

无明显屈服点的钢筋，《混凝土结构设计规范》（GB 50010—2010）中规定设计时，采用极限抗拉强度 σ_b 的85%作为条件屈服强度。热处理钢筋、钢丝和钢绞线等属于无明显屈服点的钢筋，强度高，但变形性能差。

11.1.2.3 钢筋的变形

钢筋混凝土结构中使用的钢筋既要有较高的强度，又要有良好的变形能力。衡量钢筋变形能力（或称为塑性性能）的主要指标有伸长率和冷弯性能。

钢筋的伸长率是钢筋试件拉断后的伸长值与原长的比值，伸长率越大的钢筋在拉断前的变形越大，其塑性变形能力越强。

冷弯性能是钢筋在常温条件下承受弯曲变形的能力，它是将钢筋绕规定直径的辊轴进行弯曲，如图11-3所示。冷弯的两个参数是弯心直径 D 和冷弯角度 α。在达到规定的冷弯角度时，钢筋表面不应出现裂纹或断裂。因此，冷弯性能可间接地反映钢筋的塑性性能和内在质量。

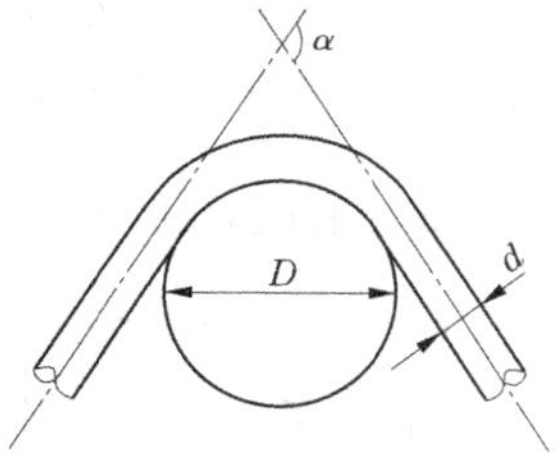

图11-3 钢筋的冷弯

普通热轧钢筋强度设计值、标准值、弹性模量见表11-1。

表11-1 普通热轧钢筋强度设计值、标准值、弹性模量

种类		符号	d(mm)	抗拉、抗压强度设计值 f_y、f'_y (N/mm²)	强度标准值 f_{yk} (N/mm²)	弹性模量 E_s (N/mm²)
热轧钢筋	HPB300	Φ	6～22	270	300	2.1×10^5
	HRB335 HRBF335	Φ $Φ^F$	6～50	300	335	2.0×10^5
	HRB400 HRBF400 RRB400	Φ $Φ^F$ $Φ^R$	6～50	360	400	2.0×10^5
	HRB500 HRBF500	Φ $Φ^F$	8～50	435	500	2.0×10^5

11.1.3 钢筋的选用原则

混凝土结构的钢筋应按下列规定选用：

（1）纵向受力普通钢筋宜采用HRB400、HRB500、HRBF400、HRBF500钢筋，也可采用HPB300、HRB335、HRBF335、RRB400钢筋。

(2)梁、柱纵向受力普通钢筋应采用 HRB400、HRB500、HRBF400、HRBF500 钢筋。

(3)箍筋宜采用 HRB400、HRBF400、HRB500、HRBF500 钢筋,也可采用 HRB335、HRBF335 钢筋。

11.2 混凝土

11.2.1 混凝土的强度

混凝土是一种不均匀、不密实的混合体,且其内部结构复杂,混凝土的强度也受到许多因素的影响,诸如水泥的品质和用量、骨料的性质、混凝土的级配、水灰比、制作的方法、养护环境的温湿度、龄期、试件的形状和尺寸、试验的方法等,因此在建立混凝土的强度时需要规定一个统一的标准作为依据。

11.2.1.1 立方体抗压强度 $f_{cu,k}$

我国《混凝土结构设计规范》(GB 50010—2010)采用标准试块(边长为 150 mm 的立方体),通过标准的养护方法(温度 20 ±3 ℃,相对湿度 90% 以上,养护 28 天),按照标准试验方法(规定的加载速率,且试件表面不涂润滑剂)测得的具有 95% 保证率的抗压强度作为立方体抗压强度标准值,以 $f_{cu,k}$ 表示。

由于这种试件的强度比较稳定,制作和实验比较方便,因此《混凝土结构规范》(GB 50010—2010)把它作为在统一实验方法下度量混凝土强度的基本指标,并以此来划分混凝土的强度等级,混凝土强度等级用符号 C 和混凝土立方体抗压强度标准值表示。

在工程实际中,不同类型的构件和结构对混凝土强度的要求是不同的。为了应用的方便,我国《混凝土结构规范》(GB 50010—2010)将混凝土的强度按照其立方体抗压强度标准值的大小划分为 14 个强度等级,即 C15、C20、C25、C30、C35、C40、C45、C50、C55、C60、C65、C70、C75、C80,14 个等级中的数字部分即表示以 N/mm^2 为单位的立方体抗压强度数值,如 C20 即表示 $f_{cu,k}=20\ N/mm^2$。其中,C50 ~ C80 属于高强度混凝土。

11.2.1.2 轴心抗压强度 f_{ck}

混凝土的抗压强度与试件的形状和尺寸有关,在实际工程中,混凝土受压构件的尺寸,往往是高度 h 比截面的边长 b 大很多的棱柱体。为了更好地反映构件的实际受压情况,采用混凝土棱柱体试件进行抗压试验所测得的强度,称为轴心抗压强度,也称为棱柱体抗压强度,其标准值用符号 f_{ck} 表示。我国《普通混凝土力学性能试验方法标准》(GB/T 50081—2002)规定以 150 mm ×150 mm ×300 mm 的棱柱体作为混凝土轴心抗压强度试验的标准试件,其制作及试验方法同立方体试块。

试验表明,棱柱体试件的抗压强度值要小于立方体抗压强度,它们的关系为

$$f_{ck} = 0.88\alpha_{c1}\alpha_{c2}f_{cu,k}$$

式中 α_{c1}——棱柱体强度与立方体强度之比,对 C50 及以下取 $\alpha_{c1}=0.74$,对 C80 取 $\alpha_{c1}=0.82$,中间按直线内插法取值;

α_{c2}——C40 以上混凝土脆性折减系数,对 C40 及以下取 $\alpha_{c2}=1.0$,对 C80 取 $\alpha_{c2}=$

0.87,中间按直线内插法取值;

0.88——考虑到结构构件与试件制作及养护条件的差异,尺寸效应及加荷速度影响,参照已往的设计经验所取得的经验系数。

11.2.1.3 轴心抗拉强度 f_{tk}

混凝土的抗拉强度很低,与立方体抗压强度之间为非线性关系,一般只有其立方体抗压强度的1/17～1/8,用直接测试法或间接测试法对试件进行试验测得的抗拉强度称为轴心抗拉强度,经修正后,轴心抗拉强度标准值与立方体抗压强度标准值之间的关系为

$$f_{tk} = 0.88 \times 0.395 f_{cu,k}^{0.55} (1 - 1.645\delta)^{0.45} \alpha_{c2}$$

式中 δ——混凝土立方体强度变异系数,对C60以上的混凝土取 $\delta = 0.1$,系数0.395等是根据试验数据统计分析所得的经验系数。

混凝土的强度标准值见表11-2。

11.2.2 混凝土的变形

混凝土的变形可分为两类:一类是在荷载作用下的受力变形,如一次短期加荷、多次重复加荷以及荷载长期作用下的变形;另一类与受力无关,称为体积变形,如混凝土收缩、膨胀以及由于温度变化所产生的变形等。

11.2.2.1 受力变形

这里仅简单介绍混凝土在一次短期荷载作用下的变形和荷载长期作用下的变形。

1. 一次短期荷载作用下的变形

混凝土在一次短期加荷作用下的应力—应变曲线是其最基本的力学性能,曲线的特征是研究钢筋混凝土构件的强度、变形、延性(承受变形的能力)和受力全过程分析的依据。

一般取棱柱体试件来测试混凝土的应力—应变曲线,混凝土试件受压时典型的应力—应变曲线见图11-4,整个曲线大体上呈上升段与下降段两个部分,通过混凝土棱柱体受压时的应力—应变曲线可知,当混凝土应力很小时,混凝土表现出理想的弹性变形性质;但随着应力的增大,混凝土开始表现出越来越明显的塑性性能。

混凝土受拉时的应力—应变曲线见图11-5,混凝土受拉时的应力—应变曲线,其形状与受压时的相似。当拉应力较小时,应力—应变关系近乎直线,当拉应力较大,接近破坏时,由于塑性变形的发展,应力—应变关系呈曲线形。混凝土抗拉性能差,其峰值的应力应变要比受压时小很多。极限拉应变 ε_{ctu} 为 $(1 \sim 1.5) \times 10^{-4}$,此值比受压时的极限压应变 ε_0 或 ε_{cu} 均要小得多,所以混凝土的受拉区容易开裂,一般都是带裂缝工作的。

2. 混凝土在荷载长期作用下的变形

混凝土结构在荷载长期作用下,即使应力保持不变,应变也会随时间推移而不断增加,这种现象称为混凝土的徐变。产生徐变的原因是由于尚未转化为晶体的水泥胶体的塑性变形,以及混凝土内部微裂缝在荷载长期作用下的持续发展。

混凝土的徐变,对普通钢筋混凝土构件的影响不大,一般情况下可不予考虑;但对于预应力混凝土结构会造成预应力钢筋的预应力损失,计算时需予以考虑。

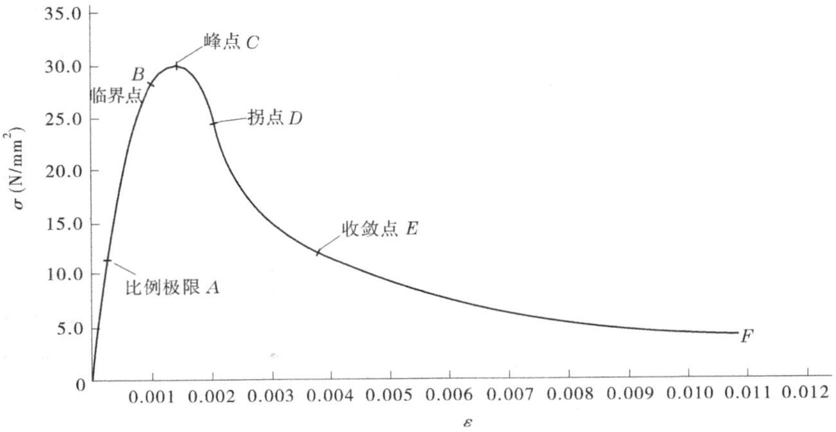

图 11-4 混凝土受压时应力—应变曲线

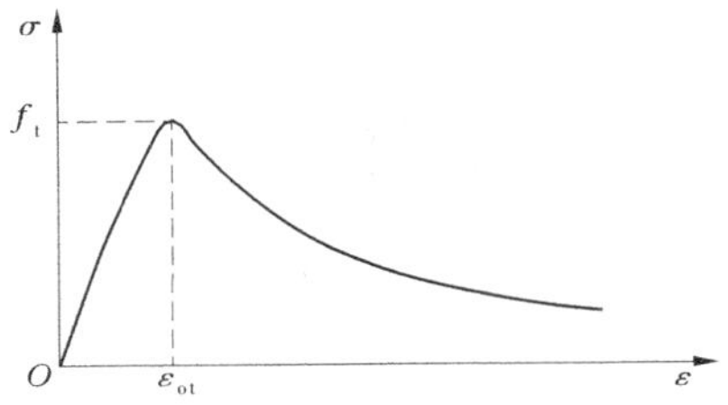

图 11-5 混凝土受拉时的应力—应变曲线

11.2.2.2 混凝土的体积变形

混凝土在空气中凝结硬化时体积会收缩,在水中凝结硬化时体积会膨胀,收缩对结构的危害比膨胀要大得多。当收缩变形不能自由进行时将在混凝土内产生拉应力。如收缩值过大,混凝土将会产生较大的收缩裂缝,酿成工程质量事故。对预应力混凝土结构,会造成预应力损失。

混凝土在空气中凝结硬化初期就产生收缩,收缩变形随时间的增长而增长,初期较快,以后逐渐变慢,2 年后趋于稳定。

减少混凝土收缩的措施有:

(1)加强早期养护。

(2)减小水灰比。

(3)提高水泥标号,减少水泥用量。

(4)加强振捣,提高密实度。

(5)选择弹性模量大的硬骨料。

(6)在构造上预留伸缩缝,设置后浇带,配置一定数量的构造钢筋。

11.2.2.3 混凝土的弹性模量

在材料力学中,衡量弹性材料应力—应变之间的关系,可用弹性模量表示:$E = \sigma/\varepsilon$,弹性模量高,表示材料在一定应力作用下,所产生的应变相对较小。但是,混凝土是弹塑性材料，它的应力—应变关系为曲线关系，E 不是常数而是变数。我国《混凝土结构设计规范》（GB 50010—2010）中给出了各种混凝土强度等级的弹性模量，详见表 11-2。

表 11-2 混凝土强度设计值、标准值、弹性模量 （单位：N/mm^2）

强度与弹性模量		混凝土强度等级													
		C15	C20	C25	C30	C35	C40	C45	C50	C55	C60	C65	C70	C75	C80
强度设计值	f_c	7.2	9.6	11.9	14.3	16.7	19.1	21.1	23.1	25.3	27.5	29.7	31.8	33.8	35.9
	f_t	0.91	1.10	1.27	1.43	1.57	1.71	1.80	1.89	1.96	2.04	2.09	2.14	2.18	2.22
强度标准值	f_{ck}	10.0	13.4	16.7	20.1	23.4	26.8	29.6	32.4	35.5	38.5	41.5	44.5	47.4	50.2
	f_{tk}	1.27	1.54	1.78	2.01	2.20	2.39	2.51	2.64	2.74	2.85	2.93	2.99	3.05	3.11
弹性模量 $E_c(\times10^4)$		2.20	2.55	2.80	3.00	3.15	3.25	3.35	3.45	3.55	3.60	3.65	3.70	3.75	3.80

11.3 钢筋与混凝土的黏结

11.3.1 概述

11.3.1.1 黏结力的作用

混凝土黏结硬化并达到一定强度后，混凝土和钢筋之间建立了足够的黏结强度，能够承受由于钢筋与混凝土的相对变形在两者界面上所产生的相互作用力，即钢筋与混凝土接触面上的剪应力，又称为黏结应力 τ。因此，钢筋与混凝土之间的黏结力是保证二者共同工作，阻止钢筋在混凝土中滑移所必不可少的基本条件。

11.3.1.2 黏结力的组成

钢筋与混凝土之间的黏结力，主要由以下三方面组成：

（1）化学胶结力。混凝土在黏结硬化过程中，水泥胶体与钢筋间产生吸附胶结作用。混凝土强度等级越高，胶结力也越高。

（2）摩阻力。由于混凝土的收缩使钢筋周围的混凝土裹压在钢筋上，当钢筋和混凝土间出现相对滑动的趋势时，将在接触面上出现摩阻力。

（3）机械咬合力。由于钢筋表面粗糙凹凸不平与混凝土之间产生的机械咬合作用。

轻微锈蚀的钢筋表面有凹凸不平的蚀坑，摩阻力和机械咬合力较大。变形钢筋的黏结力主要是机械咬合作用。光圆钢筋的黏结力主要由化学胶结力和摩阻力组成，相对较小。为了增加光圆钢筋与混凝土之间的黏结力，减少滑移，光圆钢筋的端部要加弯钩或采取机械锚固措施。

11.3.2 黏结强度的影响因素

影响钢筋与混凝土间黏结强度的因素很多，主要有混凝土强度与质量、钢筋表面形状、保护层厚度、钢筋的净距、横向钢筋约束、侧向压力、浇筑位置等。

11.3.2.1 混凝土的强度、质量

黏结强度随混凝土强度的提高而提高;混凝土的质量对黏结力和锚固的影响力很大,水泥性能好、骨料强度高、配比得当、振捣密实、养护良好的混凝土对黏结和锚固非常有利。

11.3.2.2 钢筋的表面形状

变形钢筋比光圆钢筋黏结力大,所以变形钢筋的末端一般无需做成弯钩。

11.3.2.3 钢筋保护层厚度与钢筋的净距

增大保护层厚度,保持一定的钢筋净距,可提高混凝土的劈裂抗力,保证黏结强度的发挥。

11.3.2.4 横向钢筋与侧向压力对黏结力的影响

横向钢筋与侧向压力可以限制内部裂缝的发展,提高黏结强度。设置箍筋可将纵向钢筋的抗滑移能力提高 25%,使用焊接骨架或焊接网则提高得更多。所以在直径较大钢筋的锚固区和搭接区,以及一排钢筋根数较多时,都应设置附加钢筋,以加强锚固或防止混凝土保护层劈裂剥落。

11.3.2.5 反复荷载对黏结力的影响

结构和构件承受反复荷载对黏结力不利。反复荷载所产生的应力愈大、重复的次数愈多,则黏结力遭受的损害愈严重。

11.3.2.6 黏结强度与浇筑混凝土时钢筋所处的位置有关

浇筑深度超过 300 mm 的顶部水平钢筋,由于水分气泡逸出,混凝土泌水下沉,处于水平位置的钢筋,在钢筋底面将形成与钢筋不能紧密接触的强度较低的疏松层,从而削弱了钢筋与混凝土的黏结作用。

11.3.3 钢筋的锚固

锚固是混凝土结构受力的基础,为了保证钢筋与混凝土之间有可靠的黏结,钢筋必须有一定的锚固长度。锚固长度一般指梁、板、柱等构件的受力钢筋伸入支座或基础中的总长度,可以直线锚固,也可以弯折锚固。锚固长度对于钢筋混凝土结构来说至关重要,甚至关系到结构的成败。

对于受拉钢筋,锚固长度按式(11-1)计算,且不小于 20 mm:

$$l_a = \zeta_a l_{ab} \tag{11-1}$$

式中 l_a——受拉钢筋的锚固长度;

l_{ab}——受拉钢筋的基本锚固长度;

ζ_a——锚固长度修正系数。

11.3.3.1 受拉钢筋的基本锚固长度 l_{ab}

基本锚固长度按式(11-2)计算:

$$l_{ab} = \alpha \frac{f_y}{f_t} d \tag{11-2}$$

式中 f_y——普通钢筋的抗拉强度设计值,其中 f_y 按表 11-1 取用;

f_t——混凝土轴心抗拉强度设计值,按表 11-2 取用,当混凝土强度等级高于 C60 时,按 C60 取值;

d——钢筋的公称直径；

α——钢筋的外形系数，按表 11-3 取用。

表 11-3　钢筋的外形系数

钢筋类型	光面钢筋	带肋钢筋	螺旋肋钢丝	三股钢绞线	七股钢绞线
α	0.16	0.14	0.13	0.16	0.17

注：光面钢筋系指 HPB300 级钢筋，其末端应做 180°弯钩，弯后平直段长度不应小于 $3d$，但作受压钢筋时可不做弯钩。

11.3.3.2　锚固长度修正系数 ζ_a

锚固长度系数按下面的规定取值，多项时可以连乘，但不应小于 0.6：

(1)当带肋钢筋的公称直径大于 25 mm 时，其锚固长度应乘以修正系数 1.10；

(2)环氧树脂涂层带肋钢筋提高了钢筋的耐久性，但同时也降低了钢筋与混凝土之间的黏结力，锚固强度将降低 20%左右，因此其锚固长度应乘以修正系数 1.25；

(3)当钢筋在混凝土施工过程中易受扰动(如滑模施工)时，其锚固长度应乘以修正系数 1.10；

(4)锚固钢筋的保护层厚度为 $3d$ 时，其锚固长度可乘以修正系数 0.8；保护层厚度为 $3d$ 时，其锚固长度可乘以修正系数 0.70，中间按内插取值；

(5)除构造需要的锚固长度外，当纵向受力钢筋的实际配筋面积大于其设计计算面积时，修正系数取设计计算面积与实际配筋面积的比值，但对有抗震设防要求及直接承受动力荷载的结构构件，不得采用此项修正。

当纵向受拉普通钢筋末端采用弯钩或机械锚固时，包括弯钩或锚固端头在内的锚固长度(投影长度)可取基本锚固长度 l_{ab} 的 60%，且弯钩和机械锚固的形式(见图 11-6)与技术要求应符合表 11-4 的规定。

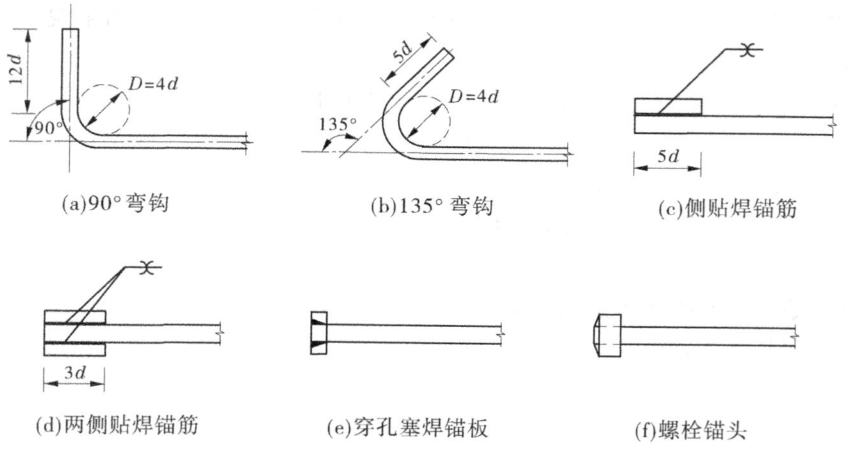

图 11-6　钢筋机械锚固的形式

表 11-4 钢筋弯钩和机械锚固的形式与技术要求

锚固形式	技术要求
90°弯钩	末端 90°弯钩,弯钩内径 $4d$,弯后直线段长度 $12d$
135°弯钩	末端 135°弯钩,弯钩内径 $4d$,弯后直线段长度 $5d$
一侧贴焊钢筋	末端一侧贴焊长 $5d$ 同直径钢筋
两侧贴焊钢筋	末端一侧贴焊长 $3d$ 同直径钢筋
焊端锚板	末端与厚度 d 的锚板穿孔塞焊
螺栓锚头	末端旋入螺栓锚头

对于纵向受压钢筋,当计算中充分利用纵向钢筋的抗压强度时,其锚固长度不应小于相应受拉锚固长度的 0.7 倍。

11.4 建筑钢材

11.4.1 钢材的品种、规格

钢材种类很多,各自的性能、产品的规格及用途都不相同。符合建筑钢材性能要求的钢材主要有碳素钢及低合金钢中的几种,我国现行《钢结构设计规范》(GB 50017—2003)(简称《钢结构设计规范》)推荐采用 Q235、Q345、Q390 及 Q420 号钢材作为建筑结构使用钢材。其中 Q235 号钢材属于碳素结构钢中的低碳钢($C \leqslant 0.25\%$);而 Q345、Q390 及 Q420 都属于低合金高强度结构钢,这类钢材是在冶炼碳素结构钢时加入少量合金元素(合金元素总量低于 5%),而含碳量与低碳钢相近。由于增加了少量的合金元素,使材料的强度、冲击韧性、耐腐蚀性能均有所提高,而塑性降低却不多,因此是性能优越的钢材。

按照钢材的质量,Q235 钢由低到高有 A、B、C、D 共 4 个质量等级,Q345、Q390、Q420 钢有 A、B、C、D、E 共 5 个质量等级。不同等级的钢材的质量要求见相关规范中的规定。

各类钢种供应的钢材规格分为型材、板材、管材及金属制品四个大类,其中钢结构用得最多的是型材和板材,见图 11-7。

图 11-7 热轧型钢截面

11.4.1.1 钢板和钢带

钢板是矩形平板状的钢材,可直接轧制或由宽钢带剪切而成。钢板分热轧薄钢板、热轧厚钢板及扁钢。热轧薄钢板厚度为 0.35 ~ 4 mm,主要用来制作冷弯薄壁型钢;热轧厚钢板厚度为 4.5 ~ 60 mm,广泛用做钢结构构件及连接板件,实际工作中常将厚度为 4 ~

20 mm 的钢板称为中板，厚度为 20 ~ 60 mm 的钢板称为厚板，厚度大于 60 mm 的钢板称为特厚板；扁钢宽度较小，为 12 ~ 200 mm，在钢结构中用得不多。

11.4.1.2 普通型钢

1. 工字钢

工字钢是截面为工字形，腿部内侧有 1∶6斜度的长条钢材。其规格以 I 截面高度 × 翼缘宽度 × 腹板厚度（mm）表示，也可用型号表示，即以代号和截面高度的厘米数表示，型号为截面高度的厘米数，如 I 16。同一型号工字钢可能有几种不同的腹板厚度和翼缘宽度，需在型号后加 a、b、c 以示区别。我国生产的热轧普通工字钢规格有 I 10 ~ I 63号工字钢。

2. 槽钢

槽钢是截面为凹槽形，腿部内侧有 1∶10 斜度的长条钢材，其规格表示同工字钢。热轧普通槽钢的规格以代号 [截面高度 × 翼缘宽度 × 腹板厚度表示，单位为 mm，也可以用型号表示，即以代号和截面高度的厘米数及 a、b、c 表示（a、b、c 意义与工字钢相同），如 [16，我国生产的热轧普通槽钢规格有 [5 ~ [40。

3. 角钢

角钢由两个互相垂直的肢组成，若两肢长度相等，称为等边角钢，若不等则为不等边角钢。角钢的代号为∟，其规格用代号和长肢宽度（mm）× 短肢宽度（mm）× 肢厚度（mm）表示，例如∟ 90 ×90 ×6、∟ 125 ×80 ×8 等。角钢的规格有∟ 20 ×20 ×3 ~ ∟ 200 ×200 ×24，∟ 25 ×16 ×3 ~ ∟ 200 ×125 ×18。

11.4.1.3 热轧 H 型钢

H 型钢由工字钢发展而来，与工字钢比，H 型钢具有翼缘宽、翼缘相互平行、内侧没有斜度、自重轻、节约钢材等特点。热轧 H 型钢分三类：宽翼缘 H 型钢 HW，中翼缘 H 型钢 HM，窄翼缘 H 型钢 HN。其规格型号用高度 h × 宽度 b × 腹板厚度 t_1 × 翼缘厚度 t_2 表示。H 型钢是一种经工字钢发展而来的经济型断面型材，与普通工字钢相比，它的翼缘内外表面平行，内表面无斜度，翼缘端部为直角，与其他构件连接方便。同时它的截面材料分布更向翼缘集中，截面力学性能优于普通工字钢，在截面面积相同的条件下，H 型钢的实际承载力比普通工字钢大。

11.4.1.4 热轧剖分 T 型钢

热轧剖分 T 型钢是由热轧 H 型钢剖分后而成，分宽翼缘剖分 T 型钢（TW）。中翼缘剖分 T 型钢（TM）、窄翼缘剖分 T 型钢（TN）三类。其规格型号用高度 h × 宽度 b × 腹板厚度 t_1 × 翼缘厚度 t_2 表示。

11.4.1.5 冷弯薄壁型钢

冷弯型钢是用可加工变形的冷轧或热轧钢带在连续辊式冷弯机组上生产的冷加工型材，壁厚原先为 1.5 ~6 mm，因此称为冷弯薄壁型钢，见图 11-8。随着生产工艺的发展，现在国内已能生产厚度为 12 mm 以上的冷弯型钢。冷弯薄壁型钢多用于跨度小、荷载轻的轻型钢结构中。

11.4.1.6 压型钢板

压型钢板是由热轧薄钢板经冷压或冷轧成型的钢材，见图 11-9。钢板采用有机涂层

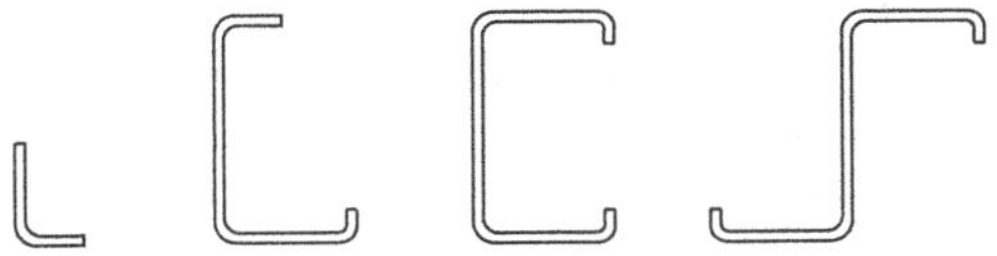

图 11-8　冷弯薄壁型钢截面示意图

薄钢板(或称彩色钢板)、镀锌薄钢板、防腐薄钢板(含石棉沥青层)或其他薄钢板等。压型钢板具有单位重量轻、强度高、抗震性能好、施工快速、外形美观等优点,是良好的建筑材料和构件,主要用于围护结构、楼板,也可用于其他构筑物。根据不同的使用功能要求,压型钢板可压成波形、双曲波形、肋形、V 形、加劲型等。屋面和墙面常用板厚为 0.4 ~ 1.6 mm,用于承重楼板或筒仓时厚度达 2 ~ 3 mm 或以上。波高一般为 10 ~ 200 mm 不等。

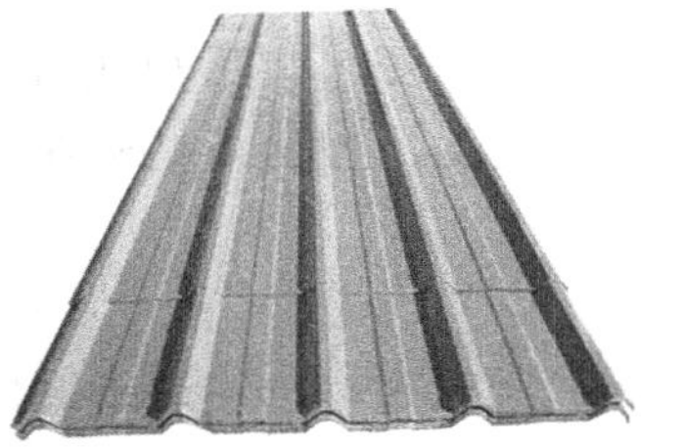

(a) 彩色钢板

(b) 镀锌钢板

图 11-9　压型钢板

11.4.1.7　Z 向钢

因普通钢板在厚度方向的力学性能受到轧制工艺的影响,所以其性能较其他两个方向差,当钢板厚度较大,且厚度方向受拉时,容易发生层状撕裂。Z 向钢是在某一级结构钢(称为母级钢)的基础上,经过特殊冶练、处理的钢材。Z 向钢不仅沿宽度方向和长度方向有较好的力学性能,而且在厚度方向同样具有良好的力学性能,可以有效解决层状撕裂的问题。

钢板的抗层状撕裂性能采用厚度方向拉力试验时的断面收缩率来评定。我国生产的 Z 向钢板的标志是在母级钢钢号后面加上 Z 向钢板等级标志,如 Z15、Z25、Z35,Z 字后面的数字为截面收缩率的指标(%)。

11.4.1.8　结构用钢管

结构用钢管有热轧无缝钢管和焊接钢管。结构用无缝钢管按《结构用无缝钢管》(GB/T 8162—2008)规定,分热轧(挤压、扩)和冷拔(轧)两种,热轧钢管外径为 32 ~ 630 mm,壁厚为 2.5 ~ 75 mm;冷拔钢管外径为 6 ~ 200 mm,壁厚为 0.25 ~ 14 mm。焊接钢管由钢板或钢带经过卷曲成型后焊制而成,分直缝电焊钢管和螺旋焊钢管。

11.4.2　建筑钢材的主要性能

材料性能有两个方面,即力学性能和加工性能。钢材作为结构用料,与其他传统材料相比,有明显的综合优势,具备较好的力学性能和良好的加工性能。较好的力学性能主要体现在钢材具有较高的强度、较好的塑性和较好的冲击韧性等方面；良好的加工性能是指钢材在加工（如铣、刨、制孔、冷热矫正及焊接等）情况下不产生疵病或形成废品而应具备的性能，包括良好的冷弯性能和可焊性等。

11.4.2.1 强度与塑性

与钢筋一致，钢材强度的衡量指标仍然取其屈服强度，如 Q345 号钢材中的 Q 即表示屈服强度，后面的数字即表示屈服强度的大小为 345 N/mm^2。

塑性指标则是伸长率 δ，可通过拉伸试验测得：

$$\delta = \frac{l - l_0}{l_0} \times 100\%$$

式中 l_0——试件原始标距长度，mm；

l——试件拉断后的标距长度，mm。

$l_0 = 5d_0$、$l_0 = 10d_0$ 对应的伸长率分别记为 δ_5 和 δ_{10}，现常用 δ_5 表示塑性指标。钢材的塑性反映了在外力作用下的变形能力，结构良好的变形能力可以使得结构在变形过程中吸收更多的应变能，大大提高结构抗震能力。

11.4.2.2 冲击韧性

冲击韧性是指钢材抵抗冲击或振动荷载的能力，其衡量指标称为冲击韧性值。钢结构常常会承受冲击或振动荷载作用，如厂房中吊车的作用。冲击韧性值由冲击试验求得，即用带 V 形缺口的标准试件，在冲击试验机上通过动摆施加冲击荷载，使之断裂（见图 11-10），由此测出试件受冲击荷载发生断裂所吸收的冲击功，即为材料的冲击韧性值，用 A_{KV} 表示，单位为 J。A_{KV} 值愈高，表明材料破坏时吸收的能量愈多，因而抵抗脆性破坏的能力愈强，韧性愈好。需要指出的是，由于低温对钢材的脆性破坏有显著影响，在寒冷地区建造的结构不但要求钢材具有常温（20 ℃）冲击韧性指标，还要求具有 0 ℃ 或负温（−20 ℃或 −40 ℃）时的冲击韧性指标，以保证结构具有足够的抗脆性破坏能力。

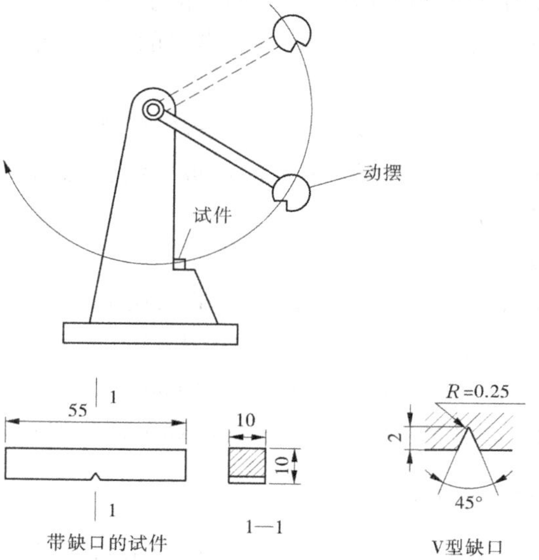

图 11-10 冲击韧性试验示意图 （单位：mm）

11.4.2.3 冷弯性能

冷弯性能是指材料在常温下承受弯曲的能力。与钢筋冷弯性能相似，钢材的冷弯性能也是通过冷弯试验来反映的。将钢材按原有厚度经表面加工成板状，常温下弯曲180°后（见图11-11），若外表面和侧面不开裂，也不起层，则认为合格，弯曲时，按钢材牌号和板厚允许有不同的弯心直径 d。冷弯试验不仅能直接检验钢材的弯曲变形能力或者塑性性能，还能暴露钢材内部的冶金缺陷，及有害元素如硫、磷偏析和硫化物的掺杂情况。

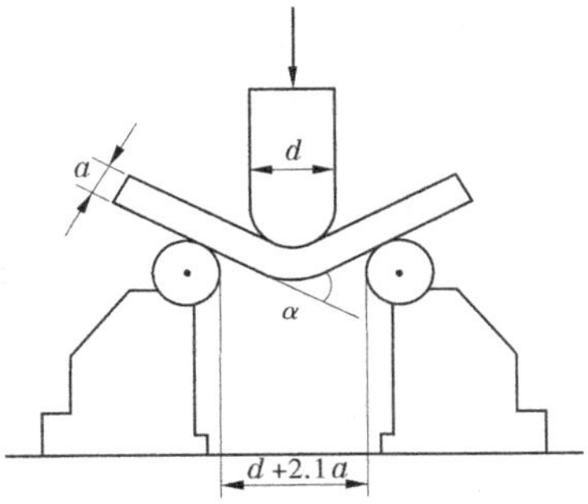

图11-11 冷弯试验示意图

11.4.2.4 可焊性

钢材在焊接过程中，焊缝及附近的金属要经历升温、熔化、冷却及凝固的过程。可焊性指钢材对焊接工艺的适应能力。目前，钢材的可焊性尚无明确的量化指标，但前述《钢结构设计规范》（GB 50017—2014）中推荐使用的4个牌号的建筑钢材，通常均可满足可焊性的要求。

钢结构设计中，除上述各种机械性能需要了解之外，还有下列四种数据也会常常用到：

钢材的质量密度：$\rho = 7\ 850\ kg/m^3 = 76.98\ kN/m^3$；

钢材的泊松比：$\nu = 0.3$；

钢材的温度线膨胀系数：$\alpha = 1.2 \times 10^{-5}/℃$；

钢材的剪变模量：$G = 7.9 \times 10^4\ N/mm^2$。

11.4.3 影响建筑钢材性能的主要因素

11.4.3.1 化学成分的影响

钢是由多种化学成分组成的，化学成分及其含量对钢的性能特别是力学性能有着明显的影响。铁（Fe）是钢材的基本元素，纯铁质软，在碳素结构钢中约占99%，碳和其他元素仅占1%，但对钢材的力学性能却有着决定性的影响。其他元素包括硅（Si）、锰（Mn）、硫（S）、磷（P）、氮（N）、氧（O）等。低合金钢中还含有少量合金元素（低于5%），如铜（Cu）、钒（V）、钛（Ti）、铌（Nb）、铬（Cr）等。

碳是决定钢材性能的主要元素，它直接影响钢材的强度、塑性、韧性和可焊性等。随着含碳量增加，钢材的强度和硬度增大，但塑性和韧性降低，同时钢的冷弯性能和焊接性能降低。因此，尽管碳是使钢材获得强度的主要元素，但在钢结构中采用时，对碳含量要加以限制，一般不超过0.22%，在焊接结构中还应低于0.20%。

硅和锰是钢的有利元素。硅是脱氧剂,能提高钢的强度和硬度;锰也是脱氧剂,脱氧能力比硅元素弱,锰能提高钢的强度和硬度,还能消除硫、氧对钢材的影响;但硅、锰都要控制含量,避免对钢材产生其他不利影响。在碳素钢中,锰的含量为 0.3% ~0.8%,硅的含量应不大于 0.3%。对于低合金高强度结构钢,锰的含量可达 1.0% ~1.6%,硅的含量可达 0.55%。

硫和磷(特别是硫)是钢中的有害元素。硫的存在可能导致钢材的热脆现象,同时硫又是钢中偏析最严重的杂质之一,偏析程度大,造成的危害也大。磷的存在可提高钢的强度,但会降低塑性、韧性,特别是在低温时使钢材产生冷脆性,使承受冲击荷载或在负温下使用的钢结构产生破坏。

氧和氮都是钢中的有害杂质。氧的作用和硫类似,使钢热脆;氮的作用和磷类似,使钢冷脆。由于氧、氮容易在熔炼过程中逸出,一般不会超过极限含量,故通常不要求作含量分析。

低合金结构钢中的合金元素以锰(Mn)、钒(V)、铌(Nb)、钛(Ti)、铬(cr)、镍(Ni)等为主。钒、铌、钛等元素的添加,都能提高钢材的强度,改善可焊性。镍和铬是不锈钢的主要元素,能提高强度、淬硬性、耐磨性等性能,但对可焊性不利。为改善低合金结构钢的性能,尚允许加入少量钼(Mo)和稀土(Re)元素,可改善其综合性能。

11.4.3.2 冶炼、轧制过程及热处理的影响

冶炼钢材时,钢水中含氧量较高(0.02% ~0.07%),浇铸前需对钢水进行脱氧,由于所用脱氧方法、脱氧剂的种类和数量不同,最终脱氧效果也差别很大,形成有镇静钢、特镇静钢、半镇静钢和沸腾钢的区别。

沸腾钢以脱氧能力较弱的锰作为脱氧剂,因而脱氧不充分,钢水中有气体逸出,钢液表面剧烈沸腾故称为沸腾钢。沸腾钢铸锭时冷却快,氧、氮、氢等气体来不及逸出而在钢中形成气泡,使钢材构造和晶粒不匀,偏析严重,常有夹层,增加了钢材的时效敏感性和冷脆性,塑性、韧性及可焊性相对较差,但沸腾钢生产工艺简单,成本较低。

镇静钢一般用硅为脱氧剂,对质量要求高的钢,尚可在用硅脱氧后再用铝或钛进行补充脱氧,形成特镇静钢。硅的脱氧能力较强,铝和钛则更强,硅的脱氧能力是锰的 5.2 倍,而铝的脱氧能力是锰的 90 倍,当在钢水中投入锰和适量的硅作脱氧剂时,钢水中氧化铁绝大部分被还原,很少能再和碳化合析出一氧化碳气体,同时脱氧还原过程放出大量热量,使钢锭冷却缓慢,钢中有害气体容易逸出,浇铸时钢水表面平静,称之为镇静钢。镇静钢和特镇静钢组织致密,杂质气泡少,偏析程度低,塑性、韧性及可焊性比沸腾钢好,但冶炼工艺较复杂,成本较高。

脱氧程度介于沸腾钢和镇静钢之间的钢称为半镇静钢。它是用较少的硅进行脱氧,脱氧剂的用量为镇静钢的 1/3 ~1/2。半镇静钢的性能大大地优于沸腾钢,其强度和塑性完全符合标准要求。

《钢结构设计规范》(GB 50017—2003)推荐的 Q235 碳素结构钢的 A、B、C、D 4 个质量等级中,A、B 级有沸腾钢、半镇静钢、镇静钢,C 级只有镇静钢,D 级只有特殊镇静钢;Q345、Q390、Q420 低合金高强度钢 A、B、C、D、E 5 个质量等级中,A、B、C、D 级只有镇静钢,E 级只有特殊镇静钢。

11.4.3.3 复杂应力和应力集中的影响

由力学中的强度理论可知,材料在单向应力状态的强度与二向应力状态及三向应力状态下的强度是不同的;而在二向应力状态及三向应力状态下,各向应力的大小、方向的变化也会导致强度的变化。除此以外,应力状态的变化还会引起材料塑性性能的变化。

应力集中也会对钢材性能产生影响。实际钢结构中的构件常因构造而有孔洞、缺口、凹槽,或因需要采用变厚度、变宽度的截面。这种情况下,构件中的应力分布不再保持均匀,而是在缺陷及截面突然改变处的附近,出现应力曲折、密集、产生高峰应力,这种现象称应力集中现象。

常温下受静荷载的结构只要符合设计和施工规范要求,应力集中对结构构件的影响不大,计算时可不考虑。但是对于受动荷载的结构,尤其是低温下受动荷载的结构,应力集中引起钢材变脆的倾向更为显著,常常是导致钢结构脆性破坏的原因。对于这类结构,设计时应注意构件形状合理,避免构件截面急剧变化以减小应力集中程度,从构造措施上来防止钢材脆性破坏。

11.4.3.4 残余应力的影响

型钢及钢板热轧成材后,一般放置堆场自然冷却,冷却过程中截面各部分散热速度不同,导致冷却不均匀。例如,钢板截面两端接触空气表面积大,散热快,先冷却;而截面中央部分则因接触空气表面积小,散热慢,后冷却。同样,工字钢翼缘端部及腹板中央部分一般冷却较快,腹板与翼缘相交部分则冷却较慢。先冷却的部分恢复弹性较早,它将阻止后冷却部分自由收缩,从而引起后冷却部分受拉,先冷却部分则受后冷却部分收缩的牵制引起受压。这种作用和反作用最后导致截面内形成自相平衡的内应力,称为热残余应力。除轧制钢材有残余应力外,焊接结构因焊接过程不均匀受热及冷却也会产生残余应力。钢材中残余应力的特点是应力自相平衡且与外荷载无关。当外荷载作用于结构时,外荷载产生的应力与残余应力叠加,导致截面某些部分应力增加,可能提前到达屈服点进入塑性区。随着外荷载的增加,塑性区会逐渐扩展,直到全截面进入塑性达到极限状态。因此,残余应力对构件强度极限状态承载力没有影响,计算中不予考虑。但是,由于残余应力使部分截面提前进入塑性区,截面弹性区减小,因而刚度也随之减小,导致构件稳定承载力降低。此外,残余应力与外荷载应力叠加常常产生二向或三向应力,将使钢材抗冲击断裂能力及抗疲劳破坏能力降低。尤其是低温下受冲击荷载的结构,由于残余应力的存在更容易引起低工作应力状态下的脆性断裂。对钢材进行“退火”热处理,在一定程度上可以消除一些残余应力。

11.4.3.5 温度的影响

当温度升高时,钢材的强度(f_u、f_y)及弹性模量(E)降低,应变增大。温度降低时,钢材的强度会略有增加,塑性和韧性却会降低而变脆。

温度升高约在200 ℃以内时,钢材性能变化不大,因此钢材的耐热性较好。但当温度超过200 ℃时,尤其是在430 ~540 ℃时,f_u 及 f_y 急剧下降,到600 ℃时强度很低已不能继续承载。钢材温度在250 ℃左右,强度有一定的提高,但塑性降低,性能转脆。由于在这个温度下,钢材表面氧化膜呈蓝色,故又称蓝脆。在蓝脆温度区加工钢材,可能引起裂纹,故应尽量避免在这个温度区对钢材进行热加工。当温度在260 ~320 ℃时,在应力持续不变的情况下，钢材以很缓慢的速度继续变形，此种现象称为徐变现象。

在负温度范围，随着温度的下降，钢材强度略有提高，但塑性及韧性下降，钢材性能变脆。当温度下降到某一区间时，冲击韧性急剧下降，其破坏特征很明显地转变为脆性破坏。因此，对于在低温下工作的结构，尤其是在受动力荷载和采用焊接连接的情况下，钢结构规范要求不但要有常温冲击韧性的保证，还要有低温（如 0 ℃、-20 ℃等）冲击韧性的保证。

11.4.3.6 钢材的疲劳

生活中常有这样的经验，一根细小的铁丝，要拉断它很不容易，但将它弯折几次就容易折断了；又如机械设备中高速运转的轴，由于轴内截面上应力不断交替变化，承载能力就较静荷载时低得多，常常在低于屈服点时就断了。这些实例说明，钢材的疲劳破坏是微观裂纹在连续重复荷载作用下不断扩展至断裂的脆性破坏。钢材的疲劳破坏取决于应力集中和应力循环的次数。截面几何形状突然发生改变处的应力集中，对疲劳很是不利，在高峰应力处形成双向或同号三向拉应力场。钢材在连续反复变化的荷载作用下，裂纹端部产生应力集中，其中同号的应力场使钢材性能变脆，交变的应力使裂纹逐渐扩展，这种累积的损伤最后导致其突然的脆性断裂。因此，钢材发生疲劳对应力集中也最为敏感。对于受动荷载作用的构件，设计时应注意避免截面突变，让截面变化尽可能平缓过渡，目的是减缓应力集中的影响。

由此可知，疲劳破坏使得强度降低，材料转为脆性，破坏突然发生。钢结构规范规定，对于承受动力荷载作用的构件（如吊车梁、吊车桁架、工作平台等）及其连接，当应力变化的循环次数超过 105 次时，就需要进行疲劳计算，以保证不发生疲劳破坏。

一般情况下，钢材静力强度不同，其疲劳破坏情况没有显著差别。因此，对于受动荷载的结构不一定要采用强度等级高的钢材，但宜采用质量等级高的钢材，使其有足够的冲击韧性，以防止疲劳破坏。

习　题

1. 根据有明显流幅的钢筋的拉伸曲线图，说明各阶段的特点，指出比例极限、屈服强度、极限强度的含义。

2. 无明显流幅的钢筋的拉伸图与有明显流幅的钢筋的拉伸有什么不同？其抗拉强度设计值各取图中何处的应力值作为依据？

3. 何谓伸长率？何谓屈强比？

4. 选用钢筋时要注意什么要求？冷弯性能是如何度量的？

5. 我国用于钢筋混凝土结构的钢筋有几种？我国热轧钢筋的强度分为几个等级？各代表什么钢筋？

6. 混凝土立方体抗压强度能不能代表实际构件中混凝土的强度？

7. 混凝土的基本强度指标有哪些？各用什么符号表示？它们相互之间有怎样的关系？

8. 混凝土的徐变和收缩有什么不同？是由什么原因引起的？各自的变形特征是什

么?

9. 混凝土的收缩和徐变对钢筋混凝土结构各有什么影响? 减少徐变和收缩的措施有哪些?

10. 为什么钢筋和混凝土能够共同工作? 它们之间的黏结力是由哪几部分组成的? 提高钢筋和混凝土之间的黏结力,可采取哪些措施?

11. 钢结构对钢材性能有哪些要求? 这些要求用哪些指标来衡量?

12. 钢材受力有哪两种破坏形式? 它们对结构安全有何影响?

13. 影响钢材机械性能的主要因素有哪些?

14. 钢结构中常用的钢材有哪几种? 钢材牌号的表示方法是什么?

15. 对于重要的受拉或受弯焊接构件,需要抗拉强度、伸长率、屈服强度和硫、磷、碳含量的合格保证,冷弯试验的合格保证,为什么还需要具有常温冲击韧性的合格保证?

16. 叙述钢材牌号 Q235-B-F 的含义。

12 钢筋混凝土受弯构件

【学习目标】 通过本章的学习，掌握钢筋混凝土梁、板的构造要求，截面的配筋计算和强度复核；掌握梁斜截面受剪承载力计算；熟悉梁内纵向受力钢筋弯起与截断的构造要求；熟悉梁内钢筋构造要求；熟悉受弯构件变形验算和裂缝宽度验算的方法。

建筑工程的梁和板是典型的受弯构件。它承受由荷载作用而产生的弯矩 M 和剪力 V。在弯矩作用下，构件可以发生正截面受弯破坏(见图 12-1(a))；在弯矩和剪力共同作用下，构件也可能发生斜截面受剪或受弯破坏(见图 12-1(b))。因此，对受弯构件需分别进行正截面和斜截面承载力计算。

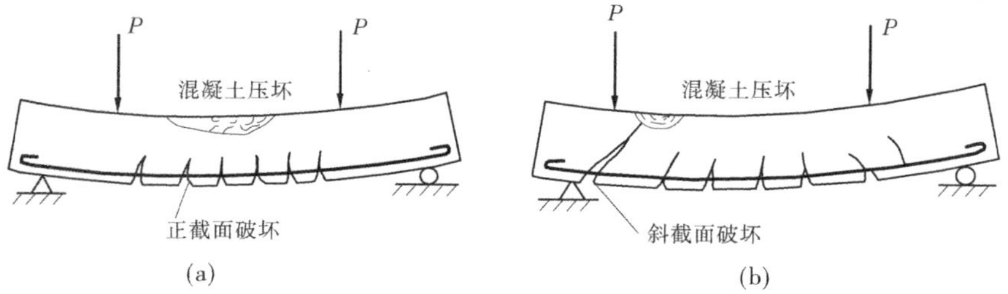

图 12-1 受弯构件破坏情况

为保证受弯构件不因弯矩作用而破坏，构件必须有足够的截面尺寸和纵向受力钢筋。仅在截面受拉区配置受力钢筋的称为单筋截面(见图 12-2(a)、(b))；在截面受拉区与受压区同时配置受力钢筋的称为双筋截面(见图 12-2(c))。

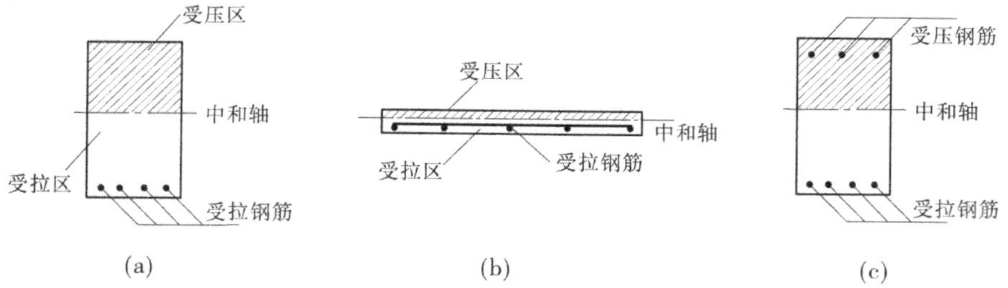

图 12-2 梁和板的横截面

为保证斜截面不因弯矩、剪力作用而破坏，构件除有足够的截面尺寸和纵向受力钢筋外，尚应配置箍筋，必要时还需配置弯起钢筋。

12.1 受弯构件的一般构造

钢筋混凝土结构的设计任务，一方面在于正确地计算，另一方面在于有正确的构造。对于在计算中不易详细考虑而被忽略了的因素，以及为了照顾施工方便和可能条件，就必须通过一定的构造措施加以补充。

12.1.1 截面形式和尺寸

12.1.1.1 截面形式

梁的截面形式，常见的有矩形、T形及I形等(如图12-3(a)、(b)、(c)、(d)所示)。板的截面形式如图12-3(e)、(f)、(g)所示。

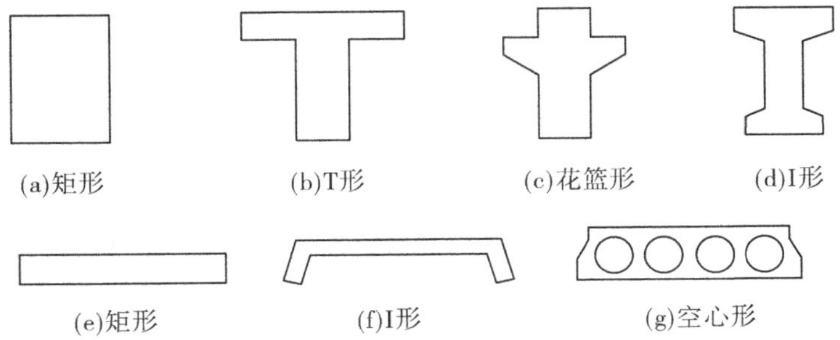

图12-3 梁、板截面形式

12.1.1.2 截面尺寸

1. 梁的截面尺寸

梁的截面尺寸除了满足强度条件外，还应满足刚度要求和施工上的方便。从刚度条件看，构件截面高度可根据高跨比(h/l)来估计。一般情况下，独立简支梁，其截面高度 h 与其跨度 l_0 的比值(即高跨比 h/l_0)为1/12～1/8；独立悬臂梁，其高跨比为1/6左右；多跨连续梁，高跨比为1/18～1/12。为了施工方便，便于模板周转，梁高 h 一般以50 mm的模数递增，当梁高 h 大于800 mm时，以100 mm的模数递增。常用的梁高 h 有250 mm、300 mm、…、750 mm、800 mm、900 mm、1 000 mm等。

梁的高度确定之后，梁的截面宽度 b 可由常用的高宽比估计。矩形截面梁，取 $b=(1/3\sim1/2)h$；T形截面梁，取 $b=(1/4\sim1/2.5)h$。

梁宽 b 常取120 mm、150 mm、180 mm、200 mm、220 mm、250 mm，大于250 mm时，按50 mm递增。

2. 板的厚度

板的厚度应满足强度和刚度的要求。选择板厚时，除满足上述两个条件外，还应考虑经济效果和施工的方便。从刚度条件看，板的厚度不宜小于表12-1中的规定。

表 12-1　现浇钢筋混凝土板的最小厚度　（单位：mm）

板的类型		最小厚度
单向板	屋面板	60
	民用建筑楼板	60
	工艺建筑楼板	70
	行车道下的楼板	80
双向板		80
密肋楼盖	面板	50
	肋高	250
悬臂板（根部）	悬臂长度不大于 500 mm	60
	悬臂长度大于或等于 200 mm	100
无梁楼板		150

12.1.2　钢筋类型

受弯构件的钢筋有两类，即受力钢筋与构造钢筋。受力钢筋由承载力计算确定，构造钢筋是考虑在计算中未估计的影响（例如温度变化、混凝土收缩应力等）和施工需要而设置的。

12.1.2.1　梁

梁中一般布置四种钢筋，即纵向受力钢筋、箍筋、弯起钢筋和架立钢筋（见图 12-4）。

（1）纵向受力钢筋。纵向受力钢筋布置于梁的受拉区，承受由弯矩作用而产生的拉力。有时在梁的受压区也配置纵向受力钢筋，与混凝土共同承受压力。

（2）箍筋。箍筋除保证斜截面抗剪强度外，还用来固定纵向受力钢筋的位置。

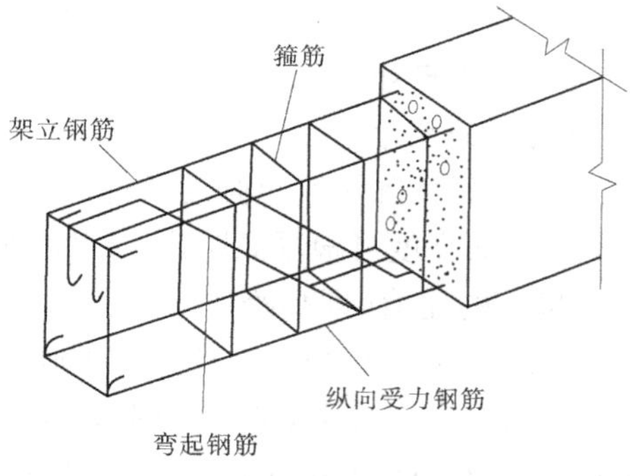

图 12-4　梁内钢筋布置

（3）弯起钢筋。弯起钢筋是为保证斜截面抗剪强度而设置的，一般可将纵向受力钢筋弯起而形成，有时也专门设置弯起钢筋。

（4）架立钢筋。架立钢筋布置于梁的受压区，它平行于纵向受拉钢筋，以固定箍筋的正确位置，承受由于混凝土收缩及温度变化所产生的拉力。如在受压区有受压纵向钢筋，受压钢筋可兼作架立钢筋。架立钢筋的直径与梁的跨度有关，其直径不小于表 12-2 中的要求。

表 12-2 架立钢筋最小直径 (单位:mm)

梁的跨度(m)	架立钢筋直径(mm)
$l<4$	≥8
$4 \leq l \leq 6$	≥10
$l>6$	≥12

12.1.2.2 **板**

板中一般布置两种钢筋,即受力钢筋与分布钢筋(见图 12-5)。

受力钢筋沿板的跨度方向设置,承担由弯矩作用而产生的拉力。分布钢筋与受力钢筋垂直,设置在受力钢筋的内侧,其作用是:①将荷载均匀地传给受力钢筋;②抵抗因混凝土收缩及温度变化而在垂直受力钢筋方向所产生的拉力;③浇筑混凝土时,保证受力钢筋的设计位置。

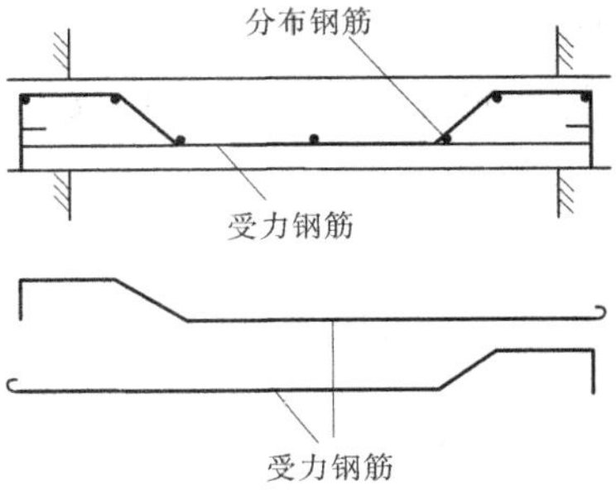

图 12-5 板内钢筋布置

如板的两个方向均配置受力钢筋,则两方向的钢筋均可兼作分布钢筋。

12.1.3 钢筋保护层

为了保证钢筋与混凝土间有足够的黏结强度,防止钢筋锈蚀,受力钢筋都应具有足够的混凝土保护层。最外层钢筋外缘至构件边缘的距离,称作钢筋的保护层厚度(见图 12-6),钢筋混凝土结构钢筋的保护层厚度与结构所处的环境有直接的关系。设计使用年限为 50 年的混凝土结构,钢筋的保护层厚度见表 12-3。设计使用年限为 100 年的混凝土结构,钢筋的保护层厚度不小于表 12-3 中的 1.4 倍。

表 12-3 钢筋的保护层最小厚度 (单位:mm)

环境类别	板、墙、壳	梁、柱、杆
一类	15	20
二类 a	20	25
二类 b	25	35
三类 a	30	40
三类 b	40	50

注:1. 混凝土强度等级不大于 C25 时,表中保护层厚度数值应增加 5 mm。

2. 钢筋混凝土基础宜设置混凝土垫层,基础中钢筋的混凝土保护层厚度应从垫层顶面算起,且不应小于 40 mm。

3. 当有充分依据并采取下列措施时,可适当减小混凝土保护层的厚度:

①构件表面有可靠的防护层;

②采用工程化生产的预制构件;

③在混凝土中掺加阻锈剂或采用阴极保护处理等防锈措施;

④当对地下室墙体采取可靠的建筑防水做法或防护措施时,与土层接触一侧钢筋的保护层厚度可适当减少,但不应小于 25 mm。

12.1.4 钢筋间距

为了便于浇筑混凝土和保证钢筋周围混凝土的质量，使钢筋与混凝土之间有可靠的黏结力，钢筋的间距不能太小，在板中为使钢筋受力均匀，间距也不能太大。

12.1.4.1 梁

在构件下部不应小于纵向钢筋直径 d，也不应小于 25 mm；在构件的上部亦不应小于纵向钢筋直径 1.5d，且不小于 30 mm（见图 12-6）。如受力钢筋较多，因钢筋间距受到限制，一排不能放下，纵向钢筋可放置两排乃至三排，但必须上下对齐，不得错位排列。

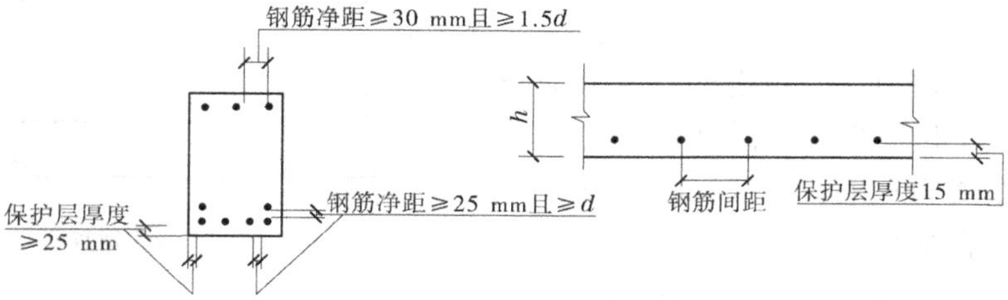

图 12-6 梁、板纵向钢筋保护层厚度及间距

12.1.4.2 板

采用绑扎钢筋作配筋时，其受力钢筋的间距一般不小于 70 mm，当板厚 $h \leqslant 150$ mm 时，不宜大于 200 mm；当板厚 $h > 150$ mm 时，不应大于 1.5h，且不宜大于 250 mm。分布钢筋间距不宜大于 250 mm。

12.1.5 截面的有效高度

梁、板受拉钢筋位置确定之后，在进行截面设计、强度复核时，混凝土受拉区已出现裂缝，不再承受拉力，截面的抵抗弯矩为受拉钢筋的拉力与受压混凝土的压力形成的力矩。所以，截面高度只能采用其有效高度 h_0。所谓有效高度是指纵向受拉钢筋合力点至混凝土截面受压边的垂直距离（见图 12-7）。它与受拉钢筋的直径及排数有关。

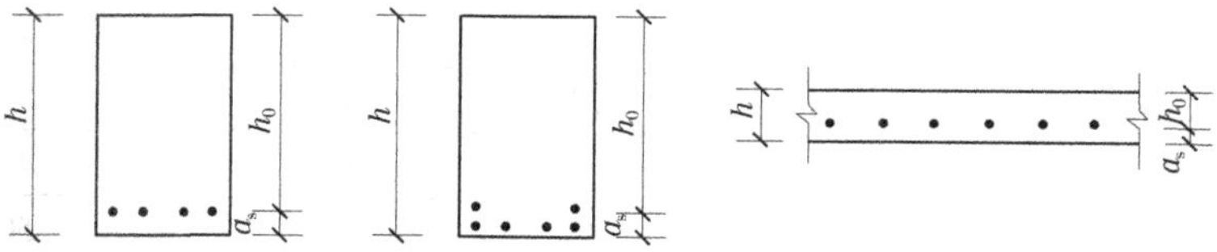

图 12-7 梁、板有效高度

1. 板

板中受力钢筋直径一般为 8 ~ 12 mm，平均直径按 10 mm 计算，在正常环境下，当混凝土强度等级不大于 C25 时，混凝土保护层厚度为 20 mm，则其有效高度为

$$h_0 = h - 20 - d/2 = h - 25$$

2. 梁

梁中受拉钢筋直径为 12 ~ 25 mm，平均按 20 mm 计算，在正常环境下，当混凝土强度

等级不大于 C25 时,保护层厚度为 25 mm,则其有效高度为:

当钢筋按一排放置时

$h_0 = h - 25 - d/2 = h - 35$(从偏于安全考虑,常按 $h_0 = h - 40$ 计算)

当钢筋按二排放置时

$$h_0 = h - (60 \sim 70)$$

则有效高度可统一写为

$$h_0 = h - a_s \tag{12-1}$$

式中 h——截面高度;

a_s——受拉钢筋重心到混凝土受拉边缘的垂直距离。

12.2 正截面配筋

由于钢筋混凝土材料本身的弹塑性特点,因此若按材料力学的公式对其进行强度计算,则不符合钢筋混凝土受弯构件的实际情况。为了了解钢筋混凝土受弯构件的破坏过程,需研究其在荷载作用下截面受力及变形情况,从而建立起计算公式。

12.2.1 适筋梁的三个工作阶段

在试验中应该避免剪力的影响,通常是在简支梁上加两个对称的集中荷载(见图 12-8)。这样,在两个集中荷载之间的一段就形成了只有弯矩没有剪力的"纯弯段"(忽略自重)。我们所测得的数据是从"纯弯段"而得的。试验时,荷载从零分级增加,一直到梁的破坏。

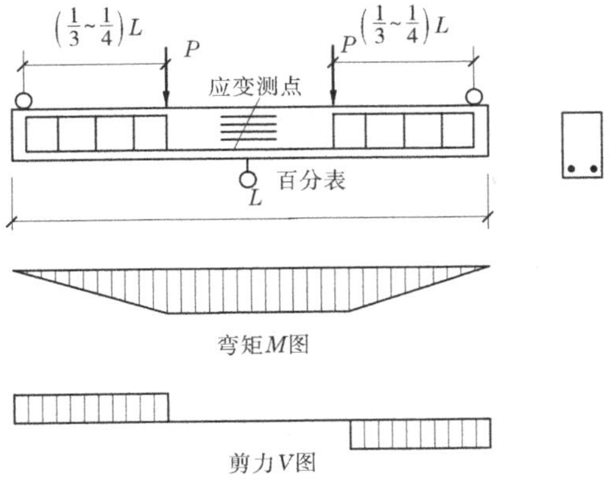

图 12-8 梁正截面受弯承载力试验

图 12-9 表示的是一根配置适量低碳钢的钢筋混凝土梁在对称荷载作用下弯矩与挠度的关系,纵坐标为相对于梁在某一荷载下的弯矩 M 与破坏时所承担的弯矩 M_u 的比值,M/M_u 为无量纲值,横坐标为梁跨中挠度 f 的实测值。

由图 12-9 可见,当弯矩较小时,梁的受拉区尚未出现裂缝,挠度与弯矩接近直线变化,称作第 I 阶段。当弯矩超过抗裂弯矩 M_{cr} 后,梁的受拉区已出现裂缝。随着裂缝的出现与开展，挠度的增长速度比开裂前快，弯矩与挠度不成直线变化，梁进入第Ⅱ阶段。

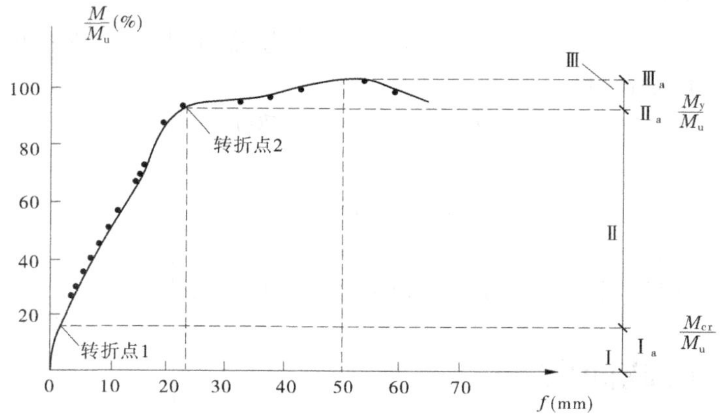

图 12-9　某钢筋混凝土梁$\frac{M}{M_u}$ ~ f 关系曲线图

在整个第Ⅱ阶段，受拉混凝土逐步退出工作，其所承担的拉力也逐步转移给钢筋，钢筋的应力随弯矩的增加而增加。当弯矩增加到 M_y 时钢筋屈服，标志着第Ⅱ阶段结束，梁的工作转入到第Ⅲ阶段。

进入第Ⅲ阶段后，弯矩增加不多，裂缝急剧开展，挠度也迅速增加，钢筋的应变也有较大的增长，但其应力维持屈服强度不变。当弯矩增加到 M_u 时，受压混凝土的应变达到弯曲受压时的极限应变，梁的正截面发生破坏。

第Ⅰ阶段梁的挠度增长速度较慢，第Ⅱ阶段由于梁带着裂缝工作，挠度增长速度较前为快，正常工作的梁，一般都是处于第Ⅱ阶段。第Ⅲ阶段由于钢筋屈服，挠度急剧增加，直到梁破坏。

第Ⅰ阶段末为开裂弯矩及抗裂度验算的依据；第Ⅱ阶段的应力状态是正常使用阶段变形和裂缝宽度计算的依据；第Ⅲ阶段末为正截面承载力“极限状态”计算的依据。

12.2.2　受弯构件正截面的三种破坏形态

大量试验表明：随着纵向受拉钢筋配筋率 ρ 的不同，受弯构件正截面可能产生三种不同的破坏形式。梁的三种破坏情况如图 12-10 所示。

纵向受拉钢筋配筋率，即纵向受拉钢筋截面面积与混凝土有效面积的比值，表达式为

$$\rho = \frac{A_s}{bh_0} \tag{12-2}$$

式中　A_s ——纵向受拉钢筋截面面积；

b ——梁的截面宽度；

h_0 ——梁的截面有效高度（当验算最小配筋时取 h）。

12.2.2.1　适筋梁

适筋梁是指在生产实践中广泛应用的含有适量配筋的梁，即配筋率 ρ 适中，它的破坏特点如前所述：钢筋首先进入屈服阶段，继续增加荷载后，混凝土受压破坏，我们称这种破

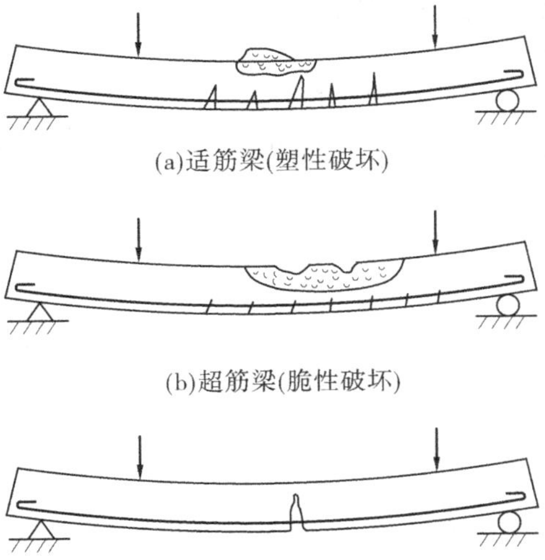

(a)适筋梁(塑性破坏)

(b)超筋梁(脆性破坏)

(c)少筋梁(脆性破坏)

图 12-10 梁的三种破坏情况

坏为“适筋破坏”。适筋梁的破坏不是突然发生的，破坏前裂缝与挠度有明显的增长，有明显的预兆，故适筋破坏属延性破坏，如图 12-10(a)所示。适筋梁的钢筋与混凝土均能充分发挥作用，故正截面承载力计算是建立在适筋梁基础上的。

12.2.2.2 **超筋梁**

如果梁内放置的纵向受拉钢筋过多，即配筋率 ρ 过大，在荷载作用下，当受压区混凝土已被压碎时，而受拉钢筋尚未屈服，但梁因不能继续承担弯矩而破坏，我们称此种破坏为“超筋破坏”，如图 12-10(b)所示。超筋梁的破坏是由于混凝土抗压强度的耗尽，因此超筋梁的承载力 M_u 仅取决于混凝土的抗压强度。超筋破坏带有一定的突然性，缺乏必要的预兆，属于脆性破坏，因此设计时不允许出现超筋情况。

12.2.2.3 **少筋梁**

如果受拉区配置的钢筋过少，即配筋率 ρ 过小，开始加荷时，拉力由受拉的钢筋与混凝土共同承担，当继续增加荷载至构件开裂时，裂缝截面混凝土所承担的拉力几乎全部转移给钢筋，使钢筋应力突然剧增。由于钢筋过少，其钢筋应力很快到达其屈服强度，甚至经过流幅而进入强化阶段。此时梁的裂缝开展很大，挠度也不小，而且这种裂缝与挠度是不可恢复的，梁严重下垂，不能继续承载，即标志着梁的破坏，如图 12-10(c)所示。少筋梁的强度取决于混凝土的抗拉强度，属于脆性破坏，且承载力很低，故在建筑结构中不允许采用。

为将受弯构件设计成适筋梁，要求梁内配筋率 ρ 既不超过适筋梁的最大配筋率 ρ_{max}，也不能小于最小配筋率 ρ_{min}。

12.2.2.4 适筋梁与超筋梁、少筋梁的界限

1. 等效矩形应力图形

因为受压混凝土的压应力非线性分布，使得正截面承载力计算过程十分繁杂。为了简化计算，《混凝土结构设计规范》(GB 50010—2010)采用等效矩形应力图形替换曲线应力图形，如图 12-11 所示。

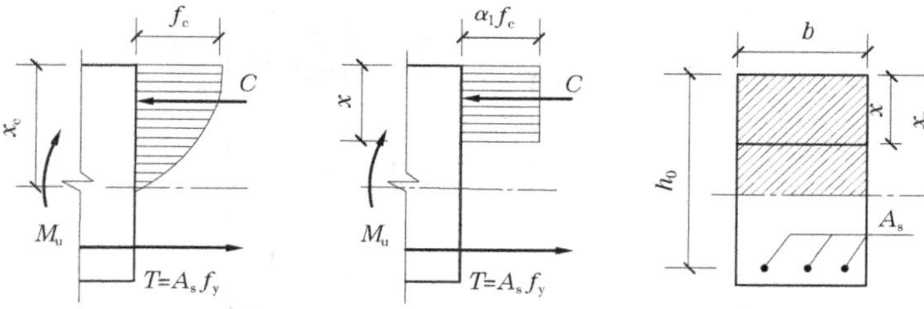

(a)曲线应力分布　(b)等效矩形应力分布　(c)截面

图 12-11　等效矩形应力图形的替换

等效矩形应力图形的应力值为 $\alpha_1 f_c$，其受压高度取为 x，实际受压高度取为 x_c。（等效矩形应力图形的受压高度 x 与实际受压高度 x_c 之间的关系式为 $x=\beta_1 x_c$，当混凝土强度等级≤C50 时，取 $\alpha_1=1.0$，$\beta_1=0.8$；当混凝土强度等级为 C80 时，取 $\alpha_1=0.94$，$\beta_1=0.74$；对于 C50 ~ C80 的混凝土强度等级，α_1、β_1 值按线性内插法确定）

2. 适筋梁与超筋梁的界限

根据试验及推导，三种破坏的受压区高度各不相同。适筋梁随着配筋率 ρ 的增大，受压区高度 x 也增大。当配筋率增大到上限值 ρ_{max} ($\rho_{max}=\dfrac{A_{smax}}{bh_0}$)时，适筋梁的受压区高度也达到最大值 x_b 。

结构中常用相对受压区高度进行计算和描述。受压区高度 x 与截面有效高度 h_0 的比值称为相对受压区高度 ξ，即

$$\xi = x/h_0 \tag{12-3}$$

适筋梁的最大受压区高度 x_b 与截面有效高度 h_0 的比值称为界限相对受压区高度 ξ_b ，即

$$\xi_b = x_b/h_0 \tag{12-4}$$

对于热轧钢筋，当混凝土强度等级不超过 C50 时，其相对界限受压区高度可按表 12-4采用。

对于混凝土强度等级≤C50 的热轧钢筋，其最大配筋率 ρ_{max} 与界限相对受压区高度 ξ_b 之间有如下关系式

$$\rho_{max} = \xi_b \frac{\alpha_1 f_c}{f_y} \tag{12-5}$$

即由 ξ_b 可计算得出 ρ_{max} 。为了使用方便，将常用的混凝土等级和具有明显屈服点钢筋的普通混凝土受弯构件的最大配筋率列于表 12-5，以供读者查用。

表 12-4 混凝土强度不超过 C50 时相对界限受压区高度 ξ_b 值

钢筋牌号	符号	钢筋受拉强度设计值 (N/mm²)	E_s (N/mm²)	ξ_b
HPB300	Φ	270	2.1×10^5	0.580
HRB335、HRBF335	Φ、Φ^F	300	2.0×10^5	0.550
HRB400、HRBF400、RRB400	Φ、Φ^F、Φ^R	360	2.0×10^5	0.518
HRB500、HRBF500	Φ、Φ^F	435	2.0×10^5	0.482

表 12-5 单筋矩形截面适筋梁的最大配筋率 ρ_{max} (%)

钢筋牌号	混凝土强度等级						
	C20	C25	C30	C35	C40	C45	C50
HPB300	2.06	2.55	3.07	3.58	4.11	—	—
HRB335、HRBF335	1.79	2.22	2.66	3.11	3.56	—	—
HRB400、HRBF400、RRB400	—		2.10	2.45	2.81	3.11	3.40
HRB500、HRBF500	—		1.61	1.88	2.15	2.37	2.60

由上述可知，若满足：

$x \leqslant x_b = \xi_b h_0$ 或 $\xi \leqslant \xi_b$ 或 $\rho = \dfrac{A_0}{bh_0} \leqslant \rho_{max}$，则不会出现超筋情况。

3. 适筋梁与少筋梁的界限

对于配筋率很小的梁，可忽略受拉钢筋的作用，而按素混凝土梁考虑。矩形截面素混凝土梁的开裂弯矩为

$$M_{cr} = 0.292bh^2f_t \tag{12-6}$$

配筋过少的钢筋混凝土梁在破坏时正截面受弯承载力设计值 M_u 等于同截面同等级的素混凝土梁的正截面所能承担的开裂弯矩 M_{cr}。矩形截面受弯构件最小配筋率需按照全截面面积计算，即

$$\rho = \frac{A_s}{bh} \tag{12-7}$$

T 形截面按构件全截面面积扣除受压边的翼缘面积 $(b'_f - b)h'_f$ 后的截面面积计算，即

$$\rho = \frac{A_s}{A - (b'_f - b)h'_f} \tag{12-8}$$

许用最小配筋率 ρ_{min} 为少筋梁与适筋梁的界限。当设计中满足 $\rho \geqslant \rho_{min}$，梁将不会出现少筋状态。

混凝土构件纵向受力钢筋的许用最小配筋百分率 ρ_{min} 见表 12-6。

表 12-6　混凝土构件纵向受力钢筋的最小配筋百分率 ρ_{min}　　　(%)

受力类型			最小配筋百分率
受压构件	全部纵向钢筋	强度等级 500 MPa	0.50
		强度等级 400 MPa	0.55
		强度等级 300 MPa、335 MPa	0.60
	一侧纵向钢筋		0.20
受弯构件、偏心受拉、轴心受拉构件一侧的受拉钢筋			0.20 和 $45f_t/f_y$ 中的较大值

注:1. 受压构件全部纵向钢筋最小配筋百分率,当采用 C60 以上强度等级的混凝土时,应按表中规定增加 0.10。
2. 偏心受拉构件中的受压钢筋,应按受压构件一侧纵向钢筋考虑。
3. 受压构件的全部纵向钢筋和一侧纵向钢筋的配筋率以及轴心受拉构件和小偏心受拉构件一侧受拉钢筋的配筋率应按构件的全截面面积计算;受弯构件、大偏心受拉构件一侧受拉钢筋的配筋率应按全截面面积扣除受压翼缘面积 $(b'_f - b)h'_f$ 后的截面面积计算。
4. 当钢筋沿构件截面周边布置时,"一侧纵向钢筋"系指沿受力方向两个对边中的一边布置的纵向钢筋。

12.2.3　单筋矩形截面正截面承载力计算

12.2.3.1　基本假定

我国《混凝土结构设计规范》(GB 50010—2010)对正截面承载力计算,采取下列基本假定:

(1)平截面假定

从加荷开始直到破坏,基本上符合平截面假定。

(2)材料的应力—应变物理关系

混凝土受压应力—应变关系如图 12-12(a)所示,其表达式为:

当 $\varepsilon_c \leqslant \varepsilon_0$ 时,$\sigma_c = f_c\left[1 - \left(1 - \dfrac{\varepsilon_c}{\varepsilon_0}\right)^n\right]$;当 $\varepsilon_0 < \varepsilon_c \leqslant \varepsilon_{cu}$ 时,$\sigma_c = f_c$。

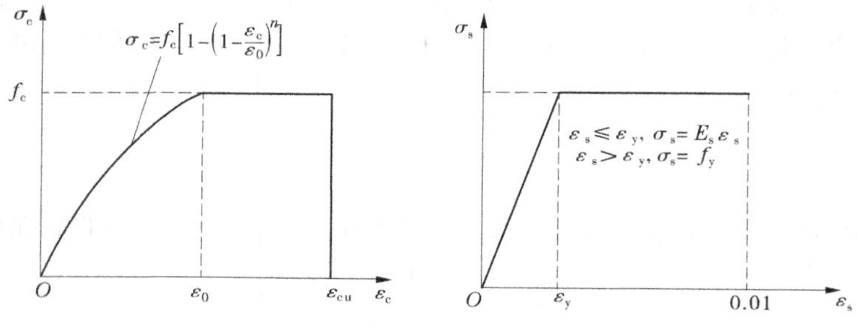

(a)混凝土应力—应变关系　　(b)钢筋应力—应变关系

图 12-12　材料的应力—应变物理关系

钢筋采用理想的弹塑应力—应变关系,如图 12-12(b)所示,其表达式为:当 $\varepsilon_s \leqslant \varepsilon_y$ 时,$\sigma_s = E_s\varepsilon_s$;当 $\varepsilon_s > \varepsilon_y$ 时,$\sigma_s = f_y$。

(3)不考虑混凝土的受拉强度。

12.2.3.2 基本公式及其适用条件

用适筋梁破坏时等效受压矩形应力图代替混凝土实际压力图，根据基本假定，则单筋矩形截面在承载能力极限状态下的计算应力图形如图 12-13 所示。这时，因不考虑受拉区混凝土的受拉强度，全部拉力由钢筋承担，钢筋的拉应力达到其抗拉强度设计值 f_y。

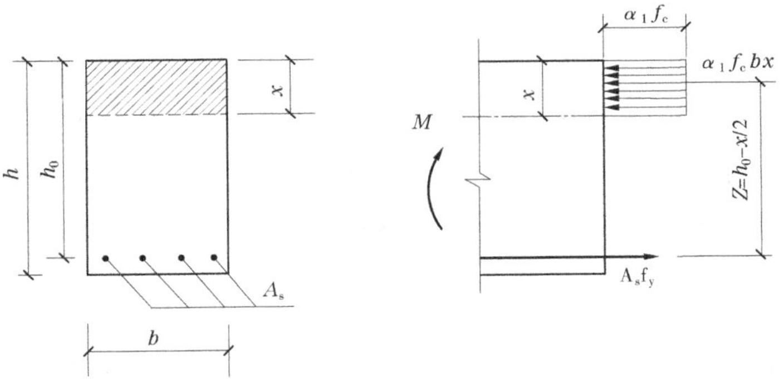

(a)单筋矩形截面　　(b)等效矩形应力图形

图 12-13　单筋矩形截面正截面计算应力图形

1. 基本公式

可根据平衡条件推导出基本公式如下：

$$A_s f_y = \alpha_1 f_c bx \tag{12-9}$$

$$M \leqslant M_u = \alpha_1 f_c bx(h_0 - \frac{x}{2}) \tag{12-10}$$

或

$$M \leqslant M_u = A_s f_y(h_0 - \frac{x}{2}) \tag{12-11}$$

式中 f_c ——混凝土轴心抗压强度设计值；

α_1 ——系数，当混凝土强度等级不超过 C50 时，α_1 取 1.0，当混凝土强度等级为 C80 时，α_1 取 0.94，其间按线性内插法取用；

b ——截面宽度；

x ——混凝土受压区高度；

f_y ——钢筋抗拉强度设计值；

A_s ——纵向受拉钢筋截面面积；

h_0 ——截面有效高度；

M_u ——截面破坏时的极限弯矩；

M ——作用在截面上的弯矩设计值。

2. 基本公式适用条件

基本公式（12-9）、式（12-10）、式（12-11）是在适筋条件下建立的。因此，基本公式必须满足下列条件：

$$x \leqslant x_b \text{或} \xi \leqslant \xi_b \text{或} \rho = \frac{A_s}{bh_0} \leqslant \rho_{max} \tag{12-12}$$

且 $$\rho \geqslant \rho_{min} \tag{12-13}$$

在适筋范围内，适筋梁截面的抵抗弯矩将随 x 的增加而增加。因此，受压区高度为 x_b 时是适筋梁所能抵抗的最大弯矩 M_{umax}，即

$$M_{umax} = \alpha_1 f_c b x_b (h_0 - \frac{x_b}{2}) \tag{12-14}$$

所以若从截面的抵抗弯矩看，适筋梁需满足

$$M \leqslant M_{umax} = \alpha_1 f_c b x_b (h_0 - \frac{x_b}{2}) = \xi_b (1 - 0.5\xi_b) \alpha_1 f_c b h_0^2 \tag{12-15}$$

式(12-12)、式(12-15)是从不同角度来说明不使梁出现超筋状态的条件，因而其意义是相同的，目的都是保证纵向受拉钢筋应力达到 f_y。因此，只要满足其中任何一个条件，均表明梁不致超筋。

12.2.3.3　截面设计

截面设计的内容包括：选用构件的材料、确定截面尺寸和钢筋面积等问题。

选择截面时，应当满足刚度并保证适筋条件。合理的截面尺寸应该是使总的造价（包括材料及施工费用）最经济。因此在最大配筋率和最小配筋率之间还存在一个比较能符合上述经济要求的配筋率范围。按照我国的设计经验，板的经济配筋率为 0.4% ~ 0.8%，梁的经济配筋率为 0.6% ~ 1.5%。

选择材料时，应当注意到钢筋与混凝土黏结力的大小。混凝土强度等级高，黏结力大；混凝土强度等级低，黏结力小。所以，《混凝土结构设计规范》(GB 50010—2010)规定：钢筋混凝土结构的混凝土强度等级不宜低于 C20。

截面设计的一般情况是：已知弯矩设计值 M、截面尺寸 $b \times h$、材料强度设计值 f_c 和 f_y，计算截面所需配置的纵向受拉钢筋截面面积 A_s。

截面设计有以下两种方法。

1. 基本公式设计法

用基本公式设计截面，其步骤如下所示：

(1)将已知的 α_1、f_c、f_y、b、h_0、M 代入式(12-9)、式(12-10)求解截面受压区高度 x 和纵向受拉钢筋截面面积 A_s。

(2)根据计算的 A_s 在表 12-7 或表 12-10 中查出钢筋的直径及根数，并复核一排能否放下。如果纵向钢筋需要按两排放置，则应改换梁的有效高度 h_0，重新计算 A_s，并再次选择钢筋的直径及根数。计算中的有关数据可查阅表 12-7 ~ 表 12-10。

(3)验算基本公式的适用条件。如果求得的受压区高度 $x \geqslant \xi_b h_0$，表明构件的截面尺寸不够，应加大截面，或采用双筋截面；如配筋率 $\rho < \rho_{min}$，表明纵向钢筋过少，则应按构造配置纵向受拉钢筋，即

$$A_s \geqslant \rho_{min} b h \tag{12-16}$$

在确定截面有效高度时，若无实践经验，可先假设纵向钢筋按一排放置考虑，待计算中再行验算是否合适。

表 12-7 钢筋的计算截面面积及理论质量表

公称直径(mm)	不同根数钢筋的计算截面面积(mm^2)									单根钢筋理论质量(kg/m)
	1	2	3	4	5	6	7	8	9	
6	28.3	57	85	113	142	170	198	226	255	0.222
6.5	33.2	66	100	133	166	199	232	265	299	0.260
8	50.3	101	151	201	252	302	352	402	453	0.395
8.2	52.8	106	158	211	264	317	370	423	475	0.432
10	78.5	157	236	314	393	471	550	628	707	0.617
12	113.1	226	339	452	565	678	791	904	1 017	0.888
14	153.9	308	461	615	769	923	1 077	1 231	1 385	1.21
16	201.1	402	603	804	1 005	1 206	1 407	1 608	1 809	1.58
18	254.5	509	763	1 017	1 272	1 526	1 780	2 036	2 290	2.00
20	314.2	628	941	1 256	1 570	1 884	2 200	2 513	2 827	2.47
22	380.1	760	1 140	1 520	1 900	2 281	2 661	3 041	3 421	2.98
25	490.9	982	1 473	1 964	2 454	2 945	3 436	3 927	4 418	3.85
28	615.8	1 232	1 847	2 463	3 079	3 695	4 310	4 926	5 542	4.83
32	804.2	1 609	2 413	3 217	4 021	4 826	5 630	6 434	7 238	6.31
36	1 017.9	2 036	3 054	4 072	5 089	6 107	7 125	8 143	9 161	7.99
40	1 256.6	2 513	3 770	5 027	6 283	7 540	8 796	10 053	11 310	9.87

注：表中直径 $d=8.2$ mm 的计算截面面积及理论质量仅适用于有纵肋的热处理钢筋。

表 12-8 钢绞线公称直径、公称截面面积及理论质量

种类	公称直径(mm)	公称截面面积(mm^2)	理论质量(kg/m)
1×3	8.6	37.4	0.295
	10.8	59.3	0.465
	12.9	85.4	0.671
1×7 标准型	9.5	54.8	0.432
	11.1	74.2	0.580
	12.7	98.7	0.774
	15.2	139	1.101

表 12-9　钢丝公称直径、公称截面面积及理论质量

公称直径(mm)	公称截面面积(mm^2)	理论质量(kg/m)
4.0	12.57	0.099
5.0	19.63	0.154
6.0	28.27	0.222
7.0	38.48	0.302
8.0	50.26	0.394
9.0	63.62	0.499

表 12-10　钢筋混凝土板每米宽的钢筋用量表　(单位:mm^2)

钢筋间距(mm)	钢筋直径(mm)										
	3	4	5	6	6/8	8	8/10	10	10/12	12	12/14	14
70	101	180	280	404	561	719	920	1 121	1 369	1 616	1 907	2 199
75	94.2	168	262	377	524	671	859	1 047	1 277	1 508	1 780	2 052
80	88.4	157	245	354	491	629	805	981	1 198	1 414	1 669	1 924
85	83.2	148	231	333	462	592	758	924	1 127	1 331	1 571	1 811
90	78.2	140	218	314	437	559	716	872	1 064	1 257	1 483	1 710
95	74.5	132	207	298	414	529	678	826	1 008	1 190	1 405	1 620
100	70.6	126	196	283	393	503	644	785	958	1 131	1 335	1 539
110	64.2	114	178	257	357	457	585	714	871	1 028	1 214	1 399
120	58.9	105	163	236	327	419	537	654	798	942	1 113	1 283
125	56.5	101	157	226	314	402	515	628	766	905	1 068	1 231
130	54.4	96.6	151	218	302	387	495	604	737	870	1 027	1 184
140	50.5	89.8	140	202	281	359	460	561	684	808	904	1 099
150	47.1	83.8	131	189	262	335	429	523	639	754	890	1 026
160	44.1	78.5	123	177	246	314	403	491	599	707	831	962
170	41.5	73.9	115	168	231	295	379	462	564	665	785	905
180	39.2	69.8	109	157	218	279	358	436	532	628	742	855
190	37.2	66.1	103	149	207	265	339	413	504	595	703	810
200	35.3	62.8	98.2	141	196	251	322	393	479	565	668	770
220	32.1	57.1	89.2	129	179	229	293	357	436	514	607	700
240	29.4	52.4	81.8	118	164	210	268	327	399	471	556	641
250	28.3	50.3	78.5	113	157	201	258	314	383	452	534	616
260	27.2	48.3	75.5	109	151	193	248	302	369	435	513	592
280	25.2	44.9	70.1	101	140	180	230	281	342	404	477	550
300	23.6	41.9	65.5	94	131	168	215	262	320	377	445	513
320	22.1	39.2	61.4	88	123	157	201	245	299	353	417	481

【例 12-1】　如图 12-14 所示的钢筋混凝土简支梁,结构的安全等级为Ⅱ级,承受的荷

载设计值为 $q=28.2$ kN/m,混凝土强度为 C20,钢筋为 HRB335 级,构件处于一类环境,梁的截面尺寸 $b \times h=250$ mm×500 mm,计算梁的纵向受拉钢筋 A_s。

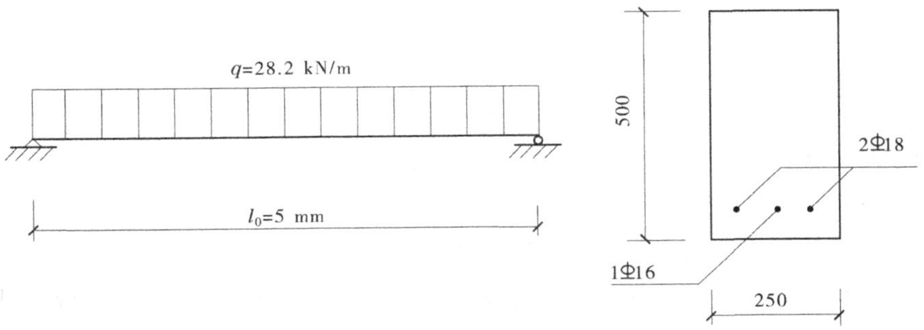

图 12-14

解:查表得出有关设计计算数据:$\alpha_1=1.0, f_c=9.6\ \text{N/mm}^2, f_y=300\ \text{N/mm}^2$,构件的安全等级系数为 1.0。荷载的分项系数:恒荷载 $\gamma_G=1.2$,活荷载 $\gamma_Q=1.4$。

截面的弯矩设计值:$M=\dfrac{1}{8}ql_0^2=\dfrac{1}{8}\times 28.2\times 5^2=88.13(\text{kN}\cdot\text{m})$

设纵向受拉钢筋按一排放置,则梁的有效高度 $h_0=500-40=460(\text{mm})$

由式(12-10)得

$$1.0\times 88.13\times 10^6=1.0\times 9.6\times 250\times x\times\left(460-\frac{x}{2}\right)$$

解上式的一元二次方程式,得截面的受压区高度为

$$x=87\ \text{mm}<x_b=\xi_b h_0=0.550\times 460=253(\text{mm})$$

将 x 值代入式(12-9),得受拉钢筋的截面面积为

$$A_s=\frac{\alpha_1 f_c bx}{f_y}=\frac{1.0\times 9.6\times 250\times 87}{300}=696(\text{mm}^2)$$

验算 ρ_{min}:

按表 12-7,在 $\rho_{min}=0.2\%$ 和 $45\dfrac{f_t}{f_y}\%$ 两者中取大值,故取 $\rho_{min}=0.2\%$,则

$$\rho_{min}bh=0.002\times 250\times 500=250(\text{mm}^2)<A_s=696(\text{mm}^2)$$

由以上验算可知,截面符合适筋条件。

选用 2 Φ 18 + 1 Φ 16 的纵向钢筋(见图 12-14),实际钢筋截面面积 $A_s=710.1$ mm²。

一排钢筋所需梁的最小宽度为 $b_{min}=4\times 25+2\times 18+1\times 16=152(\text{mm})<b=250$ mm,一排能放下,与原假设相符,不必重算。

2. 表格设计计算方法

1)表格的编制过程

由例 12-1 可看出 x 用基本公式设计,需要解一元二次方程,麻烦费事。为了方便计算,可将基本公式编制成计算表格直接查用,方便快捷。

令

$$\alpha_s=\xi(1-0.5\xi) \tag{12-17}$$

$$\gamma_s = 1 - 0.5\xi \tag{12-18}$$

式(12-10)、式(12-11)可分别转化为

$$M = \alpha_1 f_c bx\left(h_0 - \frac{x}{2}\right) = \alpha_1 f_c bh_0^2\xi(1 - 0.5\xi)$$

$$M = A_s f_y\left(h_0 - \frac{x}{2}\right) = A_s f_y h_0(1 - 0.5\xi)$$

将式(12-17)和式(12-18)分别代入以上两式,得

$$M = \alpha_s\alpha_1 f_c bh_0^2 \tag{12-19}$$

$$M = A_s f_y\gamma_s h_0 \tag{12-20}$$

α_s、γ_s 都是相对受压区高度 ξ 的函数。根据不同的 ξ 值,可由式(12-17)、式(12-18)计算出 α_s 及 γ_s,并编制计算表格(见表12-11)。从表中可看出,当已知 α_s、γ_s、ξ 三个数中的某一值时,就可以查出相对应的另外两个系数。

2)表格设计计算的步骤

(1)由式(12-19)求出系数 α_s,即

$$\alpha_s = \frac{M}{\alpha_1 f_c bh_0^2} \tag{12-21}$$

(2)根据系数 α_s,从表12-11中查出相对应的系数 ξ 或 γ_s;

(3)将 ξ 代入式(12-9)中,或将 γ_s 代入式(12-20)中,计算纵向受拉钢筋截面面积 A_s;

(4)验算适用条件,选择钢筋直径及根数。

表12-11　钢筋混凝土矩形和T形截面受弯构件强度计算表

ξ	γ_s	α_s	ξ	γ_s	α_s
0.01	0.995	0.010	0.32	0.840	0.269
0.02	0.990	0.020	0.33	0.835	0.273
0.03	0.985	0.030	0.34	0.830	0.282
0.04	0.980	0.039	0.35	0.825	0.289
0.05	0.975	0.048	0.36	0.820	0.295
0.06	0.970	0.058	0.37	0.815	0.301
0.07	0.965	0.068	0.38	0.810	0.309
0.08	0.960	0.077	0.39	0.805	0.314
0.09	0.955	0.085	0.40	0.800	0.320
0.10	0.950	0.095	0.41	0.795	0.326
0.11	0.945	0.104	0.42	0.790	0.332
0.12	0.940	0.113	0.43	0.785	0.337
0.13	0.935	0.121	0.44	0.780	0.343
0.14	0.930	0.130	0.45	0.775	0.349

续表 12-11

ξ	γ_s	α_s	ξ	γ_s	α_s
0.15	0.925	0.139	0.46	0.770	0.354
0.16	0.920	0.147	0.47	0.765	0.359
0.17	0.915	0.155	0.48	0.760	0.365
0.18	0.910	0.164	0.49	0.755	0.370
0.19	0.905	0.172	0.50	0.750	0.375
0.20	0.900	0.180	0.51	0.745	0.380
0.21	0.895	0.188	0.518	0.741	0.384
0.22	0.890	0.196	0.52	0.740	0.385
0.23	0.885	0.203	0.53	0.735	0.390
0.24	0.880	0.211	0.54	0.730	0.394
0.25	0.875	0.219	0.55	0.725	0.400
0.26	0.870	0.226	0.56	0.720	0.403
0.27	0.865	0.234	0.57	0.715	0.408
0.28	0.860	0.241	0.58	0.710	0.412
0.29	0.855	0.248	0.59	0.705	0.416
0.30	0.850	0.255	0.60	0.700	0.420
0.31	0.845	0.262	0.614	0.693	0.426

【例 12-2】 用表格公式计算例 12-1 的纵向受拉钢筋截面面积。

解:假设纵向钢筋按一排放置,有效高度 $h_0 = 500 - 40 = 460$(mm)。

由式(12-21),求出系数 $\alpha_s = \dfrac{M}{\alpha_1 f_c b h_0^2} = \dfrac{1.0 \times 88.13 \times 10^6}{1.0 \times 9.6 \times 250 \times 460^2} = 0.174$

根据 $\alpha_s = 0.174$,在表 12-11 中查得 $\xi = 0.193 < \xi_b = 0.550$。

将 $\xi = 0.193$ 代入式(12-9),A_s 为

$$A_s = \xi b h_0 \frac{\alpha_1 f_c}{f_y} = 0.193 \times 250 \times 460 \times \frac{1.0 \times 9.6}{300} = 710(\text{mm}^2)$$

$$\rho = \frac{A_s}{bh} = \frac{710}{250 \times 500} = 0.57\% > \rho_{\min} = 0.20\%$$

选择 2 Φ 18 + 1 Φ 16 的纵向钢筋,实际钢筋截面面积 $A_s = 710.1\ \text{mm}^2$。

对比例 12-1、例 12-2 可看出,用表格计算 A_s 比用基本公式计算 A_s 简便,两种方法的计算结果是一致的。

12.2.3.4 强度复核

复核截面强度时,一般是已知梁的截面尺寸 $b \times h$,受拉纵向钢筋截面面积 A_s,材料

强度 f_c、f_y 以及构件安全等级,构件所处环境正常。验算梁在给定弯矩设计值的情况下是否安全,或计算该截面的极限弯矩。

一般都采用基本公式复核正截面强度,计算步骤如下:

(1)根据截面配筋的实际情况,计算截面的有效高度 h_0;

(2)由式(12-9)计算截面受压区高度 x;

(3)验算适用条件:如 $x > \xi_b h_0$,应取 $x = \xi_b h_0$ 计算抵抗弯矩 M_u;如 $\rho < \rho_{min}$,应按素混凝土计算 M_u;

(4)由式(12-10)计算 M_u,并与弯矩设计值比较,从而判断截面是否安全。

【例 12-3】 验算图 12-15 所示梁的正截面强度是否安全。已知:截面尺寸 $b \times h = 250\ \text{mm} \times 500\ \text{mm}$,混凝土强度等级为 C20,钢筋 HRB335 级,受拉钢筋为 4 Φ 18 ($A_s = 1\ 017\ \text{mm}^2$),构件处于正常工作环境,弯矩设计值 $M = 100\ \text{kN} \cdot \text{m}$,构件安全等级为Ⅱ级。

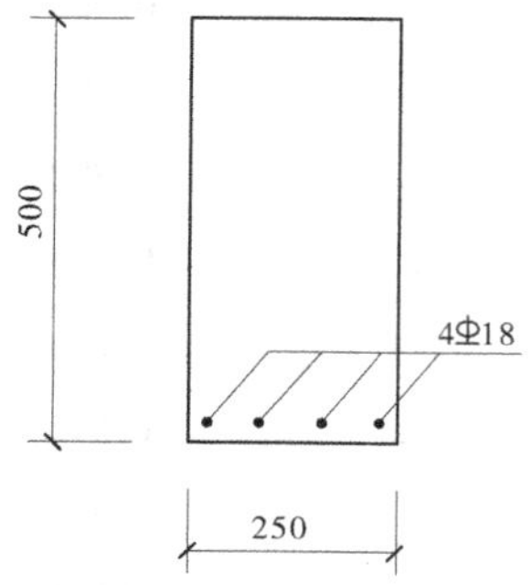

图 12-15

解:梁的有效高度

$h_0 = 500 - 40 = 460(\text{mm})$(亦可按钢筋的实际直径计算 h_0)

受压区高度

$$x = \frac{A_s f_y}{\alpha_1 f_c b} = \frac{1\ 017 \times 300}{1.0 \times 9.6 \times 250} = 127(\text{mm})$$

验算适筋条件

$$x = 127\ \text{mm} < \xi_0 h_0 = 0.550 \times 460 = 253(\text{mm})$$

截面的极限抵抗弯矩

$$M_u = \alpha_1 f_c bx\left(h_0 - \frac{x}{2}\right)$$

$$= 1.0 \times 9.6 \times 250 \times 127 \times \left(460 - \frac{127}{2}\right)$$

$$= 120.9 \times 10^6(\text{N} \cdot \text{mm}) = 120.9\ \text{kN} \cdot \text{m} > M = 100\ \text{kN} \cdot \text{m}$$

所以,该梁正截面强度足够。

12.2.4 双筋矩形截面正截面承载力计算

由公式 $M \leqslant M_{umax} = \alpha_1 f_c b x_b (h_0 - \frac{x_b}{2})$ 知,当梁承受的弯矩较大,截面尺寸和混凝土强度等级受限制不便提高时,如再设计成单筋梁,将不会满足适筋的使用条件。这时,可在截面受压区设置受压钢筋,以协助混凝土承受压力。当构件在不同的荷载组合下承受变号弯矩的作用时也应设计成双筋截面。在截面受拉区和受压区同时配有纵向受力钢筋的梁,称为双筋截面梁(见图 12-16)。

12.2.4.1 基本计算公式及其适用条件

当 $\xi \leqslant \xi_b$ 时,双筋矩形截面也具有单筋截面适筋梁的破坏特征,即受拉钢筋先达到屈

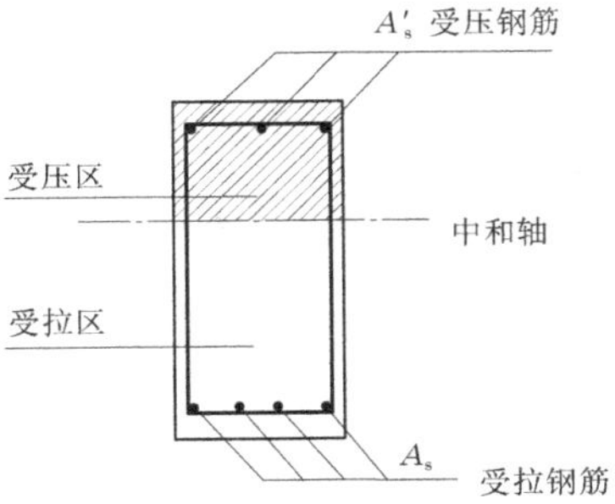

图 12-16　双筋截面梁

服，然后受压区混凝土被压碎而破坏。

双筋矩形截面的计算应力图形如图 12-17 所示。

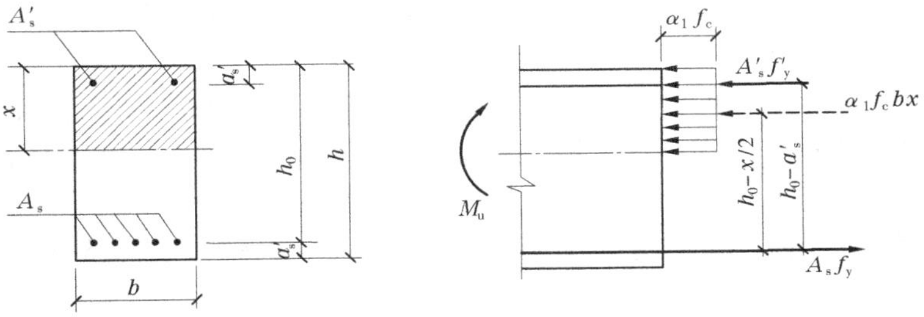

图 12-17　双筋矩形截面受弯构件正截面计算应力图

1. 基本计算公式

由力的平衡条件及力矩的平衡条件，可得基本公式

$$A_s f_y = \alpha_1 f_c bx + A'_s f'_y \tag{12-22}$$

$$M \leqslant M_u = \alpha_1 f_c bx\left(h_0 - \frac{x}{2}\right) + A'_s f'_y (h_0 - a'_s) \tag{12-23}$$

式中　A'_s——受压钢筋的截面面积，mm^2；

f'_y——受压钢筋的抗压强度设计值，但不超过 400 N/mm^2，N/mm^2；

a'_s——受压钢筋的合力作用点到截面受压边缘的距离，mm；

其他符号同单筋矩形截面。

2. 公式的适用条件

(1) $x \leqslant x_b$ 或 $\xi \leqslant \xi_b$。防止发生超筋破坏，保证受拉钢筋能达到抗拉强度设计值。

(2) $x \geqslant 2a'_s$。保证受压钢筋能达到抗压强度设计值。

若 $x < 2a'_s$，说明破坏时受压钢筋达不到抗压强度设计值 f'_y。设计时，取 $x = 2a'_s$，近似地认为混凝土压力合力作用点与受压钢筋合力作用点相重合，如图 12-18 所示。由力矩平衡条件，以受压钢筋合力作用点为矩心，可得正截面受弯承载力计算公式：

$$M \leqslant M_u = A_s f_y (h_0 - a'_s) \tag{12-24}$$

双筋截面中受拉钢筋面积配置较多，一般不会出现少筋破坏，所以不必验算最小配筋率。

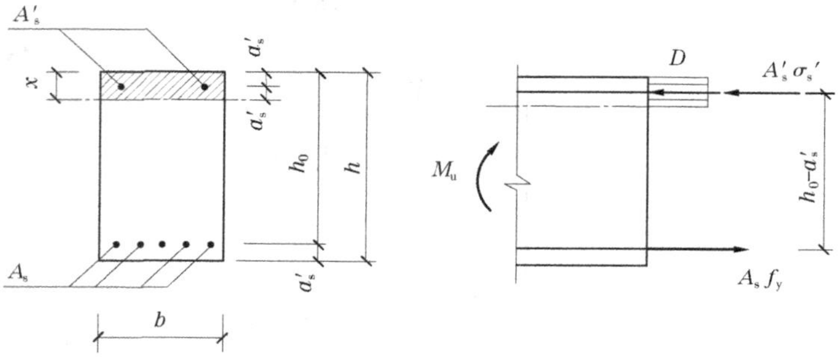

图 12-18　在受压钢筋不屈服时双筋矩形截面计算简图

12.2.4.2　**截面设计**

双筋矩形截面设计，有以下两种情况。

情况Ⅰ：已知材料强度等级、截面尺寸及弯矩设计值，求受拉钢筋面积 A_s 及受压钢筋的面积 A'_s。

在基本公式(12-22)和式(12-23)中，含有 A_s、A'_s、x 三个未知数，其解是不定的，需补充一个条件才能求解。考虑到受压钢筋仅是用来协助混凝土承受压力，因此计算受压钢筋 A'_s 时，应在充分利用混凝土的强度之后，再由受压钢筋承受混凝土承受不了的压力值。这样的设计，将会使钢筋的总用量($A_s + A'_s$)为最少，取得较好的经济效果。为此，应取 $x = \xi_b h_0$。

计算步骤如下：

(1)判别是否采用双筋截面。

单筋矩形截面的最大极限弯矩是 $M_{umax} = \alpha_1 f_c b x_b (h_0 - \frac{x_b}{2})$，当 $M > M_{umax}$ 时按双筋截面设计，否则按单筋截面设计。

(2)计算 A'_s。

取 $x = \xi_b h_0$ 代入式(12-23)，即可求得 A'_s。

(3)计算 A_s。

将 $x = \xi_b h_0$ 和 A'_s代入式(12-22)，即可求得 A_s。

情况Ⅱ：已知材料强度等级、截面尺寸、弯矩设计值及受压钢筋的面积，求受拉钢筋面积 A_s。

计算步骤如下：

(1)计算 α_s。

由式(12-23)可推导得出：

$$\alpha_s = \frac{M - A'_s f'_y (h_0 - a'_s)}{\alpha_1 f_c b h_0^2}$$

(2)计算 x。

由 α_s 查表 12-11 得 ξ，则 $x = \xi h_0$。

(3)计算 A_s。

当 $2a'_s \leqslant x \leqslant \xi_b h_0$ 时，由式(12-22)求得

$$A_s = (\alpha_1 f_c bx + A'_s f'_y)/f_y$$

当 $x > \xi_b h_0$ 时，说明原有的受压钢筋 A'_s 不足，需按情况 I 计算 A_s 与 A'_s。

当 $x < 2a'_s$ 时，说明破坏时受压钢筋达不到抗压强度设计值 f'_y，取 $x = 2a'_s$，由式(12-24)可求得 $A_s = \dfrac{M}{f_y(h_0 - a'_s)}$；再取 $A'_s = 0$，由式(12-22)重新求出 A_s；取这两种方法求得 A_s 的较小值。

【例 12-4】 已知某钢筋混凝土梁，截面尺寸 $b \times h = 200\ \text{mm} \times 500\ \text{mm}$，承受的弯矩设计值为 $M = 285\ \text{kN}\cdot\text{m}$，混凝土强度等级选用 C30，钢筋为 HRB335 级。安全等级二级，环境类别一类。求所需钢筋截面面积。

解：查表 11-1、表 11-2、表 12-4 得：C30 混凝土，$f_c = 14.3\ \text{N/mm}^2$，$\alpha_1 = 1$；HRB335 级钢筋，$f_y = 300\ \text{N/mm}^2$，$\xi_b = 0.550$。

(1)判别是否采用双筋截面。

因弯矩设计值较大，估计受拉钢筋需布置成两排，取 $a_s = 65$ mm，则

$$h_0 = h - a_s = 500 - 65 = 435(\text{mm})$$

单筋矩形截面所能承受的最大弯矩

$$M_{\text{umax}} = \xi_b(1 - 0.5\xi_b)\alpha_1 f_c bh_0^2 = 215.8\ \text{kN}\cdot\text{m} < M = 285\ \text{kN}\cdot\text{m}$$

故需采用双筋截面。

(2)计算 A'_s。

取 $a'_s = 35$ mm，把 $x = \xi_b h_0$ 代入式(12-23)，得

$$A'_s = [M - \xi_b(1 - 0.5\xi_b)\alpha_1 f_c bh_0^2]/[(h_0 - a'_s)f'_y] = 577\ \text{mm}^2$$

(3)计算 A_s。

将 $x = \xi_b h_0$ 及 A'_s 代入式(12-22)，得

$$A_s = (\xi_b \alpha_1 f_c bh_0 + A'_s f'_y)/f_y = 2\,858\ \text{mm}^2$$

(4)选配钢筋。受拉钢筋选用 6 Φ 25($A_{s实} = 2\,945\ \text{mm}^2$)；受压钢筋选用 3 Φ 16 ($A'_{s实} = 603\ \text{mm}^2$)。如图 12-19 所示。

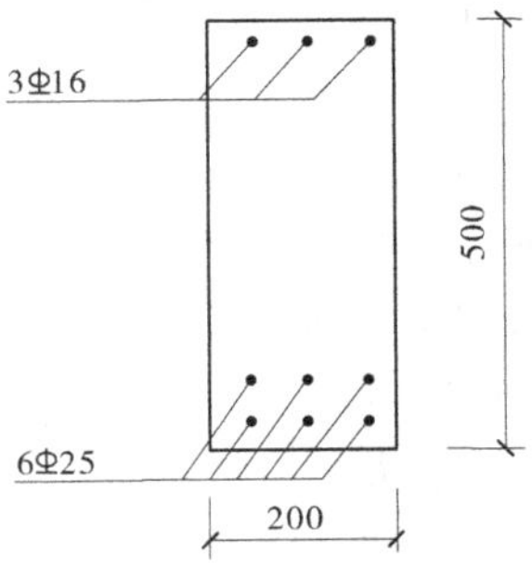

图 12-19 例 12-4

【例 12-5】 已知条件同例 12-4，但由于构造要求在受压区已配置了 3 Φ 20 钢筋($A'_s = 947\ \text{mm}^2$)。求受拉钢筋截面面积 A_s。

解：(1)计算 α_s。

由式(12-23)得

$$\alpha_s = \frac{M - A'_s f'_y(h_0 - a'_s)}{\alpha_1 f_c bh_0^2} = \frac{285 \times 10^6 - 947 \times 300 \times (435 - 35)}{1 \times 14.3 \times 200 \times 435^2} = 0.317$$

(2)计算 x。

查表得 $\xi = 0.397$，则

$$x = \xi h_0 = 0.397 \times 434.5 = 172(\text{mm})$$

(3) 计算 A_s。

因为 $2a_s' = 2 \times 35 = 70(\text{mm}) < x = 172\ \text{mm} < \xi_b h_0 = 0.550 \times 434.5 = 239(\text{mm})$

由式(12-22)得

$$\begin{aligned} A_s &= (\alpha_1 f_c bx + A_s' f_y')/f_y \\ &= (1 \times 14.3 \times 200 \times 172 + 947 \times 300)/300 = 2\ 587(\text{mm}^2) \end{aligned}$$

(4) 选配钢筋。

受拉钢筋选用 3 Φ 25 + 3 Φ 22($A_{s实} = 2\ 613\ \text{mm}^2$)。如图 12-20 所示。

12.2.4.3 承载力复核

承载力复核的计算步骤如下:

(1) 求 x。

由式(12-22)求得 x

$$x = (A_s f_y - A_s' f_y')/(\alpha_1 f_c b)$$

(2) 求 M_u。

当 $2a_s' \leqslant x \leqslant \xi_b h_0$ 时,由式(12-23)求得

$$M_u = \alpha_1 f_c bx(h_0 - x/2) + A_s' f_y'(h_0 - a_s')$$

当 $x < 2a_s'$ 时,由式(12-24)求得

$$M_u = A_s f_y(h_0 - a_s')$$

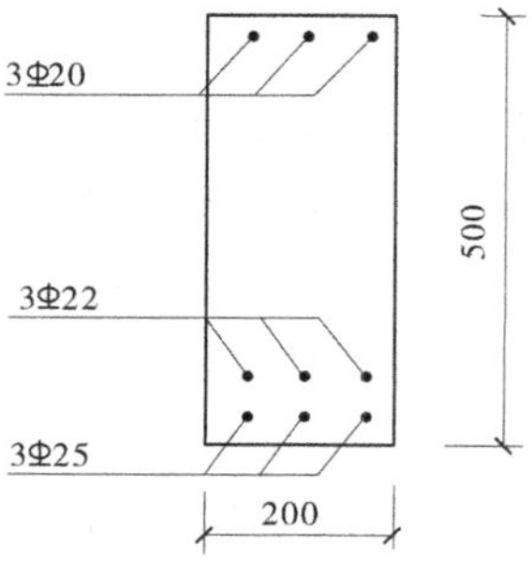

图 12-20 例 12-5

当 $x > \xi_b h_0$ 时,说明截面已超筋,此时应取 $x = x_b = \xi_b h_0$,代入式(12-23),求得

$$M_u = \alpha_1 f_c bx_b(h_0 - \frac{x_b}{2}) + A_s' f_y'(h_0 - a_s')$$

(3) 当 $M \leqslant M_u$ 时,认为正截面受弯承载力满足要求;否则,构件为不安全。

【例 12-6】 某钢筋混凝土梁,截面尺寸 $b = 300$ mm,$h = 600$ mm,采用 C35 混凝土和 HRB400 级钢筋,配有纵向受拉钢筋 4 Φ 25($A_s = 1\ 964\ \text{mm}^2$),受压钢筋 2 Φ 16($A_s' = 402\ \text{mm}^2$),要求承受弯矩设计值为 $M = 342$ kN · m,环境类别为二类 a。验算梁正截面承载力是否安全。

解:查表得:C35 混凝土,$f_c = 16.7\ \text{N/mm}^2$,$\alpha_1 = 1$;HRB400 级钢筋,$f_y = 360\ \text{N/mm}^2$,$\xi_b = 0.518$。环境类别为二类 a,偏于安全考虑,混凝土保护层最小厚度为 30 mm,则 $a_s = 30 + 25/2 = 42.5(\text{mm})$,$a_s' = 30 + 16/2 = 38(\text{mm})$,$h_0 = h - a_s = 600 - 42.5 = 557.5(\text{mm})$。

(1) 计算 x。

由式(12-22)得

$$\begin{aligned} x &= (A_s f_y - A_s' f_y')/(\alpha_1 f_c b) \\ &= (1\ 964 \times 360 - 402 \times 360)/(1 \times 16.7 \times 300) = 112(\text{mm}) \end{aligned}$$

(2) 计算 M_u。

因为 $2a_s' = 2 \times 38 = 76(\text{mm}) < x = 112(\text{mm}) < \xi_b h_0 = 0.518 \times 557.5 = 289(\text{mm})$

由式(12-23)得

$$\begin{aligned} M_u &= \alpha_1 f_c bx(h_0 - x/2) + A_s' f_y'(h_0 - a_s') \\ &= 1 \times 16.7 \times 300 \times 112 \times (557.5 - 112/2) + 402 \times 360 \times (557.5 - 38) \end{aligned}$$

$= 356.6 \times 10^6 (N \cdot mm) = 356.6\ kN \cdot m > M = 342\ kN \cdot m$

所以,该梁正截面受弯承载力满足要求,安全。

12.2.5 T形截面正截面承载力计算

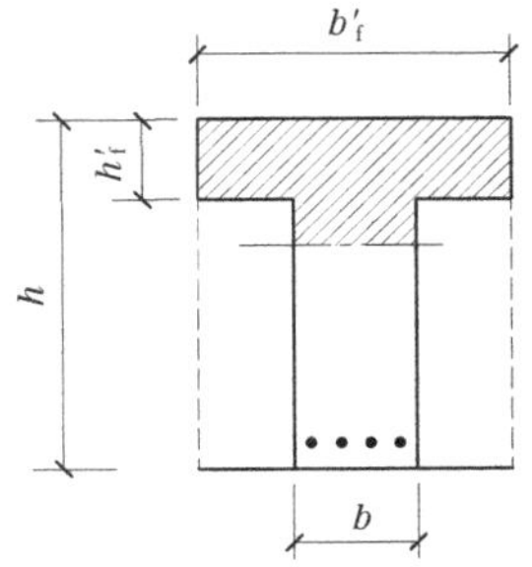

图 12-21

工程中肋形楼盖的梁、槽形板、圆孔空心板、薄腹梁等构件,在承载力计算时,均按T形截面计算。T形截面伸出部分称为翼缘,中间部分为肋,或称腹板。肋部宽度为 b,受压翼缘宽度为 b'_f,厚度为 h'_f,截面全高为 h,见图12-21。

12.2.5.1 翼缘的计算宽度

试验及理论分析表明:与肋部共同工作的翼缘宽度是有限的。计算上为了方便,假定距肋部一定范围以内的翼缘全部参与工作,而在这个范围以外的部分,则不参与受力,这个范围称为翼缘的计算宽度 b'_f。《混凝土结构设计规范》(GB 50010—2010)对翼缘计算宽度 b'_f 的取值详见表12-12,取其三项中的最小值。

表 12-12 T形、I形及倒L形截面受弯构件翼缘计算宽度 b'_f

项次	情况	T形、I形截面		倒L形截面
		肋形梁(板)	独立梁	肋形梁(板)
1	按计算跨度 l_0 考虑	$l_0/3$	$l_0/3$	$l_0/6$
2	按梁(纵肋)净距 s_n 考虑	$b+s_n$	—	$b+s_n/2$
3	按翼缘高度 h'_f 考虑	$b+12h'_f$	b	$b+5h'_f$

注:1. 表中 b 为梁的腹板宽度;

2. 如肋形梁在梁跨内设有间距小于纵肋间距的横肋时,可不遵守表中项次3的规定;

3. 加腋的T形、I形和倒L形截面,当受压区加腋的高度 $h_h \geq h'_f$ 且加腋的长度 $b_h \leq 3h_h$ 时,则其翼缘计算宽度可按表中项次3的规定分别增加 $2b_h$(T形截面、I形截面)和 b_h(倒L形截面);

4. 独立梁受压区的翼缘板在荷载作用下经验算沿纵肋方向可能产生裂缝时,则计算宽度应取腹板宽度 b。

12.2.5.2 基本公式及适用条件

1. T形截面的分类

T形截面受弯构件,按照受压区高度 x 的不同,分为以下两类T形截面(如图12-22所示):

第一类T形截面:中和轴在翼缘内,即 $x \leq h'_f$,如图12-22(a)所示。

第二类T形截面:中和轴在梁肋内,即 $x > h'_f$,如图12-22(b)所示。

当中和轴刚好位于翼缘底面,即 $x = h'_f$ 时,此为两类T形截面的界限情况,如图12-23所示。根据平衡条件,得

$$\alpha_1 f_c b'_f h'_f = A_s f_y \tag{12-25}$$

$$M_u = \alpha_1 f_c b'_f h'_f \left(h_0 - \frac{h'_f}{2}\right) \tag{12-26}$$

由式(12-25)和式(12-26),可得两类T形截面的判别式。

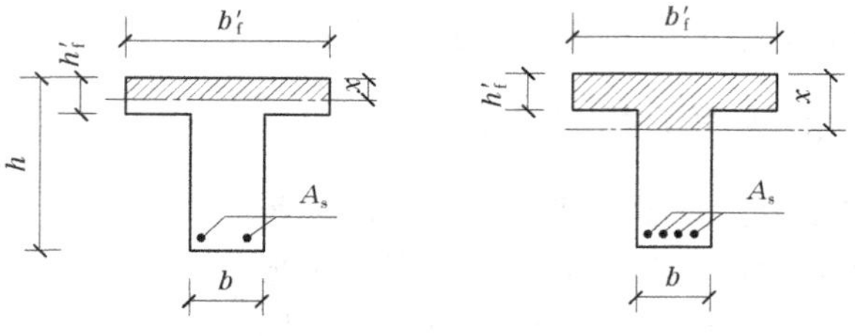

图 12-22　两类 T 形截面

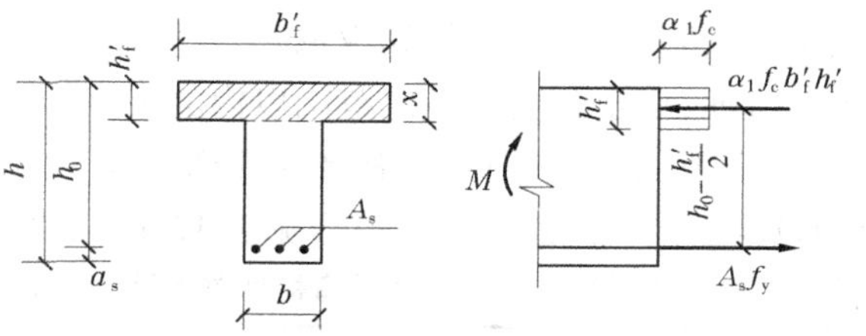

图 12-23　两类 T 形截面的界限

当满足下列条件之一时，属于第一类 T 形截面：

$$A_s f_y \leqslant \alpha_1 f_c b'_f h'_f \tag{12-27a}$$

$$M \leqslant \alpha_1 f_c b'_f h'_f (h_0 - \frac{h'_f}{2}) \tag{12-27b}$$

当满足下列条件之一时，属于第二类 T 形截面：

$$A_s f_y > \alpha_1 f_c b'_f h'_f \tag{12-28a}$$

$$M > \alpha_1 f_c b'_f h'_f (h_0 - \frac{h'_f}{2}) \tag{12-28b}$$

截面设计时，采用式(12-27b)和式(12-28b)判别 T 形截面类型(因为此时 A_s 未知)；承载力复核时，采用式(12-27a)和式(12-28a)判别 T 形截面类型(因为此时 A_s 已知)。

2. 基本公式及适用条件

1）第一类 T 形截面

第一类 T 形截面的计算简图如图 12-24 所示。因为受压区高度 $x \leqslant h'_f$，受压区形状是宽度为 b'_f 的矩形，故其承载力与宽度为 b'_f 的矩形截面梁完全相同。

由平衡条件，得基本公式

$$\alpha_1 f_c b'_f x = A_s f_y \tag{12-29}$$

$$M \leqslant M_u = \alpha_1 f_c b'_f x (h_0 - \frac{x}{2}) \tag{12-30}$$

适用条件：

①$A_s \geqslant \rho_{min} bh$，或 $\rho = A_s/(bh) \geqslant \rho_{min}$。防止少筋破坏。

②$x \leqslant \xi_b h_0$。防止超筋破坏。对于第一类 T 形截面，通常都能满足 $x \leqslant \xi_b h_0$，所以不必

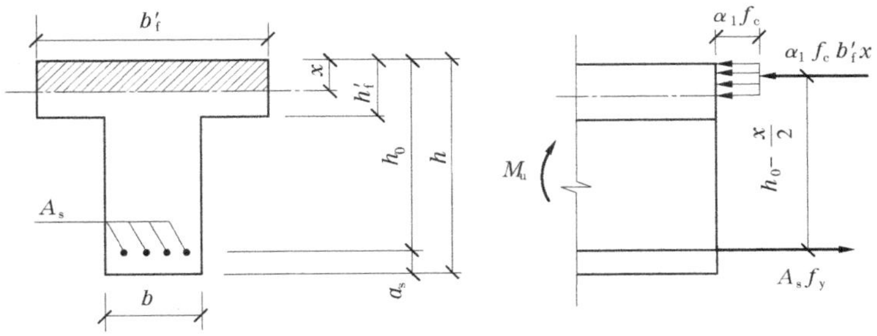

图 12-24　第一类 T 形截面计算简图

验算。

2) 第二类 T 形截面

第二类 T 形截面，因为受压区高度 $x > h'_f$，所以混凝土受压区形状为 T 形，其计算简图如图 12-25 所示。

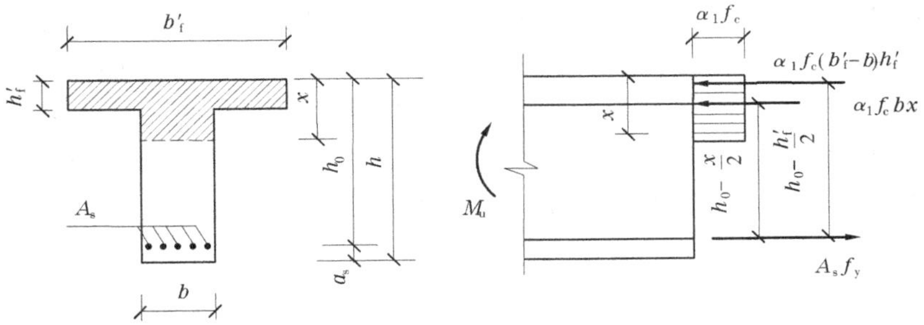

图 12-25　第二类 T 形截面计算简图

由平衡条件，得

$$A_s f_y = \alpha_1 f_c bx + \alpha_1 f_c (b'_f - b) h'_f \tag{12-31}$$

$$M \leqslant M_u = \alpha_1 f_c bx\left(h_0 - \frac{x}{2}\right) + \alpha_1 f_c (b'_f - b) h'_f \left(h_0 - \frac{h'_f}{2}\right) \tag{12-32}$$

适用条件：

①$x \leqslant \xi_b h_0$。防止超筋破坏。

②$A_s \geqslant \rho_{min} bh$，或 $\rho = A_s/(bh) \geqslant \rho_{min}$。防止少筋破坏。对于第二类 T 形截面，一般都能满足 $A_s \geqslant \rho_{min} bh$，所以不必验算。

12.2.5.3　截面设计

已知材料强度、T 形截面尺寸及弯矩设计值，求受拉钢筋面积 A_s。

1) 第一类 T 形截面

当 $M \leqslant \alpha_1 f_c b'_f h'_f \left(h_0 - \frac{h'_f}{2}\right)$ 时，属于第一类 T 形截面，其计算公式与计算步骤和 $b'_f \times h$ 单筋矩形截面梁相同，只是最后验算最小配筋率时，注意用梁肋宽度 b，而不是 b'_f。

2)第二类 T 形截面

当 $M > \alpha_1 f_c b'_f h'_f (h_0 - \frac{h'_f}{2})$ 时,属于第二类 T 形截面,其计算方法与双筋截面梁类似,计算步骤如下:

(1)计算 α_s。

由式(12-32)得

$$\alpha_s = \frac{M - \alpha_1 f_c (b'_f - b) h'_f (h_0 - \frac{h'_f}{2})}{\alpha_1 f_c b h_0^2}$$

(2)计算 x。

查表 12-11 得 ξ,计算 $x = \xi h_0$。

(3)计算 A_s。

当 $x \leq \xi_b h_0$ 时,直接由式(12-31)求得 $A_s = [\alpha_1 f_c b x + \alpha_1 f_c (b'_f - b) h'_f] / f_y$;

当 $x > \xi_b h_0$ 时,则表明梁的截面尺寸不够,应加大截面尺寸或改用双筋 T 形截面。

【例 12-7】 已知某现浇肋形楼盖的次梁,如图 12-26(a)所示。次梁的间距 2.4 m,计算跨度 $l_0 = 6$ m,跨中最大正弯矩设计值 $M = 122$ kN · m,选用 C25 混凝土强度和 HRB335 级钢筋,环境类别为一类。计算该次梁的受拉钢筋面积 A_s。

解:查表 11-1、表 11-2、表 12-4 得:C25 混凝土,$f_c = 11.9$ N/mm²,$f_t = 1.27$ N/mm²,$\alpha_1 = 1$;HRB335 级钢筋,$f_y = 300$ N/mm²,$\xi_b = 0.550$。

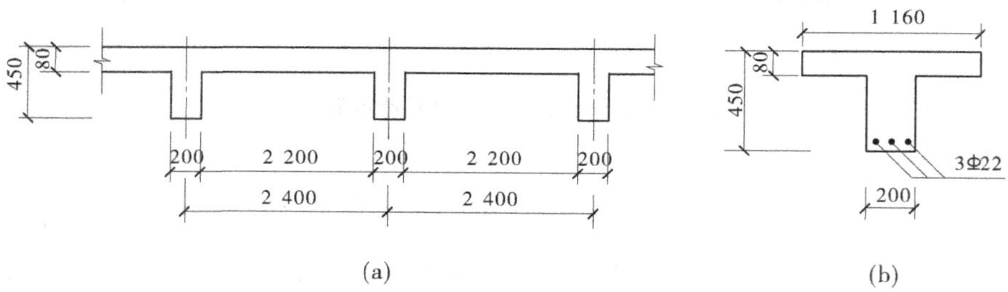

图 12-26 例 12-7

假定受拉钢筋单排布置,取 $a_s = 35$ mm,则

$$h_0 = h - a_s = 450 - 35 = 415(\text{mm})$$

(1)确定翼缘计算宽度 b'_f。

由表 12-12 可得:

按计算跨度 l_0 考虑时　　$b'_f = l_0/3 = 6\ 000/3 = 2\ 000(\text{mm})$

按梁的净距 s_n 考虑时　　$b'_f = b + s_n = 200 + 2\ 200 = 2\ 400(\text{mm})$

按翼缘高度 h'_f 考虑时　　$b + 12h'_f = 200 + 12 \times 80 = 1\ 160(\text{mm})$

所以,取 $b'_f = 1\ 160$ mm。

(2)判别 T 形截面类型。

$$\alpha_1 f_c b'_f h'_f (h_0 - \frac{h'_f}{2}) = 1 \times 11.9 \times 1\ 160 \times 80 \times (415 - \frac{80}{2})$$

$= 414.00 \times 10^6 (\text{N} \cdot \text{mm}) = 414.00 \text{ kN} \cdot \text{m} > M = 122 \text{ kN} \cdot \text{m}$

属于第一类 T 形截面。

(3) 计算 A_s。

$$\alpha_s = \frac{M}{\alpha_1 f_c b'_f h_0^2} = \frac{122 \times 10^6}{1 \times 11.9 \times 1\ 160 \times 415^2} = 0.051$$

查表 12-11，得 $\xi = 0.053$　　$x = \xi h_0 = 0.053 \times 415 = 22(\text{mm})$

$$A_s = \frac{\alpha_1 f_c b'_f x}{f_y} = \frac{1 \times 11.9 \times 1\ 160 \times 22}{300} = 1\ 012(\text{mm}^2)$$

受拉钢筋选用 3 Φ 22($A_{s实} = 1\ 140 \text{ mm}^2$)。

(4) 验算最小配筋率。

$0.45 \frac{f_t}{f_y} = 0.45 \times \frac{1.27}{300} = 0.19\% < 0.20\%$，取 $\rho_{min} = 0.20\%$。

$\rho_{min} bh = 0.20\% \times 200 \times 450 = 180(\text{mm}^2) < 1\ 140 \text{ mm}^2$，满足要求。

截面配筋如图 12-26(b) 所示。

【例 12-8】 某钢筋混凝土 T 形截面独立梁，截面尺寸如图 12-27 所示。采用 C30 混凝土和 HRB400 级钢筋，环境类别为一类，若承受的弯矩设计值为 $M = 675 \text{ kN} \cdot \text{m}$。计算所需的受拉钢筋面积 A_s。

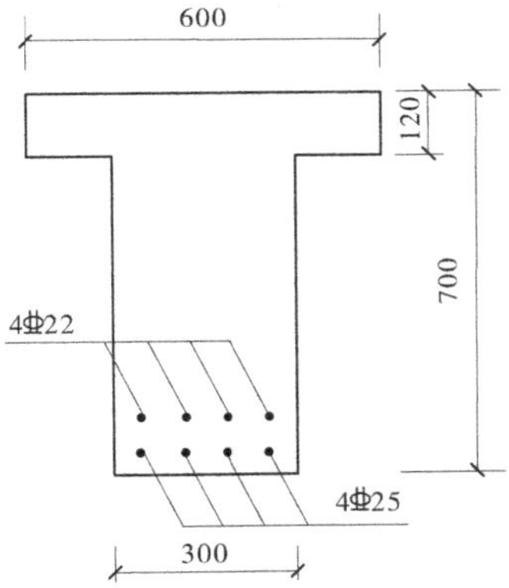

图 12-27　例 12-8

解：查表 11-1、表 11-2、表 12-4 得：C30 混凝土，$f_c = 14.3 \text{ N/mm}^2$，$\alpha_1 = 1$；HRB400 级钢筋，$f_y = 360 \text{ N/mm}^2$，$\xi_b = 0.518$。

由图可知：$b = 300$ mm，$b'_f = 600$ mm，$h = 700$ mm，$h'_f = 120$ mm。

因弯矩设计值较大，估计受拉钢筋布置两排。

取 $a_s = 65$ mm，则 $h_0 = h - a_s = 700 - 65 = 635(\text{mm})$。

(1) 判别 T 形截面类型。

$$\alpha_1 f_c b'_f h'_f (h_0 - \frac{h'_f}{2}) = 1 \times 14.3 \times 600 \times 120 \times (635 - \frac{120}{2})$$

$$= 592.02 \times 10^6 (\text{N} \cdot \text{mm}) = 592.02 \text{ kN} \cdot \text{m} < M = 675 \text{ kN} \cdot \text{m}$$

属于第二类 T 形截面。

(2) 计算 α_s。

由 $M \leqslant M_u = \alpha_s \alpha_1 f_c b h_0^2 + \alpha_1 f_c (b_f' - b) h_f' (h_0 - \frac{h_f'}{2})$ 得

$$\alpha_s = \frac{M - \alpha_1 f_c (b'_f - b) h'_f (h_0 - \frac{h'_f}{2})}{\alpha_1 f_c b h_0^2}$$

$$= \frac{675 \times 10^6 - 1 \times 14.3 \times (600 - 300) \times 120 \times (635 - \frac{120}{2})}{1 \times 14.3 \times 300 \times 635^2} = 0.219$$

(3) 计算 x。

查表 12-11 得 $\xi = 0.250$，则 $x = \xi h_0 = 0.250 \times 635 = 159(\text{mm})$。

(4) 计算 A_s。

$x = 159\ \text{mm} < \xi_b h_0 = 0.518 \times 635 = 329(\text{mm})$，则

$$A_s = \frac{\alpha_1 f_c b x + \alpha_1 f_c (b'_f - b) h'_f}{f_y}$$

$$= \frac{1 \times 14.3 \times 300 \times 159 + 1 \times 14.3 \times (600 - 300) \times 120}{360} = 3\ 325(\text{mm}^2)$$

受拉钢筋选用 4 Φ 25 + 4 Φ 22($A_{s实} = 3\ 484\ \text{mm}^2$)。

截面配筋如图 12-27 所示。

12.2.5.4 承载力复核

承载力复核时，T 形截面尺寸、材料强度等级、钢筋级别、配筋量和配筋方式等都已知，所以其计算步骤如下：

(1) 判别 T 形截面类型。当满足式(12-27a)时，为第一类 T 形截面；当满足式(12-28a)时，为第二类 T 形截面。

(2) 对于第一类 T 形截面，由式(12-29)可求得

$$x = A_s f_y / (\alpha_1 f_c b'_f)$$

则由式(12-30)得 $$M_u = \alpha_1 f_c b_f' x (h_0 - \frac{x}{2})$$

当 $M \leqslant M_u$ 时，正截面受弯承载力满足要求；否则，构件不安全。

(3) 对于第二类 T 形截面，由式(12-31)可求得

$$x = [A_s f_y - \alpha_1 f_c (b'_f - b) h'_f] / (\alpha_1 f_c b)$$

①当 $x \leqslant \xi_b h_0$ 时，由式(12-32)得

$$M_u = \alpha_1 f_c b x (h_0 - \frac{x}{2}) + \alpha_1 f_c (b'_f - b) h'_f (h_0 - \frac{h'_f}{2})$$

若 $M \leqslant M_u$，正截面受弯承载力满足要求；反之，构件不安全。

②当 $x > \xi_b h_0$ 时，说明 A_s 太多，超筋。此时应取 $x = \xi_b h_0$ 代入式(12-32)，求得

$$M_u = \xi_b (1 - 0.5 \xi_b) \alpha_1 f_c b h_0^2 + \alpha_1 f_c (b'_f - b) h'_f (h_0 - \frac{h'_f}{2})$$

若 $M \leqslant M_u$，正截面受弯承载力满足要求；反之，构件不安全。

【例 12-9】 已知某T形截面钢筋混凝土梁，截面尺寸如图12-28所示。混凝土强度等级为C25，在受拉区已配有8 Φ 20（A_s = 2 513 mm²）钢筋，承受的弯矩设计值为 M = 525 kN·m，环境类别为一类。试验算梁的正截面承载力是否安全。

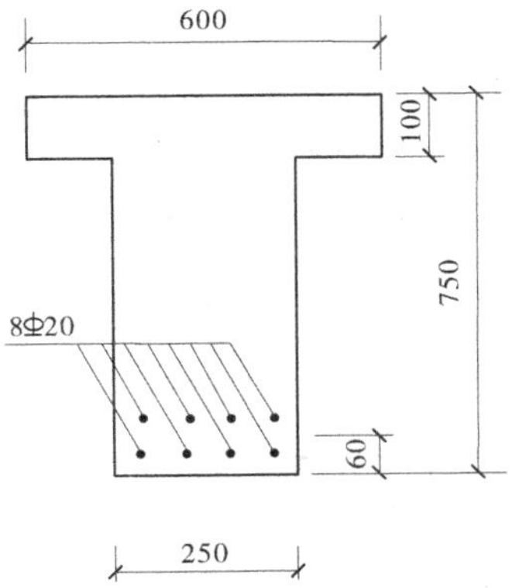

图 12-28 例 12-9

解：查表11-1、表11-2、表12-4得：C25混凝土，$f_c = 11.9\ \text{N/mm}^2$，$\alpha_1 = 1$；HRB335级钢筋，$f_y = 300\ \text{N/mm}^2$，$\xi_b = 0.550$。

由图可知：$b = 250$ mm，$b_f' = 600$ mm，$h = 750$ mm，$h_f' = 100$ mm。

$a_s = 60$ mm，则 $h_0 = h - a_s = 750 - 60 = 690$(mm)。

（1）判别T形截面类型。

$$A_s f_y = 2\,513 \times 300 = 753.9 \times 10^3(\text{N}) = 753.9\ \text{kN}$$

$$\alpha_1 f_c b'_f h'_f = 1 \times 11.9 \times 600 \times 100 = 714 \times 10^3(\text{N}) = 714\ \text{kN}$$

$A_s f_y > \alpha_1 f_c b_f' h_f'$，属于第二类T形截面。

（2）计算 x。

$$x = \frac{A_s f_y - \alpha_1 f_c (b'_f - b) h'_f}{\alpha_1 f_c b} = \frac{2\,513 \times 300 - 1 \times 11.9 \times (600 - 250) \times 100}{1 \times 11.9 \times 250} = 113(\text{mm})$$

（3）计算 M_u。

$x < \xi_b h_0 = 0.550 \times 690 = 380(\text{mm})$，则

$$M_u = \alpha_1 f_c b x \left(h_0 - \frac{x}{2}\right) + \alpha_1 f_c (b'_f - b) h'_f \left(h_0 - \frac{h'_f}{2}\right)$$

$$= 1 \times 11.9 \times 250 \times 113 \times \left(690 - \frac{113}{2}\right) + 1 \times 11.9 \times (600 - 250) \times 100 \times \left(690 - \frac{100}{2}\right)$$

$$= 479.53 \times 10^6(\text{N} \cdot \text{mm}) = 479.53\ \text{kN} \cdot \text{m} < M = 525\ \text{kN} \cdot \text{m}$$

因此，构件不安全。

12.3 斜截面配筋

实际工程中，绝大多数钢筋混凝土受弯构件除承受弯矩之外，还同时承受剪力。在弯

矩 M 和剪力 V 共同作用的剪弯区段内，构件常会出现斜裂缝（见图 12-29），甚至沿斜裂缝发生斜截面破坏。为了防止发生斜截面破坏，设计时应保证梁有足够的截面尺寸，并配置适量的箍筋和弯起钢筋，箍筋和弯起钢筋通常称腹筋。腹筋与纵向钢筋组成构件的钢筋骨架，与混凝土共同承受截面的弯矩和剪力，防止截面破坏，如图 12-30 所示。工程实际中的梁多为有腹筋梁，本章主要学习有腹筋梁的斜截面计算及构造。

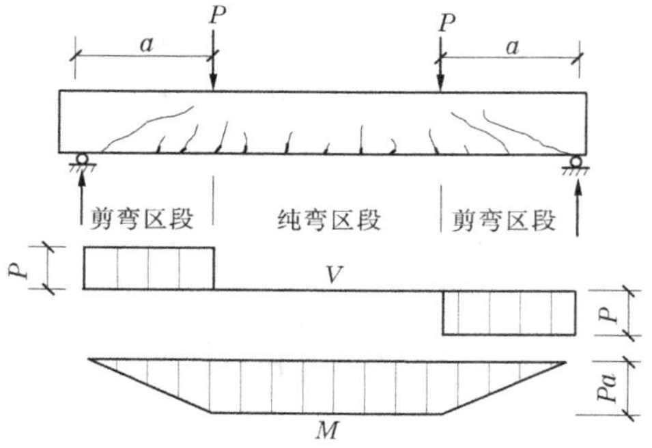

图 12-29　剪弯区段及斜裂缝

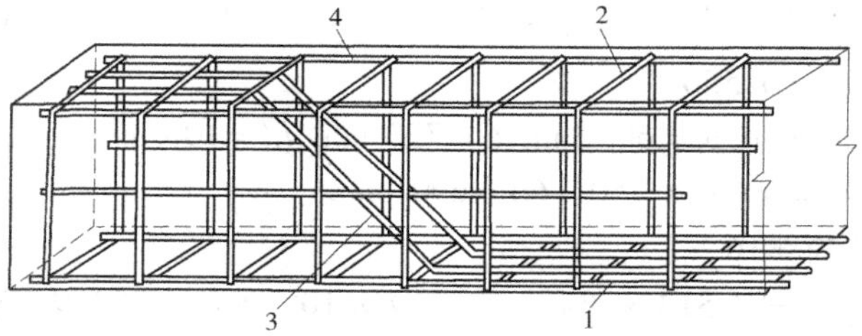

1—纵筋；2—箍筋；3—弯起钢筋（斜筋）；4—架立筋

图 12-30　梁的钢筋骨

12.3.1　受弯构件斜截面的三种破坏形态

箍筋的配筋率称为配箍率。由图 12-31 可知，配箍率计算公式为

$$\rho_{sv} = \frac{A_{sv}}{bs} = \frac{nA_{sv1}}{bs} \tag{12-33}$$

式中　A_{sv} ——配置在同一截面内箍筋各肢的全部截面面积，$A_{sv} = nA_{sv1}$；

n ——在同一截面内箍筋的肢数；

A_{sv1} ——单肢箍筋的截面面积；

b ——梁的截面（或肋部）宽度；

s——沿梁的长度方向箍筋的间距。

有腹筋梁的破坏形态与配箍率有关。

12.3.1.1　斜拉破坏

当配箍率过小时，斜裂缝一出现，箍筋应力即达到屈服，箍筋对斜裂缝开展的限制作

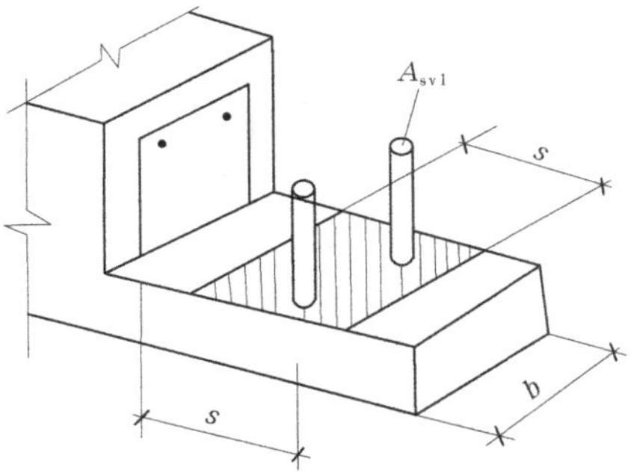

图 12-31 配箍率 ρ_{sv} 的定义

用已不存在，斜拉破坏类似正截面少筋梁破坏，一裂即坏，破坏突然，因此设计中必须防止出现少筋梁。

12.3.1.2 剪压破坏

当配箍率适当时，斜裂缝出现后箍筋应力增大，箍筋的存在限制了斜裂缝的延伸开展，使荷载可有较大的增长。随着荷载的增大，通常箍筋应力先到达屈服，箍筋应力到达屈服后，其限制斜裂缝开展的作用消失，最后受压区混凝土在剪压作用下到达极限强度，梁丧失其承载力，属剪压破坏。这种梁的受剪承载力主要取决于混凝土强度、截面尺寸及配箍率。其破坏原因是由于余留截面上混凝土的斜向压应力超过了混凝土在压力和剪力共同作用下的抗压强度。剪压破坏的破坏过程比斜拉破坏缓慢，腹筋能得到充分利用，因此在设计中应把构件斜截面破坏控制在剪压破坏形态。

12.3.1.3 斜压破坏

当配箍率过大时，箍筋应力增长缓慢，在箍筋应力未达到屈服，梁腹混凝土即达抗压强度时，就会发生斜压破坏。其承载力取决于混凝土强度及截面尺寸，破坏时腹筋达不到屈服，所以即使再增加箍筋或加配弯筋对斜截面受剪承载力的提高已不起作用。这种破坏没有预兆，类似于正截面的超筋破坏，设计中应当避免。

上述三种破坏形态，就其承载力而言，斜压破坏较高，剪压破坏次之，斜拉破坏最弱。剪切破坏均属脆性破坏，其中以斜拉破坏尤为突然。

12.3.2 基本公式及适用条件

12.3.2.1 承载力计算公式

有腹筋梁中受剪钢筋的设计，用控制最小配箍率来防止斜拉破坏；采用截面限制条件（相当于控制最大配箍率）的方法防止斜压破坏；通过受剪承载力计算确定所需腹筋预防剪压破坏。

斜截面所承受的剪力设计值 V_u 由三部分组成，见图 12-32，即

$$V_u = V_c + V_{sv} + V_{sb} \tag{12-34}$$

式中 V_c——混凝土剪压区受剪承载力设计值，N；

V_{sv}——与斜裂缝相交的箍筋的受剪承载力设计值，N；

V_{sb}——与斜裂缝相交的弯起钢筋的受剪承载力设计值，N。

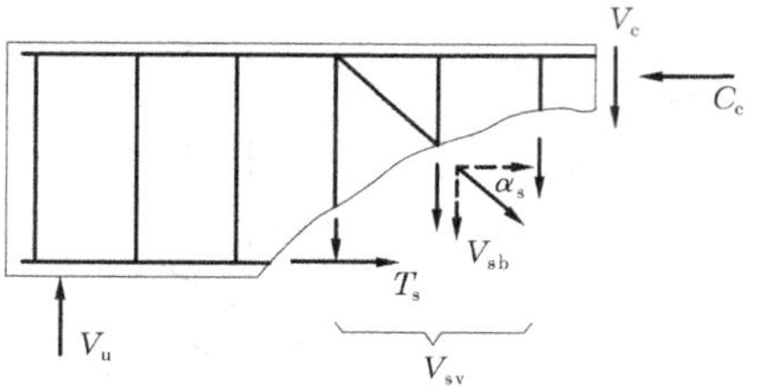

图 12-32 斜截面受剪承载力的组成

其中

$$V_c + V_{sv} = V_{cs} \tag{12-35}$$

式中 V_{cs}——斜截面上混凝土和箍筋受剪承载力设计值。

只配有箍筋梁的抗剪承载力公式为

$$V \leqslant V_u = V_{cs} \tag{12-36}$$

同时配置箍筋和弯起钢筋时,抗剪承载力公式为

$$V \leqslant V_u = V_{cs} + V_{sb} \tag{12-37}$$

1. 混凝土与箍筋的受剪承载力 V_{cs} 的计算公式

(1)对于矩形、T 形和 I 形截面的一般受弯构件

$$V_{cs} = 0.7f_t bh_0 + f_{yv}\frac{A_{sv}}{s}h_0 \tag{12-38}$$

式中 A_{sv}——配置在同一截面内箍筋各肢的全部截面面积($A_{sv} = nA_{sv1}$,n 为在同一截面内箍筋的肢数,A_{sv1} 为单肢箍筋的截面面积),mm^2;

s——沿构件长度方向上箍筋的间距,mm;

f_{yv}——箍筋抗拉强度设计值。

(2)对集中荷载作用下的独立梁(包括作用有多种荷载,其中集中荷载对支座截面或节点边缘所产生的剪力值占总剪力值的 75% 以上的情况),箍筋与混凝土的受剪承载力的计算公式

$$V_{cs} = \frac{1.75}{\lambda + 1}f_t bh_0 + f_{yv}\frac{A_{sv}}{s}h_0 \tag{12-39}$$

式中 λ——计算截面的剪跨比,可取 $\lambda = a/h_0$,a 为集中荷载作用点至支座截面或节点边缘的距离,当 $\lambda < 1.5$ 时取 $\lambda = 1.5$,当 $\lambda > 3$ 时取 $\lambda = 3$,集中荷载作用点至支座之间的箍筋,应均匀配置。

2. 弯起钢筋抵抗剪力 V_{sb} 的计算公式

$$V_{sb} = 0.8f_y A_{sb}\sin\alpha_s \tag{12-40}$$

式中 A_{sb}——同一弯起平面内弯起钢筋的截面面积,mm^2;

f_y——弯起钢筋的抗拉强度设计值,考虑剪压区的弯起钢筋在斜截面破坏时,其应力可能达不到屈服强度,乘以 0.8 的折减系数,N/mm^2;

α_s——斜截面上弯起钢筋与构件纵向轴线的夹角,一般为 45°,当梁截面超过 800 mm 时,通常为 60°。

12.3.2.2 计算公式的适用范围

1. 截面的最小尺寸

当梁截面尺寸过小，剪力较大时，梁可能发生斜压破坏，这时，即使多配置箍筋也无济于事。因而，设计时为避免斜压破坏，必须对梁的截面尺寸作如下的规定：

当 $h_w/b \leqslant 4$ 时

$$V \leqslant 0.25\beta_c f_c b h_0 \tag{12-41}$$

当 $h_w/b \geqslant 6$ 时

$$V \leqslant 0.2\beta_c f_c b h_0 \tag{12-42}$$

当 $4 < h_w/b < 6$ 时

$$V \leqslant (0.35 - 0.25\frac{h_w}{b})\beta_c f_c b h_0 \tag{12-43}$$

式中 V——构件斜截面上的最大剪力设计值，N；

β_c——混凝土强度影响系数，当混凝土强度等级不超过 C50 时，取 $\beta_c = 1.0$，当混凝土强度等级为 C80 时，取 $\beta_c = 0.8$，其间按线性内插法取用；

f_c——混凝土轴心抗压强度，N/mm^2；

b——矩形截面的宽度、T 形截面或工字形截面的腹板宽度，mm；

h_w——截面的腹板高度，mm，矩形截面取有效高度 h_0，T 形截面取有效高度减去翼缘高度，工字形截面取腹板净高；

h_0——截面有效高度，mm。

在工程设计中，如不能满足上述的截面尺寸要求，应加大截面尺寸或提高混凝土强度等级。

2. 最小配箍率及箍筋构造要求

为了防止这种情况发生，《混凝土结构设计规范》（GB 50010—2010）规定梁的配箍率 ρ_{sv} 应不小于最小配箍率 ρ_{svmin}。

$$\rho_{sv} = \frac{A_{sv}}{bs} \geqslant \rho_{svmin} = 0.24\frac{f_t}{f_{yv}} \quad (\text{当 } V \geqslant 0.7f_t b h_0 \text{ 时}) \tag{12-44}$$

在同样配箍率的条件下，若箍筋选得较粗且配置较稀时，则可能因箍筋间距过大而在两根箍筋之间出现不与箍筋相交的斜裂缝，使箍筋无法发挥作用。因此，《混凝土结构设计规范》（GB 50010—2010）还规定了箍筋的最大间距 s_{max}（见表 12-13），箍筋和弯起钢筋的间距（见图 12-33）均不应超过 s_{max}。另外，为了保证钢筋骨架具有足够的刚性，箍筋的直径也不宜太小。箍筋的最小直径应满足表 12-14 的要求。

表 12-13 梁中箍筋的最大间距 s_{max} （单位：mm）

梁高 h	$V > 0.7f_t b h_0$ 时	$V \leqslant 0.7f_t b h_0$ 时	梁高 h	$V > 0.7f_t b h_0$ 时	$V \leqslant 0.7f_t b h_0$ 时
$150 < h \leqslant 300$	150	200	$500 < h \leqslant 800$	250	350
$300 < h \leqslant 500$	200	300	$h > 800$	300	400

表 12-14 梁中箍筋最小直径

梁高 h(mm)	箍筋直径 d(mm)
$h \leqslant 800$	6
$h > 800$	8

注:当梁中配有计算需要的纵向受压钢筋时,箍筋直径尚不应小于 $d/4$(d 为纵向受压钢筋的最大直径)。

尚应注意:按计算不需要箍筋的梁,当截面高度大于 300 mm 时,应按构造要求沿梁全长设置箍筋;当截面高度为 150 ~ 300 mm 时,可仅在构件端部各 1/4 跨度范围内设置箍筋,但当在构件的 1/2 跨度范围内有集中荷载作用时,则应沿梁全长设置箍筋;当截面高度为 150 mm 以下时,可不设置箍筋。

12.3.3 截面配筋及验算

在工程设计中,斜截面承载力计算通常有两种情况:截面设计与承载力复核。

12.3.3.1 计算截面位置

在斜截面受剪承载力计算中,剪力设计值的计算截面位置应按下列规定采用(见图 12-33):

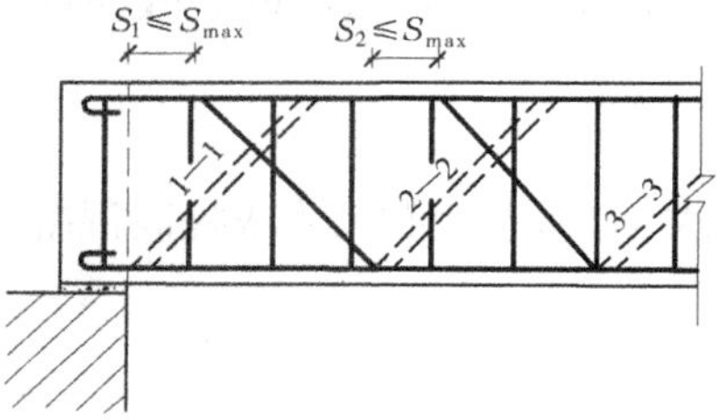

(a)配有箍筋和弯起钢筋的梁

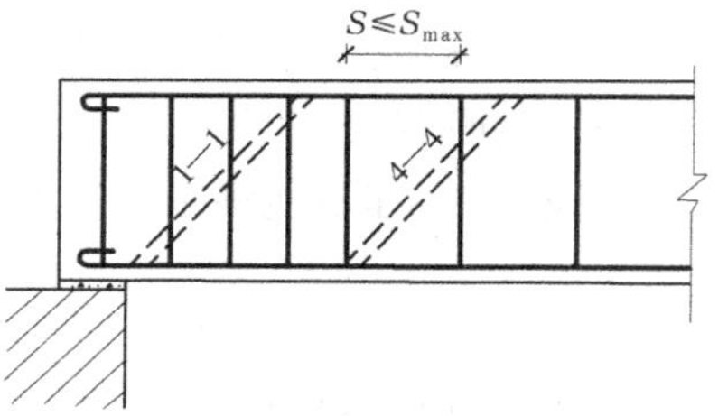

(b)仅配箍筋的梁

图 12-33 斜截面受剪承载力的计算截面位置

(1)支座边缘处的截面,图 12-33 中的截面 1—1;

(2)受拉区弯起钢筋弯起点处的截面,图 12-33 中的截面 2—2、截面 3—3;

(3)箍筋截面面积或间距改变处的截面,图 12-33 中的截面 4—4;

(4)腹板宽度改变处的截面。

以上截面位置都是斜截面承载力比较薄弱的部位,都应进行计算,并取这些斜截面位置的最大剪力值作为剪力设计值。

12.3.3.2 截面设计

截面设计是在正截面承载力计算之后,即在截面尺寸、材料强度、纵向受力钢筋及剪力设计值已知的条件下,计算梁内的腹筋。其计算步骤如下:

1. 截面尺寸验算

应用式(12-41)或式(12-42)或式(12-43)验算梁截面尺寸,若不满足要求,应加大截面尺寸或提高混凝土强度等级。

2. 验算是否需要按计算配置腹筋

如果计算截面的剪力设计值满足下述要求

$$V \leqslant 0.7 f_t b h_0 \quad 或 \quad V \leqslant \frac{1.75}{\lambda + 1} f_t b h_0$$

梁内按构造配置腹筋，一般按构造只配置箍筋；否则，应按计算配置腹筋。

3. 腹筋计算

梁内腹筋有两种配置方法：一是仅配箍筋；二是既配箍筋又配弯起钢筋。至于采用何种方法，视构件具体情况、剪力大小及纵筋数量而定。

1) 仅配箍筋

梁内剪力完全由混凝土和箍筋承担，箍筋按下列公式计算：

对矩形、T 形或 I 字形截面的一般受弯构件，由式(12-38)可得

$$\frac{A_{sv}}{s} = \frac{nA_{sv1}}{s} \geqslant \frac{V - 0.7 f_t b h_0}{f_{yv} h_0} \tag{12-45}$$

对集中荷载作用下的独立梁（包括作用有多种荷载，且其集中荷载对支座截面或节点边缘所产生的剪力值占总剪力值 75% 以上的情况），由式(12-39)可得

$$\frac{A_{sv}}{s} = \frac{nA_{sv1}}{s} \geqslant \frac{V - \frac{1.75}{\lambda + 1} f_t b h_0}{f_{yv} h_0} \tag{12-46}$$

求出 $\frac{nA_{sv1}}{s}$ 后，先确定箍筋肢数 n 和直径 d_{sv}，然后求出单肢箍筋截面面积 $A_{sv1} = \pi d_{sv}^2/4$，最后求出箍筋间距 s；也可先确定箍筋肢数 n 和箍筋间距 s，然后确定箍筋截面面积 A_{sv1}，最后确定箍筋直径 d_{sv}。注意最后选定的箍筋直径和间距应满足构造规定。

箍筋有单肢、双肢和四肢等多种形式，对于宽度很小的梁，用单肢箍筋；当梁宽 $b \leqslant 400$ mm，一排内纵向受压钢筋多于 4 根，或梁宽 $b \leqslant 400$ mm，一排内纵向钢筋多于 5 根，以及 $b > 400$ mm 的梁，应设置四肢箍筋；一般情况下设置双肢箍筋（见图 12-34）。

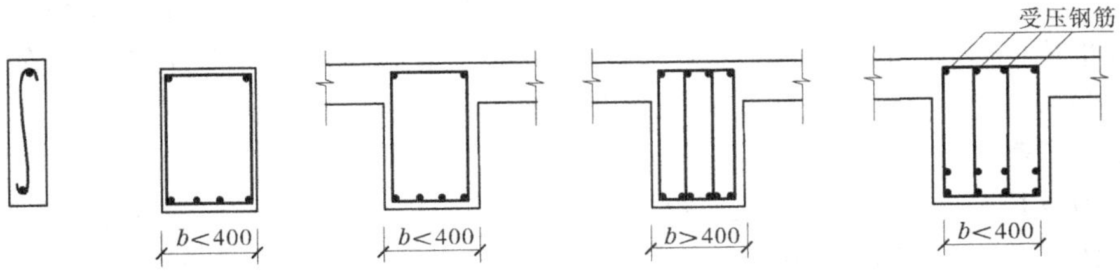

图 12-34 箍筋的形式

箍筋确定之后，尚应按式(12-44)验算最小配箍率，并使箍筋间距符合构造要求。

2) 既配箍筋又配弯起钢筋

当纵向钢筋多于两根，且靠近支座对抵抗弯矩又不需要的纵向钢筋弯起，承担一部分剪力，但梁两侧的下部纵向钢筋不得弯起。当需要配置弯起钢筋参与承受剪力时，一般先确定箍筋的直径、间距和肢数，然后按式(12-38)或式(12-39)计算出 V_{cs}，如果 $V > V_{cs}$，再按式(12-47)计算弯起钢筋的截面面积，即

$$A_{sb} \geqslant \frac{V - V_{cs}}{0.8 f_y \sin\alpha_s} \tag{12-47}$$

第一排弯起钢筋距支座边缘的距离应满足 50 mm $\leqslant s \leqslant s_{max}$，习惯上一般取 s = 50 mm。

如图 12-35、图 12-36 所示，被阴影遮盖的剪力，表示由箍筋和混凝土承担，而阴影以外的剪力，将由弯起钢筋承担。弯起钢筋设置的排数，与剪力图形及 V_{cs} 值有关，可参见相关资料，这里不再赘述。

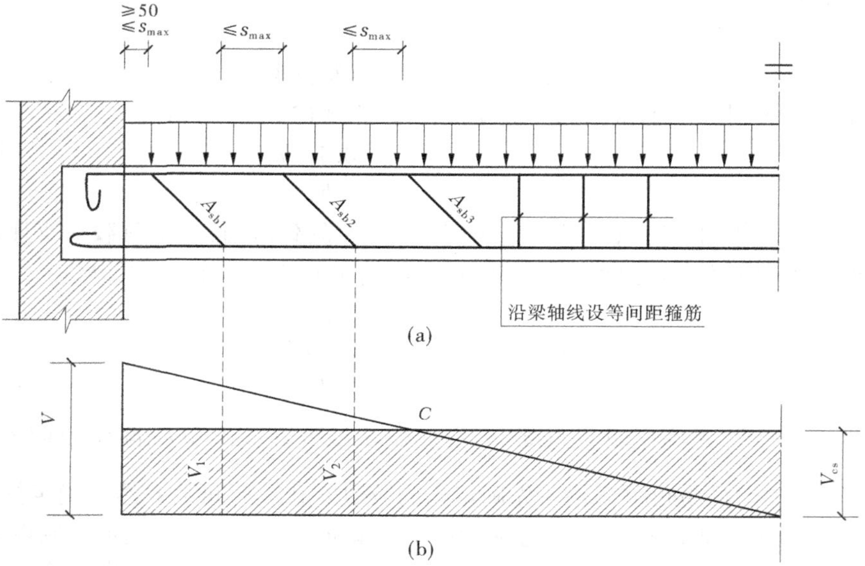

图 12-35　均布荷载下的钢筋弯起

当需要设置弯起钢筋时，若没有足够的纵向钢筋弯起，可设置单独的仅作为受剪的弯起钢筋。这时，弯起钢筋应采用图 12-37(a)所示"鸭筋"的形式，而不能采用仅在受拉区有较少水平段的"浮筋"(见图 12-37(b))，以防由于弯起钢筋发生较大滑移而使斜裂缝有过大的开展，甚至导致斜截面受剪承载力降低的现象。

12.3.3.3　承载力复核

承载力复核是在材料强度、截面尺寸、腹筋数量已知的条件下，验算斜截面的抗剪承载力是否满足要求。只需将各已知数据代入各承载力计算公式验算即可知道是否满足要求，同时还要按式(12-41)或式(12-42)或式(12-43)验算截面尺寸以及配箍率，并检查已配的箍筋直径和间距是否满足构造规定。

【例 12-10】　某钢筋混凝土简支梁(见图 12-38)，截面尺寸 $b \times h$ = 200 mm × 500 mm，配有 3 ⌀ 25 纵筋，两端支承在 240 mm 厚的砖墙上，梁净跨 l_n = 3.66 m，该梁承受均布荷载设计值 92 kN/m(包括梁自重)，混凝土等级为 C30，箍筋采用 HPB300 级，纵筋采用 HRB400 级，环境类别二类 a。试进行该梁的斜截面受剪承载力计算。

解：查表 11-1、表 11-2 得：C30 混凝土，f_c = 14.3 N/mm²，f_t = 1.43 N/mm²，β_c = 1；HPB300 级钢筋 f_{yv} = 270 N/mm²，HRB400 级钢筋 f_y = 360 N/mm²。

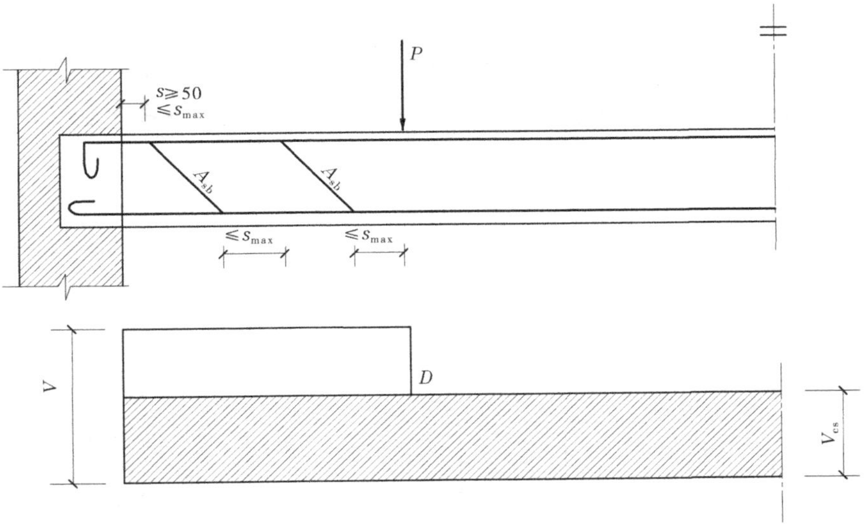

图 12-36 集中荷载下的钢筋弯起

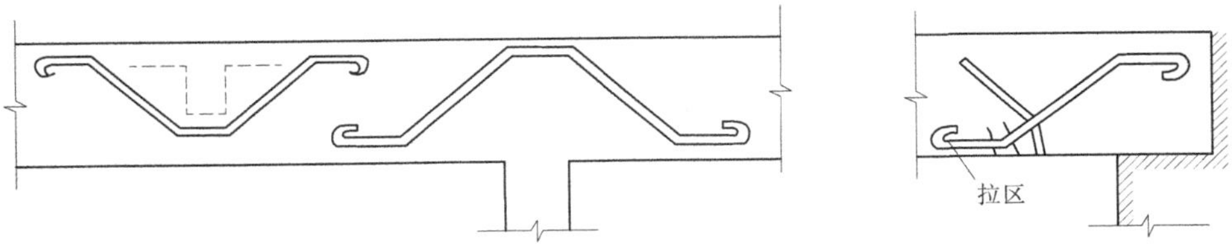

(a)鸭筋 (b)浮筋

图 12-37 单独弯起钢筋的设置方式

(1)求剪力设计值。

支座边缘处截面的剪力值最大,即

$$V = \frac{1}{2}pl_n = \frac{1}{2} \times 92 \times 3.66 = 168.36(\text{kN})$$

(2)截面尺寸验算。

取 $a_s = 40$ mm,则

$$h_w = h_0 = h - a_s = 500 - 40 = 460(\text{mm})$$

$$h_w/b = 460/200 = 2.3 < 4.0$$

$$0.25\beta_c f_c bh_0 = 0.25 \times 1 \times 14.3 \times 200 \times 450$$

$$= 321\ 750(\text{N}) = 321.75\ \text{kN} > V = 168.36\ \text{kN}$$

截面尺寸满足要求。

(3)验算是否需要按计算配置腹筋。

$0.7 f_t bh_0 = 0.7 \times 1.43 \times 200 \times 460 = 92\ 092(\text{N}) = 92.092\ \text{kN} < V = 168.36\ \text{kN}$

所以,需要按计算配置腹筋。

①仅配箍筋时(见图 12-38(a))

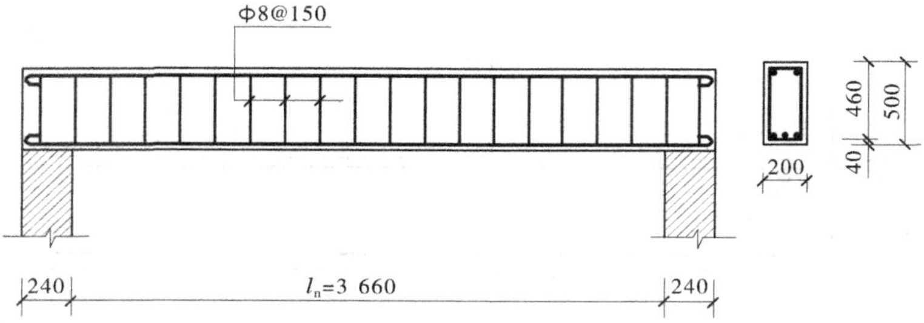

(a)

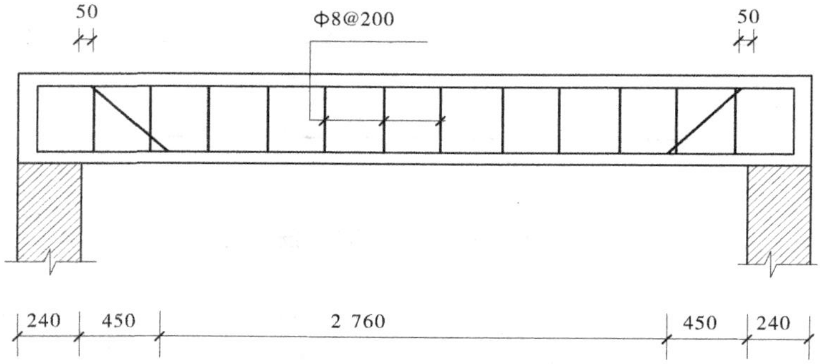

(b)

图 12-38

$$\frac{A_{sv}}{s} \geqslant \frac{V - 0.7f_t bh_0}{f_{yv}h_0} = \frac{168.36 \times 10^3 - 92\ 092}{270 \times 460} = 0.614(\text{mm})$$

选Φ 8 双肢箍，$n = 2$，则

$$A_{sv1} = 50.3\ \text{mm}^2, A_{sv} = n\ A_{sv1} = 2 \times 50.3 = 100.6(\text{mm}^2)$$

得

$$s \leqslant A_{sv} / 0.614 = 100.6 / 0.614 = 164(\text{mm})$$

取　$s = 150\ \text{mm} \leqslant s_{max} = 200\ \text{mm}$，且箍筋直径 $d_{sv} = 8\ \text{mm} > d_{svmin} = 6\ \text{mm}$

验算配箍率

$$\rho_{sv} = \frac{A_{sv}}{bs} = \frac{100.6}{200 \times 150} = 0.335\% > \rho_{svmin} = 0.24\frac{f_t}{f_{yv}} = 0.24 \times \frac{1.43}{270} = 0.127\%$$

满足要求，故可用Φ 8@ 150 箍筋沿梁全长布置。

②既配箍筋又配弯起钢筋时（见图 12-38(b)）

先按构造要求选用双肢Φ 8@ 200 的箍筋，$s = s_{max} = 200\ \text{mm}, A_{sv} = 100.4\ \text{mm}^2$

验算配箍率

$$\rho_{sv} = \frac{A_{sv}}{bs} = \frac{100.6}{200 \times 200} = 0.252\% > \rho_{svmin} = 0.24\frac{f_t}{f_{yv}} = 0.24 \times \frac{1.43}{270} = 0.127\%$$

满足要求。

弯起钢筋利用梁底 HRB400 级纵筋弯起，弯起角 $\alpha_s = 45°$，$f_y = 360\ \text{N/mm}^2$。

$$
\begin{aligned}
V_{cs} &= 0.7f_t bh_0 + f_{yv}\frac{A_{sv}}{s}h_0 \\
&= 0.7\times1.43\times200\times460+270\times\frac{100.6}{200}\times460 \\
&= 154\ 565(\mathrm{N})
\end{aligned}
$$

$$
A_{sb}=\frac{V-V_{cs}}{0.8f_y\sin\alpha_s}=\frac{168.36\times10^3-154\ 565}{0.8\times360\times\sin45^\circ}=68(\mathrm{mm}^2)
$$

弯起中间的纵筋 1 Φ 25,A_{sb} =491 mm^2 满足要求。

(4)验算弯起钢筋弯起点截面的剪力设计值。

弯起钢筋的上弯点到支座边缘的距离应符合 $s_1 \leqslant s_{max}$。本例取 s_1 =50 mm,纵筋弯起点距支座边缘的水平距离为 50 + [500 −2 ×(25 +8)] =484(mm),如图 12-38(b)所示。弯起点截面的剪力设计值为

$$
V_1 = 168\ 360\times\frac{1.83-0.484}{1.83}=123\ 832(\mathrm{N}) < V_{cs}=154\ 565\ \mathrm{N}
$$

该截面处混凝土和箍筋的抗剪承载力能满足要求,不需要弯起第二排钢筋。

既配箍筋又配弯起钢筋的情况见图 12-38(b)。

12.3.4 保证斜截面受弯承载力的构造要求

当纵筋被切断或弯起时,为了满足斜截面受弯承载力,一般要通过绘制正截面的抵抗弯矩图予以保证。抵抗弯矩图,简称 M_u 图(也称材料图),它是按照梁内实配的纵向受拉钢筋计算并绘出的各正截面所能承受的弯矩设计值 M_u 所绘制的图形。要求抵抗弯矩图(M_u 图)包在设计弯矩图(M 图)外面。这可以通过纵筋的弯起和截断位置来保证,此内容可参考相关资料,在此不再赘述。

12.3.5 钢筋的构造要求

为了使钢筋骨架适应受力需要和便于施工,《混凝土结构设计规范》(GB 50010—2010)对钢筋骨架的构造作出了相应规定。

12.3.5.1 纵向受力钢筋在支座中的锚固

(1)对简支板和连续板,其下部纵向受力钢筋伸入到支座内的锚固长度不应小于 $5d$,且宜伸过支座中心线。当连续板内温度、收缩应力较大时,伸入支座的长度宜适当增加。

(2)对简支梁和连续梁的简支端,其下部纵向受力钢筋伸入到支座内的锚固长度 l_{as} 应符合下列规定:

①当 $V\leqslant0.7f_t bh_0$ 时,$l_{as}\geqslant5d$;

②当 $V>0.7f_t bh_0$ 时,对带肋钢筋 $l_{as}\geqslant12d$;对光面钢筋 $l_{as}\geqslant15d$。d 为钢筋的直径。

如纵向受力钢筋伸入梁支座范围内的锚固长度不满足上述要求时,应采取弯钩或机械锚固措施,并满足规范中的有关规定。

支承在砌体结构上的钢筋混凝土独立梁,在纵向受力钢筋的锚固长度范围内应配置不少于两个箍筋,其直径不宜小于纵向受力钢筋的 0.25 倍,间距不宜大于纵向受力钢筋

最小直径的 10 倍；当采用机械锚固措施时，箍筋间距尚不宜大于纵向受力钢筋最小直径的 5 倍。

（3）对连续梁的中间支座，通常上部受拉、下部受压。上部纵筋受拉应贯穿支座，而下部纵筋在斜裂缝出现和黏结裂缝发生时，也可能承受拉力，故下部纵筋伸入支座的锚固长度应按以下情况处理：

①当设计中不利用支座下部纵筋强度时，其伸入的锚固长度可按简支支座中当 $V > 0.7f_tbh_0$ 时的规定采用；

②当设计中充分利用支座下部纵筋的抗拉强度时，其伸入的锚固长度不应小于受拉锚固长度 l_a；

③当设计中充分利用支座下部纵筋的抗压强度时，钢筋应按受压钢筋锚固在中间支座内，其直线锚固长度不应小于锚固长度 $0.7l_a$。

12.3.5.2 架立钢筋

见“12.1.2 钢筋类型”中的内容。

12.3.5.3 纵向构造钢筋（腰筋）及拉筋

当梁的腹板高度 $h_w \geq 450$ mm 时，为防止由于荷载作用和混凝土收缩等原因使梁的腹板高度范围内产生竖向裂缝，应在梁的两侧面沿高度配置纵向构造钢筋（也称腰筋）。每侧纵向构造钢筋（不包括梁上、下部受力钢筋及架立钢筋）的间距不宜大于 200 mm，截面面积不应小于腹板截面面积（bh_w）的 0.1%，梁两侧的纵向构造钢筋之间宜用拉筋（见图 12-39）联系，拉筋直径常为 6 mm 或 8 mm，拉筋间距常取为箍筋间距的两倍。

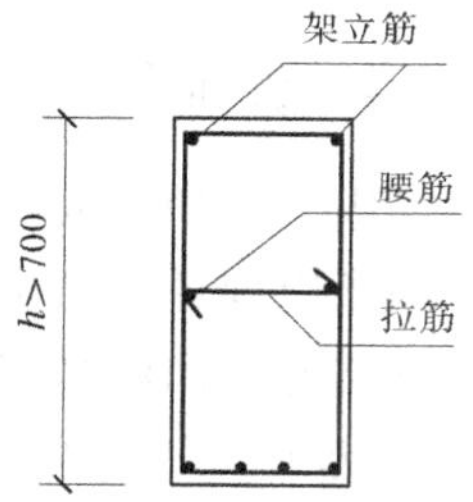

图 12-39 构件腰筋布置

12.3.5.4 箍筋的构造要求

1. 箍筋的形式

箍筋的形状有封闭式和开口式两种，矩形截面应采用封闭箍筋（见图 12-40（a）），T 形截面当翼缘顶面另有横向钢筋时，可采用开口箍筋。箍筋是受拉钢筋，它把斜裂缝间混凝土的斜向压力传递到受压区混凝土，即箍筋把梁的受压区和受拉区紧密地联系在一起。因此，箍筋必须有很好的锚固，其锚固应采用 135°弯钩（见图 12-40（b）），不能采用 90°弯折。弯钩端头直线长度不应小于 50 mm 和 $5d$。

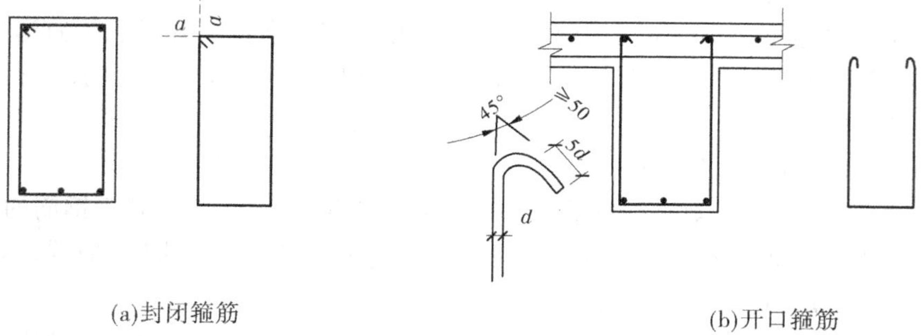

(a)封闭箍筋　　(b)开口箍筋

图 12-40 箍筋的形状及锚固

2. 箍筋的直径与间距

箍筋的直径应满足最小直径要求，当梁中配有计算需要的纵向受压钢筋时，箍筋直径还不应小于 $d/4$（d 为纵向受压钢筋最大直径）。

箍筋的间距 $s \leqslant s_{max}$（见表 4-1），当梁中配有按计算需要的纵向受压钢筋时，箍筋的间距不应大于 $15d$（d 为纵向受压钢筋的最小直径），同时不应大于 400 mm。当一层内的纵向受压钢筋多于 5 根且直径大于 18 mm 时，箍筋间距不应大于 $10d$。

12.3.5.5 弯起钢筋的构造要求

1. 弯起钢筋的弯起角度与间距

梁中弯起钢筋的弯起角度一般是 45°，当梁高大于 800 mm 时可取为 60°。按受剪承载力计算需设置弯起钢筋时，弯起钢筋的最大间距（见图 12-33）同箍筋一样，不得大于表 12-13所列的数值。

2. 弯起钢筋的锚固长度

在采用绑扎骨架的钢筋混凝土梁中，承受剪力的钢筋，宜优先采用箍筋。当设置弯起钢筋时，弯起钢筋的弯折终点外应留有锚固长度，其长度在受拉区不应小于 $20d$，在受压区不应小于 $10d$（见图 12-41）。

对光面弯起钢筋，其末端应设置标准弯钩。位于梁底层两侧的纵向钢筋不应弯起。

为了防止弯折处对混凝土挤压力的过分集中，弯折的半径不应小于 $10d$（见图 12-42）。

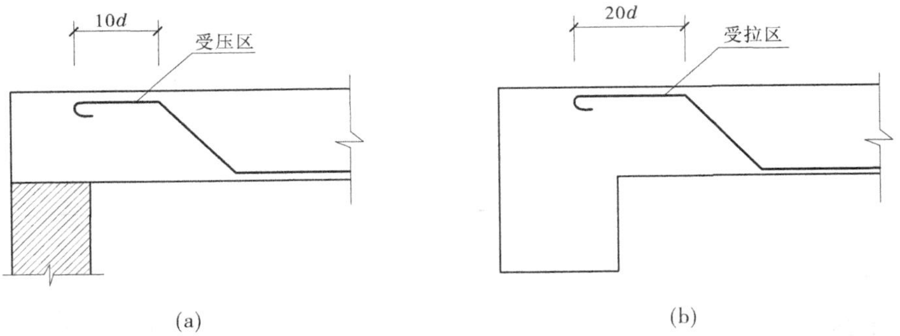

图 12-41 弯起钢筋端部构造

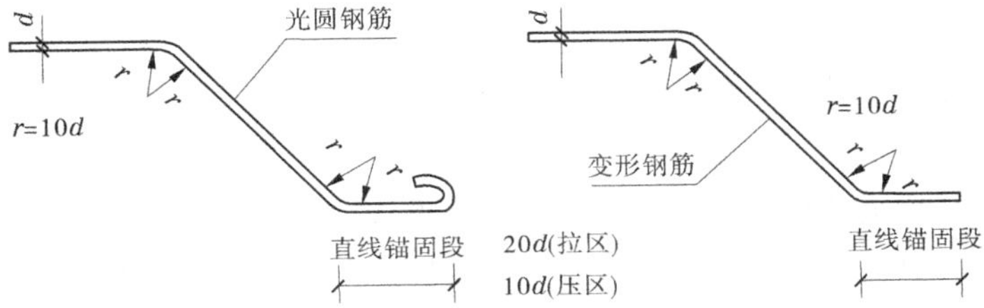

图 12-42 弯起钢筋的弯折半径 r

12.3.5.6 钢筋细部尺寸

为了保证钢筋加工成型的需要，施工图中应给出钢筋细部尺寸及钢筋表。

1. 直钢筋

直钢筋按实际长度计算。对光面钢筋，两端应设置标准弯钩，该钢筋总长为实际长度增加 12.5d（见图 12-43（a））。

2. 弯起钢筋

弯起钢筋的高度以钢筋外皮至外皮的距离作为控制尺寸，弯折段的斜长以弯起点钢筋中心至弯终点钢筋中心计算（见图 12-43（b））。

3. 箍筋

箍筋的宽度和长度均以箍筋内皮至内皮的距离作为控制尺寸（见图 12-43（c）），以满足纵筋保护层厚度的要求，故箍筋的高度和宽度分别为构件截面高度 h 和宽度 b 减去 2 倍保护层厚度和 2 倍箍筋直径。箍筋末端应加两个弯钩长度 $2a$，其值按表 12-15 采用。对于承受扭矩的箍筋将有另外的规定。

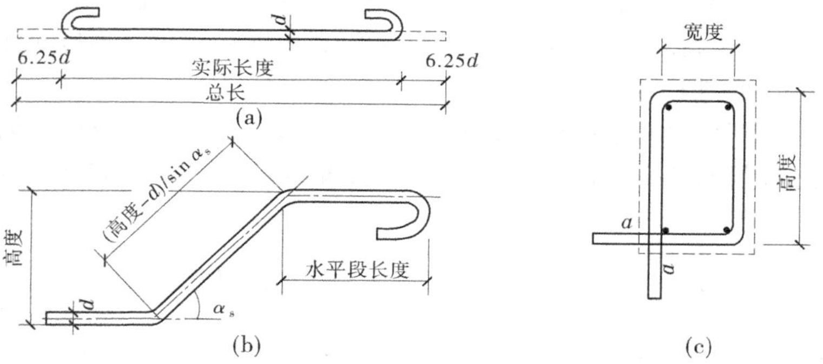

图 12-43　钢筋细部尺寸

表 12-15　箍筋增加的长度 $2a$

纵向受力钢筋 d(mm)	箍筋直径(mm)				
	Φ 4	Φ 6	Φ 8	Φ 10	Φ 12
Φ 10 ~ Φ 25	80	100	120	140	160
Φ 28 ~ Φ 32	—	120	140	160	210

12.4　变形及裂缝宽度验算

钢筋混凝土结构或构件设计时，除要保证结构或构件的安全而进行承载能力极限状态计算外，对某些构件，还需要进行正常使用极限状态的验算，使结构或构件能正常使用。如：楼盖梁、板变形过大会影响在其上的仪器，尤其是精密仪器的正常使用；水池、油罐等结构开裂会引起渗漏现象；吊车梁的挠度过大会影响吊车的正常运行；承重大梁的过大变形（如梁端的过大转角）会对结构的受力产生不利影响；对一般的结构物，裂缝宽度过大会影响其外观，引起使用者的不安，还可能使钢筋锈蚀，影响结构的耐久性等。

因结构构件不满足正常使用极限状态所带来的危害性相对于不满足承载力极限状态要小,《混凝土结构设计规范》(GB 50010—2010)规定:承载力计算时荷载和材料强度应采用设计值,正常使用极限状态验算时荷载和材料强度采用标准值。

12.4.1 裂缝宽度验算

12.4.1.1 裂缝的分类

混凝土产生裂缝的原因可分为两类:一类是由荷载引起的裂缝;另一类是由变形因素(非荷载因素)引起的裂缝。非荷载引起的裂缝往往是几种因素共同作用的结果,目前主要是通过构造措施(如加强配筋、设变形缝等)进行控制。下面讨论荷载引起的正截面裂缝。

12.4.1.2 裂缝控制的等级和要求

混凝土结构构件正截面裂缝控制等级划分为三级:

(1)一级。严格要求不出现裂缝的构件,按荷载效应标准组合计算时,构件受拉边缘混凝土不应产生拉应力。

(2)二级。一般要求不出现裂缝的构件,按荷载效应标准组合计算时,构件受拉边缘混凝土拉应力不应大于混凝土轴心抗拉强度标准值;按荷载效应准永久值组合计算时,构件受拉边缘混凝土不宜产生拉应力,当有可靠经验时可适当放松。

(3)三级。允许出现裂缝的构件,按荷载效应标准组合并考虑长期作用影响计算时,构件的最大裂缝宽度不应超过《混凝土结构设计规范》(GB 50010—2010)规定的最大裂缝宽度限值。

对一般的钢筋混凝土构件来说,混凝土在使用阶段一般都是带裂缝工作的,故按三级标准来控制裂缝的开展宽度。

12.4.1.3 裂缝宽度验算

《混凝土结构设计规范》(GB 50010—2010)规定,裂缝宽度验算公式为:

$$w_{max} = \alpha_{cr}\psi \frac{\sigma_{sk}}{E_s}(1.9c + 0.08\frac{d_{eq}}{\rho_{te}}) \leq w_{lim} \tag{12-48}$$

式中各参数的计算如下:

1. α_{cr}

α_{cr} 为构件受力特征系数,对轴心受拉构件,取 $\alpha_{cr} = 2.7$;对偏心受拉构件,取 $\alpha_{cr} = 2.4$;对受弯和偏心受压构件,取 $\alpha_{cr} = 2.1$。

2. ψ

ψ 为裂缝间受拉钢筋应变不均匀系数,《混凝土结构设计规范》(GB 50010—2010)中规定该参数可按下列经验公式计算:

$$\psi = 1.1 - 0.65\frac{f_{tk}}{\rho_{te}\sigma_{sq}} \tag{12-49}$$

式中 f_{tk} ——混凝土抗拉强度标准值;

ρ_{te} ——纵向受力钢筋的有效配筋率。

计算时,当 $\psi < 0.2$ 时,取 $\psi = 0.2$;当 $\psi > 1.0$ 时,取 $\psi = 1.0$;对直接承受重复荷载

的构件，取 $\psi = 1.0$。

3. σ_{sq}

在荷载效应准永久值组合作用下纵向受拉钢筋的应力，按下列公式计算：

(1)轴心受拉构件

$$\sigma_{sq} = \frac{N_q}{A_s} \tag{12-50a}$$

式中 N_q ——按荷载效应准永久值组合计算的轴力值；

A_s ——轴心受拉构件的全部纵向受拉钢筋截面面积。

(2)受弯构件

$$\sigma_{sq} = \frac{M_q}{0.87A_s h_0} \tag{12-50b}$$

式中 M_q ——按荷载效应准永久值组合计算的弯矩值；

A_s ——构件受拉区的全部纵向受拉钢筋截面面积；

h_0 ——受弯构件截面有效高度。

(3)偏心受压构件

$$\sigma_{sq} = \frac{N_q(e - z)}{A_s z} \tag{12-50c}$$

$$z = [0.87 - 0.12(1 - \gamma'_f)(\frac{h_0}{e})^2]h_0 \tag{12-50d}$$

式中 N_q ——按荷载效应准永久值组合计算的轴向力值；

e ——轴向压力作用点至纵向受拉钢筋合力作用点的距离；

z ——纵向受拉钢筋合力作用点至截面受压区合力作用点的距离，$z \leqslant 0.87h_0$；

γ'_f ——受压翼缘面积与腹板有效截面面积的比值，$\gamma'_f = \frac{(b'_f - b)h'_f}{bh_0}$，其中 b'_f、h'_f 为受压翼缘的宽度、高度，当 $h'_f > 0.2h_0$ 时，取 $h'_f = 0.2h_0$。

(4)偏心受拉构件

$$\sigma_{sq} = \frac{N_q e'}{A_s(h_0 - a'_s)} \tag{12-50e}$$

式中 N_q ——按荷载效应准永久值组合计算的轴向力值；

e' ——轴向拉力作用点至受压区或受拉较小边纵向钢筋合力作用点的距离；

A_s ——构件受拉较大边的受拉纵向钢筋截面面积。

4. d_{eq}

d_{eq} 为受拉区纵向受力钢筋的等效直径(mm)，按下式计算：

$$d_{eq} = \frac{\sum n_i d_i^2}{\sum n_i \nu_i d_i} \tag{12-51}$$

式中 n_i ——受拉区第 i 种纵向钢筋根数；

d_i ——受拉区第 i 种纵向钢筋的公称直径；

ν_i ——受拉区第 i 种纵向受拉钢筋相对黏结特性系数。光面钢筋，取 $\nu_i = 0.7$；变形钢筋,取 $\nu_i = 1.0$。

5. ρ_{te}

ρ_{te} 为按有效受拉混凝土截面面积计算的纵向受拉钢筋配筋率,按下式计算:

$$\rho_{te} = \frac{A_s}{A_{te}} \tag{12-52}$$

式中 A_{te}——有效受拉混凝土截面面积,对轴心受拉构件,取构件截面面积;对受弯构件、偏心受压构件和偏心受拉构件取 $A_{te} = 0.5bh + (b_f - b)h_f$,$b_f$、$h_f$ 为受拉翼缘的宽度、高度。

当 $\rho_{te} < 0.01$ 时,取 $\rho_{te} = 0.01$。

6. E_s、c

E_s 为钢筋的弹性模量,可查表求得;c 为混凝土保护层厚度(mm)。

7. ω_{lim}

ω_{lim} 为最大裂缝宽度限值,按表 12-16 采用。

表 12-16　结构构件的裂缝控制等级和最大裂缝宽度限值

钢筋混凝土结构			预应力混凝土结构	
环境类别	裂缝控制等级	ω_{lim}(mm)	裂缝控制等级	ω_{lim}(mm)
一类	三级	0.3(0.4)	三级	0.2
二类	三级	0.2	二级	—
三类	三级	0.2	一级	—

注:1. 表中规定适用于采用热轧钢筋的钢筋混凝土构件和采用预应力钢丝、钢绞线和热处理钢筋的预应力混凝土构件;当采用其他类型的钢筋或钢丝时,其裂缝控制要求可按专门标准确定。

2. 对于处于年平均相对湿度小于 60% 的地区一类环境下的受弯构件,其最大裂缝宽度限值可采用括号内的数值。

3. 表中的最大裂缝宽度限值用于验算荷载作用引起的最大裂缝宽度。

12.4.2 挠度验算

变形验算主要是指受弯构件的挠度验算。受弯构件的挠度验算公式为:

$$f_{max} = S\frac{M_k l_0^2}{B} \leqslant [f] \tag{12-53}$$

式中各个参数的意义如下。

12.4.2.1 长期刚度 B

我国《混凝土结构设计规范》(GB 50010—2010)规定,普通钢筋混凝土受弯构件的挠度应在短期刚度 B_s 的基础上考虑荷载准永久值组合的长期作用对挠度增大的影响,按下式计算:

$$B = \frac{B_s}{\theta} \tag{12-54}$$

式中 θ——考虑长期荷载作用对挠度增大的影响系数,当 $\rho' = 0$ 时,取 $\theta = 2.0$;当 $\rho' = \rho$ 时,取 $\theta = 1.6$;当 ρ' 为中间数值时,θ 按线性内插法取用或用公式

$\theta = 2.0 - 0.4\dfrac{\rho'}{\rho}$ 计算（此处 $\rho' = \dfrac{A'_s}{bh_0}, \rho = \dfrac{A_s}{bh_0}$）；对翼缘在受拉区的倒 T 形截面，$\theta$ 值应增大 20%。

12.4.2.2 **短期刚度 B_s**

短期刚度可按下式计算：

$$B_s = \frac{E_s A_s h_0^2}{1.15\psi + 0.2 + \dfrac{6\alpha_E \rho}{1 + 3.5\gamma'_f}} \tag{12-55}$$

式中 ψ ——裂缝间受拉钢筋应变不均匀系数，按式（12-49）计算；

α_E ——钢筋弹性模量与混凝土弹性模量的比值，$\alpha_E = \dfrac{E_s}{E_c}$；

γ'_f ——受压翼缘加强系数，为受压翼缘面积与腹板有效面积的比值，即 $\gamma'_f = \dfrac{(b'_f - b)h'_f}{bh_0}$，当 $h'_f > 0.2h_0$ 时，取 $h'_f = 0.2h_0$；

E_s ——受拉钢筋的弹性模量；

A_s ——受拉钢筋总面积；

ρ ——受拉钢筋的配筋率。

12.4.2.3 **受弯构件的挠度限值 [f]**

受弯构件的挠度限值 [f] 如表 12-17 所示。

表 12-17 受弯构件的挠度限值

构件类型		挠度限值
吊车梁	手动吊车	$\dfrac{l_0}{500}$
	电动吊车	$\dfrac{l_0}{600}$
屋盖、楼盖及楼梯构件	当 $l_0 < 7$ m 时	$\dfrac{l_0}{200}\left(\dfrac{l_0}{250}\right)$
	当 7 m $\leqslant l_0 \leqslant$ 9 m 时	$\dfrac{l_0}{250}\left(\dfrac{l_0}{300}\right)$
	当 $l_0 > 9$ m 时	$\dfrac{l_0}{300}\left(\dfrac{l_0}{400}\right)$

注：1. 表中 l_0 为构件计算跨度。

2. 表中括号内数值适用于使用上对挠度有较高要求的构件。

3. 如果构件制作时预先起拱，且使用上也允许，则在验算挠度时，可将计算所得的挠度值减去起拱值；对预应力混凝土构件，还可减去预加力所产生的反拱值。

4. 计算悬臂构件的挠度限值时，其计算跨度 l_0 按实际悬臂长度的 2 倍取用。

若不能满足要求，应设法减小 f_{max}，即增大抗弯刚度。增大抗弯刚度最有效的措施是增加截面高度；若设计时构件的截面尺寸不能加大时，可考虑增加受拉钢筋面积、提高混凝土等级、在受压区配置受压钢筋或采用预应力混凝土结构等措施。

习 题

一、思考题

1. 在梁、板结构中，为何对钢筋的间距提出不同的要求？具体有哪些规定？

2. 简述混凝土保护层的定义。

3. 试说明超筋梁的破坏特征，为何在设计中不允许出现超筋梁？

4. 为何在设计中不允许出现少筋状态？

5. 为什么双筋截面中仍要满足 $x \leqslant x_b$ 和 $x \geqslant 2a_s$？

6. 在双筋截面设计中：

(1) 当 A'_s 为未知，根据什么条件计算 A'_s 及 A_s？

(2) 当 A'_s 为已知，为何会出现 $x > x_b$？设计时如何处理这类问题？

(3) 当 A'_s 为已知，为何会出现 $x < 2a_s$？设计时又如何处理？

7. 在截面设计和承载力复核时，应如何判别 T 形截面的类型？

8. 钢筋混凝土梁的斜截面破坏形态主要有哪三种？其破坏特征各是什么？

9. 有腹筋梁斜截面受剪承载力计算公式是由哪种破坏形态建立起来的？该公式的适用条件是什么？

10. 在斜截面受剪承载力计算时，为什么要验算截面尺寸和最小配箍率？

11. 梁中纵向钢筋的弯起与截断应满足哪些要求？

12. 梁斜截面受剪承载力的计算位置如何确定？在计算弯起钢筋时，剪力设计值如何确定？

13. 箍筋的最小直径和箍筋的最大间距分别与什么有关？

14. 架立钢筋的直径大小与什么有关？何时需设置纵向构造钢筋（腰筋）和拉筋？

二、计算题

1. 某钢筋混凝土矩形截面梁，截面尺寸 $b = 250$ mm，$h = 500$ mm，梁承受的弯矩设计值 $M = 162$ kN·m。纵向受拉钢筋采用 HRB400 级，混凝土强度等级为 C25，环境类别为一类。试求纵向受拉钢筋截面面积。

2. 已知某钢筋混凝土现浇简支板，板厚 $h = 80$ mm，计算跨度 $l_0 = 2.4$ m，承受均布荷载设计值为 5.8 kN/m^2（包括板自重）。混凝土强度等级为 C20，钢筋为 HPB235 级，结构安全等级二级，环境类别为一类。求受拉钢筋面积。

3. 某钢筋混凝土梁，截面尺寸 $b \times h = 250$ mm × 500 mm，混凝土强度等级为 C30，配有纵向受拉钢筋 3 Φ 22（$A_s = 1\ 140$ mm^2），采用 HRB400 级钢筋，环境类别为一类。该梁承受的最大弯矩设计值 $M = 176$ kN·m，复核此梁是否安全。

4. 某钢筋混凝土简支梁，截面尺寸 $b \times h = 250$ mm × 600 mm，该梁控制截面上弯矩设计值为 $M = 395$ kN·m，采用 C25 混凝土，HRB335 级钢筋，环境类别为一类。求所需钢筋截面面积。

5. 已知条件同题 4，但由于构造要求在受压区已配置了 2 Φ 20 钢筋($A_s' = 628\ mm^2$)。求受拉钢筋截面面积 A_s。

6. 某现浇肋形楼盖中次梁如图 12-44 所示。次梁的计算跨度 $l_0 = 6$ m，跨中承受的最大正弯矩设计值 $M = 130$ kN · m，混凝土强度等级为 C20，采用 HRB335 级钢筋，环境类别为一类。计算该次梁所需的受拉钢筋面积 A_s。

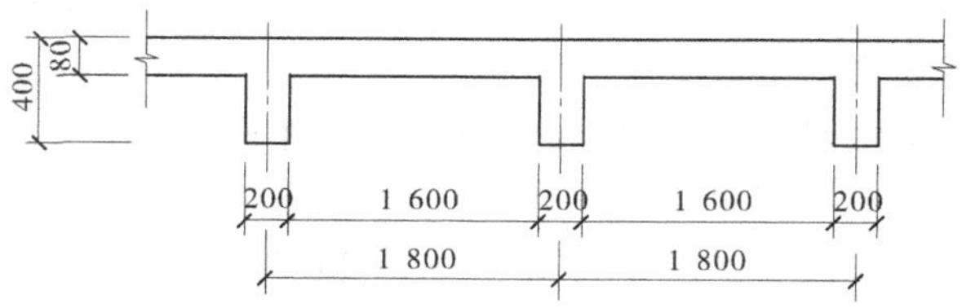

图 12-44　计算题 6

7. 某钢筋混凝土 T 形截面独立梁，截面尺寸如图 12-45 所示。混凝土强度等级为 C25，钢筋选用 HRB400 级，环境类别为一类，截面承受的弯矩设计值为 $M = 240$ kN · m。计算所需的受拉钢筋面积。

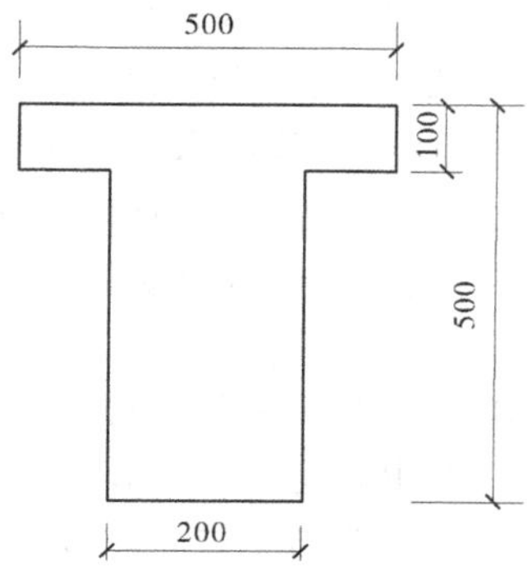

图 12-45　计算题 7

8. 已知某钢筋混凝土简支梁(见图 12-46)，梁净跨 $l_n = 3.96$ m，两端支承在 240 mm 厚的砖墙上，截面尺寸 $b \times h = 200\ mm \times 400\ mm$，配有 2 Φ 24 + 1 Φ 22纵向受力钢筋，梁上承受均布荷载设计值为 74 kN/m(包括梁自重)，混凝土等级为 C24，箍筋采用 HPB300 级，纵筋采用 HRB400 级，试进行梁的斜截面受剪承载力计算。要求：(1) 仅配置箍筋，确定箍筋的数量；(2) 沿梁长已配置双肢箍筋Φ8@200，确定所需的弯起钢筋数量。

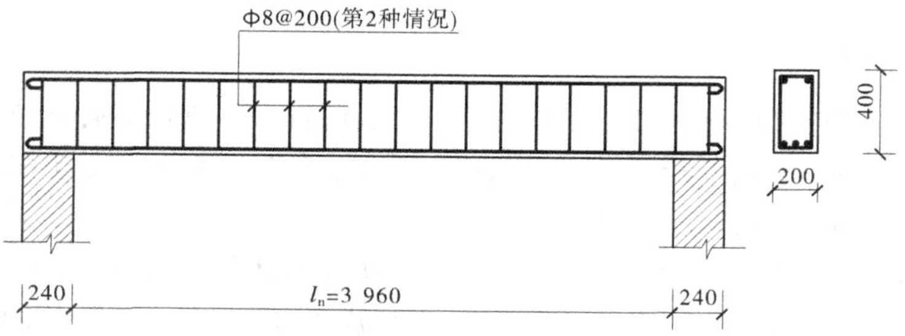

图 12-46　计算题 8

9. 已知承受均布荷载的矩形截面简支梁，$b \times h = 240\ mm \times 400\ mm$，采用 C30 混凝土，梁内配有 3 Φ 24 纵向受拉钢筋和双肢箍筋Φ8@200，试求该梁所能承受的最大剪力设计值 V。

13　钢筋混凝土受压构件

【学习目标】　通过本项目的学习，了解大、小偏心受压构件的破坏特征及其判别方法，掌握两类偏心受压的基本计算公式；熟练掌握矩形截面对称钢筋、非对称钢筋的截面设计方法；掌握受压构件的基本构造要求。

工程中把承受压力为主的构件称为受压构件。受压构件按其受力情况可分为轴心受压构件和偏心受压构件。如果纵向压力作用线与构件形心轴线重合称为轴心受压构件。如果纵向压力作用线与构件形心轴线不重合，或在构件截面上同时作用有轴向压力、弯矩及剪力时，这类构件称为偏心受压构件。

理想的轴心受压构件实际上是不存在的，特别是在实际工程中，由于施工时钢筋位置和截面几何尺寸的误差、混凝土构件质量不均匀、荷载实际位置的偏差等因素，不可能有真正的轴心受压。但是在设计中，对以恒荷载为主的多层房屋的中间柱以及屋架的腹杆等构件（见图13-1），可近似地简化为轴心受压构件计算。

如果构件截面同时承受弯矩 M 和轴向压力 N 的共同作用，则可以看成具有偏心距为 $e_0 = \dfrac{M}{N}$ 的纵向压力 N 的作用。如单层厂房柱、多层框架柱以及某些屋架的上弦杆均属偏心受压构件（见图13-2）。

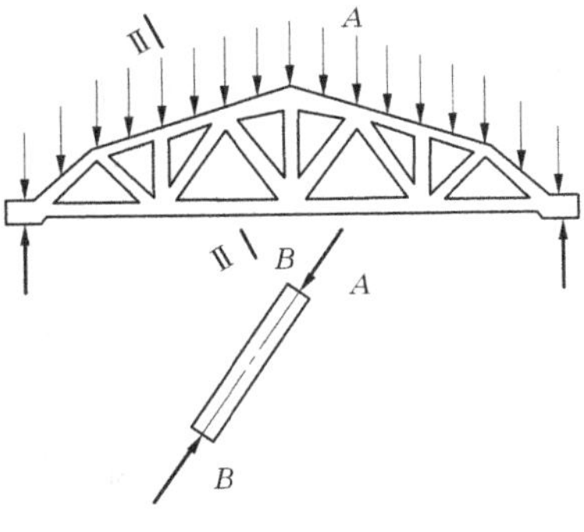

(a)屋架的受压腹杆AB

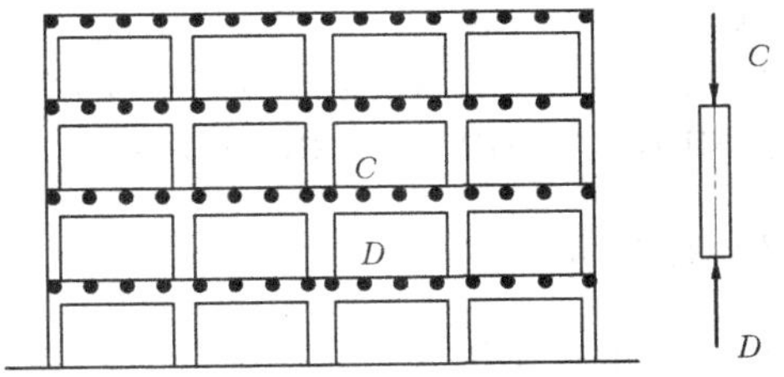

(b)多层房屋的中间柱

图13-1　多层房屋的中间柱及屋架的腹杆等构件

钢筋混凝土受压构件通常配有纵向受力钢筋和箍筋，在轴心受压构件中，纵向受力钢筋的主要作用是帮助混凝土抵抗压力，箍筋的主要作用是防止纵向受力钢筋向外压屈，并与纵向受力钢筋形成骨架以便于施工；在偏心受压构件中，纵向受力钢筋的主要作用是协

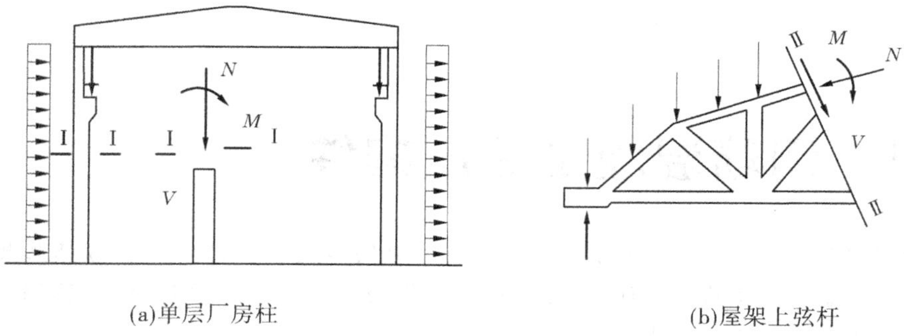

图 13-2 单层厂房柱及屋架上弦杆

助混凝土抵抗压力，及截面上可能产生的拉力，箍筋的主要作用除固定纵向受力钢筋，与纵向受力钢筋形成骨架以便于施工外，还可以抵抗剪力。

13.1 一般构造

设计中受压构件除满足承载力计算要求外，还应满足相应的构造要求。这些构造要求内容多而烦琐，下面只介绍其中一些常用的基本构造。

13.1.1 材料的强度等级

混凝土强度等级对受压构件承载力影响较大，为了减小构件的截面尺寸和节省钢材，宜采用较高等级的混凝土。一般柱中采用 C25 ~ C40，对于高层建筑中的底层柱，必要时可取更高等级的混凝土。

纵向受力钢筋宜采用 HRB400、HRB500、HRBF400、HRBF500 钢筋，也可采用 HRB335、HRBF335、HPB300、RRB400 钢筋。

13.1.2 截面形式及尺寸

柱截面一般多采用方形或矩形，因其构造简单，施工方便。只有在特殊情况下，才采用圆形或对称多边形。

柱截面尺寸主要根据内力的大小、构件的长度及构造要求等条件来确定。为了避免构件由于长细比过大承载能力降低过多，柱截面尺寸不宜过小。一般长细比宜控制在 $\frac{l_0}{b} \leqslant 30$ 或 $\frac{l_0}{h} \leqslant 25$ 或 $\frac{l_0}{d} \leqslant 25$（$l_0$ 为柱的计算长度，b、h、d 分别为柱截面的短边、长边和圆柱的截面直径）。对现浇钢筋混凝土柱的截面尺寸不宜小于 250 mm × 250 mm。此外，为了施工支模方便，当 $h \leqslant 800$ mm 时，截面尺寸以 50 mm 为模数；当 $h > 800$ mm 时，以 100 mm 为模数。

13.1.3 纵向钢筋

轴心受压柱内的纵向钢筋，应沿着构件截面周边均匀布置，偏心受压构件中的纵向钢筋应布置在偏心方向的两侧。矩形截面受压构件中纵向钢筋的根数不应少于 4 根，以便于与箍筋形成钢筋骨架。圆形截面受压构件中纵向钢筋的根数不宜少于 8 根，且不应少于 6 根。

为了减少钢筋在施工时可能产生的纵向弯曲，宜采用较粗的钢筋。纵向钢筋直径不宜小于 12 mm，通常在 16 ~ 32 mm 范围内选用。当矩形截面的截面高度 $h \geq 600$ mm 时，在柱截面的长边上应设置直径 10 ~ 16 mm 的纵向构造钢筋，以防止构件因温度和混凝土收缩应力而产生裂缝，同时还应设置相应的复合箍筋或拉结筋。

柱中全部纵向钢筋配筋率，对强度等级为 300 MPa、335 MPa 的钢筋不得小于最小配筋百分率 $\rho_{min} = 0.6\%$；对强度等级为 400 MPa 的钢筋不得小于最小配筋百分率 $\rho_{min} = 0.55\%$；对强度等级为 500 MPa 的钢筋不得小于最小配筋百分率 $\rho_{min} = 0.5\%$；每侧钢筋的配筋百分率不应小于 0.2%。为了施工方便和经济要求，全部纵向钢筋的配筋百分率不宜超过 5%，常用的配筋百分率在 0.8% ~2% 的范围内。当柱为竖向浇筑混凝土柱时纵筋的净距不应小于 50 mm；对水平位置浇筑的预制柱，其净距要求与梁相同。柱中纵向钢筋的间距不应大于 300 mm。

13.1.4 箍筋

箍筋不但可以防止纵向钢筋发生压屈，增强柱的抗剪强度，在施工时起固定纵向钢筋位置的作用，而且对混凝土受压后的侧向膨胀起约束作用。因此，柱中箍筋应做成封闭形式。

箍筋间距不应大于 400 mm，且不应大于构件截面的短边尺寸；同时在绑扎骨架中不应大于 $15d$，在焊接骨架中不应大于 $20d$（d 为纵向钢筋的最小直径）。

箍筋直径不应小于 $d/4$（d 为纵向钢筋的最大直径），且不应小于 6 mm；当柱中全部纵向受力钢筋配筋率 $\rho' > 3\%$ 时，箍筋直径不应小于 8 mm，且应焊成封闭环式，其间距不应大于 $10d$（d 为纵向钢筋最小直径），且不应大于 200 mm。箍筋形式根据截面形状、尺寸及纵向钢筋根数确定。

对矩形截面，当柱截面短边尺寸大于 400 mm 且各边纵向钢筋多于 3 根时，或当柱截面短边尺寸不大于 400 mm 但各边纵向钢筋多于 4 根时，应设置附加箍筋（见图 13-3）。附加箍筋的设置至少应使纵向钢筋每隔一根置于箍筋转角处，从而使该纵筋在两个方向均受到固定。

其他形式截面柱的箍筋如图 13-4 所示，但不允许采用有内折角的箍筋，避免产生向外拉力，使折角处混凝土破坏。

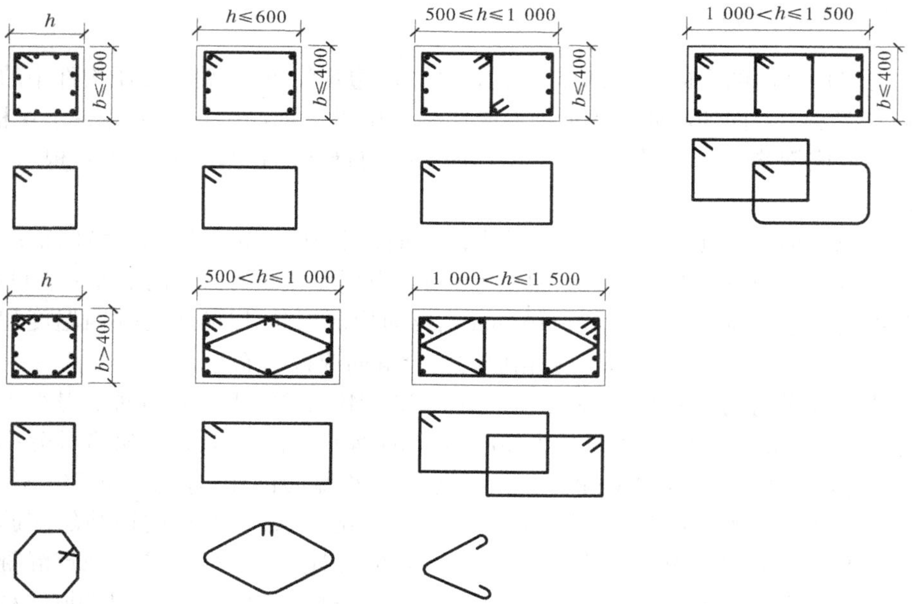

图 13-3　基本箍筋与附加箍筋

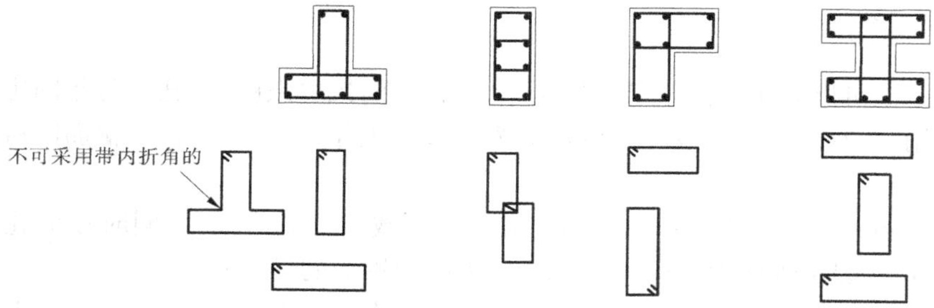

图 13-4　复杂截面柱的箍筋形式

13.2　轴心受压构件的正截面承载力计算

钢筋混凝土轴心受压柱按箍筋的形式不同有两种类型:普通箍筋柱和螺旋箍筋柱。这里只介绍普通箍筋柱的承载力计算方法。

13.2.1　承载力计算公式

《混凝土结构设计规范》(GB 50010—2010)通过引入一个稳定系数 φ 反映长细比对承载力的影响,得到配置普通箍筋的轴心受压构件正截面承载力计算公式:

$$N \leqslant 0.9\varphi(f_c A + f'_y A'_s) \tag{13-1}$$

式中　N——轴向力设计值;

φ——钢筋混凝土构件稳定系数,按表 13-1 采用;

A——构件截面面积；

A'_s——全部纵向钢筋的截面面积。

从表 13-1 中可看出，长细比 l_0/b 越大，φ 值越小；同样，长细比越小，φ 值越大。当 $l_0/b \leq 8$ 时，φ 值等于 1，说明纵向弯曲变形很小，不影响构件的承载能力，即可视为短柱。

表 13-1　钢筋混凝土轴心受压构件的稳定系数 φ

l_0/b	≤8	10	12	14	16	18	20	22	24	26	28	30	32	34	36	38	40	42	44	46	48	50
l_0/d	≤7	8.5	10.5	12	14	15.5	17	19	21	22.5	24	26	28	29.5	31	33	34.5	36.5	38	40	41.5	43
l_0/i	≤28	35	42	48	55	62	69	76	83	90	97	104	111	118	125	132	139	146	153	160	167	174
φ	1.0	0.98	0.95	0.92	0.87	0.81	0.75	0.70	0.65	0.60	0.56	0.52	0.48	0.44	0.40	0.36	0.32	0.26	0.26	0.23	0.21	0.19

注：l_0 为构件计算长度；b 为矩形截面的短边尺寸；d 为圆形截面的直径；i 为截面最小回转半径。

构件的计算长度 l_0 与构件两端支承情况有关。在实际工程中，由于构件计算支承情况并非完全符合理想条件，所以钢筋混凝土柱计算长度的确定是一个很复杂的问题。《混凝土结构设计规范》(GB 50010—2010)规定柱的计算长度 l_0 按下列情况采用：

一般多层房屋中梁柱为刚接的框架结构：

现浇楼盖的底层柱 $l_0 = 1.0H$；其余各层柱 $l_0 = 1.25H$。

装配式楼盖的底层柱 $l_0 = 1.25H$；其余各层柱 $l_0 = 1.5H$。

H 为层高。对底层：H 取基础顶面到一层楼盖顶面之间的距离；其余各层：H 取上、下两层楼盖顶面之间的距离。

在用式(13-1)计算承载力时，已如前述，A 为构件截面面积，但当受压钢筋配置较多时，应扣除钢筋所占截面面积。《混凝土结构设计规范》(GB 50010—2010)中规定，当配筋率大于 3% 时，式中的 A 应改用 $(A - A'_s)$ 代替。

13.2.2　承载力计算

截面设计时，参考其他工程设计经验初步选定截面尺寸，根据式(13-1)计算出所需钢筋 A'_s。可待求出配筋率后来判别初选截面是否合适，若配筋率偏大，说明所选截面偏小；反之，说明所选截面偏大。必要时，可重选截面，重新做配筋计算。

【例 13-1】　如图 13-5 所示，某现浇多层框架结构房屋，底层中间柱按轴心受压构件计算。该柱以承受恒荷载为主，安全等级为一级，轴向力设计值 $N = 2\ 300$ kN，采用方形截面。基础顶至楼面的距离 $H = 6.0$ m。混凝土强度等级为 C30，纵筋 HRB335 级，箍筋 HPB300 级。计算柱的截面并配置钢筋。

解：查表 11-1、表 11-2 得，$f_c = 14.3\ \text{N/mm}^2$，$f'_y = 300\ \text{N/mm}^2$

(1) 确定截面尺寸。

初选截面为边长 $b = 400$ mm 的正方形。

(2) 确定稳定系数 φ。

现浇多层钢筋混凝土框架底层柱，柱高从基础顶面算起至一层结构标高，其计算长度 $l_0 = 1.0H = 6$ m。

$\dfrac{l_0}{b} = \dfrac{6\ 000}{400} = 15$，查表 13-1，得稳定系数 $\varphi = 0.895$。

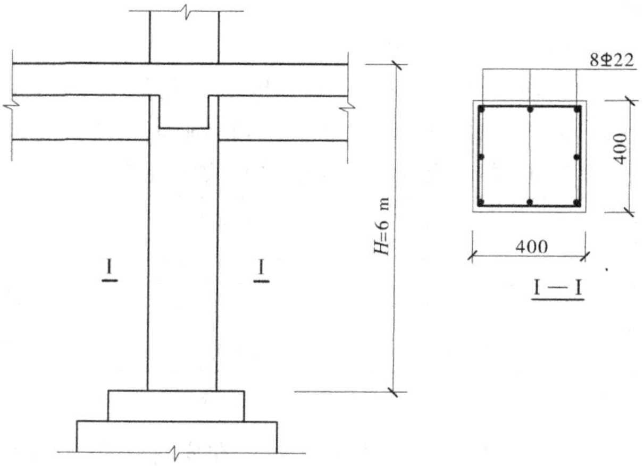

图 13-5 例 13-1 图

(3)纵向钢筋计算。

将有关数据代入式(13-1),得

$$A_s = \frac{\frac{\gamma_0 N}{0.9 \times \varphi} - f_c A}{f'_y} = \frac{\frac{1.1 \times 2\ 300 \times 10^3}{0.9 \times 0.895} - 14.3 \times 400^2}{300} = 2\ 843(\text{mm}^2)$$

因此选用 8 Φ 22 的纵向钢筋($A'_s = 3\ 041\ \text{mm}^2$),箍筋选用Φ 6@200,满足构造要求。

(4)配箍率验算。

$$\rho_{\min} = 0.6\% \leqslant \rho = \frac{A_s}{bh} = \frac{2\ 843}{400 \times 400} = 1.78\% \leqslant 5\%$$

满足要求。

柱配筋见图 13-5。

13.2.3 截面复核

已知柱的截面尺寸和配筋、材料强度等级、计算长度 l_0,求柱所能承担的轴向压力或在已知轴向压力设计值的情况下验算截面是否安全。

【例 13-2】 某多层刚性房屋内框架底层现浇钢筋混凝土轴心受压柱,经过内力计算,承受轴压力 $N = 986$ kN ,截面尺寸 $b \times h = 300$ mm × 300 mm,采用 4 Φ 20 的 HRB335 级钢筋,混凝土强度等级为 C25,柱顶标高为 4.2 m,基础顶面离室内地面 0.5 m(见图 13-6)。验算该柱是否安全。

解:(1)确定材料强度。

$$f_c = 11.9\ \text{N/mm}^2, f'_y = 300\ \text{N/mm}^2, A'_s = 1\ 256\ \text{mm}^2$$

(2)确定稳定系数 φ 。

$$l_0 = 1.0H = 1.0 \times (4.2 + 0.5) = 4.7(\text{m})$$

$$\frac{l_0}{b} = \frac{4.7}{0.3} = 15.67$$

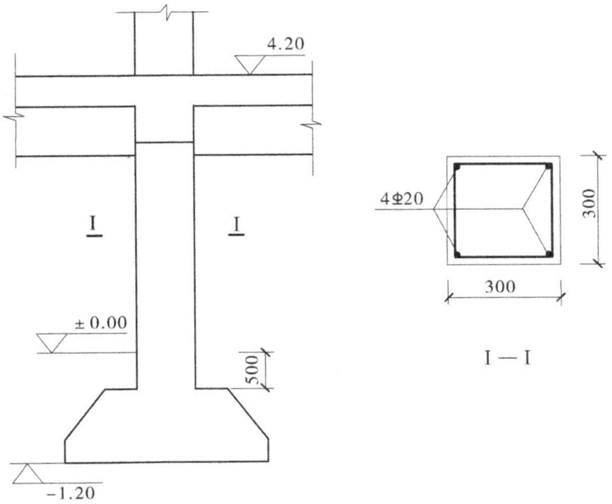

图 13-6 例 13-2 图

查表 13-1,得 $\varphi = 0.885$ 。

(3)承载能力验算。

$$0.9\varphi(f_cA + f'_yA'_s) = 0.9 \times 0.885 \times (11.9 \times 300^2 + 300 \times 1\ 256)$$
$$= 1\ 153(\text{kN}) > N = 986\ \text{kN}$$

因此,该柱安全。

13.3 偏心受压构件的正截面承载力计算

承受轴向压力 N 和弯矩 M 的构件,称为偏心受压构件。因为 N 和 M 的共同作用,可等效地换算为偏心距为 $e_0 = M/N$ 的偏心压力 N 的作用,如图 13-7 所示。

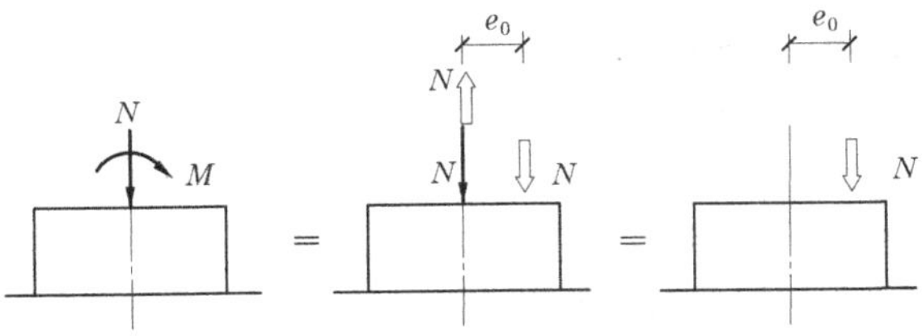

图 13-7 偏心压力

13.3.1 两类偏心破坏及其界限

钢筋混凝土偏心受压构件的钢筋通常布置在截面偏心方向的两侧,离偏心力较近一侧的受力钢筋为受压钢筋,其面积用 A'_s 表示;离偏心力较远一侧的受力钢筋可能受拉,也可能受压,其面积用 A_s 表示。钢筋混凝土偏心受压构件的破坏特征与轴向压力的偏心距、纵向钢筋的配筋率及混凝土的强度等因素有关,可分为大偏心受压破坏和小偏心受压破坏两种情况。

13.3.1.1 **大偏心受压破坏(受拉破坏)**

大偏心受压破坏属于受拉破坏,它发生于轴向压力 N 的偏心距较大,且受拉钢筋配筋量不是过多的情况下。此时,在偏心压力 N 作用下,靠近偏心力 N 一侧的截面受压,而另一侧受拉。随着 N 的加大,首先受拉区的混凝土被拉裂出现横向裂缝并不断开展。当 N 接近破坏荷载时,受拉钢筋的应力达到屈服强度。钢筋受拉屈服后,受拉区裂缝迅速发展,并向受压区延伸,截面的中和轴随之向受压区移动,使得受压区高度急剧减小,混凝土压应力急剧增大并迅速达到其抗压强度而被压碎,至此构件宣告破坏。混凝土被压碎时,受压钢筋的应力一般也达到其抗压屈服强度。其破坏形态见图13-8。

大偏心受压破坏的主要特征是破坏先从受拉区开始,受拉钢筋先被拉屈服,而后受压区混凝土被压碎,其破坏形态与配有受压钢筋的适筋梁相似。

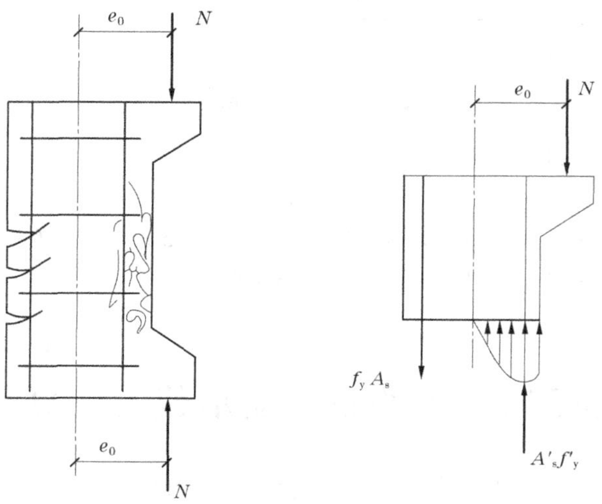

图13-8 大偏心受压的破坏形态及截面应力

13.3.1.2 **小偏心受压破坏(受压破坏)**

小偏心受压破坏属于受压破坏,截面的破坏是从受压区开始的,有以下三种情形:

1. 偏心距 e_0 很小

当偏心距很小时,构件全截面受压,但靠近偏心力一侧压应力大,所以破坏发生在靠近偏心力一侧,纵向钢筋 A'_s 压屈服,混凝土被压碎。而远离偏心力一侧的混凝土及纵向钢筋 A_s 均未达到其抗压强度(见图13-9(a))。若偏心距更小,由于截面的实际重心和几何形心不重合,也可能发生远离偏心力一侧混凝土先被压碎的情况,称之为偏心受压构件的“反向破坏”。

2. 偏心距 e_0 较小

当偏心距较第一种情形稍大时(见图13-9(b)),截面大部分受压,小部分受拉。破坏总是发生在截面的受压一侧,钢筋 A'_s 被压屈服,混凝土被压碎。临近破坏时,受拉一侧混凝土可能出现微细裂缝,但受拉钢筋达不到屈服强度。

3. 偏心距 e_0 较大，受拉钢筋数量过多

由于偏心距较大，截面部分受压，部分受拉。受拉区混凝土横向裂缝出现较早，但由于受拉钢筋 A_s 过多，其受拉应力增长缓慢。随着荷载的继续增大，最后构件由于受压区的钢筋 A'_s 被压屈服，混凝土被压碎而破坏。此时，受拉钢筋由于数量过多而应力达不到屈服强度（见图 13-9（c））。这种破坏形态与超筋梁相似。

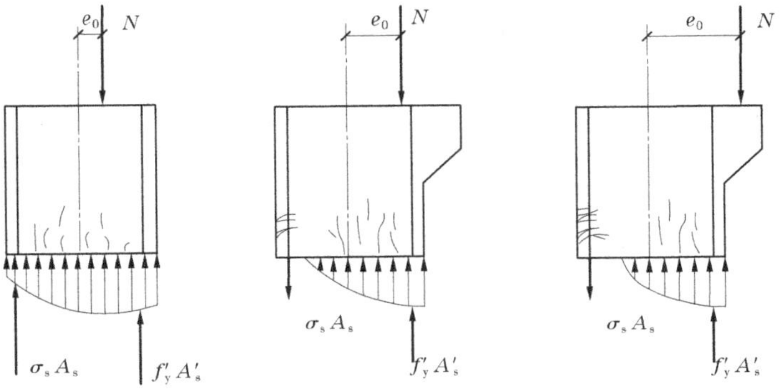

(a)截面全部受压　(b)截面大部分受压　(c)受拉钢筋较多

图 13-9　小偏心受压破坏情况

13.3.1.3　**两类偏心破坏的界限**

由上述两类破坏情况可见，大偏心受压破坏时，受拉钢筋首先屈服，而后受压钢筋及混凝土破坏，它类似于受弯构件正截面适筋破坏。小偏心受压时，受压钢筋屈服，受压混凝土被压坏，而离纵向力较远一侧的钢筋，可能受拉，也可能受压，但始终未能屈服，它类似于受弯构件正截面的超筋破坏。因此，大、小偏心受压破坏界限，仍可用受弯构件正截面中的超筋与适筋的界限予以划分，即

大偏心受压　　$x \leqslant x_b = \xi_b h_0 (\xi \leqslant \xi_b)$

小偏心受压　　$x > x_b = \xi_b h_0 (\xi > \xi_b)$

式中　ξ_b ——相对受压区高度的界限值，可查表 12-4。

13.3.2　附加偏心距和控制截面弯矩的调节与增大

13.3.2.1　**附加偏心距**

考虑到工程中实际存在着竖向荷载作用位置的不确定性、混凝土质量的不均匀性、配筋的不对称性以及施工偏差等众多因素，《混凝土结构设计规范》（GB 50010—2010）规定，在偏心受压构件受压承载力计算中，必须计入轴向压力在偏心方向的附加偏心 e_a，《混凝土结构设计规范》（GB 50010—2010）把 e_a 取为 20 mm 和偏心方向截面尺寸的 1/30 两者中的较大值。轴向压力的初始偏心距 e_i 为偏心距和附加偏心距之和，即：

$$e_i = e_0 + e_a \tag{13-2}$$

式中　e_0 ——轴向压力的偏心距，即 $e_0 = M/N$。

13.3.2.2　控制截面弯矩的调节与增大

1. 需考虑长柱二阶效应的条件

《混凝土结构设计规范》(GB 50010—2010)规定,对于弯矩作用平面内截面对称的偏心受压构件,当同时满足下列3个条件时,可不考虑轴向压力在该方向挠曲杆件中产生的附加弯矩影响,否则,在计算中需考虑由于构件的侧向挠度而引起的二阶效应的影响。这3个条件分别为:

(1)同一主轴方向的杆端弯矩比 M_1/M_2 不大于0.9。

(2)轴压比 $\frac{N}{f_c A}$ 不大于0.9。

(3)构件的长细比满足式(13-3)的要求:

$$l_c/i \leqslant 34 - 12(M_1/M_2) \tag{13-3}$$

式中　M_1、M_2——已考虑侧移影响的偏心受压构件两端截面按结构弹性分析确定的对同一主轴的组合弯矩设计值,绝对值较大端为 M_2,绝对值较小端为 M_1,当构件按单曲率弯曲时,M_1/M_2 取正值,如图13-10(a)所示,否则取负值,如图13-10(b)所示;

l_c——构件的计算长度,可近似取偏心受压构件相应主轴方向上下支承点之间的距离;

i——偏心方向的截面回转半径。

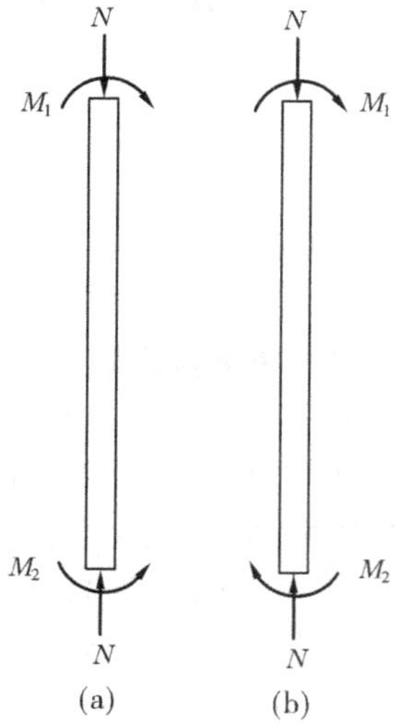

图13-10　偏心受压构件的弯曲

2. 控制截面弯矩设计值的调节与增大

对于在计算中需考虑二阶效应影响的偏压构件,我国《混凝土结构设计规范》(GB 50010—2010)通过引入偏心距调节系数和弯矩增大系数的方法考虑此影响,考虑此影响后控制截面的弯矩设计值应按下列公式计算:

$$M = C_m \eta_{ns} M_2 \tag{13-4}$$

式中,当 $C_m \eta_{ns}$ 小于1.0时,取1.0。

1)偏心距调节系数 C_m

对于弯矩作用平面内截面对称的偏心受压构件,当同一主轴方向两端在单曲率弯曲(M_1/M_2 为正)时的杆端弯矩比 M_1/M_2 大于0.9时,该柱在其两端相同方向、几乎相同大小的弯矩作用下将产生最大的偏心距。在这种情况下,《混凝土结构设计规范》(GB 50010—2010)规定偏心距调节系数按式(13-5)进行计算。

$$C_m = 0.7 + 0.3\frac{M_1}{M_2} \geqslant 0.7 \tag{13-5}$$

2)弯矩增大系数 η_{ns}

对矩形、T形、I形和圆形截面,弯矩增大系数 η_{ns} 可按下列公式计算:

$$\eta_{ns} = 1 + \frac{1}{1\,300(\frac{M_2}{N} + e_a)/h_0}\left(\frac{l_0}{h}\right)^2\zeta_c \tag{13-6}$$

式中 ζ_c——截面曲率修正系数，其值为 $\zeta_c = \frac{0.5f_cA}{N}$，当 ζ_c 计算值大于 1.0 时取 1.0；

N——与弯矩设计值 M_2 相应的轴向压力设计值；

A——构件截面面积；

h——截面高度。

13.3.3 基本计算公式及适用条件

与受弯构件正截面承载力计算相似，偏心受压构件正截面承载力计算亦可采用下列基本假设：

(1)截面应变保证平面；

(2)不考虑混凝土的抗拉强度；

(3)混凝土的极限应变为 ε_{cu}；

(4)受压区混凝土采用等效矩形应力图。

13.3.3.1 大偏心受压($\xi \leqslant \xi_b$)

根据大偏心受压构件破坏时的应力图形(见图 13-11)，由平衡条件，可写出其基本公式为

$$N \leqslant N_u = \alpha_1 f_c bx + A'_s f'_y - A_s f_y \tag{13-7}$$

$$Ne \leqslant \alpha_1 f_c bx(h_0 - \frac{x}{2}) + A'_s f'_y(h_0 - a'_s) \tag{13-8}$$

式中 e——纵向压力作用点至受拉钢筋 A_s 合力点的距离，其值为

$$e = e_i + h/2 - a_s \tag{13-9}$$

式(13-7)、式(13-8)的适用条件为

$$\xi = \frac{x}{h_0} \leqslant \xi_b \text{ 或 } x \leqslant \xi_b h_0 \text{ 且 } x \geqslant 2a'_s$$

当 $x < 2a'_s$ 时，受压钢筋 A'_s 不能屈服，其应力分布如图 13-12 所示。为偏于安全并为计算方便起见，取 $x = 2a'_s$，并对受压钢筋 A'_s 合力点取矩，得

$$Ne' \leqslant N_u e' = A_s f_y(h_0 - a'_s) \tag{13-10}$$

式中 e'——纵向压力作用点至受压钢筋 A'_s 合力点的距离，其值为 $e' = e_i - h/2 + a'_s$。

13.3.3.2 小偏心受压($\xi > \xi_b$)

由小偏心受压破坏的特征可知：截面破坏时，A'_s 总是能达到屈服，远离纵向力一侧的钢筋 A_s 可能受拉，也可能受压，其应力值 σ_s 达不到屈服强度。

图 13-13 为小偏心受压的计算应力图形，由平衡条件，其基本公式为

$$N \leqslant N_u = \alpha_1 f_c bx + A'_s f'_y - \sigma_s A_s \tag{13-11}$$

$$Ne \leqslant \alpha_1 f_c bx(h_0 - \frac{x}{2}) + A'_s f'_y(h_0 - a'_s) \tag{13-12}$$

上述公式须满足下列适用条件：

$$x \geqslant \xi_b h_0 \quad 且 \quad x \leqslant h$$

σ_s 可能为拉应力，也可能为压应力。《混凝土结构设计规范》(GB 50010—2010)规定 σ_s 按下式计算：

$$\sigma_s = \frac{\xi - \beta_1}{\xi_b - \beta_1} f_y \tag{13-13}$$

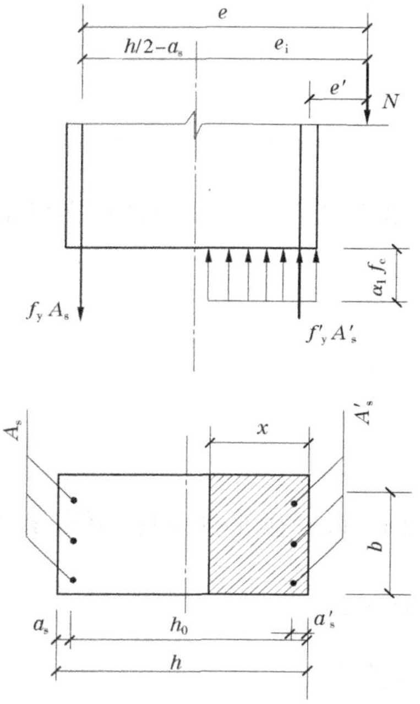

图 13-11　大偏心受压计算应力图形

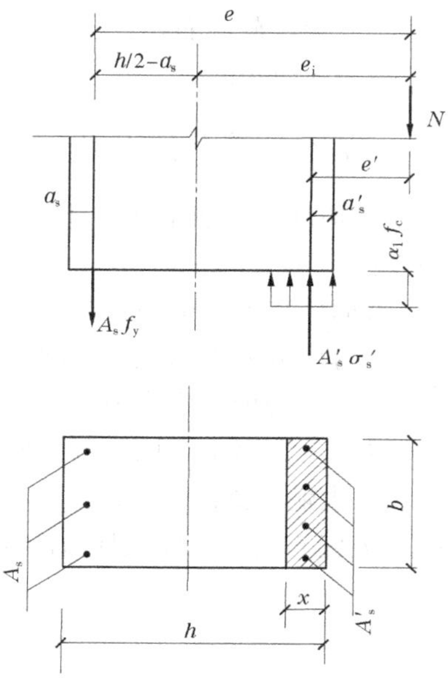

图 13-12　$x < 2a'_s$ 时大偏心受压计算应力图形

同时，钢筋应力 σ_s 还应符合下列条件：

$$-f'_y \leqslant \sigma_s \leqslant f_y \tag{13-14}$$

式中　β_1——系数。当混凝土强度等级不超过 C50 时，β_1 取为 0.80；当混凝土强度等级为 C80 时，β_1 取为 0.74；其间按线性内插法确定。

若 $N > \alpha_1 f_c A$，有可能出现反向偏心破坏，此内容可参见相关资料。

13.3.3.3　垂直于弯矩作用平面的承载力验算

若纵向压力 N 较大、弯矩平面内的偏心距 e_i 较小，且垂直于弯矩平面的长细比 l_0/b 较大时，则有可能由垂直于弯矩作用平面的纵向压力起控制作用。因此，《混凝土结构设计规范》(GB 50010—2010)规定：偏心受压构件除应计算弯矩平面内的受压承载力外，尚应按轴心受压构件验算垂直于弯矩平面的受压承载力，其计算公式为

$$N \leqslant 0.9\varphi[(A_s + A'_s)f'_y + Af_c] \tag{13-15}$$

式中　φ——稳定系数，根据 l_0/b 在表 13-1 中查得。

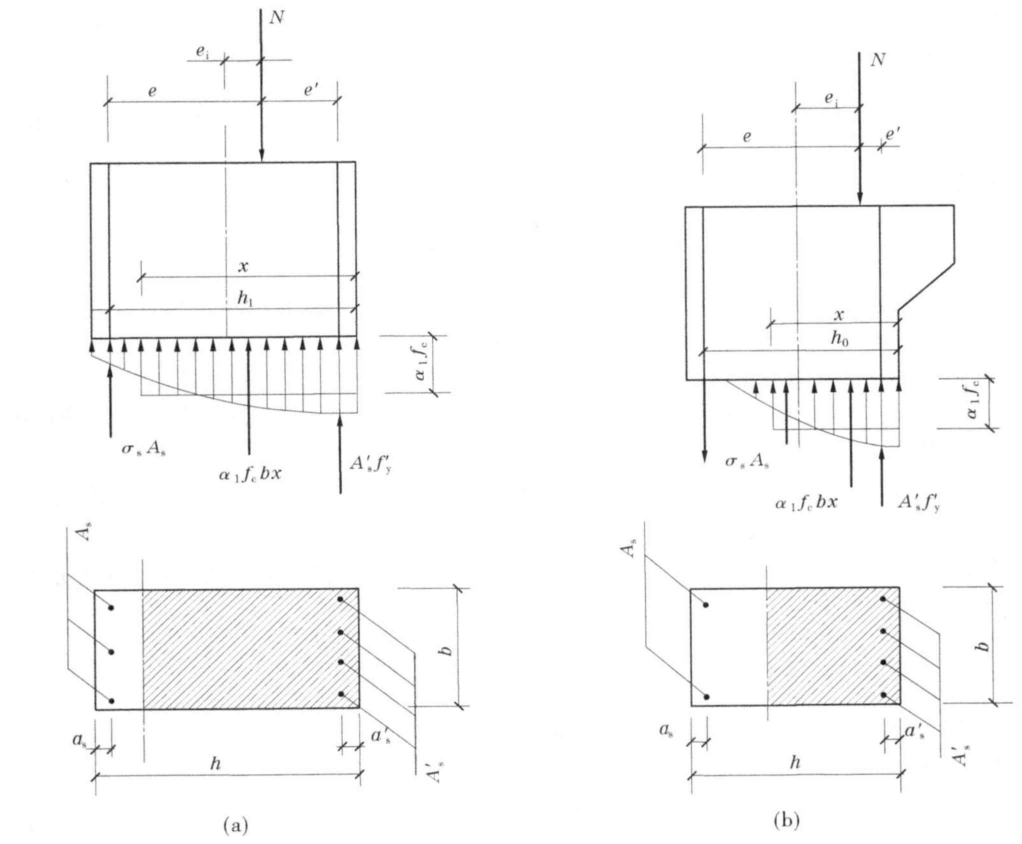

图 13-13　小偏心受压计算应力图

13.3.4　矩形截面正截面不对称配筋计算

矩形截面不对称配筋计算,包括截面配筋计算和截面承载力复核两类问题。下面仅对截面的配筋计算进行介绍,有关截面承载力复核的内容可见其他参考书中的介绍。

13.3.4.1　判别大小偏心受压

截面配筋计算时,需先判别大、小偏心受压类型,最后应用相应的基本公式计算钢筋面积。

《混凝土结构设计规范》(GB 50010—2010)中给出了判别大、小偏心受压的经验判别式:对一般常用等级的混凝土和钢筋,当 $e_i \leqslant 0.3h_0$ 时,按小偏心受压计算;当 $e_i > 0.3h_0$ 时,按大偏心受压计算。

13.3.4.2　大偏心受压构件的配筋计算

(1)情形Ⅰ:已知截面尺寸 $b \times h$,材料的强度设计值 $\alpha_1 f_c$ 、f_y 和 f'_y ,构件的计算高度 l_c 以及截面的内力设计值 M、N,计算截面所需的钢筋 A_s 及 A'_s 。

从式(13-7)、式(13-8)中可看出,这时两个基本公式中有三个未知量,即 A_s 、A'_s 及截面受压高度 x ,故不能得出唯一的解。为此,必须补充一个条件。与受弯构件双筋矩形截面相似，为使($A'_s + A_s$)用量最小，应充分利用混凝土抗压，因此取 $x = x_b = \xi_b h_0$ ，代入式(13-8)可得

$$A'_s = \frac{Ne - \alpha_1 f_c b x_b (h_0 - 0.5x_b)}{f'_y (h_0 - a'_s)} = \frac{Ne - \alpha_1 f_c b h_0^2 \xi_b (1 - 0.5\xi_b)}{f'_y (h_0 - a'_s)} \tag{13-16}$$

①若求得 $A'_s \geqslant \rho_{min} bh (\rho_{min} = 0.2\%)$ ，代入式(13-7)可得

$$A_s = \frac{\alpha_1 f_c b h_0 \xi_b + f'_y A'_s - N}{f_y} \tag{13-17}$$

当 $A_s \geqslant \rho_{min} bh (\rho_{min} = 0.2\%)$ 时，按 A_s 配筋；

当 $A_s < \rho_{min} bh (\rho_{min} = 0.2\%)$ 时，按 $A_s = \rho_{min} bh$ ；

当 $A_s < 0$ 时，按小偏心受压构件重新计算。

②若求得 $A'_s < \rho_{min} bh (\rho_{min} = 0.2\%)$ 或 $A'_s < 0$ ，取 $A'_s = \rho_{min} bh$ ，按 A'_s 为已知的情况(情形Ⅱ)重新计算 A_s 。

(2)情形Ⅱ：已知截面尺寸 $b \times h$，材料强度设计值 $\alpha_1 f_c$ 、f_y 、f'_y ，构件的计算高度 l_c ，截面的内力设计值 M、N 以及受压钢筋 A'_s ，计算受拉钢筋 A_s 。

为了简化计算，避免求解关于 x 的一元二次方程，可采用表格法公式计算，方法如下：

由式(13-8)变化后求 α_s

$$\alpha_s = \frac{Ne - A'_s f'_y (h_0 - a'_s)}{\alpha_1 f_c b h_0^2}$$

查表 12-11 求 ξ ，再求 $x = \xi h_0$ ，最后求 A_s 。

①若 $2a'_s \leqslant x \leqslant \xi_b h_0$ ，则满足公式适用条件，将 x 代入式(13-7)求 A_s 。

$$A_s = \frac{\alpha_1 f_c b x + A'_s f'_y - N}{f_y} \tag{13-18}$$

②若 $x > \xi_b h_0$ ，说明受压钢筋数量不足，应加大受压钢筋的数量，按情形 I(A_s 、A'_s)均未知或加大构件截面尺寸后重新计算。

③若 $x < 2a'_s$ ，受压钢筋未屈服，应按式(13-19)计算 A_s 。

$$A_s = \frac{Ne'}{f_y (h_0 - a'_s)} \tag{13-19}$$

另外，再取 $A'_s = 0$ ，按式(13-7)、式(13-8)计算 A_s 值，然后与式(13-19)求得的 A_s 值作比较，取其中较小值配筋。

【例 13-3】 已知某矩形截面偏心受压柱，截面尺寸 $b = 300$ mm，$h = 500$ mm，$a_s = a'_s = 40$ mm ，构件处于正常环境，承受端弯矩设计值 $M_1 = M_2 = 400$ kN·m ，承受轴向压力设计值 $N = 300$ kN，混凝土强度等级为 C30，采用 HRB335 级钢筋，柱的计算高度 $l_c = 4.2$ m ，计算截面所需纵向钢筋 A'_s 及 A_s 。

解：材料强度的几何参数：混凝土 C30，$f_c = 14.3$ N/mm^2 ；钢筋 HRB335 级，$f_y = f'_y = 300$ N/mm^2 ，界限相对受压区高度 $\xi_b = 0.55$ ，$h_0 = h - a_s = 500 - 40 = 460$(mm) 。

(1)控制截面弯矩设计值。

$$M_1/M_2 = 1.0, i = \sqrt{I/A} = 144.34 \text{ mm}, l_c/i = 29.1 > 34 - 12M_1/M_2 = 22$$

轴压比 $\dfrac{N}{f_c A} = \dfrac{300 \times 10^3}{14.3 \times 300 \times 500} = 0.14 < 0.9$，故需要考虑附加弯矩影响。

e_a 取 20 mm 和 $\frac{h}{30}=\frac{500}{30}=17(\text{mm})$ 二者较大值，故 $e_a=20$ mm。

$$\zeta_c=\frac{0.5f_cA}{N}=\frac{0.5\times 14.3\times 300\times 500}{300\times 10^3}=3.575\text{，取}\zeta_c=1.0$$

$$C_m=0.7+0.3M_1/M_2=1.0$$

$$\eta_{ns}=1+\frac{1}{1\,300\times(M_2/N+e_a)/h_0}\left(\frac{l_0}{h}\right)^2\zeta_c$$

$$=1+\frac{1}{1\,300\times[(400\times 10^6)/(300\times 10^3)+20]/460}\left(\frac{4\,200}{500}\right)^2\times 1.0=1.018$$

考虑二阶效应后的设计弯矩值 $M=C_m\eta_{ns}M_2=1.0\times 1.018\times 400=407.2(\text{kN}\cdot\text{m})$。

(2)判别大、小偏心受压。

$$e_0=\frac{M}{N}=\frac{407.2\times 10^6}{300\times 10^3}=1\,357(\text{mm})$$

$e_i=e_0+e_a=1\,357+20=1\,377(\text{mm})>0.3h_0=138$ mm，按大偏心受压计算钢筋。

纵向压力至受拉钢筋形心的距离 $e=e_i+\left(\frac{h}{2}-a_s\right)=1\,377+(250-40)=1\,587(\text{mm})$

(3)钢筋计算。

$$A'_s=\frac{Ne-\alpha_1f_cbh_0^2\xi_b(1-0.5\xi_b)}{f'_y(h_0-a'_s)}$$

$$=\frac{300\times 10^3\times 1\,587-1.0\times 14.3\times 300\times 460^2\times 0.550\times(1-0.5\times 0.55)}{300\times(460-40)}$$

$$=906(\text{mm}^2)>0.2\%bh=300\text{ mm}^2$$

$$A_s=\frac{\alpha_1f_c\xi_bbh_0+A'_sf'_y-N}{f_y}$$

$$=\frac{1.0\times 14.3\times 0.55\times 300\times 460+906\times 300-300\times 10^3}{300}$$

$$=3\,524(\text{mm}^2)>0.2\%bh=300\text{ mm}^2$$

(4)钢筋配置。

受压区钢筋 A'_s 选用 3 Φ 20($A'_s=941\text{ mm}^2>938\text{ mm}^2$)；受拉钢筋 A_s 选用 3 Φ 32 + 3 Φ 22 ($A_s=3\,553\text{ mm}^2$)。截面配筋如图 13-14 所示。

【例 13-4】 条件同例 13-3，在受压区配有 3 Φ 28 的受压钢筋，$A'_s=1\,847\text{ mm}^2$，试计算截面所需的受拉钢筋 A_s。

解： 由例 13-3 知 $e=1\,587$ mm。

$$\alpha_s=\frac{Ne-A'_sf'_y(h_0-a'_s)}{\alpha_1f_cbh_0^2}=\frac{300\times 10^3\times 1\,587-1\,847\times 300\times(460-40)}{1.0\times 14.3\times 300\times 460^2}=0.268$$

查表 12-11 得，$\xi=0.314<\xi_b=0.550$。

受压区高度 $x=\xi h_0=0.314\times 460=144.44(\text{mm})>2a'_s=80$ mm

$$
\begin{aligned}
A_s &= \frac{\alpha_1 f_c bx + A'_s f'_y - N}{f_y} \\
&= \frac{1.0 \times 14.3 \times 300 \times 144.44 + 1\,847 \times 300 - 300 \times 10^3}{300} \\
&= 2\,912(\text{mm}^2) \\
&> 0.2\% bh = 300\ \text{mm}^2
\end{aligned}
$$

选用 3 Φ 36 的钢筋（$A_s = 3\,054\ \text{mm}^2$），配筋如图 13-15 所示。

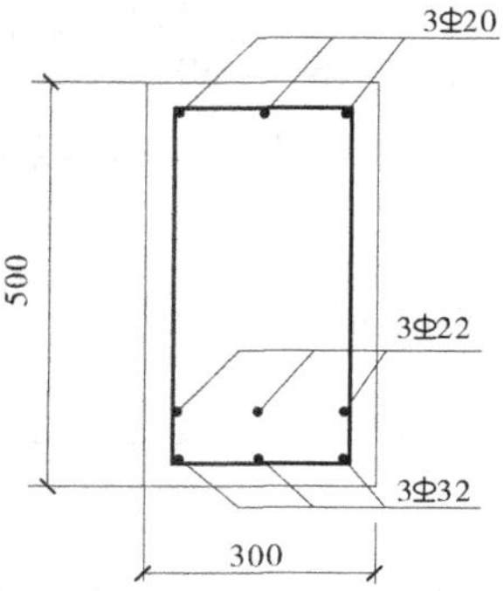

图 13-14　例 13-3 图

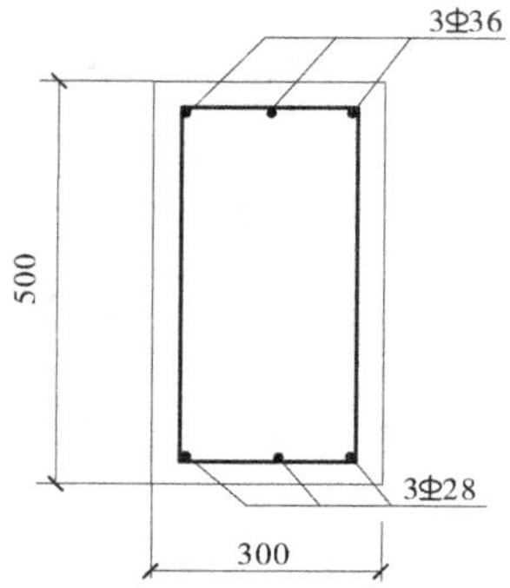

图 13-15　例 13-4 图

13.3.4.3　小偏心受压构件的配筋计算

由基本公式(13-11)及式(13-12)（将式中的 σ_s 用公式(13-13)代替）可知，有三个未知数 ξ 、A'_s 及 A_s ，不能得出唯一的解。考虑到远离偏心压力侧钢筋 A_s 一般不会屈服，即强度得不到充分利用，为了使钢筋用量最小，可以按最小配筋率配筋，即取 $A_s = 0.002bh$ 。一般解题步骤如下：

(1)求 A_s 。当 $N < \alpha_1 f_c bh$ 时，$A_s = 0.002bh$ ；当 $N \geqslant \alpha_1 f_c bh$ 时，为了防止反向偏心破坏（可参阅相关资料），A_s 则应取为按式(13-20)计算所得和 $A_s = 0.002bh$ 两者当中的较大值。

$$
Ne' \leqslant \alpha_1 f_c bh\left(\frac{h}{2} - a'_s\right) + f'_y A_s (h_0 - a'_s) \tag{13-20}
$$

式中　e' ——轴向力作用点至钢筋 A'_s 合力点之间的距离，即 $e' = \dfrac{h}{2} - a'_s - (e_0 - e_a)$ 。

(2)将确定的 A_s 代入式(13-11)、式(13-12)联立求解出 ξ 和 A'_s 。相对受压区高度 ξ_b 也参阅相关资料采用计算公式计算。

(3)按轴向受压对垂直弯矩方向承载力验算。由式(13-15)验算垂直弯矩作用平面的承载力。

【例 13-5】　已知某矩形截面受压构件，$b \times h = 400\ \text{mm} \times 500\ \text{mm}$，$a_s = a'_s = 40\ \text{mm}$ 。承受的内力设计值为 $N = 2\,500\ \text{kN}$，相应的端点弯矩 $M_1 = M_2 = 167\ \text{kN} \cdot \text{m}$ ，柱的计算高度 $l_0 = 7.5\ \text{m}$ ，混凝土强度等级为 C30，钢筋 HRB335 级，计算截面所需钢筋 A_s 及 A'_s 。

解：(1)计算柱端弯矩设计值。

因$\dfrac{M_1}{M_2}=1$，$i=\sqrt{\dfrac{I}{A}}=\sqrt{\dfrac{400\times500^3}{12\times400\times500}}=144.34(\text{mm})$

$\dfrac{l_0}{i}=\dfrac{7\ 500}{144.34}=52>34-12\dfrac{M_1}{M_2}=22$，故应考虑附加弯矩。

$$C_m=0.7+0.3\frac{M_1}{M_2}=1.0$$

$$e_a=\frac{h}{30}=\frac{500}{30}=16.7<20\ \text{mm},\text{取}\ e_a=20\ \text{mm}$$

$$\zeta_c=\frac{0.5f_cA}{N}=\frac{0.5\times14.3\times400\times500}{2\ 500\times10^3}=0.572$$

$$\eta_{ns}=1+\frac{1}{1\ 300\times\left(\dfrac{M_2}{N}+e_a\right)/h_0}\left(\frac{l}{h}\right)^2\zeta_c$$

$$=1+\frac{1}{1\ 300\times\left(\dfrac{167\times10^6}{2\ 500\times10^3}+20\right)/460}\left(\frac{7\ 500}{500}\right)^2\times0.572=1.525$$

柱端弯矩设计值 $M=C_m\eta_{ns}M_2=1.0\times1.525\times167=255(\text{kN}\cdot\text{m})$

(2)判别大、小偏心受压。

$$e_0=\frac{M}{N}=\frac{253\times10^6}{2\ 500\times10^3}=101(\text{mm})$$

$$e_i=e_0+e_a=101+20=121(\text{mm})<0.3h_0=138\ \text{mm}$$

构件属小偏心受压。

(3)计算钢筋 A_s 及 A'_s。

因为 $\alpha_1f_cbh=1.0\times14.3\times400\times500=2\ 860\ \text{kN}>N=2\ 500\ \text{kN}$

所以，可取 $A_s=0.002bh=0.002\times400\times500=400\ (\text{mm}^2)$

$e=e_i+\dfrac{h}{2}-a_s=121+250-40=331(\text{mm})$，C30 混凝土 $\beta_1=0.8$，$\xi_b=0.55$

将已知量全部代入式(13-11)、式(13-12)得：

$$2\ 500\times10^3=14.3\times400\times460\xi+A'_s\times300-400\times\frac{\xi-0.8}{0.55-0.8}\times300 \qquad (a)$$

$$2\ 500\times10^3\times331=14.3\times400\times460^2\xi(1-0.5\xi)+A'_s\times300\times(460-40) \qquad (b)$$

联立求解(a)、(b)两式得：$\xi=0.838$。

将 $\xi=0.838$ 代入式(13-11)，可求得 A'_s 为

$$A'_s=\frac{N-\alpha_1f_cbh_0\xi}{f'_y}+A_s\frac{\xi-0.8}{\xi_b-0.8}$$

$$=\frac{2\ 500\times10^3-1.0\times14.3\times400\times460\times0.838}{300}+400\times\frac{0.838-0.8}{0.550-0.8}$$

$$=923(\text{mm}^2)>0.002bh=0.002\times400\times500=400(\text{mm}^2)$$

A_s 选用 2 Φ 16($A_s=402\ \text{mm}^2$)，A'_s 选用 3 Φ 20($A_s=941\ \text{mm}^2$)。

(4)按轴向受压对垂直弯矩方向承载力进行验算。

$$\frac{l_0}{b}=\frac{7.5}{0.4}=18.75$$

查表 13-1, $\varphi=0.788$,得

$$0.9\varphi[A_f+(A_s+A'_s)f_y]=0.9\times0.788\times[400\times500\times14.3+(402+941)\times300]$$
$$=2\ 314(\text{kN})<N=2\ 500\ \text{kN}$$

经验算,垂直弯矩方向承载力不满足要求。当截面尺寸和材料不变时,需以大配筋量重新选取,A_s 为 2 Φ 22,A'_s为 3 Φ 28,则 $A_s=760\ \text{mm}^2$,$A'_s=1\ 847\ \text{mm}^2$,重新验算,$0.9\varphi[A_f+(A_s+A'_s)f_y]=2\ 582\ \text{kN}>N=2\ 500\ \text{kN}$,故满足要求。配筋如图 13-16 所示。

13.3.5 矩形截面正截面对称配筋承载力计算

不对称配筋的偏心受压构件,是在充分利用混凝土强度的前提下,按受压和受拉的不同需要计算出所需的钢筋,故采用不对称配筋可以节省钢筋。但其缺点是施工时必须注意受压构件截面的方向性,以免将 A'_s 和 A_s 的位置放错。若采用对称配筋,其截面两侧配筋相同(即 $A_s=A'_s$,$f_y=f'_y$),虽然构件的配筋有所增加,但构件一方面可以承受不同荷载下可能产生的变号弯矩,另一方面也方便了施工,且施工时钢筋位置也不会放错。因此,对称配筋应用更为广泛。

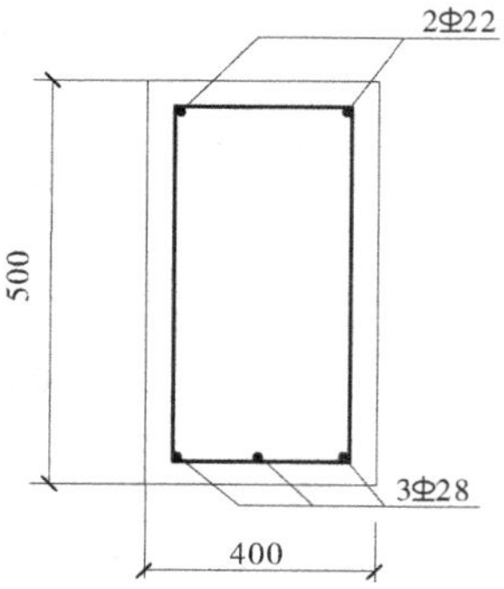

图 13-16 例 13-5 截面配筋

对称配筋矩形截面计算,也包括截面配筋计算和截面承载力复核两类问题,下面仅对截面的配筋计算进行介绍,有关截面承载力复核的内容可见其他参考书中的介绍。

13.3.5.1 判别大、小偏心受压

与非对称配筋计算相似,首先要判别大、小偏心受压类型。

假设所计算截面为大偏心受压,由于对称配筋时 $A_s=A'_s$,$f_y=f'_y$,根据大偏心受压的计算公式(13-7)可知此时有

$$x=\frac{N}{\alpha_1 f_c b} \tag{13-21}$$

若 $x\leqslant\xi_b h_0$,则实为大偏心受压;若 $x>\xi_b h_0$,则实为小偏心受压。

13.3.5.2 大偏心受压的配筋计算

若 $2a'_s\leqslant x\leqslant\xi_b h_0$,将求出的 x 代入大偏心受压的计算式(13-8)计算对称配筋时钢筋的面积

$$A_s=A'_s=\frac{Ne-\alpha_1 f_c bx\left(h_0-\frac{x}{2}\right)}{f'_y(h_0-a'_s)} \tag{13-22}$$

若 $x\leqslant2a'_s$,由式(13-10)得

$$A_s=A'_s=\frac{Ne'}{f_y(h_0-a'_s)} \tag{13-23}$$

13.3.5.3 小偏心受压的配筋计算

对于小偏心受压构件,《混凝土结构设计规范》(GB 50010—2010)给出以下近似公式

计算纵向受力钢筋面积：

$$A_s = A'_s = \frac{Ne - \alpha_1 f_c b h_0^2 \xi (1 - 0.5\xi)}{f'_y (h_0 - a'_s)} \tag{13-24}$$

此处 ξ 可按下列公式计算：

$$\xi = \frac{N - \xi_b \alpha_1 f_c b h_0}{\dfrac{Ne - 0.43\alpha_1 f_c b h_0^2}{(\beta_1 - \xi_b)(h_0 - a'_s)} + \alpha_1 f_c b h_0} + \xi_b \tag{13-25}$$

所选钢筋面积同样应满足最小配筋率的要求。最后，还应验算垂直于弯矩作用平面的轴心受压承载力是否满足要求。

【例 13-6】 某偏心受压柱，$b \times h = 300\ \text{mm} \times 500\ \text{mm}$，柱的计算长度 $l_0 = 4.0\ \text{m}$，承受的弯矩 $M_1 = M_2 = 270\ \text{kN·m}$，相应的轴向压力 $N = 300\ \text{kN}$，混凝土强度等级为 C20，钢筋 HRB335 级，当采用对称配筋时，试计算 A_s 及 A'_s。

解：弯矩设计值 $i = \sqrt{\dfrac{I}{A}} = 144.3\ \text{mm}$，$\dfrac{l_0}{i} = \dfrac{4\ 000}{144.3} = 27.7 > 34 - 12\dfrac{M_1}{M_2} = 22$，故要考虑附加弯矩的影响。

$$C_m = 0.7 + 0.3\frac{M_1}{M_2} = 1.0\text{，取 } C_m = 1.0$$

$$\zeta_c = \frac{0.5 f_c A}{N} = \frac{0.5 \times 9.6 \times 300 \times 500}{300 \times 10^3} = 2.4\text{，取 } \zeta_c = 1.0$$

$$e'_0 = \frac{M_2}{N} = \frac{270 \times 10^6}{300 \times 10^3} = 900(\text{mm})\text{，}e_a = 20\ \text{mm}$$

$$\eta_{ns} = 1 + \frac{1}{1\ 300 \times \left(\dfrac{M_2}{N} + e_a\right)/h_0}\left(\frac{l_0}{h}\right)^2 \zeta_c = 1.024$$

$$C_m \eta_{ns} \times M_2 = 1.0 \times 1.024 \times 270 = 276.48(\text{kN·m})$$

$$e_i = e_0 + e_a = \frac{276.48 \times 10^6}{300 \times 10^3} + 20 = 942(\text{mm}) > 0.3h_0 = 138\ \text{mm}$$

$$x = \frac{N}{\alpha_1 f_c b} = \frac{300 \times 10^3}{1.0 \times 9.6 \times 300} = 104.2(\text{mm})$$
$$< \xi_b h_0 = 0.55 \times 460 = 253(\text{mm})$$
$$> 2a'_s = 80\ \text{mm}$$

由式(13-22)，得

$$A_s = A'_s = \frac{Ne - \alpha_1 f_c b x\left(h_0 - \dfrac{x}{2}\right)}{f'_y (h_0 - a'_s)}$$
$$= 1\ 775(\text{mm}^2) > 0.002bh$$

每侧选用 3 Φ 28 的钢筋，实际的 $A_s = A'_s = 1\ 847\ \text{mm}^2$，配筋如图 13-17 所示。

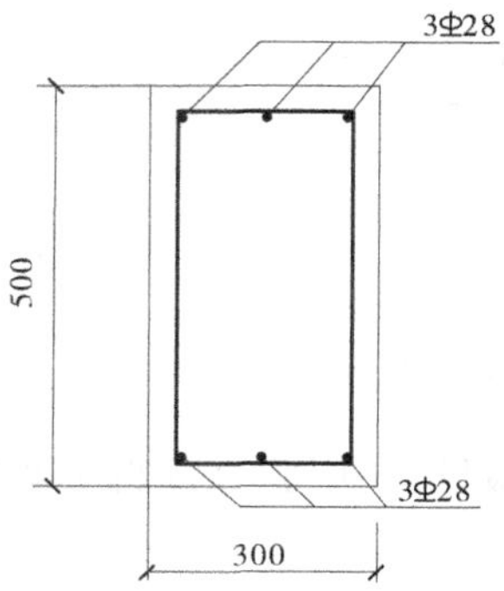

图 13-17　例 13-6 截面配筋

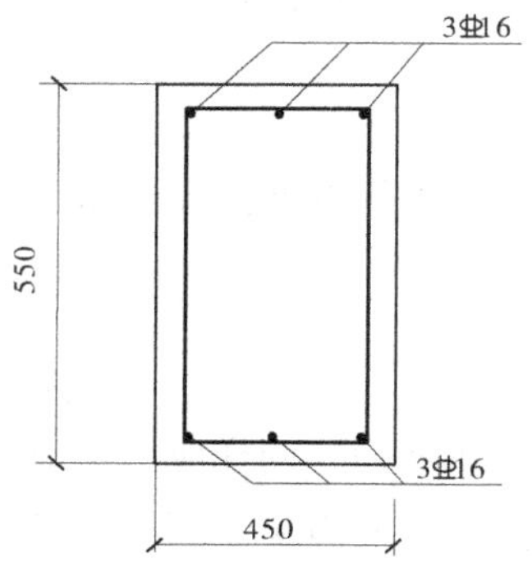

图 13-18　例 13-7 截面配筋

【例 13-7】　已知某偏心受压柱 $b \times h = 450\ \text{mm} \times 550\ \text{mm}$，$a_s = a'_s = 40\ \text{mm}$，柱的计算高度 $l_0 = 4.0\ \text{m}$，由荷载计算值产生的内力 $N = 2\ 300\ \text{kN}$，两端弯矩为 $M_1 = M_2 = 190\ \text{kN} \cdot \text{m}$，钢筋采用 HRB400 级，混凝土强度等级为 C30，求对称配筋所需钢筋截面面积 A_s 及 A'_s。

解：$M_1/M_2 = 1$，$i = \sqrt{\dfrac{I}{A}} = 158.8$，$\dfrac{l_0}{i} = 25.2 > 34 - 12\dfrac{M_1}{M_2} = 22$，故需考虑附加弯矩。

$$\zeta_c = \frac{0.5 f_c A}{N} = \frac{0.5 \times 14.3 \times 450 \times 550}{2\ 300 \times 10^3} = 0.77$$

$$C_m = 0.7 + 0.3\frac{M_1}{M_2} = 1.0,\ e_a = 20\ \text{mm}$$

$$\eta_{ns} = 1 + \frac{1}{1\ 300 \times \left(\dfrac{M_2}{N} + e_a\right)/h_0}\left(\frac{l_0}{h}\right)^2 \zeta_c = 1.16$$

设计弯矩值 $C_m \eta_{ns} \times M_2 = 220.4\ \text{kN} \cdot \text{m}$

$$e_0 = \frac{M}{N} = 95.8\ \text{mm}$$

$$e_i = e_0 + e_a = 115.8\ \text{mm} < 0.3h_0 = 153\ \text{mm}$$

$$x = \frac{N}{\alpha_1 f_c b} = \frac{2\ 300 \times 10^3}{1.0 \times 14.3 \times 450} = 357.4(\text{mm})$$

$\xi = \dfrac{x}{h_0} = 0.7 > \xi_b = 0.518$，构件属小偏心受压。

$$e = e_i + \frac{h}{2} - a_s = 350.8\ \text{mm}$$

由式(13-25)，得

$$\xi = \frac{N - \xi_b \alpha_1 b h_0 f_c}{\dfrac{Ne - 0.43\alpha_1 f_c b h_0^2}{(\beta_1 - \xi_b)(h_0 - a'_s)} + \alpha_1 f_c b h_0} + \xi_b$$

$$= \frac{2\,300 \times 10^3 - 0.518 \times 1.0 \times 14.3 \times 450 \times 510}{\dfrac{2\,300 \times 10^3 \times 350.8 - 0.43 \times 1.0 \times 14.3 \times 450 \times 510^2}{(0.8 - 0.518)(510 - 40)} + 1.0 \times 14.3 \times 450 \times 510} + 0.518$$

$= 0.670$

将 $\xi = 0.670$ 代入式(13-24),得

$$A_s = A'_s = \frac{Ne - \xi(1 - 0.5\xi)\alpha_1 f_c b h_0^2}{f'_y(h_0 - a'_s)}$$

$$= \frac{2\,300 \times 10^3 \times 350.8 - 0.670 \times (1 - 0.5 \times 0.670) \times 1.0 \times 14.3 \times 450 \times 510^2}{360 \times (510 - 40)}$$

$= 361(\text{mm}^2) < 0.2\% bh = 495\ \text{mm}^2$

按构造配筋取 $A_s = A'_s = 0.2\% bh = 495\ \text{mm}^2$

每侧选用 3 Φ 16 的钢筋($A_s = A'_s = 603\ \text{mm}^2$),配筋如图 13-18 所示。

垂直弯矩方向验算

$$\frac{l_0}{b} = \frac{4\,000}{450} = 8.9, \varphi \approx 1.0$$

$$N_u = 0.9\varphi[(A'_s + A_s)f_y + \alpha_1 f_c A]$$
$$= 0.9 \times 1.0 \times (1\,206 \times 360 + 1.0 \times 14.3 \times 450 \times 550)$$
$$= 3\,576 \times 10^3(\text{N}) > N = 2\,300 \times 10^3\ \text{N}(安全)$$

习　题

一、思考题

1. 在轴心受压柱中配置纵向钢筋的作用是什么？为什么要控制纵向钢筋的最小配筋率？

2. 试分析偏心受压短柱的两种破坏形态。形成这两种破坏形态的条件各是什么？

3. 在轴向受压柱中如采用高强钢筋,其强度设计值如何取值？为什么？

4. 轴向受压柱中箍筋布置的原则是什么？有哪些要求？试简述之。

5. 试分别写出矩形截面大、小偏心受压的基本计算公式,从基本公式中看两者的应力有何变化？

二、计算题

1. 某钢筋混凝土框架底层中柱,截面尺寸 $b \times h = 400\ \text{mm} \times 400\ \text{mm}$,构件的计算长度 $l_0 = 5.7\ \text{m}$,承受包括自重在内的轴向压力设计值 $N = 2\,000\ \text{kN}$,该柱采用 C20 级混凝土,纵向受力钢筋 HRB335 级。试确定柱的配筋。

2. 某多层房屋的现浇钢筋混凝土框架的底层中柱,截面尺寸 $b \times h = 400\ \text{mm} \times 400\ \text{mm}$,对称配筋 4 Φ 22 的纵向钢筋,采用 C30 级混凝土,计算长度 $l_0 = 6\ \text{m}$,试确定该柱能承担的轴向压力 N。

3. 已知某矩形截面偏心受压构件，承受轴力设计值 $N = 800$ kN，弯矩设计值 $M_1 = M_2 = 400$ kN · m。计算长度 $l_0 = 6$ m，截面尺寸 $b \times h = 400$ mm × 600 mm，采用 C25 级混凝土，纵筋 HRB335 级，HPB300 级箍筋，计算柱的钢筋，并绘制截面配筋图。

4. 某钢筋混凝土柱截面尺寸 $b \times h = 300$ mm × 500 mm，柱计算长度 $l_0 = 6.0$ m，轴向力设计值 $N = 1\ 300$ kN，弯矩设计值 $M = 253$ kN · m。采用 C20 级混凝土，纵筋 HRB335 级，按对称配筋设计，求钢筋面积 $A_s = A'_s$。

5. 已知某矩形截面偏心受压构件，截面尺寸 $b \times h = 300$ mm × 500 mm，$a_s = a'_s = 40$ mm，承受轴向压力设计值 $N = 2\ 000$ kN，弯矩设计值 $M_1 = M_2 = 64$ kN · m，采用 C30 级混凝土，纵筋 HRB335 级，HPB235 级箍筋，柱的计算长度 $l_0 = 5.5$ m，计算柱内配筋，绘制截面配筋图。

6. 若条件与第 4 题相同，计算对称配筋 $A_s = A'_s$。

7. 若条件与第 4 题相同，计算对称配筋 $A_s = A'_s$。

14 钢筋混凝土梁板结构

【学习目标】 通过本章学习,掌握梁板结构的类型,受力特征,设计步骤,了解内力计算方法,掌握配筋计算方法及构造要求。

14.1 梁板结构的类型

14.1.1 梁板结构的类型

钢筋混凝土梁板结构在建筑工程中的楼盖、屋盖中广泛采用,还应用于水池的顶盖、池壁,桥梁的桥面结构,挡土墙等构筑物。钢筋混凝土楼盖按其施工方法的不同可分为现浇整体式、预制装配式和装配整体式三种。现浇整体式楼盖为应用最为广泛的一种楼盖形式。现浇整体式楼盖按其受力和支撑情况的不同可分为单向板肋梁楼盖、双向板肋梁楼盖、井式楼盖和无梁楼盖四种(见图 14-1)。本章内容只介绍单向板肋梁楼盖和双向板肋梁楼盖。

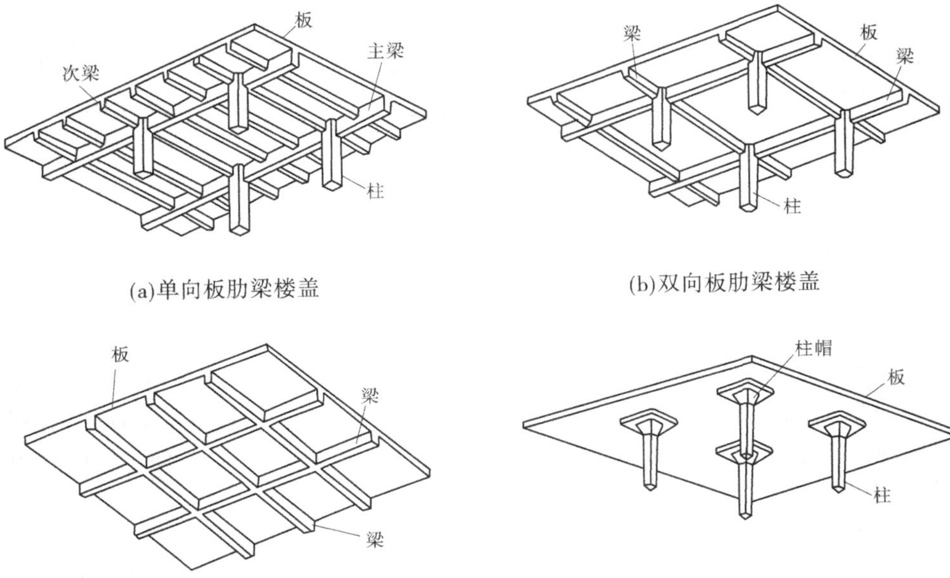

(a)单向板肋梁楼盖　(b)双向板肋梁楼盖

(c)井式楼盖　(d)无梁楼盖

图 14-1 现浇楼盖的结构形式

14.1.2 单向板和双向板的划分

四边支承板按其长边 l_2 与短边 l_1 之比不同可分为单向板和双向板。当板的长边 l_2 与短边 l_1 之比较大时，板上荷载主要沿短边方向传递，可忽略荷载沿长边方向的传递，称为单向板。《混凝土结构设计规范》(GB 50010—2010)规定当 $l_2/l_1 \leqslant 2$ 时应按双向板计算；当 $2 < l_2/l_1 < 3$ 时，宜按双向板计算；当 $l_2/l_1 \geqslant 3$ 时，可按短边方向受力的单向板计算。由单向板及支承其的主次梁组成的楼盖，称为单向板肋梁楼盖。

14.2 单向板肋梁楼盖

单向板肋梁楼盖设计计算的基本步骤为：首先进行结构平面布置，然后分别进行单向板、次梁及主梁的设计。在板、次梁和主梁设计中均包括确定计算简图(含支座简化、确定计算跨度和跨数、荷载计算)、内力计算、配筋计算和绘制施工图等内容。绘制施工图时除考虑计算结果外，还应考虑构造要求。

14.2.1 结构平面布置

次梁的间距即为板的跨度，主梁的间距即为次梁的跨度，柱或墙在主梁方向的间距即为主梁的跨度，如图 14-2 所示。结构平面布置时应综合考虑以下几点：

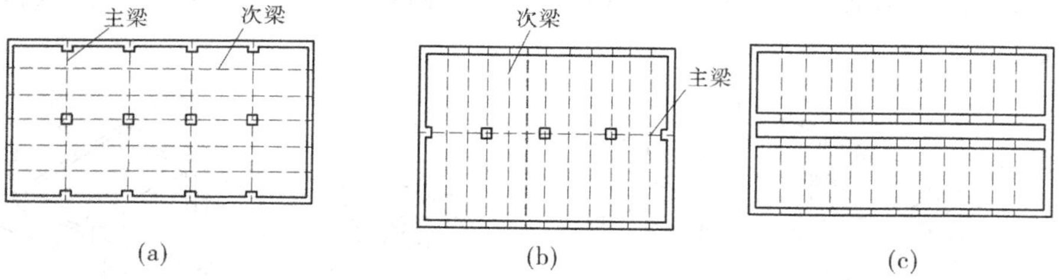

图 14-2 单向板肋梁楼盖的组成

(1)柱网和梁格布置要综合考虑使用要求并注意经济合理。单向板肋梁楼盖各种构件的经济跨度为：板 2 ~4 m，次梁 4 ~6 m，主梁 6 ~8 m。当荷载较小时，宜取较大值；荷载较大时，宜取较小值。

(2)除确定梁的跨度外，还应考虑主、次梁的方向。主梁若沿房屋横向布置，横向刚度容易得到保证；如主梁沿房屋纵向布置，因跨度相对较小，主梁截面高度减小，有利于增大房屋的使用净空。一般情况下，主梁的跨中宜布置两根次梁，这样可使主梁的弯矩分布较为平缓，有利于节约钢筋。

(3)结构布置应尽量简单、规整和统一，以减少构件类型并且便于设计计算及施工，易于实现适用、经济及美观的要求。为此，梁板尽量布置成等跨，板厚及梁截面尺寸在各跨范围内宜尽量统一。

14.2.2 确定计算简图

在内力计算和配筋计算之前，首先应确定结构构件的计算简图。计算简图的确定包括以下几个方面。

14.2.2.1 支承简化

当梁、板为砖墙或砖柱承重时，由于其嵌固作用很小，可按铰支座考虑。次梁为板的支座，主梁为次梁支座，板与次梁或次梁与主梁虽然整浇在一起，但支座对构件的约束并不太强，为简化计算起见，通常也都假定为铰支座。主梁与柱整浇在一起时，支座形式的确定与梁和柱的线刚度比有关，当梁与柱的线刚度比大于 5 时，柱可视为主梁的铰支座，否则应按框架结构计算。

14.2.2.2 计算跨度和跨数的确定

连续梁板各跨的计算跨度，与支座形式、构件截面尺寸以及内力计算方法有关，通常可按表 14-1 采用。

表 14-1 连续梁板的计算跨度 l_0

<table>
<tr><th>方法</th><th>连续板</th><th>连续梁</th></tr>
<tr><td>按弹性分析内力</td><td>
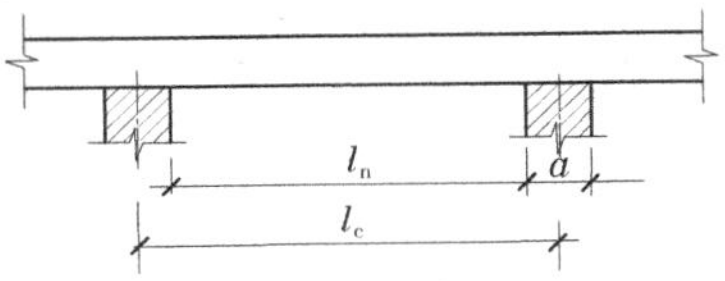

当$a\leq0.1l_c$时，$l_0=l_c$
当$a>0.1l_c$时，$l_0=1.1l_n$
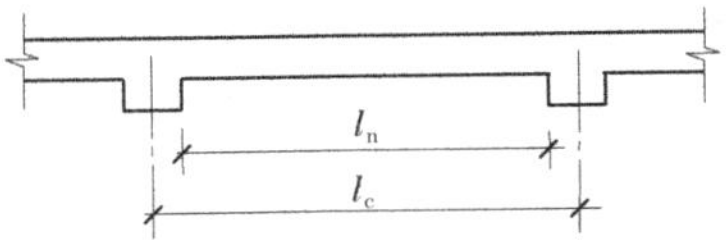

$l_0=l_c$
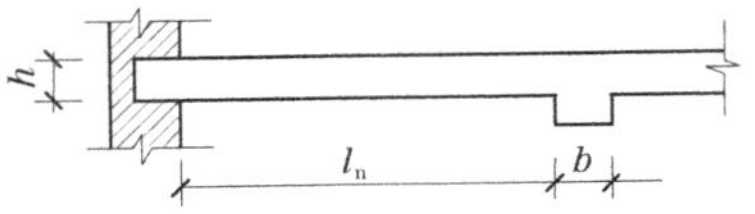

$l_0=l_n+\frac{b}{2}+\frac{b}{2}$
</td><td>
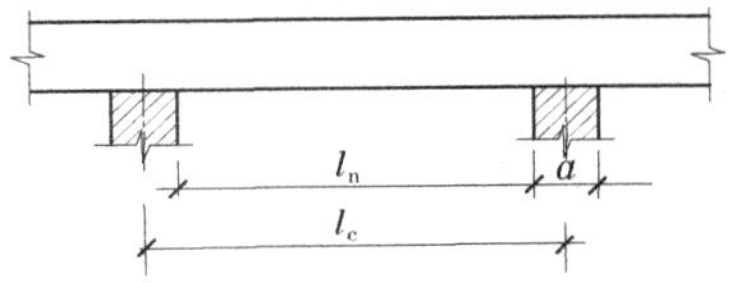

当$a\leq0.05l_c$时，$l_0=l_c$
当$a>0.05l_c$时，$l_0=1.05l_n$
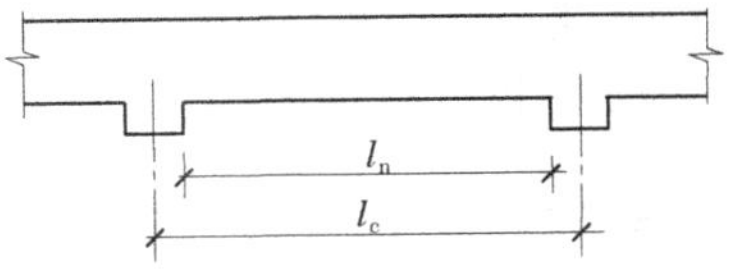

$l_0=l_c$
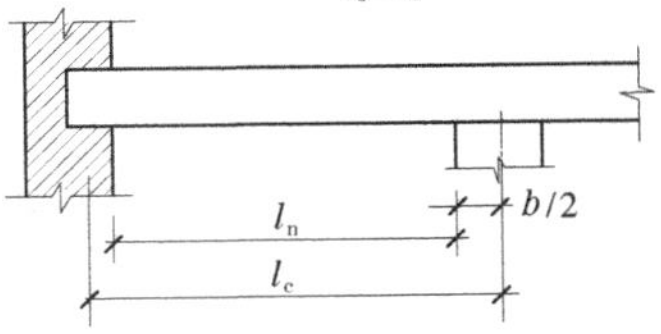

$l_0=l_c\leq1.025l_n+\frac{b}{2}$
</td></tr>
</table>

续表 14-1

方法	连续板	连续梁
按塑性分析内力	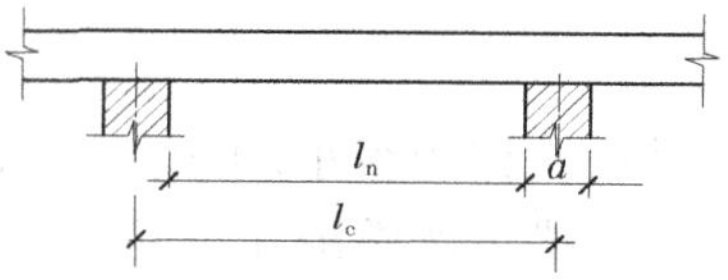 当$a \leqslant 0.1l_c$时，$l_0=l_c$ 当$a>0.1l_c$时，$l_0=1.1l_n$ 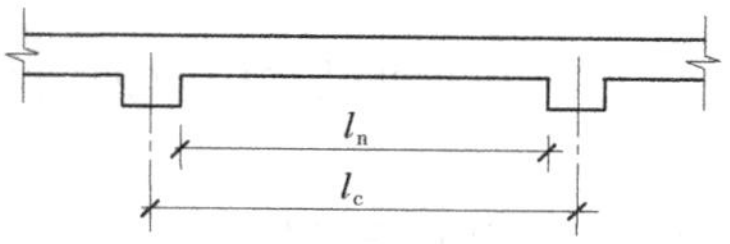 $l_0=l_n$ 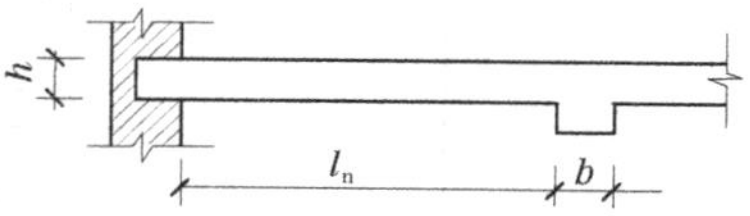 $l_0=l_n+\frac{h}{2}$	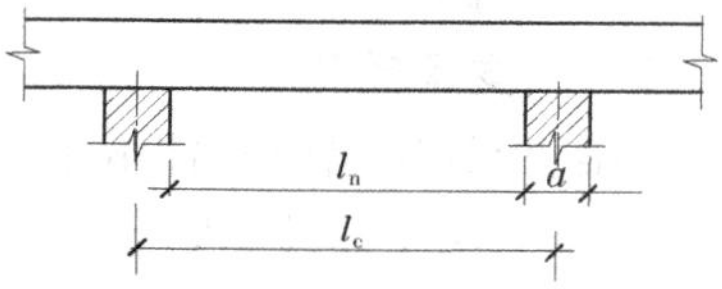 当$a \leqslant 0.05l_c$时，$l_0=l_c$ 当$a>0.05l_c$时，$l_0=1.05l_n$ 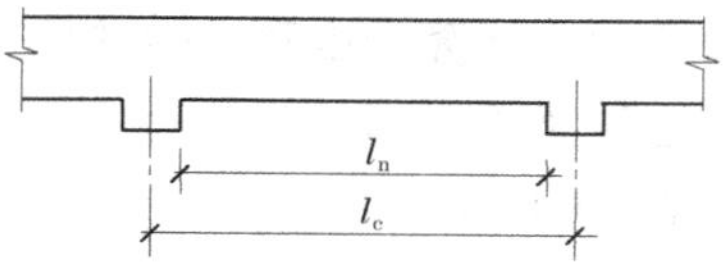 $l_0=l_n$ 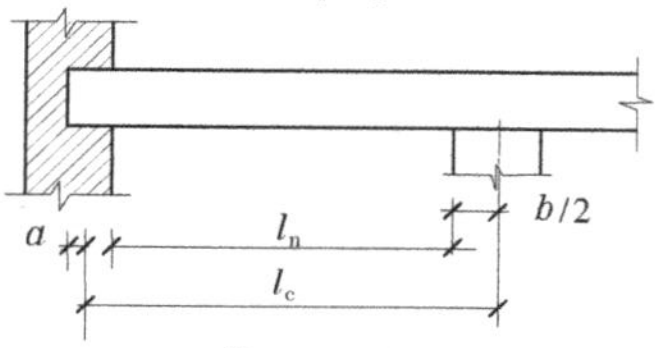 $l_0=\frac{a}{2}+l_n \leqslant 1.025l_n$

对于 5 跨和 5 跨以内的连续梁板，按实际跨数考虑；超过 5 跨时，当各跨荷载及刚度相同、跨度相差不超过 10% 时，可近似地按 5 跨连续梁板计算；中间各跨的内力均认为与 5 跨连续梁板计算简图中第 3 跨相同（见图 14-3）。

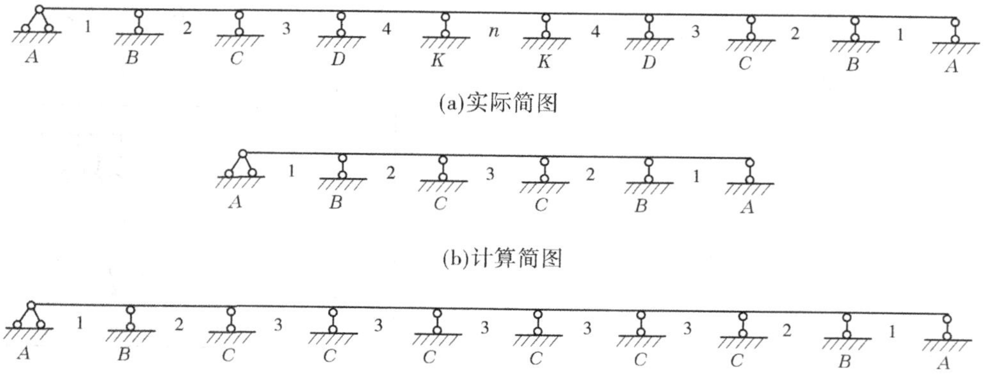

(a)实际简图

(b)计算简图

(c)考虑配筋构造时的简图

图 14-3 连续梁、板的计算简图

14.2.2.3 荷载计算

楼盖上作用的荷载有恒荷载和活荷载两种。恒荷载包括结构自重、构造层重和永久性设备重等。楼盖恒荷载标准值按构件几何尺寸及材料重度计算确定。活荷载包括使用时的人群和临时性设备等重量。计算屋盖时活荷载还需考虑雪荷载。活荷载标准值可按照《建筑结构荷载规范》(GB 5009—2012)取用。

连续单向板承受自重和均布活荷载作用,计算时通常取 1 m 宽的板带为计算单元。

次梁除自重外,还承受板传来的恒荷载和活荷载,次梁负荷范围宽度为次梁的间距。

主梁除自重外,还承受次梁传来的集中力。为简化计算,主梁的自重也可折算为集中荷载并入次梁传来的集中力中。

单向板肋梁楼盖梁、板的荷载分布情况如图 14-4 所示。

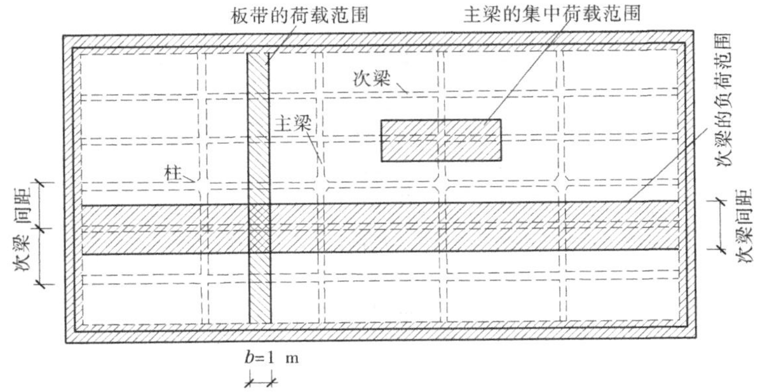

图 14-4 单项板肋梁楼盖的荷载情况

14.2.3 内力计算

连续板、梁的内力计算方法有弹性理论计算法和塑性理论计算法两种。弹性理论计算法是假定钢筋混凝土梁板为匀质弹性体,用结构力学方法计算。塑性理论计算法考虑钢筋混凝土的塑性性质,较弹性理论计算法能改善配筋、节约材料,但它不可避免地导致构件在使用阶段的裂缝过宽及变形较大。规范规定,下列情况下不能采用塑性理论计算法进行设计计算:

(1)直接承受动力荷载的结构;

(2)裂缝控制等级为一级或二级的结构构件;

(3)处于重要部位的结构,如主梁。

14.2.3.1 弹性计算法

主梁一般采用弹性计算法。根据《建筑结构荷载规范》(GB 5009—2012),为了计算简便,对于等跨的荷载规则的连续梁、板,均已制有现成的表格,见附表 1。利用这种表格可快速求出连续梁、板的内力。具体计算方法和步骤如下:

1. 活荷载的最不利位置

作用于梁和板上的荷载有恒荷载和活荷载,恒荷载是保持不变的,而活荷载在各跨的分布是随机的。对于简支梁，当恒、活荷载都作用时，产生内力为最大，也最为不利。对于连续梁，则不一定这样。为了确定各个截面可能产生的最大内力，需要确定活荷载如何布置，活荷载与恒荷载组合后，对某一指定截面的内力为最不利，也就是荷载的最不利组合。

对于5跨连续梁，当活荷载布置在不同跨间时梁的弯矩图和剪力图如图14-5所示。

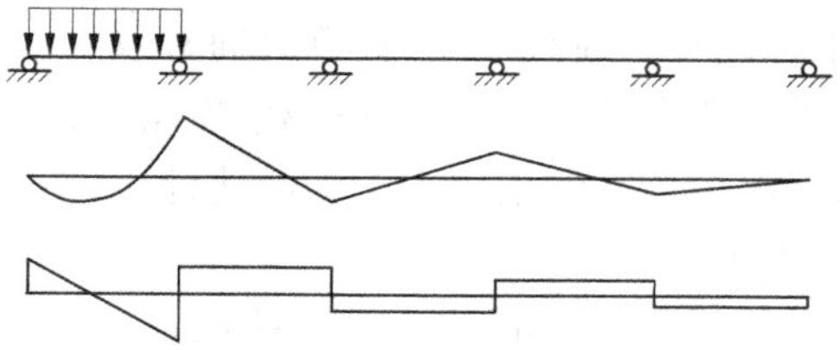
(a)

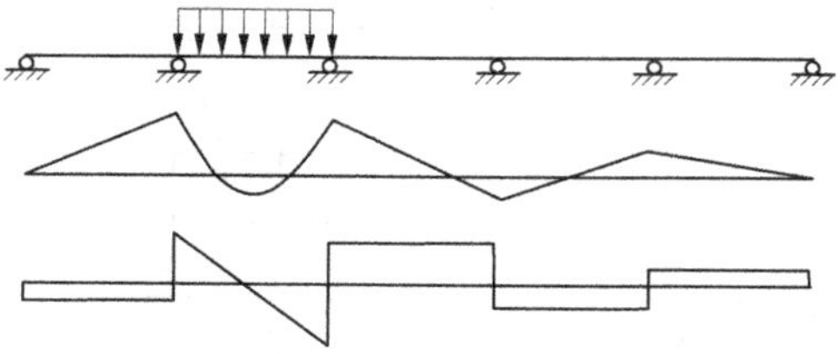
(b)

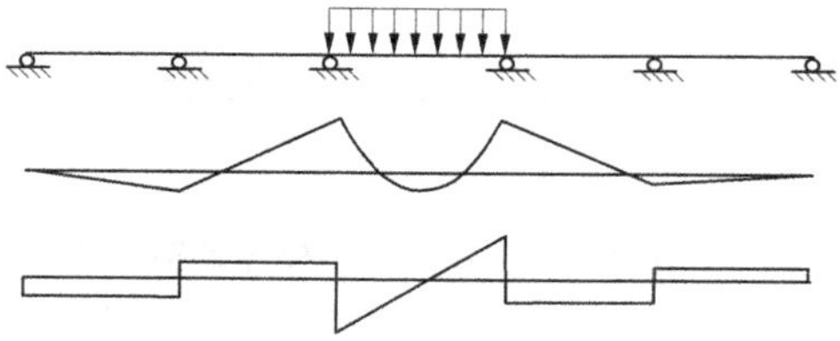
(c)

图14-5 活荷载不利位置

活荷载最不利位置的布置，具体可归纳为以下几点：

(1)求某跨跨中最大正弯矩时，应在该跨布置，然后再隔跨布置；

(2)求某支座最大负弯矩时，应在该支座的左、右两跨布置，然后再隔跨布置；

(3)求某支座截面(左侧或右侧)最大剪力时，应在该支座的左、右两跨布置，然后再隔跨布置。

2. 应用表格计算内力

活荷载的最不利位置确定后，对等跨度连续梁(跨度相差在10%以内)可直接应用(见附表1)，查得在恒荷载和各种活荷载作用下梁的内力系数，然后按照下式计算各截面的弯矩和剪力值。

在均布荷载作用下

$$M = K_1 g l_0^2 + K_2 q l_0^2 \tag{14-1}$$

$$V = K_3 g l_n + K_4 q l_n \tag{14-2}$$

在集中荷载作用下

$$M = K_1 G l_0 + K_2 Q l_0 \tag{14-3}$$

$$V = K_3 G + K_4 Q \tag{14-4}$$

式中 g、q——均布恒荷载和活荷载；

G、Q——集中恒荷载及活荷载；

$K_1 \sim K_4$——内力系数，由附表 1 查得；

l_0——梁的计算跨度，当跨度不等（跨度相差在 10% 以内）计算支座弯矩时，取支座左右跨度的平均值作为计算跨度；而计算跨中弯矩时，仍用该跨的跨度。

3. 内力包络图

采用弹性计算法计算内力并配筋的梁，其纵筋的弯起和截断，原则上应在弯矩包络图上进行。

将恒荷载作用下的内力与各种不利活荷载作用下的内力相叠加，并将叠加后得到的内力图叠画在同一条基线上，其外包线称为内力包络图。图 14-6 为三跨连续梁的弯矩包络图和剪力包络图。

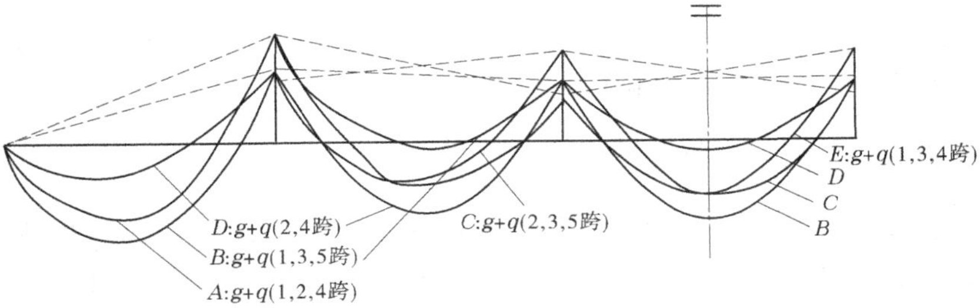

(a)弯矩包络图

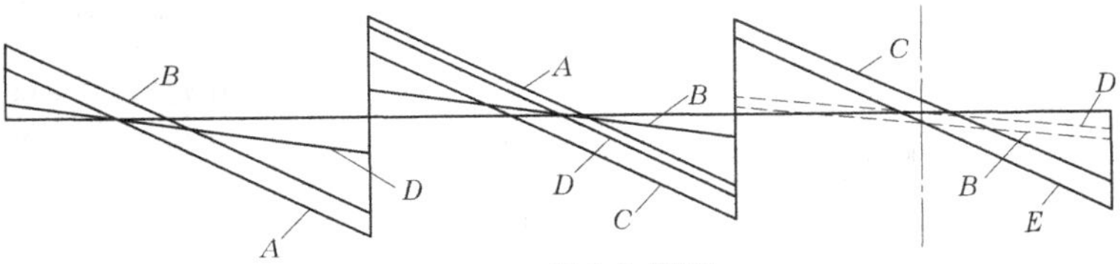

(b)剪力包络图

图 14-6 内力包络图

关于内力包络图的绘制方法，可参阅相关资料。

14.2.3.2 塑性计算法

板和次梁一般采用塑性计算法。对工程中常用的承受均布荷载的等跨连续梁、板，可采用内力系数（见图 14-7）直接计算弯矩和剪力。

设计时按照式(14-5)和式(14-6)计算内力，对于跨度相差不超过 10% 的不等跨连续梁、板，也可近似按下式计算，在计算支座弯矩时可取支座左右跨度的较大值作为计算跨度。

弯矩 $$M = a_m (g + q) l_0^2 \tag{14-5}$$

剪力 $$V = a_v (g + q) l_n \tag{14-6}$$

式中 a_m——弯矩系数，按图 14-7(a)采用；

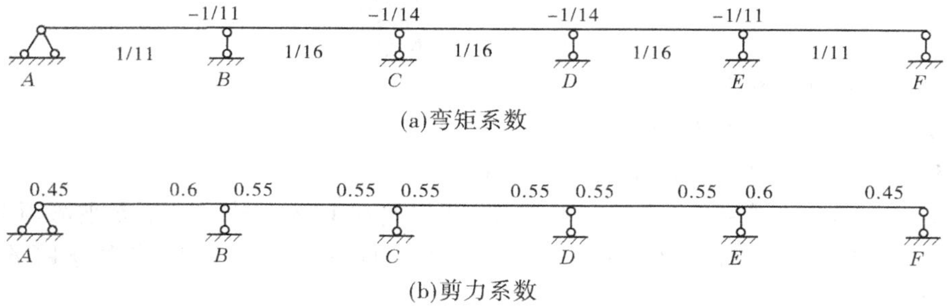

图 14-7　板和次梁按塑性理论计算内力系数

a_v——剪力系数，按图 14-7(b)采用；

g、q——均布恒、活荷载设计值；

l_0——计算跨度；

l_n——梁的净跨度。

当跨度不等(跨度相差在 10% 以内)计算支座弯矩时，应取相邻的较大跨度计算。

图 14-7 所示的弯矩系数适用于 $q/g>0.3$ 的结构。

14.2.4　截面配筋计算和构造要求

连续梁、板的内力求出后，即可进行截面承载力计算。如果连续梁、板截面尺寸能满足表 14-2 的要求，则可不进行变形和裂缝宽度计算，仅需进行截面设计即可。

表 14-2　一般不作变形和裂缝宽度验算的高跨比值

构件种类		高跨比(h/l)	最小板厚或梁高
单向板	简支	1/35	民用建筑　$h\geq60$ mm 工业建筑　$h\geq70$ mm
	两端连续	1/40	
双向板	四边简支	1/45	$h\geq80$ mm l 为短方向跨度
	四边固定	1/50	
多跨连续次梁		1/18 ~ 1/12	$h=l/25$
多跨连续主梁		1/14 ~ 1/8	$h=l/15$
单跨简支梁		1/12 ~ 1/8	

14.2.4.1　板

1. 板的计算

(1)通常取 1 m 宽板带作为计算单元计算荷载及配筋。

(2)板内剪力较小，一般可以满足抗剪要求，设计时不必进行斜截面受剪承载力计算。

(3)四周与梁整体连接的单向板，因受支座的反推力作用，该推力可减少板中各计算截面的弯矩，设计时其中间跨的跨中截面及中间支座截面的计算弯矩可减少 20%，但边跨跨中及第一内支座的弯矩不予降低。

2. 板的构造要求

1）板厚

因板是楼盖中的大面积构件，从经济角度考虑应尽可能将板设计的薄一些，但其厚度必须满足规范对于最小板厚的规定。

2）板的支承长度

板在砖墙上的支承长度一般不小于板厚及 120 mm，且应该满足受力钢筋在支座内的锚固长度。

3）受力钢筋

一般采用 HPB300、HRB335 级钢筋，直径常用 8 mm、10 mm、12 mm、14 mm、16 mm。支座负钢筋直径不宜过小。

受力钢筋间距，一般不小于 70 mm；当板厚不大于 150 mm 时，其间距不宜大于 200 mm；当板厚大于 150 mm 时，其间距不宜大于 1.5 倍的板厚且不宜大于 250 mm。伸入支座的正弯矩钢筋，其间距不应大于 250 mm，截面面积不小于跨中受力钢筋截面面积的 1/3。

连续板受力钢筋的配筋方式有分离式和弯起式两种（见图 14-8）。采用弯起式配筋时，板的整体性好，且可节约钢筋，但施工复杂。

分离式配筋由于其施工简单，一般板厚不大于 120 mm，且所受动荷载不大时采用分离式配筋。

等跨或跨度相差不超过 20% 的连续板可直接采用图 14-8 确定钢筋弯起和切断的位置。当支座两边的跨度不等时，支座负筋伸入某一侧的长度应以另一侧的跨度来计算；为简便起见，也可均取支座左右跨较大的跨度计算。若跨度相差超过 20%，或各跨荷载相差悬殊，则必须根据弯矩包络图来确定钢筋的位置。

4）构造钢筋

a. 分布钢筋

分布钢筋是与受力钢筋垂直的钢筋，并放在受力钢筋内侧；其截面面积不宜小于受力钢筋截面面积的 15%，且不宜小于该方向板截面面积的 0.15%；间距不宜大于 250 mm，直径不宜小于 6 mm。在受力钢筋的弯折处也应布置分布钢筋；当板上集中荷载较大或为露天构件时，其分布钢筋宜适当加密，取间距为 150 ~ 200 mm。

b. 板面构造钢筋

板面构造钢筋有嵌入墙内的板面构造钢筋、垂直于主梁的板面构造钢筋等。

《混凝土结构设计规范》（GB 50010—2010）规定，对于嵌入承重砌体墙内的现浇板，需配置间距不宜大于 200 mm，直径不应小于 8 mm（包括弯起钢筋在内）的构造钢筋，其伸出墙边长度不应小于 $l_1/7$。对两边嵌入墙内的板角部分，应双向配置上述构造钢筋，伸出墙面的长度应不小于 $l_1/4$（见图 14-9），l_1 为板的短边长度。沿板的受力方向配置的上部构造钢筋，其截面面积不宜小于该方向跨中受力钢筋截面面积的 1/3；沿非受力方向配置的上部构造钢筋，可根据经验适当减小。

板面沿主梁方向应配置间距不大于 200 mm、直径不小于Φ 8 的构造钢筋，单位长度

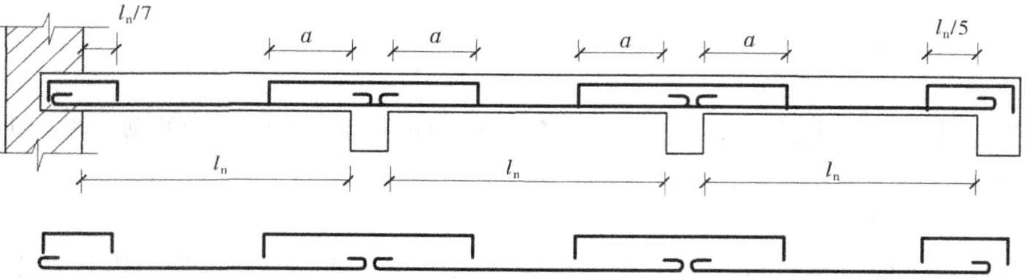

(a)分离式

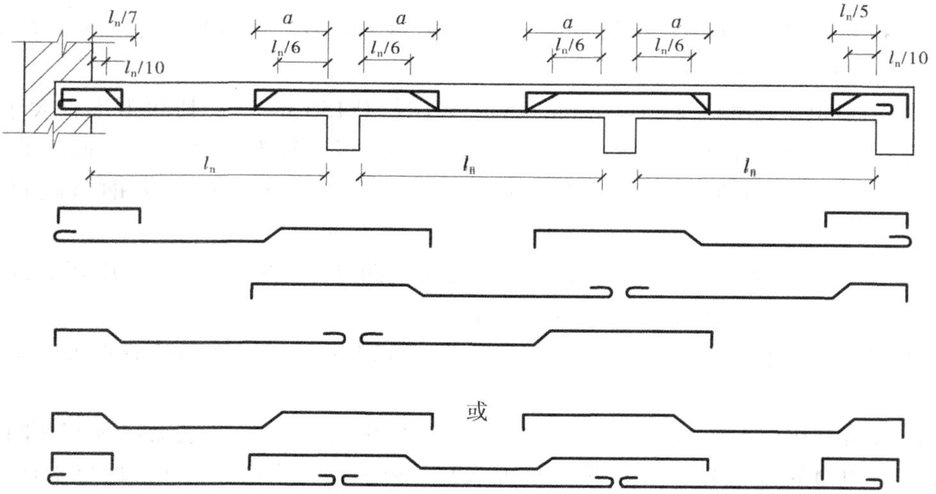

(b)弯起式

当 $q/g \leqslant 3$ 时，$a = l_n/4$；当 $q/g > 3$ 时，$a = l_n/3$，其中 q 为均布荷载，g 为均布恒载。

图 14-8　连续板受力筋的配筋方式

内的总截面面积，应不小于板跨中单位长度内受力钢筋截面面积的 1/3，伸出主梁两边的长度不小于板的计算跨度 l_0 的 1/4（见图 14-10）。

14.2.4.2　次梁

1. 次梁的计算

(1)正截面承载力计算时，跨中可按 T 形截面计算，支座只能按矩形截面计算。

(2)一般可仅设置箍筋抗剪，而不设弯筋。

2. 构造要求

(1)次梁伸入墙内的长度一般应不小于 240 mm，次梁的钢筋及其布置可参考图 14-11。

(2)当连续次梁相邻跨度差不超过 20%，承受均布荷载，且活载与恒载之比不大于 3 时，其纵向受力钢筋的弯起和切断可按图 14-12 进行；当不符合上述条件时，原则上应按弯矩包络图确定纵筋的弯起和截断位置。

14.2.4.3　主梁

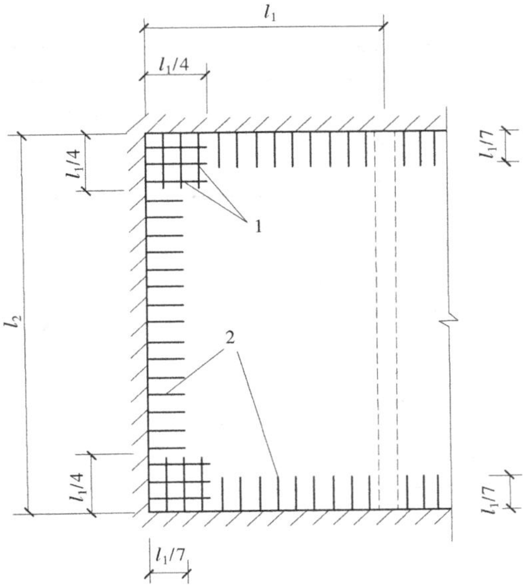

1—双向Φ 8@200;2—构造钢筋双向Φ 8@200

图 14-9 板嵌固在承重墙内时板的上部构造筋

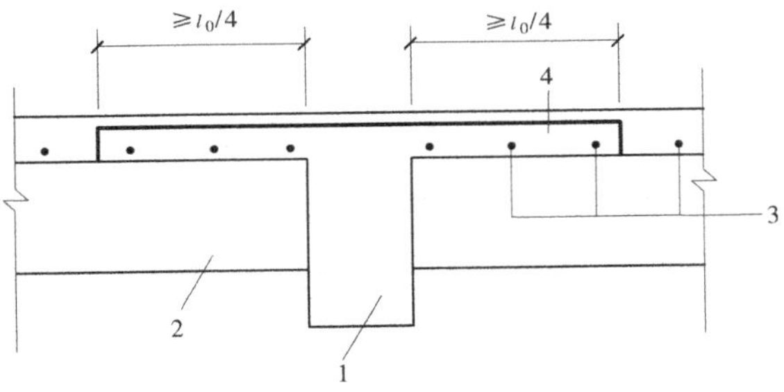

1—主梁;2—次梁;3—板的受力钢筋;4—间距不大于 200 mm、直径不小于 8 mm 板上部构造钢筋

图 14-10 板中梁肋垂直的构造钢筋

1. 主梁的计算

(1)主梁跨中可按 T 形截面计算正截面承载力,支座按矩形截面计算。

(2)由于支座处板、次梁和主梁的钢筋重叠交错,且主梁负筋位于次梁负筋之下,因此主梁支座处的截面有效高度有所减小,当钢筋单排布置时,$h_0 = h - (50 \sim 60)$ mm,当钢筋双排布置时,$h_0 = h - (70 \sim 90)$ mm。

2. 支座截面内力的计算

主梁是按弹性理论计算的支座截面内力,计算所得的内力为支座中心线处内力,由于在支座范围内构件的截面有效高度较大,并不危险,故破坏一般发生在支座边缘截面处,所以支座截面配筋,应取支座边缘截面为其控制截面。支座截面的弯矩和剪力可近似地按以下公式计算:

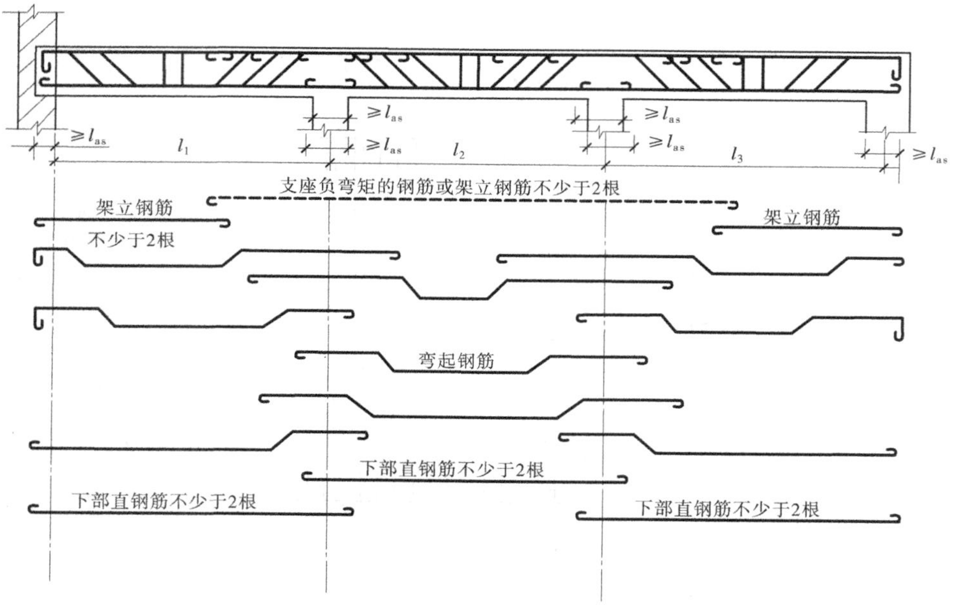

图 14-11　次梁的钢筋组成及其布置

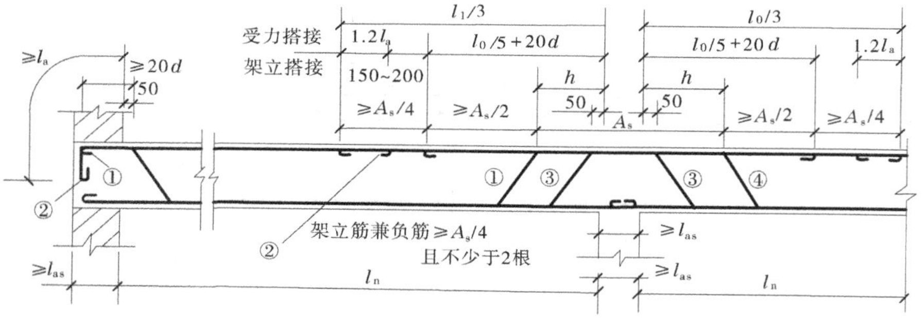

①、④—弯起钢筋可同时用于抗弯及抗剪;③—弯起钢筋或鸭筋仅用于抗剪

图 14-12　次梁的配筋构造要求

$$M_{边} = M - V_0 \frac{b}{2} \tag{14-7}$$

$$V_{边} = V - (g + q) \frac{b}{2} \tag{14-8}$$

式中　M、V——支座中心处的弯矩、剪力；

b——支座宽度；

V_0——视该跨为简支梁考虑的支座剪力。

3. 构造要求

(1)主梁伸入墙内的长度一般应不小于 370 mm。主梁的钢筋及其布置可参考图 14-13。

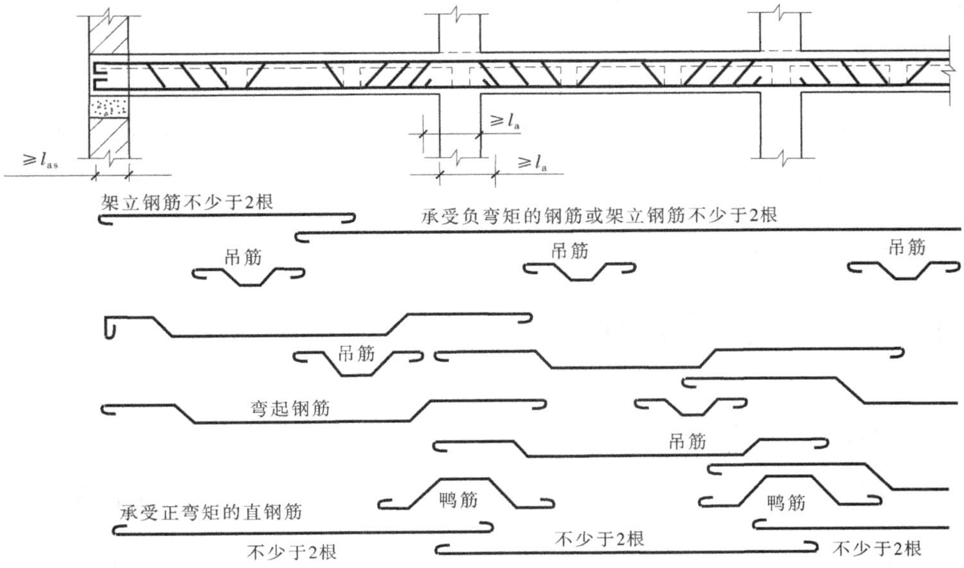

图 14-13 主梁配筋构造要求

(2)主梁纵筋的弯起和截断,原则上应在弯矩包络图上进行,并应满足有关构造要求,主梁下部的纵向受力钢筋伸入支座的锚固长度也应满足有关构造要求。

(3)主梁的受剪钢筋宜优先采用箍筋,但当剪力很大、箍筋间距过小时也可在近支座处设置部分弯起钢筋或鸭筋抗剪。

(4)在次梁与主梁交接处,由于主梁承受次梁传来的集中荷载,可能使主梁中下部产生约为45°的斜裂缝而发生局部破坏。因此,应在主梁上的次梁截面两侧设置附加横向钢筋,以承受次梁作用于主梁截面高度范围内的集中力(见图14-14)。

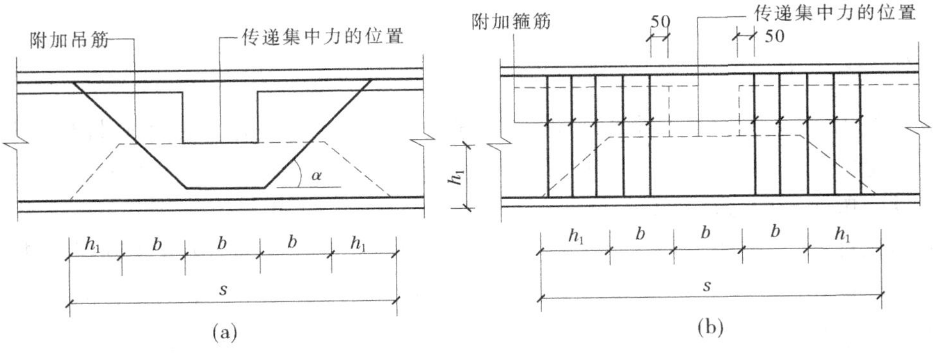

图 14-14 集中荷载作用时主梁附加横向钢筋

附加横向钢筋应布置在长度 $s=3b+2h_1$ 的范围内,b 为次梁宽度,h_1 为主次梁的底面高差。《混凝土结构设计规范》(GB 50010—2010)建议附加横向钢筋宜优先采用箍筋,第一道附加箍筋距次梁侧 50 mm 处布置。附加横向钢筋的用量按下式计算:

$$F \leqslant mA_{sv}f_{yv} + 2A_{sb}f_y \sin\alpha_s \quad (14\text{-}9)$$

式中 F——次梁传给主梁的集中荷载设计值；

f_{yv}、f_y——附加箍筋、吊筋的抗拉强度设计值；

A_{sb}——附加吊筋的截面面积；

α_s——附加吊筋与梁纵轴线的夹角，一般为45°，梁高大于800 mm时为60°；

A_{sv}——每道附加箍筋的截面面积，$A_{sv}=nA_{sv1}$，n 为每道箍筋的肢数，A_{sv1} 为单肢箍的截面面积；

m——在宽度 s 范围内的附加箍筋道数。

14.3 双向板肋梁楼盖

14.3.1 双向板的受力特征

双向板在板的两个方向都存在弯矩作用，因此双向板沿两个方向都应该配置受力钢筋。

双向板的受力情况较为复杂，在承受均布荷载的四边简支的矩形板中，第一批裂缝出现在板底中央且平行于长边方向（正方形板裂缝出现在板底中央），荷载继续增加时，裂缝逐渐延伸，并沿45°方向向四周扩散，然后板顶四角出现圆弧形裂缝，导致板的破坏（如图14-15所示）。

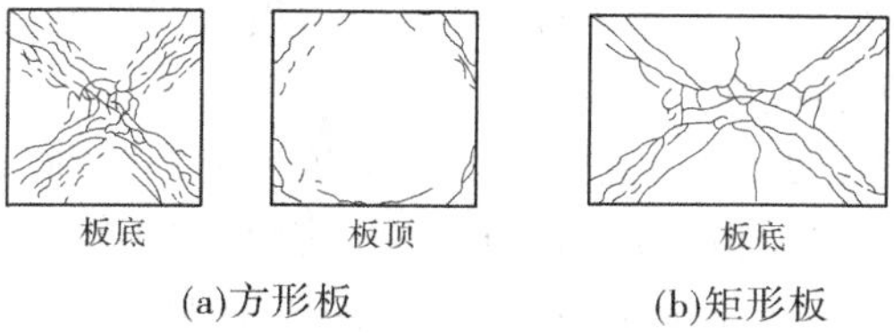

图14-15 简支双向板破坏时的裂缝分布

14.3.2 双向板结构内力计算

双向板内力计算方法有两种：弹性计算方法和塑性计算方法。由于塑性理论计算方法存在一定的局限性，因而在工程中较少采用，本书仅介绍弹性理论计算方法。

14.3.2.1 单跨双向板的计算

为简化计算，单跨双向板的内力计算一般可直接查用"双向板的计算系数表"。附表2给出了常用的几种支承情况下的计算系数，通过表查出计算系数后，每米宽度内的弯矩可由下式计算：

$$M = \text{表中系数} \times (g+q)l^2 \tag{14-10}$$

式中 M——跨中及支座单位板宽内的弯矩；

g、q——均布恒、活荷载的设计值；

l——板沿短边方向的计算跨度。

附表2是根据材料泊松比 $\nu=0$ 编制的。对于跨中弯矩，尚需考虑横向变形的影响，对混凝土，《混凝土结构设计规范》（GB 50010—2010）规定 $\nu=0.2$。按下式计算：

$$m_{x,\nu} = m_x + \nu m_y \tag{14-11}$$

$$m_{y,\nu} = m_y + \nu m_x \tag{14-12}$$

式中 $m_{x,\nu}$、$m_{y,\nu}$——考虑横向变形时跨中沿 l_x、l_y 方向单位板宽的弯矩。

14.3.2.2 多区格双向板的计算

多区格双向板内力的计算一般采用实用计算方法进行。

实用计算法的基本方法是:考虑多区格双向板活荷载的不利位置布置,然后利用单跨板的计算系数表进行计算。

1.跨中最大正弯矩

活荷载最不利位置为“棋盘式”布置(见图 14-16)。为便于利用单跨板计算表格,将活荷载分解成正对称活载和反对称活载(见图 14-16(b)、(c))两部分,则板的跨中弯矩的计算方法如下:

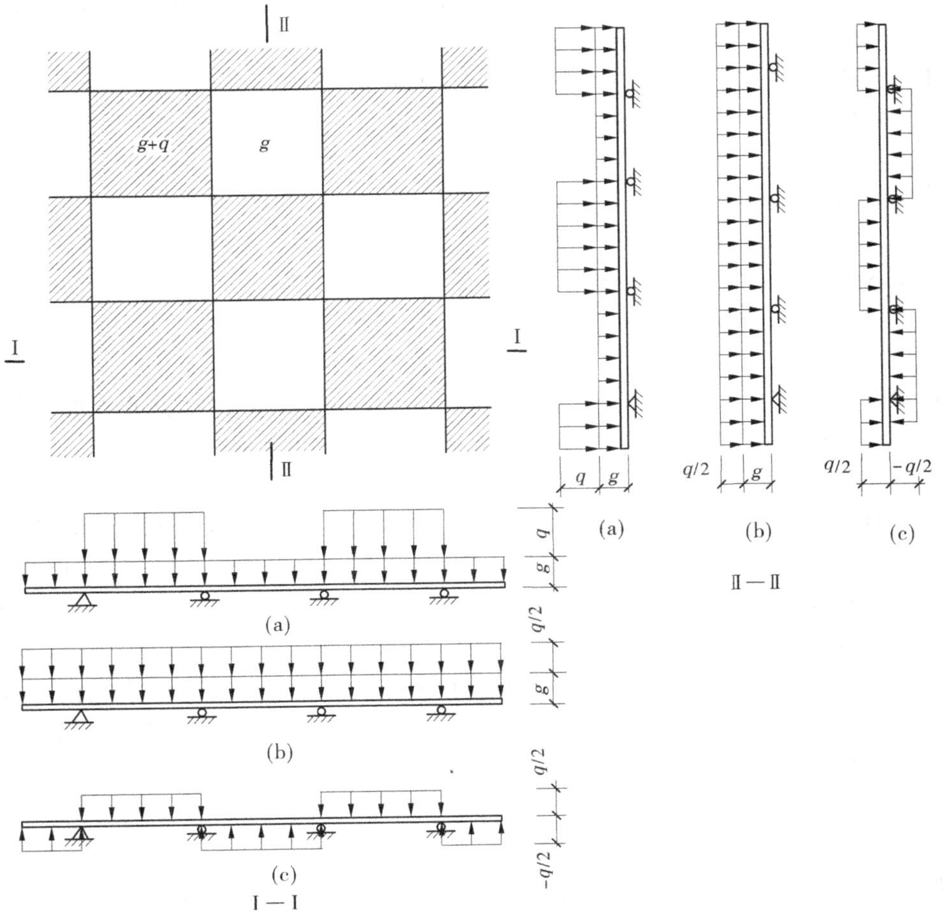

图 14-16 连续双向板计算简图

对于内区格,跨中弯矩等于四边固定板在$(g+q/2)$荷载作用下的弯矩与四边简支板在 $q/2$ 荷载作用下的弯矩之和。

对于边区格和角区格，其外边界条件应按实际情况考虑：一般可视为简支，有较大边梁时可视为固定端。

2. 支座最大负弯矩

求支座最大负弯矩时，取活荷载满布的情况考虑。内区格的四边均可看作固定端，边、角区格的外边界条件则应按实际情况考虑。当相邻两区格的情况不同时，其共用支座的最大负弯矩近似取为两区格计算值的平均值。

14.3.3 截面配筋计算和构造要求

14.3.3.1 截面配筋计算特点

(1)双向板在两个方向均配置受力筋，且长筋配在短筋的内层，故在计算长筋时，截面的有效高度 h 小于短筋。

(2)对于四周与梁整体连结的双向板，除角区格外，考虑周边支承梁对板推力的有利影响，可将计算所得的弯矩按以下规定予以折减：

①中间跨跨中截面及中间支座折减系数为 0.8。

②边跨跨中截面及楼板边缘算起的第二支座截面：

当 $l_c/l<1.5$ 时，折减系数为 0.8；

当 $1.5\leqslant l_c/l\leqslant 2$ 时，折减系数为 0.9。

式中，l_c 为沿楼板边缘方向的计算跨度；l 为垂直于楼板边缘方向的计算跨度。

③角区格的各截面弯矩不应折减。

14.3.3.2 双向板的构造要求

1. 板的板厚

双向板的厚度一般不宜小于 80 mm，且不大于 160 mm。同时，为满足刚度要求，简支板还应不小于 $l/45$，连续板不小于 $l/50$，l 为双向板的较小计算跨度。

2. 受力钢筋

受力钢筋常用分离式。短筋承受的弯矩较大，应放在外层，使其有较大的截面有效高度。支座负筋一般伸出支座边 $l_x/4$，l_x 为短向净跨。当配筋面积较大时，在靠近支座 $l_x/4$ 的边缘板带内的跨中正弯矩钢筋可减少 50%。

3. 构造钢筋

底筋双向均为受力钢筋，但支座负筋还需设分布筋。当边支座视为简支计算，但实际上受到边梁或墙约束时，应配置支座构造负筋，其数量应不少于 1/3 受力钢筋和 Φ8@200，伸出支座边 $l_x/4$，l_x 为双向板的短向净跨度。

14.3.4 双向板支承梁的构造要求

双向板的荷载就近传递给支承梁。支承梁承受的荷载可从板角作 45°角平分线来分块。因此，长边支承梁承受的是梯形荷载，短边支承梁承受的是三角形荷载。支承梁的自重为均布荷载(如图 14-17 所示)。

梁的荷载确定后，其内力可按照结构力学的方法计算，当梁为单跨简支时，可按实际荷载直接计算内力。当梁为多跨且跨度差不超过 10% 时，可将梁上的三角形或梯形荷载

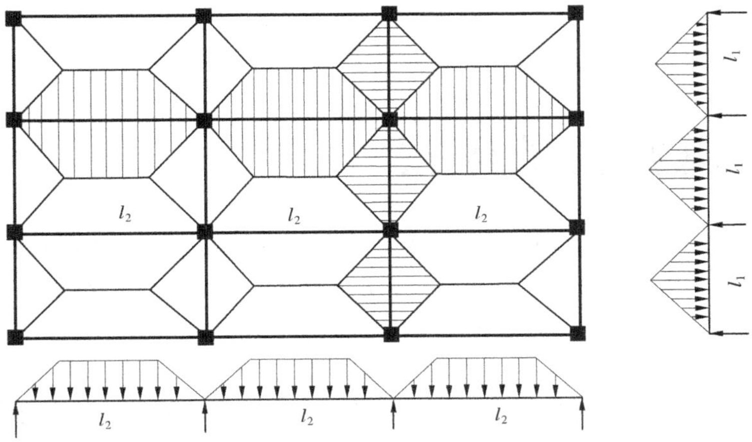

图 14-17　双向板楼盖中梁所承受的荷载

按照《建筑结构静力计算手册》折算成等效均布荷载，应用附表 1 查得弯矩系数，从而计算出支座弯矩；计算跨中弯矩时，按照取隔离体的办法，按实际荷载分布（三角形或梯形）情况计算求得。

习　题

1. 什么是单向板？什么是双向板？
2. 按照弹性理论计算连续梁板内力时，如何考虑活荷载的最不利布置？
3. 单向板、次梁、主梁各有什么计算特点？
4. 单向板中有哪些受力钢筋和构造钢筋？如何设置？
5. 双向板有哪些构造要求？

15　钢结构的连接

【学习目标】 通过本章的学习，了解焊缝连接和螺栓连接的原理和特点；熟悉对焊接连接和螺栓连接的构造要求；掌握简单受力情况下对接焊缝、角焊缝的计算方法；掌握简单受力情况下普通螺栓连接、高强度螺栓连接的计算方法。

钢结构通常是由若干构件组合而成的。连接的作用就是通过一定的手段将板材或型钢组合成基本构件，或将若干基本构件组合成整体结构，以保证其共同工作。其连接方式及其质量优劣直接影响钢结构的工作性能。钢结构的连接应符合安全可靠、传力明确、构造简单、制造方便、节约钢材和降低造价的原则。此外，连接接头还要有适宜于施行连接手段的足够空间。

钢结构的连接方法主要有焊缝连接、螺栓连接和铆钉连接三种，如图 15-1 所示。由于在建筑工程中铆钉连接应用较少，下面主要介绍焊缝连接和螺栓连接。

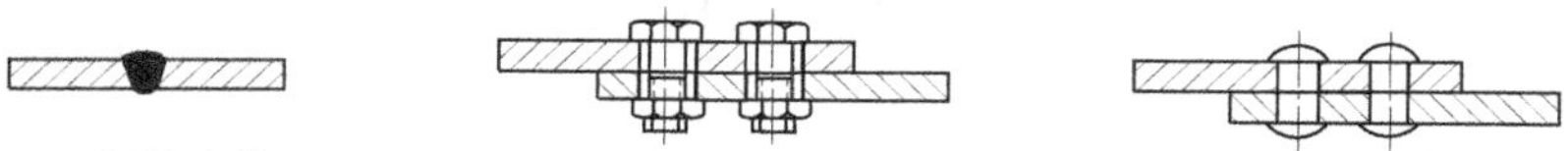

(a)焊缝连接　(b)螺栓连接　(c)铆钉连接

图 15-1　钢结构的连接方法

15.1　焊缝连接

焊缝连接是现代钢结构最主要的连接方法。

其优点是：构造简单，任何形式的构件都可直接相连；用料经济，不削弱构件截面；制作加工方便，可实现自动化操作；连接的密闭性好；结构刚度大。

其缺点是：在焊缝附近的热影响区内，钢材的金相组织发生改变，易导致局部材质变脆；焊接残余应力和残余变形使受压构件承载力降低；焊接结构对裂纹很敏感，局部裂纹一旦发生，就容易扩展到整体；低温冷脆问题较为突出等。

焊缝连接自 20 世纪下半叶以来，由于技术的改进提高，目前已在钢结构连接中处于主宰地位。它不仅是制造构件的基本连接方法，同时也是构件安装连接的一种重要方法。除了少数直接承受动力荷载结构的部位（吊车梁的工地拼接、吊车梁与柱的连接等），因容易产生疲劳破坏而在采用时宜有所限制外，其他部位均可普遍应用。

15.1.1　焊接方法、焊缝形式和质量等级

15.1.1.1　焊接方法

钢结构的焊接方法有电弧焊、电阻焊和气焊。其中常用的是电弧焊，包括手工电弧

焊、自动(或半自动)埋弧焊、气体保护焊等。

1. 手工电弧焊

手工电弧焊是钢结构中最常用的焊接方法,其原理示意图见图15-2。它由焊条、焊钳、焊件、电焊机和导线等组成电路,通电打火引弧后,在涂有焊药的焊条端和焊件之间的间隙中产生电弧并由此提供热源,使焊条熔化后滴入被电弧加热熔化并吹成的焊口熔池中;同时燃烧焊药,在熔池周围形成保护气体,隔绝熔池中的液体金属与空气中的氧、氮等气体接触,避免形成脆性化合物。熔池中的液体金属冷却后即把焊缝两侧的焊件母材连成一体。

手工电弧焊设备简单、操作灵活、适应性强,对一些短焊缝、曲折焊缝以及现场高空施焊尤为方便,应用十分广泛。但其焊缝质量波动性大,生产效率低,劳动强度大。

我国建筑钢结构常用的焊条有碳钢焊条和低合金钢焊条,其牌号为E43型、E50型和E55型。其中E表示焊条,前两位数字表示焊条熔敷金属抗拉强度的最小值。选用焊条应符合国家标准的规定,与焊件金属强度相适应。一般情况下,Q235钢采用E43型焊条,Q345钢采用E50型焊条,Q390及Q420钢采用E55型焊条。当不同强度的两种钢材进行连接时,应采用与低强度钢材相适应的焊条。

2. 自动(或半自动)埋弧焊

自动埋弧焊是按照预先设计好的程序,利用电焊小车来完成全部施焊过程的焊接方法,其原理示意见图15-3。自动电弧焊的全部设备装在一小车上,小车能沿轨道按规定速度移动。自动埋弧焊用机械自动引燃电弧并进行控制,电弧在焊剂层下燃烧,并自动完成焊丝的送进和电弧移动。由于电弧被不断从漏斗流下的焊剂覆盖,从外面看不到刺眼的电弧,因此称作埋弧焊。当焊丝端部金属、母材金属及焊剂熔化时,蒸发的气体在电弧周围形成一个封闭空腔,隔绝了外界空气与熔池的接触,对熔化的金属提供了很好的保护。随着电弧向前移动,熔池金属逐渐冷却后结晶形成焊缝。

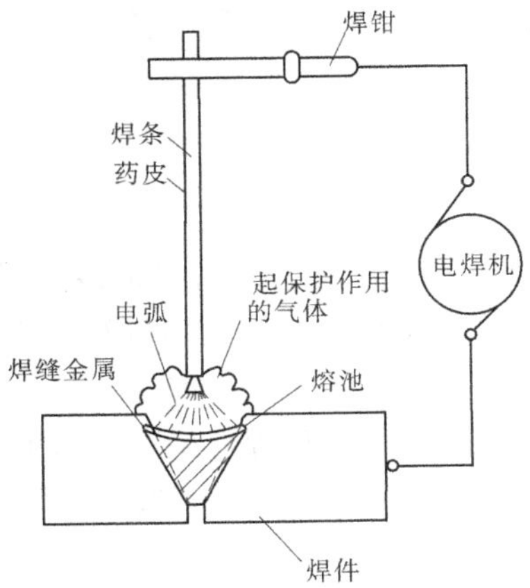

图15-2 手工电弧焊原理

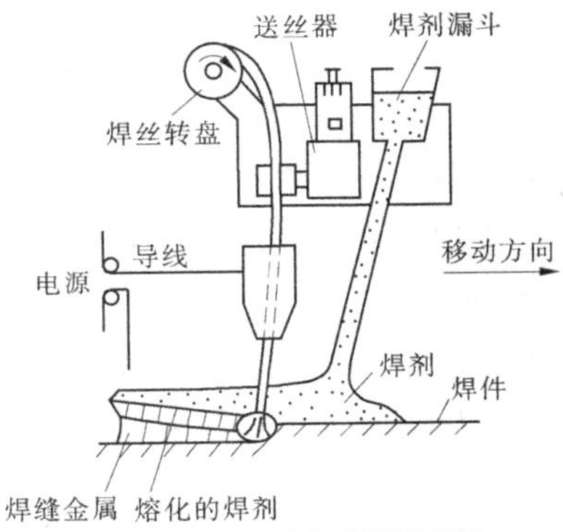

图15-3 自动埋弧焊原理

当电焊小车的移动是由人工操作时,称为半自动埋弧焊。

由于自动埋弧焊有焊剂覆盖保护，电弧热量集中，熔深大，可以焊接较厚的钢板；同时，由于采用了自动化操作，焊接工艺条件好，焊缝质量稳定，焊缝内部缺陷少，塑性和冲击韧性好，因此其质量比手工电弧焊好，但它只适合于焊接较长的直线焊缝。半自动埋弧焊质量介于二者之间，且因需人工操作，适合于焊接曲线或任意形状的焊缝。另外，自动或半自动埋弧焊的焊接速度快，生产效率高，成本低，工作条件好。

自动或半自动埋弧焊同样需要采用与焊件金属强度匹配的焊丝。焊丝和焊剂均应符合国家标准的规定，焊剂种类应根据焊接工艺要求确定。

3. 气体保护焊

气体保护焊是用喷枪喷出 CO_2 气体或其他惰性气体作为电弧的保护介质，把电弧、熔池与大气隔离。在操作时也可采用自动或半自动焊方法。

气体保护焊电弧加热集中，焊接速度较快，焊件熔深大，热影响区较窄，焊接变形较小，焊缝强度比手工焊高，且具有较高的抗锈能力。但这种焊接方法的设备复杂，电弧光较强，金属飞溅多，焊缝表面成型不如前面所述的埋弧焊平滑，一般用于厚钢板或特厚钢板的焊接。

15.1.1.2　**焊缝形式**

焊缝连接的形式，可按不同的归类方式进行分类。

1. 按被连接构件之间的相对位置分类

可分为时接、搭接、T 形连接和角接四种形式，如图 15-4 所示。

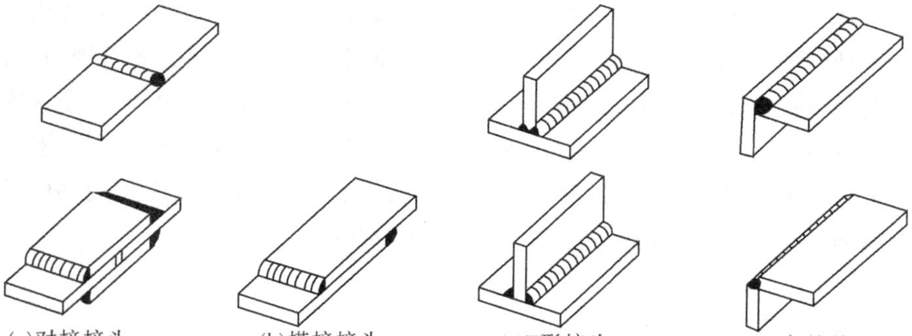

(a)对接接头　(b)搭接接头　(c)T形接头　(d)角接接头

图 15-4　焊缝连接的形式

2. 按焊缝的构造不同分类

可分为对接焊缝和角焊缝两种形式。按作用力与焊缝方向之间的关系，对接焊缝可分为对接正焊缝和对接斜焊缝；角焊缝可分为正面角焊缝（端缝）、侧面角焊缝（侧缝）等，如图 15-5 所示。

角焊缝按沿其长度方向的布置还可分为连续角焊缝和间断角焊缝两种，如图 15-6 所示。连续角焊缝受力情况较好，应用广泛；间断角焊缝易在分段的两端引起严重的应力集中，重要结构应避免使用。

3. 按施焊时焊缝在焊件之间的空间相对位置分类

可分为平焊、立焊、横焊和仰焊四种，如图 15-7(a) 所示。平焊也称为俯焊，施焊条件

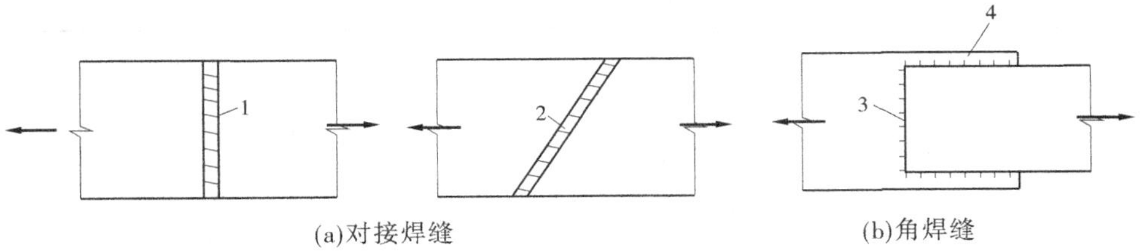

1—对接正焊缝;2—对接斜焊缝;3—正面角焊缝;4—侧面角焊缝

图 15-5 对接焊缝与角焊缝

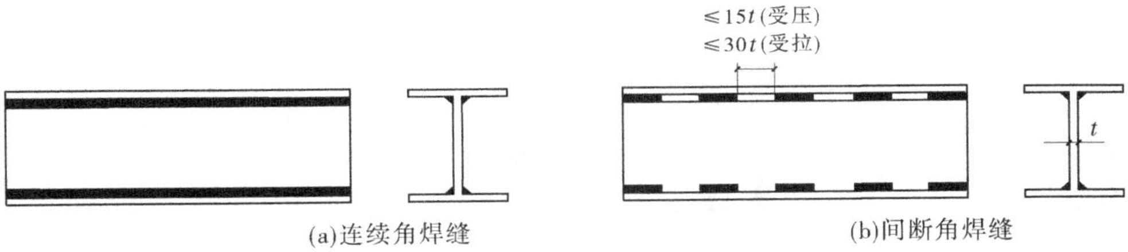

图 15-6 连续角焊缝和间断角焊缝

最好,质量易保证;仰焊的施焊条件最差,质量不易保证,在设计和制造时应尽量避免。

在车间焊接时构件可以翻转,使其处于较方便的位置施焊。工字形或 T 形截面构件的翼缘与腹板间的角焊缝,常采用图 15-7(b)所示的平焊位置(称船形焊)施焊,这样施焊方便,质量容易保证。

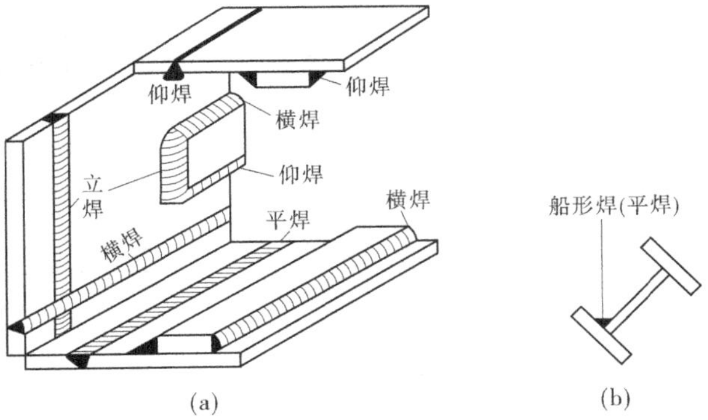

图 15-7 焊缝的施焊位置

15.1.1.3 焊缝的符号与标注方法

在钢结构施工图中,焊缝应用焊缝符号注明其焊缝形式、尺寸和辅助要求。焊缝符号应符合《焊缝符号表示法》(GB/T 324—2008)和《建筑结构制图标准》(GB/T 50105—2010)的规定。焊缝符号由引出线和基本符号组成,必要时可加上辅助符号、补充符号和焊缝尺寸符号,见表 15-1。

表 15-1　焊缝符号

符号类型	名称		示意图	符号	示例
基本符号	对接焊缝	I 形	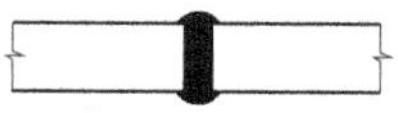		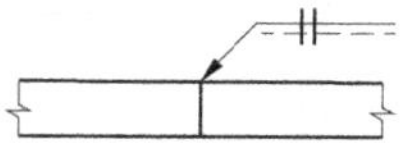
		V 形			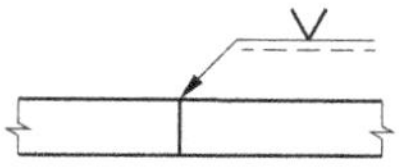
		单边 V 形			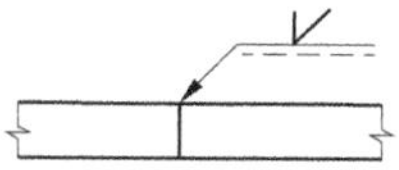
		K形	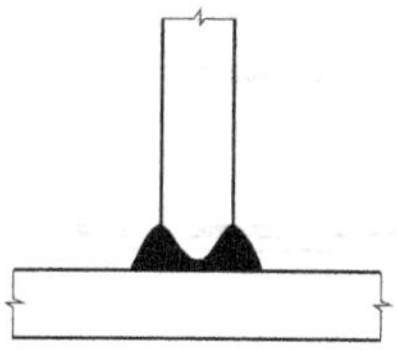		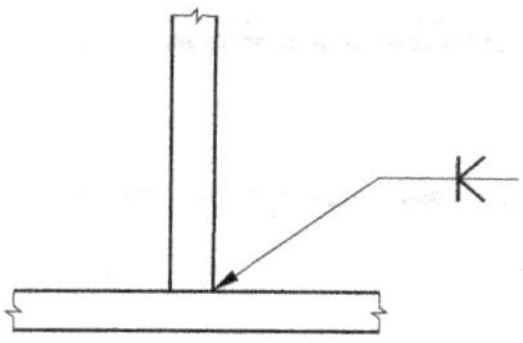
	角焊缝		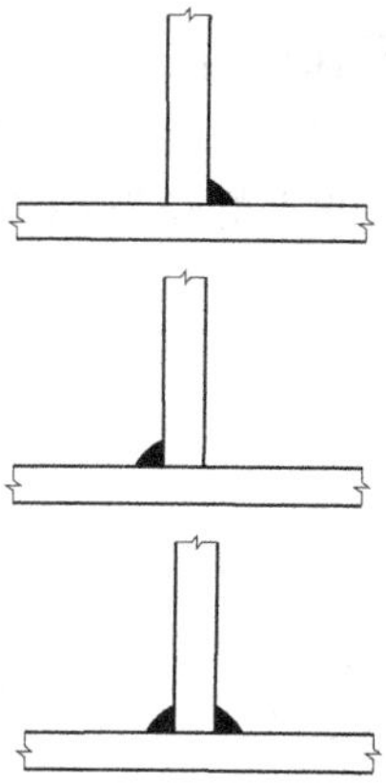		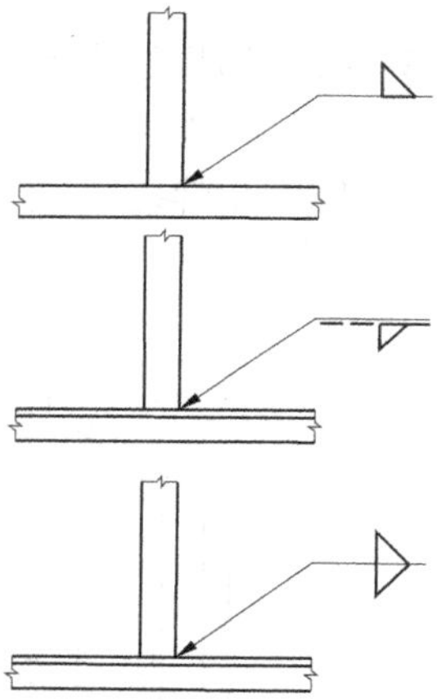
	塞焊缝		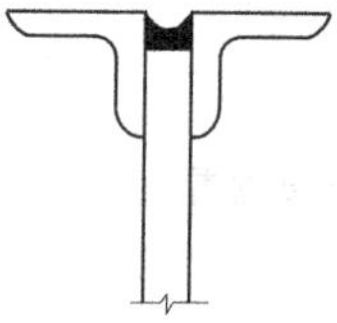		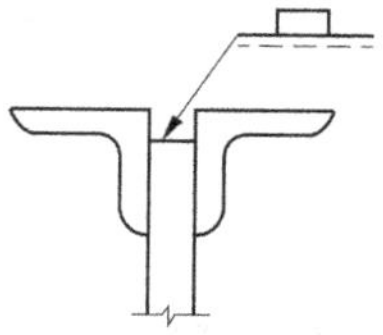

续表 15-1

符号类型	名称	示意图	符号	示例
辅助符号	平面符号	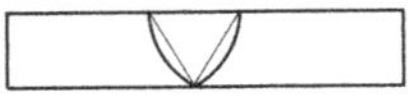		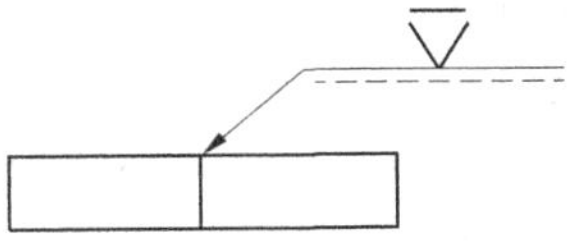
	凹面符号	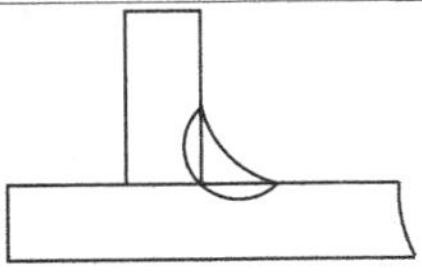		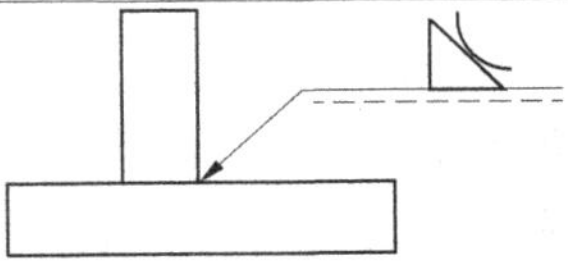
补充符号	三面围焊符号	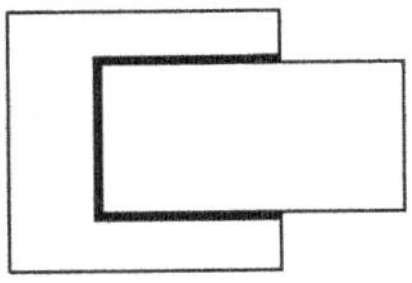		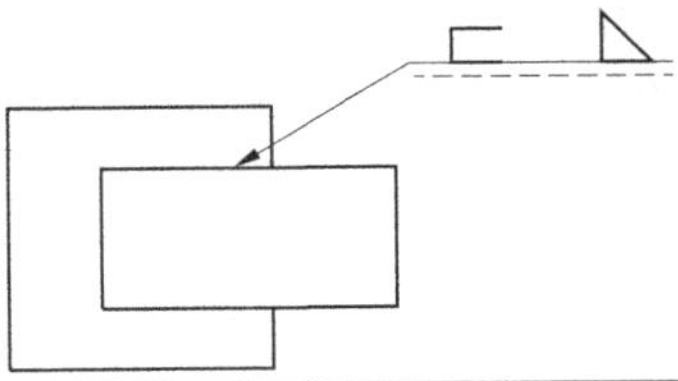
	周边焊缝符号	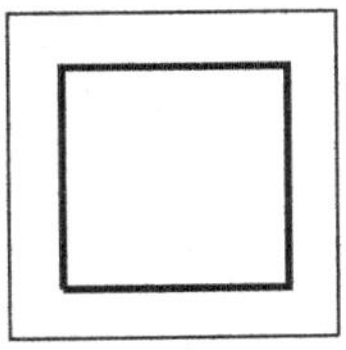		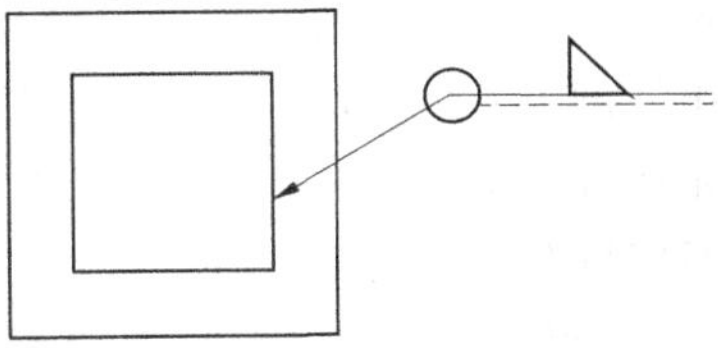
	工地现场焊符号			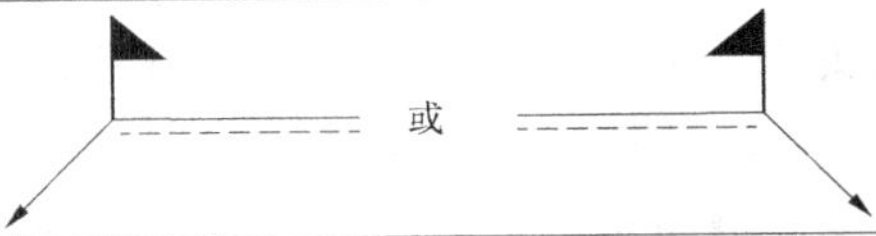
	焊缝底部有垫板的符号	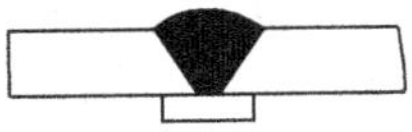		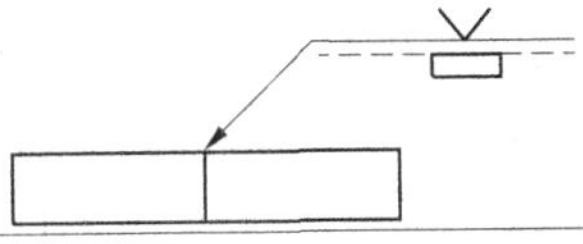
	尾部符号			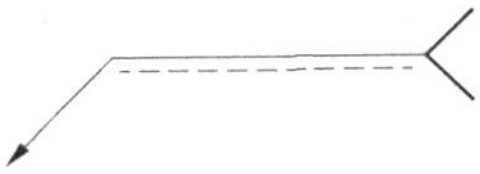
图线符号	正面焊缝	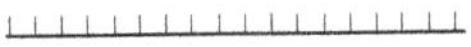		
	背面焊缝	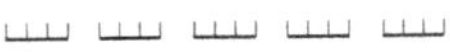		
	安装焊缝			

(1)引出线由带箭头的箭头线和两条基准线(其中一条为实线、另一条为虚线)两部分组成,虚线可以画在实线的下侧或上侧。

（2）基本符号表示焊缝的基本截面形式，如◺表示角焊缝（其垂线一律在左边，斜线在右边）；‖表示 I 形坡口的对接焊缝，V 表示 V 形坡口的对接焊缝；V 表示单边 V 形坡口的对接焊缝（其垂线一律在左边，斜线在右边）。

基本符号相对于基准线的位置，若焊缝在接头的箭头侧，则应将基本符号标注在基准线的实线侧；若焊缝在接头的非箭头侧，则应将基本符号标注在基准线的虚线侧；若为双面对称焊缝，基准线可不加虚线。箭头线相对于焊缝位置一般无特别要求，对有坡口的焊缝，箭头线应指向带有坡口的一侧。

（3）辅助符号是表示焊缝表面形状特征的符号，如 $\overline{\mathrm{V}}$ 表示对接 V 形焊缝表面的余高部分应加工成平面使之与焊件表面齐平，此处 V 上所加的一短画为辅助符号；又如◺表示角焊缝表面应加工成凹面，此处◡形符号也是辅助符号。

（4）补充符号是补充说明焊缝某些特征的符号，如[表示三面围焊；O 表示周边焊缝；▶ 表示在工地现场施焊的焊缝（其旗尖指向基准线的尾部）；▭表示焊缝底部有垫板的符号；< 是尾部符号，它标注在基准线的尾端，用来标注需要说明的焊接工艺方法和相同焊缝数量。

（5）焊缝尺寸标注在基准线上。这里应注意的是，不论箭头线方向如何，有关焊缝横截面的尺寸（如角焊缝的焊角尺寸 h_f）一律标在焊缝基本符号的左边，有关焊缝长度方向的尺寸（如焊缝长度）则一律标在焊缝基本符号的右边。此外，对接焊缝中有关坡口的尺寸应标在焊缝基本符号的上侧或下侧。

当焊缝分布不规则时，在标注焊缝符号的同时，应在焊缝处加栅线（见表 15-1 栅线符号）表示可见、不可见或安装焊缝。在标注时，焊缝的基本符号、辅助符号、补充符号均用粗实线表示，并与基准线相交或相切。尾部符号用细实线表示，并且标在基准线的尾端。

15.1.1.4　焊缝质量等级

焊缝质量的好坏直接影响连接的强度，如质量优良的对接焊缝，试验证明其强度高于母材，受拉试件的破坏部位多位于焊缝附近热影响区的母材上。但是，当焊缝中存在气孔、夹渣、咬边等缺陷时，它们不但能削弱焊缝的受力面积，而且还会在缺陷处引起应力集中，易于形成裂纹，特别在受拉试件的连接中，裂纹更易扩展延伸，从而使焊缝在低于母材强度的情况下破坏。同样，缺陷也会降低连接的疲劳强度。因此，应对焊缝质量严格检验。

1. 焊缝缺陷

焊缝缺陷一般位于焊缝或其附近热影响区钢材的表面及内部，通常表现为裂纹、焊瘤、烧穿、弧坑、气孔、夹渣、咬边、未熔合、未焊透、电弧擦伤、根部收缩等，如图 15-8 所示。焊缝表面缺陷可通过外观检查，内部缺陷则用无损探伤检查（超声波或 X 射线、γ 射线）确定。它们将直接影响焊缝质量和连接强度，使焊缝受力面积削弱，且引起应力集中，特别是裂纹受力后易扩展导致焊缝断裂。

2. 焊缝质量等级

根据《钢结构工程施工质量验收规范》（GB 50205—2001）的规定，焊缝的质量分为三个等级：三级焊缝只要求对全部焊缝进行外观缺陷及几何尺寸检查；二级焊缝除要求对全部焊缝作外观检查外，还须对部分焊缝作超声波等无损探伤检查；一级焊缝要求对全部焊

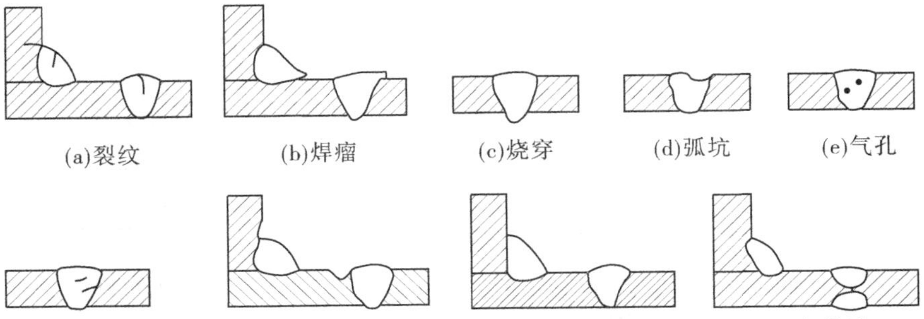

图 15-8 焊缝缺陷

缝作外观检查及无损探伤检查。这些检查必须全部符合各自的质量检验标准。

在钢结构施工中,常用手工电弧焊,其质量可定为三级,能满足一般的强度要求。但手工焊对接焊缝的抗拉强度变异性较大,所以,对有较大拉应力的对接焊缝以及直接承受动力荷载构件的重要焊缝,可采用二级焊缝,对抗动力和疲劳性能有较高要求者可采用一级焊缝。

3. 焊缝质量等级的选用

在《钢结构设计规范》(GB 50017—2014)中,对焊缝质量等级的选用有如下规定:

(1)需要进行疲劳计算的构件中,垂直于作用力方向的横向对接焊缝受拉时应为一级,受压时应为二级;平行于作用力方向的纵向对接焊缝为二级。

(2)不需要进行疲劳计算的构件中,凡要求与母材等强的对接焊缝受拉时应不低于二级,受压时宜为二级。

(3)重级工作制和起重量 $Q \geqslant 50$ t 的中级工作制吊车梁的腹板与上翼缘板之间以及吊车桁架上弦杆与节点板之间的 T 形接头焊缝要求焊透,其形式为对接与角接的组合焊缝,其质量等级不应低于二级。

(4)由于角焊缝的内部质量不易探测,故规定其质量等级一般为三级,只对直接承受动力荷载且需要验算疲劳和起重量 $Q \geqslant 50$ t 的中级工作制吊车梁,才规定角焊缝的外观质量应符合二级。

15.1.2 对接焊缝连接

15.1.2.1 对接焊缝的构造要求

在对接焊缝的施焊中,为了保证焊缝质量,便于施焊,减小焊缝截面,通常按焊件厚度及施焊条件的不同,将焊口边缘加工成不同形式的坡口,坡口的形式通常有 I 形(即不开坡口)、单边 V 形、V 形、J 形、U 形、K 形和 X 形等,如图 15-9 所示。通常情况下,若采用手工焊,当焊件较薄($t \leqslant 6$ mm)时,可采用 I 形坡口;板件稍厚($t = 6 \sim 20$ mm)时,可用 V 形坡口,正面焊好后在背面要清底补焊;当板件较厚($t > 20$ mm)时,可采用 U 形或 X 形坡口。

当对接焊缝处的焊件宽度不同或厚度相差超过规定值时,应将较宽或较厚的板件加工成坡度不大于 1:2.5 的斜坡(动力荷载作用时,坡度不大于 1:4),形成平缓的过渡,使

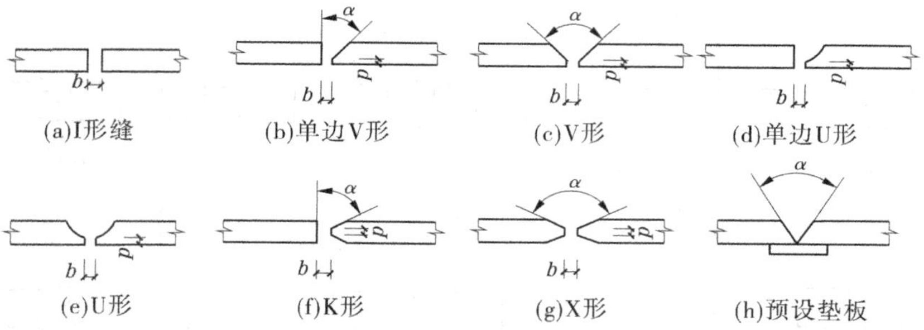

图 15-9　对接焊缝的坡口形式

构件传力平顺,减少应力集中,如图 15-10(a)和(b)所示。当厚度相差不大于规定值 Δt 时,可以不做斜坡,直接使焊缝表面形成斜坡即可,如图 15-10(c)所示。Δt 规定为:当较薄焊件厚度 $t=5\sim9$ mm 时,$\Delta t=2$ mm;$t=10\sim12$ mm 时,$\Delta t=3$ mm;$t>12$ mm 时,$\Delta t=4$ mm。

当钢板在纵横两个方向都进行了对接焊时,可采用十字交叉焊缝或 T 形交叉焊缝。若为后者,两交叉点的间距 a 应不小于 200 mm,如图 15-11 所示。

在对接焊缝施焊时,每条焊缝的引弧端和灭弧端常会出现未焊透或未焊满的凹陷焊口,此处极易产生应力集中和裂纹,对承受动力荷载的结构尤为不利。为避免这种缺陷,施焊时可在焊缝两端设置引弧板,如图 15-12 所示,使得焊缝的引弧端和灭弧端都落在引弧板上,焊完后切除引弧板即可。当未采用引弧板时,需要考虑每条对接焊缝的引弧端和灭弧端存在的焊口缺陷,将焊缝的实际长度减去 $2t$ 作为计算长度(t 为较薄焊件厚度)。

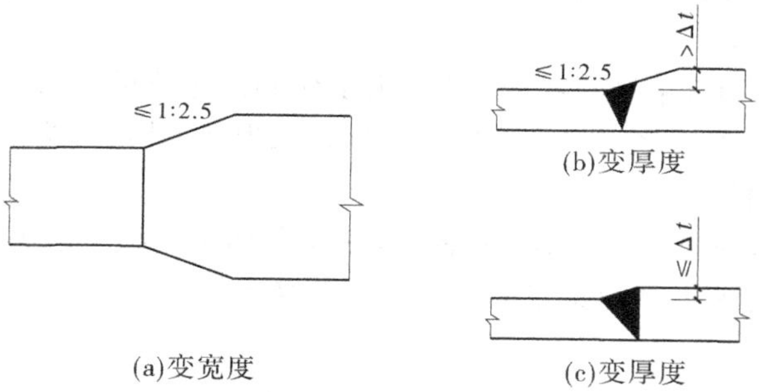

图 15-10　变截面钢板对接

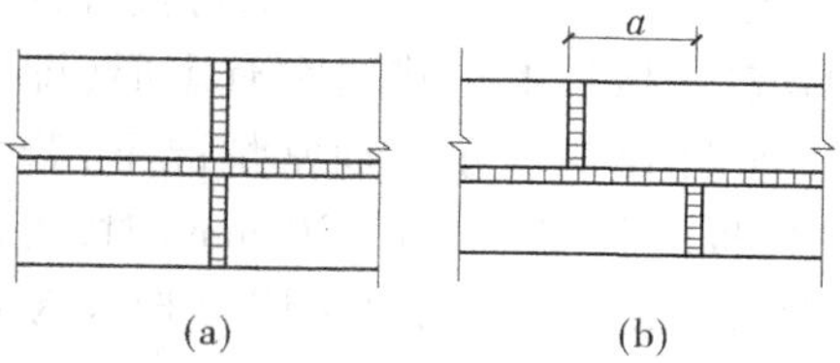

图 15-11　交叉焊缝

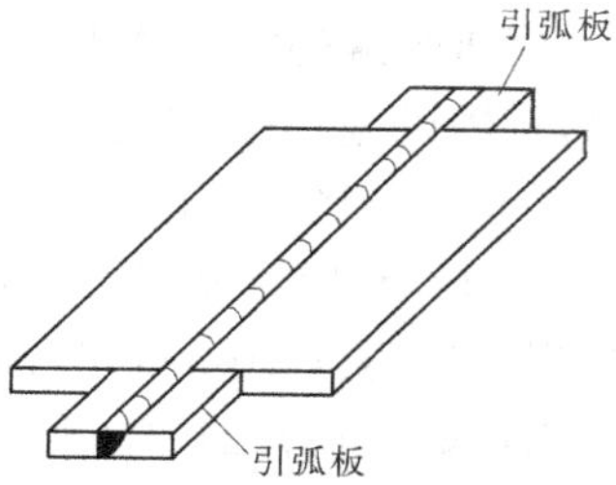

图 15-12　对接焊缝施焊用引弧板

15.1.2.2 对接焊缝的计算

焊透的对接焊缝,其截面与被连接件连为一体,故焊缝中的应力与被连接件截面的应力分布情况一致,设计时采用的强度计算公式与被连接件基本相同。

1. 轴心受力的对接焊缝计算

如图15-13(a)所示,当对接焊缝受垂直于焊缝长度方向的轴心力作用时,焊缝强度可按式(15-1)计算

$$\sigma = \frac{N}{l_w t} \leqslant f_t^w \text{ 或 } f_c^w \tag{15-1}$$

式中 N——轴心拉力或压力设计值;

l_w——焊缝的计算长度。当采用引弧板时,取焊缝的实际长度;当未采用引弧板时,每条焊缝取实际长度减去$2t$(焊缝每端各考虑缺陷长度t);

t——在对接接头中为连接件的较小厚度,在T形接头中为腹板厚度;

f_t^w、f_c^w——对接焊缝的抗拉强度、抗压强度设计值,按附表3-2选用。

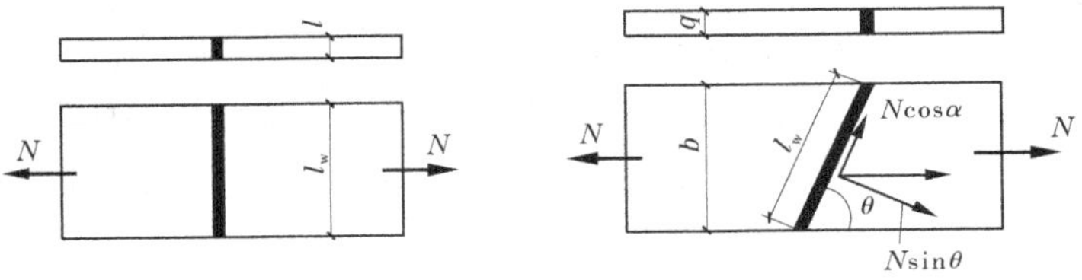

(a)直焊缝 (b)斜焊缝

图15-13 轴心力作用时的对接焊缝

由钢材的强度设计值(见附表3-1)和焊缝的强度设计值比较可知,对接焊缝的抗压强度和抗剪强度设计值及质量为一级、二级的对接焊缝的抗拉强度均与连接件钢材相同,而质量为三级的对接焊缝,其抗拉强度设计值则低于被连接钢材的抗拉强度设计值。所以,当采用引弧板施焊时,质量为一级、二级及不受拉应力作用的三级对接焊缝,其强度与母材相同,无须计算;而质量为三级且受拉应力作用以及未采用引弧板的对接焊缝,则必须进行强度计算。若计算不满足要求,可考虑增设引弧板,或改用如图15-13(b)所示的对接斜焊缝连接或提高焊缝质量等级。当采用斜缝连接时,焊缝与作用力的夹角θ越小,焊缝就越长,当夹角θ满足$\tan\theta \leqslant 1.5$时,可不再计算焊缝强度。采用斜缝能使焊缝的计算长度加长,提高承载力,但需切角,浪费钢材。

【例15-1】 如图15-14所示,两块钢板采用对接焊缝连接。已知钢板截面为460 mm×10 mm,承受轴心拉力设计值$N=850$ kN,钢材为Q235,采用手工电弧焊,E43型焊条,焊缝质量为三级。试计算该焊缝的强度。

解: 查附表3-2得$f_t^w = 185$ N/mm^2。

(1)不用引弧板,则

$$l_w = 460 - 2 \times 10 = 440(\text{mm})$$

$$\sigma = \frac{N}{l_w t} = \frac{850 \times 10^3}{440 \times 10} = 193(\text{N/mm}^2) > f_t^w = 185 \text{ N/mm}^2$$

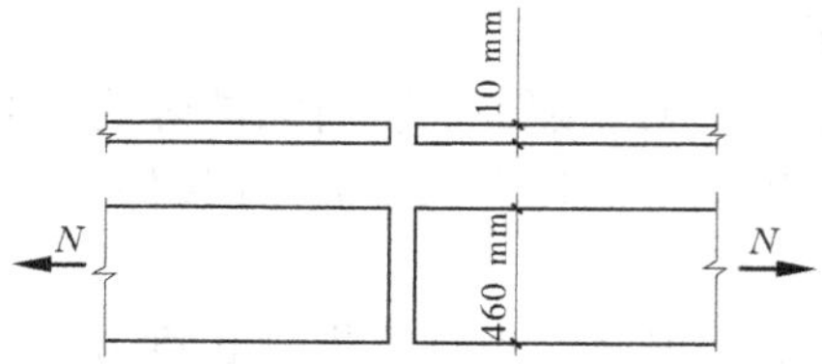

图 15-14　例题 15-1

(2) 考虑到直缝未采用引弧板时 $\sigma > f_t^w$，但相差不大，故改为采用引弧板，则 $l_w = 460$ mm

$$\sigma = \frac{N}{l_w t} = \frac{850 \times 10^3}{460 \times 10} = 185(\mathrm{N/mm^2}) = f_t^w$$，可满足要求。

2. 弯矩、剪力共同作用时对接焊缝计算

如图 15-15 所示，两段工字形截面梁采用对接焊缝进行连接，其焊缝截面与梁的截面相同，也是一工字形截面，且承受弯矩 M、剪力 V 共同作用。根据我们所掌握的力学知识可以知道，在截面的下边缘将产生最大正应力 σ_{max}，而在腹板中部将产生最大剪应力 τ_{max}。为防止截面发生正应力强度破坏和剪应力强度破坏，需满足式(15-2)和式(15-3)。此外，在翼缘和腹板的交界处同时作用较大的正应力 σ_1 和较大的剪应力 τ_1，此处可能因为 σ_1 和 τ_1 的共同作用而发生强度破坏，因此还应按式(15-4)对该点验算其折算应力。

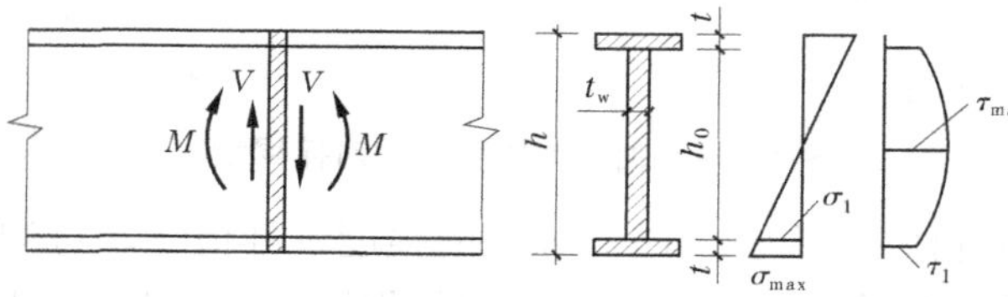

图 15-15　弯矩和剪力共同作用时的对接焊缝

$$\sigma_{max} = \frac{M}{W_w} \leqslant f_t^w \tag{15-2}$$

$$\tau_{max} = \frac{VS_w}{I_w t_w} \leqslant f_v^w \tag{15-3}$$

$$\sigma_{eq} = \sqrt{\sigma_1^2 + 3\tau_1^2} \leqslant 1.1 f_t^w \tag{15-4}$$

式中　M——计算截面的弯矩设计值；

W_w——焊缝计算截面的截面模量，$W_x = \frac{2I_w}{h}$；

V——与焊缝方向平行的剪力设计值；

S_w——焊缝计算截面在计算剪应力处以上或以下部分截面对中和轴的面积矩；

I_w——焊缝计算截面对中和轴的惯性矩；

f_v^w——对接焊缝的抗剪强度设计值，按附表 3-2 选用；

σ_{eq}——折算应力；

σ_1——腹板与翼缘板交界处的正应力，$\sigma_1=\dfrac{h_0}{h}\sigma_{max}$；

τ_1——腹板与翼缘板交界处的剪应力，$\tau_1=\dfrac{VS_{w1}}{I_w t_w}$；

S_{w1}——工字形截面受拉(或受压)翼缘对截面中和轴的面积矩；

t_w——工字形截面腹板厚度；

1.1——考虑到最大折算应力只发生在局部，而将焊缝强度设计值 f_t^w 提高 10% 后的系数。

【例 15-2】 某 6 m 跨度简支梁的截面和荷载(含梁自重在内的设计值)如图 15-16 所示。在距支座 2.4 m 处有翼缘和腹板的对接连接，已知钢材为 Q235，采用 E43 型焊条，手工焊，三级质量标准，施焊时采用引弧板。试验算该对接焊缝的强度。

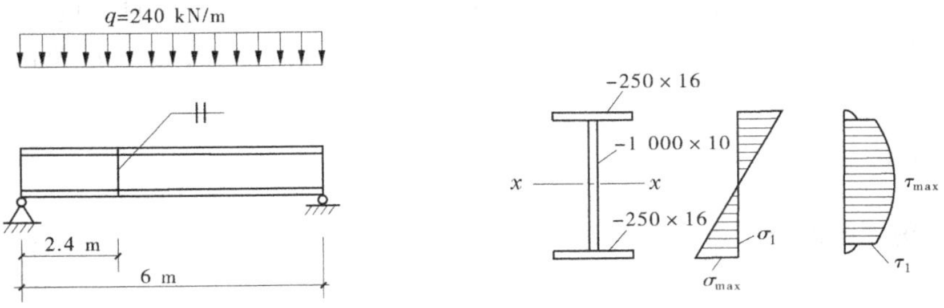

图 15-16　例题 15-2

解：(1)计算焊缝截面处的内力。

$$M=\frac{1}{2}qab=\frac{1}{2}\times240\times2.4\times(6-2.4)=1\,036.8(\text{kN}\cdot\text{m})$$

$$V=q(\frac{1}{2}l-a)=240\times(3-2.4)=144(\text{kN})$$

(2)计算焊缝截面的几何特征值。

$$I_w=\frac{1}{12}\times(250\times1\,032^3-240\times1\,000^3)=2\,898\times10^6(\text{mm}^4)$$

$$W_w=2\,898\times10^6\div516=5.616\times10^6(\text{mm}^3)$$

$$S_{w1}=250\times16\times508=2.032\times10^6(\text{mm}^3)$$

$$S_w=S_{w1}+500\times10\times250=3.282\times10^6(\text{mm}^3)$$

(3)计算焊缝强度。

查附表 3-2 得 $f_t^w=185\ \text{N/mm}^2$，$f_v^w=125\ \text{N/mm}^2$，则

$$\sigma_{max}=\frac{M}{W_w}=\frac{1\,036.8\times10^6}{5.616\times10^6}=184.6(\text{N/mm}^2)<f_t^w=185\ \text{N/mm}^2$$

$$\tau_{max}=\frac{VS_w}{I_w t_w}=\frac{144\times10^3\times3.282\times10^6}{2\,898\times10^6\times10}=16.3(\text{N/mm}^2)<f_v^w=125\ \text{N/mm}^2$$

$$\sigma_1=\frac{h_0}{h}\sigma_{max}=\frac{1\,000}{1\,032}\times184.6=178.9(\text{N/mm}^2)$$

$$\tau_1 = \frac{VS_{w1}}{I_w t_w}\sigma_{max} = \frac{144 \times 10^3 \times 2.032 \times 10^6}{2\,898 \times 10^6 \times 10} = 10.1(\text{N/mm}^2)$$

折算应力

$$\sqrt{\sigma_1^2 + 3\tau_1^2} = \sqrt{178.9^2 + 3 \times 10.1^2} = 179.8(\text{N/mm}^2)$$
$$< 1.1f_t^w = 1.1 \times 185\ \text{N/mm}^2$$

经验算，焊缝强度满足要求。

前述以工字型截面对接焊缝为例，介绍了弯矩和剪力共同作用下的计算方法。在实际工程中还可能遇到其他各种截面形式的对接焊缝承受各种内力作用的情况，其一般的解题步骤归纳如下：

(1)计算焊缝截面内力(弯矩、剪力、轴力、扭矩)；

(2)分析焊缝截面的应力，求出所有危险点的正应力和剪应力(危险点是指最大正应力和最大剪应力作用点及有较大的正应力和较大的剪应力共同作用的点)；

(3)按强度公式对前述危险点进行验算，即需满足 $\sigma_{max} \leqslant f_t^w$，$\tau_{max} \leqslant f_v^w$ 及 $\sigma_{eq} \leqslant 1.1f_t^w$。

15.1.3 角焊缝连接

15.1.3.1 角焊缝的连接形式与构造

1. 角焊缝的形式

角焊缝按其与外力作用方向的不同，可分为垂直于外力作用方向的正面角焊缝(即端焊缝)、平行于外力作用方向的侧面角焊缝(即侧焊缝)和与外力作用方向斜交的斜向角焊缝三种，如图 15-17 所示。

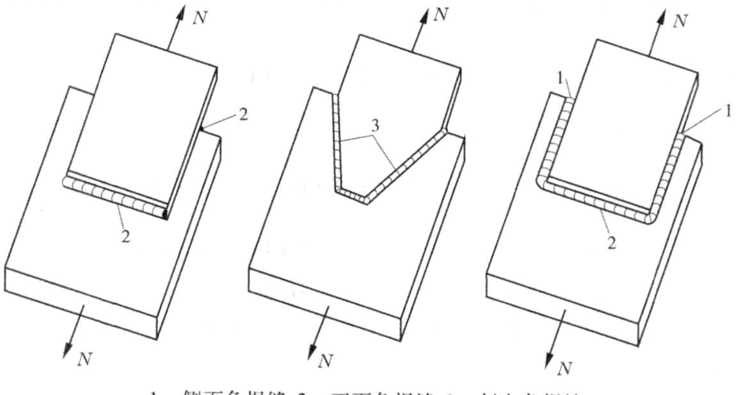

1—侧面角焊缝；2—正面角焊缝；3—斜向角焊缝

图 15-17 角焊缝的形式

按两焊脚边的夹角不同，角焊缝可分为直角角焊缝($\alpha = 90°$)和斜角角焊缝($\alpha < 90°$，$\alpha > 90°$)两种。直角角焊缝的受力性能较好，应用广泛；而斜角角焊缝当两焊脚边夹角 $\alpha < 60°$或 $\alpha > 135°$时，除钢管结构外，不宜用作受力结构。

直角角焊缝按截面形式可分为普通型、凹面型和平坦型三种，如图 15-18 所示。一般情况下采用普通型角焊缝，但其力线曲折较大，传力性能较差，应力集中严重。为改善传力性能，对直接承受动力荷载的结构，正面角焊缝宜采用平坦型（长边顺内力方向），侧面角焊缝则宜采用凹面型角焊缝。

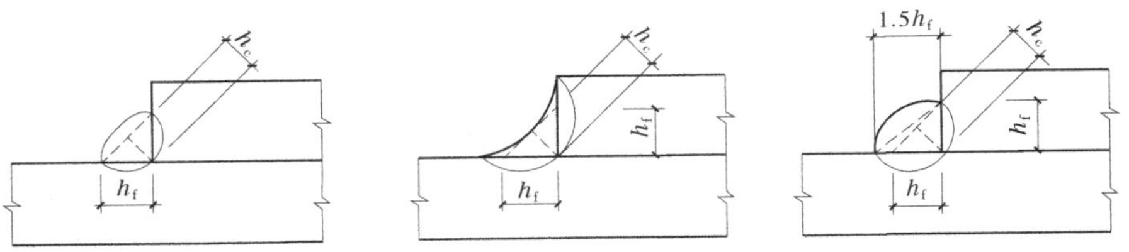

(a)普通型　(b)凹面型　(c)平坦型

图 15-18　角焊缝的截面形式

普通型角焊缝截面的两个直角边长 h_f 称为焊脚尺寸，如图 15-18(a)所示。凹面型及平坦型直角焊缝的焊脚尺寸 h_f 取法见图 15-18(b)、(c)。计算焊缝承载力时，焊缝截面可忽略多余的部分，按边长为 h_f 的等边直角三角形考虑。焊缝的破坏面取最小截面即45°处截面，该截面称为有效截面或计算截面，其截面高度称为计算高度，用 h_e 表示，$h_e = 0.7h_f$。

2. 角焊缝的构造

(1)最小焊脚尺寸。

$$h_{fmin} \geq 1.5\sqrt{t_{max}} \tag{15-5}$$

式中　t_{max}——较厚焊件的厚度，mm。

这是考虑到板件厚度较大而焊缝焊脚尺寸过小，会使焊接过程焊缝冷却过快，产生淬硬组织，从而引起焊缝附近主体金属产生裂缝，如图 15-19(a)所示。但是自动焊的热量集中，熔深较大，因此其最小焊脚尺寸较式(15-5)可减小 1 mm；T 形连接的单面角焊缝，可靠性较差，其最小焊脚尺寸较式(15-5)应增加 1 mm；当焊件厚度小于或等于 4 mm 时，则最小焊脚尺寸应与焊件厚度相同。

(2)最大焊脚尺寸。

$$h_{fmax} \leq 1.2t_{min} \tag{15-6}$$

式中　t_{min}——较薄焊件厚度，mm，如图 15-19(b)所示。

这是考虑到若角焊缝的 h_f 过大，焊接时热量输入很大，焊缝冷却收缩将产生较大的焊接残余应力和残余变形，且热影响区扩大易引起脆裂，使较薄焊件易烧穿。另外，板件边缘的角焊缝若与板件边缘等厚，施焊时易产生咬边现象。因此，板件（厚度为 t_1）边缘的角焊缝的焊脚尺寸尚应符合下列要求：

a. 当 $t_1 \leq 6$ mm 时，$h_{fmax} \leq t_1$；

b. 当 $t_1 > 6$ mm 时，$h_{fmax} \leq t_1 - (1 \sim 2)$ mm。

(3)最小计算长度。

$l_w \geq 8h_f$ 且 $l_w \geq 40$ mm，这是因为如果角焊缝的长度过短，会使焊件局部受热集中，容易产生缺陷。

(4)侧面角焊缝的最大计算长度。

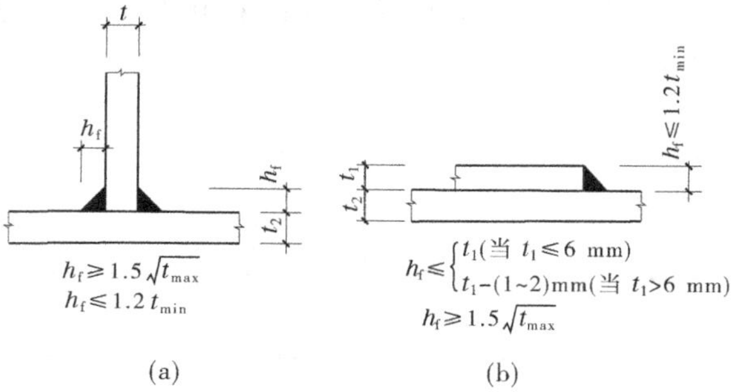

图 15-19 角焊缝的焊脚尺寸

$l_w \leq 60h_f$，这是因为侧面角焊缝沿长度方向的剪应力分布为两端大、中间小，所以当焊缝过长时，其两端应力可能达到极限，而中间焊缝却未充分发挥其承载力。

（5）在搭接连接中，搭接长度不得小于焊件较小厚度的 5 倍，并不得小于 25 mm，如图 15-20（a）所示。

（6）杆件与节点板的连接焊缝一般宜采用两面侧焊，如图 15-20（b）所示。为避免应力传递过于弯折而使板件应力过于不均匀，应使焊缝长度 $l_w \geq b$；同时为避免焊缝收缩引起板件变形拱曲过大，应满足 $b \leq 16t$（当 $t > 12$ mm 时）或 200 mm（当 $t \leq 12$ mm 时），也可用三面围焊，对角钢杆件也可采用 L 形围焊，所有围焊的转角处必须连续施焊。

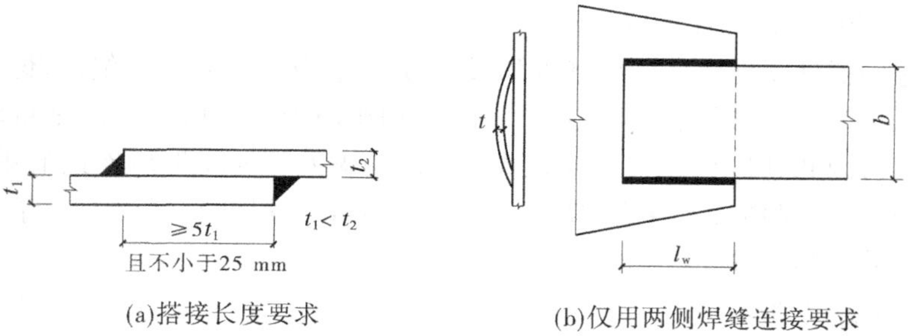

图 15-20 钢板搭接和侧焊缝构造

（7）当角焊缝的端部在构件转角处作长度为 $2h_f$ 的绕角焊时，转角处必须连续施焊，如图 15-21 所示。

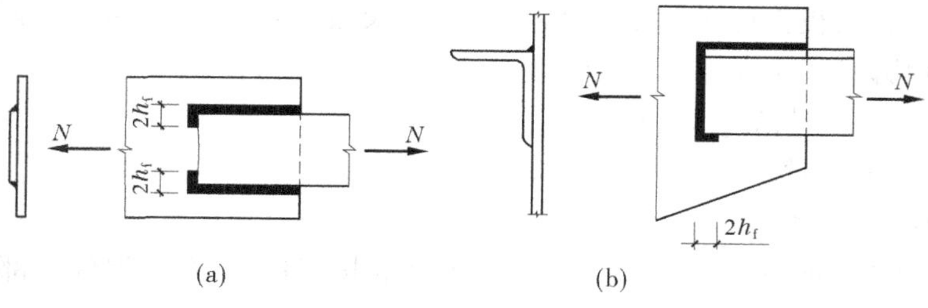

图 15-21 角焊缝的绕角焊

15.1.3.2 角焊缝连接的计算

要对角焊缝进行精确的计算是十分困难的，实际计算采用简化的方法，即假定角焊缝的破坏均发生在最小截面，其面积为角焊缝的计算厚度 h_e 与焊缝计算长度 l_w 的乘积，此截面称为角焊缝的计算截面。又假定截面上的应力沿焊缝计算长度均匀分布，同时不论是正面焊缝，还是侧面焊缝，均按破坏时计算截面上的平均应力来确定其强度。对于侧面焊缝，其强度设计值为 f_f^w；对于正面焊缝，其强度设计值为 $\beta_f f_f^w$。f_f^w 值见附表 3-2，β_f 是正面焊缝强度设计值提高系数。

1. 角焊缝受轴心力作用时的计算

（1）正面角焊缝（作用力垂直于焊缝长度方向）

$$\sigma_f = \frac{N}{h_e l_w} \leqslant \beta_f f_f^w \tag{15-7}$$

（2）侧面角焊缝（作用力平行于焊缝长度方向）

$$\tau_f = \frac{N}{h_e l_w} \leqslant f_f^w \tag{15-8}$$

（3）斜焊缝或作用力与焊缝长度方向斜交成 θ 的角焊缝

首先将外力分解到与焊缝平行和垂直的方向，分别算出各方向力作用下焊缝的应力 σ_f 和 τ_f，再按下式进行计算

$$\sqrt{\left(\frac{\sigma_f}{\beta_f}\right)^2 + \tau_f^2} \leqslant f_f^w \tag{15-9}$$

式中 σ_f——按焊缝有效截面（$h_e l_w$）计算的垂直于焊缝长度方向的应力；

τ_f——按焊缝有效截面计算的沿焊缝长度方向的剪应力；

h_e——角焊缝的破坏面高度，对直角角焊缝等于 $0.7h_f$；

l_w——角焊缝的计算长度，若有焊口缺陷，则每端需扣除的缺陷长度为焊脚尺寸 h_f；

f_f^w——角焊缝的设计强度，查附表 3.2；

β_f——正面角焊缝的强度设计增加系数，对承受静力荷载和间接承受动力荷载的结构 $\beta_f = 1.22$，对直接承受动力荷载的结构 $\beta_f = 1.0$。

【例 15-3】 设计如图 15-22 所示双盖板对接连接。已知钢板宽 $a = 240$ mm，厚度 $t = 10$ mm，钢材为 Q235，焊条为 E43，手工焊，轴力设计值 $N = 600$ kN。

解：设计双盖板连接，就是要确定盖板的宽度、厚度及长度，其中长度的确定需满足焊缝强度的计算要求。

（1）确定盖板宽度及厚度。

为保证施焊，盖板每侧留出 20 mm 的距离，

则盖板宽取为 $b = a - 2 \times 20 = 240 - 40 = 200$（mm）

按盖板与构件板等强度原则计算盖板厚度

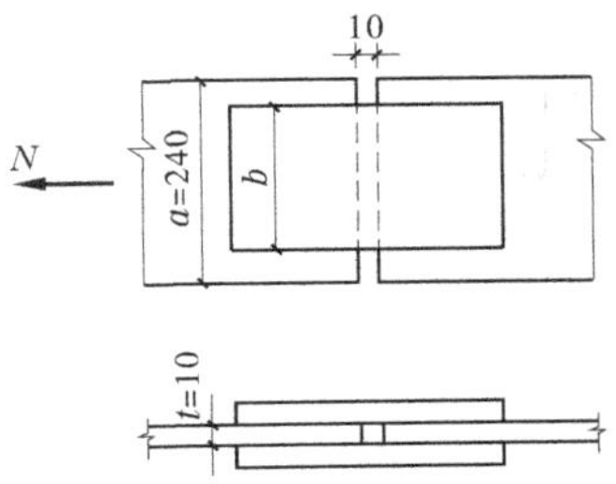

图 15-22 例题 15-3 （单位：mm）

$$t_1 \geqslant \frac{240 \times 10}{2 \times 200} = 6(\mathrm{mm})\text{，取 } t_1 = 6\ \mathrm{mm}$$

(2)确定盖板长度。

查附表 3-2 得 $f_t^w = 160\ \mathrm{N/mm^2}$，按构造要求确定焊脚高度 h_f，

$$h_{\mathrm{fmin}} \geqslant 1.5\sqrt{t_{\max}} = 4.7\ \mathrm{mm}$$

$$t_1 = 6\ \mathrm{mm}, h_{\mathrm{fmax}} \leqslant t_1 = 6\ \mathrm{mm}$$

因此，取 $h_f = 6\ \mathrm{mm}$。

若只设侧面角焊缝，则每侧共有四条侧缝，每条角焊缝长度为

$$l_w = \frac{N}{4 \times 0.7 h_f \times f_t^w} + 12 = \frac{600 \times 10^3}{4 \times 0.7 \times 6 \times 160} + 12 = 235(\mathrm{mm})$$

取 $l_w = 240\ \mathrm{mm} > 200\ \mathrm{mm}$，所需盖板全长 $l = 2l_w + 10 = 490(\mathrm{mm})$。

若采用三面围焊，则端缝承载力为

$$N_1 = 2bh_e\beta_f f_f^w = (2 \times 200 \times 0.7 \times 6 \times 1.22 \times 160)\mathrm{N} = 327\ 936\mathrm{N} = 328\ \mathrm{kN}$$

每条侧缝的长度为

$$l_w = \frac{N - N_1}{4 \times 0.7 h_f \times f_t^w} + 6 = \frac{(600 - 328) \times 10^3}{4 \times 0.7 \times 6 \times 160} + 6 = 107(\mathrm{mm})$$

取 $l_w = 110\ \mathrm{mm}$，所需盖板全长 $l = 2l_w + 10 = 230(\mathrm{mm})$。

2. 角钢连接的角焊缝计算

图 15-23(a)所示为一钢屋架(桁架)的结构简图，这类桁架的杆件常采用双角钢组成的 T 形截面，桁架节点处设一块钢板作为节点板，各个双角钢杆件的端部用角焊缝焊在节点板上，使各杆所受轴力通过焊缝传到节点板上，形成一个平衡的汇交力系，如图 15-23(b)所示。由于双角钢 T 形截面的重心布置成与桁架的轴线重合，因此保证了各杆成为轴心受力杆件。角钢与节点板用角焊缝连接可采用三种形式：两个侧面焊缝、三面围焊和 L 形围焊。为避免偏心受力，布置在角钢肢背和角钢肢尖的焊缝的重心，应与角钢杆件的重

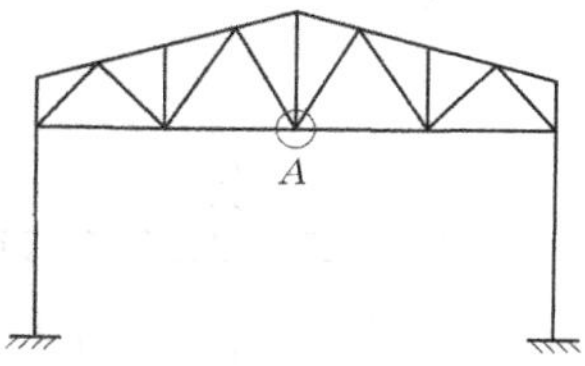

(a)钢屋架

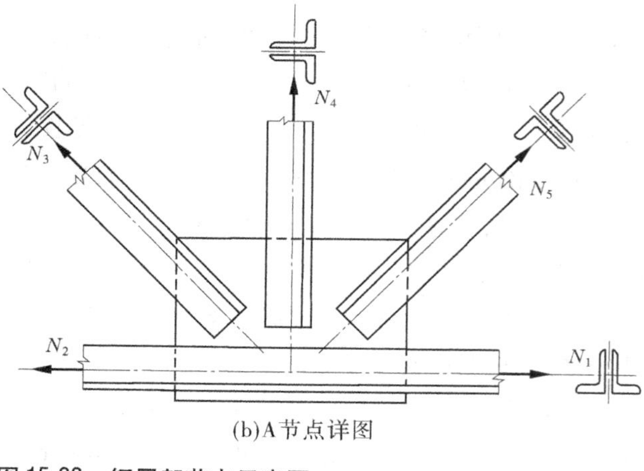

(b)A节点详图

图 15-23　钢屋架节点示意图

心,也就是桁架的轴线重合。

1)用两侧缝连接时的计算

如图15-24(a)所示,由于角钢重心轴线到肢背和肢尖的距离不等,使靠近重心轴线的肢背焊缝比远离重心轴线的肢尖焊缝承受的内力大。设 N_1 和 N_2 分别为角钢肢背和肢尖焊缝分别承担的内力,根据平衡条件 $\sum M = 0$ 可得

$$N_1 = \frac{e_2}{e_1 + e_2}N = \frac{e_2}{b}N = K_1 N \tag{15-10}$$

$$N_2 = \frac{e_1}{e_1 + e_2}N = \frac{e_1}{b}N = K_2 N \tag{15-11}$$

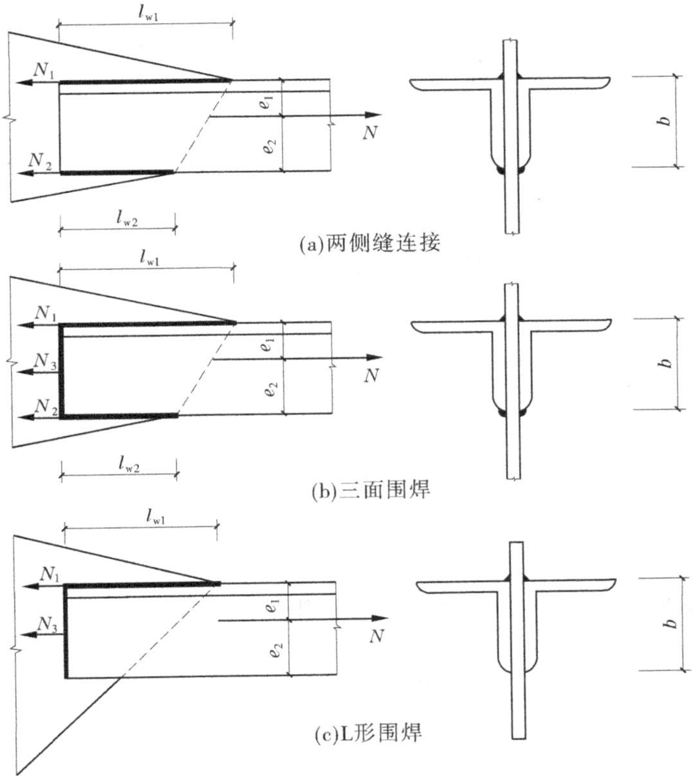

图15-24 角钢与钢板的角焊缝连接

式中 K_1、K_2——角钢肢背和肢尖焊缝的内力分配系数,可按表15-2的近似值查用;

e_1、e_2——角钢与连接板贴合肢重心轴线到肢背、肢尖的距离。

求出 N_1 和 N_2 后,可根据构造要求确定肢背与肢尖的焊脚尺寸 h_{f1} 和 h_{f2},然后分别计算角钢肢背与肢尖焊缝所需的计算长度

$$\sum l_{w1} = \frac{N_1}{0.7 h_{f1} f_f^w} \tag{15-12}$$

$$\sum l_{w2} = \frac{N_2}{0.7h_{f2}f_f^w} \tag{15-13}$$

表 15-2 角钢角焊缝内力分配系数

角钢类型	连接情况	分配系数	
		角钢肢背 K_1	角钢肢尖 K_2
等边		0.70	0.30
不等边(短肢相连)	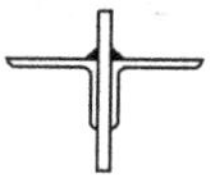	0.75	0.25
不等边(长肢相连)		0.65	0.35

2)采用三面围焊时的计算

如图 15-24(b)所示,首先根据构造要求选取端缝的焊脚尺寸 h_f,并计算其所能承受的内力,即

$$N_3 = 0.7h_f \sum l_{w3}\beta_f f_f^w \tag{15-14}$$

再由平衡条件可得

$$N_1 = K_1 N - \frac{N_3}{2} \tag{15-15}$$

$$N_2 = K_2 N - \frac{N_3}{2} \tag{15-16}$$

同样地可由 N_1 和 N_2 分别计算角钢肢背和肢尖焊缝的计算长度。

3)采用 L 形围焊时的计算

如图 15-24(c)所示,由于 L 形围焊中角钢肢尖无焊缝,$N_2=0$,则可得

$$N_3 = 2K_2 N \tag{15-17}$$

$$N_1 = N - N_3 = (1-2K_2)N \tag{15-18}$$

求出 N_3、N_1 后,可分别计算角钢的正面角焊缝和肢背侧面角焊缝。

【例 15-4】 计算图 15-25 所示双角钢与连接板的连接焊缝。

已知角钢为 2∟110×70×10(长肢相连),连接板厚为 12 mm,钢材为 Q235,焊条为 E43,手工焊。轴力设计值 $N=800$ kN(静力荷载)。

解:(1)设采用三面围焊的连接方式,并设定角钢肢背、肢尖及端部焊缝采用相同的焊脚尺寸,并取 $h_f=8$ mm(符合最大、最小要求)。

(2)查附表 3-2 得 $f_f^w=160$ N/mm^2,查表 15-2 得 $K_1=0.65$,$K_2=0.35$。

端部焊缝承受的轴力为

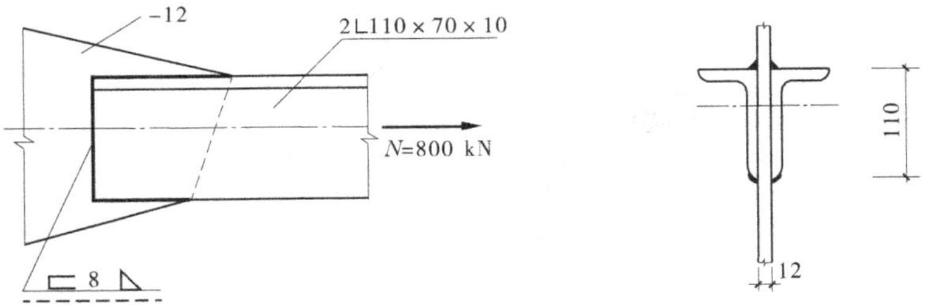

图 15-25 例题 15-4 图 （单位:mm）

$$N_3 = 0.7h_f\sum l_{w3}\beta_f f_f^w = 0.7\times8\times2\times110\times1.22\times160 = 240(\text{kN})$$

肢背焊缝承受的内力为

$$N_1 = K_1N - N_3/2 = 0.65\times800 - 240\div2 = 400(\text{kN})$$

肢尖焊缝承受的内力为

$$N_2 = K_2N - N_3/2 = 0.35\times800 - 240\div2 = 160(\text{kN})$$

肢背焊缝需要的实际长度为

$$l_{w1} = \frac{N_1/2}{0.7h_f f_f^w} + 8 = \frac{400\times10^3\div2}{0.7\times8\times160} + 8 = 231(\text{mm})$$

取 $l_{w1}=235(\text{mm})$。

肢尖焊缝需要的实际长度为

$$l_{w2} = \frac{N_2/2}{0.7h_f f_f^w} + 8 = \frac{160\times10^3\div2}{0.7\times8\times160} + 8 = 97(\text{mm})$$

取 $l_{w2}=100$ mm。

15.2 螺栓连接

螺栓连接是通过扳手施拧，使螺栓产生紧固力，从而使被连接件连接成为一体。

螺栓连接的优点是安装方便，可以拆卸，施工需要技术工人少；其缺点是连接构造复杂，连接件需要开孔，构件有削弱，安装需要拼装对孔，增加制造工作量，同时耗费钢材也较多。

15.2.1 螺栓的种类及特点

螺栓连接根据螺栓使用的钢材性能等级分为普通螺栓连接和高强度螺栓连接两种。

螺栓和与之配套的螺母和垫圈合称连接副。

15.2.1.1 普通螺栓

普通螺栓可分为六角头螺栓、双头螺栓和地脚螺栓，如图 15-26 所示。本书主要介绍六角头螺栓。

六角头螺栓按产品质量和制作公差的不同，分为 A、B、C 三个等级，其中 A、B 级为精制螺栓，C 级为粗制螺栓。

(a) 六角头螺栓

(b) 双头螺栓

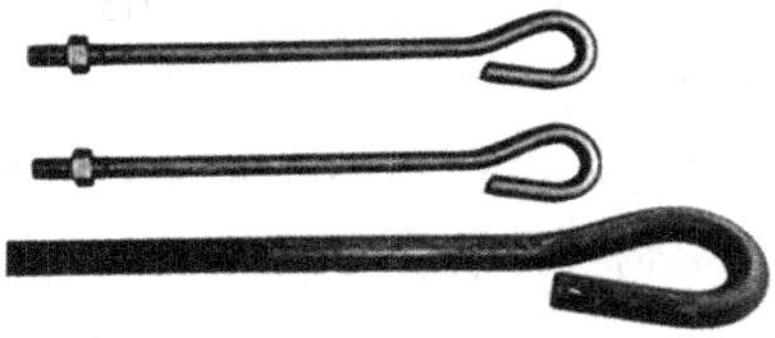

(c) 地脚螺栓

图 15-26 普通螺栓

A 级、B 级螺栓(精制螺栓)由毛坯轧制而成,螺栓杆表面光滑,尺寸较精确,螺孔需用钻模钻成,或在单个零件上先冲成较小的孔,然后在装配好的构件上再扩钻至设计孔径(称Ⅰ类孔)。螺杆的直径与孔径间的空隙甚小,只容许 0.3 mm 左右,安装时需轻轻击入孔,既可受剪又可受拉。但 A 级、B 级螺栓(精制螺栓)的制造和安装都较费工,价格昂贵,在钢结构中只用于重要的安装节点处,或承受动力荷载的既受剪又受拉的螺栓连接中。C 级螺栓(粗制螺栓)用圆钢辊压而成,表面较粗糙,尺寸不很精确,其螺孔制作多为一次冲孔(称Ⅱ类孔),孔径比螺杆直径大 1 ~ 2 mm(见表 15-3),故在剪力作用下剪切变形很大,并有可能致个别螺栓先与孔壁接触,承受超额内力而先遭破坏。由于 C 级螺栓(粗制螺栓)制造简单,价格便宜,安装方便,常用于各种钢结构工程中,特别适宜于承受沿螺杆轴线方向受拉的连接、可拆卸的连接和临时固定构件用的安装连接中。如在连接中有较大的剪力作用时,考虑到这种螺栓的缺点宜改用支托等构造措施以承受剪力,让它只受拉力以发扬它的优点。C 级螺栓亦可用于承受静力荷载或间接动力荷载的次要连接中作为受剪连接。

在钢结构螺栓连接中,除特别注明外,一般均为 C 级粗制螺栓。

普通螺栓一般都由 Q235 钢制成,其代号用字母 M 和公称直径的毫米数表示。螺栓直径 d 应根据整个结构及其主要连接的尺寸和受力情况选定,受力螺栓一般用 $d \geq$ M16,建筑工程中常用 M16、M20、M24 等。

表 15-3 C 级螺栓孔径

螺杆公称直径(mm)	12	16	20	(22)	24	(27)	30
螺栓孔公称直径(mm)	13.5	17.5	22	(24)	26	(30)	33

15.2.1.2 高强度螺栓

高强度螺栓用高强度钢材经热处理制成,安装时用特制的扳手拧紧螺栓。拧紧时螺栓杆被迫伸长,栓杆受拉,其拉力称为预拉力。由此产生的反作用力使连接钢板压紧,导致板件之间产生摩阻力,阻止板件相对滑移。

高强度螺栓连接副分为六角头高强度螺栓连接副和扭剪型高强度螺栓连接副,如图 15-27 所示。

(a) 大六角头高强度螺栓连接副　　(b) 扭剪型高强度螺栓连接副

图 15-27 高强度螺栓连接副

六角头高强度螺栓连接副含一个螺栓、一个螺母、两个垫圈(螺头和螺母各一个);扭剪型高强度螺栓连接副含一个螺栓、一个螺母、一个垫圈。螺栓、螺母、垫圈在组成一个连接副时,其性能等级要匹配。

高强度螺栓连接受剪时,按其传力方式可分为摩擦型连接和承压型连接两种。摩擦型连接受剪时,以外剪力达到板件接触面间最大摩擦力为极限状态,即保证在整个使用期间外剪力不超过最大摩擦力为准则。这样,板件之间不会发生相对滑移变形,连接板件始终是整体弹性受力,因而连接刚性好、变性小、受力可靠、耐疲劳。承压型连接则允许接触面间摩擦力被克服,从而板件之间产生滑移,直至栓杆与孔壁接触,由栓杆受剪或孔壁受挤压传力直至破坏,此时受力性能与普通螺栓相同。

高强度螺栓孔采用钻孔成孔。摩擦型高强度螺栓因受力时不产生滑移,故其孔径可比螺栓公称直径稍大,一般采用大 1.5 mm(M16)或 2.0 mm(≥M20);承压型高强度螺栓则应比上列数值分别减小 0.5 mm,一般采用大 1.0 mm(M16)或 1.5 mm(≥M20)。

高强度螺栓可广泛应用于厂房、高层建筑和桥梁等钢结构重要部位的安装连接,但根据摩擦型连接和承压型连接的不同特点,其应用还应有所区别。摩擦型连接以外剪力不超过最大摩擦力为设计准则，板件之间不会发生相对滑移变形，整体性和连接刚度好、剪切变形小、耐疲劳，特别适用于承受动力荷载的结构，如吊车梁的工地拼接、重级工作制吊车梁与柱的连接等。在受剪的高强度螺栓连接中，承压型连接设计承载力显然高于摩擦型连接，但其整体性和刚度相对较差，实际强度储备相对较小，一般多用于承受静力或间接动力荷载的连接。

目前我国采用的高强度螺栓等级主要有 10.9 级和 8.8 级两种，其中整数部分（10 和 8）表示螺栓成品的抗拉强度 f_u 不低于 1 000 N/mm^2 和 800 N/mm^2，小数部分（0.9 和 0.8）则表示其屈强比 f_y/f_u 为 0.9 和 0.8。

15.2.2　普通螺栓连接

15.2.2.1　螺栓连接的排列与构造

1. 螺栓及孔的图例

钢结构施工图采用的螺栓及孔的图例应符合《建筑结构制图标准》（GB/T 50105—2010）的规定，见表 15-4。

表 15-4　螺栓及孔图例

名称	永久螺栓	安装螺栓	高强度螺栓	圆形螺栓孔	长圆形螺栓孔
图例	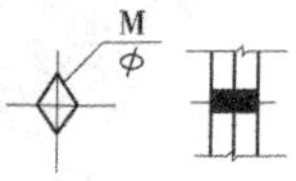	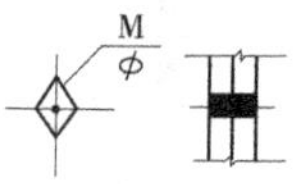	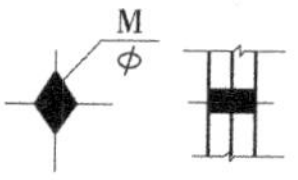	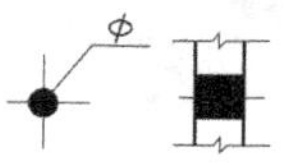	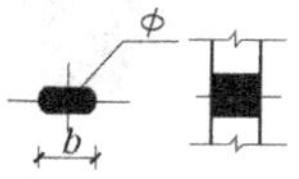

注：1. 细“+”线表示定位线，M 表示螺栓型号，φ 表示螺栓孔直径；

2. 采用引出线标注螺栓时，横线上标注螺栓规格，横线下标注螺栓孔直径。

2. 螺栓连接的排列

螺栓的排列有并列和错列两种基本形式，如图 15-28 所示。并列较简单，但栓孔对截面削弱较多；错列较紧凑，可减小螺栓孔对截面的削弱，但排列较繁杂。螺栓在构件上的排列，应保证螺栓间距及螺栓至构件边缘的距离不能太小，否则螺栓之间的钢板以及边缘处螺栓孔前的钢板可能沿作用力方向被剪断；同时，螺栓间距及边距太小也不利扳手操作。另一方面，螺栓的间距及边距也不应太大，否则连接钢板不易夹紧，潮气容易侵入缝隙引起钢板锈蚀。对于受压构件，螺栓间距过大还容易引起钢板鼓曲。为此，《钢结构设计规范》（GB 50017—2014）根据螺栓孔直径、钢材边缘加工情况（轧制边、切割边）及受力方向，规定了螺栓中心间距及边距的最大、最小限值，见表 15-5。

角钢、工字钢和槽钢上的螺栓排列，除应满足表 15-5 要求外，还应注意不要在靠近截面倒角和圆角处打孔，为此还应分别符合表 15-6、表 15-7 和表 15-8 的要求。

为了使螺栓的传力性能保持良好，每一个构件在节点上以及拼接接头的一端，永久性的螺栓数不宜少于两个。但对组合构件的缀条，其端部连接可用一个螺栓。

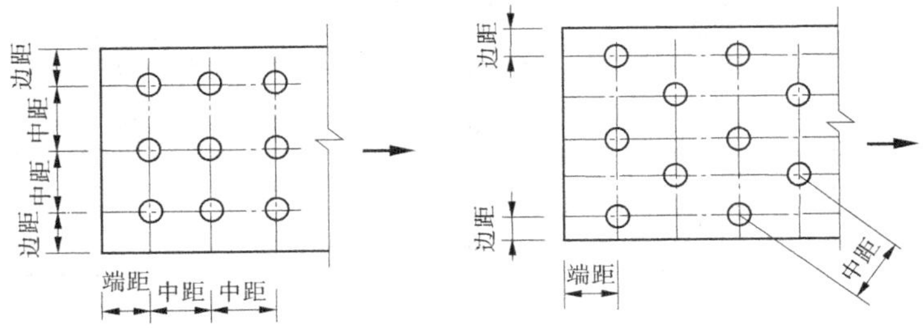

(a)并列　　(b)错列

图 15-28 螺栓的排列

表 15-5 螺栓的最大、最小容许距离

名称	位置和方向			最大容许距离（取两者的较小值）	最小容许距离
中心间距	外排(垂直内力方向或顺内力方向)			$8d_0$ 或 $12t$	
	中间排	垂直内力方向		$16d_0$ 或 $24t$	
		顺内力方向	构件受压力	$12d_0$ 或 $18t$	
			构件受拉力	$12d_0$ 或 $24t$	
	沿对角线方向			—	
中心至构件边缘距离	顺内力方向			$4d_0$ 或 $8t$	$2d_0$
	垂直内力方向	剪切边或手工气割边			$1.5d_0$
		轧制边、自动气割或锯割边	高强度螺栓		
			其他螺栓或铆钉		$1.2d_0$

注：1. d_0 为螺栓孔径，t 为外层较薄板件的厚度；

2. 钢板边缘与刚性构件(如角钢、槽钢等)相连的螺栓的最大间距，可按中间排的数值采用；

3. 为了使连接紧凑，节省材料，上述间距一般宜按最小间距采用，且应取 5 mm 的倍数，并按等距离布置。

表 15-6 角钢上螺栓或铆钉线距　（单位：mm）

单行排列													
角钢肢宽	40	45	50	56	63	70	75	80	90	100	110	125	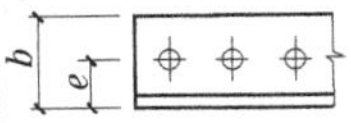
线距 e	25	25	30	30	35	40	40	45	50	55	60	70	
钉孔最大直径	11.5	13.5	13.5	15.5	17.5	20	22	22	24	24	26	26	

双行错排					
角钢肢宽	125	140	160	180	200
e_1	55	60	70	70	80
e_2	90	100	120	140	160
钉孔最大直径	24	24	26	26	26

双行并列				
角钢肢宽	160	180	200	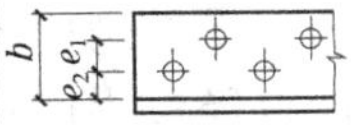
e_1	60	70	80	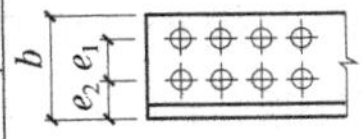
e_2	130	140	160	
钉孔最大直径	24	24	26	

表 15-7　工字钢和槽钢腹板上的螺栓线距

（单位：mm）

工字钢型号	12	14	16	18	20	22	25	28	32	36	40	45	50	56	63
线距 c_{min}	40	45	45	45	50	50	55	60	60	65	70	75	75	75	75
槽钢型号	12	14	16	18	20	22	25	28	32	36	40	—	—	—	—
线距 c_{min}	40	45	50	50	55	55	55	60	65	70	75	—	—	—	—

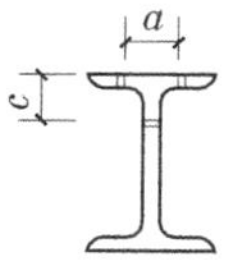

表 15-8　工字钢和槽钢翼缘上的螺栓线距

（单位：mm）

工字钢型号	12	14	16	18	20	22	25	28	32	36	40	45	50	56	63
线距 a_{min}	40	40	50	55	60	65	65	70	75	80	80	85	90	95	95
槽钢型号	12	14	16	18	20	22	25	28	32	36	40	—	—	—	—
线距 a_{min}	30	35	35	40	40	45	45	45	50	56	60	—	—	—	—

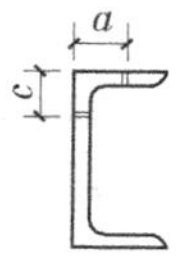

15.2.2.2　普通螺栓连接计算

普通螺栓连接按螺栓传力方式可分为受剪螺栓连接、受拉螺栓连接和拉剪螺栓连接三种，如图 15-29 所示。受剪螺栓连接是靠栓杆受剪和孔壁承压传力，受拉螺栓连接是靠螺栓沿杆轴方向承受拉力，拉剪螺栓连接则是同时兼有上述两种传力方式。

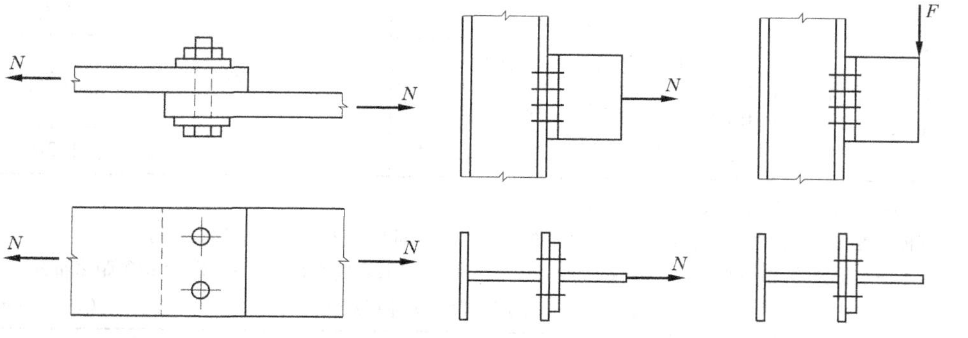

(a)受剪螺栓连接　　(b)受拉螺栓连接　　(c)同时受拉受剪螺栓连接

图 15-29　普通螺栓按传力方式分类

1. 受剪螺栓连接计算

1）破坏形式

受剪螺栓连接在达到极限承载力时可能出现五种破坏形式：①栓杆被剪断——当螺栓直径较小而钢板相对较厚时可能发生，如图 15-30（a）所示；②孔壁挤压破坏——当螺栓直径较大而钢板相对较薄时可能发生，如图 15-30（b）所示；③钢板被拉断——当钢板因螺孔削弱过多时可能发生，如图 15-30（c）所示；④端部钢板被剪断——当顺受力方向的端距过小时可能发生，如图 15-30（d）所示；⑤栓杆受弯破坏——当螺栓过长时可能发生，如图 15-30（e）所示。

为保证螺栓连接能达到安全承载能力，对于（a）、（b）类型的破坏，通过计算单个螺栓

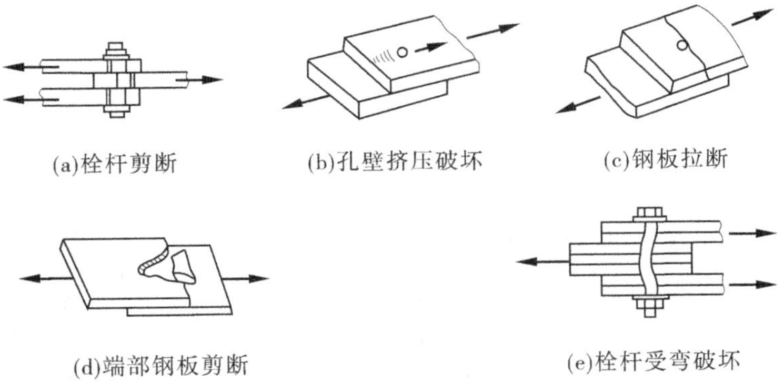

(a)栓杆剪断 (b)孔壁挤压破坏 (c)钢板拉断

(d)端部钢板剪断 (e)栓杆受弯破坏

图 15-30 受剪螺栓连接的破坏形式

承载力来控制；对于(c)类型的破坏，则由验算构件净截面强度来控制；对于(d)类型破坏，通过保证螺栓间距及边距不小于规定值(见表 15-5)来控制；对于(e)类型破坏，通过使螺栓的夹紧长度不超过 4 ~6 倍螺栓直径来控制。总而言之，前三种破坏形式通过计算或验算来控制，后面两种破坏形式通过构造要求来控制。

2)受剪螺栓的承载力

受剪螺栓中，假定栓杆剪应力沿受剪面均匀分布，孔壁承压应力换算为沿栓杆直径投影宽度均匀分布的应力。这样，一个受剪螺栓的承载力设计值为

$$N_v^b = n_v \frac{\pi d^2}{4} f_v^b \tag{15-19}$$

孔壁承压承载力设计值：

$$N_c^b = d \sum t f_c^b \tag{15-20}$$

式中 n_v——螺栓受剪面数，单剪 $n_v = 1$，双剪 $n_v = 2$，四剪 $n_v = 4$(见图 15-31)；

d——螺栓杆直径；

$\sum t$——同一方向承压构件厚度之和的较小值；

f_v^b、f_c^b——螺栓的抗剪和承压强度设计值，按附表 3-3 采用。

单个受剪螺栓的承载力设计值应取 N_v^b 和 N_c^b 中的较小值，即 $N_{min}^b = \min(N_v^b, N_c^b)$。

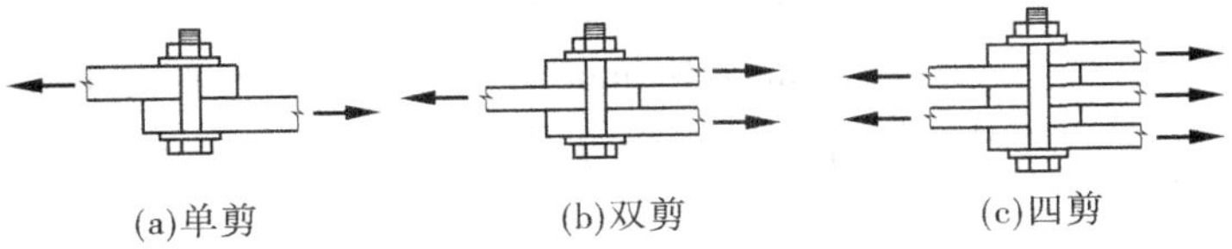

(a)单剪 (b)双剪 (c)四剪

图 15-31 受剪螺栓连接

为保证连接能正常工作，每个螺栓在外力作用下所受实际剪力不得超过其承载力设计值，即 $N_v \leq N_{min}^b$。

3)受剪螺栓连接受轴心力作用的计算

a. 连接所需的螺栓数目

图 15-32 所示为两块钢板通过双盖板(上、下两块)用螺栓连接。在轴心拉力 N 作用下，螺栓群同时承压和受剪。由于拉力 N 通过螺栓中心，为计算方便，假定每个螺栓的受

力完全相同,则连接一侧所需的螺栓数 n,由下式确定

$$n = \frac{N}{N_{min}^{b}} \tag{15-21}$$

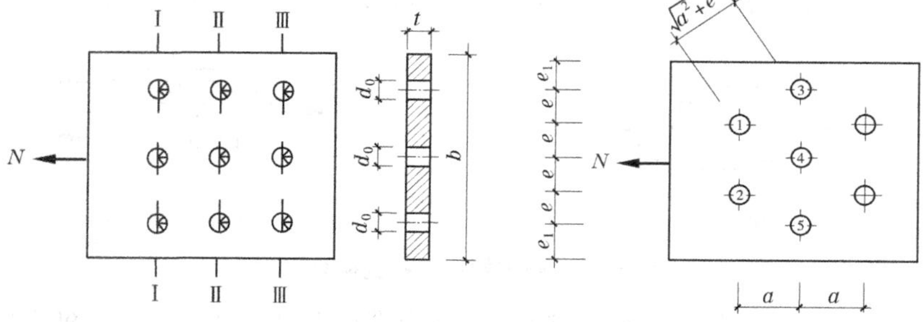

(a)　　(b)

图 15-32　受剪螺栓连接受轴心力作用

b. 构件净截面强度计算

在螺栓连接中,由于螺栓孔削弱了构件截面,因此需要验算构件开孔处的净截面强度,即验算构件最薄弱截面处的净截面强度

$$\sigma = \frac{N}{A_n} \leqslant f \tag{15-22}$$

式中　N——连接件或构件验算截面处所受轴心力设计值;

N_{min}^{b}——单个受剪螺栓承载力设计值;

f——钢材的抗拉(或抗压)强度设计值;

A_n——构件或连接板最薄弱截面上的净截面面积。

在图 15-32 中,若为并列布置,A_n 应为Ⅰ—Ⅰ或Ⅲ—Ⅲ截面处构件或连接板的净截面面积;若为错列布置,则应为沿孔折线如图 15-32(b)中 3—1—4—2—5 所示,所截得的最小净截面面积。注意连接盖板各截面的内力恰好与被连接构件相反,如图 15-32(a)中的被连接构件截面最不利截面为截面Ⅰ—Ⅰ,其内力最大为 N,连接盖板最不利截面为Ⅲ—Ⅲ,受力最大亦为 N,因此还须比较连接盖板截面Ⅲ—Ⅲ和被连接构件截面Ⅰ—Ⅰ的净截面面积,以确定最不利截面,然后按式(15-22)进行验算。

【例 15-5】　两截面为— 400 mm × 14 mm 的钢板,采用双盖板、C 级普通螺栓拼接(见图 15-33)。螺栓采用 M20,钢板为 Q235,承受轴心拉力设计值 N = 920 kN,试设计此连接。

解:(1)选定连接盖板截面。

采用双盖板截面,强度不低于被连接构件,故选截面尺寸为 400 mm × 7 mm,Q235 钢。

(2)计算所需螺栓数目和排列布置。

查附表 3-3 得 $f_v^b = 140\ \text{N/mm}^2$,$f_c^b = 305\ \text{N/mm}^2$

单个螺栓抗剪承载力设计值 N_v^b 为

$$N_v^b = n_v \frac{\pi d^2}{4} f_v^b = \left(2 \times \frac{\pi \times 20^2}{4} \times 140\right)\text{N} = 87\ 920\ \text{N}$$

单个螺栓抗压承载力设计值 N_c^b 为

$$N_c^b = d\sum tf_c^b = (20 \times 14 \times 305)\text{N} = 85\ 400\ \text{N}$$

则 $N_{min}^b = 85\ 400$ N，连接一侧所需螺栓数目为

$$n = \frac{N}{N_{min}^b} = \frac{920 \times 10^3}{85\ 400} = 10.77(个)$$

取 $n = 12$(个)。

采用图 15-33 所示的并列布置，连接盖板尺寸为两块 400 mm × 7 mm × 490 mm，其中螺栓的端距、边距和中距均满足表 15-5 的构造要求。

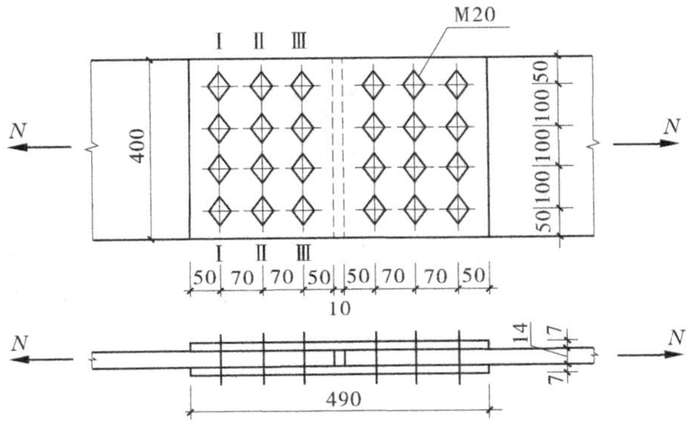

图 15-33　例题 15-5 图　（单位：mm）

(3) 验算连接板件的净截面强度。

查钢材的强度设计值（见附表 3-1）得 $f = 215\ \text{N/mm}^2$。

连接钢板与盖板所受最大内力相同，均为 N，且两者在最大内力处的材料、净截面均相同，只须验算被连接钢板的净截面强度。按螺栓孔直径 $d_0 = 21.5$ mm 计算。

$$A_n = (b - nd_0)t = (400 - 4 \times 21.5) \times 14 = 4\ 396(\text{mm}^2)$$

$$\sigma = \frac{N}{A_n} = \frac{920 \times 10^3}{4\ 396} = 209.3(\text{N/mm}^2) < f = 215\ \text{N/mm}^2 \quad (满足要求)$$

(4) 受剪螺栓连接受扭矩及轴心力共同作用的计算。

图 15-34 所示的螺栓连接，受外荷载 F 及 N 作用，将 F 移至螺栓群中心 O，产生扭矩 $T = Fe$ 及竖向轴心力 $V = F$。扭矩 T、竖向轴心力 F 及水平轴心力 N 均使各螺栓受剪。其中，水平轴心力 N、竖向轴心力 F 作用下每个螺栓均匀受剪，扭矩 T 作用下距离转动中心 O 点越远螺栓承受的剪力就越大，因此不难找出螺栓群中受力最大的螺栓（即最危险的螺栓，如图 15-34 中的 1 号螺栓），然后求出该螺栓在 N、F、T 分别作用下产生的剪力，将三个剪力进行合成得到所承受的总剪力需满足 $N_v \leq N_{min}^b$。具体计算方法可查看相关资料，在此不再详述。

2. 受拉螺栓连接计算

如图 15-35 所示的 T 形连接为借助角钢用螺栓连接。图中构件受外力 N 作用，N 通过受剪螺栓 1 传给中间受力构件角钢，而角钢又通过受拉螺栓 2 将力传给翼缘。受拉螺栓破坏的特点是栓杆被拉断，而拉断的部位通常位于螺纹截面的削弱处。

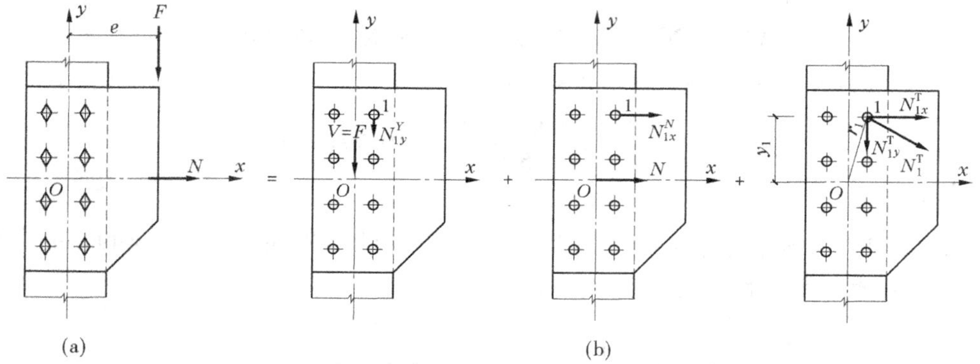

图 15-34 受剪螺栓连接受扭矩及轴心力共同作用

与受拉螺栓相连的角钢如果刚度不大,总会有一定的弯曲变形,因此外力 N 使螺栓受拉的同时,也使角钢肢尖处通过杠杆作用产生撬力 Q(压力),如图 15-35(b)所示。这样,图中螺栓实际所受拉力不是 $N/2$,而是 $N/2+Q$。由于精确计算 Q 十分困难,设计时一般不计算 Q,而是将螺栓抗拉强度设计值 f_t^b 的取值降低,f_t^b 取螺栓钢材抗拉强度设计值的 0.8 倍(即 $f_t^b=0.8f$),以此来考虑 Q 的不利影响。

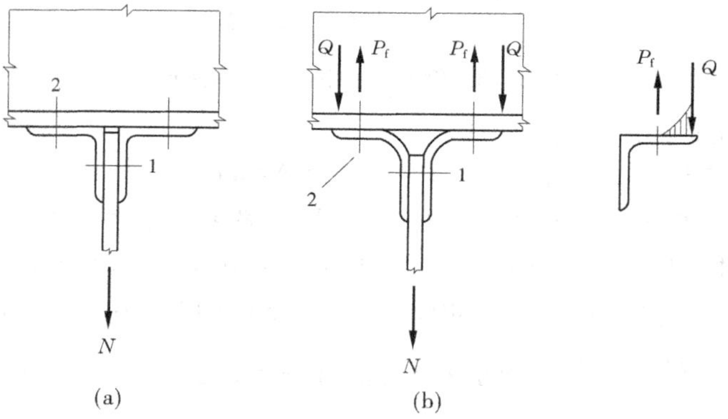

图 15-35 受拉螺栓连接

单个受拉螺栓的承载力设计值为:

$$N_t^b = A_e f_t^b = \frac{1}{4}\pi d_e^2 f_t^b \tag{15-23}$$

式中 d_e、A_e——螺栓螺纹处的有效截面直径和有效截面面积,按附表 5 选用;

f_t^b——螺栓抗拉强度设计值,查附表 3-3。

3. 同时受剪和受拉的螺栓连接

当螺栓同时受 V 和 N_t 作用时,其强度应满足下式要求

$$\sqrt{\left(\frac{N_v}{N_v^b}\right)^2 + \left(\frac{N_t}{N_t^b}\right)^2} \leqslant 1 \tag{15-24}$$

同时,为防止板件较薄引起承压破坏,还应满足下式

$$N_v \leqslant N_c^b \tag{15-25}$$

式中 N_v、N_t——单个螺栓承受的剪力和拉力；

N_v^b、N_t^b、N_c^b——单个螺栓的抗剪、抗拉和承压承载力设计值。

15.2.3 高强度螺栓连接

15.2.3.1 高强度螺栓的预拉力和紧固方法

前已述及，摩擦型高强度螺栓在抗剪连接中，其承载力取决于板件接触面间可能产生的最大摩擦力。所以，通过紧固螺栓，压紧连接板件，提高板件接触面摩擦力，对提高抗剪承载力是至关重要的。紧固螺栓时，螺杆受拉，因此螺栓紧固的程度可用栓杆所产生的预拉力来反映。为了提高摩擦型高强度螺栓抗剪连接的承载力，预拉力值应尽可能高些，但也必须保证螺栓在拧紧过程中不会屈服或断裂。为保证连接质量，必须控制预拉力。预拉力值的大小与螺栓材料的强度和有效截面有关，《钢结构设计规范》（GB 50017—2014）规定按下式计算

$$P = 0.675 f_y A_e \tag{15-26}$$

式中 f_y——高强度螺栓的屈服强度；

A_e——高强度螺栓螺纹处的有效截面积。

需要指出，上述预拉力值的规定，不仅适用于摩擦型高强度螺栓连接，也适用于承压型高强度螺栓连接。

预拉力值也可根据表 15-9 查得。

表 15-9 高强度螺栓的预拉力 P （单位：kN）

螺栓的性能等级	螺栓公称直径（mm）					
	M16	M20	M22	M24	M27	M30
8.8 级	80	125	150	175	230	280
10.9 级	100	155	190	225	290	355

施工时为保证满足预拉力值的要求，应严格控制螺母的紧固程度，不得漏拧、欠拧或超拧。

高强度螺栓的紧固方法有转角法、扭矩法和扭掉螺栓尾部的梅花卡头法。下面分别叙述这些方法。

1. 转角法

先用扳手将螺母拧到贴紧板面位置（初拧）并作出的标记线，如图 15-36（a）所示，再用长扳手（或电动、风动扳手）将螺母转动 1/2～3/4 圈（终拧）。终拧角度与板叠厚度和螺栓直径等有关，可预先测定。此法是用控制螺栓应变即控制螺母的转角来获得规定的预拉力，因此不需专用扳手，工具简单但不够精确。

2. 扭矩法

先用普通扳手对其初拧（不小于终拧扭矩值的 50%），使板叠靠拢，然后用一种可显示扭矩值的定扭矩扳手终拧。终拧扭矩值根据预先测定的扭矩和预拉力（增加 5%～

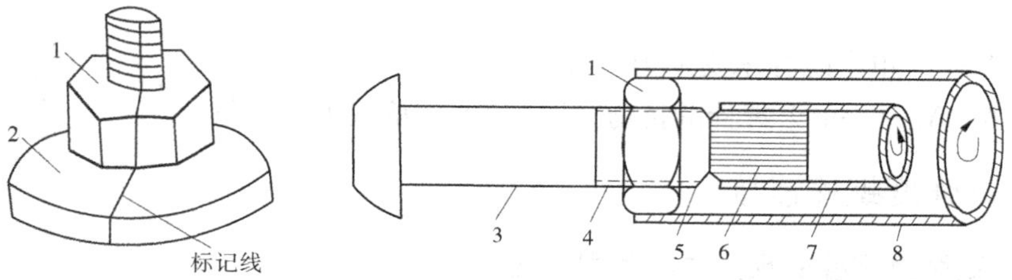

(a)转角法　　(b)拧掉扭剪型高强度螺栓尾部

1—螺母;2—垫圈;3—栓杆;4—螺纹;5—槽口;
6—螺栓尾部梅花卡头;7、8—电动扳手小套筒和大套筒

图 15-36　高强度螺栓的紧固方法

10%以补偿紧固后的松弛影响)之间的关系确定,施拧时偏差不得大于±10%。此法在我国应用广泛。

3. 扭掉螺栓尾部梅花卡头

此法适用于扭剪型高强度螺栓。先对螺栓初拧,然后用特制电动扳手的两个套筒分别套住螺母和螺栓尾部梅花卡头,如图 15-36(b)所示。操作时,大套筒正转施加紧固扭矩,小套筒则施加紧固反扭矩,将螺栓紧固后,再进而沿尾部槽口将梅花卡头拧掉。由于螺栓尾部槽口深度是按终拧扭矩和预拉力之间的关系确定,故当梅花卡头拧掉,螺栓即达到规定的预拉力值。扭剪型高强度螺栓具有施工简便且便于检查漏拧的优点,近年来在我国也得到广泛应用。

15.2.3.2　高强度螺栓连接摩擦面抗滑移系数

提高连接摩擦面抗滑移系数 μ 是提高高强度螺栓连接承载力的另一有效措施。μ 值与钢材品种及钢材表面处理方法有关。一般干净的钢材轧制表面,若不经处理或只用钢丝刷除去浮锈,μ 值很低。若对轧制表面进行处理,提高其表面的平整度、清洁度及粗糙度,则 μ 值可以提高。为了增加摩擦面的清洁度及粗糙度,一般采用的方法有:喷砂或喷丸;喷砂(丸)后涂无机富锌漆;喷砂(丸)后生赤锈。《钢结构设计规范》(GB 50017—2003)对摩擦面抗滑移系数 μ 的规定见表 15-10。

表 15-10　摩擦面抗滑移系数 μ

在连接处构件接触面的处理方法	构件的钢号		
	Q235 钢	Q345 钢、Q390 钢	Q420 钢
喷砂(丸)	0.45	0.50	0.50
喷砂(丸)后涂无机富锌漆	0.35	0.40	0.40
喷砂(丸)后生赤锈	0.45	0.50	0.50
钢丝刷清除浮锈或未经处理的干净轧制表面	0.30	0.35	0.40

15.2.3.3　高强度螺栓连接的计算

和普通螺栓连接一样,高强度螺栓连接按传力方式亦可分为受剪螺栓连接、受拉螺栓连接和拉剪螺栓连接三种。现分别对其受力性能和计算按摩擦型连接、承压型连接两种类型加以叙述。

1. 摩擦型高强度螺栓连接

1) 摩擦型连接受剪高强度螺栓的计算

a. 单个螺栓的承载力设计值

单个摩擦型连接高强度螺栓的承载力主要取决于连接板件间的摩擦阻力，而摩擦阻力与板叠间的法向压力——螺栓的预拉力 P 、摩擦面的抗滑移系数 μ 和传力摩擦面数 n_f 成正比。因此，摩擦型连接高强度单个螺栓的极限抗剪承载力为 $n_f\mu P$ ，除以抗力分项系数 1.111，可得抗剪承载力设计值为

$$N_v^b = 0.9 n_f \mu P \tag{15-27}$$

式中 n_f——传力摩擦面数，单剪时 $n_f=1$，双剪时 $n_f=2$；

P——每个高强度螺栓的预拉力，按表 15-9 采用；

μ——摩擦面的抗滑移系数，按表 15-10 采用。

b. 承载力设计

螺栓群受轴心力作用时的摩擦型连接受剪高强度螺栓的受力分析方法和普通螺栓的一样，故前述普通螺栓的计算公式均可加以利用。连接一侧所需的螺栓数目

$$n = \frac{N}{N_v^b} \tag{15-28}$$

式中 N——连接承受的外力（轴心拉力）；

N_v^b——摩擦型连接单个受剪高强度螺栓的承载力设计值。

对受轴心力作用的构件净截面强度验算，和普通螺栓的稍有不同。由于摩擦型连接高强度螺栓传力所依靠的摩擦力一般可认为均匀分布于螺孔四周，故孔前接触面即已经传递每个螺栓所传内力的一半，如图 15-37 所示最外列螺栓截面 Ⅰ—Ⅰ 处。这种通过螺栓孔中心线以前构件接触面之间的摩擦力来传递截面内力的现象称为“孔前传力”。此时一般只须验算最外排螺栓所在截面，因为此处内力最大，该截面螺栓的孔前传力为 $0.5n_1(N/n)$。

连接开孔截面的净截面强度按式(15-29)计算

$$\sigma = \frac{N'}{A_n} = \left(1 - 0.5\frac{n_1}{n}\right)\frac{N}{A_n} \leqslant f \tag{15-29}$$

式中 n_1——截面 Ⅰ—Ⅰ 处的高强度螺栓数目；

n——连接一侧高强度螺栓数目；

A_n——截面 Ⅰ—Ⅰ 处的净截面面积；

f——构件的强度设计值。

和普通螺栓一样，对其他各列螺栓处，若螺孔数未增多，亦可不予验算。但在毛截面处，却承受全部 N ，故可能比开孔处截面还危险，因此还应按式(15-30)对其强度进行计算

$$\sigma = \frac{N}{A} \leqslant f \tag{15-30}$$

式中 A——构件或连接板的毛截面面积。

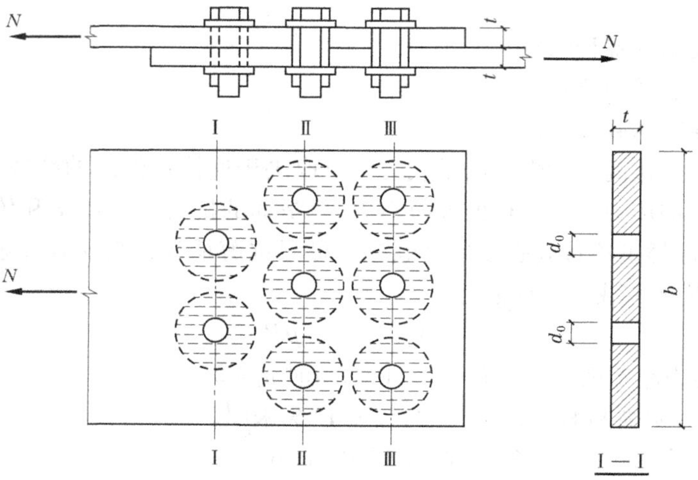

图 15-37　钢板净截面强度

【例 15-6】　如图 15-38 所示，截面为—300 mm × 16 mm 的轴心受拉钢板，用双盖板和摩擦型高强度螺栓连接。已知钢材为 Q345，螺栓为 10.9 级 M20，接触面喷砂后涂无机富锌漆，承受轴力 $N = 1\ 200$ kN，试验算连接的强度。

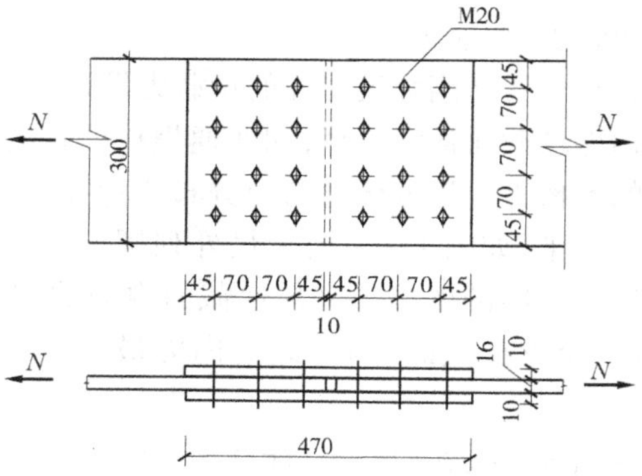

图 15-38　例题 15-6　（单位：mm）

解：(1) 验算螺栓连接强度。

查表 15-9 得一个高强度螺栓的预拉力 $P = 155$ kN，查表 15-10 得摩擦面的抗滑移系数 $\mu = 0.4$，则单个高强度螺栓的承载力为

$$N_v^b = 0.9 n_f \mu P = 0.9 \times 2 \times 0.4 \times 155 = 111.6(\text{kN})$$

实际单个高强度螺栓承受的内力为

$$\frac{N}{n} = \frac{1\ 200}{12} = 100(\text{kN}) < N_v^b = 111.6\ \text{kN}$$

(2) 验算钢板强度。

构件厚度 $t = 16$ mm $< 2t_1 = 20$ mm，故应验算构件截面。查钢材的强度设计值（附表 3-1）得 $f = 310\ \text{N/mm}^2$，则构件毛截面强度为

$$\sigma = \frac{N}{A} = \frac{1\ 200 \times 10^3}{300 \times 16} = 250\ \text{N/mm}^2 < f = 310\ \text{N/mm}^2$$

构件净截面强度为

$$\sigma = \left(1 - 0.5\frac{n_1}{n}\right)\frac{N}{A_n} = \left(1 - 0.5 \times \frac{4}{12}\right) \times \frac{1\ 200 \times 10^3}{(300 - 4 \times 22) \times 16}$$

$$= 294.8(\text{N/mm}^2) < f = 310\ \text{N/mm}^2 \qquad (满足要求)$$

上面 $A_n = (b - n_1 d_0)t$，d_0 是螺栓孔径（取 22 mm）。

2）摩擦型连接受拉高强度螺栓的承载力

高强度螺栓摩擦型连接的受力特点是依靠预拉力使被连接件压紧传力，当连接在沿杆轴方向、再承受外拉力时，经试验和计算分析，只要螺栓分担的外拉力设计值 N_t 不超过其预拉力 P 时，螺栓的拉力增加很少。但当 N_t 大于 P 时，螺栓则可能达到材料的屈服强度，在卸荷后使连接产生松弛现象，预拉力降低。《钢结构设计规范》（GB 50017—2003）偏安全地规定摩擦型连接单个受拉高强度螺栓的受拉承载力设计值为

$$N_t^b = 0.8P \tag{15-31}$$

式中　P——预拉力，按表 15-9 采用。

3）摩擦型连接同时受拉和受剪高强度螺栓的承载力

当高强度螺栓承受沿杆轴方向的外拉力 N_t 作用时，不但构件摩擦面间的压紧力将由 P 减至（$P - N_t$），且根据试验，此时摩擦面抗滑移系数 μ 值亦随之降低，故螺栓在承受拉力时其抗剪承载力也将减小。单个拉剪螺栓的抗剪承载力设计值为

$$N_v^b = 0.9 n_f \mu (P - 1.25 N_t) \tag{15-32}$$

式中，$N_t \leqslant 0.8P$。

2. 承压型高强度螺栓连接

承压型连接的高强度螺栓的预拉力和摩擦型连接的相同，但对连接处构件接触面的处理只需清除油污及浮锈即可，不必做进一步处理。

1）承压型连接受剪高强度螺栓

承压型连接受剪在后期的受力特性（即产生滑移后由栓杆受剪和孔壁承压直至破坏达到承载能力极限状态），均和普通螺栓连接的相同，故单个承压型连接高强度螺栓的抗剪和承压承载力设计值亦可用式（15-19）和式（15-20）计算，但式中的 f_v^b 和 f_c^b 应按附表 3-3 中承压型连接高强度螺栓的取用。

2）承压型连接受拉高强度螺栓

承压型连接受拉的受力特性和普通螺栓连接的相同，故单个承压型连接高强度螺栓的抗拉承载力设计值亦用式（15-23）计算，但式中 f_t^b 应按附表 3-3 中承压型高强度螺栓的取用。

3）承压型连接拉剪高强度螺栓

承压型连接高强度螺栓同时承受剪力和沿杆轴方向拉力作用时，后期的受力特性和普通螺栓的相同，故亦应满足式（15-24）和式（15-25）的强度条件。但是，连接的孔壁承压强度还随板件之间的压紧力变化，当外拉力增加，压紧力降低，孔壁的承压强度也随之减小。为方便计算，《钢结构设计规范》（GB 50017—2003）规定将承压型连接高强度螺栓的

承压承载力设计值用除以系数 1.2 的方式予以降低。因此，公式为

$$N_v \leqslant \frac{N_c^b}{1.2} \tag{15-33}$$

各种承压型高强度螺栓连接承载力设计公式列于表 15-11 中。

表 15-11　承压型高强度螺栓连接承载力设计公式

连接种类	单个螺栓的承载力设计值	承受轴心力时所需螺栓数目	附注
受剪螺栓	抗剪 $N_v^b = n_v \frac{\pi d_e^2}{4} f_v^b$ 承压 $N_c^b = d \sum t f_c^b$	$n \geqslant \frac{N}{N_{min}^b}$	f_v^b、f_c^b 按附表 1-3 中承压型高强度螺栓取用，N_{min}^b 取 N_v^b、N_c^b 中的较小值
受拉螺栓	$N_t^b = 0.8P$	$n \geqslant \frac{N}{N_t^b}$	
同时受剪和受拉的螺栓	$\sqrt{\left(\frac{N_v}{N_v^b}\right)^2 + \left(\frac{N_t}{N_t^b}\right)^2} \leqslant 1$ 且 $N_v \leqslant \frac{N_c^b}{1.2}$		N_v、N_t 分别为每个承压型高强度螺栓所受的剪力和拉力

注：在抗剪计算中，当剪切面在螺纹处时，采用螺杆的有效直径 d_e，即按螺纹处的有效面积计算 N_v^b 值。

习　题

一、思考题

1. 钢结构常用的连接方法有哪几种？各自的优缺点及适用范围如何？

2. 角焊缝的尺寸需满足哪些构造要求？

3. 螺栓对钢板和型钢上的允许距离都有哪些规定？它们是根据哪些要求制定的？角焊缝的尺寸需满足哪些构造要求？

4. 普通螺栓的受剪螺栓连接有哪几种破坏形式？用什么方法可以防止破坏？

5. 高强度螺栓摩擦型连接和普通螺栓连接的受力特点有何不同？

二、选择题

1. 在弹性阶段，侧面角焊缝应力沿长度方向分别为__________。

　A. 均分分布　　　　B. 一端大、一端小

　C. 两端大、中间小　　　　D. 两端小、中间大

2. 关于重级工作制吊车焊接吊车梁的腹板与上翼缘间的焊缝，__________。

　A. 必须采用一级焊透对接焊缝　　B. 可采用三级焊透对接焊缝

　C. 可采用角焊缝　　　　D. 可采用二级焊透对接焊缝

3. 钢结构在搭接连接中，搭接的长度不得小于焊件较小厚度的__________。

　A. 4 倍，并不得小于 20 mm　　B. 5 倍，并不得小于 25 mm

C. 6 倍，并不得小于 30 mm　　D. 7 倍，并不得小于 35 mm

4. 采用螺栓连接时，构件发生冲剪破坏是因为__________。

A. 螺栓较细　　B. 钢板较薄

C. 截面削弱过多　　D. 边距或栓间距太小

5. 一个普通剪力螺栓在抗剪连接中的承载力是__________。

A. 栓杆的抗剪承载力　　B. 被连接构件(板)的承压承载力

C. A、B 中的较大值　　D. A、B 中的较小值

6. 高强度螺栓承压型连接可用于__________。

A. 直接承受动力荷载　　B. 承受反复荷载作用的结构的连接

C. 冷弯薄壁钢结构的连接　　D. 承受静力荷载或间接承受动力荷载结构的连接

7. 每个受剪力作用的高强度螺栓摩擦型连接所受的拉力应低于其预拉力的__________倍。

A. 1.0　　B. 0.5　　C. 0.8　　D. 0.7

8. 摩擦型连接的高强度螺栓在杆轴方向受拉时，承载力__________。

A. 与摩擦面的处理方法有关　　B. 与摩擦面的数量有关

C. 与螺栓直径有关　　D. 与螺栓的性能等级无关

三、计算题

1. 验算如图 15-39 所示的由三块钢板焊成的工字形截面梁的对接焊缝强度。已知工字形梁截面尺寸为：翼缘宽度 $b=100$ mm，厚度 $t=12$ mm；腹板高度 $h_0=200$ mm，厚度 $t_w=8$ mm。截面上作用的轴心拉力设计值 $N=240$ kN，弯矩设计值 $M=50$ kN·m，剪力设计值 $V=240$ kN。钢材为 Q345，采用手工焊，焊条为 E50 型，施焊时采用引弧板，三级质量标准。

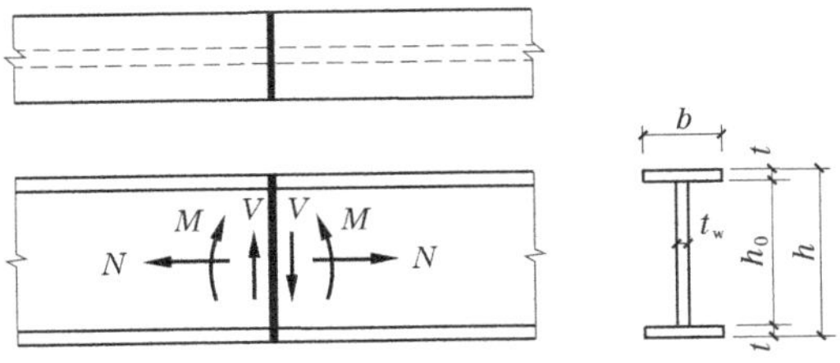

图 15-39　计算题 1

2. 试设计一双盖板的钢板对接接头(见图 15-40)。已知钢板截面为 300 mm × 14 mm，承受轴心拉力设计值 $N=800$ kN(静力荷载)。钢材为 Q235，焊条用 E43 型，手工焊。

3. 截面为 340 mm × 12 mm 的钢板采用双盖板普通螺栓连接，盖板厚度为 8 mm，钢材为 Q235。螺栓为 C 级 M20，构件承受轴心拉力设计值 $N=600$ kN。试设计该拼接接头的普通螺栓连接。

4. 如图 15-41 所示，一双盖板连接接头，采用 C 级 M20 螺栓，钢材 Q235，$d_0=22$ mm。试计算此拼接接头能承受的最大轴心力设计值 N。

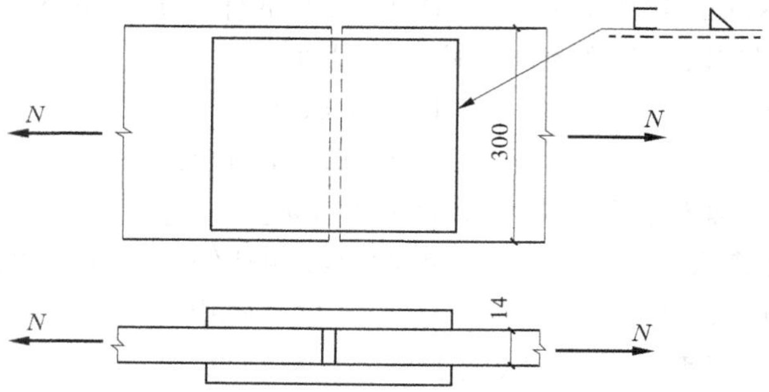

图 15-40　计算题 2　（单位:mm）

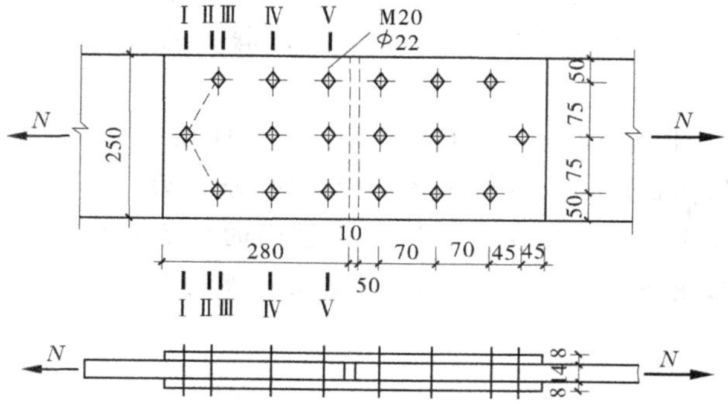

图 15-41　计算题 4　（单位:mm）

16 钢轴心受力构件的设计

【学习目标】 通过本章的学习，了解轴心受力构件的截面形式；熟悉轴心受压构件强度、刚度、整体稳定与局部稳定的概念；熟悉影响整体稳定性的主要因素；掌握轴心受力构件强度、刚度、整体稳定的计算方法；熟悉防止局部失稳的相关规定。

16.1 钢轴心受力构件的类型和应用

轴心受力构件是指仅承受通过构件截面形心的轴向力作用的构件，按受力方式分为轴心受拉构件（见图 16-1（a））和轴心受压构件（见图 16-1（b））。桁架、网架、塔架等铰接杆件体系多由轴心受力构件组成。钢屋架的下弦杆和一部分腹杆、屋架的支撑以及柱间支撑多按轴心受拉构件设计；钢屋架的上弦杆和一部分腹杆，工作平台、栈桥及管道支架柱，以及支承梁或桁架的轴心受压杆，一般都按轴心受压构件设计。

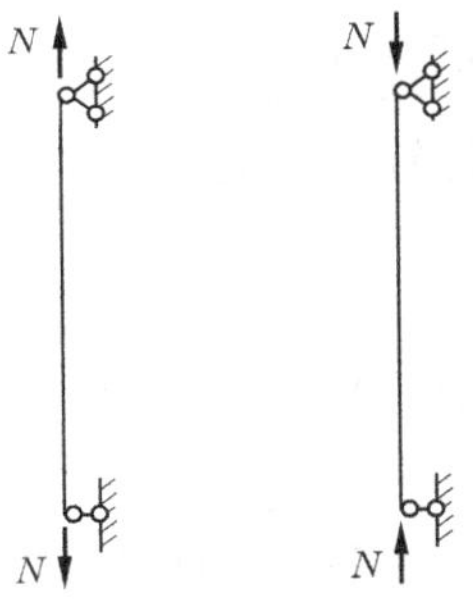

图 16-1 轴心受力构件

根据截面形式，轴心受力构件可以分为型钢截面和组合截面（轴心受力构件的截面形式很多，一般可分为型钢截面和组合截面两类）。型钢截面适合于受力较小的构件，常用的型钢截面有如图 16-2（a）所示的圆钢、圆管、方管、角钢、槽钢、工字钢、H 形钢及 T 形钢等。组合截面由型钢或钢板连接而成，按其构造形式可分为实腹式组合截面（见图 16-2（b））和格构式组合截面（见图 16-2（c））两类。组合截面适合于受力较大的构件。由于型钢截面只需要少量加工就可以用作构件，制造工作量小，省时省工，故成本较低；组合截面的形状和尺寸几乎不受限制，可以根据构件受力性质和力的大小选用合适的截面，因此节约用钢，但制造比较费工费时。

16.2 钢轴心受力构件的设计要点

轴心受力构件的设计主要应满足强度、刚度、整体稳定性和局部稳定性的要求。

16.2.1 强度

轴心受力构件在正常工作时，材料处于单向应力状态。截面平均正应力 σ 是衡量强度条件的主要指标，当 σ 值达到钢材的屈服强度 f_y 时，构件达到强度承载能力极限。《钢

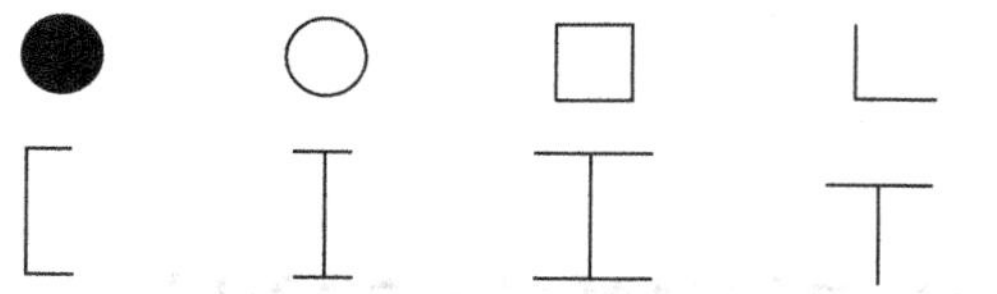

(a)型钢截面

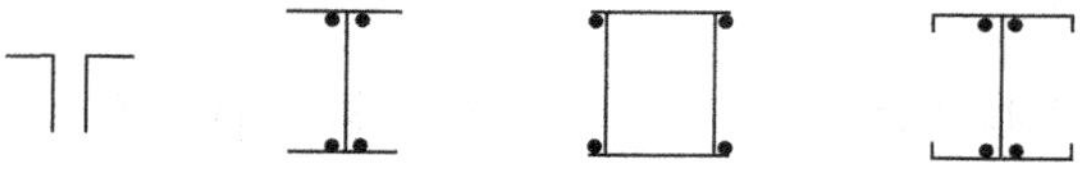

(b)实腹式组合截面

(c)格构式组合截面

图 16-2 轴心受力构件截面形式

结构设计规范》(GB 50017—2003)规定净截面的平均应力不应超过钢材的强度设计值,其计算公式为

$$\sigma = \frac{N}{A_n} \leqslant f \tag{16-1}$$

式中 N——构件所承受的轴心力设计值;

A_n——构件的净截面面积;

f——钢材的抗拉强度、抗压强度设计值,取值见附表 3-1。

16.2.2 刚度

轴心受力构件应有足够的刚度要求,以免构件在制造、运输和安装过程中产生过大变形;避免使用期间因构件过于细长,在风荷载或动力荷载作用下引起不必要的振动或晃动;防止在构件自重作用下,因刚度不足而发生弯曲变形。根据长期的工程实践经验,轴心受力构件的刚度通过它的长细比来控制。《钢结构设计规范》(GB 50017—2003)规定刚度应满足式(16-2)所示

$$\lambda = \frac{l_0}{i} \leqslant [\lambda] \tag{16-2}$$

式中 λ——构件在最不利方向的长细比;

l_0——相应方向的构件计算长度,拉杆取几何长度,压杆应考虑杆端的约束影响;

i——相应方向的截面回转半径,$i = \sqrt{I/A}$;

I、A——构件截面惯性矩和截面面积;

$[\lambda]$——构件的容许长细比,按表 16-1、表 16-2 选用。

表 16-1 受拉构件的容许长细比

项次	构件名称	承受静力荷载或间接承受动力荷载的结构		直接承受动力荷载的结构
		无吊车和有轻、中级工作制吊车的厂房	有重级工作制吊车的厂房	
1	桁架的杆件	350	250	250
2	吊车梁或吊车桁架以下的柱间支撑	300	200	
3	其他支撑、系杆(张紧的圆钢除外)	400	350	

注:1. 承受静力荷载的结构中,可仅计算受拉构件在竖向平面内的长细比;
2. 在直接或间接承受动力荷载的结构中,计算单角钢受拉构件的长细比时,应采用角钢的最小回转半径;在计算单角钢交叉受拉杆件平面外的长细比时,应采用与角钢肢边平行轴的回转半径;
3. 中、重级工作制吊车桁架下弦杆的长细比不宜超过 200;
4. 在设有夹钳吊车或刚性料耙吊车的厂房中,支撑(表 16-1 中第 2 项除外)的长细比不宜超过 300;
5. 受拉构件在永久荷载与风荷载组合作用下受压时,其长细比不宜超过 250;
6. 跨度等于或大于 60 m 的桁架,其受拉弦杆和腹杆的长细比不宜超过 300(承受静力荷载或间接承受动力荷载)或 250(直接承受动力荷载)。

表 16-2 受压构件的容许长细比

项次	构件名称	容许长细比
1	柱、桁架和天窗架构件	150
	柱的缀条、吊车梁或吊车桁架以下的柱间支撑	
2	支撑(吊车梁或吊车桁架以下的柱间支撑除外)	200
	用以减少受压构件长细比的杆件	

注:1. 桁架(包括空间桁架)的受压腹杆,当其内力等于或小于承载能力的 50% 时,容许长细比值可取为 200;
2. 计算单角钢受压构件的长细比时,应采用角钢的最小回转半径,但在计算交叉杆件平面外的长细比时,可采用与角钢脚边平行轴的回转半径;
3. 跨度等于或大于 60 m 的桁架,其受压弦杆和端压杆的容许长细比值宜取为 100,其他受压腹杆可取为 150(承受静力荷载或间接承受动力荷载)或 120(直接承受动力荷载)。

【例 16-1】 钢桁架的轴心受拉构件的截面如图 16-3 所示,试按强度条件,刚度条件,确定其所能承受的最大荷载设计值和最大的容许计算长度。钢材为 Q235。

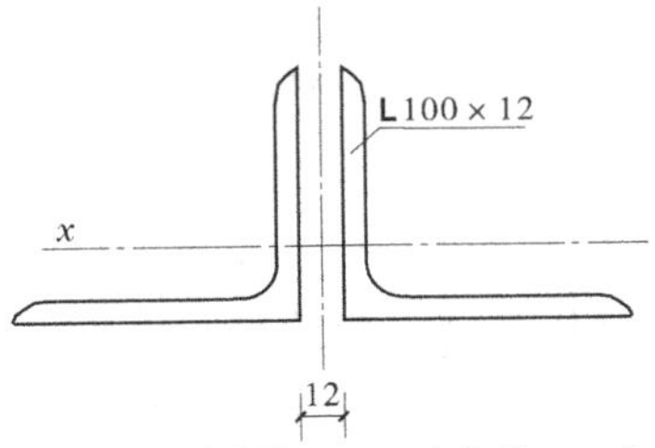

图 16-3 例题 16-1 (单位:mm)

解:查附表 3-1 得 $f = 215\ \text{N/mm}^2$;查附表 6-1 得 $A_n = 2 \times 22.8 = 45.6(\text{cm}^2)$,$i_y = 4.63$ cm,$i_x = 3.03$ cm。

按强度条件要求，最大荷载设计值为 $N = fA_n = 215 \times 45.6 \times 10^2 = 980\ 400\ \text{N} = 980\ \text{kN}$，由表 16-1 查得 $[\lambda] = 350$。按刚度要求，拉杆的最大计算长度

$$l_{0x} = [\lambda] i_x = 350 \times 3.03 = 1\ 060.5(\text{cm}) = 10.61(\text{m})$$

16.2.3 实腹式轴心受压构件的整体稳定

对于受拉的构件，由于在拉力作用下，构件总有拉直绷紧的倾向，始终处于稳定的平衡状态，因此不存在稳定问题。但对于轴心受压构件除了要满足强度条件外，还必须满足构件的稳定性要求，而且在通常情况下其极限承载能力是由稳定条件控制的。

轴心受压构件失稳后的屈曲形式包括弯曲屈曲、扭转屈曲和变扭屈曲等不同类型，见图 16-4。对于一般的双轴对称截面的轴心受压细长构件，失稳后的主要屈曲形式是弯曲屈曲。

(a)弯曲屈曲　(b)扭转屈曲　(c)变扭屈曲

图 16-4　轴心受压杆件的屈曲形式

影响轴心受压构件的整体稳定性的因素很多，如构件的截面形式和尺寸、杆件的长度、杆件端约束、初始缺陷、加工制作过程中产生的残余应力、杆件轴线的初始弯曲以及轴向力的初始偏心等。要准确地分析和计算整体稳定性是十分复杂的。规范对不同类型的实际受压构件，在将大量的实验数据进行科学统计的基础上，对原始条件做出了合理的计算假设，并利用计算机进行模拟计算和分类统计，提出了不同类型的轴心受压构件整体稳定性的实用的计算方法，并提出了统一的标准计算公式。如下

$$\sigma = \frac{N}{A} \leqslant \varphi f \tag{16-3}$$

式中 N——轴心压力设计值；

A——构件的毛截面面积；

f——钢材的抗压强度设计值；

φ——轴心受压构件的整体稳定系数。

轴心受压构件整体稳定系数 φ 主要与三个因素有关：构件截面类型、钢材品种和构件长细比 λ。

《钢结构设计规范》(GB 50017—2003)将截面划分为四种类型，详见表16-3、表16-4。

对于双轴对称或极对称截面实腹式柱的长细比 λ 的计算按式(16-4)计算

$$\lambda_x = \frac{l_{0x}}{i_x};\quad \lambda_y = \frac{l_{0y}}{i_y} \tag{16-4}$$

式中 l_{0x}、l_{0y}——杆件对主轴 x 和 y 的计算长度；

i_x、i_y——杆件截面对主轴 x 和 y 的回转半径。

由公式(16-3)可看出，轴心受压构件整体稳定计算的关键是求得稳定系数 φ。为便于设计应用，《钢结构设计规范》(GB 50017—2003)根据四种截面类型编成四个稳定系数表，即附表4-1～附表4-4。φ 值可按截面类型(a～d类)及钢材强度修正后的长细比 $\lambda\sqrt{\frac{f_y}{235}}$ 查表求得。

表16-3 轴心受压构件的截面分类(板厚 $t<40$ mm)

截面形式		对 x 轴	对 y 轴
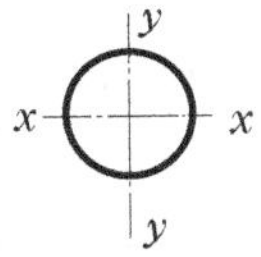	轧制	a类	a类
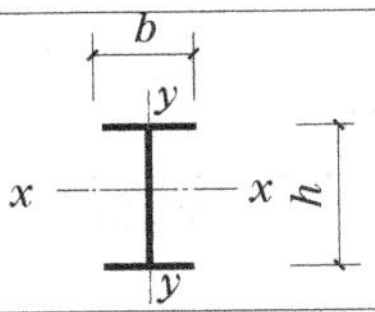	轧制，$b/h\leqslant0.8$	a类	b类
轧制 $b/h>0.8$ 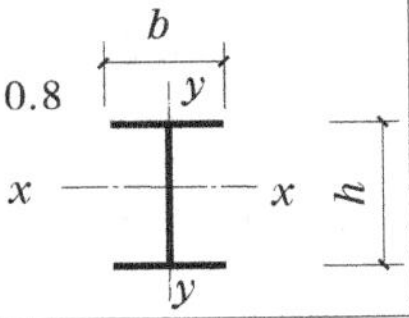 焊接，翼缘为焰切边 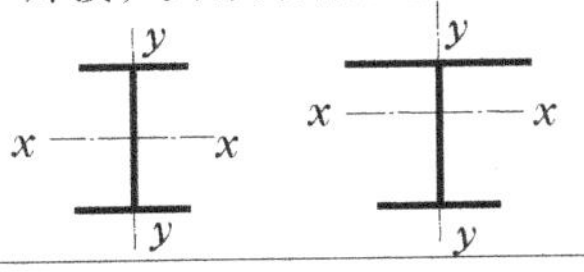	焊接 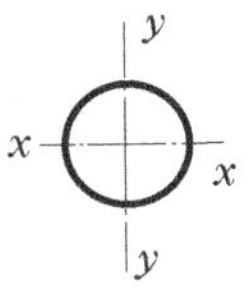	b类	b类
轧制 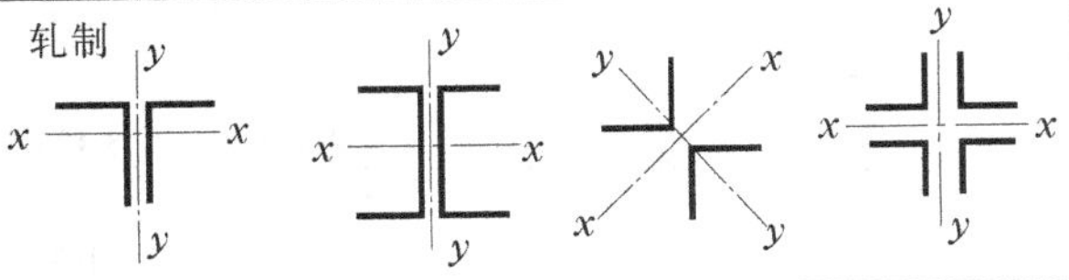	轧制，等边角钢 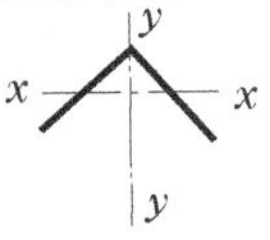		

续表 16-3

截面形式		对x轴	对y轴
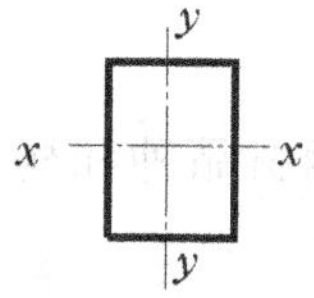 轧制，焊接（板件宽厚比大于20）	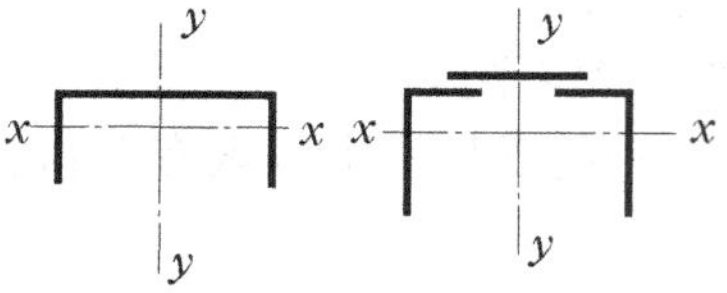 轧制或焊接	b类	b类
焊接 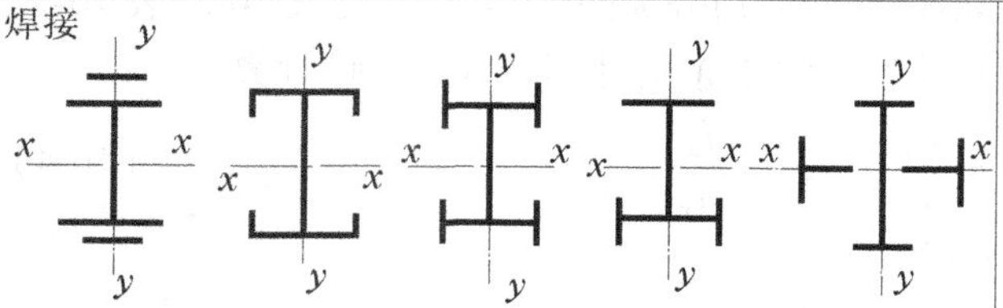	轧制截面和翼缘为焰切边的焊接截面 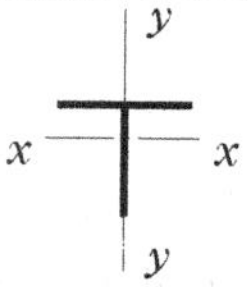		
格构式 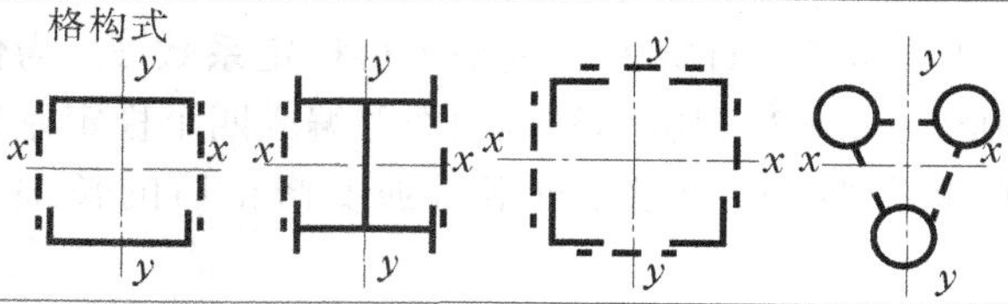	焊接,板件边缘焰切 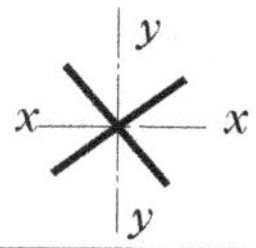		
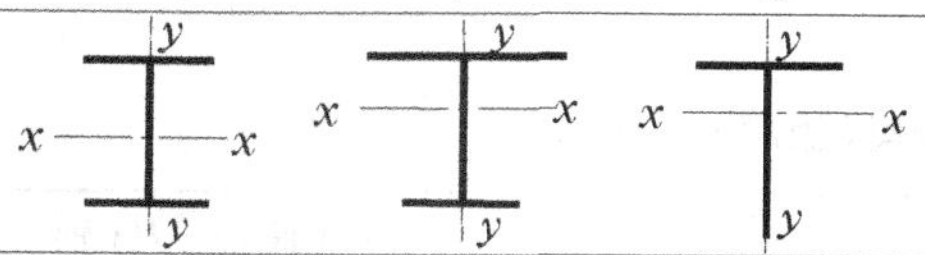 焊接,翼缘为轧制或剪切边		b类	c类
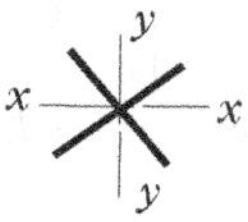 焊接,板件边缘轧制或剪切	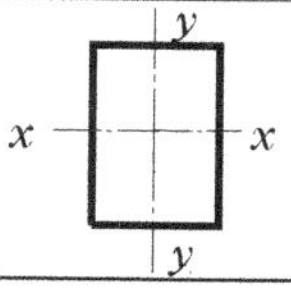 焊接,（板件宽厚比≤20)	c类	c类

表 16-4　轴心受压构件的截面分类(板厚 $t \geq 40$ mm)

截面形式			对x轴	对y轴
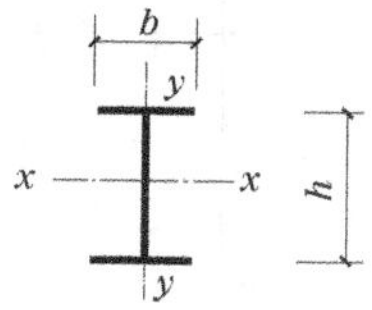	轧制工字形或H形截面	$t<80$ mm	b类	c类
		$t \geq 80$ mm	c类	d类
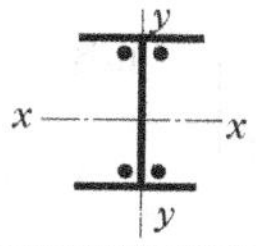	焊接工字形截面	翼缘为焰切边	b类	b类
		翼缘为轧制或剪切边	c类	d类
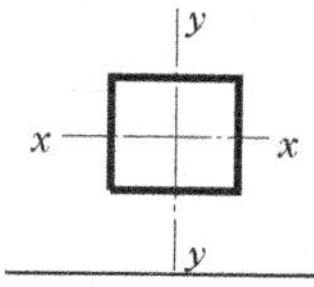	焊接箱形截面	板件宽厚比 > 20	b类	b类
		板件宽厚比≤20	c类	c类

【例 16-2】 验算如图 16-5 所示轴心受压柱的整体稳定性。柱两端为铰接，柱长为 5 m，焊接工字形组合截面，火焰切割边翼缘，承受轴心压力设计值 $N=1\ 200$ kN，采用 Q235 钢材，在柱中央有一个侧向（x 轴方向）支承。

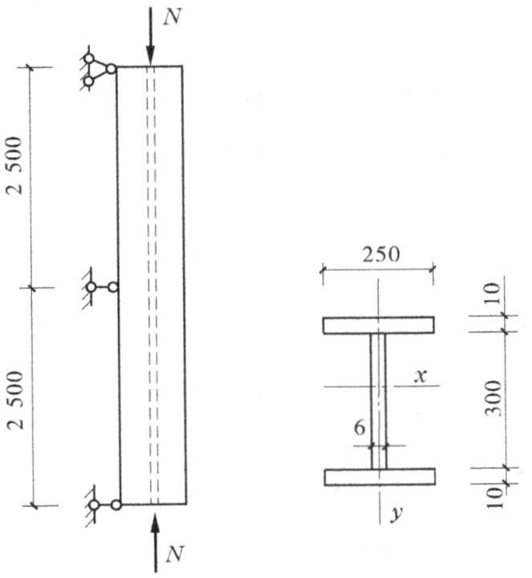

图 16-5 例题 16-2 图 （单位：mm）

解：(1) 计算截面几何特性。

$$A = 2 \times 25 \times 1.0 + 0.6 \times 30 = 68\ (\mathrm{cm}^2)$$

$$I_x = \frac{1}{12} \times 0.6 \times 30^3 + 2 \times 1 \times 25 \times 15.5^2 + 2 \times \frac{1}{12} \times 25 \times 1^3$$

$$\approx \frac{1}{12} \times 0.6 \times 30^3 + 2 \times 1 \times 25 \times 15.5^2 = 13\ 362.5(\mathrm{cm}^4)$$

$$I_y = 2 \times \frac{1}{12} \times 1 \times 25^3 + \frac{1}{12} \times 30 \times 0.6^3 \approx 2 \times \frac{1}{12} \times 1 \times 25^3 = 2\ 604.2\ (\mathrm{cm}^4)$$

$$i_x = \sqrt{\frac{I_x}{A}} = 14.0(\mathrm{cm}) \qquad i_y = \sqrt{\frac{I_y}{A}} = 6.2(\mathrm{cm})$$

$$\lambda_x = \frac{l_{0x}}{i_x} = \frac{500}{14} = 35.7 \qquad \lambda_y = \frac{l_{0y}}{i_y} = \frac{250}{6.2} = 40.3$$

由附表 3-1 查得 $f=215\ \mathrm{N/mm^2}$，根据表 16-3 可知该截面对 x、y 轴都属于 b 类截面，用 $\lambda_y\sqrt{\frac{235}{f_y}} = \lambda_y$ 查附表 4-2 得 $\varphi=0.898$。

(2) 验算。

$$\frac{N}{\varphi A} = \frac{1\ 200 \times 10^3}{0.898 \times 68 \times 10^2} = 196.5(\mathrm{N/mm^2}) < f$$

该柱满足整体稳定性的要求。

16.2.4 实腹式轴心受压构件的局部稳定

在组合式轴心受压构件中，如果组成截面的板件（例如工字形组合截面中的腹板或翼缘板）太宽太薄，就可能在构件丧失整体稳定之前产生局部凹凸屈曲变形，这种现象称为局部失稳(见图 16-6)。板件局部失稳后,虽然构件还能继续承受荷载,但由于屈曲部分退出工作,使构件应力分布恶化,可能加速构件提前破坏。因此,《钢结构设计规范》(GB 50017—2003)要求设计轴心受压构件时必须保证构件的局部稳定。

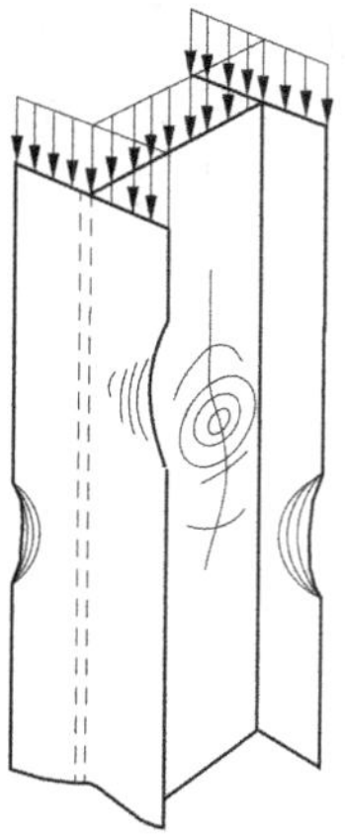

图 16-6 实腹式轴心受压构件局部屈曲

《钢结构设计规范》(GB 50017—2003)中通过控制构件板件的宽厚比(或高厚比)限值来满足局部稳定性要求。部分截面的规定如下:

(1) Ⅰ形、H 形、箱形、T 形截面的翼缘外伸部分的限值为

$$\frac{b_1}{t} \leqslant (10 + 0.1\lambda)\sqrt{\frac{235}{f_y}} \tag{16-5a}$$

(2) Ⅰ形及 H 形截面腹板高厚比 h_0/t_w 的限值为

$$\frac{h_0}{t_w} \leqslant (25 + 0.5\lambda)\sqrt{\frac{235}{f_y}} \tag{16-5b}$$

(3)箱形截面腹板高厚比的限值为

$$\frac{h_0}{t_w} \leqslant 40\sqrt{\frac{235}{f_y}} \tag{16-6a}$$

(4)箱形截面翼缘中间部分宽厚比的限值为

$$\frac{b_0}{t} \leqslant 40\sqrt{\frac{235}{f_y}} \tag{16-6b}$$

公式中的几何参数见图 16-7。

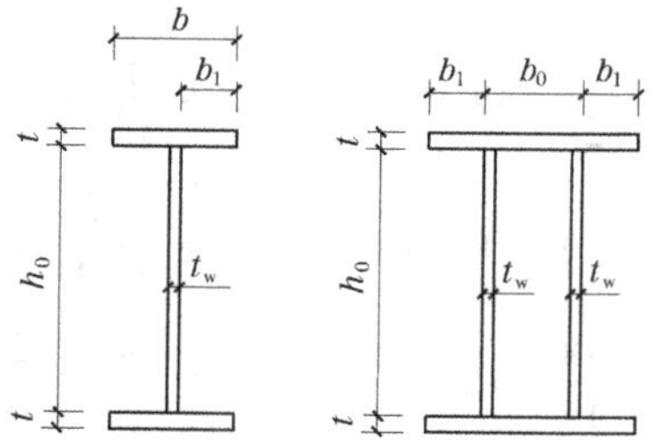

图 16-7 工字形、箱形截面尺寸

对于十分宽大的工形、H 形或箱形柱,当腹板的高厚比不满足式(16-5)、式(16-6)要求时,可以设置纵向加劲肋加强或在计算构件的强度和稳定性时,按截面有效宽度计算(见图 16-8)。

纵向加劲肋由一对沿纵向焊接于腹板中央两侧的肋板组成,它能有效阻止腹板凹凸变形,因此能提高腹板的局部稳定性。有关纵向加劲肋的设计详见《钢结构设计规范》(GB 50017—2003)。

按截面有效宽度计算的方法,就是将腹板计算高度边缘范围内两侧宽度各为

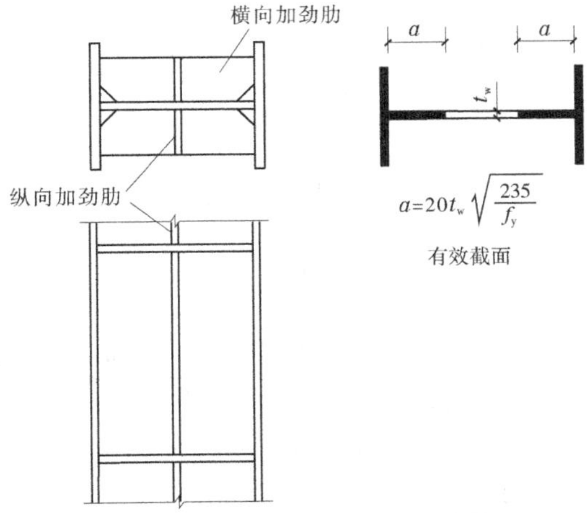

图 16-8 腹板纵向加劲肋及有效截面

$20t_w\sqrt{\frac{235}{f_y}}$的部分及翼缘作为有效截面，忽略其余腹板中央部分，按有效截面计算构件的强度和稳定性，但是计算构件的稳定系数时，仍按全截面计算。

对于轧制型钢，由于翼缘、腹板较厚，一般都能满足局部稳定要求，无须计算。

【例 16-3】 图 16-9(a)所示一端铰接一端固定的轴心受压柱(长度系数 $\mu=0.8$)，采用钢板焊接组合工字形截面，翼缘为轧制边，柱长 $l=5$ m，采用 Q235 钢材、E43 型焊条，容许长细比$[\lambda]=150$，轴心力设计值 $N=500$ kN。试对该柱进行验算。

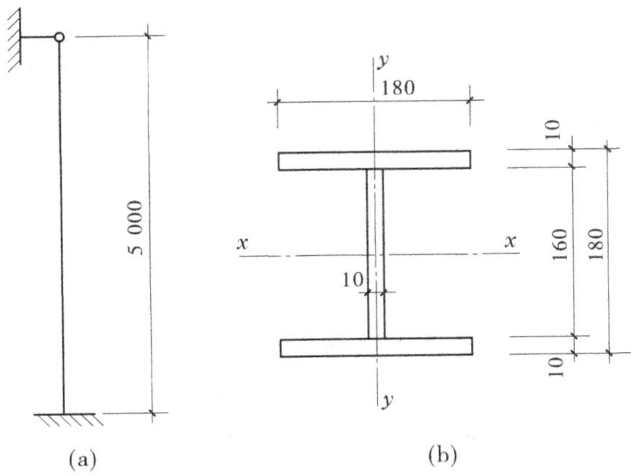

图 16-9 例题 16-3 （单位：mm）

解：查表 16-4 得截面对 x 轴属 b 类，对 y 轴属 c 类，由附表 3-1 查得 $f=215$ N/mm^2。

构件计算长度 $l_0=\mu l=0.8\times 5=4(\text{m})$

$$A=(2\times 18+16)\times 1=52(\text{cm}^2)$$

$$I_x=\frac{bh^3}{12}-\frac{b'h'^3}{12}=\frac{1}{12}(18^4-17\times 16^3)=2\ 954.3(\text{cm}^4)$$

$$i_x=\sqrt{\frac{I_x}{A}}=7.52(\text{cm})$$

$$I_y = \frac{1}{12}(2 \times 18^3 + 16 \times 1^3) = 973(\text{cm}^4)$$

$$i_y = \sqrt{\frac{I_y}{A}} = 4.32(\text{cm})$$

$$\lambda_x = \frac{400}{7.52} = 53.2$$

$$\lambda_y = \frac{400}{4.32} = 92.6$$

λ_x、λ_y 两者中较大值(不利情况)$\lambda_y = 92.6 < [\lambda] = 150$ （满足刚度要求）。截面无削弱,承载力由整体稳定条件控制,所以强度条件无需验算。

由 $\lambda_y = 92.6$,C 类截面查附表 4-3 得 $\varphi_y = 0.502$

$N = 500\ \text{kN} \leqslant \varphi_y fA = 0.502 \times 215 \times 52 \times 10^2 = 561(\text{kN})$ （满足整体稳定要求）

再由 $b_1 = 8.5\ \text{cm}, t = 1\ \text{cm}, b_1/t = 8.5, \lambda = 92.6, h_0 = 16$ 得:

翼缘部分 $b_1/t < 10 + 0.1\lambda$ （翼缘局部稳定性满足要求）

腹板部分 $h_0/t_w = 16 < 25 + 0.5\lambda$ （腹板局部稳定性满足要求）

经过验算,该柱满足要求。

习 题

一、思考题

1. 以轴心受压构件为例,试说明构件强度计算与稳定计算的区别。

2. 影响轴心受压构件的稳定承载力的因素有哪些?

3. 轴心受压构件的整体稳定性不能满足要求时,若不增大截面面积,是否还可以采取其他措施提高其承载力?

二、选择题

1. 实腹式轴心受拉构件计算的内容包括__________。

A. 强度 B. 强度和整体稳定性

C. 强度、局部稳定性和整体稳定性 D. 强度、刚度(长细比)

2. 对有孔眼等削弱的轴心拉杆承载力,《钢结构设计规范》采用的准则为净截面__________。

A. 最大应力达到钢材屈服点 B. 平均应力达到钢材屈服点

C. 最大应力达到钢材抗拉强度 D. 平均应力达到钢材抗拉强度

3. 为提高轴心受压构件的整体稳定,在杆件截面面积不变的情况下,杆件截面的形式应使其面积分布__________。

A. 尽可能集中于截面的形心处 B. 尽可能远离形心

C. 任意分布,无影响 D. 均匀分布

4. 轴心受压构件的整体稳定系数 φ 与__________等因素有关。

A. 构件截面类别、两端连接构造、长细比

B. 构件截面类别、钢号、长细比

C. 构件截面类别、计算长度系数、长细比

D. 构件截面类别、两个方向的长度、长细比

5. 提高轴心受压构件局部稳定常用的合理方法是__________。

A. 增加板件宽厚比　　B. 增加板件厚度

C. 增加板件宽度　　D. 设置横向加劲肋

三、计算题

1. 计算一屋架下弦杆所能承受的最大拉力 N。下弦截面为 2∟100×10，如图 16-10 所示，有两个安装螺栓，螺栓孔径为 21.5 mm，钢材为 Q235。

2. 如图 16-11 所示的两个轴心受压柱，截面面积相等，两端铰接，柱高 45 m，材料用 Q235 钢，翼缘火焰切割以后又经过刨边。判断这两个柱的承载能力的大小，并验算截面的局部稳定性。

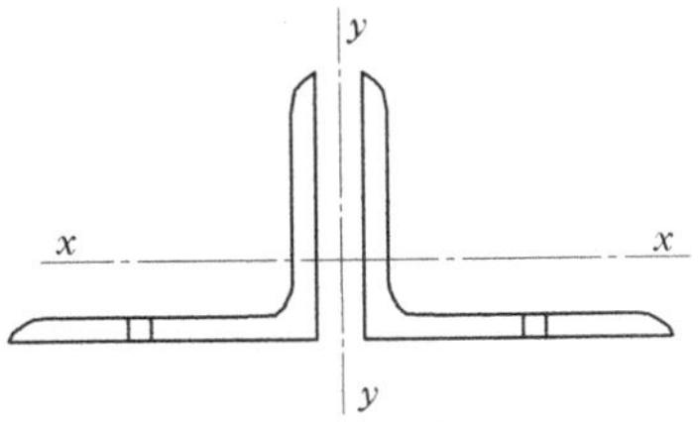

图 16-10　计算题 1

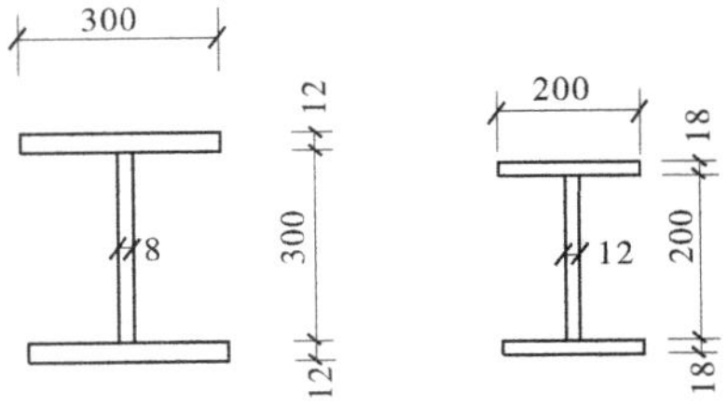

图 16-11　计算题 2　（单位：mm）

3. 已知某轴心受压实腹柱 AB，如图 16-12 所示，AB 长 $L=5$ m，中点 $L/2$ 处有侧向支撑。采用三块钢板焊成的工字形柱截面，翼缘尺寸为 300 mm×12 mm，腹板尺寸为 200 mm×6 mm。钢材为 Q235，$f=215$ N/mm^2。求最大承载力 N。局部稳定性是否满足要求？

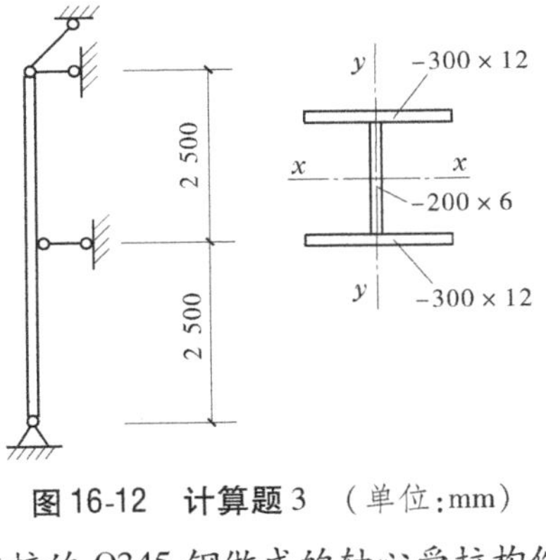

图 16-12　计算题 3　（单位：mm）

4. 由一水平放置、两端铰接的 Q345 钢做成的轴心受拉构件，长 9 m，截面为由 2∟90×8 组成的肢尖向下的 T 形截面。问是否能承受设计值为 870 kN 的轴心力？

5. 某车间工作平台柱高 2.6 m，按两端铰接的轴心受压柱考虑。如果柱采用 I16（16

号热轧工字钢),试经过计算解答:

(1)钢材采用 Q235 钢时,设计承载力为多少?

(2)改用 Q345 钢时,设计承载力是否显著提高?

6. 图 16-13 中所示(a)、(b)两种截面(火焰切割边缘)的截面积相等,钢材均为 Q235 钢。当用作长度为 10 m 的两端铰接轴心受压柱时,是否能安全承受设计荷载 3 200 kN 的轴心力。

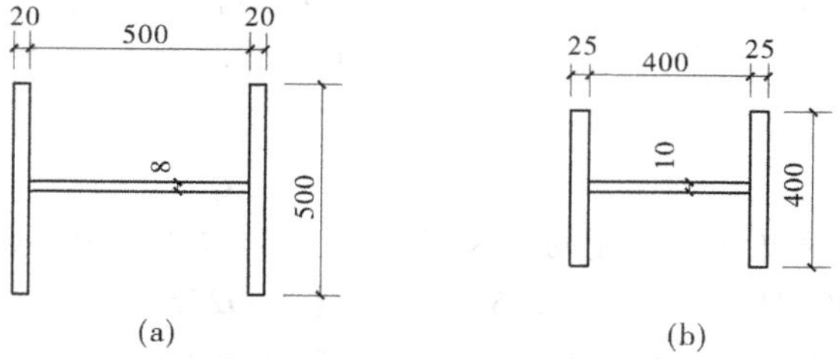

图 16-13　计算题 6　(单位:mm)

17 钢受弯构件的设计

【学习目标】 通过本章内容的学习，了解钢梁的整体稳定和局部稳定的概念；熟悉影响钢梁稳定的主要因素，掌握钢梁强度、刚度计算、整体稳定性和局部稳定性的计算要点；了解梁的拼接和连接的方法。

17.1 受弯构件的类型及应用

受弯构件在工程中俗称钢梁，是组成钢结构的基本构件之一，例如楼盖梁、屋盖梁、工作平台梁、檩条、墙梁、吊车梁等。

钢梁按支承情况可分为简支梁、连续梁、悬臂梁等。与连续梁相比，简支梁虽然其弯矩较大，但它不受支座沉陷及温度变化的影响，并且制造、安装、维修、拆换方便，因此得到广泛应用。

钢梁按截面形式分为型钢梁和组合梁两大类。型钢梁（图 17-1（a）、（b）、（c））制造简单方便，成本低，故应用较多。当构件的跨度或荷载较大，所需梁截面尺寸较大时，现有的型钢规格往往不能满足要求，这时常采用由几块钢板焊接组成的组合梁。如图 17-1（d）所示的焊接工字形组合梁，图 17-1（e）所示的焊接箱形组合梁。

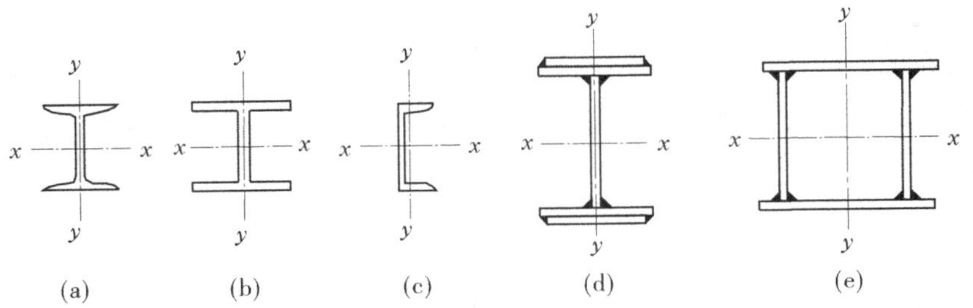

图 17-1 钢梁的截面形式

17.2 梁的设计要点

17.2.1 梁的强度

梁中的内力主要是弯矩和剪力，在弯矩作用下梁的横截面上将产生正应力，在剪力作用下梁的横截面上将产生剪应力。为了保证强度安全，就要求产生的正应力和剪应力不超过规范规定的强度设计值。此外,在梁上有较大集中荷载作用的情况下还要保证靠近集中荷载作用处的腹板的局部压应力不超过强度设计值。最后,对于梁内有较大正应力、较大剪应力及局部应力共同作用处,还应验算其折算应力强度。

17.2.1.1 **抗弯强度**

在前面的力学中我们曾学习过梁的抗弯强度条件,即 $\sigma=\frac{M_x}{W_x}\leqslant f$。该强度条件是建立在弹性理论基础之上的,即以边缘纤维的最大正应力达到屈服强度作为极限状态。但对于钢梁而言,由于钢材具有较好的塑性,当截面边缘纤维的应力达到了屈服强度时并不会立即发生破坏,截面允许发生塑性发展,可以继续承受外荷载。因此,力学中的抗弯强度计算公式偏于保守,没有充分利用钢材的潜能。因此《钢结构设计规范》(GB 50017—2003)中对承受静力荷载或间接承受动力荷载作用的受弯构件,将力学中的抗弯强度计算公式做了修正,公式中通过截面塑性发展系数 γ 来反映截面塑性发展的影响,对于绕强轴(x 轴)受弯的梁的抗弯强度计算公式如下

$$\sigma = \frac{M_x}{\gamma_x W_{nx}} \leqslant f \tag{17-1}$$

式中 M_x——绕强轴(x 轴)的弯矩;

W_{nx}——对强轴(x 轴)的净截面抵抗矩;

γ_x——绕强轴(x 轴)受弯时的截面塑性发展系数,见表 17-1;

f——钢材的抗弯强度设计值。

对直接承受动力荷载作用的受弯构件,偏安全起见,不考虑截面塑性变形的发展,仍以边缘纤维屈服作为极限状态。

17.2.1.2 **抗剪强度**

梁截面在剪力的作用下要产生剪应力,《钢结构设计规范》(GB 50017—2003)以截面最大剪应力达到所用钢材剪应力屈服点作为抗剪承载力极限状态。因此,对于绕强轴(x 轴)受弯的梁,抗剪强度计算公式如下

$$\tau = \frac{VS}{It_w} \leqslant f_v \tag{17-2}$$

式中 V——计算截面沿腹板平面作用的剪力设计值;

I——毛截面绕强轴(x 轴)的惯性矩;

S——计算剪应力处以上或以下截面对中和轴的面积矩,按毛截面计算;

t_w——腹板的厚度;

f_v——钢材抗剪强度设计值,见附表 3-1。

轧制工字钢和槽钢因受轧制条件限制,腹板厚度 t_w 相对较大,当无较大的截面削弱(如切割或开孔等)时,一般可不计算剪应力。

表 17-1 截面塑性发展系数 γ_x、γ_y

项次	截面形式	γ_x	γ_y
1	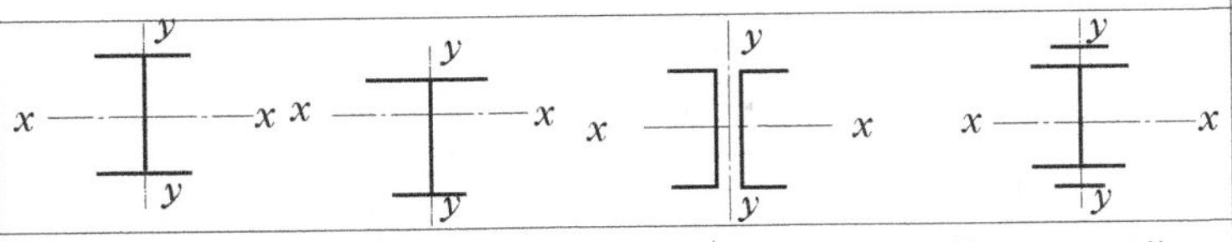	1.05	1.2
2	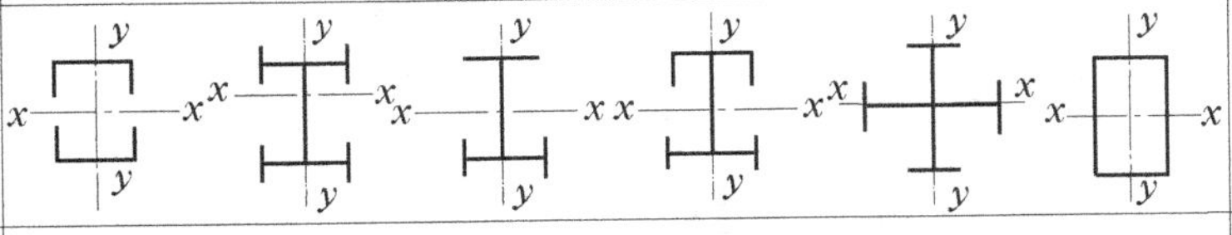		1.05
3	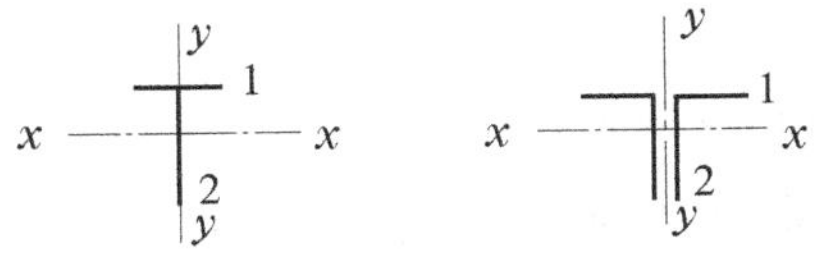	$\gamma_{x_1}=1.05$ $\gamma_{x_2}=1.2$	1.2
4	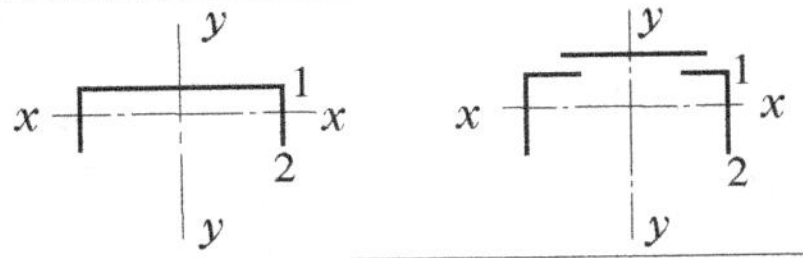		1.05
5	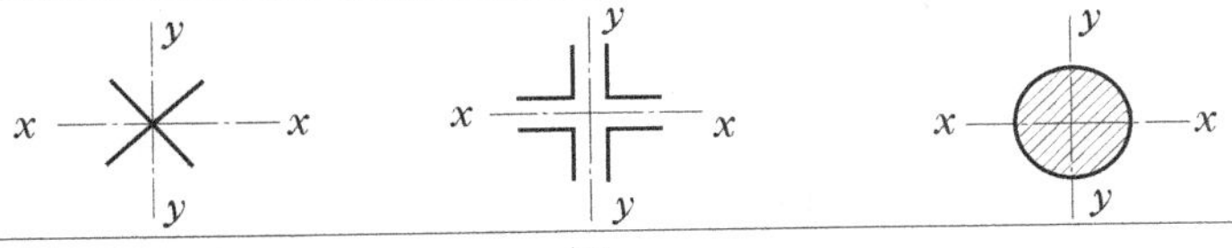	1.2	1.2
6	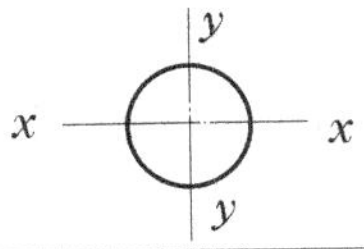	1.15	1.15
7	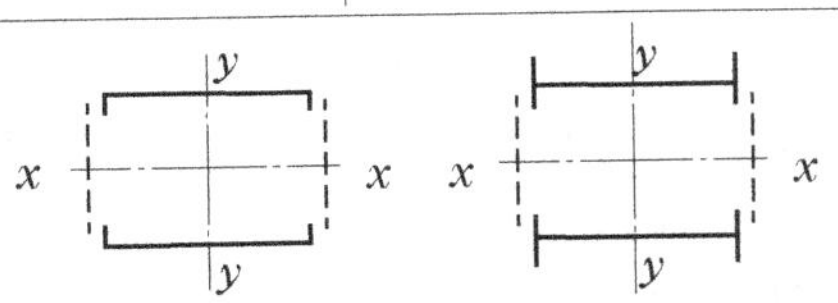	1.0	1.05
8	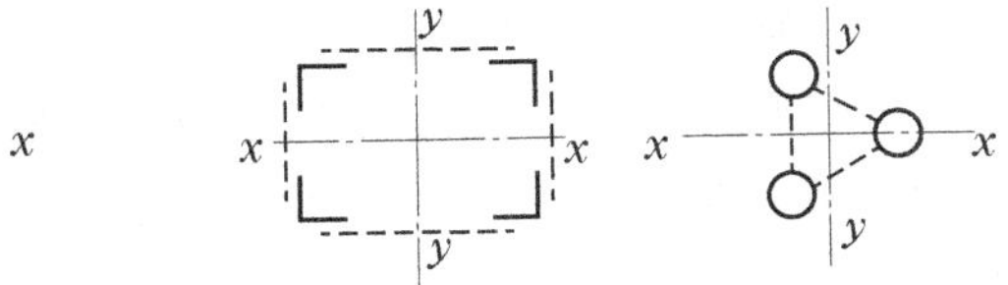		1.0

注:1. 当梁受压翼缘的自由外伸宽度与厚度之比不大于 $13\sqrt{\frac{225}{f_y}}$ 时,查表 17-1;当梁受压翼缘的自由外伸宽度与厚度之比大于 $13\sqrt{\frac{225}{f_y}}$ 而不超过 $15\sqrt{\frac{225}{f_y}}$ 时,$\gamma_x=1.0$。

2. 对于直接承受动力荷载梁,仍按式(17-1)计算,但应取 $\gamma_x=1.0$。

17.2.1.3 腹板局部压应力

当工字形、箱形等截面梁的上翼缘处有移动集中荷载(如吊车轮压)作用或有固定集中荷载(包括支座反力)作用,且该处又未设置支承加劲肋(见图 17-2)时,集中荷载通过翼缘传给腹板，腹板计算高度边缘集中荷载作用处会有很高的局部横向压应力。为保证这部分腹板不致受压破坏，应计算腹板计算高度上边缘的局部横向压应力。

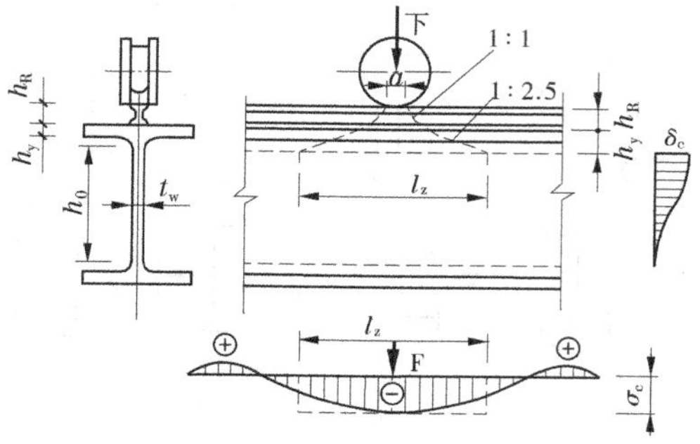

图 17-2 梁腹板局部压应力

实际计算时，偏安全地近似假定集中荷载 F 从作用点（实际上是一个支撑长度）开始，在 h_y 高度范围内以 1:2.5 的斜率，在 h_R 高度范围内以 1:1的斜率，均匀地向腹板内扩散，至 1—1 截面扩散长度为 l_z，假定在 l_z 长度范围内 σ_c 均匀分布，按这种假定计算的均布压应力与理论分析的最大压应力十分接近。这样，《钢结构设计规范》（GB 50017—2003）规定腹板计算高度 h_0 的边缘局部横向压应力 σ_c 应满足下式要求

$$\sigma_c = \frac{\psi F}{t_w l_z} \leqslant f \tag{17-3}$$

式中 F——集中荷载，对动力荷载应考虑动力系数；

ψ——集中荷载增大系数。对重级工作制吊车梁，$\psi = 1.35$；对其他梁 $\psi = 1.0$；

l_z——集中荷载在腹板计算高度上边缘的假定分布长度，按下式计算

跨中集中荷载 $$l_z = a + 5h_y + 2h_R \tag{17-3a}$$

梁端支反力 $$l_z = a + 2.5h_y + b \tag{17-3b}$$

a——集中荷载沿梁跨度方向的实际支承长度，对吊车梁可取 50 mm；

h_y——自梁顶面至腹板计算高度上边缘的距离；

h_R——轨道的高度，计算处无轨道时 $h_R = 0$；

b——梁端到支座外边缘的距离，按实际取，但不得大于 $2.5h_y$。

对于固定集中荷载（包括支座反力）作用的情况，若 σ_c 不满足式（17-3）要求，则应在集中荷载处设置加劲肋。由支承加劲肋与梁翼缘之间刨平顶紧或可靠连接，这样集中荷载通过支承加劲肋传递，因而腹板的局部压应力不必验算。

对于移动集中荷载（如吊车轮压），若 σ_c 不满足式（17-3）要求，则应加厚腹板，或采取各种措施使 l_z 增加，从而加大荷载扩散长度、减小 σ_c 值。

17.2.1.4 折算应力强度

图 17-3（a）所示的焊接组合梁，在集中荷载作用 1 和 2 截面处有较大的弯矩、剪力。图 17-3（b）所示的连续组合梁，在中间支座 3 截面处也作用有较大弯矩、剪力和支座反力。在这些截面的腹板计算高度边缘处，同时受到较大的正应力、剪应力和局部压应力，或同时受有较大的正应力和剪应力，应按下式验算其折算应力

$$\sigma_{eq} = \sqrt{\sigma^2 + \sigma_c^2 - \sigma\sigma_c + 3\tau^2} \leqslant \beta_1 f \tag{17-4}$$

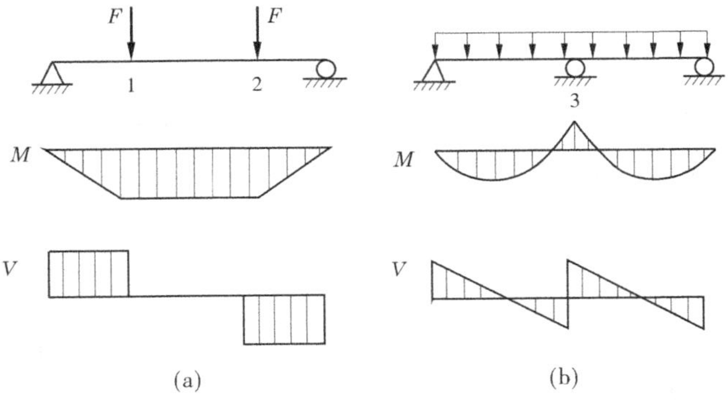

图 17-3 折算应力计算截面

式中 σ、τ、σ_c——腹板计算高度边缘处同一点上同时产生的正应力、剪应力和局部压应力，σ、σ_c 均以拉应力为正值，压应力为负值；

σ_c——验算点处局部压应力，按式（17-3）计算，当验算截面处设有加劲肋或无集中荷载时，取 $\sigma_c = 0$；

σ——腹板计算高度边缘处的正应力，$\sigma = \frac{M}{I_n}y_1$；

τ——验算点处的剪应力，按式（17-2）计算，但式中 S 为毗邻验算点的翼缘面积对中和轴的面积矩；

I_n——梁净截面惯性矩；

y_1——计算点至梁中和轴的距离；

β_1——计算折算应力处的强度设计值增大系数，系考虑到需验算折算应力的部位只是梁的局部区域，故 $\beta_1 > 1.0$；当 σ、σ_c 异号时 $\beta_1 = 1.2$；当 σ、σ_c 同号或 $\sigma_c = 0$ 时，取 $\beta_1 = 1.1$，这是因为同号应力下钢材塑性变形能力较差之故。

17.2.2 钢梁的刚度

梁必须具有一定的刚度才能保证正常使用。刚度不足时，会产生较大的挠度。如果楼盖梁或屋盖梁挠度太大，会引起居住者不适，或面板开裂；支承吊顶的梁挠度太大，会引起吊顶抹灰开裂脱落；吊车梁挠度过大，可能使吊车不能运行。因此，对梁的挠度要加以限制。梁的挠度 w 或相对挠度 w/l 不超过规定容许值，即满足

$$w \leqslant [w] \tag{17-5}$$

$$w/l \leqslant [w]/l \tag{17-6}$$

式中 w——梁的最大挠度，计算时取荷载标准值；

$[w]$——梁的容许挠度，按表 17-2 采用。

对承受较大可变荷载的受弯构件的挠度计算时，除了要控制受弯构件在全部荷载标准值下的最大挠度外，尚应保证其在可变荷载标准值作用下的最大挠度不超过相应的容许挠度值，以保证构件在正常使用时的工作性能。

表 17-2　受弯构件挠度容许值[w/l]

项次	构件类别	挠度允许值	
		[w_T]	[w_Q]
1	吊车梁和吊车桁架(按自重和起重量最大的一台吊车计算挠度) (1)手动吊车和单梁吊车(含悬挂吊车) (2)轻级工作制桥式吊车 (3)中级工作制桥式吊车 (4)重级工作制桥式吊车	 $l/500$ $l/800$ $l/1\ 000$ $l/1\ 200$	
2	手动或电动葫芦的轨道梁	$l/400$	
3	有重轨(重量≥38 kg/m)轨道的工作平台梁 有轻轨(重量≤24 kg/m)轨道的工作平台梁	$l/600$ $l/400$	
4	楼(屋)盖梁或桁架,工作平台梁(第 3 项除外)和平台板 (1)主梁或桁架(包括设有悬挂起重设备的梁和桁架) (2)抹灰顶棚的次梁 (3)除(1)、(2)款外的其他梁(包括楼梯梁) (4)屋盖檩条 支承无积灰的瓦楞铁和石棉瓦屋面者 支承压型金属板有积灰的瓦楞铁和石棉瓦等屋面者 支承其他屋面材料者 (5)平台板	 $l/400$ $l/250$ $l/250$ $l/150$ $l/200$ $l/200$ $l/150$	 $l/500$ $l/350$ $l/300$
5	墙架构件(风荷载不考虑阵风系数) (1)支柱 (2)抗风桁架(作为连续支柱的支承时) (3)砌体墙的横梁(水平方向) (4)支承压型金属板、瓦楞铁和石棉瓦墙面的横梁(水平方向) (5)带有玻璃窗的横梁(竖直和水平方向)	 $l/200$	 $l/400$ $l/1\ 000$ $l/300$ $l/200$ $l/200$

注:1. l 为受弯构件的跨度(对悬臂梁和伸臂梁为悬伸长度的 2 倍)。

2. [w_T]为全部荷载标准值产生的挠度(如有起拱应减去拱度)允许值,[w_Q]为可变荷载标准值产生的挠度允许值。

17.2.2.1　简支梁在各种荷载作用下的跨中最大挠度计算公式

(1)均布荷载: $W = \dfrac{5q_k l^4}{384EI}$。

(2)跨中一个集中荷载：$w = \frac{P_k l^3}{48EI}$。

(3)跨间等距离布置两个相等的集中荷载：$w = \frac{6.81P_k l^3}{384EI}$。

(4)跨间等距离布置三个相等的集中荷载：$w = \frac{6.33P_k l^3}{384EI}$。

17.2.2.2 悬臂梁在简单荷载作用下的自由端最大挠度计算公式

(1)受均布荷载作用时：$w = \frac{q_k l^4}{8EI}$。

(2)自由端受集中荷载作用：$w = \frac{P_k l^3}{3EI}$。

式中 w——挠度；

q_k——均布荷载标准值；

P_k——各个集中荷载标准值之和；

l——梁的跨度；

E——钢材弹性模量($E = 206\ 000\ \text{N/mm}^2$)；

I——梁的毛截面惯性矩。

17.2.3 梁的整体稳定

17.2.3.1 梁的整体稳定概念

如图 17-4 所示单向受弯梁(即只在一个主平面内弯曲的梁)，当荷载不大时，只在 yz 平面内产生弯曲变位 v，但当荷载达到某一数值时，梁有可能突然产生在 xz 平面内的弯曲变位 u(称为侧向变位)和扭转变形 θ。如荷载继续增加，梁的侧向变位和扭转将急剧增加，导致梁的承载能力的竭尽。

这种梁从平面弯曲状态转到同时发生不能恢复的侧向弯曲和扭曲的变形状态的现象称为整体失稳。

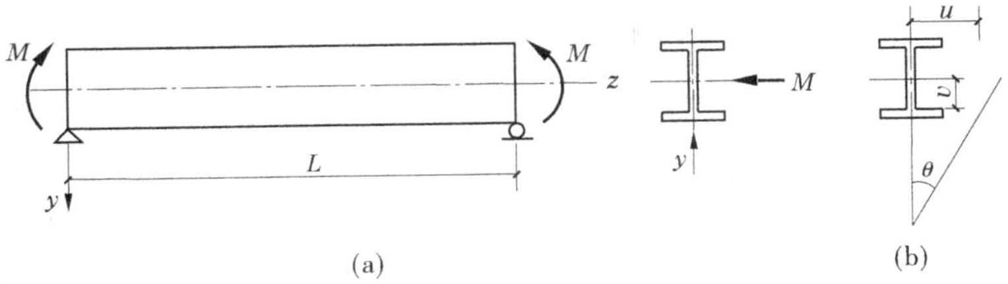

图 17-4 梁丧失整体稳定的情况

影响梁的整体稳定性的因素很多，主要有以下几个方面：

(1)与梁的侧向抗弯刚度和抗扭刚度有关。梁的侧向抗弯刚度 EI_y 和抗扭刚度 GI_t 愈大，则稳定性越好。

(2)与梁的自由长度有关。梁的跨度 l(或侧向支承点的间距)愈小，则稳定性越好。

(3)与梁上外荷载的类型有关。集中荷载情况下稳定性最好，均布荷载情况下次之，纯弯情况下稳定性最差。

（4）与梁上荷载作用位置有关。荷载作用在梁的上翼缘时比作用在下翼缘时的稳定性差，见图 17-5。

（5）与梁两端的约束情况有关。梁端约束越强，梁的整体稳定性越好。

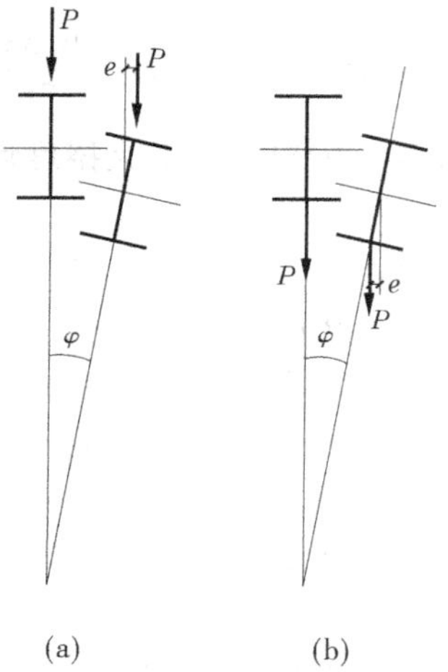

图 17-5　荷载位置对梁整体稳定的影响

17.2.3.2　梁整体稳定的计算

1. 不需作梁整体稳定性计算的情况

当梁满足下述条件之一时，梁在丧失强度承载力之前也不会失去整体稳定，因此这时可以不计算梁的整体稳定性。

（1）有铺板密布在梁的受压翼缘并与其牢固连接。

（2）H 型钢或工字形等截面简支梁受压翼缘的自由长度 l_1 与其宽度 b_1 之比不超过表 17-3 规定的数值。

表 17-3　H 型钢或工字形截面简支梁不需计算整体稳定性的最大 l_1/b_1 值

钢号	跨中无侧向支承点的梁		跨中受压翼缘有侧向支承点的梁，不论荷载作用于何处
	荷载作用在上翼缘	荷载作用在下翼缘	
Q235	13.0	20.0	16.0
Q345	10.5	16.5	13.0
Q390	10.0	15.5	12.5
Q420	9.5	15.0	12.0

注：l_1 指梁受压翼缘的自由长度。对跨中无侧向支承点的梁，l_1 为其跨度；对跨中有侧向支承点的梁，l_1 为受压翼缘侧向支承点间的距离（梁的支座处视为有侧向支承）。

2. 梁的稳定验算公式

当梁不满足上述稳定条件时，需验算梁的整体稳定性。对于绕强轴（假定为 x 轴）受弯的梁的整体稳定性验算公式如下

$$\frac{M_x}{\varphi_b W_x} \leqslant f \tag{17-7}$$

式中 M_x——绕强轴作用的最大弯矩；

W_x——按受压翼缘确定的梁毛截面抵抗矩；

φ_b——梁的整体稳定系数。

3. 梁的整体稳定系数 φ_b

1）焊接工字形等截面简支梁

焊接工字形等截面如图 17-6 简支梁的整体稳定系数 φ_b 应按式(17-8)计算

$$\varphi_b = \beta_b \frac{4\ 320}{\lambda_y^2} \frac{Ah}{W_x}\left[\sqrt{1 + \left(\frac{\lambda_y t_1}{4.4h}\right)^2} + \eta_b\right]\frac{235}{f_y} \tag{17-8}$$

式中 W_x——按受压纤维确定的梁毛截面抵抗矩；

β_b——梁整体稳定的等效弯矩系数，按表 17-4 采用；

λ_y——梁在侧向支承点间对截面弱轴 y—y 的长细比，$\lambda_y = l_1/i_y$，l_1 为侧向支承点之间的距离，i_y 为梁毛截面对 y 轴的回转半径；

A——梁毛截面面积；

h、t_1——梁截面的全高和受压翼缘厚度，见图 17-6；

η_b——截面不对称影响系数：对双轴对称工字形截面（见图 17-6(a)），$\eta_b = 0$，对单轴对称工字形截面（见图 17-6(b)、(c)），加强受压翼缘 $\eta_b = 0.8(2a_b - 1)$，加强受拉翼缘 $\eta_b = 2a_b - 1$，其中 $a_b = I_1/(I_1 + I_2)$，I_1 和 I_2 分别为受压翼缘和受拉翼缘对 y 轴的惯性矩。

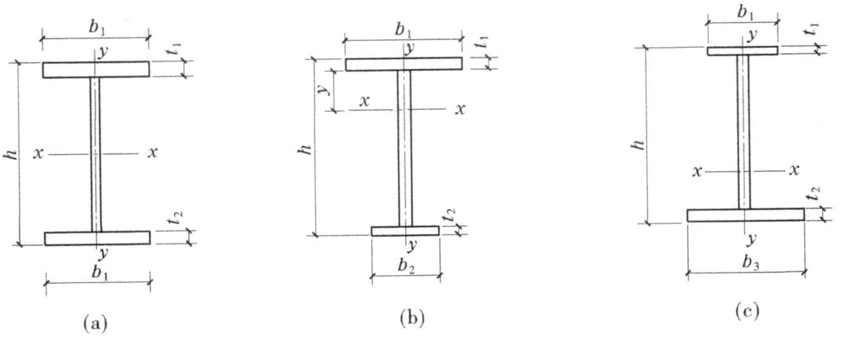

图 17-6 焊接工字形截面

当按上述公式算得的 $\varphi_b > 0.6$ 时，钢梁进入弹塑性工作阶段，应将式(17-8)算得的 φ_b 予以降低，以一个较小的 φ_b' 代替 φ_b。φ_b' 计算公式如下

$$\varphi_b' = 1.07 - \frac{0.282}{\varphi_b} \leqslant 1.0 \tag{17-9}$$

表 17-4　工字形截面简支梁系数 β_b

项次	侧向支承	荷载		$\xi = l_1 t_1 / b_1 h$ $\xi \le 2.0$	$\xi = l_1 t_1 / b_1 h$ $\xi > 2.0$	适应范围
1	跨中侧向无支承	均布荷载作用在	上翼缘	$0.69 + 0.13\xi$	0.95	图 17-6(a)、(b)的截面
2	跨中侧向无支承	均布荷载作用在	下翼缘	$1.73 - 0.20\xi$	1.33	图 17-6(a)、(b)的截面
3	跨中侧向无支承	集中荷载作用在	上翼缘	$0.73 + 0.18\xi$	1.09	图 17-6(a)、(b)的截面
4	跨中侧向无支承	集中荷载作用在	下翼缘	$2.23 - 0.28\xi$	1.67	图 17-6(a)、(b)的截面
5	跨度中点有一个侧向支承点	均布荷载作用在	上翼缘	1.15		图 17-6 中的所有截面
6	跨度中点有一个侧向支承点	均布荷载作用在	下翼缘	1.40		图 17-6 中的所有截面
7	跨度中点有一个侧向支承点	集中荷载作用在截面上任意处		1.75		图 17-6 中的所有截面
8	跨中有不少于两个等距离侧向支承点	任意荷载作用在	上翼缘	1.20		图 17-6 中的所有截面
9	跨中有不少于两个等距离侧向支承点	任意荷载作用在	下翼缘	1.40		图 17-6 中的所有截面
10	梁端有弯矩，跨中无荷载作用			$1.75 - 1.05(M_2/M_1) + 0.3(M_2/M_1)^2$ 且 ≤ 2.3		图 17-6 中的所有截面

注：1. $\xi = \dfrac{l_1 t_1}{b_1 h}$ ——参数，其中 b_1 和 t_1 如图 17-6 所示。

2. M_1 和 M_2 为梁的端弯矩，使梁产生同向曲率时，M_1 和 M_2 取同号，产生反向曲率时，取异号，$|M_1| \ge |M_2|$。

3. 表中项次 3、4 和 7 的集中荷载是指一个或少数几个集中荷载位于跨中央附近的情况，对其他情况的集中荷载，应按表中项次 1、2、5、6 内的数值采用。

4. 表中项次 8、9 的 β_b，当集中荷载作用在侧向支承点处时，取 $\beta_b = 1.20$。

5. 荷载作用在上翼缘系指荷载作用点在翼缘表面，方向指向截面形心；荷载作用在下翼缘系指荷载作用点在翼缘表面，方向背向截面形心。

6. 对 $a_b > 0.8$ 的加强受压翼缘工字形截面，下列情况的 β_b 值应乘以相应的系数：

项次 1：当 $\xi \le 1.0$ 时，系数为 0.95；

项次 2：当 $\xi \le 0.5$ 时，系数为 0.90；

项次 3：当 $0.5 < \xi \le 1.0$ 时，系数为 0.95。

H 型钢 φ_b 值的计算与上述方法相同，其中 $\eta_b = 0$。

2）轧制普通工字形钢简支梁

轧制普通工字形钢简支梁整体稳定系数 φ_b 可查表求得。查表时可按荷载情况、工字钢型号及受压翼缘自由长度直接查表 17-5。同样，当所得的 $\varphi_b > 0.6$ 时，也应按式(17-9)算出相应的 φ'_b 代替 φ_b 值。

表 17-5 轧制普通工字钢简支梁的 φ_b

项次	荷载情况			工字钢型号	自由长度 l_1(m)								
					2	3	4	5	6	7	8	9	10
1	跨中无侧向支承点的梁	集中荷载作用于	上翼缘	10~20	2.00	1.30	0.99	0.80	0.68	0.58	0.53	0.48	0.43
				22~32	2.40	1.48	1.09	0.86	0.72	0.62	0.54	0.49	0.45
				36~63	2.80	1.60	1.07	0.83	0.68	0.56	0.50	0.45	0.40
2			下翼缘	10~20	3.10	1.95	1.34	1.01	0.82	0.69	0.63	0.57	0.52
				22~40	5.50	2.80	1.84	1.37	1.07	0.86	0.73	0.64	0.56
				45~63	7.30	3.60	2.30	1.62	1.20	0.96	0.80	0.69	0.60
3		均布荷载作用于	上翼缘	10~20	1.70	1.12	0.84	0.68	0.57	0.50	0.45	0.41	0.37
				22~40	2.10	1.30	0.93	0.73	0.60	0.51	0.45	0.40	0.36
				45~63	2.60	1.45	0.97	0.73	0.59	0.50	0.44	0.38	0.35
4			下翼缘	10~20	2.50	1.55	1.08	0.83	0.68	0.56	0.52	0.47	0.42
				22~40	4.00	2.20	1.45	1.10	0.85	0.70	0.60	0.52	0.46
				45~63	5.60	2.80	1.80	1.25	0.95	0.78	0.65	0.55	0.49
5	跨中有侧向支承点的梁(不论荷载作用点在截面高度上的位置)			10~20	2.20	1.39	1.01	0.79	0.66	0.57	0.52	0.47	0.42
				22~40	3.00	1.80	1.24	0.96	0.76	0.65	0.56	0.49	0.43
				45~63	4.00	2.20	1.38	1.01	0.80	0.66	0.56	0.49	0.43

注:表中的 φ_b 适用于 Q_{235} 钢,对其他钢号,表中数值应乘以 $235/f_y$。

3)轧制槽钢简支梁

轧制槽钢简支梁的整体稳定系数,不论荷载的形式和荷载作用点在截面高度上的位置均可按式(17-10)计算

$$\varphi_b = \frac{570bt}{l_1 h}\frac{235}{f_y} \tag{17-10}$$

式中 h、b、t——槽钢截面的高度、翼缘宽度和平均厚度。

按式(17-10)算得的 $\varphi_b > 0.6$ 时,应按式(17-9)算出相应的 φ_b' 代替 φ_b 值。

4)双轴对称工字形等截面悬臂梁

详见《钢结构设计规范》(GB 50017—2003)规定。

4. 侧向支撑的设置

要提高梁的整体稳定性,较经济合理的方法是设置侧向支撑,减少梁受压翼缘的自由长度。为了能有效阻止梁的侧弯和扭转,侧向支撑应设置在梁受压翼缘处,同时布置也要合理。例如图 17-7(a)中梁的侧向支撑布置是不合理的,图中两根平行布置的支撑可以随梁侧弯而移动,起不到阻止梁截面侧移的作用;图 17-7(b)中侧向支撑锚固在墙上,图 17-7(c)中侧向支撑与斜向支撑组成一个几何不变的桁架,这两种支撑都能有效阻止梁侧弯和扭转,因而布置合理。

【例 17-1】 某简支梁,焊接工字形截面,跨度中点及两端都设有侧向支承,可变荷载标准值及梁截面尺寸如图 17-8 所示,荷载作用于梁的上翼缘。设梁的自重为 1.57 kN/m,材

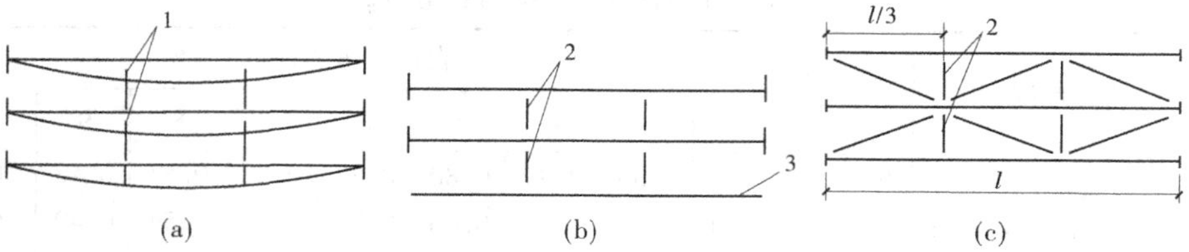

1—无效支撑;2—有效支撑;3—墙

图 17-7　梁的侧向支撑布置

料为 Q235,试计算此梁的整体稳定性。

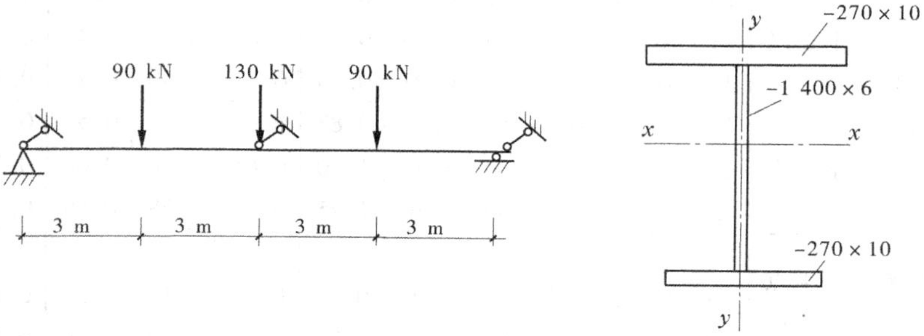

图 17-8　例题 17-1

解:梁受压翼缘自由长度 $l_1 = 6$ m,$l_1/b_1 = 600/27 = 22 > 16$(查表 17-3),因此应计算梁的整体稳定。

梁截面几何特征

$$I_x = 4\ 050 \times 10^6\ \text{mm}^4, \qquad I_y = 32.8 \times 10^6\ \text{mm}^4$$

$$A = 13\ 800\ \text{mm}^2, \qquad W_x = 570 \times 10^4\ \text{mm}^3$$

梁的最大弯矩设计值为

$$M_{\max} = \frac{1}{8}(1.2 \times 1.57) \times 12^2 + 1.4 \times 90 \times 3 + 1.4 \times \frac{1}{2} \times 130 \times 6 = 958(\text{kN} \cdot \text{m})$$

钢梁整体稳定系数计算式为

$$\varphi_b = \beta_b \frac{4\ 320}{\lambda_y^2} \frac{Ah}{W_x}\left[\sqrt{1 + \left(\frac{\lambda_y t_1}{4.4h}\right)^2} + \eta_b\right]\frac{235}{f_y}$$

查表 17-5,得 $\beta_b = 1.15$。

$$i_y = \sqrt{\frac{I_y}{A}} = \sqrt{\frac{32.8 \times 10^6}{13\ 800}} = 48.75(\text{mm})$$

$$\lambda_y = \frac{6\ 000}{48.75} = 123, h = 1\ 420\ \text{mm}, t_1 = 10\ \text{mm}$$

$$\eta_b = 0,\ f_y = 235(\text{N/mm}^2)$$

代入 φ_b 公式,计算得 $\varphi_b = 1.152 > 0.6$,需对 φ_b 修正。

修正后的稳定系数为 $\varphi_b' = 1.07 - 0.282/\varphi_b = 0.825$。

因此 $\frac{M_x}{\varphi'_b W_x} = \frac{958 \times 10^6}{0.825 \times 570 \times 10^4} = 203.7(\text{N/mm}^2) < f = 215\ \text{N/mm}^2$

所以，梁的整体稳定可以保证。

【例 17-2】 如图 17-9 所示工字形简支主梁，Q235 钢，$f = 215\ \text{N/mm}^2$，$f_v = 125\ \text{N/mm}^2$，承受两个次梁传来的集中力 $P = 250$ kN 作用（设计值），次梁作为主梁的侧向支承，不计主梁自重，$\gamma_x = 1.05$。要求：(1) 验算主梁的强度；(2) 判别梁的整体稳定性是否需要验算。

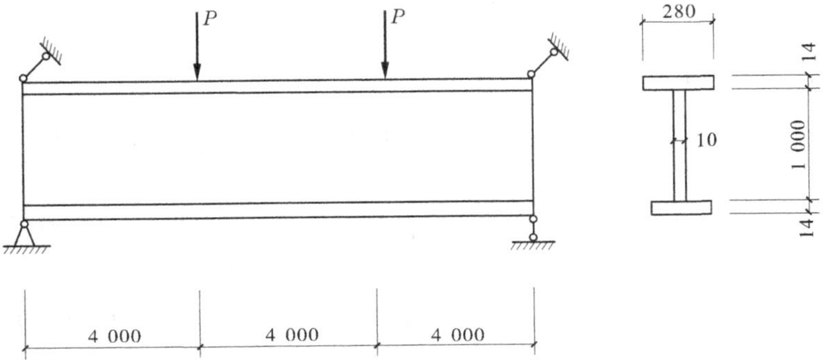

图 17-9 例题 17-2 （单位：mm）

解：(1) 主梁强度验算

梁的最不利截面为第一根次梁左侧截面和第二根次梁的右侧截面，由于其对称性，此两截面受力相同

$$M = P \times 4 = 250 \times 4 = 1\ 000(\text{kN} \cdot \text{m})$$

$$V = P = 250(\text{kN})$$

梁的截面特性

$$I_x = 2 \times 28 \times 1.4 \times 50.7^2 + \frac{1}{12} \times 1.0 \times 100^3 = 284\ 860(\text{cm}^4)$$

$$W_x = \frac{2.0 I_x}{h} = \frac{284\ 860}{51.4} = 5\ 542(\text{cm}^3)$$

$$S = 28 \times 1.4 \times 50.7 + 50 \times 1.0 \times 25 = 3\ 237(\text{cm}^3)$$

正应力强度

$$\frac{M}{\gamma_x W_x} = \frac{1\ 000 \times 10^3 \times 10^3}{1.05 \times 5\ 542 \times 10^3} = 171.8(\text{N/mm}^2) < f = 215\ \text{N/mm}^2$$

剪应力强度

$$\frac{VS}{I_x t_w} = \frac{250 \times 10^3 \times 3\ 237 \times 10^3}{284\ 860 \times 10^4 \times 10} = 28.4(\text{N/mm}^2) < f_v = 125\ \text{N/mm}^2$$

该截面上腹板与翼缘连接处正应力、剪应力都较大，所以需验算折算应力

$$\sigma_1 = \frac{M_y}{I_x} = \frac{1\ 000 \times 10^6 \times 500}{284\ 860 \times 10^4} = 175.5(\text{N/mm}^2)$$

$$S_1 = 280 \times 14 \times 507 = 1.99 \times 10^6(\text{mm}^3)$$

$$\tau_1 = \frac{VS_1}{I_x t_w} = \frac{250 \times 10^3 \times 1.99 \times 10^6}{284\ 860 \times 10^4 \times 10} = 17.5(\mathrm{N/mm^2})$$

$$\sigma_{eq} = \sqrt{\sigma_1^2 + 3\tau_1^2} = 178.1(\mathrm{N/mm^2}) < \beta_1 f = 1.1 \times 215 = 236.5(\mathrm{N/mm^2})$$

所以,强度满足要求。

(2)梁的整体稳定性验算。

$$\frac{l_1}{b_1} = \frac{4\ 000}{280} = 14.3 < 16$$

所以,不必验算整体稳定性。

17.2.4 组合梁的局部稳定

受弯构件截面主要由平板组成,从整体稳定性出发,合理的截面形式应该是"肢宽壁薄",腹板宜高一些,薄一些;翼缘宜宽一些,薄一些。但是太宽太薄的板(翼缘和腹板)在压应力、剪应力作用下,也容易产生局部的凹凸屈曲变形,即梁局部丧失稳定。

提高板件抵抗凹凸变形的能力是提高构件局部稳定性的关键。具体措施一是增加板的厚度,或减小板的周界尺寸,即限制板的宽(高)厚比;二是增强板的周边约束,即设置加劲肋。

17.2.4.1 翼缘板的局部稳定

《钢结构设计规范》(GB 50017—2003)对梁的翼缘采取限制宽厚比来保证其局部稳定。具体规定如下:

当梁按弹性计算,即取 $\gamma_x = 1$ 时,要求

$$\frac{b_1}{t} \leqslant 15\sqrt{\frac{235}{f_y}} \tag{17-11}$$

当考虑塑性发展,即取 $\gamma_x > 1$ 时,要求

$$\frac{b_1}{t} \leqslant 15\sqrt{\frac{235}{f_y}} \tag{17-12}$$

式中 b_1——受压翼缘自由外伸宽度。对焊接梁,取腹板边至翼缘板边缘之距;对轧制梁,取内圆弧起点至翼缘板边缘之距;

t——受压翼缘厚度。

17.2.4.2 腹板的局部稳定

对于梁腹板,从提高承载力方面出发一般做的比较高大,所以用限制高厚比(即增加板厚、减小高度)的办法来保证局部稳定通常是不经济的。《钢结构设计规范》(GB 50017—2003)采取设置加劲肋的办法来保证腹板局部稳定,其布置方式有:

(1)仅用横向加劲肋,如图 17-10 所示。

(2)同时使用横向加劲肋和纵向加劲肋,如图 17-11 所示。

(3)同时使用横向加劲肋、纵向加劲肋及短加劲肋,如图 17-12 所示。

为了保证腹板设计的经济性,同时满足腹板的局部稳定性要求,应合理地选择加劲肋的布置形式。梁腹板加劲肋布置的规定见表 17-6。

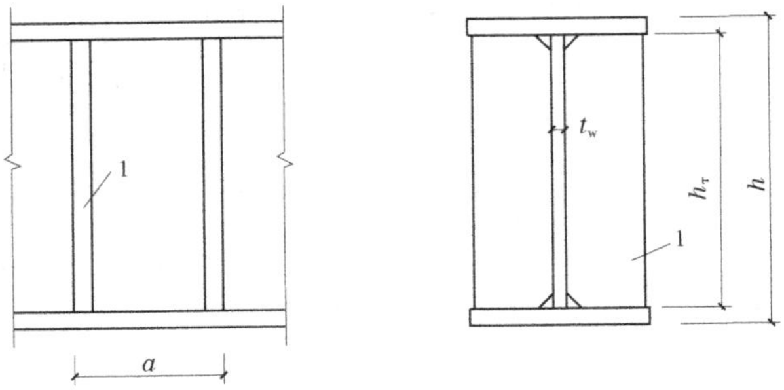

1—横向加劲肋

图 17-10 横向加劲肋

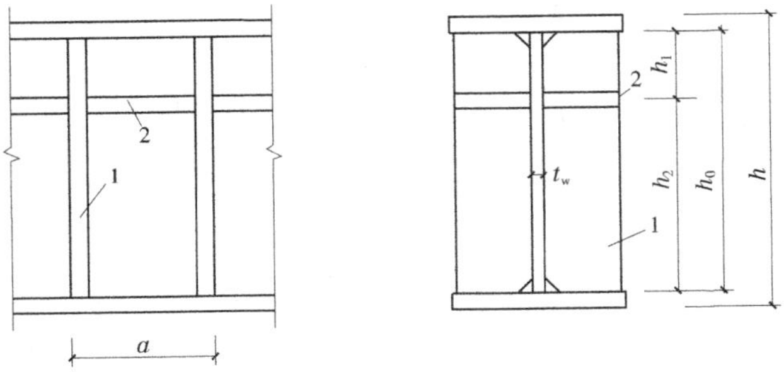

1—横向加劲肋;2—纵向加劲肋

图 17-11 同时使用横向加劲肋和纵向加劲肋

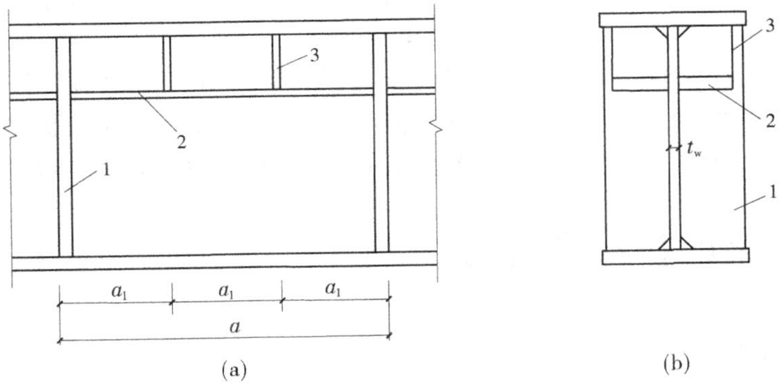

1—横向加劲肋;2—纵向加劲肋;3—短加劲肋

图 17-12 横向加劲肋、纵向加劲肋和短加劲肋

表 17-6　组合梁腹板加劲肋布置规定

项次	腹板情况		加劲肋布置规定
1	$\dfrac{h_0}{t_w} \leqslant 80\sqrt{\dfrac{235}{f_w}}$	$\sigma_c = 0$	可以不设加劲肋
2		$\sigma_c \neq 0$	应按构造要求设置横向加劲肋
3	$\dfrac{h_0}{t_w} > 80\sqrt{\dfrac{235}{f_y}}$		应设置横向加劲肋，并满足构造要求和计算要求
4	$\dfrac{h_0}{t_w} > 170\sqrt{\dfrac{235}{f_y}}$，受压翼缘扭转受约束		应在弯应力较大区格的受压区增加配置纵向加劲肋，并满足构造要求和计算要求
5	$\dfrac{h_0}{t_w} > 150\sqrt{\dfrac{235}{f_y}}$，受压翼缘扭转无约束		
6	按计算需要时		
7	局部压应力很大时		必要时宜在受压区配置短加劲肋，并满足构造要求和计算要求
8	梁支座处		宜设置支承加劲肋，并满足构造要求和计算要求
9	上翼缘有较大固定集中荷载处		
10	任何情况下		$\dfrac{h_0}{t_w}$不应超过 $250\sqrt{\dfrac{235}{f_y}}$

注：1. 横向加劲肋间距 a 应满足 $0.5h_0 \leqslant a \leqslant 2h_0$，但对于 $\sigma_c = 0$ 并且 $h_0/t_w \leqslant 100$ 的梁，允许 $a = 2.5h_0$；

2. 纵向加劲肋距腹板计算固定受压边缘的距离应在 $h_c/2.5 \sim h_c/2$ 的范围内；

3. h_c 为腹板受压区高度，h_0 为腹板计算高度，对于单轴对称的梁截面，第 4、5 项有关纵向加劲肋规定中的 h_0 应取为腹板受压区高度 h_c 的 2 倍，t_w 为腹板的厚度。

对梁腹板布置好加劲肋后，腹板就被分成许多区格，需对各区格逐一进行局部稳定验算。如果验算不满足要求，或者富余过多，还应调整间距重新布置加劲肋，然后再作验算，直到满足为止。具体计算方法请参见《钢结构设计规范》（GB 50017—2003）中相关内容。

17.3　梁的拼接和连接

17.3.1　梁的拼接

如果梁的长度、高度大于钢材的尺寸，常需要先将腹板和翼缘用几段钢材拼接起来，然后再焊接成梁，这些工作一般在工厂进行，因此称为工厂拼接（见图 17-13）。跨度大的梁可能由于运输或吊装条件限制，需将梁分成几段运至工地或吊至高空就位后再拼接起来，由于这种拼接是在工地进行，因此称为工地拼接（见图 17-14）。

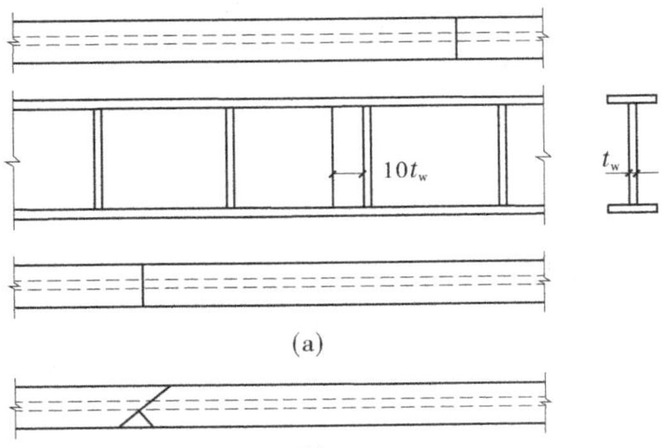

图 17-13 焊接梁的工厂拼接

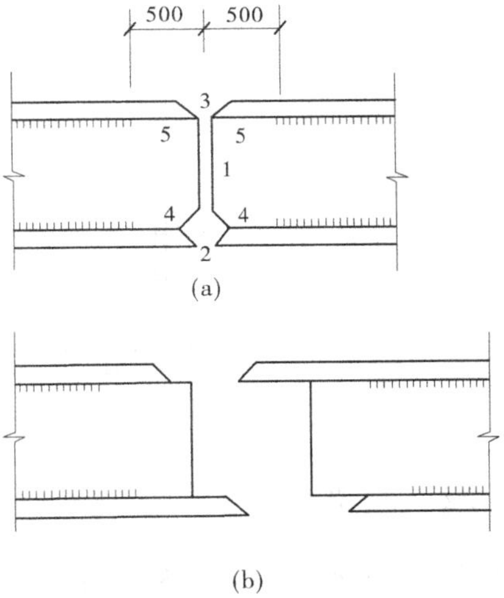

图 17-14 焊接梁的工地拼接 （单位:mm）

17.3.1.1 **工厂拼接**

工厂拼接常采用焊接的方法。施工时,先将梁翼缘和腹板分别接长,然后再焊接成梁。拼接位置一般由材料尺寸和梁的受力情况确定。翼缘和腹板的拼接位置最好错开,并避免与加劲肋以及次梁的连接处重合,以防焊缝密集与交叉。腹板的拼接焊缝与平行它的加劲肋之间及次梁连接位置之间至少相距 $10t_w$。

腹板和翼缘宜采用对接焊缝拼接,并加引弧板。对一、二级质量检验级别的焊缝不需进行焊缝验算。当采用三级焊缝时,因焊缝抗拉强度低于钢材的强度,可采用斜缝或将拼接位置布置在应力较小的区域。斜焊缝连接比较费工费料,特别是对于较宽的腹板不宜采用。

17.3.1.2 **工地拼接**

工地拼接位置主要由运输及安装条件确定,但最好在弯曲应力较小处,一般应使翼缘和腹板在同一截面和接近于同一截面处断开,以便分段运输。当在同一截面断开时(见图 17-14(a)),端部平齐,运输时不易碰损,但同一截面拼接会导致薄弱部位集中。为提高焊缝质量,上下翼缘要做成向上的 V 形坡口,以便俯焊。为使焊缝收缩比较自由,减少焊缝残余应力,靠近拼接处的翼缘板要预留出 500 mm 在工厂不焊,到工地焊接时再按照图 17-14(a)所示序号施焊。

图 17-14(b)为翼缘和腹板拼接位置相互错开的拼接方式。这种拼接受力较好,但端部突出部分在运输中易碰损,要注意保护。

对于需要在高空拼接的梁,常需考虑高空焊接操作困难而采用摩擦型高强度螺栓连接。对于较重要的或承受动荷载的大型组合梁,考虑工地焊接条件差,焊接质量不易保证,也可采用摩擦型高强度螺栓作梁的拼接。这时梁的腹板和翼缘在同一截面断开,吊装就位后用拼接板和螺栓连接(见图 17-15)。设计时取拼接处的剪力 V 全部由腹板承担,弯矩 M 则由腹板和翼缘共同承担,并按各自刚度成比例分配。

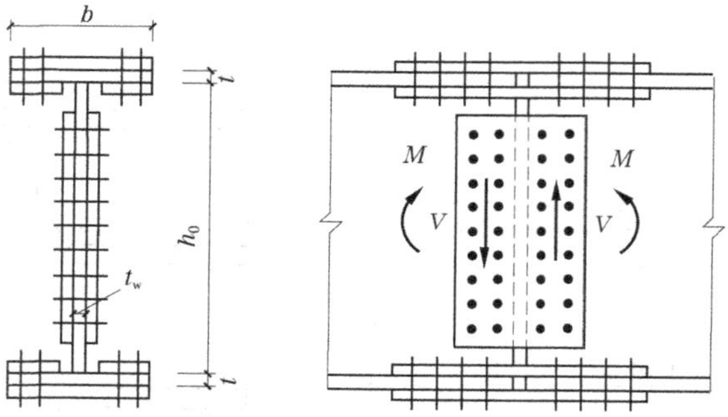

图 17-15　梁的高强度螺栓工地拼接

17.3.2　次梁与主梁的连接

17.3.2.1　简支次梁与主梁的连接

此连接的形式有叠接和侧面连接两种。简支次梁与主梁连接的特点是次梁只有支座反力传递给主梁。叠接(见图 17-16)时,次梁直接搁置在主梁上,用螺栓和焊缝固定,这种形式构造简单,但占用建筑结构高度大,连接刚性差一些。侧面连接(见图 17-17)是将次梁端部上翼缘切去,端部下翼缘则切去一边,然后将次梁端部与主梁加劲肋用螺栓相连。采用侧面连接时,如果次梁支座反力较大,螺栓承载力不够,可用角焊缝将次梁端部腹板与加劲肋连牢,以传递反力,这时螺栓只作安装定位用。实际设计时,考虑连接偏心,计算焊缝或螺栓时通常将反力增大 20% ~30%。

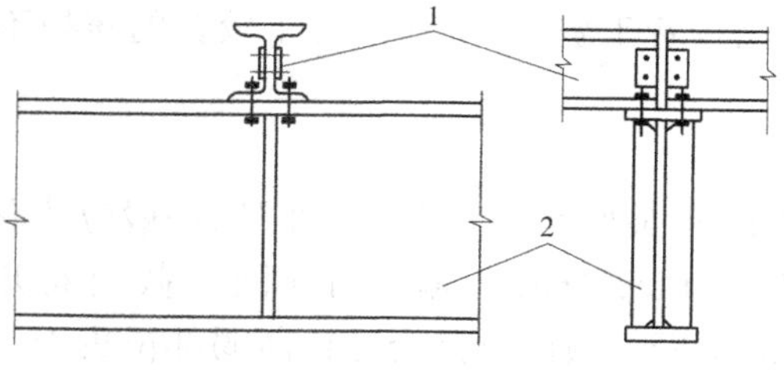

1—次梁;2—主梁

图 17-16　简支次梁与主梁叠接

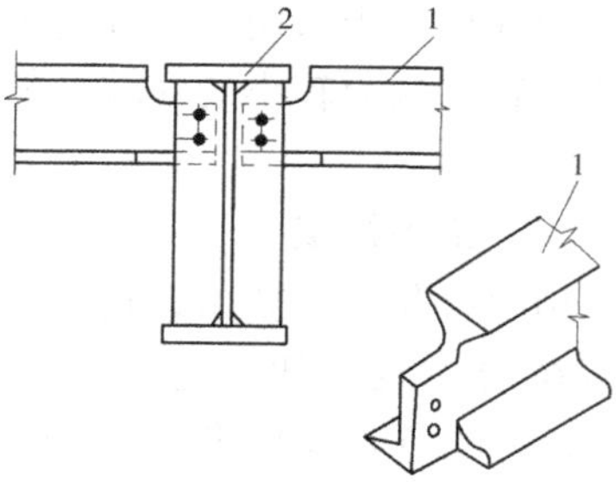

1—次梁;2—主梁

图 17-17　简支次梁与主梁侧面连接

17.3.2.2　连续次梁与主梁连接

连续次梁与主梁的连接也分叠接和侧面连接两种形式。叠接时,次梁在主梁处不断开,直接搁置于主梁上并用螺栓或焊缝固定,次梁只有支座反力传给主梁。侧面连接时,次梁在主梁处要断开,分别连于主梁两侧,除支座反力传给主梁外,连续次梁在主梁支座处的左右弯矩也要通过主梁传递,因此构造稍复杂一些。常用的形式如图 17-18 所示。按图中构造,先在主梁上的次梁相应位置处焊上承托,承托由竖板及水平顶板组成,见图 17-18(a)。安装时先将次梁端部上翼缘切去、安放在主梁承托水平顶板上,用安装螺栓定位,再将次梁下翼缘与顶板焊牢,见图 17-18(b),最后用连接盖板将主次梁上翼缘用焊缝连接起来,见图 17-18(c)。为避免仰焊,连接盖板的宽度应比次梁上翼缘稍窄,承托顶板的宽度则应比次梁下翼缘稍宽。

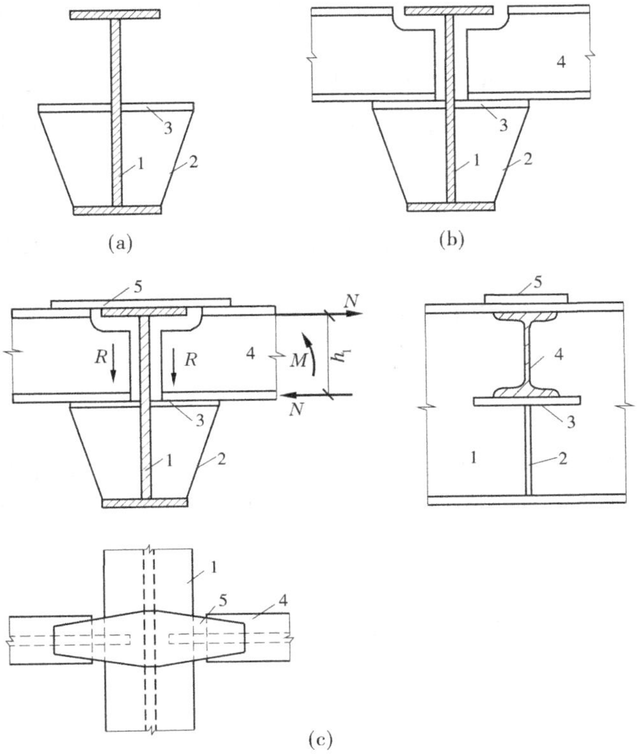

1—主梁;2—承托竖板;3—承托顶板;4—次梁;5—连接盖板

图 17-18　连续次梁与主梁连接的安装过程

在图 17-18 所示的连接中,次梁支座反力 R 直接传递给承托顶板,通过承托竖板再传至主梁。左右次梁的支座负弯矩则分解为由上翼缘的拉力和下翼缘的压力组成的力偶。上翼缘的拉力由连接盖板传递,下翼缘的压力则传给承托顶板后,再由承托顶板传给主梁腹板。这样,次梁上翼缘与连接盖板之间的焊缝、次梁下翼缘与承托顶板之间的焊缝以及承托顶板与主梁腹板之间的焊缝应按各自传递的拉力或压力设计。

设计次梁与主梁连接时,若次梁截面较大,则需采取构造措施防止支承处截面扭转。

钢结构各种构件连接设计时,要分析连接的传力途径,研究其传力是否安全可靠,同时注意构造布置的合理性和施工方便,从而做出合理的设计。

习　题

一、思考题

1. 钢梁的强度计算包括哪些内容? 什么情况下须计算梁的局部压应力和折算应力? 如何计算?

2. 梁发生强度破坏与丧失整体稳定性有何区别? 影响钢梁整体稳定性的主要因素有

哪些？提高钢梁整体稳定性的有效措施有哪些？

3. 梁的整体稳定系数 φ_b 是如何确定的？当 $\varphi_b > 0.6$ 时为什么要用 φ_b' 代替？

4. 设计型钢梁时应计算哪些内容？

5.《钢结构设计规范》(GB 50017—2003) 中可采取哪些措施防止钢梁发生局部失稳？

6. 钢梁的拼接、主次梁的连接各有哪些方式？其主要设计原则是什么？

二、选择题

1. 在主平面内受弯的工字形截面组合梁，在抗弯强度计算中，允许考虑截面部分发展塑性变形时，绕 x 轴和 y 轴的截面塑性发展系数 γ_x 和 γ_y 分别为__________。

A. 1.05，1.05　　B. 1.2，1.2　　C. 1.15，1.15　　D. 1.05，1.2

2. 钢结构梁的计算公式 $\sigma = \dfrac{M_x}{\gamma_x W_{nx}}$ 中的 γ_x __________。

A. 与材料强度有关　　B. 是极限弯矩与边缘屈服弯矩之比

C. 表示截面部分进入塑性　　D. 与梁所受荷载有关

3. 单向受弯梁失去整体稳定时是__________形式的失稳。

A. 弯曲　　B. 扭转

C. 弯扭　　D. 双向弯曲

4. 焊接工字形截面简支梁，在其他条件均相同的情况下，当__________时，梁的整体稳定性最好。

A. 加强梁的受压翼缘宽度

B. 加强梁的受拉翼缘宽度

C. 受压翼缘与受拉翼缘宽度相同

D. 在距支座 $l/6$(l 为跨度) 处减小受压翼缘宽度

5. 焊接工字形等截面简支梁，在其他条件均相同的情况下，当__________时，梁的整体稳定性最差(按各种情况下最大弯矩数值相同比较)。

A. 两端有相等弯矩作用(纯弯矩作用)

B. 满跨均布荷载作用

C. 跨度中点有集中荷载作用

D. 在离支座 $l/4$(l 为跨度) 处各有相同一集中力

6. 为了提高梁的整体稳定性，__________是最经济有效的办法。

A. 增大截面　　B. 增加侧向支撑点

C. 设置横向加劲肋　　D. 改变翼缘的厚度

7. 梁的支承加劲肋应设置在__________。

A. 弯曲应力大的区段　　B. 剪应力大的区段

C. 上翼缘或下翼缘有固定荷载作用的部位

D. 有吊车轮压的部位

三、计算题

1. 跨度为 9 m 的工作平台简支梁，所受均布荷载 g_k 为 35 kN/m(分项系数为 1.2)，q_k

为 36 kN/m(分项系数为 1.4),采用 Q235 钢,截面尺寸如图 17-19 所示。试验算其强度。

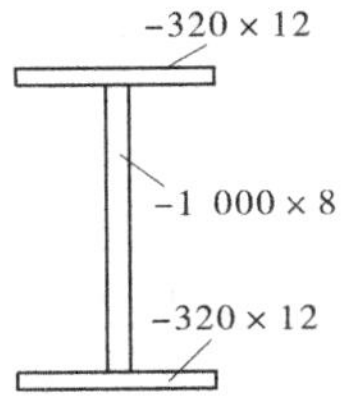

图 17-19 计算题 1 (单位:mm)

2. 某焊接工字形简支梁,荷载设计值及截面情况如图 17-20 所示。钢材为 Q235,$F = 300$ kN,集中力位置处设置侧向支承。试验算其强度、整体稳定性是否满足要求?

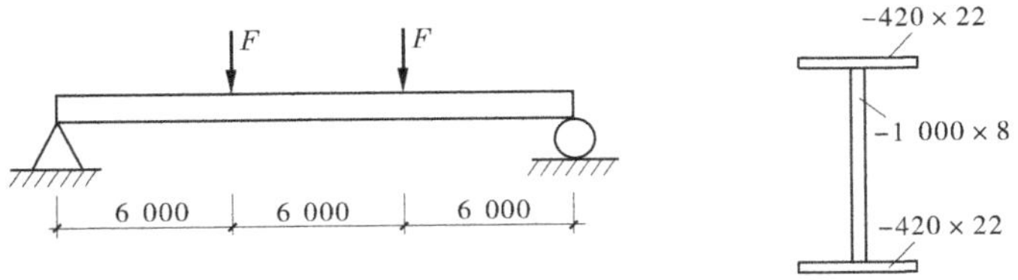

图 17-20 计算题 2 (单位:mm)

3. 简支梁受力及支承如图 17-21 所示,荷载标准值 $P = 180$ kN,不计自重,Q235 钢。

(1)验算该梁的强度。

(2)如不需验算该梁的整体稳定性,问需设几道侧向支承?

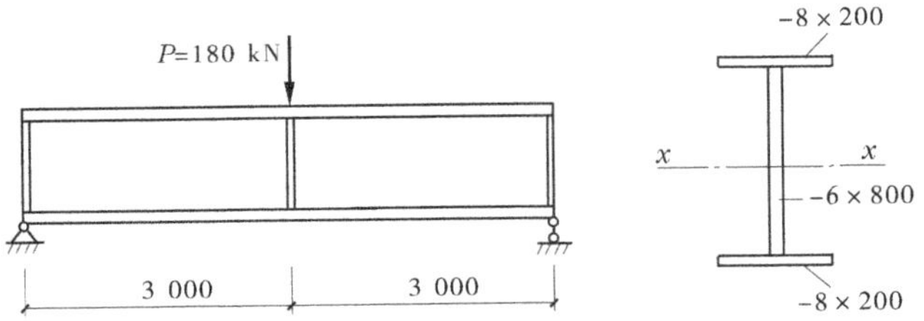

图 17-21 计算题 3 (单位:mm)

4. 焊接工字形截面简支梁,截面如图 17-22 所示,钢材 Q235,跨中设置一道侧向支撑,梁承受均布荷载的设计值为 $q = 60$ kN/m(包括自重),验算此梁的抗弯、抗剪强度和整体稳定性是否满足设计要求?

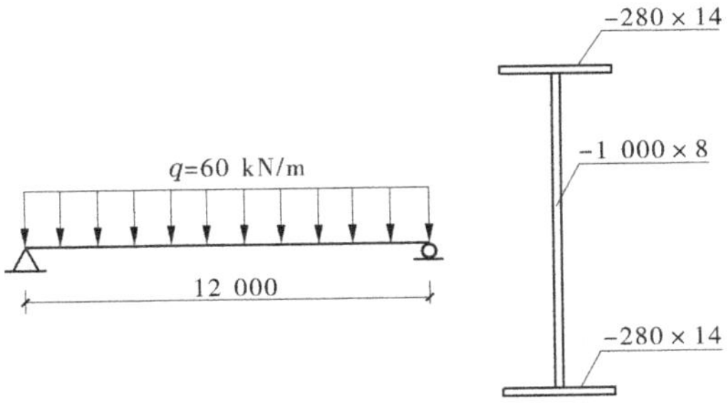

图 17-22 计算题 4 (单位:mm)

5. 焊接工字形简支梁，截面如图 17-23 所示，跨度 $l=4$ m，钢材 Q235，承受均布荷载设计值为 p(包括自重)。假定该梁局部稳定性和强度以及刚度能满足要求，试求该梁能承受的荷载 p。

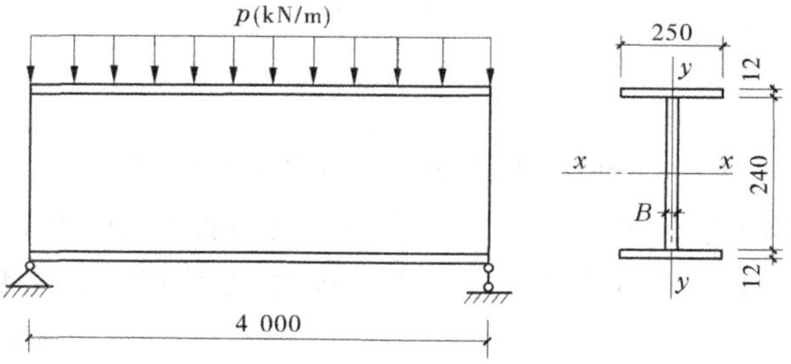

图 17-23　计算题 5　(单位:mm)

18 拉弯和压弯构件的设计

【学习目标】 通过本项目的学习,了解拉弯构件和压弯构件的截面形式;掌握实腹式压弯构件强度、刚度、整体稳定性和局部稳定性的计算方法,了解压弯构件的柱头与柱脚的形式、组成及构造知识。

18.1 拉弯和压弯构件的类型和应用

同时承受轴向拉力和弯矩或横向荷载共同作用的构件称为拉弯构件;同时承受轴向压力和弯矩或横向荷载共同作用的构件称为压弯构件。

轴心拉力和弯矩共同作用下的构件称为拉弯构件。图 18-1(a)所示为有偏心拉力作用的构件,图 18-1(b)所示为有横向荷载作用的拉杆,它们都是拉弯构件。在实际工程中,钢屋架中下弦杆中部有横向荷载作用时即为典型的拉弯构件,如图 18-3 所示。

当拉弯构件所承受的弯矩不大,主要受轴心拉力时,它的截面形式和一般轴心拉杆一样;当承受很大的弯矩时,应该采用在弯矩作用的平面内有较大高度的截面。

轴心压力和弯矩共同作用下的构件称为压弯构件。图 18-2(a)中承受偏心压力作用的构件和图 18-2(b)中有横向荷载作用的压杆,都属于压弯构件。压弯构件在钢结构中的应用十分广泛,例如,有节间荷载作用的屋架的上弦杆(见图 18-3),厂房的框架柱(见图 18-4),以及高层建筑的框架柱和海洋平台的立柱等大多都是压弯构件。

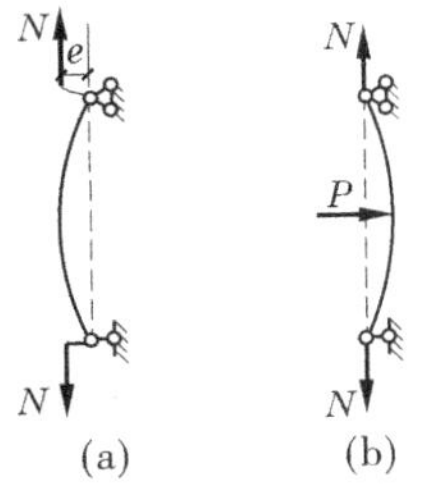

图 18-1 拉弯构件

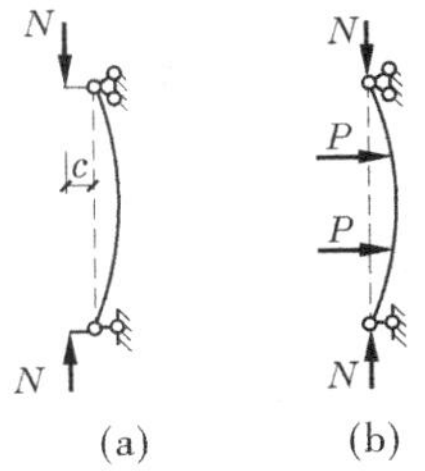

图 18-2 压弯构件

压弯构件若承受的弯矩很小而轴心压力却很大时,可采用轴心受压构件的截面形式,如图 18-2 所示;当只有一个方向的弯矩较大时,可采用如图 18-5 所示的截面并使弯矩绕强轴(x 轴)作用,如采用如图 18-5(b)所示的单轴对称截面,还应使较大翼缘位于受压一侧。

压弯构件的破坏形式有:①强度破坏;②在弯矩作用的平面内发生弯曲失稳破坏(发生这种破坏的构件变形形式没有改变,仍为弯矩作用平面内的弯曲变形);③弯矩作用平面外失稳破坏(这种破坏除了在弯矩作用方向存在弯曲变形外,垂直于弯矩作用的方向也会突然产生弯曲变形,同时截面还会绕杆轴发生扭转);④局部失稳破坏。针对上述破坏形式,应通过相应的计算及满足相应的构造要求进行控制。

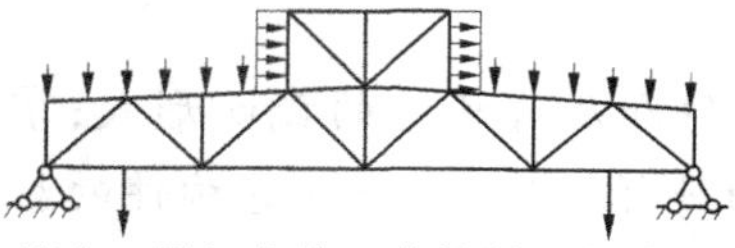

图 18-3 屋架中的压弯构件和拉弯构件

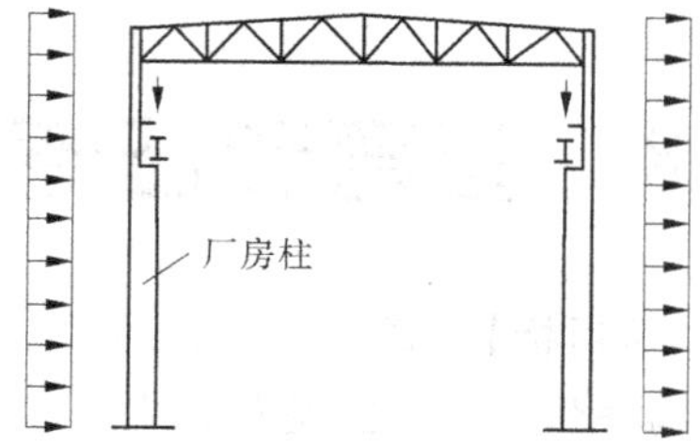

图 18-4 单层工业厂房框架柱

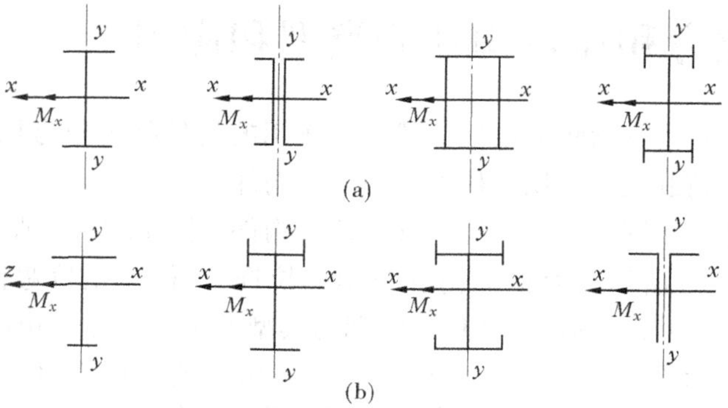

图 18-5 弯矩较大的实腹式压弯构件截面

与轴心受力构件一样,拉弯构件和压弯构件除应满足承载力极限状态的要求外,还应满足正常使用极限状态的要求,即刚度要求。拉弯构件和压弯构件的刚度条件与轴心受力构件相同,仍然是通过限制其长细比来控制的。

18.2 设计要点

18.2.1 拉弯和压弯构件的强度

单向拉弯、单向压弯构件的强度条件应考虑轴向力和弯矩的共同作用,可按式(18-1)计算

$$\frac{N}{A_n} \pm \frac{M_x}{\gamma_x W_{nx}} \leqslant f \tag{18-1}$$

式中 A_n——构件净截面面积;

γ_x——截面塑性发展系数,按表 17-1 采用;

W_{nx}——构件对 x 轴的净截面抵抗矩。

当压弯构件受压翼缘的自由外伸宽度与其厚度之比大于 $13\sqrt{\frac{235}{f_y}}$ 且不超过 $15\sqrt{\frac{235}{f_y}}$ 时,不考虑塑性发展,取 $\gamma_x = 1.0$;对于直接承受动力荷载作用的实腹式拉弯或压弯构件,

也不考虑塑性发展，取 $\gamma_x = 1.0$。

18.2.2 拉弯、压弯构件的刚度

同轴心受力构件一样，拉弯、压弯构件的刚度是以它的长细比来控制的，即需满足

$$\lambda_{max} \leqslant [\lambda] \tag{18-2}$$

式中 λ_{max}——构件最不利方向上的长细比最大值，一般为两主轴方向长细比的较大值；

$[\lambda]$——构件容许长细比，按第16章表16-1、表16-2选用。

当弯矩较大而轴力较小，或有其他特殊需要时，还须验算拉弯构件或压弯构件的挠度或变形条件是否满足要求。

【例18-1】 如图18-6所示拉弯构件，承受横向均布荷载设计值 $q = 12$ kN/m，轴向拉力设计值 $N = 340$ kN，截面采用I22a，无削弱，钢材为Q235，试验算其强度和刚度条件。

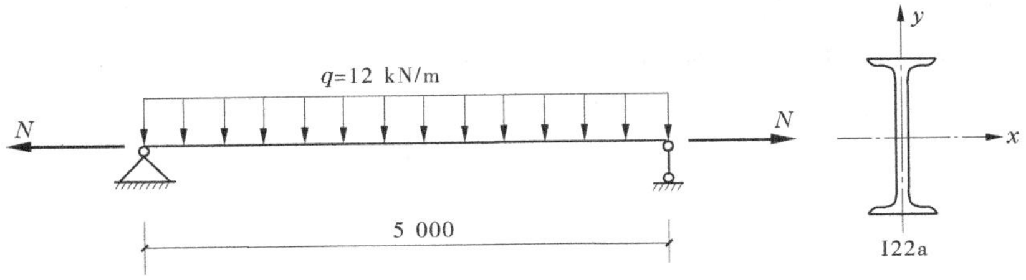

图18-6 例题18-1图 （单位：mm）

解： 查附表6-3可知I22a的截面特征：$A = 42.1$ cm²，$W_x = 30.96$ cm³，$i_x = 8.99$ cm，$i_y = 2.32$ cm。查表17-1得 $\gamma_x = 1.05$。

构件的最大弯矩设计值为

$$M_{max} = \frac{1}{8}ql^2 = \frac{12 \times 5^2}{8} = 37.5(\text{kN} \cdot \text{m})$$

强度验算

$$\frac{N}{A} + \frac{M}{\gamma_x W_x} = \left(\frac{340 \times 10^3}{42.1 \times 10^2} + \frac{37.5 \times 10^6}{1.05 \times 309.6 \times 10^3}\right)\text{N/mm}^2$$

$$= 196.1\ \text{N/mm}^2 < f = 215\ \text{N/mm}^2 \quad （满足要求）$$

刚度验算

$$\lambda_y = \frac{l_{oy}}{i_y} = \frac{5\ 000}{23.2} = 216 < [\lambda] = 350 \quad （满足要求）$$

18.2.3 实腹式压弯构件的整体稳定

单向压弯构件的破坏形式较复杂，对于截面有严重削弱或短粗的构件可能产生强度破坏，对于钢结构中的大多数压弯构件来说，最危险的是整体失稳破坏。单向压弯构件可能在弯矩作用平面内弯曲失稳，如果构件在非弯曲方向没有足够的支承，也可能产生侧向位移和扭转的弯扭失稳破坏形式，即弯矩作用平面外的失稳破坏。

18.2.3.1 在弯矩作用平面内的整体稳定

压弯构件在弯矩作用平面内的稳定问题应按构件受力的弹塑性阶段考虑，其承载能

力与截面形状、尺寸、初始缺陷、残余应力分布及失稳方向等因素有关，弯矩作用平面内稳定极限承载力的精确计算较困难。与轴心受压构件相似，规范采用简化计算方法——稳定系数法。

《钢结构设计规范》(GB 50017—2003)规定：对弯矩作用在对称轴内(假设为绕 x 轴)的实腹式压弯构件，其在弯矩作用平面内的稳定条件按式(18-3)进行验算

$$\frac{N}{\varphi_x A}+\frac{\beta_{mx}M_x}{\gamma_{1x}W_{1x}\left(1-0.8\frac{N}{N'_{Ex}}\right)}\leqslant f \tag{18-3}$$

式中 N——所计算构件段范围内的轴心压力；

φ_x——在弯矩作用平面内，不计弯矩作用时，轴心受压构件的稳定系数，由附表 4 查取；

A——构件毛截面面积；

M_x——所计算构件段范围内的最大弯矩；

N'_{Ex}——考虑抗力分项系数的欧拉临界力，按下式计算

$$N'_{Ex}=\frac{\pi^2 EI_x}{1.1l_{0x}^2} \tag{18-4}$$

I_x——截面对 x 轴的惯性矩；

W_{1x}——弯矩作用平面内截面的最大受压纤维的毛截面模量；

γ_{1x}——与相应的 W_{1x} 截面塑性发展系数；

β_{mx}——等效弯矩系数。

由公式(18-3)计算时，等效弯矩系数 β_{mx} 按以下规定计算：

1. 框架柱和两端支承的构件

(1)无横向荷载作用时：$\beta_{mx}=0.65+0.35\frac{M_2}{M_1}$(计算值小于 0.4 时取 0.4)，$M_1$ 和 M_2 为端弯矩，使构件产生同向曲率(无反弯点)时取同号，产生反向曲率(有反弯点)时取异号，$|M_1|\geqslant|M_2|$。

(2)有端弯矩和横向荷载同时作用时：使构件产生同向曲率时，$\beta_{mx}=1.0$；使构件产生反向曲率时，$\beta_{mx}=0.85$。

(3)无端弯矩但有横向荷载时，$\beta_{mx}=1.0$。

2. 悬臂构件

对于单轴对称截面，如 T 形、槽形截面的压弯构件，其两翼面积相差较大，当弯矩作用在对称平面内且使较大翼缘受压时，有可能在较小翼缘一侧因受拉区塑性发展过大而导致构件破坏，对这类构件，除按式(18-3)验算其稳定性外，还应按式(18-5)进行补充计算

$$\left|\frac{N}{A}-\frac{\beta_{mx}M_x}{\gamma_{2x}W_{2x}\left(1-1.25\frac{N}{N_{Ex}}\right)}\right|\leqslant f \tag{18-5}$$

式中 W_{2x}——弯矩作用平面内对较小翼缘的毛截面模量；

γ_{2x}——与 W_{2x} 相应的截面塑性发展系数，按表 17-1 选用；

β_{mx}——等效弯矩系数，悬臂构件取 1.0。

18.2.3.2 实腹式压弯构件在弯矩作用平面外的整体稳定

当弯矩作用于压弯构件的最大刚度平面内时，如果构件抗扭刚度和垂直于弯矩作用平面的抗弯刚度不大而侧向又没有足够的支承以阻止构件的侧移和扭转，构件就有可能发生弯矩作用平面外的失稳破坏（见图 18-7）。

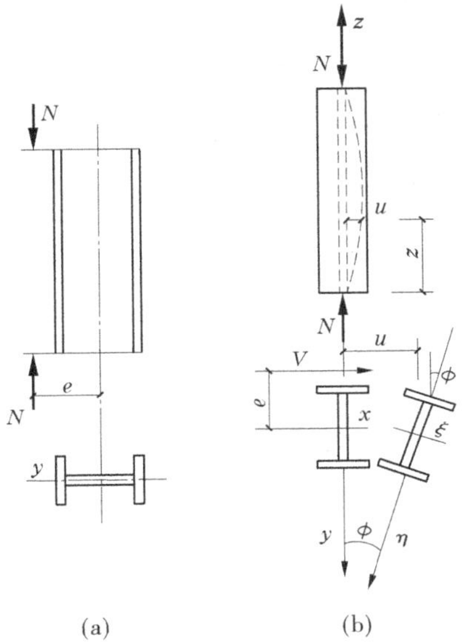

图 18-7 弯矩作用平面外的弯扭屈曲

规范规定弯矩作用平面外的稳定性验算按下式计算

$$\frac{N}{\varphi_y A}+\eta\frac{\beta_{tx}M_x}{\varphi_b W_{1x}}\leqslant f \tag{18-6}$$

式中 φ_y——弯矩作用平面外的轴心受压构件稳定系数；

M_x——所计算构件段范围内的最大弯矩；

η——调整系数，箱形截面 $\eta=0.7$，其他截面 $\eta=1.0$；

β_{tx}——弯矩作用平面外的等效弯矩系数，应根据计算段内弯矩作用平面外方向的支承情况及荷载和内力情况确定，取值方法与弯矩作用平面内等效弯矩系数 β_{mx} 相同；

φ_b——均匀弯曲的受弯构件整体稳定系数，对于闭口截面取 $\varphi_b=1.0$，其余情况按 17.2.3 小节内容所述计算，但对于非悬臂的工字形（包括 H 型钢），当 $\lambda_y\leqslant 120\sqrt{\frac{235}{f_y}}$ 时，可按下列近似公式计算：

双轴对称时

$$\varphi_b=1.07-\frac{\lambda_y^2}{44\ 000}\cdot\frac{f_y}{235}\leqslant 1 \tag{18-7}$$

单轴对称时

$$\varphi_b = 1.07 - \frac{W_{1x}}{(2a_b + 0.1)Ah} \cdot \frac{\lambda_y^2}{14\ 000} \cdot \frac{f_y}{235} \leqslant 1 \tag{18-8}$$

式中，$a_b = \frac{I_1}{I_1 + I_2}$，$I_1$、$I_2$ 分别为受压翼缘和受拉翼缘对 y 轴的惯性矩。

【例 18-2】 如图 18-8 所示两端铰接的压弯构件，构件长为 3 kN，承受的荷载设计值有：轴向压力 $N = 80$ kN，弯矩 $M = 30$ kN · m，构件截面为 I20a，钢材为 Q235，试验算该构件在弯矩作用平面外的整体稳定性。

解：查附表 6-3 得 I20a 的截面特性为：

$$A = 35.58\ \text{cm}^2, \frac{b}{h} = \frac{100}{200} < 0.8$$

$$W_x = 237\ \text{cm}^3, i_x = 8.15\ \text{cm}, i_y = 2.12\ \text{cm}$$

$$\lambda_x = \frac{l_{oy}}{i_y} = \frac{5\ 000}{23.2} = 216 < [\lambda] = 350$$

$$\lambda_y = \frac{l_{oy}}{i_y} = \frac{300}{2.12} = 141.5$$

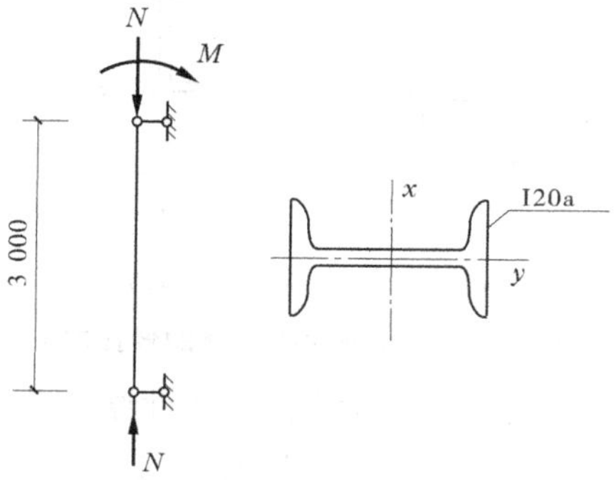

图 18-8 例题 18-2 图

按 b 类截面由 λ_y 查附表 4-2 得 $\varphi_y = 0.339$

$$\varphi_b = 1.07 - \frac{\lambda_y^2}{44\ 000} \times \frac{f_y}{235} = 0.615$$

$$\beta_{tx} = 0.65 + 0.35\frac{M_2}{M_1} = 0.65$$

$$\eta = 1.0 \quad (\text{工字形截面})$$

$$\frac{N}{\varphi_y A} + \eta\frac{\beta_{tx}M_x}{\varphi_b W_{1x}} = \frac{80 \times 10^3}{0.339 \times 35.58 \times 10^2} + 1.0 \times \frac{0.65 \times 30 \times 10^6}{0.615 \times 237 \times 10^3} = 200.1(\text{kN/mm}^2) \leqslant f$$

满足要求。

18.2.4 实腹式压弯构件的局部稳定

18.2.4.1 翼缘的局部稳定

对实腹式压弯构件，翼缘与腹板的局部稳定条件，规范以板件屈曲为失稳准则，不允许利用超屈曲强度，也不考虑残余应力和初弯曲的影响。

压弯构件的翼缘受力情况可近似视为承受均匀压应力的作用，与轴心受压构件的翼缘类似。规范采用限制其宽厚比的方法来保证翼缘的局部稳定，其规定压弯构件翼缘板自由外伸宽度 b_1 与其厚度 t 之比，应符合下列要求

允许截面发展部分塑性时（$\gamma_x > 1.0$）：
$$\frac{b_1}{t} \leqslant 13\sqrt{\frac{235}{f_y}} \tag{18-9}$$

按弹性计算时（$\gamma_x = 1.0$）：
$$\frac{b_1}{t} \leqslant 15\sqrt{\frac{235}{f_y}} \tag{18-10}$$

对于箱形截面，压弯构件两腹板之间的受压翼缘部分的宽厚比限制为
$$\frac{b_1}{t} \leqslant 40\sqrt{\frac{235}{f_y}} \tag{18-11}$$

18.2.4.2 腹板的局部稳定

当 $0 \leqslant \alpha_0 \leqslant 1.6$ 时
$$\frac{h_0}{t_w} \leqslant (16\alpha_0 + 0.5\lambda + 25)\sqrt{\frac{235}{f_y}} \tag{18-12}$$

当 $1.6 < \alpha_0 \leqslant 2.0$ 时
$$\frac{h_0}{t_w} \leqslant (48\alpha_0 + 0.5\lambda - 26.2)\sqrt{\frac{235}{f_y}} \tag{18-13}$$

式中 α_0——应力梯度，$\alpha_0 = (\sigma_{max} - \sigma_{min})/\sigma_{max}$；

σ_{max}——腹板计算高度边缘的最大应力，计算时不考虑构件的稳定系数和截面发展系数；

σ_{min}——腹板计算高度另一边缘相应的应力，压应力取正值，拉应力取负值；

λ——构件在弯矩作用平面内的长细比：当 $\lambda < 30$ 时，取 $\lambda = 30$；当 $\lambda > 100$ 时，取 $\lambda = 100$。

对 H 形、工字形截面受压构件的腹板，其高度比不符合式（18-12）或式（18-13）的要求时，可用纵向加劲肋加强，或在计算构件的强度和稳定性时将腹板的截面仅考虑计算高度边缘范围内两侧宽度各为 $20t_w\sqrt{235/f_y}$ 的部分的有效面积（计算构件的稳定系数时，仍用全部截面）。

18.3 梁与柱的连接

柱头是柱上端与梁的连接构造。柱头的作用是承受和传递梁及其上部结构的荷载，即将上部结构的荷载集中传于柱身。

梁与柱的连接形式可分为铰接和刚接两种。一般轴心受压柱多采用铰接，框架柱则常用刚接形式。

梁与柱的连接可将梁支于柱顶也可支于侧面，两种方式均可为铰接或刚接。

18.3.1 梁与柱铰接

18.3.1.1 梁支承于柱顶的构造形式

图 18-9 是梁支承于柱顶的构造示意图。梁的荷载通过顶板传给柱，顶板一般厚 16 ~ 20 mm，与柱焊接并与梁用普通螺栓相连。图 18-9(a)所示的构造中，梁的支承加劲肋对准柱的翼缘，在相邻梁之间留有间隙并用夹板和构造螺栓相连。这种构造形式简单、受力明确，但当两侧梁的反力不等时，易引起柱的偏心受力。图 18-9(b)的构造中，在梁端增加了带突缘的支承加劲肋连接于柱顶，直接对准了柱的轴线附近，加劲肋的底部刨平、顶紧于柱顶板。这种构造，柱的腹板是主要承力部分，不能太薄。同时在柱顶板之下、腹板两侧应设置加劲肋。这种构造形式可以防止由上部相邻梁反力不等时引起的柱受力的偏心。

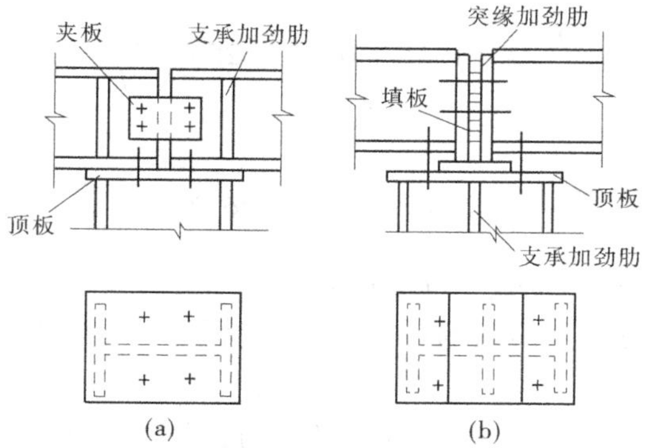

图 18-9 梁支承于柱顶的铰接连接

18.3.1.2 梁支承于柱顶侧面的构造形式

梁连接在侧面是另一种柱头构造形式，如图 18-10(a)、(b)、(c)所示。

图 18-10(a)所示的是将梁直接搁置在承托上，用普通螺栓连接。梁与柱侧面之间留有间隙，用角钢和构造螺栓相连。这种连接方式最简便，适用于梁所传递的反力较小时。

图 18-10(b)所示的方案是用厚钢板作承托，直接焊于柱侧。梁与柱侧仍留有空隙，梁吊装就位后，用填板和构造螺栓将柱翼缘和梁端板连接起来。

当梁沿柱翼缘平面方向与柱相连时，采用图 18-10(c)所示的连接方式。在柱腹板上直接设置承托，梁端板支承在承托上，梁安装就位后，用填板和构造螺栓将梁端板与柱腹板连接起来。这种连接方式使梁端反力直接传递给柱腹板。

18.3.2 梁与柱刚接

图 18-11 是梁与柱刚接的构造形式。刚接的连接不仅可传递竖向反力，还可传递梁端弯矩，但其制作、施工较复杂。

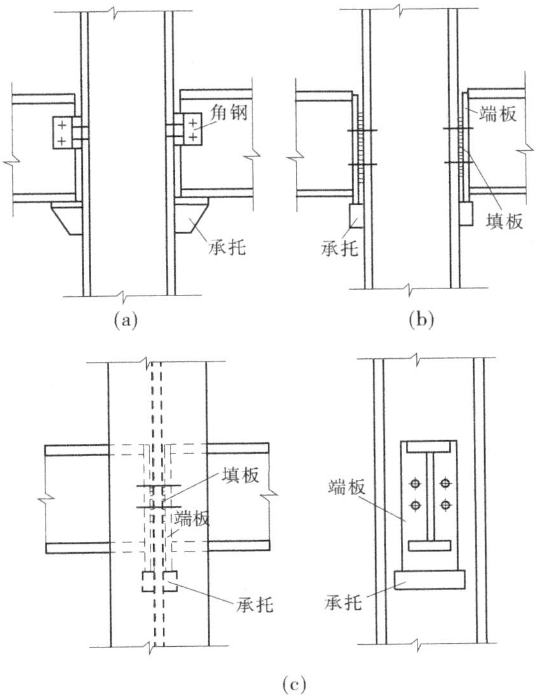

图 18-10 梁支承于柱侧的铰接连接

图 18-11(a)中，梁与柱连接前，事先在柱身侧面连接位置处焊上衬板(垫板)，梁翼缘端部作成剖口，并在梁腹板端部留出槽口，上槽口是为了让出衬板位置，下槽口供焊缝通过。梁吊装就位后，梁腹板与柱翼缘用角焊缝相连，梁翼缘与柱翼缘用剖口对接焊缝相连。这种连接的优点是构造简单、省工省料，缺点是要求构件尺寸加工精确，且需高空施焊。

为了克服图 18-11(a)的缺点，可采用图 18-11(b)的连接形式。这种形式在梁与柱连接前，先在柱身侧面梁上、下翼缘连接位置处分别焊上、下两个支托，同时在梁端上翼缘及腹板处留出槽口。梁吊装就位后，梁腹板与柱身上支托竖板用安装螺栓相连定位，梁下翼缘与柱身下支托水平板用角焊缝相连。梁上翼缘与上支托水平板则用另一块短板通过角焊缝连接起来。梁端弯矩所形成的上、下拉压轴力由梁翼缘传给上、下支托水平板，再传给柱身，梁端剪力通过下支托传给柱身。这种连接比图 18-11(a)构造稍微复杂一些，但安装时对中就位比较方便。

图 18-11(c)也是对图 18-11(a)的一种改进。这种连接将梁在跨间内力较小处断开，靠近柱的一段梁在工厂制造时即焊在柱上形成一悬臂短梁段。安装时将跨间一段梁吊装就位后，用摩擦型高强度螺栓将它与悬臂短梁段连接起来。这种连接的优点是连接处内力小，所需螺栓数相应较少，安装时对中就位比较方便，同时不需高空施焊。

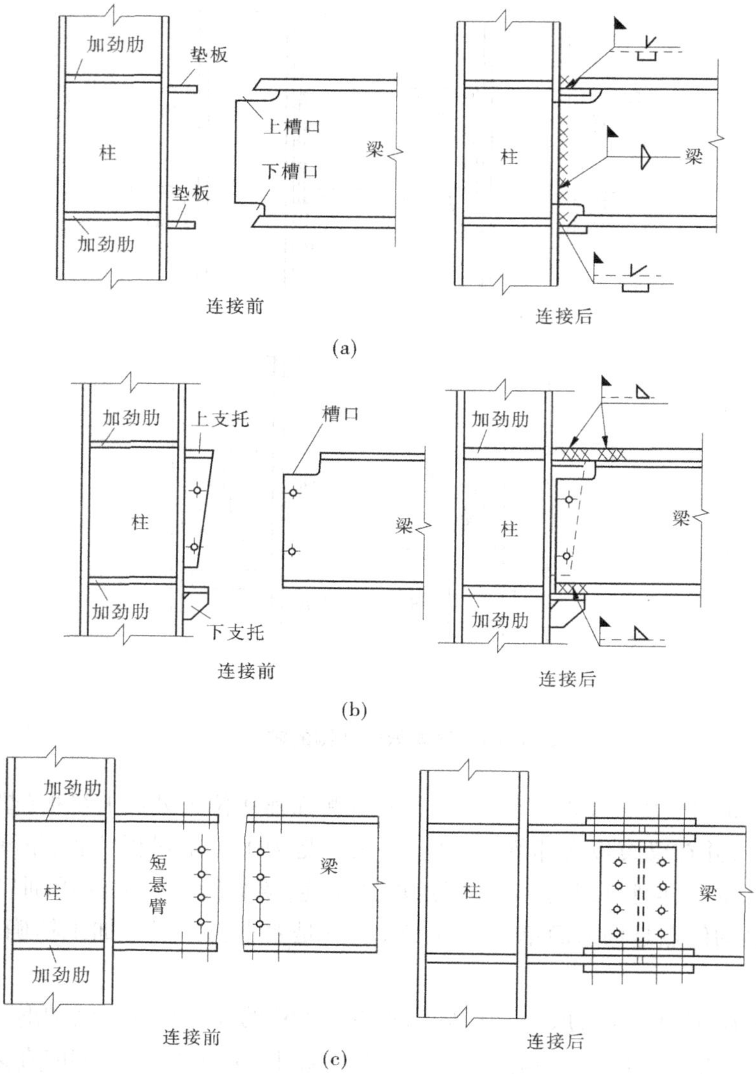

图 18-11　梁与柱的刚性连接

18.4　柱　脚

柱的下端与基础连接部分称为柱脚。柱脚的作用是承受柱身的荷载并将其传递给基础,柱脚构造可以分为刚接和铰结两种不同的形式。下面对两种形式的柱脚构造做一介绍。

18.4.1　铰接柱脚的构造

轴心受压柱的柱脚多为铰接平板式柱脚,一般由底板、靴梁、隔板和肋板等组成。底板由锚栓固定于混凝土基础上。锚栓直径一般为 20 ~ 25 mm,为底板上锚栓孔的直径的 1.2 ~ 2 倍。柱吊装就位后,用垫板套住锚栓并与底板焊牢。常用的构造形式如图 18-12 所示。

小型柱若压力较小时,可仅由顶板将柱压力传给基础,如图 18-12(a)所示。在柱的端部只焊一块不太厚的底板,柱身的压力经过焊缝传到底板,底板再将柱身的压力传到基础上。

大、中型柱,若压力较大时,所需底板较厚,柱与底板的连接焊缝厚度可能超过限值,故在柱身与底板之间需设置靴梁、隔板和肋板等中间传力分布结构。柱端通过竖焊缝将压力传给靴梁,靴梁通过底部焊缝将压力传给底板。分布结构的作用是增加柱身与底板连接焊缝的长度,将底板分隔为若干较小区隔,达到减小底板弯矩,从而减小底板厚度的目的。当采用靴梁后,底板的弯矩值仍较大时,可再采用隔板和肋板,如图 18-12(b)、(c)、(d)所示。

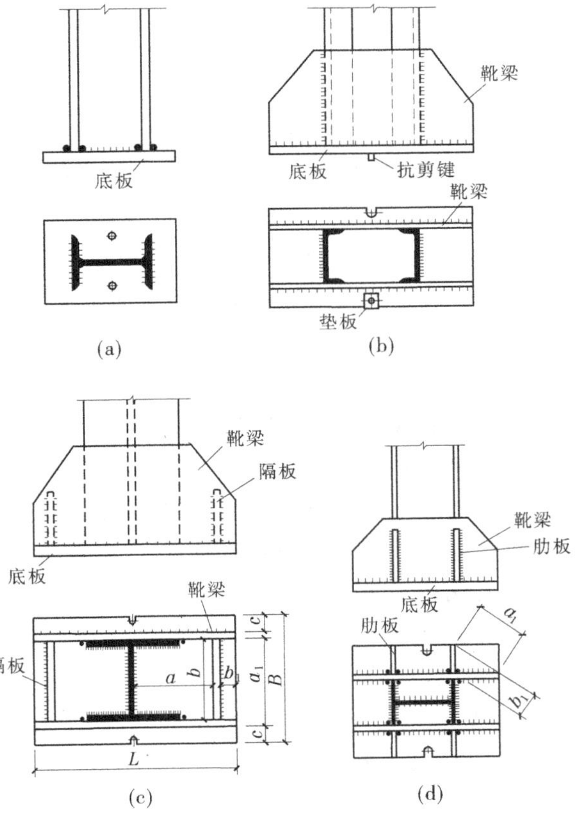

图 18-12 铰接柱脚

靴梁是沿柱脚长度方向设于柱两侧的钢板,由竖向焊缝与柱翼缘相连接,由水平焊缝与底板相连。隔板是竖向布置在靴梁内侧的钢板,用来侧向支撑靴梁并减小底板格局。肋板是竖向布置在靴梁外侧并垂直于靴梁而设置的加劲肋板。

柱脚通过锚栓固定于基础。铰接柱脚只沿着一条轴线设置两个连接于底板上的锚栓，锚栓的直径一般为 20 ~ 25 mm。为了便于安装，底板上的锚栓孔径取为锚栓直径的 1.5 ~ 2 倍，待柱就位并调整到设计位置后，再用垫板套住锚栓并与底板焊牢。

18.4.2 刚接柱脚的构造

刚接柱脚除承受轴心压力外还承受弯矩和剪力。由于轴心压力较大，剪力可由底板与基础间的摩擦力来传递，一般可不必计算。当水平剪力超过摩擦力时，可在柱脚底板下面设置剪力键或给柱脚外包混凝土。

按柱的型式和其宽度，框架柱柱脚可做成整体式和分离式两大类。实腹式柱和二分肢间距小于 1.5 m 的格构式柱常用前者，分肢间距较大的格构式柱常采用后者。

习 题

一、思考题

1. 压弯构件的受力情况有什么特征？

2. 计算长度的几何意义、物理意义是什么？一个构件的计算长度与该构件所受荷载是否有关？

3. 简述压弯构件失稳的形式及计算的方法。

4. 梁与柱的刚性连接应能传递哪些内力？梁柱刚性连接中，这些内力是如何传递的？

二、选择题

1. 钢结构实腹式压弯构件的设计一般应进行的计算内容为__________。

A. 强度、刚度、弯矩作用平面内的稳定性、局部稳定、变形

B. 弯矩作用平面内的稳定性、局部稳定、变形、长细比

C. 强度、刚度、弯矩作用平面内及平面外的稳定性、局部稳定、变形

D. 强度、刚度、弯矩作用平面内及平面外的稳定性、局部稳定、长细比

2. 承受静力荷载或间接承受动力荷载的工字形截面，绕强轴弯曲的压弯构件，其强度计算公式中，塑性发展系数 γ_x 取__________。

A. 1.2　　B. 1.5　　C. 1.05　　D. 1.0

3. 单轴对称截面的压弯构件，一般宜使弯矩__________。

A. 绕非对称轴作用　　B. 绕对称轴作用

C. 绕任意轴作用　　D. 视情况绕对称轴或非对称轴作用

4. 单轴对称截面的压弯构件，当弯矩作用在对称轴平面内，且使较大翼缘受压时，构件达到临界状态的应力分布__________。

A. 可能在拉、压侧都出现塑性　　B. 只在受压侧出现塑性

C. 只在受拉侧出现塑性　　D. 拉、压侧都不会出现塑性

5. 单轴对称的实腹式压弯构件整体稳定计算公式 $\frac{N}{\varphi_x}+\frac{\beta_{mx}M_x}{\gamma_x W_{1x}\left(1-0.8\frac{N}{N'_{Ex}}\right)}\leqslant f$ 和 $\left|\frac{N}{A}-\frac{\beta_{mx}M_x}{\gamma_x W_{2x}\left(1-1.25\frac{N}{N'_{Ex}}\right)}\right|\leqslant f$ 中的 γ_x、W_{1x}、W_{2x} 为__________。

A. W_{1x} 和 W_{2x} 为单轴对称截面绕非对称轴较大和较小翼缘最外边缘的毛截面模量，γ_x 值不同

B. W_{1x} 和 W_{2x} 为较大和较小翼缘最外边缘的毛截面模量，γ_x 值不同

C. W_{1x} 和 W_{2x} 为较大和较小翼缘最外边缘的毛截面模量，γ_x 值相同

D. W_{1x} 和 W_{2x} 为单轴对称截面绕非对称轴较大和较小翼缘最外边缘的毛截面模量，γ_x 值相同

三、计算题

1. 如图 18-13 所示压弯构件长 12 m，承受轴心拉力设计值 $N=1\ 600$ kN，构件中央作用横向设计值 $F=520$ kN，弯矩作用平面外有两个侧向支撑，构件采用 Q235 钢，翼缘为火焰切割边，验算该构件在弯矩作用平面内和平面外的整体稳定性。

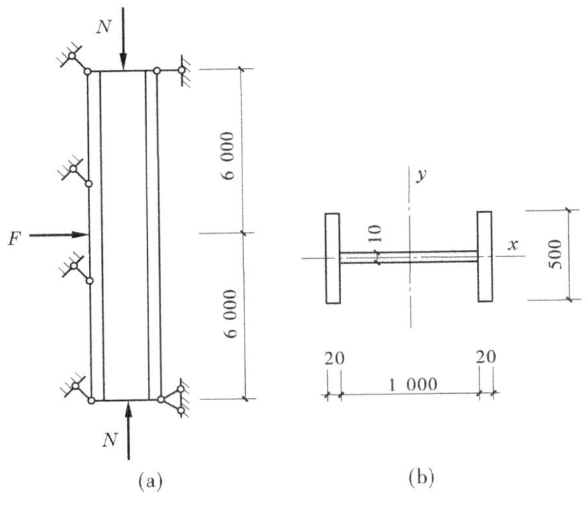

图 18-13 计算题 1 （单位：mm）

2. 如图 18-14 所示 I20a 工字钢构件，承受轴心拉力设计值 $N=500$ kN，长 4.5 m，两端铰接，在跨中 1/3 处作用着集中荷载 F，钢材为 Q235，试问该构件能承受的最大横向荷载 F 为多少？

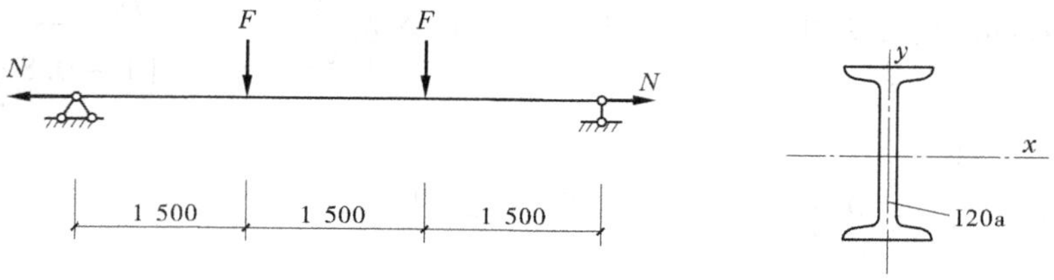

图 18-14 计算题 2 （单位：mm）

附　录

附录 1　等截面等跨连续梁在常用荷载作用下按弹性分析的内力系数表

1. 在均布及三角形荷载作用下：$M = K_1 g l_0^2 + K_2 q l_0^2$　$V = K_3 g l_n + K_4 q l_n$

2. 在集中荷载作用下：$M = K_1 G l_0 + K_2 Q l_0$　　$V = K_3 G + K_4 Q$

3. 内力正负号规定：M——使截面上部受压、下部受拉为正；V——对邻近截面所产生的力矩沿顺时针方向者为正。

附表 1-1　两跨梁内力系数

荷载图	跨内最大弯矩		支座弯矩	剪力			跨度中点挠度	
	M_1	M_2	M_B	V_A	V_{Bl} V_{Br}	V_C	f_1	f_2
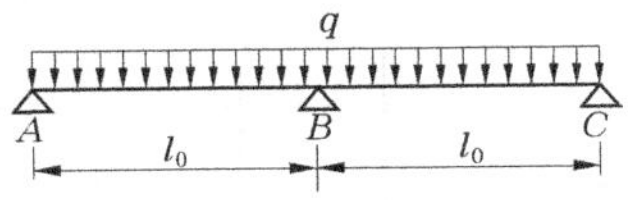	0.070	0.070	-0.125	0.375	-0.625 0.625	-0.375	0.521	0.521
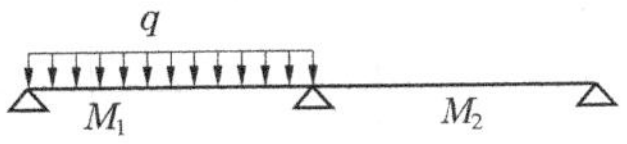	0.096	—	-0.063	0.437	-0.563 0.063	0.063	0.912	-0.391
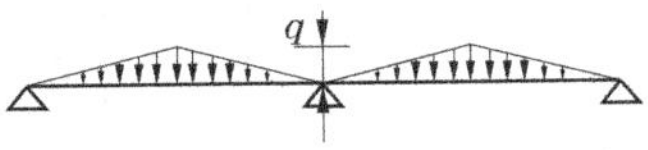	0.048	0.048	-0.078	0.172	-0.328 0.328	-0.172	0.345	0.345
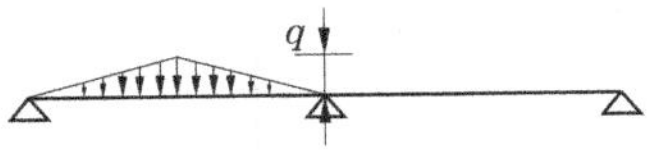	0.064	—	-0.039	0.211	-0.289 0.039	0.039	0.589	-0.244
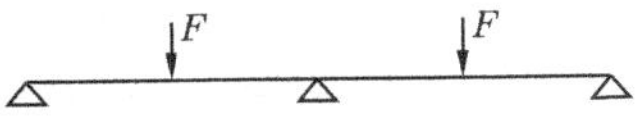	0.156	0.156	-0.188	0.312	-0.688 0.688	-0.312	0.911	0.911
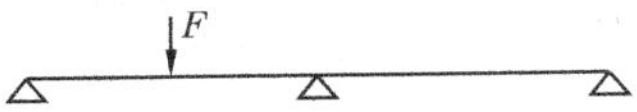	0.203	—	-0.094	0.406	-0.594 0.094	0.094	1.497	-0.586
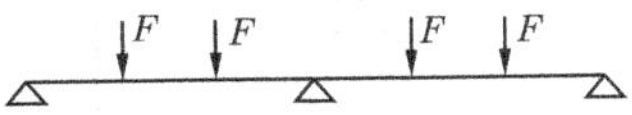	0.222	0.222	-0.333	0.667	-1.333 1.333	-0.667	1.466	1.466
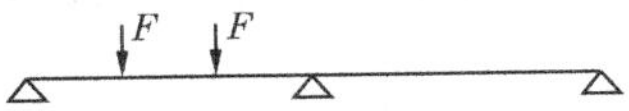	0.278	—	-0.167	0.833	-1.167 0.167	0.167	2.508	-1.042

附表 1-2　三跨梁内力系数

荷载图	跨内最大弯矩		支座弯矩		剪力				跨度中点挠度		
	M_1	M_2	M_B	M_C	V_A	V_{Bl} V_{Br}	V_{Cl} V_{Cr}	V_D	f_1	f_2	f_3
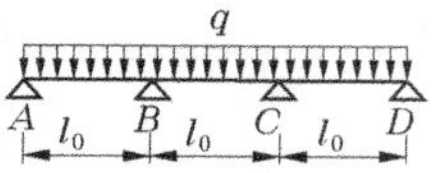	0.080	0.025	−0.100	−0.100	0.400	−0.600 0.500	−0.500 0.600	−0.400	0.677	0.052	0.677
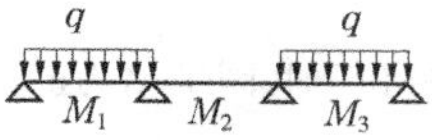	0.101	—	−0.050	−0.050	0.450	−0.550 0	0 0.550	−0.450	0.990	−0.625	0.990
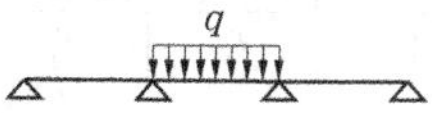	—	0.075	−0.050	−0.050	0.050	−0.050 0.500	−0.500 0.050	0.050	−0.313	0.677	−0.313
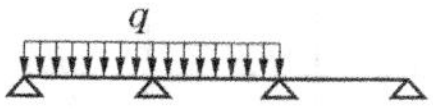	0.073	0.054	−0.117	−0.033	0.383	−0.617 0.583	−0.417 0.033	0.033	0.573	0.365	−0.208
	0.094	—	−0.067	0.017	0.433	−0.567 0.083	0.083 −0.017	−0.017	0.885	−0.313	0.104
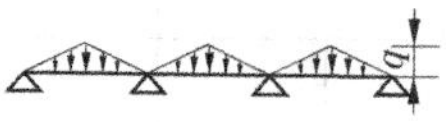	0.054	0.021	−0.063	−0.063	0.183	−0.313 0.250	−0.250 0.313	−0.188	0.443	0.052	0.443
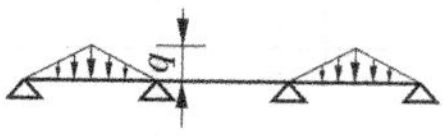	0.068	—	−0.031	−0.031	0.219	−0.281 0	0 0.281	−0.219	0.638	−0.391	0.638
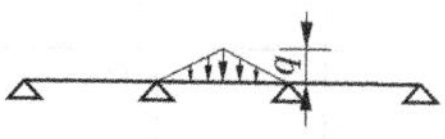	—	0.052	−0.031	−0.031	−0.031	−0.031 0.250	−0.250 0.031	0.031	−0.195	0.443	−0.195
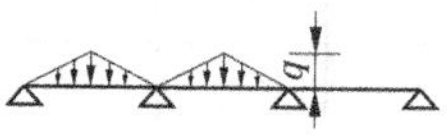	0.050	0.038	−0.073	−0.021	0.177	−0.323 0.302	−0.198 0.021	0.021	0.378	0.248	−0.130
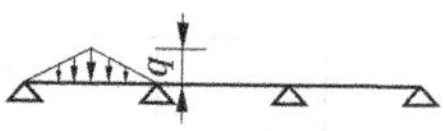	0.063	—	−0.042	0.010	0.208	−0.292 0.052	0.052 −0.010	−0.010	0.573	−0.195	0.065

续附表 1-2

荷载图	跨内最大弯矩		支座弯矩		剪力				跨度中点挠度		
	M_1	M_2	M_B	M_C	V_A	V_{Bl} V_{Br}	V_{Cl} V_{Cr}	V_D	f_1	f_2	f_3
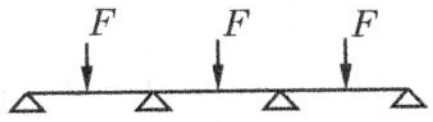	0.175	0.100	−0.150	−0.150	0.350	−0.650 0.500	−0.500 0.650	−0.350	1.146	0.208	1.146
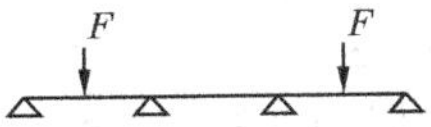	0.213	—	−0.075	−0.075	0.425	−0.575 0	0 0.575	−0.425	1.615	−0.937	1.615
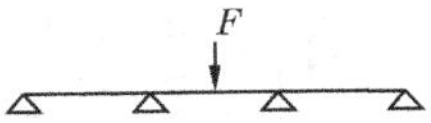	—	0.175	−0.075	−0.075	−0.075	−0.075 0.500	−0.500 0.075	0.075	−0.469	1.146	−0.469
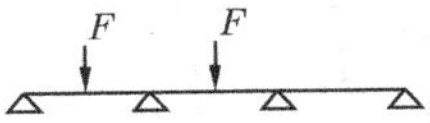	0.162	0.137	−0.175	−0.050	0.325	−0.675 0.625	−0.375 0.050	0.050	0.990	0.677	0.312
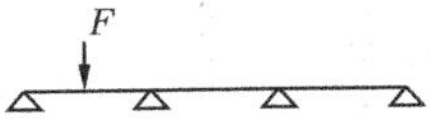	0.200	—	−0.100	0.025	0.400	−0.600 0.125	0.125 −0.025	−0.025	1.458	−0.469	0.156
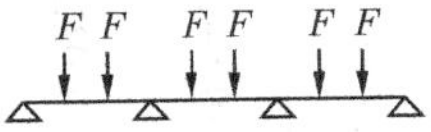	0.244	0.067	−0.267	−0.267	0.733	−1.267 1.000	−1.000 1.267	−0.733	1.883	0.216	1.883
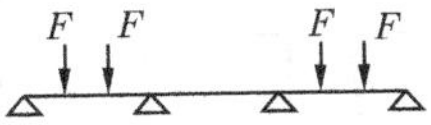	0.289	—	−0.133	−0.133	0.866	−1.134 0	0 1.134	−0.866	2.716	−1.667	2.716
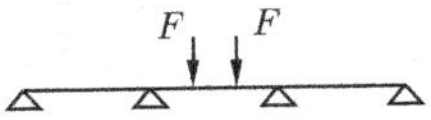	—	0.200	−0.133	−0.133	−0.133	−0.133 1.000	−1.000 0.133	0.133	−0.833	1.883	0.833
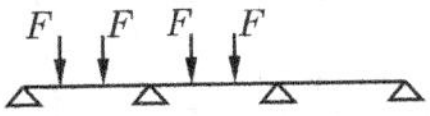	0.229	0.170	−0.311	−0.089	0.689	−1.311 1.222	−0.778 0.089	0.089	1.605	1.049	−0.556
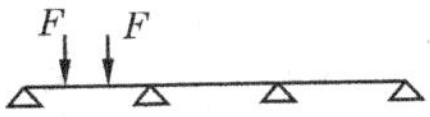	0.274	—	−0.178	0.044	0.822	−1.178 0.222	0.222 −0.044	−0.044	2.438	−0.833	0.278

附表 1-3　四跨梁内力系数

荷载图	跨内最大弯矩				支座弯矩			剪力					跨度中点挠度			
	M_1	M_2	M_3	M_4	M_B	M_C	M_D	V_A	V_{Bl} V_{Br}	V_{Cl} V_{Cr}	V_{Dl} V_{Dr}	V_E	f_1	f_2	f_3	f_4
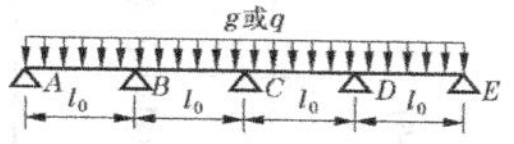	0.077	0.036	0.036	0.077	−0.107	−0.071	−0.107	0.393	−0.607 0.536	−0.464 0.464	−0.536 0.607	−0.393	0.632	0.186	0.186	0.632
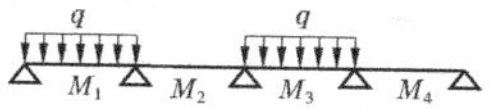	0.100	—	0.081	—	−0.054	−0.036	−0.054	0.446	−0.554 0.018	0.018 0.482	−0.518 0.054	0.054	0.967	−0.558	0.744	−0.335
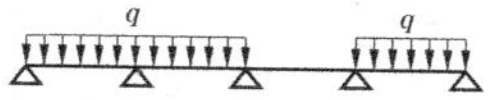	0.072	0.061	—	0.098	−0.121	−0.018	−0.058	0.380	−0.620 0.603	−0.397 −0.040	−0.040 0.558	−0.442	0.549	0.437	−0.474	0.939
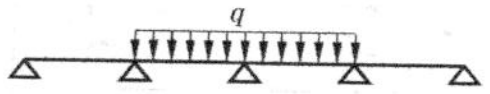	—	0.056	0.056	—	−0.036	−0.107	−0.036	−0.036	−0.036 0.429	−0.571 0.571	−0.429 0.036	0.036	−0.223	0.409	0.409	−0.223
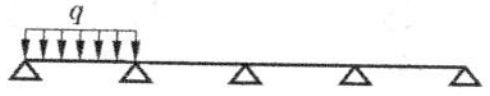	0.094	—	—	—	−0.067	0.018	−0.004	0.433	−0.567 0.085	0.085 −0.022	−0.022 0.004	0.004	0.884	−0.307	0.084	−0.028
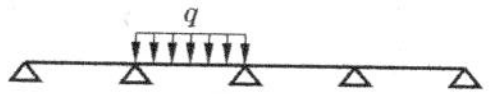	—	0.071	—	—	−0.049	−0.054	0.013	−0.049	−0.049 0.496	−0.504 0.067	0.067 −0.013	−0.013	−0.307	0.660	−0.251	0.084
	0.052	0.028	0.028	0.052	−0.067	−0.045	−0.067	0.183	−0.317 0.272	−0.228 0.228	−0.272 0.317	−0.183	0.415	0.136	0.136	0.415
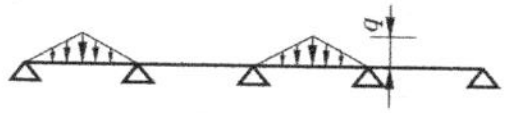	0.067	0.055	—	—	−0.034	−0.022	−0.034	0.217	−0.284 0.011	0.011 0.239	−0.261 0.034	0.034	0.624	−0.349	0.485	−0.209
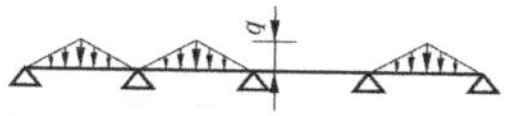	0.049	0.042	—	0.066	−0.075	−0.011	−0.036	0.175	−0.325 0.314	−0.186 0.025	−0.025 0.286	−0.214	0.363	0.293	−0.296	0.607
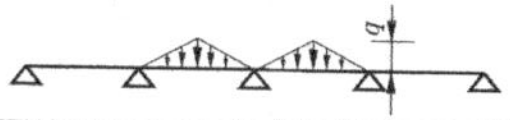	—	0.040	0.040	—	−0.022	−0.067	−0.022	−0.022	−0.022 0.205	−0.295 0.295	−0.205 0.022	0.022	−0.140	0.275	0.275	−0.140
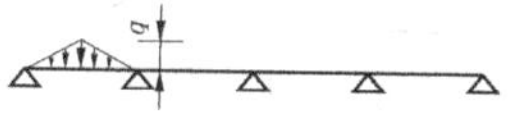	0.063	—	—	—	−0.042	0.011	−0.003	0.208	−0.292 0.053	0.053 −0.014	−0.014 0.003	0.003	0.572	−0.192	0.052	−0.017
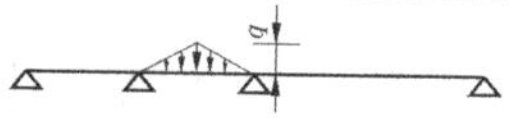	—	0.051	—	—	−0.031	−0.034	0.008	−0.031	−0.031 0.247	−0.253 0.042	0.042 −0.008	−0.008	−0.192	0.432	−0.157	0.052

续附表 1-3

荷载图	跨内最大弯矩				支座弯矩			剪力					跨度中点挠度			
	M_1	M_2	M_3	M_4	M_B	M_C	M_D	V_A	V_{Bl} V_{Br}	V_{Cl} V_{Cr}	V_{Dl} V_{Dr}	V_E	f_1	f_2	f_3	f_4
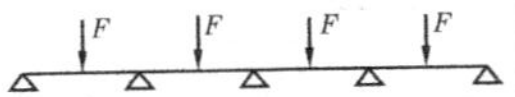	0.169	0.116	0.116	0.169	-0.161	-0.107	-0.161	0.339	-0.661 0.554	-0.446 0.446	-0.554 0.661	-0.339	1.079	0.409	0.409	1.079
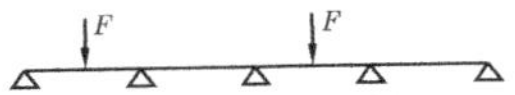	0.210	—	0.183	—	-0.080	-0.054	-0.080	0.420	-0.580 0.027	0.027 0.473	-0.527 0.080	0.080	1.581	-0.837	1.246	-0.502
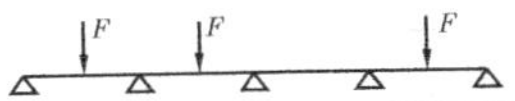	0.159	0.146	—	0.206	-0.181	-0.027	-0.087	0.319	-0.681 0.654	-0.346 -0.060	-0.060 0.587	-0.413	0.953	0.786	-0.711	1.539
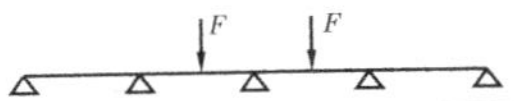	—	0.142	0.142	—	-0.054	-0.161	-0.054	0.054	-0.054 0.393	-0.607 0.607	-0.393 0.054	0.054	-0.335	0.744	0.744	-0.335
	0.200	—	—	—	-0.100	0.027	-0.007	0.400	-0.600 0.127	0.127 -0.033	-0.033 0.007	0.007	1.456	-0.460	0.126	-0.042
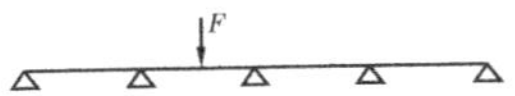	—	0.173	—	—	-0.074	-0.080	0.020	-0.074	-0.074 0.493	-0.507 0.100	0.100 -0.020	-0.020	-0.460	1.121	-0.377	0.126
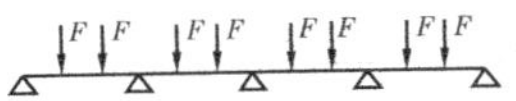	0.238	0.111	0.111	0.238	-0.286	-0.191	-0.286	0.714	1.286 1.095	-0.905 0.905	-1.095 1.286	-0.714	1.764	0.573	0.573	1.764
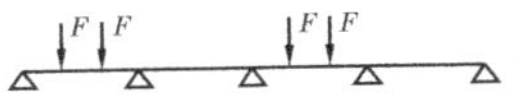	0.286	—	0.222	-	-0.143	-0.095	-0.143	0.857	-0.143 0.048	0.048 0.952	-1.048 0.143	0.143	2.657	-1.488	2.061	-0.892
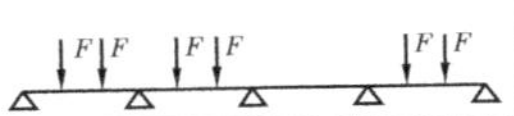	0.226	0.194	—	0.282	-0.321	-0.048	-0.155	0.679	-1.321 1.274	-0.726 -0.107	-0.107 1.155	-0.845	1.541	1.243	-1.265	2.582
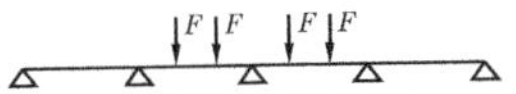	—	0.175	0.175	—	-0.095	-0.286	-0.095	-0.095	-0.095 0.810	-1.190 1.190	-0.810 0.095	0.095	-0.595	1.168	1.168	-0.595
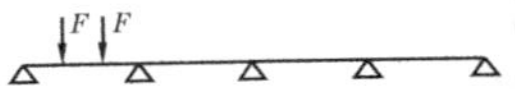	0.274	—	—	—	-0.178	0.048	-0.012	0.822	-1.178 0.226	0.226 -0.060	-0.060 0.012	0.012	2.433	-0.819	0.223	-0.074
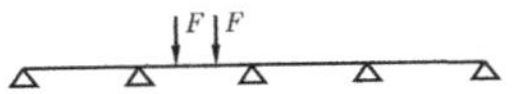	—	0.198	—	—	-0.131	-0.143	0.036	-0.131	-0.131 0.988	-1.012 0.178	0.178 -0.036	-0.036	-0.819	1.838	-0.670	0.223

附表 1-4　五跨梁内力系数

荷载图	跨内最大弯矩			支座弯矩				剪力						跨中中点挠度				
	M_1	M_2	M_3	M_B	M_C	M_D	M_E	V_A	V_{Bl} V_{Br}	V_{Cl} V_{Cr}	V_{Dl} V_{Dr}	V_{El} V_{Er}	V_F	f_1	f_2	f_3	f_4	f_5
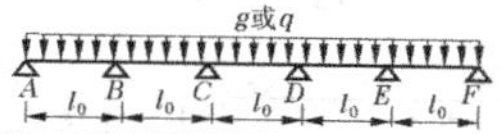	0.078	0.033	0.046	−0.105	−0.079	−0.079	−0.105	0.394	−0.606 0.526	−0.474 0.500	−0.500 0.474	−0.526 0.606	−0.394	0.644	0.151	0.315	0.151	0.644
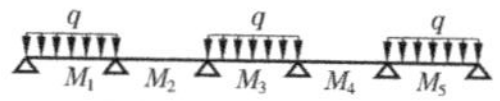	0.100	—	0.085	−0.053	−0.040	−0.040	−0.053	0.447	−0.553 0.013	0.013 0.500	−0.500 −0.013	−0.013 0.553	−0.447	0.973	−0.576	0.809	−0.576	0.973
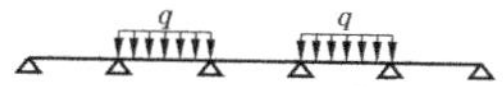	—	0.079	—	−0.053	−0.040	−0.040	−0.053	−0.053	−0.053 0.513	−0.487 0	0 0.487	−0.513 0.053	0.053	−0.329	0.727	−0.493	0.727	−0.329
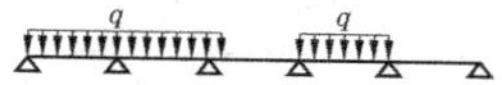	0.073	② 0.059 0.078	—	−0.119	−0.022	−0.044	−0.051	0.380	−0.620 0.598	−0.402 −0.023	−0.023 0.493	−0.507 0.052	0.052	0.555	0.420	−0.411	0.704	−0.321
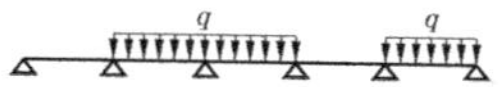	① — 0.098	0.055	0.064	−0.035	−0.111	−0.020	−0.057	0.035	0.035 0.424	0.576 0.591	−0.409 −0.037	−0.037 0.557	−0.443	−0.217	0.390	0.480	−0.486	0.943
	0.094	—	—	−0.067	0.018	−0.005	0.001	0.433	0.567 0.085	0.085 0.023	0.023 0.006	0.006 −0.001	0.001	0.883	−0.307	0.082	−0.022	0.008
	—	0.074	—	−0.049	−0.054	0.014	−0.004	0.019	−0.049 0.495	−0.505 0.068	0.068 −0.018	−0.018 0.004	0.004	−0.307	0.659	−0.247	0.067	−0.022
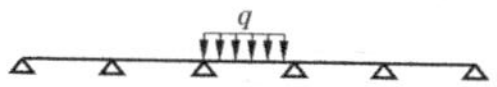	—	—	0.072	0.013	0.053	0.053	0.013	0.013	0.013 −0.066	−0.066 0.500	−0.500 0.066	0.066 −0.013	0.013	0.082	−0.247	0.644	−0.247	0.082
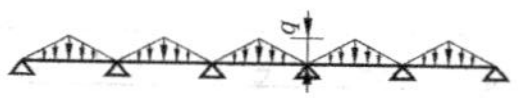	0.053	0.026	0.034	−0.066	−0.049	0.049	−0.066	0.184	−0.316 0.266	−0.234 0.250	−0.250 0.234	−0.266 0.316	0.184	0.422	0.114	0.217	0.114	0.422
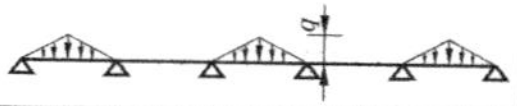	0.067	—	0.059	−0.033	−0.025	−0.025	0.033	0.217	0.283 0.008	0.008 0.250	−0.250 −0.008	−0.008 0.283	0.217	0.628	−0.360	0.525	−0.360	0.628
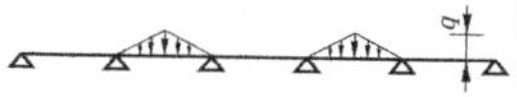	—	0.055	—	−0.033	−0.025	−0.025	−0.033	0.033	−0.033 0.258	−0.242 0	0 0.242	−0.258 0.033	0.033	−0.205	0.474	−0.308	0.474	−0.205
	0.049	②0.041 0.053	—	−0.075	−0.014	−0.028	−0.032	0.175	0.325 0.311	−0.189 −0.014	−0.014 0.246	−0.255 0.032	0.032	0.366	0.282	−0.257	0.460	−0.201

续附表 1-4

荷载图	跨内最大弯矩			支座弯矩				剪力						跨中中点挠度				
	M_1	M_2	M_3	M_B	M_C	M_D	M_E	V_A	V_{Bl} V_{Br}	V_{Cl} V_{Cr}	V_{Dl} V_{Dr}	V_{El} V_{Er}	V_F	f_1	f_2	f_3	f_4	f_5
	① — 0.066	0.039	0.044	−0.022	−0.070	−0.013	−0.036	−0.022	−0.022 0.202	−0.298 0.307	−0.193 −0.023	−0.023 0.286	−0.214	−0.136	0.263	0.319	−0.304	0.609
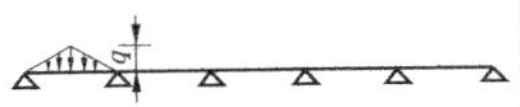	0.063	—	—	−0.042	0.011	−0.003	0.001	0.208	−0.292 0.053	0.053 −0.014	−0.014 0.004	0.004 −0.001	−0.001	0.572	−0.192	0.051	−0.014	0.005
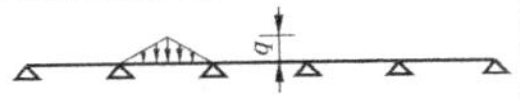	—	0.051	—	−0.031	−0.034	0.009	−0.002	−0.031	−0.031 0.247	−0.253 0.043	0.043 −0.011	−0.011 0.002	0.002	−0.192	0.432	−0.154	0.042	−0.014
	—	—	0.050	0.008	−0.033	−0.033	0.008	0.008	0.008 −0.041	−0.041 0.250	−0.250 0.041	0.041 −0.008	−0.008	0.051	−0.154	0.422	−0.154	0.051
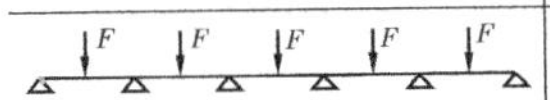	0.171	0.112	0.132	−0.158	−0.118	−0.118	−0.158	0.342	−0.658 0.540	−0.460 0.500	−0.500 0.460	−0.540 0.658	−0.342	1.097	0.356	0.603	0.356	1.097
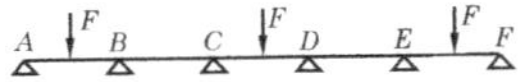	0.211	—	0.191	−0.079	−0.059	−0.059	−0.079	0.421	−0.579 0.020	0.020 0.500	−0.500 −0.020	−0.020 0.579	−0.421	1.590	−0.863	1.343	−0.863	1.590
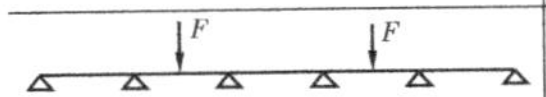	—	0.181	—	−0.079	−0.059	−0.059	−0.079	−0.079	−0.079 0.520	−0.480 0	0 0.480	−0.520 0.079	0.079	−0.493	1.220	−0.740	1.220	−0.493
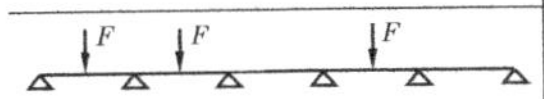	0.160	② 0.144 0.178	—	−0.179	−0.032	−0.066	−0.077	0.321	−0.679 0.647	−0.353 −0.034	−0.034 0.489	−0.511 0.077	0.077	0.962	0.760	−0.617	1.186	−0.482
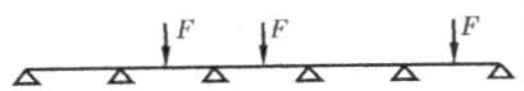	① — 0.207	0.140	0.151	−0.052	−0.167	−0.031	−0.086	−0.052	−0.052 0.385	−0.615 0.637	−0.363 −0.056	−0.056 0.586	−0.414	−0.325	0.715	0.850	−0.729	1.545
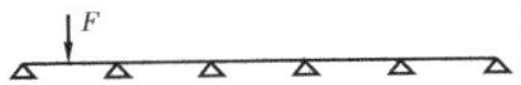	0.200	—	—	−0.100	0.027	−0.007	0.002	0.400	−0.600 0.127	0.127 −0.034	−0.034 0.009	0.009 −0.002	−0.002	1.455	−0.460	0.123	−0.034	0.011
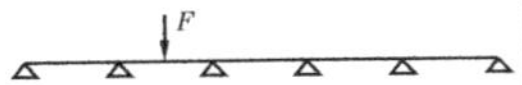	—	0.173	—	−0.073	−0.081	0.022	−0.005	−0.073	−0.073 0.493	−0.507 0.102	0.102 −0.027	−0.027 0.005	0.005	−0.460	1.119	−0.370	0.101	−0.034
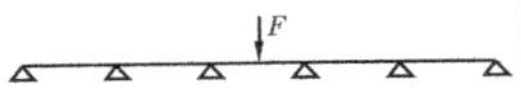	—	—	0.171	0.020	−0.079	−0.079	0.020	0.020	0.020 −0.099	−0.099 0.500	−0.500 0.099	0.099 −0.020	−0.020	0.123	−0.370	1.097	−0.370	0.123

续附表 1-4

荷载图	跨内最大弯矩			支座弯矩				剪力						跨中中点挠度				
	M_1	M_2	M_3	M_B	M_C	M_D	M_E	V_A	V_{Bl} V_{Br}	V_{Cl} V_{Cr}	V_{Dl} V_{Dr}	V_{El} V_{Er}	V_F	f_1	f_2	f_3	f_4	f_5
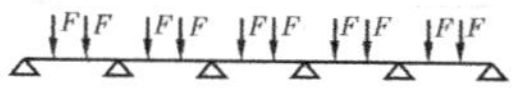	0.240	0.100	0.122	-0.281	-0.211	-0.211	-0.281	0.719	-1.281 1.070	-0.930 1.000	-1.000 0.930	1.070 1.281	-0.719	1.795	0.479	0.918	0.479	1.795
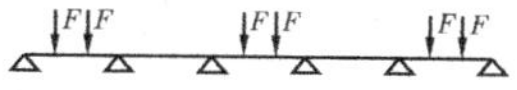	0.287	—	0.228	-0.140	-0.105	-0.105	-0.140	0.860	-1.140 0.035	0.035 1.000	1.000 -0.035	-0.035 1.140	-0.860	2.672	-1.535	2.234	-1.535	2.672
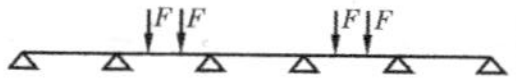	—	0.216	—	-0.140	-0.105	-0.105	-0.140	-0.140	-0.140 1.035	-0.965 0.000	0.000 0.965	-1.035 0.140	0.140	-0.877	2.014	-1.316	2.014	-0.877
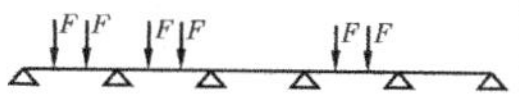	0.227	② 0.189/0.209	—	-0.319	-0.057	-0.118	-0.137	0.681	-1.319 1.262	-0.738 -0.061	-0.061 0.981	-1.019 0.137	0.137	1.556	1.197	-1.096	1.955	-0.857
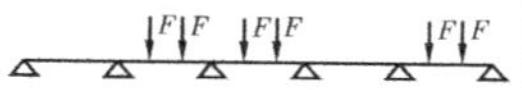	① —/0.282	0.172	0.198	-0.093	-0.297	-0.054	-0.153	-0.093	-0.093 0.796	-1.204 1.243	-0.757 -0.099	-0.099 1.153	-0.847	-0.578	1.117	1.356	-1.296	2.592
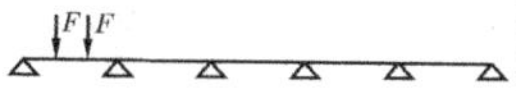	0.274	—	—	-0.179	0.048	-0.013	0.003	0.821	-1.179 0.227	0.227 -0.061	-0.061 0.016	0.016 -0.003	-0.003	2.433	-0.817	0.219	-0.060	0.020
	—	0.198	—	-0.131	-0.144	0.038	-0.010	-0.131	-0.131 0.987	-1.013 0.182	0.182 -0.048	-0.048 0.010	0.010	-0.817	1.835	-0.658	0.179	-0.060
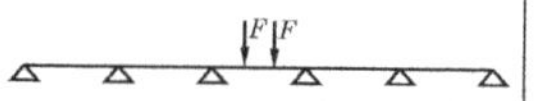	—	—	0.193	0.035	-0.140	-0.140	0.035	0.035	0.035 -0.175	-0.175 1.000	-1.000 0.175	0.175 -0.035	-0.035	0.219	-0.658	1.795	-0.658	0.219

注：①分子及分母分别代表 M_1 及 M_5 的弯矩系数；②分子及分母分别代表 M_2 及 M_4 的弯矩系数。

附录 2　双向板按弹性分析的计算系数表

$B_C=\dfrac{E_c h^3}{12(1-\nu^2)}$，为截面抗弯刚度；

E_c——混凝土弹性模量；

h——板厚；

ν——泊松比，混凝土可取 $\nu=0.2$；

a_f、a_{fmax}——板中心点的挠度系数和最大挠度系数；

m_x、m_{xmax}——平行于 l_x 方向板中心点单位板宽内的弯矩和板跨内最大弯矩；

m_2、$m_{2,max}$——平行于 l_y 方向板中心点单位板宽内的弯矩和板跨内最大弯矩；

m'_x——固定边中点沿 l_x 方向单位板宽内的弯矩；

m'_y——固定边中点沿 l_y 方向单位板宽内的弯矩；

⊔⊔⊔⊔⊔⊔⊔⊔ 代表固定边；— — — — — — 代表简支边。

正负号的规定：

弯矩——使板的受荷面受压者为正；

挠度——变位方向与荷载方向相同者为正。

附表 2-1

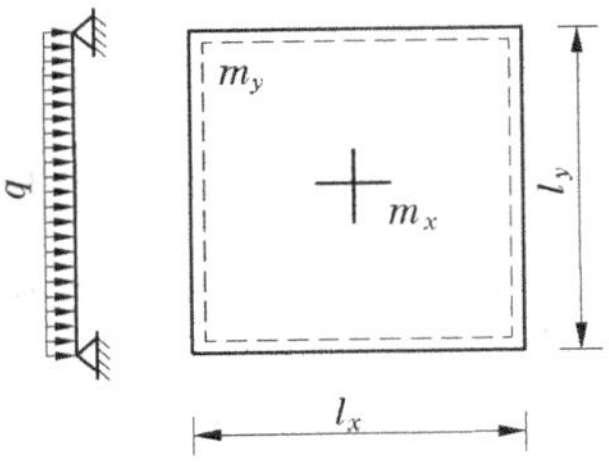

挠度 = 表中系数 × $\dfrac{ql^4}{B_C}$

$\nu=0$，弯矩 = 表中系数 × ql^2

式中 l 取用 l_x 和 l_y 中的较小者

l_x/l_y	a_f	m_x	m_y	l_x/l_y	a_f	m_x	m_y
0.50	0.010 13	0.096 5	0.017 4	0.80	0.006 03	0.056 1	0.033 4
0.55	0.009 40	0.089 2	0.021 0	0.85	0.005 47	0.050 6	0.034 8
0.60	0.008 67	0.082 0	0.024 2	0.90	0.004 96	0.045 6	0.035 8
0.65	0.007 96	0.075 0	0.027 1	0.95	0.004 49	0.041 0	0.036 4
0.70	0.007 27	0.068 3	0.029 6	1.00	0.004 06	0.036 8	0.036 8
0.75	0.006 63	0.062 0	0.031 7				

附表 2-2

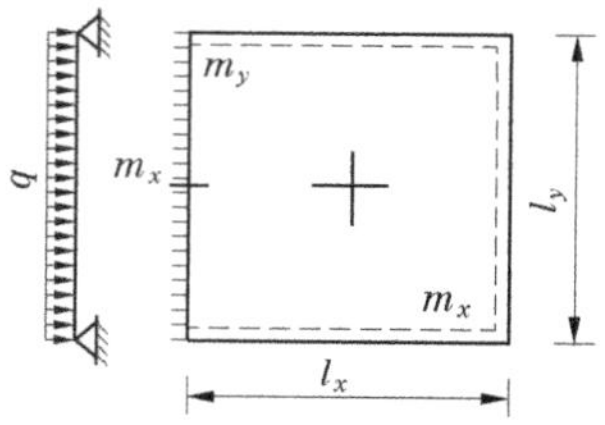

挠度 = 表中系数 × $\frac{ql^4}{B_C}$

$\nu = 0$，弯矩 = 表中系数 × ql^2

式中 l 取用 l_x 和 l_y 中的较小者

l_x/l_y	l_y/l_x	a_f	a_{fmax}	m_x	m_{xmax}	m_y	m_{ymax}	m'_x
0.50		0.004 88	0.005 04	0.058 3	0.064 6	0.006 0	0.006 3	−0.121 2
0.55		0.004 71	0.004 92	0.056 3	0.061 8	0.008 1	0.008 7	−0.118 7
0.60		0.004 53	0.004 72	0.053 9	0.058 9	0.010 4	0.011 1	−0.115 8
0.65		0.004 32	0.004 48	0.051 3	0.055 9	0.012 6	0.013 3	−0.112 4
0.70		0.004 10	0.004 22	0.048 5	0.052 9	0.014 8	0.015 4	−0.108 7
0.75		0.003 88	0.003 99	0.045 7	0.049 6	0.016 8	0.017 4	−0.104 8
0.80		0.003 65	0.003 76	0.042 8	0.046 3	0.018 7	0.019 3	−0.100 7
0.85		0.003 43	0.003 52	0.040 0	0.043 1	0.020 4	0.021 1	−0.096 5
0.90		0.003 21	0.003 29	0.037 2	0.040 0	0.021 9	0.022 6	−0.092 2
0.95		0.002 99	0.003 06	0.034 5	0.036 9	0.023 2	0.023 9	−0.088 0
1.00	1.00	0.002 79	0.002 85	0.031 9	0.034 0	0.024 3	0.024 9	−0.083 9
	0.95	0.003 16	0.003 24	0.032 4	0.034 5	0.028 0	0.028 7	−0.088 2
	0.90	0.003 60	0.003 68	0.032 8	0.034 7	0.032 2	0.033 0	−0.092 6
	0.85	0.004 09	0.004 17	0.032 9	0.034 5	0.037 0	0.037 3	−0.097 0
	0.80	0.004 64	0.004 73	0.032 6	0.034 3	0.042 4	0.043 3	−0.101 4
	0.75	0.005 26	0.005 36	0.031 9	0.033 5	0.048 5	0.049 4	−0.105 6
	0.70	0.005 95	0.006 05	0.030 8	0.032 3	0.055 3	0.056 2	−0.109 6
	0.65	0.006 70	0.006 80	0.029 1	0.030 6	0.062 7	0.063 7	−0.113 3
	0.60	0.007 52	0.007 62	0.026 8	0.028 9	0.070 7	0.071 7	−0.116 6
	0.55	0.008 38	0.008 48	0.023 9	0.027 1	0.079 2	0.080 1	−0.119 3
	0.50	0.009 27	0.009 35	0.020 5	0.024 9	0.088 0	0.088 8	−0.121 5

附表 2-3

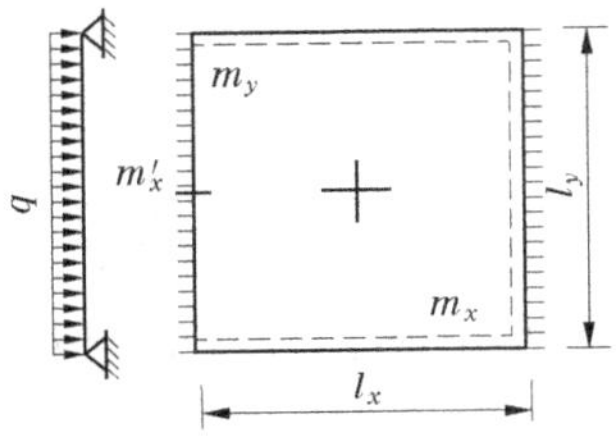

挠度 = 表中系数 × $\frac{ql^4}{B_C}$

$\nu=0$，弯矩 = 表中系数 × ql^2

式中 l 取用 l_x 和 l_y 中的较小者

l_x/l_y	l_y/l_x	a_f	m_x	m_y	m'_x
0.50		0.002 61	0.041 6	0.001 7	−0.084 3
0.55		0.002 59	0.041 0	0.002 8	−0.084 0
0.60		0.002 55	0.040 2	0.004 2	−0.083 4
0.65		0.002 50	0.039 2	0.005 7	−0.082 6
0.70		0.002 43	0.037 9	0.007 2	−0.081 4
0.75		0.002 36	0.036 6	0.008 8	−0.079 9
0.80		0.002 28	0.035 1	0.010 3	−0.078 2
0.85		0.002 20	0.033 5	0.011 8	−0.076 3
0.90		0.002 11	0.031 9	0.013 3	−0.074 3
0.95		0.002 01	0.030 2	0.014 6	−0.072 1
1.00	1.00	0.001 92	0.028 5	0.015 8	−0.069 8
	0.95	0.002 23	0.029 6	0.018 9	−0.074 6
	0.90	0.002 60	0.030 6	0.022 4	−0.079 7
	0.80	0.003 03	0.031 4	0.026 6	−0.085 0
	0.85	0.003 54	0.031 9	0.031 6	−0.090 4
	0.75	0.004 13	0.032 1	0.037 4	−0.095 9
	0.70	0.004 82	0.031 8	0.044 1	−0.101 3
	0.65	0.005 60	0.030 8	0.051 8	−0.106 6
	0.60	0.006 47	0.029 2	0.060 4	−0.111 4
	0.55	0.007 43	0.026 7	0.069 8	−0.115 6
	0.50	0.008 44	0.023 4	0.079 8	−0.119 1

附表 2-4

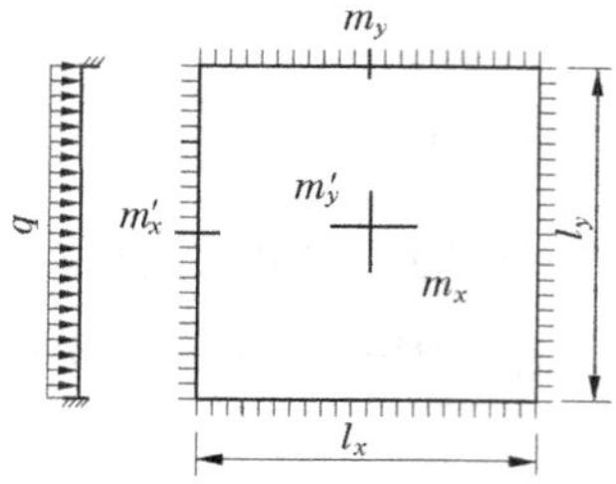

挠度 = 表中系数 × $\frac{ql^4}{B_C}$

$\nu=0$，弯矩 = 表中系数 × ql^2

式中 l 取用 l_x 和 l_y 中的较小者

l_x/l_y	a_f	m_x	m_y	m_x'	m_y'
0.50	0.002 53	0.040 0	0.003 8	-0.082 9	-0.057 0
0.55	0.002 46	0.038 5	0.005 6	-0.081 4	-0.057 1
0.60	0.002 36	0.036 7	0.007 6	-0.079 3	-0.057 1
0.65	0.002 24	0.034 5	0.009 5	-0.076 6	-0.057 1
0.70	0.002 11	0.032 1	0.011 3	-0.073 5	-0.056 9
0.75	0.001 97	0.029 6	0.013 0	-0.070 1	-0.056 5
0.80	0.001 82	0.027 1	0.014 4	-0.066 4	-0.055 9
0.85	0.001 68	0.024 6	0.015 6	-0.062 6	-0.055 1
0.90	0.001 53	0.022 1	0.016 5	-0.058 8	-0.054 1
0.95	0.001 40	0.019 8	0.017 2	-0.055 0	-0.052 8
1.00	0.001 27	0.017 6	0.017 6	-0.051 3	-0.051 3

附表 2-5

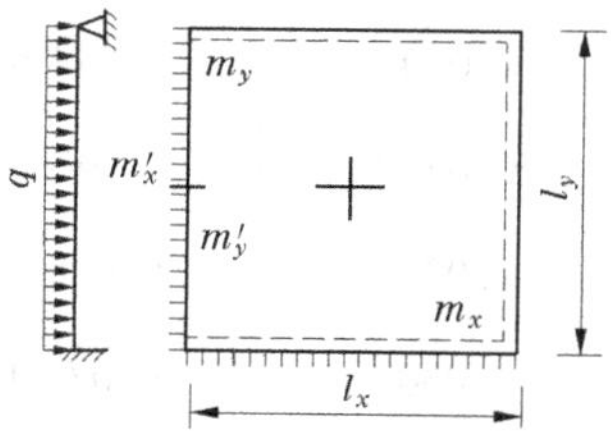

挠度 = 表中系数 × $\frac{ql^4}{B_C}$

$\nu=0$，弯矩 = 表中系数 × ql^2

式中 l 取用 l_x 和 l_y 中的较小者

l_x/l_y	a_f	a_{fmax}	m_x	m_{xmax}	m_y	m_{ymax}	m_x'	m_y'
0.50	0.004 86	0.004 71	0.055 9	0.056 2	0.007 9	0.013 5	-0.117 9	-0.078 6
0.55	0.004 45	0.004 54	0.052 9	0.053 0	0.010 4	0.015 3	-0.114 0	-0.078 5
0.60	0.004 19	0.004 29	0.049 6	0.049 8	0.012 9	0.016 9	-0.109 5	-0.078 2
0.65	0.003 91	0.003 99	0.046 1	0.046 5	0.015 1	0.018 3	-0.104 5	-0.077 7
0.70	0.003 63	0.003 68	0.042 6	0.043 2	0.017 2	0.019 5	-0.099 2	-0.077 0
0.75	0.003 35	0.003 40	0.039 0	0.039 6	0.018 9	0.020 6	-0.093 8	-0.076 0
0.80	0.003 08	0.003 13	0.035 6	0.036 1	0.020 4	0.021 8	-0.088 3	-0.074 8
0.85	0.002 81	0.002 86	0.032 2	0.032 8	0.021 5	0.022 9	-0.082 9	-0.073 3
0.90	0.002 56	0.002 61	0.029 1	0.029 7	0.022 4	0.023 8	-0.077 6	-0.071 6
0.95	0.002 32	0.002 37	0.026 1	0.026 7	0.023 0	0.024 4	-0.072 6	-0.069 8
1.00	0.002 10	0.002 15	0.023 4	0.024 0	0.023 4	0.024 9	-0.067 7	-0.067 7

附表 2-6

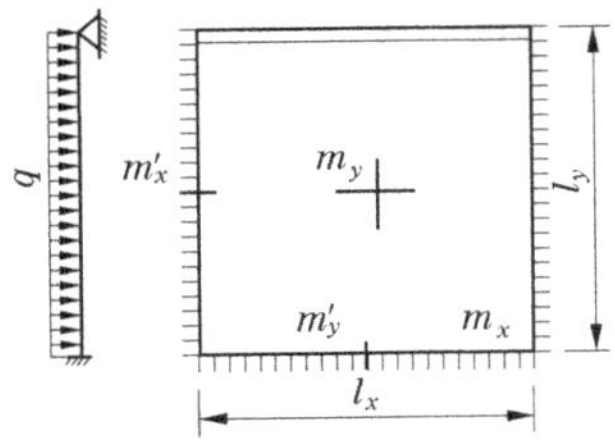

挠度 = 表中系数 × $\frac{ql^4}{B_C}$

$\nu=0$，弯矩 = 表中系数 × ql^2

式中 l 取用 l_x 和 l_y 中的较小者

l_x/l_y	l_y/l_x	a_f	a_{fmax}	m_x	m_{xmax}	m_y	m_{ymax}	m'_x	m'_y
0.50		0.002 57	0.002 58	0.040 8	0.040 9	0.002 8	0.008 9	−0.083 6	−0.056 9
0.55		0.002 52	0.002 55	0.039 8	0.039 9	0.004 2	0.009 3	−0.082 7	−0.057 0
0.60		0.002 45	0.002 49	0.038 4	0.038 6	0.005 9	0.010 5	−0.081 4	−0.057 1
0.65		0.002 37	0.002 40	0.036 8	0.037 1	0.007 6	0.011 6	−0.079 6	−0.057 2
0.70		0.002 27	0.002 29	0.035 0	0.035 4	0.009 3	0.012 7	−0.077 4	−0.057 2
0.75		0.002 16	0.002 19	0.033 1	0.033 5	0.010 9	0.013 7	−0.075 0	−0.057 2
0.80		0.002 05	0.002 08	0.031 0	0.031 4	0.012 4	0.014 7	−0.072 2	−0.057 0
0.85		0.001 93	0.001 96	0.028 9	0.029 3	0.013 8	0.015 5	−0.069 3	−0.056 7
0.90		0.001 81	0.001 84	0.026 8	0.027 3	0.015 9	0.016 3	−0.066 3	−0.056 3
0.95		0.001 69	0.001 72	0.024 7	0.025 2	0.016 0	0.017 2	−0.063 1	−0.055 8
1.00	1.00	0.001 57	0.001 60	0.022 7	0.023 1	0.016 8	0.018 0	−0.060 0	−0.055 0
	0.95	0.001 78	0.001 82	0.022 9	0.023 4	0.019 4	0.020 7	−0.062 9	−0.059 9
	0.90	0.002 01	0.002 06	0.022 8	0.023 4	0.022 3	0.023 8	−0.065 6	−0.065 3
	0.85	0.002 27	0.002 33	0.022 5	0.023 1	0.025 5	0.027 3	−0.068 3	−0.071 1
	0.80	0.002 56	0.002 62	0.021 9	0.022 4	0.029 0	0.031 1	−0.070 7	−0.077 2
	0.75	0.002 86	0.002 94	0.020 8	0.021 4	0.032 9	0.035 4	−0.072 9	−0.083 7
	0.70	0.003 19	0.003 27	0.019 4	0.020 0	0.037 0	0.040 0	−0.074 8	−0.090 3
	0.65	0.003 52	0.003 65	0.017 5	0.018 2	0.041 2	0.044 6	−0.076 2	−0.097 0
	0.60	0.003 86	0.004 03	0.015 3	0.016 0	0.045 4	0.049 3	−0.077 3	−0.103 3
	0.55	0.004 19	0.004 37	0.012 7	0.013 3	0.049 6	0.054 1	−0.078 0	−0.109 3
	0.50	0.004 49	0.004 63	0.009 9	0.010 3	0.053 4	0.058 8	−0.078 4	−0.114 6

附录 3　钢材和连接的强度设计值

附表 3-1　钢材的强度设计值

钢材		抗拉、抗压和抗弯 f	抗剪 f_v	端面承压（刨平顶紧）f_{ce}
牌号	厚度或直径(mm)			
Q235 钢	≤16	215	125	325
	>16～40	205	120	
	>40～60	200	115	
	>60～100	190	110	
Q345 钢	≤16	310	180	400
	>16～35	295	170	
	>35～50	265	155	
	>50～100	250	145	
Q390 钢	≤16	350	205	415
	>16～35	335	190	
	>35～50	315	180	
	>50～100	295	170	
Q420 钢	≤16	380	220	440
	>16～35	360	210	
	>35～50	340	195	
	>50～100	325	185	

注:表中厚度是指计算点的钢材厚度,对轴心受拉和轴心受压构件是指截面中较厚板件的厚度。

附表 3-2 焊缝的强度设计值 (单位:N/mm²)

焊接方法和焊条型号	构件钢材		对接焊缝				角焊缝
	牌号	厚度或直径(mm)	抗压 f_c^w	焊缝质量为下列等级时,抗拉 f_t^w 一级、二级	三级	抗剪 f_v^w	抗拉、抗压和抗剪 f_f^w
自动焊、半自动焊和 E43 型焊条的手工焊	Q235 钢	≤16	215	215	185	125	160
		>16~40	205	205	175	120	
		>40~60	200	200	170	115	
		>60~100	190	190	160	110	
自动焊、半自动焊和 E50 型焊条的手工焊	Q345 钢	≤16	310	310	265	180	200
		>16~35	295	295	250	170	
		>35~50	265	265	225	155	
		>50~100	250	250	210	145	
自动焊、半自动焊和 E55 型焊条的手工焊	Q390 钢	≤16	350	350	300	205	220
		>16~35	335	335	285	190	
		>35~50	315	315	270	180	
		>50~100	295	295	250	170	
	Q420 钢	≤16	380	380	320	220	220
		>16~35	360	360	305	210	
		>35~50	340	340	290	195	
		>50~100	325	325	275	185	

注:1. 自动焊和半自动焊所采用的焊丝和焊剂,应保证其熔敷金属抗拉强度不低于相应手工焊焊条的数据。

2. 焊缝质量等级应符合《钢结构工程施工及验收规范》(GB 50205—93)规定。

3. 对接焊缝在受压区的抗弯强度设计值取 f_c^w,在受拉区的抗弯强度设计值取 f_t^w。

4. 表中厚度是指计算点的钢材厚度,对轴心受拉和轴心受压构件是指截面中较厚板件的厚度。

附表 3-3 螺栓连接的强度设计值 （单位：N/mm^2）

螺栓的性能等级、锚栓和构件钢材的牌号		普通螺栓						锚栓	承压型连接高强度螺栓		
		C 级螺栓			A 级、B 级螺栓						
		抗拉 f_t^b	抗剪 f_v^b	承压 f_c^b	抗拉 f_t^b	抗剪 f_v^b	承压 f_c^b	抗拉 f_t^b	抗拉 f_t^b	抗剪 f_v^b	承压 f_c^b
普通螺栓	4.6 级、4.8 级	170	140	—	—	—	—	—	—	—	—
	5.6 级	—	—	—	210	190	—	—	—	—	—
	8.8 级	—	—	—	400	320	—	—	—	—	—
锚栓	Q235 钢	—	—	—	—	—	—	140	—	—	—
	Q345 钢	—	—	—	—	—	—	180	—	—	—
承压型连接高强度螺栓	8.8 级	—	—	—	—	—	—	—	400	250	—
	10.9 级	—	—	—	—	—	—	—	500	310	—
构件	Q235 钢	—	—	305	—	—	405	—	—	—	470
	Q345 钢	—	—	385	—	—	510	—	—	—	590
	Q390 钢	—	—	400	—	—	530	—	—	—	615
	Q420 钢	—	—	425	—	—	560	—	—	—	655

注：1. A 级螺栓用于 $d<24$ mm 和 $l\leqslant 10d$ 或 $l\leqslant 150$ mm（按较小值）的螺栓；B 级螺栓用于 $d>24$ mm 和 $l>10d$ 或 $l>150$ mm（按较小值）的螺栓。d 为公称直径，l 为螺栓公称长度。

2. A、B 级螺栓孔的精度和孔壁表面粗糙度、C 级螺栓孔的允许偏差和孔壁表面粗糙度，均应符合现行国家标准《钢结构工程施工质量验收规范》（GB 50205）的要求。

附录 4 轴心受压构件的稳定系数

附表 4-1 a 类截面轴心受压构件的稳定系数 φ

$\lambda\sqrt{\frac{f_y}{235}}$	0	1	2	3	4	5	6	7	8	9
0	1.000	1.000	1.000	1.000	0.999	0.999	0.998	0.998	0.997	0.996
10	0.995	0.994	0.993	0.992	0.991	0.989	0.988	0.986	0.985	0.983
20	0.981	0.979	0.977	0.976	0.974	0.972	0.970	0.968	0.966	0.964
30	0.963	0.961	0.959	0.957	0.955	0.952	0.950	0.948	0.946	0.944
40	0.941	0.939	0.937	0.934	0.932	0.929	0.927	0.924	0.921	0.919
50	0.916	0.913	0.910	0.907	0.904	0.900	0.897	0.894	0.890	0.886
60	0.883	0.879	0.875	0.871	0.867	0.863	0.858	0.854	0.849	0.844
70	0.839	0.834	0.829	0.824	0.818	0.813	0.807	0.801	0.795	0.789
80	0.783	0.776	0.770	0.763	0.757	0.750	0.743	0.736	0.728	0.721
90	0.714	0.706	0.699	0.691	0.684	0.676	0.668	0.661	0.653	0.645
100	0.638	0.630	0.622	0.615	0.607	0.600	0.592	0.585	0.577	0.570
110	0.563	0.555	0.548	0.541	0.534	0.527	0.520	0.514	0.507	0.500
120	0.494	0.488	0.481	0.475	0.469	0.463	0.457	0.451	0.445	0.440
130	0.434	0.429	0.423	0.418	0.412	0.407	0.402	0.397	0.392	0.387
140	0.383	0.378	0.373	0.369	0.364	0.360	0.356	0.351	0.347	0.343
150	0.339	0.335	0.331	0.327	0.323	0.320	0.316	0.312	0.309	0.305
160	0.302	0.298	0.295	0.292	0.289	0.285	0.282	0.279	0.276	0.273
170	0.270	0.267	0.264	0.262	0.259	0.256	0.253	0.251	0.248	0.246
180	0.243	0.241	0.238	0.236	0.233	0.231	0.229	0.226	0.224	0.222
190	0.220	0.218	0.215	0.213	0.211	0.209	0.207	0.205	0.203	0.201
200	0.199	0.198	0.196	0.194	0.192	0.190	0.189	0.187	0.185	0.183
210	0.182	0.180	0.179	0.177	0.175	0.174	0.172	0.171	0.169	0.168
220	0.166	0.165	0.164	0.162	0.161	0.159	0.158	0.157	0.155	0.154
230	0.153	0.152	0.150	0.149	0.148	0.147	0.146	0.144	0.143	0.142
240	0.141	0.140	0.139	0.138	0.136	0.135	0.134	0.133	0.132	0.131
250	0.130									

附表 4-2　b 类截面轴心受压构件的稳定系数 φ

$\lambda\sqrt{\frac{f_y}{235}}$	0	1	2	3	4	5	6	7	8	9
0	1.000	1.000	1.000	0.999	0.999	0.998	0.997	0.996	0.995	0.994
10	0.992	0.991	0.989	0.987	0.985	0.983	0.981	0.978	0.976	0.973
20	0.970	0.967	0.963	0.960	0.957	0.953	0.950	0.946	0.943	0.939
30	0.936	0.932	0.929	0.925	0.922	0.918	0.914	0.910	0.906	0.903
40	0.899	0.895	0.891	0.887	0.882	0.878	0.874	0.870	0.865	0.861
50	0.856	0.852	0.847	0.842	0.838	0.833	0.828	0.823	0.818	0.813
60	0.807	0.802	0.797	0.791	0.786	0.780	0.774	0.769	0.763	0.757
70	0.751	0.745	0.739	0.732	0.726	0.720	0.714	0.707	0.701	0.694
80	0.688	0.681	0.675	0.668	0.661	0.655	0.648	0.641	0.635	0.628
90	0.621	0.614	0.608	0.601	0.594	0.588	0.581	0.575	0.568	0.561
100	0.555	0.549	0.542	0.536	0.529	0.523	0.517	0.511	0.505	0.499
110	0.493	0.487	0.481	0.475	0.470	0.464	0.458	0.453	0.447	0.442
120	0.437	0.432	0.426	0.421	0.416	0.411	0.406	0.402	0.397	0.392
130	0.387	0.383	0.378	0.374	0.370	0.365	0.361	0.357	0.353	0.349
140	0.345	0.341	0.337	0.333	0.329	0.326	0.322	0.318	0.315	0.311
150	0.308	0.304	0.301	0.298	0.295	0.291	0.288	0.285	0.282	0.279
160	0.276	0.273	0.270	0.267	0.265	0.262	0.259	0.256	0.254	0.251
170	0.249	0.246	0.244	0.241	0.239	0.236	0.234	0.232	0.229	0.227
180	0.225	0.223	0.220	0.218	0.216	0.214	0.212	0.210	0.208	0.206
190	0.204	0.202	0.200	0.198	0.197	0.195	0.193	0.191	0.190	0.188
200	0.186	0.184	0.183	0.181	0.180	0.178	0.176	0.175	0.173	0.172
210	0.170	0.169	0.167	0.166	0.165	0.163	0.162	0.160	0.159	0.158
220	0.156	0.155	0.154	0.153	0.151	0.150	0.149	0.148	0.146	0.145
230	0.144	0.143	0.142	0.141	0.140	0.138	0.137	0.136	0.135	0.134
240	0.133	0.132	0.131	0.130	0.129	0.128	0.127	0.126	0.125	0.124
250	0.123									

附表 4-3 c 类截面轴心受压构件的稳定系数 φ

$\lambda\sqrt{\frac{f_y}{235}}$	0	1	2	3	4	5	6	7	8	9
0	1.000	1.000	1.000	0.999	0.999	0.998	0.997	0.996	0.995	0.993
10	0.992	0.990	0.988	0.986	0.983	0.981	0.978	0.976	0.973	0.970
20	0.966	0.959	0.953	0.947	0.940	0.934	0.928	0.921	0.915	0.909
30	0.902	0.896	0.890	0.884	0.877	0.871	0.865	0.858	0.852	0.846
40	0.839	0.833	0.826	0.820	0.814	0.807	0.801	0.704	0.788	0.781
50	0.775	0.768	0.762	0.755	0.748	0.742	0.735	0.729	0.722	0.715
60	0.709	0.702	0.695	0.689	0.682	0.676	0.669	0.662	0.656	0.649
70	0.643	0.636	0.629	0.623	0.616	0.610	0.604	0.597	0.591	0.584
80	0.578	0.572	0.566	0.569	0.553	0.547	0.541	0.535	0.529	0.523
90	0.517	0.511	0.505	0.500	0.494	0.488	0.483	0.477	0.472	0.467
100	0.463	0.458	0.454	0.449	0.445	0.441	0.436	0.432	0.428	0.423
110	0.419	0.415	0.411	0.407	0.403	0.399	0.395	0.391	0.387	0.383
120	0.379	0.375	0.371	0.367	0.364	0.360	0.356	0.353	0.349	0.346
130	0.342	0.339	0.335	0.332	0.328	0.325	0.322	0.319	0.315	0.312
140	0.309	0.306	0.303	0.300	0.297	0.294	0.291	0.288	0.285	0.282
150	0.280	0.277	0.274	0.271	0.269	0.266	0.264	0.261	0.258	0.256
160	0.254	0.251	0.249	0.246	0.244	0.242	0.239	0.237	0.235	0.233
170	0.230	0.228	0.226	0.224	0.222	0.220	0.218	0.216	0.214	0.212
180	0.210	0.208	0.206	0.205	0.203	0.201	0.199	0.197	0.196	0.194
190	0.192	0.190	0.189	0.187	0.186	0.184	0.182	0.181	0.179	0.178
200	0.176	0.175	0.173	0.172	0.170	0.169	0.168	0.166	0.165	0.163
210	0.162	0.161	0.159	0.158	0.157	0.156	0.154	0.153	0.152	0.151
220	0.150	0.148	0.147	0.146	0.145	0.144	0.143	0.142	0.140	0.139
230	0.138	0.137	0.136	0.135	0.134	0.133	0.132	0.131	0.130	0.129
240	0.128	0.127	0.126	0.125	0.124	0.124	0.123	0.122	0.121	0.120
250	0.119									

附表 4-4　d 类截面轴心受压构件的稳定系数 φ

$\lambda\sqrt{\frac{f_y}{235}}$	0	1	2	3	4	5	6	7	8	9
0	1.000	1.000	0.999	0.999	0.998	0.996	0.994	0.992	0.990	0.987
10	0.984	0.981	0.978	0.974	0.969	0.965	0.960	0.955	0.949	0.944
20	0.937	0.927	0.918	0.909	0.900	0.891	0.883	0.874	0.865	0.857
30	0.848	0.840	0.831	0.823	0.815	0.807	0.799	0.790	0.782	0.774
40	0.766	0.759	0.751	0.743	0.735	0.728	0.720	0.712	0.705	0.697
50	0.690	0.683	0.675	0.668	0.661	0.654	0.646	0.639	0.632	0.625
60	0.618	0.612	0.605	0.598	0.591	0.585	0.578	0.572	0.565	0.559
70	0.552	0.546	0.540	0.534	0.528	0.522	0.516	0.510	0.504	0.498
80	0.493	0.487	0.481	0.476	0.470	0.465	0.460	0.454	0.449	0.444
90	0.439	0.434	0.429	0.424	0.419	0.414	0.410	0.405	0.401	0.397
100	0.394	0.390	0.387	0.383	0.380	0.376	0.373	0.370	0.366	0.363
110	0.359	0.356	0.353	0.350	0.346	0.343	0.340	0.337	0.334	0.331
120	0.328	0.325	0.322	0.319	0.316	0.313	0.310	0.307	0.304	0.301
130	0.299	0.296	0.293	0.290	0.288	0.285	0.282	0.280	0.277	0.275
140	0.272	0.270	0.267	0.265	0.262	0.260	0.258	0.255	0.253	0.251
150	0.248	0.246	0.244	0.242	0.240	0.237	0.235	0.233	0.231	0.229
160	0.227	0.225	0.223	0.221	0.219	0.217	0.215	0.213	0.212	0.210
170	0.208	0.206	0.204	0.203	0.201	0.199	0.197	0.196	0.194	0.192
180	0.191	0.189	0.188	0.186	0.184	0.183	0.181	0.180	0.178	0.177
190	0.176	0.174	0.173	0.171	0.170	0.168	0.167	0.166	0.164	0.163
200	0.162									

附录 5 螺栓的有效直径和有效面积

螺栓直径 d(mm)	螺距 p(mm)	螺栓有效直径 d_e(mm)	螺栓有效面积 A_e(mm^2)	螺栓直径 d(mm)	螺距 p(mm)	螺栓有效直径 d_e(mm)	螺栓有效面积 A_e(mm^2)
16	2	14.123 6	156.7	52	5	47.309 0	1 758
18	2.5	15.654 5	192.5	56	5.5	50.839 9	2 030
20	2.5	17.654 5	244.8	60	5.5	54.839 9	2 362
22	2.5	19.654 5	303.4	64	6	58.370 8	2 676
24	3	21.185 4	352.5	68	6	62.370 8	3 055
27	3	24.185 4	459.4	72	6	66.370 8	3 460
30	3.5	26.716 3	560.6	76	6	70.370 8	3 889
33	3.5	29.716 3	693.6	80	6	74.370 8	4 344
36	4	32.247 2	816.7	85	6	79.370 5	4 948
39	4	35.247 2	975.8	90	6	84.370 8	5 591
42	4.5	37.778 1	1 121	95	6	89.370 8	6 273
45	4.5	40.778 1	1 306	100	6	94.370 8	6 995
48	5	43.309 0	1 473				

附录 6　型钢规格和截面特性

附表 6-1　热轧等边角钢

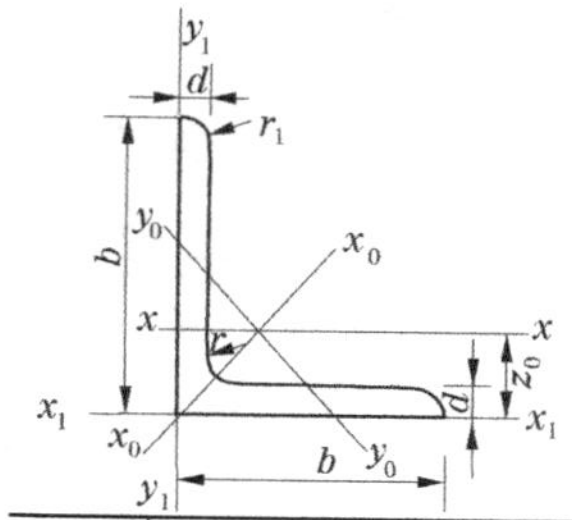

符号意义：

b——边宽度；
d——边厚度；
r_1——边端内圆弧半径；
r——内圆弧半径；
I——惯性矩；
i——惯性半径；
z_0——重心距离；
W——截面系数

角钢号数	尺寸(mm)			截面面积 (cm^2)	理论质量 (kg/m)	外表面积 (m^2/m)	参考数值										
							x—x			x_0—x_0			y_0—y_0			x_1—x_1	
	b	d	r				I_x (cm^4)	i_x (cm)	W_x (cm^3)	I_{x_0} (cm^4)	i_{x_0} (cm)	W_{x_0} (cm^3)	I_{y_0} (cm^4)	i_{y_0} (cm)	W_{y_0} (cm^3)	I_{x_1} (cm^4)	z_0 (cm)
2	20	3	3.5	1.132	0.889	0.078	0.40	0.59	0.29	0.63	0.75	0.45	0.17	0.39	0.20	0.81	0.60
		4		1.459	1.145	0.077	0.50	0.58	0.36	0.78	0.73	0.55	0.22	0.38	0.24	1.09	0.64
2.5	25	3		1.432	1.124	0.098	0.82	0.76	0.46	1.29	0.95	0.73	0.34	0.49	0.33	1.57	0.73
		4		1.859	1.459	0.097	1.03	0.74	0.59	1.62	0.93	0.92	0.43	0.48	0.40	2.11	0.76
3.0	30	3	4.5	1.749	1.373	0.117	1.46	0.91	0.68	2.31	1.15	1.09	0.61	0.59	0.51	2.71	0.85
		4		2.276	1.786	0.117	1.84	0.90	0.87	2.92	1.13	1.37	0.77	0.58	0.62	3.63	0.89
3.6	36	3		2.109	1.656	0.141	2.58	1.11	0.99	4.09	1.39	1.61	1.07	0.71	0.76	4.68	1.00
		4		2.756	2.163	0.141	3.29	1.09	1.28	5.22	1.38	2.05	1.37	0.70	0.93	6.25	1.04
		5		3.382	2.654	0.141	3.95	1.08	1.56	6.24	1.36	2.45	1.65	0.70	1.09	7.84	1.07
4.0	40	3	5	2.359	1.852	0.157	3.59	1.23	1.23	5.69	1.55	2.01	1.49	0.79	0.96	6.41	1.09
		4		3.086	2.422	0.157	4.60	1.22	1.60	7.29	1.54	2.58	1.91	0.79	1.19	8.56	1.13
		5		3.791	2.976	0.156	5.53	1.21	1.96	8.76	1.52	3.01	2.30	0.78	1.39	10.74	1.17
4.5	45	3		2.659	2.088	0.177	5.17	1.40	1.58	8.20	1.76	2.58	2.14	0.90	1.24	9.12	1.22
		4		3.486	2.736	0.177	6.65	1.38	2.05	10.56	1.74	3.32	2.75	0.89	1.54	12.18	1.26
		5		4.292	3.369	0.176	8.04	1.37	2.51	12.74	1.72	4.00	3.33	0.88	1.81	15.25	1.30
		6		5.076	3.985	0.176	9.33	1.36	2.95	14.76	1.70	4.64	3.89	0.88	2.06	18.36	1.33

续附表 6-1

角钢号数	尺寸(mm)			截面面积	理论质量	外表面积	参考数值										
							$x—x$			$x_0—x_0$			$y_0—y_0$			$x_1—x_1$	z_0
	b	d	r	(cm^2)	(kg/m)	(m^2/m)	I_x (cm^4)	i_x (cm)	W_x (cm^3)	I_{x_0} (cm^4)	i_{x_0} (cm)	W_{x_0} (cm^3)	I_{y_0} (cm^4)	i_{y_0} (cm)	W_{y_0} (cm^3)	I_{x_1} (cm^4)	(cm)
5	50	3	5.5	2.971	2.332	0.197	7.18	1.55	1.96	11.37	1.96	3.22	2.98	1.00	1.57	12.50	1.34
		4		3.897	3.059	0.197	9.26	1.54	2.56	14.70	1.94	4.16	3.82	0.99	1.96	16.69	1.38
		5		4.803	3.770	0.196	11.21	1.53	3.13	17.79	1.92	5.03	4.64	0.98	2.31	20.90	1.42
		6		5.688	4.465	0.196	13.05	1.52	3.68	20.68	1.91	5.85	5.42	0.98	2.63	25.14	1.46
5.6	56	3	6	3.343	2.624	0.221	10.19	1.75	2.48	16.14	2.20	4.08	4.24	1.13	2.02	17.56	1.48
		4		4.390	3.446	0.220	13.18	1.73	3.24	20.92	2.18	5.28	5.46	1.11	2.52	23.43	1.53
		5		5.415	4.251	0.220	16.02	1.72	3.97	25.42	2.17	6.42	6.61	1.10	2.98	29.33	1.57
		8	7	8.367	6.568	0.219	23.63	1.68	6.03	37.37	2.11	9.44	9.89	1.09	4.16	47.24	1.68
6.3	63	4	7	4.978	3.907	0.248	19.03	1.96	4.13	30.17	2.46	6.78	7.89	1.26	3.29	33.35	1.70
		5		6.143	4.822	0.248	23.17	1.94	5.08	36.77	2.45	8.25	9.57	1.25	3.90	41.73	1.74
		6		7.288	5.721	0.247	27.12	1.93	6.00	43.03	2.43	9.66	11.20	1.24	4.46	50.14	1.78
		8		9.515	7.469	0.247	34.46	1.90	7.75	54.56	2.40	12.25	14.33	1.23	5.47	67.11	1.85
		10		11.657	9.151	0.246	41.09	1.88	9.39	64.85	2.36	14.56	17.33	1.22	6.36	84.31	1.93
7	70	4	8	5.570	4.372	0.275	26.39	2.18	5.14	41.80	2.74	8.44	10.99	1.40	4.17	45.74	1.86
		5		6.875	5.397	0.275	32.21	2.16	6.32	51.08	2.73	10.32	13.34	1.39	4.95	57.21	1.91
		6		8.160	6.406	0.275	37.77	2.15	7.48	59.93	2.71	12.11	15.61	1.38	5.67	68.73	1.95
		7		9.424	7.398	0.275	43.09	2.14	8.59	68.35	2.69	13.81	17.82	1.38	6.34	80.29	1.99
		8		10.667	8.373	0.274	48.17	2.12	9.68	76.37	2.68	15.43	19.98	1.37	6.98	91.92	2.03
7.5	75	5	9	7.367	5.818	0.295	39.97	2.33	7.32	63.30	2.92	11.94	16.63	1.50	5.77	70.56	2.04
		6		8.797	6.905	0.294	46.95	2.31	8.64	74.38	2.90	14.02	19.51	1.49	6.67	84.55	2.07
		7		10.160	7.976	0.294	53.57	2.30	9.93	84.96	2.89	16.02	22.18	1.48	7.44	98.71	2.11
		8		11.503	9.030	0.294	59.96	2.28	11.20	95.07	2.88	17.93	24.86	1.47	8.19	112.97	2.15
		10		14.126	11.089	0.293	71.98	2.26	13.64	113.92	2.84	21.48	30.05	1.46	9.56	141.71	2.22

续附表 6-1

角钢号数	尺寸(mm)			截面面积	理论质量	外表面积	参考数值										
							x—x			$x_0—x_0$			$y_0—y_0$			$x_1—x_1$	z_0
	b	d	r	(cm^2)	(kg/m)	(m^2/m)	I_x (cm^4)	i_x (cm)	W_x (cm^3)	I_{x_0} (cm^4)	i_{x_0} (cm)	W_{x_0} (cm^3)	I_{y_0} (cm^4)	i_{y_0} (cm)	W_{y_0} (cm^3)	I_{x_1} (cm^4)	(cm)
8	80	5	9	7.912	6.211	0.315	48.79	2.48	8.34	77.33	3.13	13.67	20.25	1.60	6.66	85.36	2.15
		6		9.397	7.376	0.314	57.35	2.47	9.87	90.98	3.11	16.08	23.72	1.59	7.65	102.50	2.19
		7		10.860	8.525	0.314	65.58	2.46	11.34	104.07	3.10	18.40	27.09	1.58	8.58	119.70	2.23
		8		12.303	9.658	0.314	73.49	2.44	12.83	116.60	3.08	20.61	30.39	1.57	9.46	136.97	2.27
		10		15.126	11.874	0.313	88.43	2.42	15.64	140.09	3.04	24.76	36.77	1.56	11.08	171.74	2.35
9	90	6	10	10.637	8.350	0.354	82.77	2.79	12.61	131.26	3.51	20.63	34.28	1.80	9.95	145.87	2.44
		7		12.301	9.656	0.354	94.83	2.78	14.54	150.47	3.50	23.64	39.18	1.78	11.19	170.30	2.48
		8		13.944	10.946	0.353	106.47	2.76	16.42	168.97	3.48	26.55	43.97	1.78	12.35	194.80	2.52
		10		17.167	13.476	0.353	128.58	2.74	20.07	203.90	3.45	32.04	53.26	1.76	14.52	244.07	2.59
		12		20.306	15.940	0.352	149.22	2.71	23.57	236.21	3.41	37.12	62.22	1.75	16.49	293.76	2.67
10	100	6	12	11.932	9.366	0.393	114.95	3.01	15.68	181.98	3.90	25.74	47.92	2.00	12.69	200.07	2.67
		7		13.796	10.830	0.393	131.86	3.09	18.10	208.97	3.89	29.55	54.74	1.99	14.26	233.54	2.71
		8		15.638	12.276	0.393	148.24	3.08	20.47	235.07	3.88	33.24	61.41	1.98	15.75	267.09	2.76
		10		19.261	15.120	0.392	179.51	3.05	25.06	284.68	3.84	40.26	74.35	1.96	18.54	334.48	2.84
		12		22.800	17.898	0.391	208.90	3.03	29.48	330.68	3.81	46.80	86.84	1.95	21.08	402.34	2.91
		14		26.256	20.611	0.391	236.53	3.00	33.73	374.06	3.77	52.90	99.00	1.94	23.44	470.75	2.99
		16		29.627	23.257	0.390	262.53	2.98	37.82	414.16	3.74	58.57	110.89	1.94	25.63	539.80	2.06
11	110	7	12	15.196	11.928	0.433	177.16	3.41	22.05	280.94	4.30	36.12	73.38	2.20	17.51	310.64	2.96
		8		17.238	13.532	0.433	199.46	3.40	24.95	316.49	4.28	40.69	82.42	2.19	19.39	355.20	3.01
		10		21.261	16.690	0.432	242.19	3.38	30.60	384.39	4.25	49.42	99.98	2.17	22.91	444.65	3.09
		12		25.200	19.782	0.431	282.55	3.35	36.05	448.17	4.22	57.62	116.93	2.15	26.15	534.60	3.16
		14		29.056	22.809	0.431	320.71	3.32	40.31	508.01	4.18	65.31	133.40	2.14	29.14	625.16	3.24

续附表 6-1

角钢号数	尺寸(mm)			截面面积 (cm^2)	理论质量 (kg/m)	外表面积 (m^2/m)	参考数值										
							x—x			x_0—x_0			y_0—y_0			x_1—x_1	z_0 (cm)
	b	d	r				I_x (cm^4)	i_x (cm)	W_x (cm^3)	I_{x_0} (cm^4)	i_{x_0} (cm)	W_{x_0} (cm^3)	I_{y_0} (cm^4)	i_{y_0} (cm)	W_{y_0} (cm^3)	I_{x_1} (cm^4)	
12.5	125	8	14	19.750	15.504	0.492	297.03	3.88	32.52	470.89	4.88	53.28	123.16	2.50	25.86	521.01	3.37
		10		24.373	19.133	0.491	361.67	3.85	39.97	573.89	4.85	64.93	149.46	2.48	30.62	651.93	3.45
		12		28.912	22.696	0.491	423.16	3.83	41.17	671.44	4.82	75.96	174.88	2.46	35.03	783.42	3.53
		14		33.367	26.193	0.490	481.65	3.80	54.16	763.73	4.78	86.41	199.57	2.45	39.13	915.61	3.61
14	140	10		27.373	21.488	0.551	514.65	4.34	50.58	817.27	5.46	82.56	212.04	2.78	39.20	915.11	3.82
		12		32.512	25.522	0.551	603.68	4.31	59.80	958.79	5.43	96.85	248.57	2.76	45.02	1 099.28	3.90
		14		37.567	29.490	0.550	688.81	4.28	68.75	1 093.56	5.40	110.47	284.06	2.75	50.45	1 284.22	3.98
		16		42.539	33.393	0.549	770.24	4.26	77.46	1 221.81	5.36	123.42	318.67	2.74	55.55	1 470.07	4.06
16	160	10	16	31.502	24.729	0.630	779.53	4.98	66.70	1 237.30	6.27	109.36	321.76	3.20	52.76	1 365.33	4.31
		12		37.441	29.391	0.630	916.58	4.95	78.98	1 455.68	6.24	128.67	377.49	3.18	60.74	1 639.57	4.39
		14		43.296	33.987	0.629	1 048.36	4.92	90.95	1 665.02	6.20	147.17	431.70	3.16	68.24	1 914.68	4.47
		16		49.067	38.518	0.629	1 175.08	4.89	102.63	1 865.57	6.17	164.89	484.59	3.14	75.31	2 190.82	4.55
18	180	12		42.241	33.159	0.710	1 321.35	5.59	100.82	2 100.10	7.05	165.00	542.61	3.58	78.41	2 332.80	4.89
		14		48.896	38.388	0.709	1 514.48	5.56	116.25	2 407.42	7.02	189.14	625.53	3.56	88.38	2 723.48	4.97
		16		55.467	43.542	0.709	1 700.99	5.54	131.13	2 703.37	6.98	212.40	698.60	3.55	97.83	3 115.29	5.05
		18		61.955	48.634	0.708	1 875.12	5.50	145.64	2 988.24	6.94	234.78	762.01	3.51	105.14	3 502.43	5.13
20	200	14	18	54.642	42.894	0.788	2 103.55	6.20	144.70	3 343.26	7.82	236.40	863.83	3.98	111.82	3 734.10	5.46
		16		62.013	48.680	0.788	2 366.64	6.18	163.65	3 760.89	7.79	265.93	971.41	3.96	123.96	4 270.39	5.54
		18		69.301	54.401	0.787	2 620.64	6.15	182.22	4 164.54	7.75	294.48	1 076.74	3.94	135.52	4 808.13	5.62
		20		76.505	60.056	0.787	2 867.30	6.12	200.42	4 554.55	7.72	322.06	1 180.04	3.93	146.55	5 347.51	5.69
		24		90.661	71.186	0.785	3 338.25	6.07	236.17	5 294.97	7.64	374.41	1 381.53	3.90	166.55	6 457.16	5.87

注:截面图中的 $r_1=\frac{1}{3}d$ 及表中 r 值的数据用于孔型设计,不作交货条件。

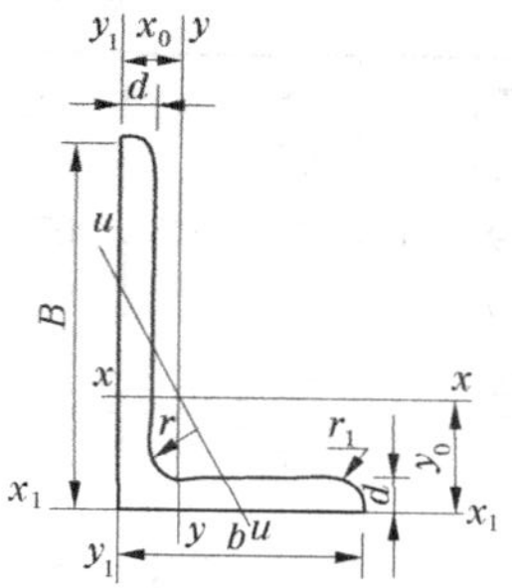

附表 6-2 热轧不等边角钢

符号意义：

B——长边宽度；　　b——短边宽度；

d——边厚度；　　r——内圆弧半径；

r_1——边端内圆弧半径；　　I——惯性矩；

i——惯性半径；　　W——截面系数；

x_0——重心距离；　　y_0——重心距离

角钢号数	尺寸(mm)				截面面积	理论质量	外表面积	参考数值													
								$x—x$			$y—y$			$x_1—x_1$		$y_1—y_1$		$u—u$			
	B	b	d	r	(cm²)	(kg/m)	(m²/m)	I_x (cm⁴)	i_x (cm)	W_x (cm³)	I_y (cm⁴)	i_y (cm)	W_y (cm³)	I_{x1} (cm⁴)	y_0 (cm)	I_{y1} (cm⁴)	x_0 (cm)	I_u (cm⁴)	i_u (cm)	W_u (cm³)	tanα
2.5/1.6	25	16	3	3.5	1.162	0.912	0.080	0.70	0.78	0.43	0.22	0.44	0.19	1.56	0.86	0.43	0.42	0.14	0.34	0.16	0.392
			4		1.499	1.176	0.079	0.88	0.77	0.55	0.27	0.43	0.24	2.09	0.90	0.59	0.46	0.17	0.34	0.20	0.381
3.2/2	32	20	3		1.492	1.717	0.102	1.53	1.01	0.72	0.46	0.55	0.30	3.27	1.08	0.82	0.49	0.28	0.43	0.25	0.382
			4		1.939	1.522	0.101	1.93	1.00	0.93	0.57	0.54	0.39	4.37	1.12	1.12	0.53	0.35	0.42	0.32	0.374
4/2.5	40	25	3	4	1.890	1.484	0.127	3.08	1.28	1.15	0.93	0.70	0.49	6.39	1.32	1.59	0.59	0.56	0.54	0.40	0.386
			4		2.467	1.936	0.127	3.93	1.26	1.49	1.18	0.69	0.63	8.53	1.37	2.14	0.63	0.71	0.54	0.52	0.381
4.5/2.8	45	28	3	5	2.149	1.687	0.143	4.45	1.44	1.47	1.34	0.79	0.62	9.10	1.47	2.23	0.64	0.80	0.61	0.51	0.383
			4		2.806	2.203	0.143	5.69	1.42	1.91	1.70	0.78	0.80	12.13	1.51	3.00	0.68	1.02	0.60	0.66	0.380
5/3.2	50	32	3	5.5	2.431	1.908	0.161	6.24	1.60	1.84	2.02	0.91	0.82	12.49	1.60	3.31	0.73	1.20	0.70	0.68	0.404
			4		3.177	2.494	0.160	8.02	1.59	2.39	2.58	0.90	1.06	16.65	1.65	4.45	0.77	1.53	0.69	0.87	0.402
5.6/3.6	56	36	3	6	2.743	2.153	0.181	8.88	1.80	2.32	2.92	1.03	1.05	17.54	1.78	4.70	0.80	1.73	0.79	0.87	0.408
			4		3.590	2.818	0.180	11.45	1.79	3.03	3.76	1.02	1.37	23.39	1.82	6.33	0.85	2.23	0.79	1.13	0.408
			5		4.415	3.466	0.180	13.86	1.77	3.71	4.49	1.01	1.65	29.25	1.87	7.94	0.88	2.67	0.78	1.36	0.404
6.3/4	63	40	4	7	4.058	3.185	0.202	16.49	2.02	3.87	5.23	1.14	1.70	33.30	2.04	8.63	0.92	3.12	0.88	1.40	0.398
			5		4.993	3.920	0.202	20.02	2.00	4.74	6.31	1.12	2.71	41.63	2.08	10.86	0.95	3.76	0.87	1.71	0.396
			6		5.908	4.638	0.201	23.36	1.96	5.59	7.29	1.11	2.43	49.98	2.12	13.12	0.99	4.34	0.86	1.99	0.393
			7		6.802	5.339	0.201	26.53	1.98	6.40	8.24	1.10	2.78	58.07	2.15	15.47	1.03	4.97	0.86	2.29	0.389

续附表 6-2

角钢号数	尺寸(mm)				截面面积	理论质量	外表面积	参考数值													
								x—x			y—y			x_1—x_1		y_1—y_1		u—u			
	B	b	d	r	(cm^2)	(kg/m)	(m^2/m)	I_x (cm^4)	i_x (cm)	W_x (cm^3)	I_y (cm^4)	i_y (cm)	W_y (cm^3)	I_{x_1} (cm^4)	y_0 (cm)	I_{y_1} (cm^4)	x_0 (cm)	I_u (cm^4)	i_u (cm)	W_u (cm^3)	tanα
7/4.5	70	45	4	7.5	4.547	3.570	0.226	23.17	2.26	4.86	7.55	1.29	2.17	45.92	2.24	12.26	1.02	4.40	0.98	1.77	0.410
			5		5.609	4.403	0.225	27.95	2.23	5.92	9.13	1.28	2.65	57.10	2.28	15.39	1.06	5.40	0.98	2.19	0.407
			6		6.647	5.218	0.225	32.54	2.21	6.95	10.62	1.26	3.12	68.35	2.32	18.58	1.09	6.35	0.98	2.59	0.404
			7		7.657	6.011	0.225	37.22	2.20	8.03	12.01	1.25	3.57	79.99	2.36	21.84	1.13	7.16	0.97	2.94	0.402
(7.5/5)	75	50	5	8	6.125	4.808	0.245	34.86	2.39	6.83	12.61	1.44	3.30	70.00	2.40	21.04	1.17	7.41	1.10	2.74	0.435
			6		7.260	5.699	0.245	41.12	2.38	8.12	14.70	1.42	3.88	84.30	2.44	25.37	1.21	8.54	1.08	3.19	0.435
			8		9.467	7.431	0.244	52.39	2.35	10.52	18.53	1.40	4.99	112.50	2.52	34.23	1.29	10.87	1.07	4.10	0.429
			10		11.590	9.098	0.244	62.71	2.33	12.79	21.96	1.38	6.04	140.80	2.60	43.43	1.36	13.10	1.06	4.99	0.423
8/5	80	50	5	8	6.375	5.005	0.255	41.96	2.56	7.78	12.82	1.42	3.32	85.21	2.60	21.06	1.14	7.66	1.10	2.74	0.388
			6		7.560	5.935	0.255	49.49	2.56	9.25	14.95	1.41	3.91	102.53	2.65	25.41	1.18	8.85	1.08	3.20	0.387
			7		8.724	6.484	0.255	56.16	2.54	10.58	16.96	1.39	4.48	119.33	2.69	29.82	1.21	10.18	1.08	3.70	0.384
			8		9.867	7.745	0.254	62.83	2.52	11.92	18.85	1.38	5.03	136.41	2.73	34.32	1.25	11.38	1.07	4.16	0.381
9/5.6	90	56	5	9	7.121	5.661	0.287	60.45	2.90	9.92	18.32	1.59	4.21	121.32	2.91	29.53	1.25	10.98	1.23	3.49	0.385
			6		8.557	6.717	0.286	71.03	2.88	11.74	21.42	1.58	4.96	145.59	2.95	35.58	1.29	12.90	1.23	4.18	0.384
			7		9.880	7.756	0.286	81.01	2.86	13.49	24.36	1.57	5.70	169.66	3.00	41.71	1.33	14.67	1.22	4.72	0.382
			8		11.183	8.779	0.286	91.03	2.85	15.27	27.15	1.56	6.41	194.17	3.04	47.93	1.36	16.34	1.21	5.29	0.380
10/6.3	100	63	6	10	9.617	7.550	0.320	99.06	3.21	14.64	30.94	1.79	6.35	199.71	3.24	50.50	1.43	18.42	1.38	5.25	0.394
			7		11.111	8.722	0.320	113.45	3.20	16.88	35.26	1.78	7.29	233.00	3.28	59.14	1.47	21.00	1.38	6.02	0.393
			8		12.584	9.878	0.319	127.37	3.18	19.08	39.39	1.77	8.21	266.32	3.32	67.88	1.50	23.50	1.37	6.78	0.391
			10		15.467	12.142	0.319	153.81	3.15	23.32	47.12	1.74	9.98	333.06	3.40	85.73	1.58	28.33	1.35	8.24	0.387
10/8	100	80	6	10	10.637	8.350	0.354	107.04	3.17	15.19	61.24	2.40	10.16	199.83	2.95	102.68	1.97	31.65	1.72	8.37	0.627
			7		12.301	9.656	0.354	122.73	3.16	17.52	70.08	2.39	11.71	233.20	3.00	119.98	2.01	36.17	1.72	9.60	0.626
			8		13.944	10.946	0.353	137.92	3.14	19.81	78.58	2.37	13.21	266.61	3.04	137.37	2.05	40.58	1.71	10.80	0.625
			10		17.167	13.476	0.353	166.87	3.12	24.24	94.65	2.35	16.12	333.63	3.12	172.48	2.13	49.10	1.69	13.12	0.622

续附表 6-2

角钢号数	尺寸(mm)				截面面积	理论质量	外表面积	参考数值														
								x—x			y—y			x_1—x_1		y_1—y_1		u—u				
	B	b	d	r	(cm^2)	(kg/m)	(m^2/m)	I_x (cm^4)	i_x (cm)	W_x (cm^3)	I_y (cm^4)	i_y (cm)	W_y (cm^3)	I_{x_1} (cm^4)	y_0 (cm)	I_{y_1} (cm^4)	x_0 (cm)	I_u (cm^4)	i_u (cm)	W_u (cm^3)	tanα
11/7	110	70	6	10	10.637	8.350	0.354	133.37	3.54	17.85	42.92	2.01	7.90	265.78	3.53	69.08	1.57	25.36	1.54	6.53	0.403
			7		12.301	9.656	0.354	153.00	3.53	20.60	49.01	2.00	9.09	310.07	3.57	80.82	1.61	28.95	1.53	7.50	0.402
			8		13.944	10.946	0.353	172.04	3.51	23.30	54.87	1.98	10.25	354.39	3.62	92.70	1.65	32.45	1.53	8.45	0.401
			10		17.167	13.476	0.353	208.39	3.48	28.54	65.88	1.96	12.48	443.13	3.70	116.83	1.72	39.20	1.51	10.29	0.397
12.5/8	125	80	7	11	14.096	11.066	0.403	227.98	4.02	26.86	74.42	2.30	12.01	454.99	4.01	120.32	1.80	43.81	1.76	9.92	0.408
			8		15.989	12.551	0.403	256.77	4.01	30.41	83.49	2.28	13.56	519.99	4.06	137.85	1.84	49.15	1.75	11.18	0.407
			10		19.712	15.474	0.402	312.04	3.98	37.33	100.67	2.26	16.56	650.09	4.14	173.40	1.92	59.45	1.74	13.64	0.404
			12		23.351	18.330	0.402	364.41	3.95	44.01	116.67	2.24	19.43	780.39	4.22	209.67	2.00	69.35	1.72	16.01	0.400
14/9	140	90	8	12	18.038	14.160	0.453	365.64	4.50	38.48	120.69	2.59	17.34	730.53	4.50	195.79	2.04	70.83	1.98	14.31	0.411
			10		22.261	17.475	0.452	445.50	4.47	47.31	146.03	2.56	21.22	913.20	4.58	245.92	2.12	85.82	1.96	17.48	0.409
			12		26.400	20.724	0.451	512.59	4.44	55.87	169.79	2.54	24.95	1 096.09	4.66	296.89	2.19	100.21	1.95	20.54	0.406
			14		30.456	23.908	0.451	594.10	4.42	64.18	192.10	2.51	28.54	1 279.26	4.74	348.82	2.27	114.13	1.94	23.52	0.403
16/10	160	100	10	13	25.315	19.872	0.512	668.69	5.14	62.13	205.03	2.85	26.56	1 362.89	5.24	336.59	2.28	121.74	2.19	21.92	0.390
			12		30.054	23.592	0.511	784.91	5.11	73.49	239.06	2.82	31.28	1 635.56	5.32	405.94	2.36	142.33	2.17	25.79	0.388
			14		34.709	27.247	0.510	896.30	5.08	84.56	271.20	2.80	35.83	1 908.50	5.40	476.42	2.43	162.23	2.16	29.56	0.385
			16		39.281	30.835	0.510	1 003.04	5.05	95.33	301.60	2.77	40.24	2 181.79	5.48	548.22	2.51	182.57	2.16	33.44	0.382
18/11	180	110	10	14	28.373	22.273	0.571	956.25	5.80	78.96	278.11	3.13	32.49	1 940.40	5.89	447.22	2.44	166.50	2.42	26.88	0.376
			12		33.712	26.464	0.571	1 124.72	5.78	93.53	325.03	3.10	38.32	2 328.38	5.98	538.94	2.52	194.87	2.40	31.66	0.374
			14		38.967	30.589	0.570	1 286.91	5.75	107.76	369.55	3.08	43.97	2 716.60	6.06	631.95	2.59	222.30	2.39	36.32	0.372
			16		44.139	34.649	0.569	1 443.06	5.72	121.64	411.85	3.06	49.44	3 105.15	6.14	726.46	2.67	248.94	2.38	40.87	0.369
20/12.5	200	125	12	15	37.912	29.761	0.641	1 570.90	6.44	116.73	483.16	3.57	49.99	3 193.85	6.54	787.74	2.83	285.79	2.74	41.23	0.392
			14		43.867	34.436	0.640	1 800.97	6.41	134.65	550.83	3.54	57.44	3 726.17	6.62	922.47	2.91	326.58	2.73	47.34	0.390
			16		49.739	39.045	0.639	2 023.35	6.38	152.18	615.44	3.52	64.69	4 258.86	6.70	1 058.86	2.99	366.21	2.71	53.32	0.388
			18		55.526	43.588	0.639	2 238.30	6.35	169.33	677.19	3.49	71.74	4 792.00	6.78	1 197.13	3.06	404.83	2.70	59.18	0.385

注：1. 括号内型号不推荐使用。

2. 截面图中的 $r_1 = 1/3d$ 及表中 r 数据用于孔型设计，不作交货条件。

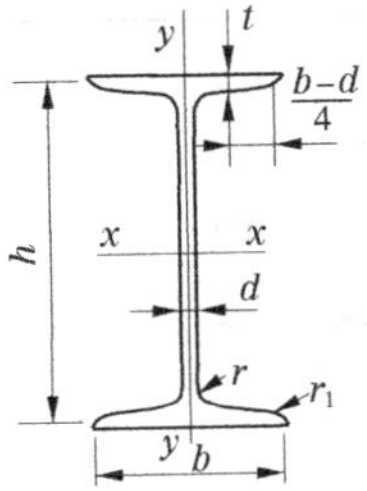

附表 6-3 热轧工字钢

符号意义：

h——高度；
b——腿宽度；
d——腰厚度；
t——平均腿宽度；
r——内圆弧半径；
r_1——腿端圆弧半径；
I——惯性矩；
W——截面因数；
i——惯性半径；
S——半截面的静矩

型号	尺寸(mm)						截面面积 (cm²)	理论质量 (kg/m)	参考数值						
									x—x				y—y		
	h	b	d	t	r	r_1			I_x (cm⁴)	W_x (cm³)	i_x (cm)	$I_x:S_x$ (cm)	I_y (cm⁴)	W_y (cm³)	i_y (cm)
10	100	68	4.5	7.6	6.5	3.3	14.3	11.2	245.0	49	4.14	8.59	33	9.72	1.52
12.6	126	74	5	8.4	7	3.5	18.1	14.2	488.43	77.529	5.195	10.85	46.906	12.677	1.609
14	140	80	5.5	9.1	7.5	3.8	21.5	16.9	712	102	5.76	12	64.4	16.1	1.73
16	160	88	6	9.9	8	4	26.1	20.5	1 130	141	6.58	13.8	93.1	21.1	1.89
18	180	94	6.5	10.7	8.5	4.3	30.6	24.1	1 660	185	7.36	15.4	122	26	2
20a	200	100	7	11.4	9	4.5	35.5	27.9	2 370	237	8.15	17.2	158	31.5	2.12
20b	200	102	9	11.4	9	4.5	39.5	31.1	2 500	250	7.96	16.9	169	33.1	2.06
22a	220	110	7.5	12.3	9.5	4.8	42	33	3 400	309	8.99	18.9	225	40.9	2.31
22b	220	112	9.5	12.3	9.5	4.8	46.4	36.4	3 570	325	8.78	18.7	239	42.7	2.27
25a	250	116	8	13	10	5	48.5	38.1	5 023.54	401.88	10.18	21.58	280.046	43.283	2.403
25b	250	118	10	13	10	5	53.5	42	5 283.96	422.72	9.938	21.27	309.297	52.423	2.404
28a	280	122	8.5	13.7	10.5	5.3	55.45	43.4	7 114.14	508.15	11.32	24.62	345.051	56.565	2.495
28b	280	124	10.5	13.7	10.5	5.3	61.05	47.9	7 480	534.29	11.08	24.24	379.496	61.209	2.493
32a	320	130	9.5	15	11.5	5.8	67.05	52.7	11 075.5	692.2	12.84	27.46	459.93	70.758	2.619
32b	320	132	11.5	15	11.5	5.8	73.45	57.7	11 621.4	726.33	12.58	27.09	501.53	75.989	2.614
32c	320	134	13.5	15	11.5	5.8	79.95	62.8	12 167.5	760.47	12.34	26.77	543.81	81.166	2.608

续附表 6-3

型号	尺寸(mm)						截面面积 (cm^2)	理论质量 (kg/m)	参考数值						
									x—x				y—y		
	h	b	d	t	r	r_1			I_x (cm^4)	W_x (cm^3)	i_x (cm)	$I_x:S_x$ (cm)	I_y (cm^4)	W_y (cm^3)	i_y (cm)
36a	360	136	10	15.8	12	6	76.3	59.9	15 760	875	14.4	30.7	552	81.2	2.69
36b	360	138	12	15.8	12	6	83.5	65.6	16 530	919	14.1	30.3	582	84.3	2.64
36c	360	140	14	15.8	12	6	90.7	71.2	17 310	962	13.8	29.9	612	87.4	2.6
40a	400	142	10.5	16.5	12.5	6.3	86.1	67.6	21 720	1 090	15.9	34.1	660	93.2	2.77
40b	400	144	12.5	16.5	12.5	6.3	94.1	73.8	22 780	1 140	15.6	33.6	692	96.2	2.71
40c	400	146	14.5	16.5	12.5	6.3	102	80.1	23 850	1 190	15.2	33.2	727	99.6	2.65
45a	450	150	11.5	18	13.5	6.8	102	80.4	32 240	1 430	17.7	38.6	855	114	2.89
45b	450	152	13.5	18	13.5	6.8	111	87.4	33 760	1 500	17.4	38	894	118	2.84
45c	450	154	15.5	18	13.5	6.8	120	94.5	35 280	1 570	17.1	37.6	938	122	2.79
50a	500	158	12	20	14	7	119	93.6	46 470	1 860	19.7	42.8	1 120	142	3.07
50b	500	160	14	20	14	7	129	101	48 560	1 940	19.4	42.4	1 170	146	3.01
50c	500	162	16	20	14	7	139	109	50 640	2 080	19	41.8	1 220	151	2.96
56a	560	166	12.5	21	14.5	7.3	135.25	106.2	65 585.6	2 343.31	22.02	47.73	1 370.16	165.08	3.182
56b	560	168	14.5	21	14.5	7.3	146.45	115	68 512.5	2 446.69	21.63	47.17	1 486.75	174.25	3.162
56c	560	170	16.5	21	14.5	7.3	157.85	123.9	71 439.4	2 551.41	21.27	46.66	1 558.39	183.34	3.158
63a	630	176	13	22	15	7.5	154.9	121.6	93 916.2	2 981.47	24.62	54.17	1 700.55	193.24	3.314
63b	630	178	15	22	15	7.5	167.5	131.5	98 083.6	3 163.38	24.2	53.51	1 812.07	203.6	3.289
63c	630	180	17	22	15	7.5	180.1	141	102 251.1	3 298.42	23.82	52.92	1 924.91	213.88	3.268

注：截面图和表中标注的圆弧半径 r、r_1 的数据用于孔型设计，不作交货条件。

附表 6-4 热轧槽钢

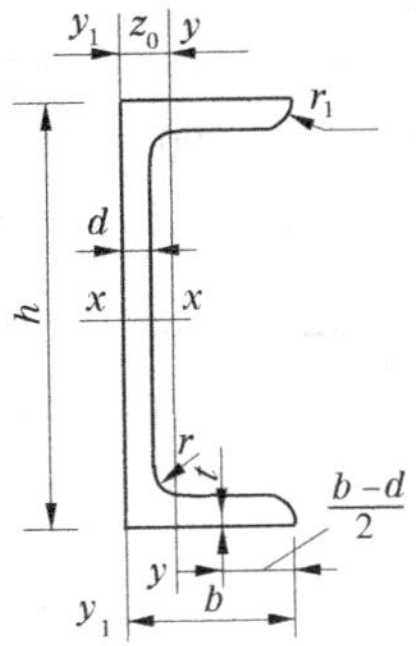

符号意义：

h——高度；
b——腿宽度；
d——腰厚度；
t——平均腿宽度；
r——内圆弧半径；
r_1——腿端圆弧半径；
I——惯性矩；
W——惯性因数；
i——惯性半径；
z_0——y—y 轴与 y_1—y_1 轴的间距

型号	尺寸(mm)						截面面积	理论质量	参考数据							
									x—x			y—y			y_1—y_1	
	h	b	d	t	r	r_1	(cm^2)	(kg/m)	W_x (cm^3)	I_x (cm^4)	i_x (cm)	W_y (cm^3)	I_y (cm^4)	i_y (cm)	I_{y_1} (cm^4)	z_0(cm)
5	50	37	4.5	7	7	3.5	6.93	5.44	10.4	26	1.94	3.55	8.3	1.1	20.9	1.35
6.3	63	40	4.8	7.5	7.5	3.75	8.444	6.63	16.123	50.786	2.453	4.50	11.872	1.185	28.38	1.36
8	80	43	5	8	8	4	10.24	8.04	25.3	101.3	3.15	5.79	16.6	1.27	37.4	1.43
10	100	48	5.3	8.5	8.5	4.25	12.74	10	39.7	198.3	3.95	7.8	25.6	1.41	54.9	1.52
12.6	126	53	5.5	9	9	4.5	15.69	12.37	62.137	391.466	4.953	10.242	37.99	1.567	77.09	1.59
14a	140	58	6	9.5	9.5	4.75	18.51	14.53	80.5	563.7	5.52	13.01	53.2	1.7	107.1	1.71
14b	140	60	8	9.5	9.5	4.75	21.31	16.73	87.1	609.4	5.35	14.12	61.1	1.69	120.6	1.67
16a	160	63	6.5	10	10	5	21.95	17.23	108.3	866.2	6.28	16.3	73.3	1.83	144.1	1.8
16	160	65	8.5	10	10	5	25.15	19.74	116.8	934.5	6.1	17.55	83.4	1.82	160.8	1.75
18a	180	68	7	10.5	10.5	5.25	25.69	20.17	141.4	1 272.7	7.04	20.03	98.6	1.96	189.7	1.88
18	180	70	9	10.5	10.5	5.25	29.29	22.99	152.2	1 369.9	6.84	21.52	111	1.95	210.1	1.84
20a	200	73	7	11	11	5.5	28.83	22.63	178	1 780.4	7.86	24.2	128	2.11	244	2.01
20	200	75	9	11	11	5.5	32.83	25.77	191.4	1 913.7	7.64	25.88	143.6	2.09	268.4	1.95

续附表 6-4

型号	尺寸(mm)						截面面积(cm^2)	理论质量(kg/m)	参考数值							
									x—x			y—y			$y_1—y_1$	
	h	b	d	t	r	r_1			W_x (cm^3)	I_x (cm^4)	i_x (cm)	W_y (cm^3)	I_y (cm^4)	i_y (cm)	I_{y_1} (cm^4)	z_0(cm)
22a	220	77	7	11.5	11.5	5.75	31.84	24.99	217.6	2 393.9	8.67	28.17	157.8	2.23	298.2	2.1
22	220	79	9	11.5	11.5	5.75	36.24	28.45	233.8	2 571.4	8.42	30.05	176.4	2.21	326.3	2.03
25a	250	78	7	12	12	6	34.91	27.47	269.597	3 369.62	9.823	30.607	175.529	2.243	322.256	2.065
25b	250	80	9	12	12	6	39.91	31.39	282.402	3 530.04	9.405	32.657	196.421	2.218	353.187	1.982
25c	250	82	11	12	12	6	44.91	35.32	295.236	3 690.45	9.065	35.926	218.415	2.206	384.133	1.921
28a	280	82	7.5	12.5	12.5	6.25	40.02	31.42	340.328	4 764.59	10.91	35.718	217.989	2.333	387.566	2.097
28b	280	84	9.5	12.5	12.5	6.25	45.62	35.81	366.460	5 130.45	10.60	37.929	242.144	2.304	427.589	2.016
28c	280	86	11.5	12.5	12.5	6.25	51.22	40.21	392.594	5 496.32	10.35	40.301	267.602	2.286	426.597	1.951
32a	320	88	8	14	14	7	48.7	38.22	474.879	7 598.06	12.49	46.473	304.787	2.502	552.31	2.242
32b	320	90	10	14	14	7	55.1	43.25	509.012	8 144.20	12.15	49.157	336.332	2.471	592.933	2.158
32c	320	92	12	14	14	7	61.5	48.28	543.145	8 690.33	11.88	52.642	374.175	2.467	643.299	2.092
36a	360	96	9	16	16	8	60.89	47.8	659.7	11 874.2	13.97	63.54	455	2.73	818.4	2.44
36b	360	98	11	16	16	8	68.09	53.45	702.9	12 651.8	13.63	66.85	496.7	2.7	880.4	2.37
36c	360	100	13	16	16	8	75.29	50.1	746.1	13 429.4	13.36	70.02	536.4	2.67	947.9	2.34
40a	400	100	10.5	18	18	9	75.05	58.91	878.9	17 577.9	15.30	78.83	592	2.81	1 067.7	2.49
40b	400	102	12.5	18	18	9	83.05	65.19	932.2	18 644.5	14.98	82.52	640	2.78	1 135.6	2.44
40c	400	104	14.5	18	18	9	91.05	71.47	985.6	19 711.2	14.71	86.19	687.8	2.75	1 220.7	2.42

注：截面图和表中标注的圆弧半径 r、r_1 的数据用于孔型设计，不作交货条件。

附表 6-5　热轧 H 型钢

类别	型号（高度×宽度）	截面尺寸（mm）				截面面积（cm^2）	理论重量（kg/m）	截面特性参数					
		$H\times B$	t_1	t_2	r			惯性矩（cm^4）I_x	惯性矩（cm^4）I_y	惯性半径（cm）i_x	惯性半径（cm）i_y	截面模数（cm^3）W_x	截面模数（cm^3）W_y
HW	100×100	100×100	6	8	10	21.90	17.2	383	134	4.18	2.47	76.5	26.7
	125×125	125×125	6.5	9	10	30.31	23.8	847	294	5.29	3.11	136	47.0
	150×150	150×150	7	10	13	40.55	31.9	1 660	564	6.39	3.73	221	75.1
	175×175	175×175	7.5	11	13	51.43	40.3	2 900	984	7.50	4.37	331	112
	200×200	200×200	8	12	16	64.28	50.5	4 770	1 600	8.61	4.99	477	160
		#200×204	12	12	16	72.28	56.7	5 030	1 700	8.35	4.85	503	167
	250×250	250×250	9	14	16	92.18	72.4	10 800	3 650	10.8	6.29	867	292
		#250×255	14	14	16	104.7	82.2	11 500	3 880	10.5	6.09	919	304
	300×300	#294×302	12	12	20	108.3	85.0	17 000	5 520	12.5	7.14	1 160	365
		300×300	10	15	20	120.4	94.5	20 500	6 760	13.1	7.49	1 370	450
		300×305	15	15	20	135.4	106	21 600	7 100	12.6	7.24	1 440	466
	350×350	#344×348	10	16	20	146.0	115	33 300	11 200	15.1	8.78	1 940	646
		350×350	12	19	20	173.9	137	40 300	13 600	15.2	8.84	2 300	776
	400×400	#388×402	15	15	24	179.2	141	49 200	16 300	16.6	9.52	2 540	809
		#394×398	11	18	24	187.6	147	56 400	18 900	17.3	10.0	2 860	951
		400×400	13	21	24	219.5	172	66 900	22 400	17.5	10.1	3 340	1 120
		#400×408	21	21	24	251.5	197	71 100	23 800	16.8	9.73	3 560	1 170
		#414×405	18	28	24	296.2	233	93 000	31 000	17.7	10.2	4 490	1 530
		#428×407	20	35	24	361.4	284	119 000	39 400	18.2	10.4	5 580	1 930
		*458×417	30	50	24	529.3	415	187 000	60 500	18.8	10.7	8 180	2 900
		*498×432	45	70	24	770.8	605	298 000	94 400	19.7	11.1	12 000	4 370
HM	150×100	148×100	6	9	13	27.25	21.4	1 040	151	6.17	2.35	140	30.2
	200×150	194×150	6	9	16	39.76	31.2	2 740	508	8.30	3.57	283	67.7
	250×175	244×175	7	11	16	56.24	44.1	6 120	985	10.4	4.18	502	113
	300×200	294×200	8	12	20	73.03	57.3	11 400	1 600	12.5	4.69	779	160
	350×250	340×250	9	14	20	101.5	79.7	21 700	3 650	14.6	6.00	1 280	292
	400×300	390×300	10	16	24	136.7	107	38 900	7 210	16.9	7.26	2 000	481
	450×300	440×300	11	18	24	157.4	124	56 100	8 110	18.9	7.18	2 550	541
	500×300	482×300	11	15	28	146.4	115	60 800	6 770	20.4	6.80	2 520	451
		488×300	11	18	28	164.4	129	71 400	8 120	20.8	7.03	2 930	541
	600×300	582×300	12	17	28	174.5	137	103 000	7 670	24.3	6.63	3 530	511
		588×300	12	20	28	192.5	151	118 000	9 020	24.8	6.85	4 020	601
		#594×302	14	23	28	222.4	175	137 000	10 600	24.9	6.90	4 620	701

续附表 6-5

类别	型号（高度×宽度）	截面尺寸（mm）				截面面积（cm^2）	理论重量（kg/m）	截面特性参数					
								惯性矩（cm^4）		惯性半径（cm）		截面模数（cm^3）	
		$H\times B$	t_1	t_2	r			I_x	I_y	i_x	i_y	W_x	W_y
HN	100×50	100×50	5	7	10	12.16	9.54	192	14.9	3.98	1.11	38.5	5.96
	125×60	125×60	6	8	10	17.01	13.3	417	29.3	4.95	1.31	66.8	9.75
	150×75	150×75	5	7	10	18.16	14.3	679	49.6	6.12	1.65	90.6	13.2
	175×90	175×90	5	8	10	23.21	18.2	1 220	97.6	7.26	2.05	140	21.7
	200×100	198×99	4.5	7	13	23.59	18.5	1 610	114	8.27	2.20	163	23.0
		200×100	5.5	8	13	27.57	21.7	1 880	134	8.25	2.21	188	26.8
	250×125	248×124	5	8	13	32.89	25.8	3 560	255	10.4	2.78	287	41.1
		250×125	6	9	13	37.87	29.7	4 080	294	10.4	2.79	326	47.0
	300×150	298×149	5.5	8	16	41.55	32.6	6 460	443	12.4	3.26	433	59.4
		300×150	6.5	9	16	47.53	37.3	7 350	508	12.4	3.27	490	67.7
	350×175	346×174	6	9	16	53.19	41.8	11 200	792	14.5	3.86	649	91.0
		350×175	7	11	16	63.66	50.0	13 700	985	14.7	3.93	782	113
	#400×150	#400×150	8	13	16	71.12	55.8	18 800	734	16.3	3.21	942	97.9
	400×200	396×199	7	11	16	72.16	56.7	20 000	1 450	16.7	4.48	1 010	145
		400×200	8	13	16	84.12	66.0	23 700	1 740	16.8	4.54	1 190	174
	#450×150	#450×150	9	14	20	83.41	65.5	27 100	793	18.0	3.08	1 200	106
	450×200	446×199	8	12	20	84.95	66.7	29 000	1 580	18.5	4.31	1 300	159
		450×200	9	14	20	97.41	76.5	33 700	1 870	18.6	4.38	1 500	187
	#500×150	#500×150	10	16	20	98.23	77.1	38 500	907	19.8	3.04	1 540	121
	500×200	496×199	9	14	20	101.3	79.5	41 900	1 840	20.3	4.27	1 690	185
		500×200	10	16	20	114.2	89.6	47 800	2 140	20.5	4.33	1 910	214
		#506×201	11	19	20	131.3	103	56 500	2 580	20.8	4.43	2 230	257
	600×200	596×199	10	15	24	121.2	95.1	69 300	1 980	23.9	4.04	2 330	199
		600×200	11	17	24	135.2	106	78 200	2 280	24.1	4.11	2 610	228
		#606×201	12	20	24	153.3	120	91 000	2 720	24.4	4.21	3 000	271
	700×300	#692×300	13	20	28	211.5	166	172 000	9 020	28.6	6.53	4 980	602
		700×300	13	24	28	235.5	185	201 000	10 800	29.3	6.78	5 760	722
	*800×300	*792×300	14	22	28	243.4	191	254 000	9 930	32.3	6.39	6 400	662
		*800×300	14	26	28	267.4	210	292 000	11 700	33.0	6.62	7 290	782
	*900×300	*890×299	15	23	28	270.9	213	345 000	10 300	35.7	6.16	7 760	688
		*900×300	16	28	28	309.8	243	411 000	12 600	36.4	6.39	9 140	843
		*912×302	18	34	28	364.0	286	498 000	15 700	37.0	6.56	10 900	1 040

附表 6-6　剖分 T 型钢

类别	型号（高度×宽度）	截面尺寸(mm) h	B	t_1	t_2	r	截面面积(cm²)	理论重量(kg/m)	截面特性参数 惯性矩(cm⁴)		惯性半径(cm)		截面模数(cm³)		重心(cm)	对应H型钢系列
TW	50×100	50	100	6	8	10	10.95	8056	16.1	66.9	1.21	2.47	4.03	13.4	1.00	100×100
	62.5×125	62.5	125	6.5	9	10	15.16	11.9	35.0	147	1.52	3.11	6.91	23.5	1.19	125×125
	75×150	75	150	7	10	13	20.28	15.9	66.4	282	1.81	3.73	10.8	37.6	1.37	150×150
	87.5×175	87.5	175	7.5	11	13	25.71	20.2	115	492	2.11	4.37	15.9	56.2	1.55	175×175
	100×200	100	200	8	12	16	32.14	25.2	185	801	2.40	4.99	22.3	80.1	1.73	200×200
		#100	204	12	12	16	36.14	28.3	256	851	2.66	4.85	32.4	83.5	2.09	
	125×250	125	250	9	14	16	46.09	36.2	412	1 820	2.99	6.29	39.5	146	2.08	250×250
		#125	255	14	14	16	52.34	41.1	589	1 940	3.36	6.09	59.4	152	2.85	
	150×300	#147	302	12	12	20	54.16	42.5	858	2 760	3.98	7.14	72.3	183	2.83	300×300
		150	300	10	15	20	60.22	47.3	798	3 380	3.64	7.49	63.7	225	2.47	
		150	305	15	15	20	67.72	53.1	1 110	3 550	4.05	7.24	92.5	233	3.02	
	175×350	#172	348	10	16	20	73.00	57.3	1 230	5 620	4.11	8.78	84.7	323	2.67	350×350
		175	350	12	19	20	86.94	68.2	1 520	6 790	4.18	8.84	104	388	2.86	
	200×400	#194	402	15	15	24	89.62	70.3	2 480	8 130	5.26	9.52	158	405	3.69	400×400
		#197	398	11	18	24	93.80	73.6	2 050	9 460	4.67	10.0	123	476	3.01	
		200	400	13	21	24	109.7	86.1	2 480	11 200	4.75	10.1	147	560	3.21	
		#200	408	21	21	24	125.7	98.7	3 650	11 900	5.39	9.73	229	584	4.07	
		#207	405	18	28	24	148.1	116	3 620	15 500	4.95	10.2	213	766	3.68	
		#214	407	20	35	24	180.7	142	4 380	19 700	4.92	10.4	250	967	3.90	
TW	74×100	74	100	6	9	13	13.63	10.7	51.7	75.4	1.95	2.35	8.80	15.1	1.55	150×100
	97×150	97	150	6	9	16	19.88	15.6	125	254	2.50	3.57	15.8	33.9	1.78	200×150
	122×175	122	175	7	11	16	28.12	22.1	289	492	3.20	4.18	29.1	56.3	2.27	250×175
	147×200	147	200	8	12	20	36.52	28.7	572	802	3.96	4.69	48.2	80.2	2.82	300×200
	170×250	170	250	9	14	20	50.76	39.9	1 020	1 830	4.48	6.00	73.1	146	3.09	350×250
	200×300	195	300	10	16	24	68.37	53.7	1 730	3 600	5.03	7.26	108	240	3.40	400×300
	220×300	220	300	11	18	24	78.69	61.8	2 680	4 060	5.84	7.18	150	270	4.05	450×300
	250×300	241	300	11	15	28	73.23	57.5	3 420	3 380	6.83	6.80	178	226	4.90	500×300
		244	300	11	18	28	82.23	64.5	3 620	4 060	6.64	7.03	184	271	4.65	
	300×300	291	300	12	17	28	87.25	68.5	6 360	3 830	8.54	6.63	280	256	6.39	600×300
		294	300	12	20	28	96.25	75.5	6 710	4 510	8.35	6.85	288	301	6.08	
		#297	302	14	23	28	111.2	87.3	7 920	5 290	8.44	6.90	339	351	6.33	

续附表 6-6

类别	型号（高度×宽度）	截面尺寸（mm）					截面面积（cm^2）	理论重量（kg/m）	截面特性参数							对应H型钢系列
		h	B	t_1	t_2	r			惯性矩（cm^4）		惯性半径（cm）		截面模数（cm^3）		重心（cm）	
TW	50×50	50	50	5	7	10	6.079	4.79	11.9	7.45	1.40	1.11	3.18	2.98	1.27	100×50
	62.5×60	62.5	60	6	8	10	8.499	6.67	27.5	14.6	1.80	1.31	5.96	4.88	1.63	125×60
	75×75	75	75	5	7	10	9.079	7.14	42.7	24.8	2.17	1.65	7.46	6.61	1.78	150×75
	87.5×90	87.5	90	5	8	10	11.60	9.11	70.7	48.8	2.47	2.05	10.4	10.8	1.92	175×90
	100×100	99	99	4.5	7	13	11.80	9.26	94.0	56.9	2.82	2.20	12.1	11.5	2.13	200×100
		100	100	5.5	8	13	13.79	10.8	115	67.1	2.88	2.21	14.8	13.4	2.27	
	125×125	124	124	5	8	13	16.45	12.9	208	128	3.56	2.78	21.3	20.6	2.62	250×125
		125	125	6	9	13	18.94	14.8	249	147	3.62	2.79	25.6	23.5	2.78	
	150×150	149	149	5.5	8	16	20.77	16.3	395	221	4.36	3.26	33.8	29.7	3.22	300×150
		150	150	6.5	9	16	23.76	18.7	465	254	4.42	3.27	40.0	33.9	3.38	
	175×175	173	174	6	9	16	26.60	20.9	681	396	5.06	3.86	50.0	45.5	3.68	350×175
		175	175	7	11	16	31.83	25.0	816	492	5.06	3.93	59.3	56.3	3.74	
	200×200	198	199	7	11	16	36.08	28.3	1 190	724	5.76	4.48	76.4	72.7	4.17	400×200
		200	200	8	13	16	42.06	33.0	1 400	868	5.76	4.54	88.6	86.8	4.23	
	225×200	223	199	8	12	20	42.54	33.4	1 880	790	6.65	4.31	109	79.4	5.07	450×200
		225	200	9	14	20	48.71	38.2	2 160	936	6.66	4.38	124	93.6	5.13	
	250×200	248	199	9	14	20	50.64	39.7	2 840	922	7.49	4.27	150	92.7	5.90	500×200
		250	200	10	16	20	57.12	44.8	3 210	1 070	7.50	4.33	169	107	5.96	
		#253	201	11	19	20	65.65	51.5	3 670	1 290	7.48	4.43	190	128	5.95	
	300×200	298	199	10	15	24	60.62	47.6	5 200	991	9.27	4.04	236	100	7.76	600×200
		300	200	11	17	24	67.60	53.1	5 820	1 140	9.27	4.11	262	114	7.81	
		#303	201	12	20	24	76.63	60.1	6 580	1 360	9.26	4.21	292	135	7.76	

注："#"表示的规格为非常用规格。

参考文献

[1] 满广生,袁益民,凌卫宁. 工程力学[M]. 北京:中国水利水电出版社,2008.

[2] 方从严,王荣林. 建筑力学[M]. 合肥:合肥工业大学出版社,2009.

[3] 赵爱民. 建筑力学[M]. 武汉:武汉理工大学出版社,2007.

[4] 杨恩福,徐玉华. 工程力学[M]. 北京:中国水利水电出版社,2005.

[5] 杨天祥. 结构力学[M]. 2 版. 北京:高等教育出版社,1987.

[6] 王金海. 结构力学[M]. 北京:中国建筑工业出版社,2000.

[7] 李舒瑶,赵云翔. 工程力学[M]. 2 版. 郑州:黄河水利出版社,2002.

[8] 龙驭球,包世华. 结构力学[M]. 北京:高等教育出版社,1999.

[9] 沈养中,孟胜国. 结构力学[M]. 北京:科学出版社,2005.

[10] 沈养中. 建筑力学[M]. 北京:科学出版社,2006.

[11] 中华人民共和国国家标准. GB 50068—2001 建筑结构可靠度设计统一标准[S]. 北京:中国建筑工业出版社,2001.

[12] 中华人民共和国住房和城乡建设部,中华人民共和国国家质量监督检验检疫总局. GB 50009—2012 建筑结构荷载规范[S]. 北京:中国建筑工业出版社,2012.

[13] 中华人民共和国住房和城乡建设部,中华人民共和国国家质量监督检验检疫总局. GB 50010—2010 混凝土结构设计规范[S]. 北京:中国建筑工业出版社,2011.

[14] 中华人民共和国住房和城乡建设部,中华人民共和国国家质量监督检验检疫总局. GB 50007—2011 建筑地基基础设计规范[S]. 北京:中国建筑工业出版社,2012.

[15] 中华人民共和国住房和城乡建设部,中华人民共和国国家质量监督检验检疫总局. GB 50011—2010 建筑抗震设计规范[S]. 北京:中国建筑工业出版社,2010.

[16] 侯志国,陈伯望. 混凝土结构[M]. 武汉:武汉理工大学出版社,2011.

[17] 曲恒绪. 钢筋混凝土结构[M]. 合肥:中国科学技术出版社,2013.

[18] 段春花,等. 混凝土结构与砌体结构[M]. 2 版. 北京:中国电力出版社,2011.

[19] 王文睿,等. 混凝土结构与砌体结构[M]. 2 版. 北京:中国建筑工业出版社,2011.

[20] 尹维新,等. 混凝土结构与砌体结构[M]. 2 版. 北京:中国电力出版社,2008.

[21] 中华人民共和国国家标准. GB 50017—2003 钢结构设计规范[S]. 北京:中国建筑工业出版社,2001.

[22] 中华人民共和国国家标准. GB 50205—2001 钢结构工程施工质量验收规范[S]. 北京:中国建筑工业出版社,2001.

[23] 中华人民共和国国家标准. GB 50068—2001 建筑结构可靠度设计统一标准[S]. 北京:中国建筑工业出版社,2001.

[24] 中华人民共和国国家标准. GB 50009—2001 建筑结构荷载规范[S]. 北京:中国建筑工业出版社,2001.

[25] 周绥平. 钢结构[M]. 武汉:武汉理工大学出版社,2009.
[26] 满广生. 钢结构制作与安装[M]. 北京:中国水利水电出版社,2010.
[27] 唐丽萍,乔志远. 钢结构制造与安装[M]. 北京:机械工业出版社,2008.
[28] 汤金华. 钢结构制造与安装[M]. 南京:东南大学出版社,2006.
[29] 魏明钟,戴国欣. 钢结构[M]. 武汉:武汉理工大学出版社,2007.